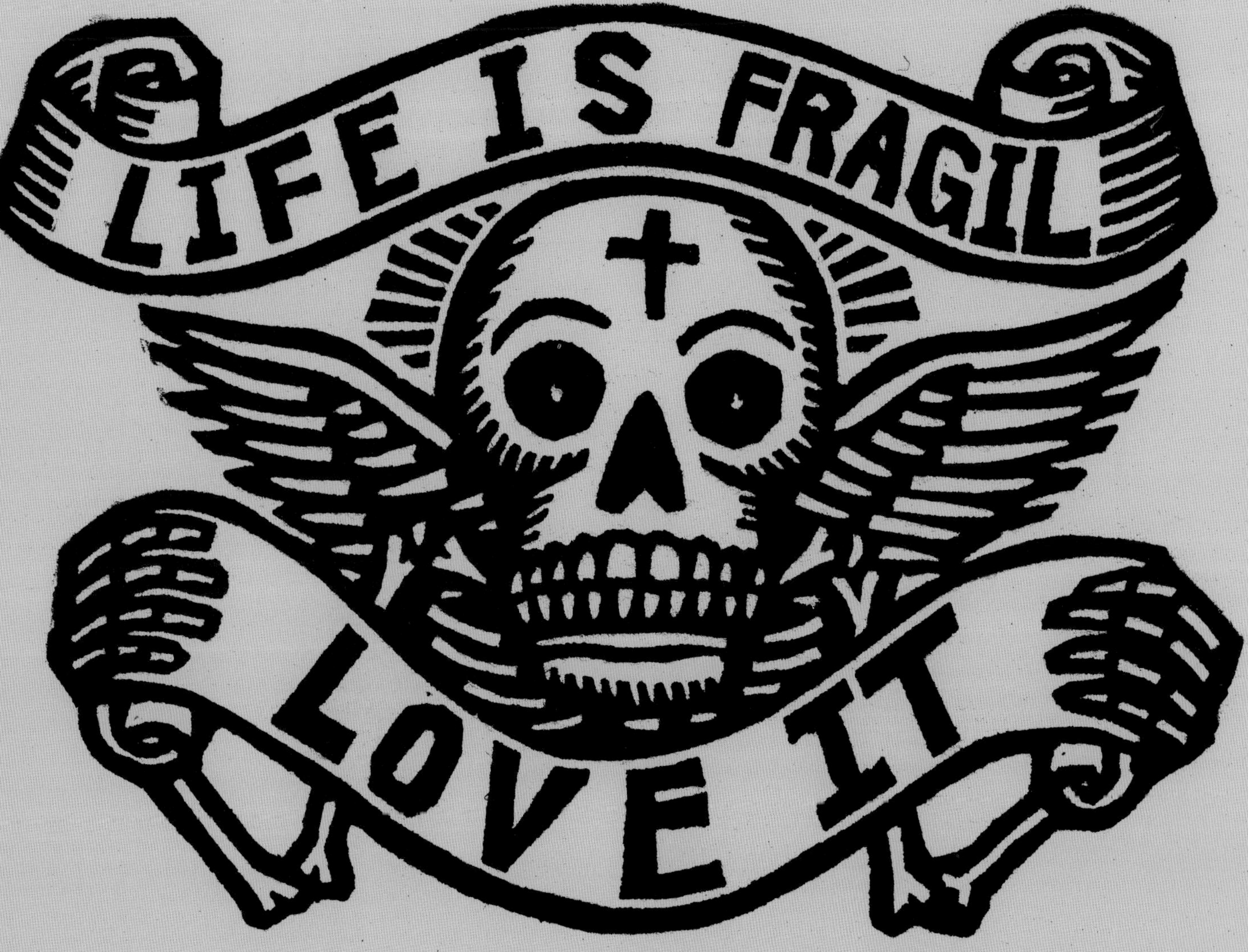

LIFE IS FRAGIL

LOVE IT

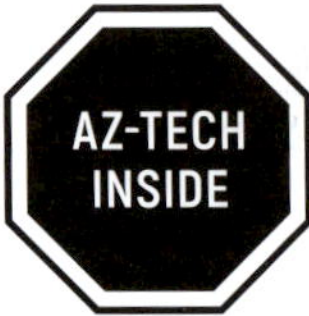

QUIEN QUIERA GOZAR DE VERAS
Y DIVERTIRSE UN RATÓN,
VENGA CON LAS CALAVERAS
A GOZAR EN EL PANTEÓN.

LITERATOS DISTINGUIDOS
EN LA HEDIONDEZ ENCONTRÉ
EN GUSANOS CONFUNDIDOS,
SIN ELLOS SABER POR QUÉ.

Y EN GRAN TROPEL APIÑADOS
LOS VENDEDORES CORRÍAN
CONTENTOS Y ENTUSIASMADOS
POR EL NEGOCIO QUE HACÍAN.

CEREROS DE SACRISTÍA
QUE ROBAN LA CERA AL RATO,
QUE CON MUCHA SANGRE FRÍA
SE ECHAN EL SUFRAGIO AL PLATO.

JOSÉ GUADALUPE POSADA
REBUMBIO DE CALAVERAS

Bajo el sello editorial PLANETA M.R.
Avenida Presidente Masarik núm. 111,
Piso 2, Polanco V Sección, Miguel Hidalgo,
C.P. 11560, Ciudad de México.
www.planetadelibros.com.mx

Primera edición impresa: septiembre de 2024
ISBN: 978-607-39-1622-6
Publicado en inglés con el título **Day of the Dead. A Celebration of Death and Life**, Rizzoli.

Editores
Déborah Holtz
Juan Carlos Mena

Coordinación editorial
Mariana Pérez
Rodrigo Castillo
Manuel Casals

Investigación
Mitzi Aurora Galván
J. Erik Mendoza Luján
Isabel Iglesias
Francisco Palma
Mariana Pérez

Redacción de textos
Isabel Iglesias

Dirección de arte
Juan Carlos Mena

Diseño
Roy Plata

Diseño de portada
Juan Carlos Mena

Fotografía
Jesús López
Luis Enrique Granados
Francisco Palma
Marcel Rius

Retoque digital
José Antonio Díaz de León

Iconografía
Penélope Ubaldo
Vania Macías Osorno
Mónica Barrón Echauri

Infografías y mapa
Mariana Mena

Asistencia de diseño
Fernando Islas
Luis Jardines Mendoza

Corrección
Laura Lecuona
Mariana Flores Monroy
Nancy Sanciprián

Textos
Roberto Abad
Luis Manuel Amador
Rodrigo Castillo
Tanya Huntington
Isabel Iglesias
Elisabeth Malkin
Miriam Mabel Martínez
Diego Olavarría
Francisco Palma
Alberto Peralta
Delphine Schrank

Trilce agradece la colaboración de **Raymundo Medina (Colectivo Jaén Cartonería), Conrado Serrano, FARO Azcapotzalco, Faro de Oriente, Ricardo Gallardo/ Tambuco y Oscar Reyes.**

Impreso en China.
TOPPAN Impresores.

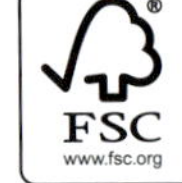

MIXTO
Papel procedente de fuentes responsables
FSC® C104723

Portada: Foto calavera verde: Rodrigo Cruz, Megaofrenda Centro histórico, CDMX 2021. Calavera roja: Déborah Holtz. *Calaveras de a montones*, grabado, Artemio Rodríguez. **Lomo:** Máscara que representa a la muerte, Danza de las tres potencias (1900). Ayutla, Guerrero. Madera tallada y policromada con incrustaciones de dientes de animal. Colección Muyaes-Ogazón. **Contraportada:** Fotos Déborah Holtz, Juan Carlos Mena y Jesús López. Dibujo calaverita: Felipe Ehrenberg.

ESTE LIBRO ESTÁ BASADO EN HISTORIAS REALES; LAS ESCENAS, ACONTECIMIENTOS Y PERSONAJES NO HAN SIDO MODIFICADOS CON FINES DRAMÁTICOS. LAS FUENTES DEL LIBRO INCLUYEN TRANSCRIPCIONES, ENTREVISTAS, FOTOGRAFÍAS, DOCUMENTOS ORIGINALES Y REGISTROS PÚBLICOS.

DÍA DE MUERTOS

UNA CELEBRACIÓN DE LA VIDA Y DE LA MUERTE

El Día de Muertos es una peculiar celebración que une elementos de la cultura prehispánica con símbolos católicos, dando lugar a una fiesta donde el culto a los difuntos y el folclore adquieren el color, el tono y el sabor únicos de México.

Planeta TRILCE

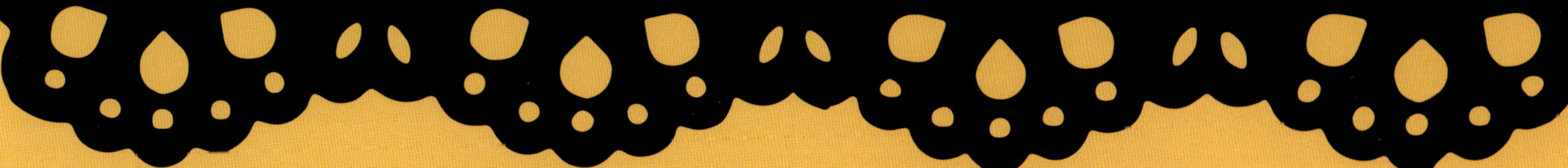

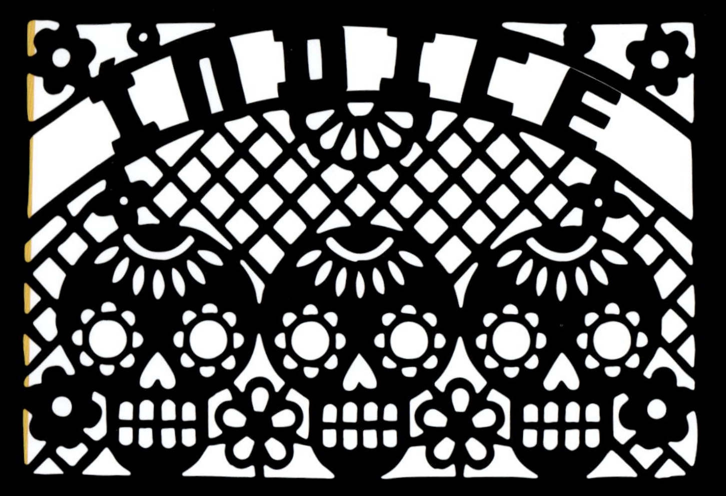

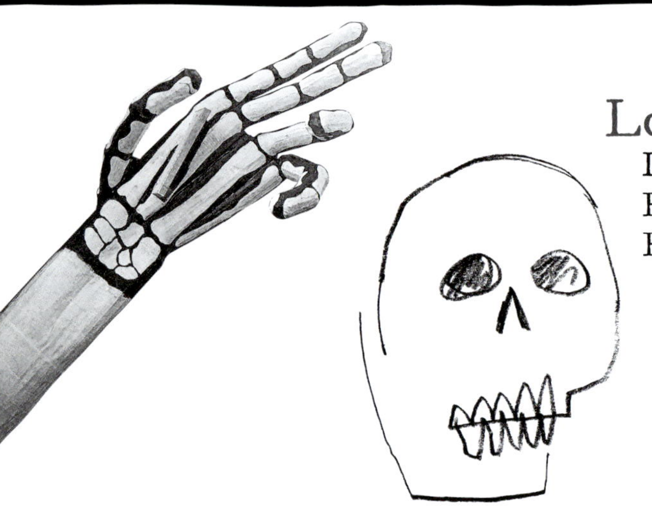

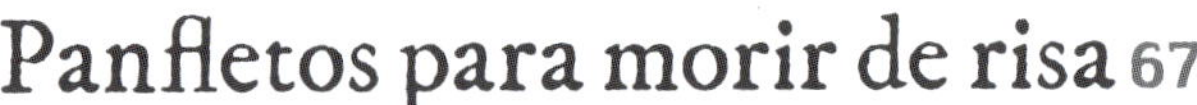

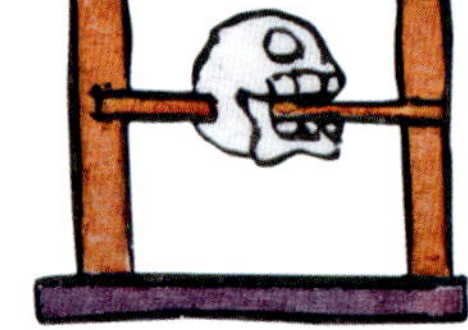

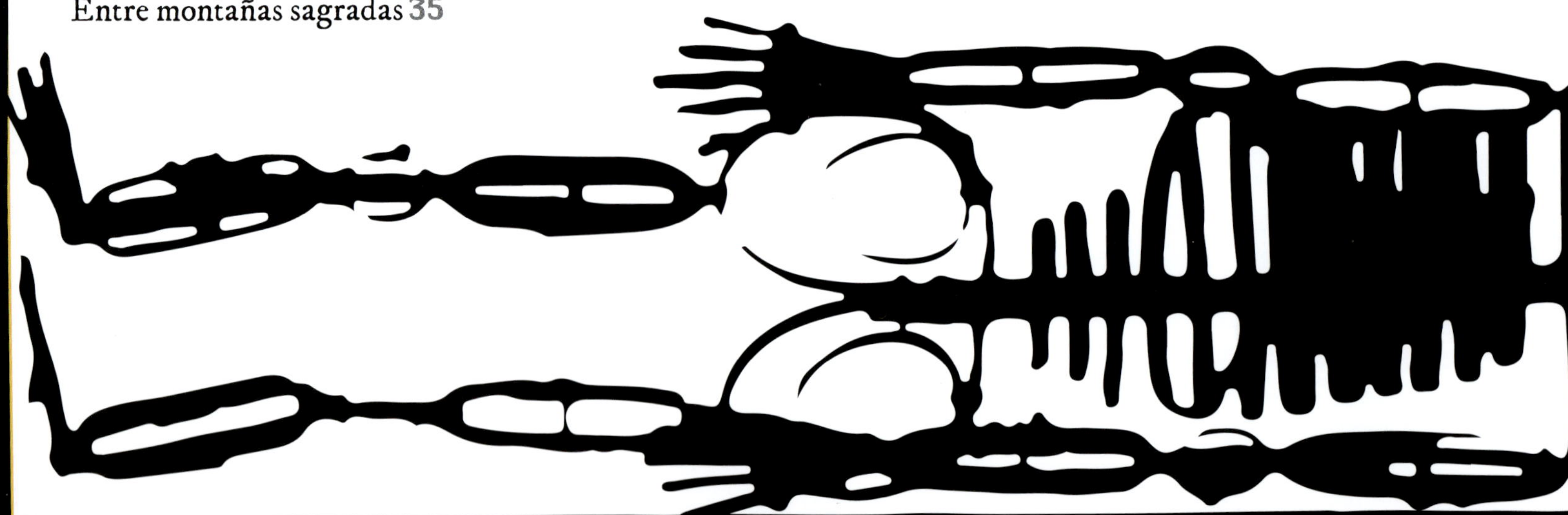

← (p. 1) **Life is fragil**, grabado. Artemio Rodríguez. ↑ Urna funeraria del escritor Carlos Monsiváis, cronista de México y amante de los gatos, modelada por Francisco Toledo. ↑ Un fotógrafo de cartón en Tláhuac. → (p. 6) **Calaveras de a montones**, grabado, Artemio Rodríguez. → (p. 7) **Indígenas purépechas en el cementerio de Janitzio durante la Noche de Muertos** (1950), Nacho López.

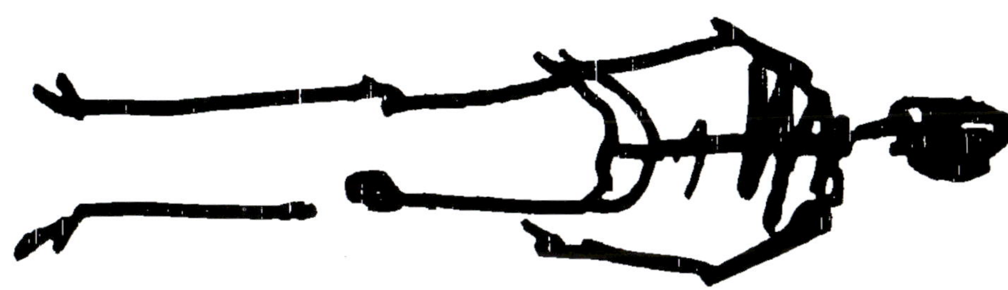

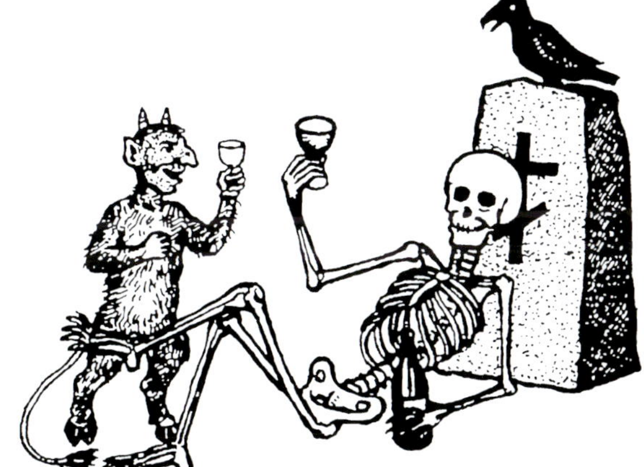

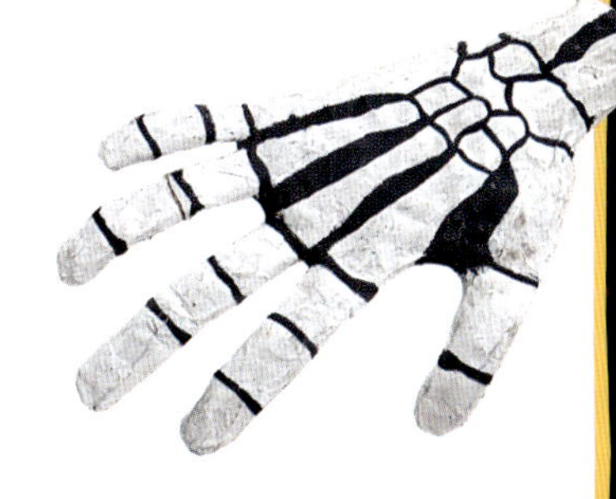

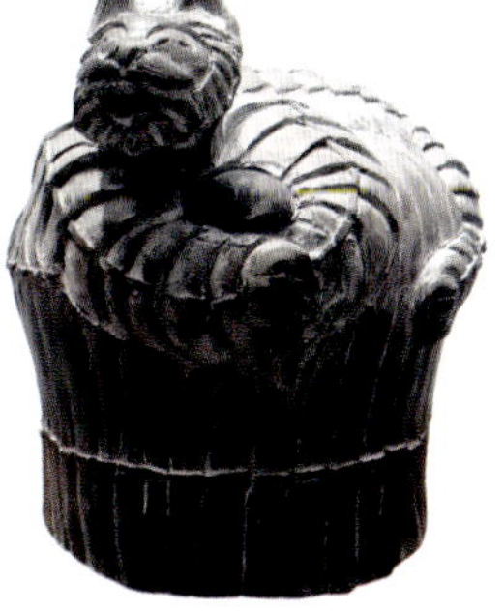

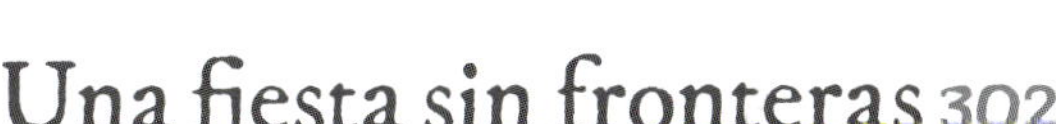

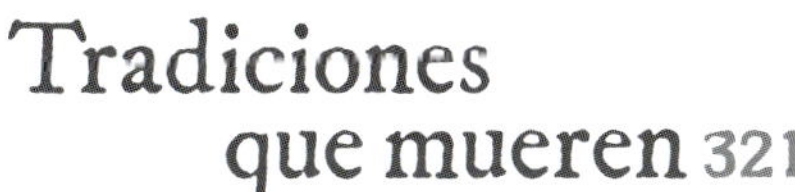

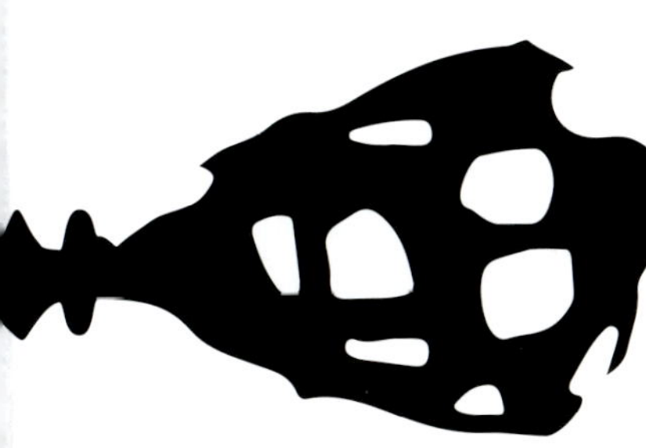

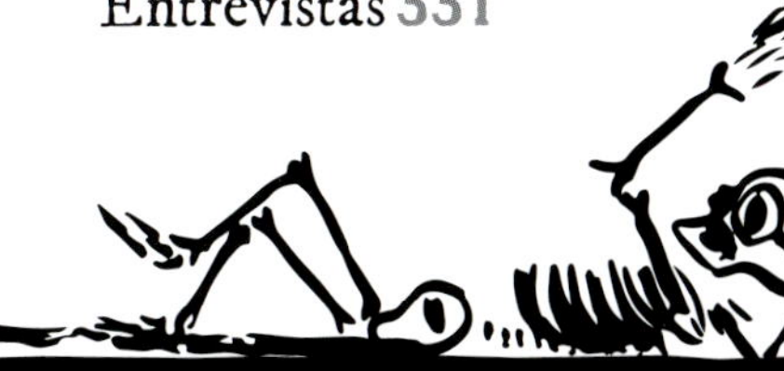

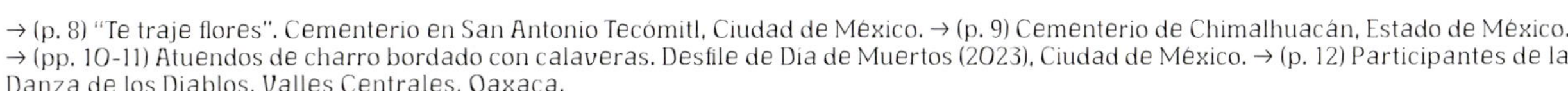

→ (p. 8) "Te traje flores". Cementerio en San Antonio Tecómitl, Ciudad de México. → (p. 9) Cementerio de Chimalhuacán, Estado de México. → (pp. 10-11) Atuendos de charro bordado con calaveras. Desfile de Día de Muertos (2023), Ciudad de México. → (p. 12) Participantes de la Danza de los Diablos, Valles Centrales, Oaxaca.

LOVE

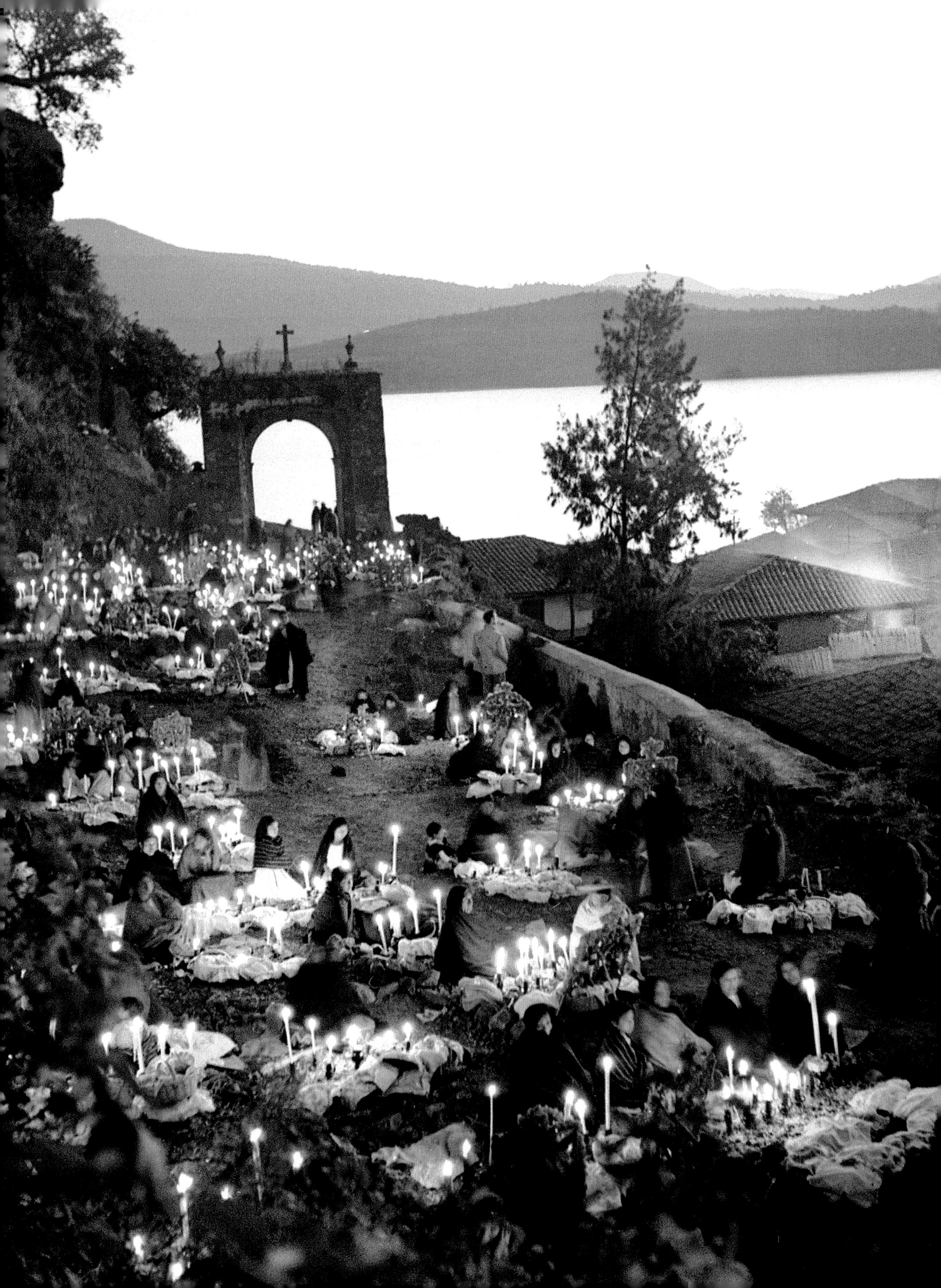

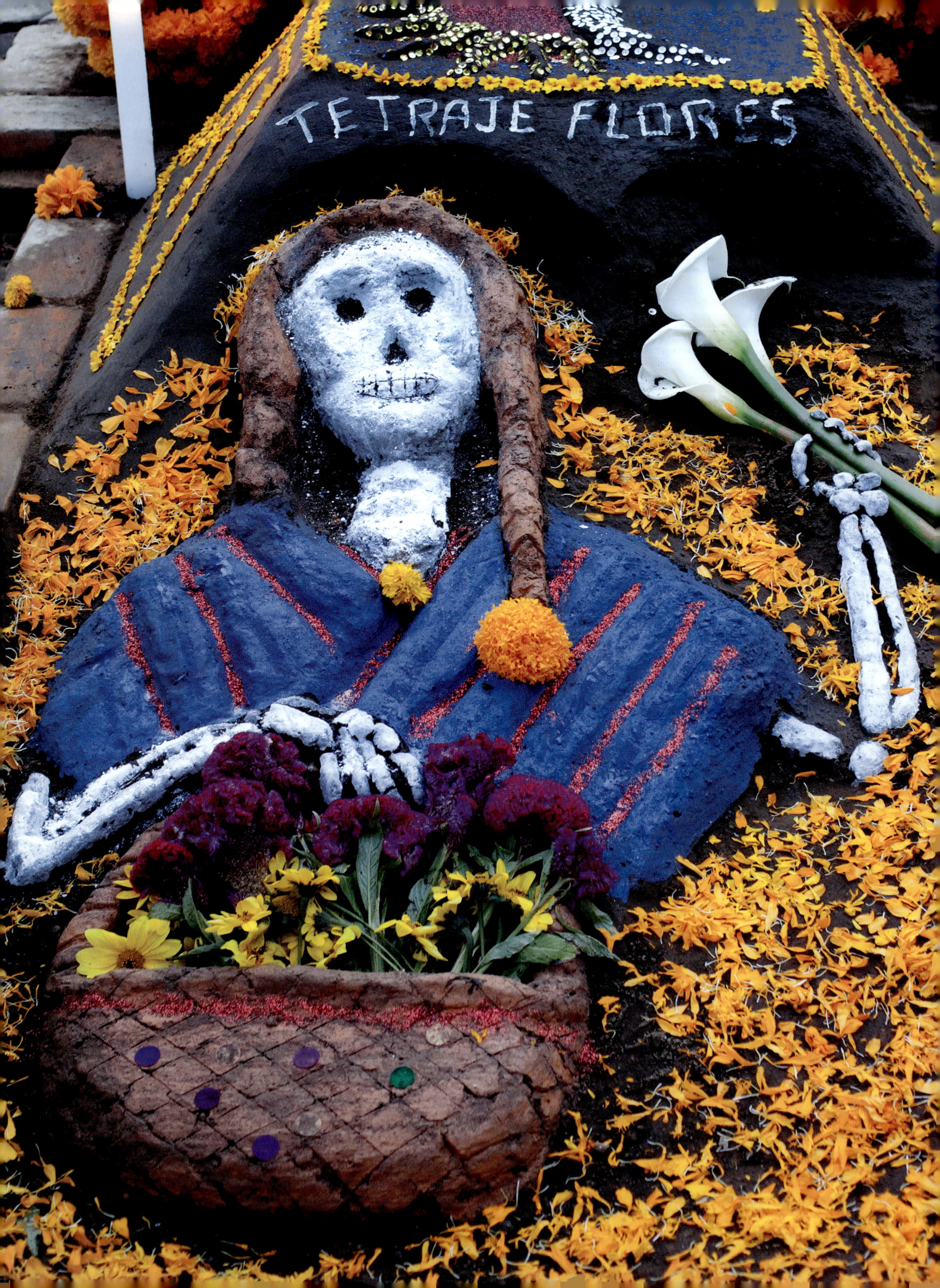
TETRAJE FLORES

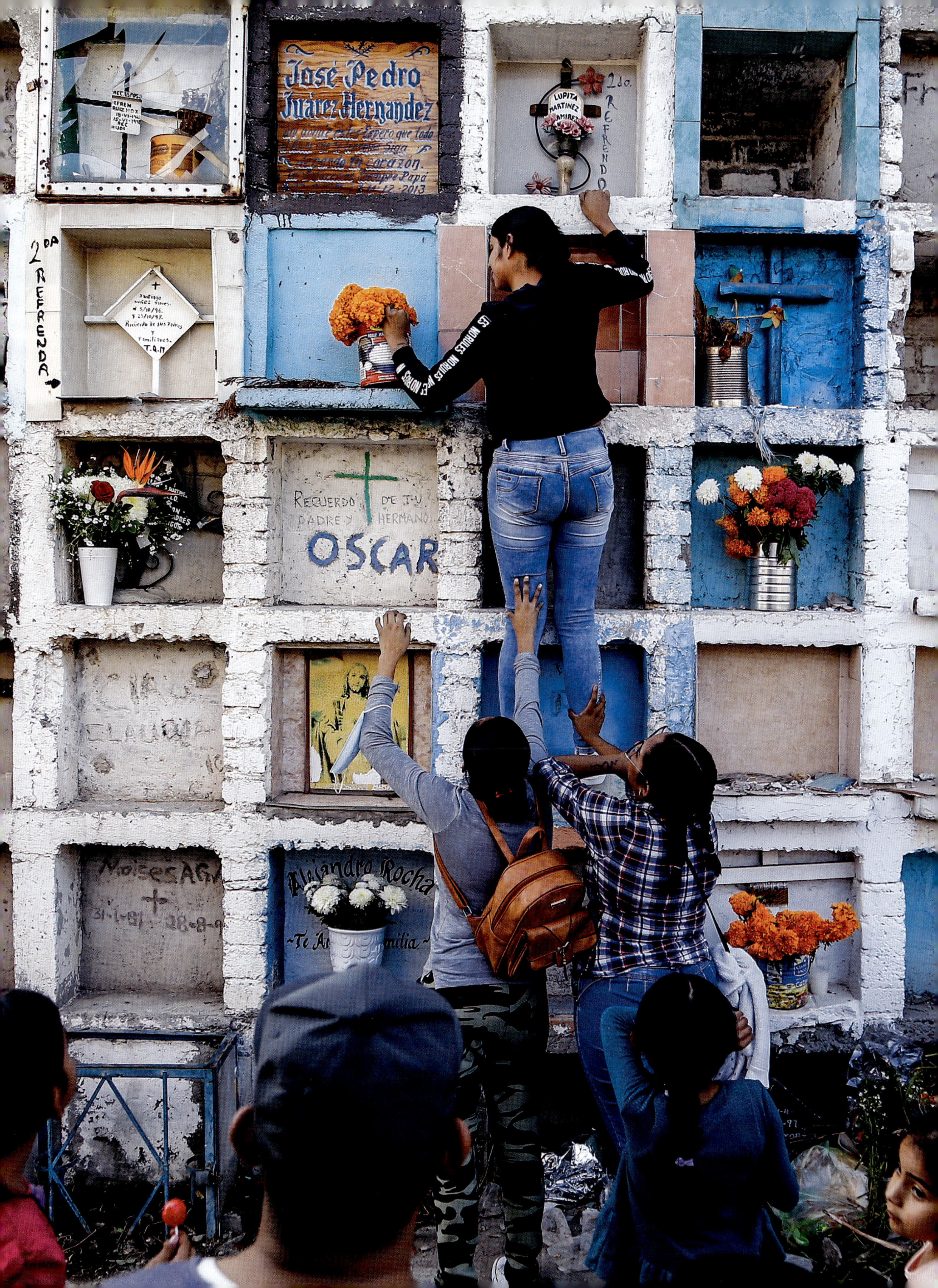
José Pedro
Juárez Hernandez
RECUERDO DE TU
PADRE Y HERMANO
OSCAR
Alejandro Rocha

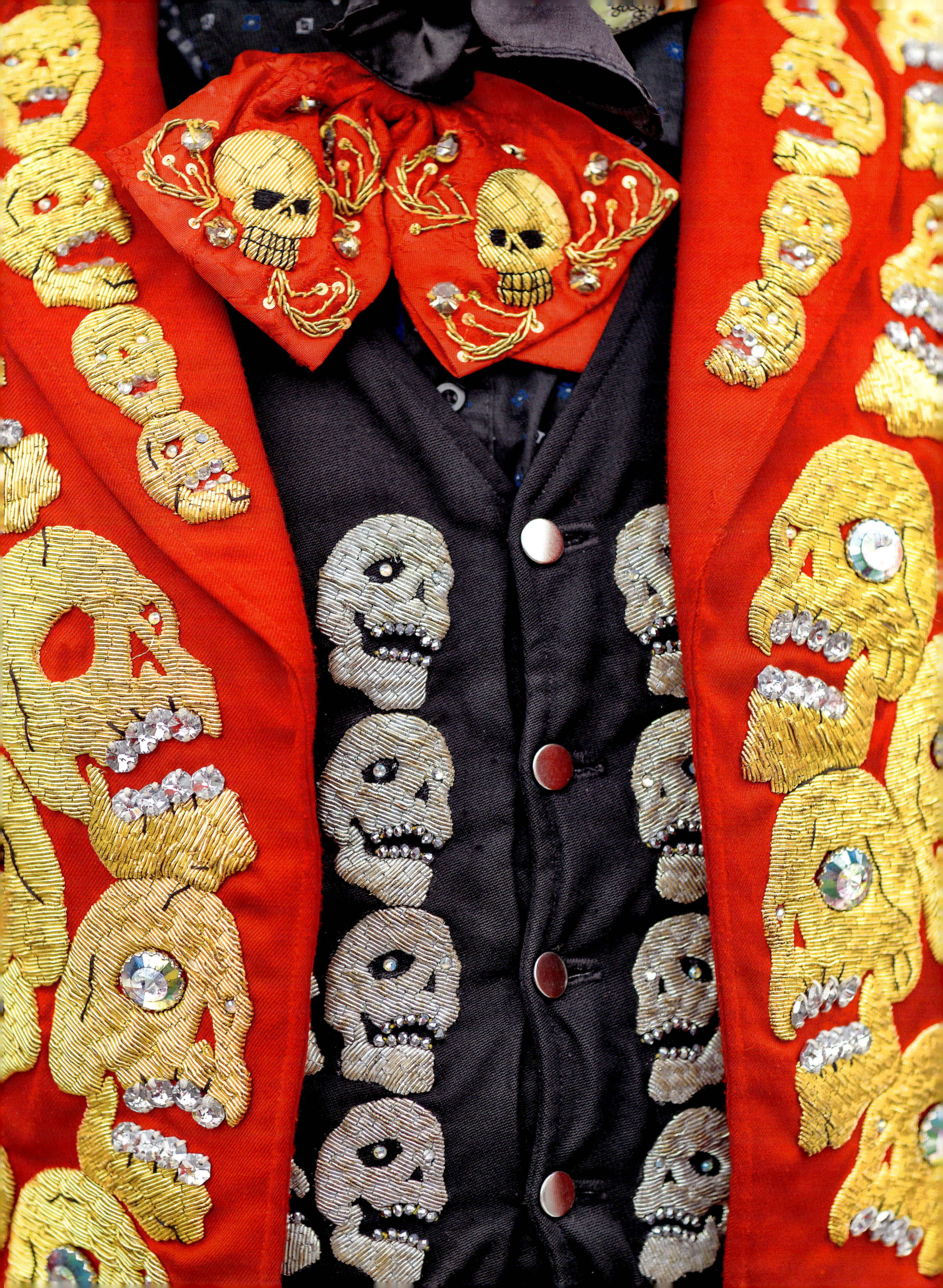

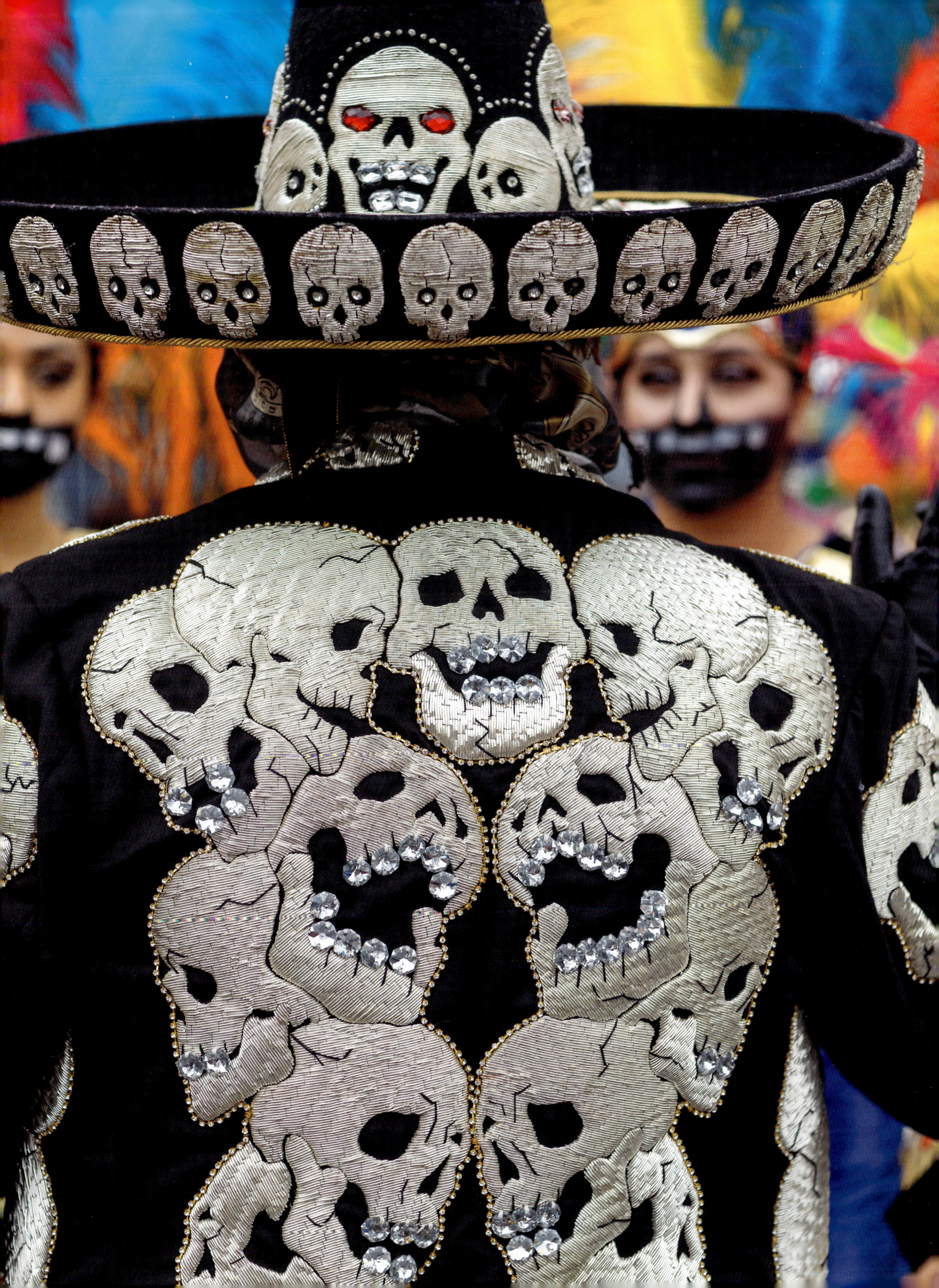

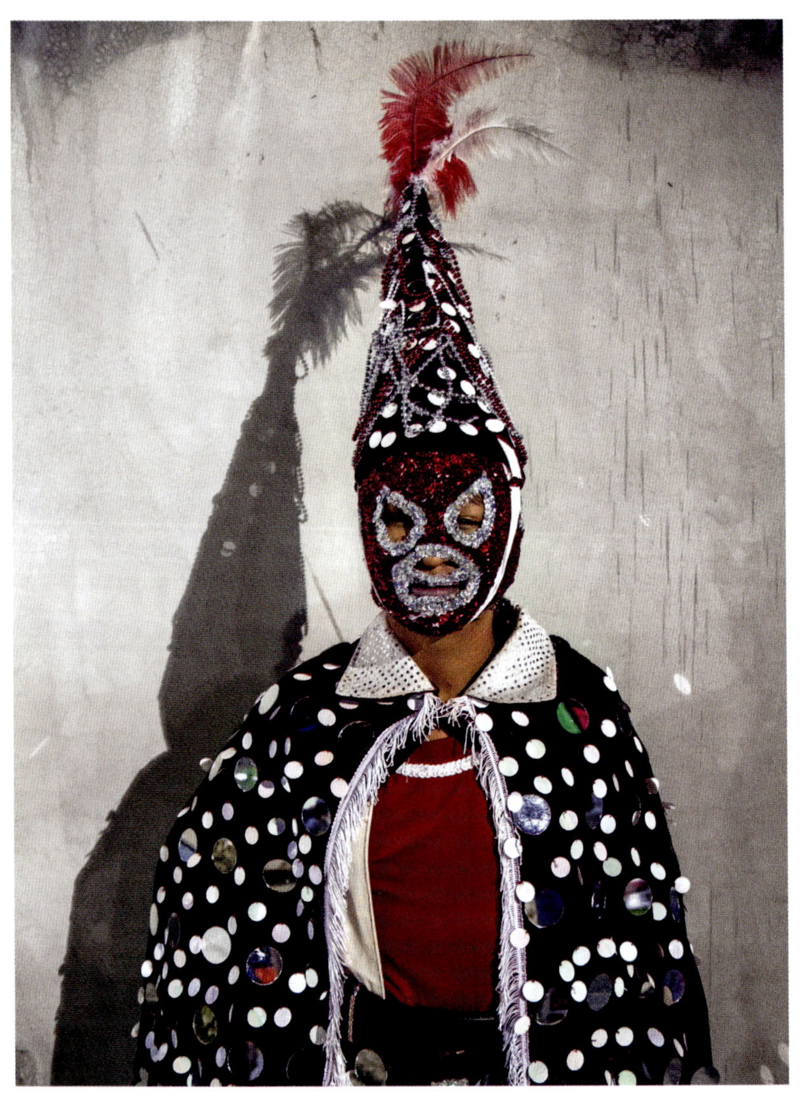

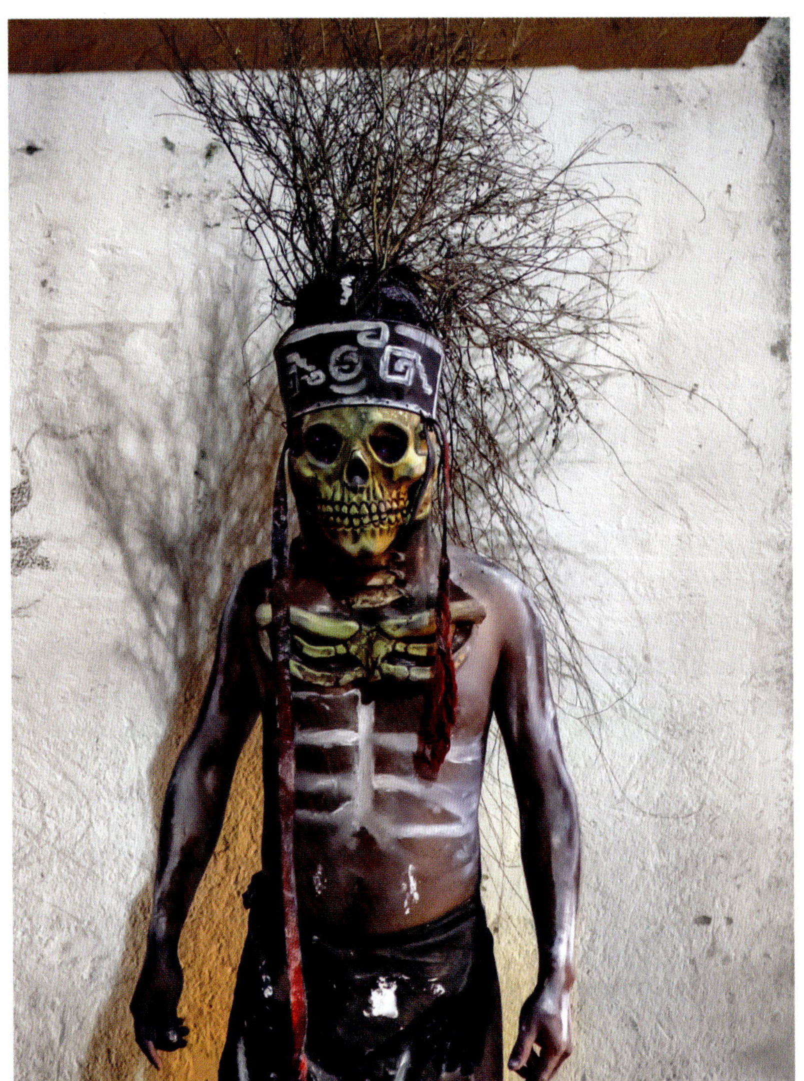

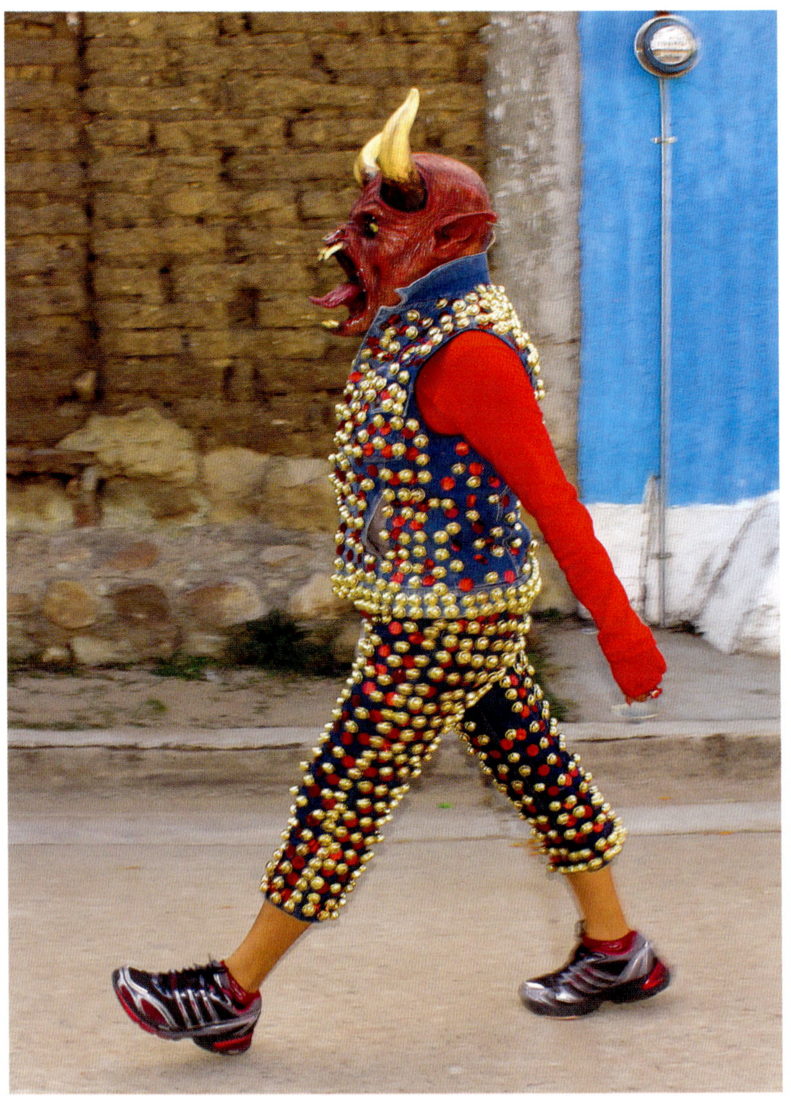

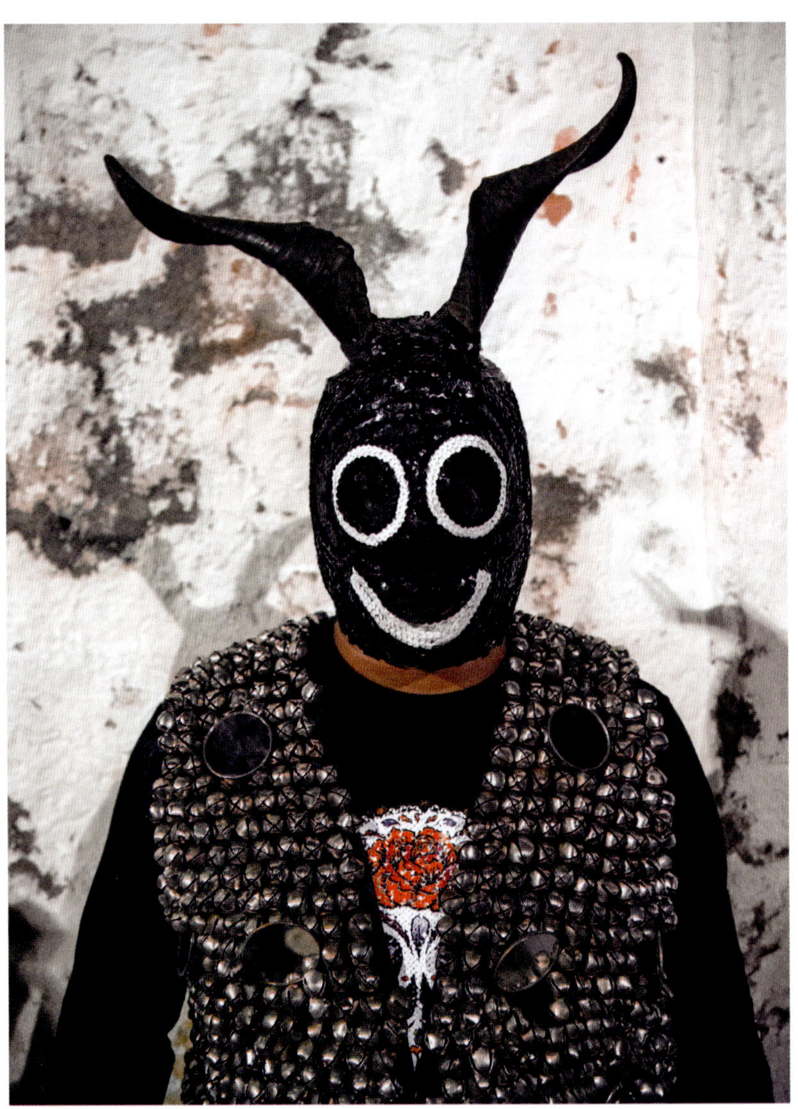

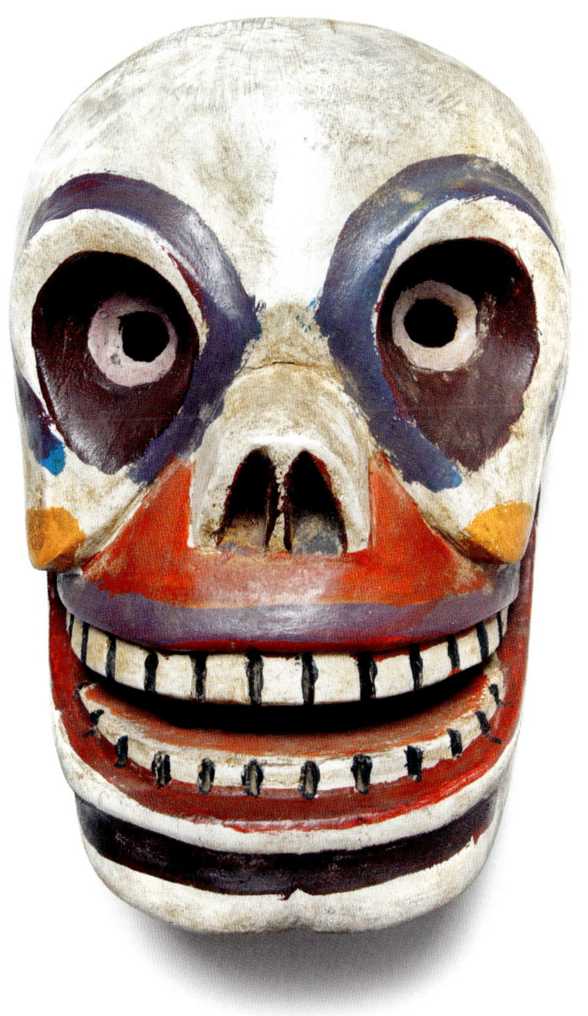

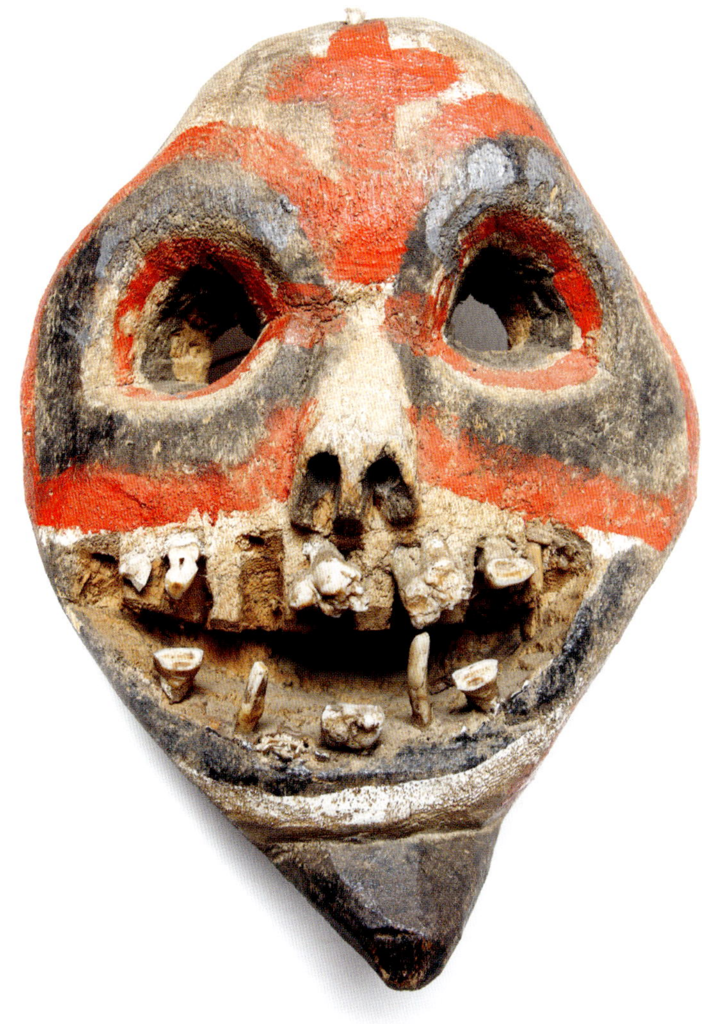

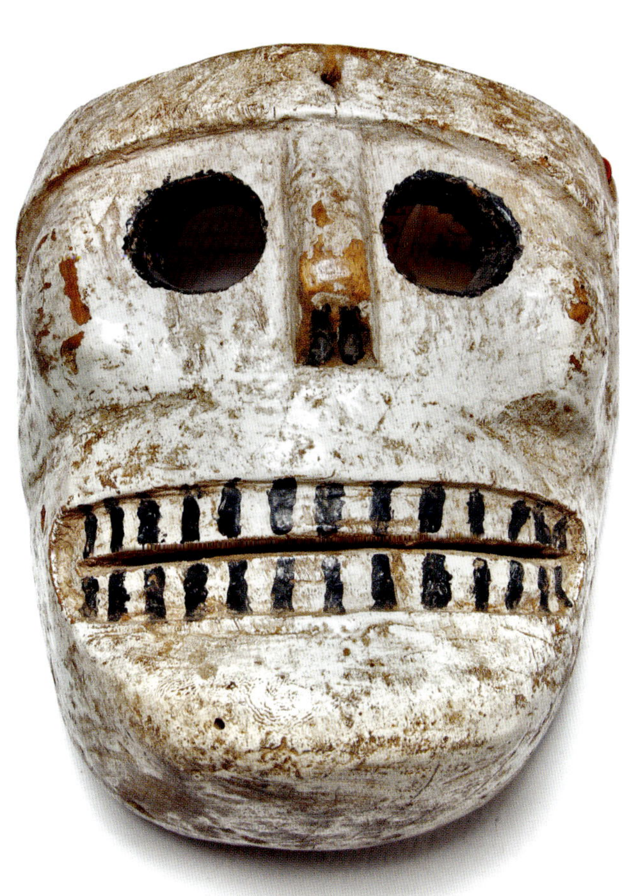

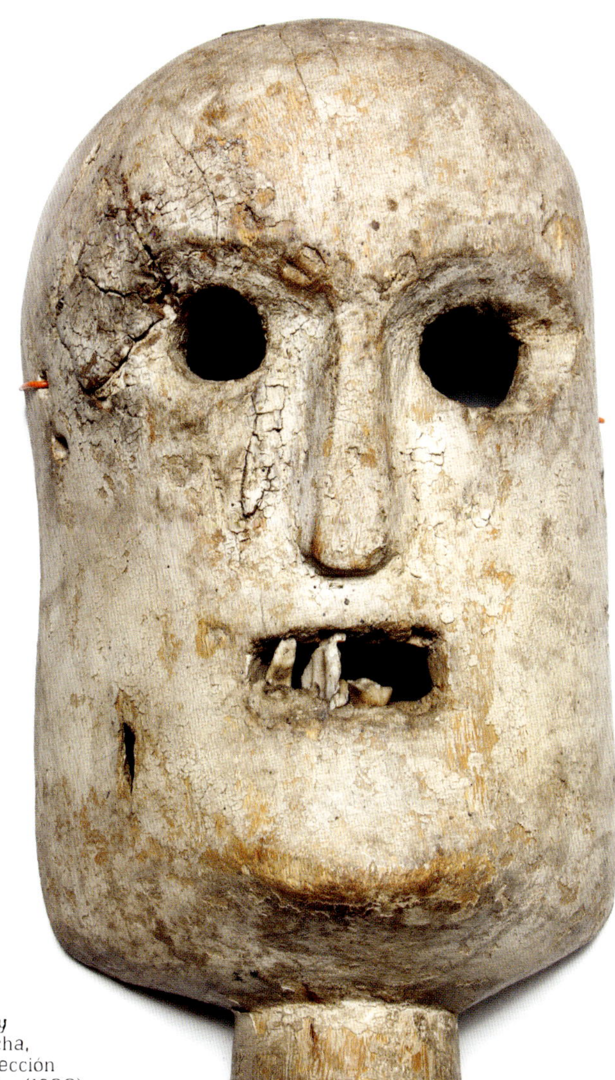

↑ Máscara para la danza de los Tlacololeros (ca. 1970). Chilapa, Guerrero. Madera tallada y policromada. Colección Muyaes-Ogazón. ↑ Máscara para Semana Santa (ca. 1960). La Concha, San Luis Potosí. Madera tallada y policromada con incrustaciones de dientes de animal. Colección Muyaes-Ogazón. ↖ Máscara que representa a la muerte, para la Danza de las tres potencias (1900). Ayutla, Guerrero. Madera tallada y policromada con incrustaciones de dientes de animal. Colección Muyaes-Ogazón. ↗ Máscara de la muerte para la danza de los Tlacololeros. Tlapa, Guerrero. Madera tallada y policromada. Colección Muyaes-Ogazón. → (p. 14) Niños pintando una estatua de Mictlantecuhtli, Tláhuac, Ciudad de México. → (p. 15) Cementerio improvisado en Tláhuac.

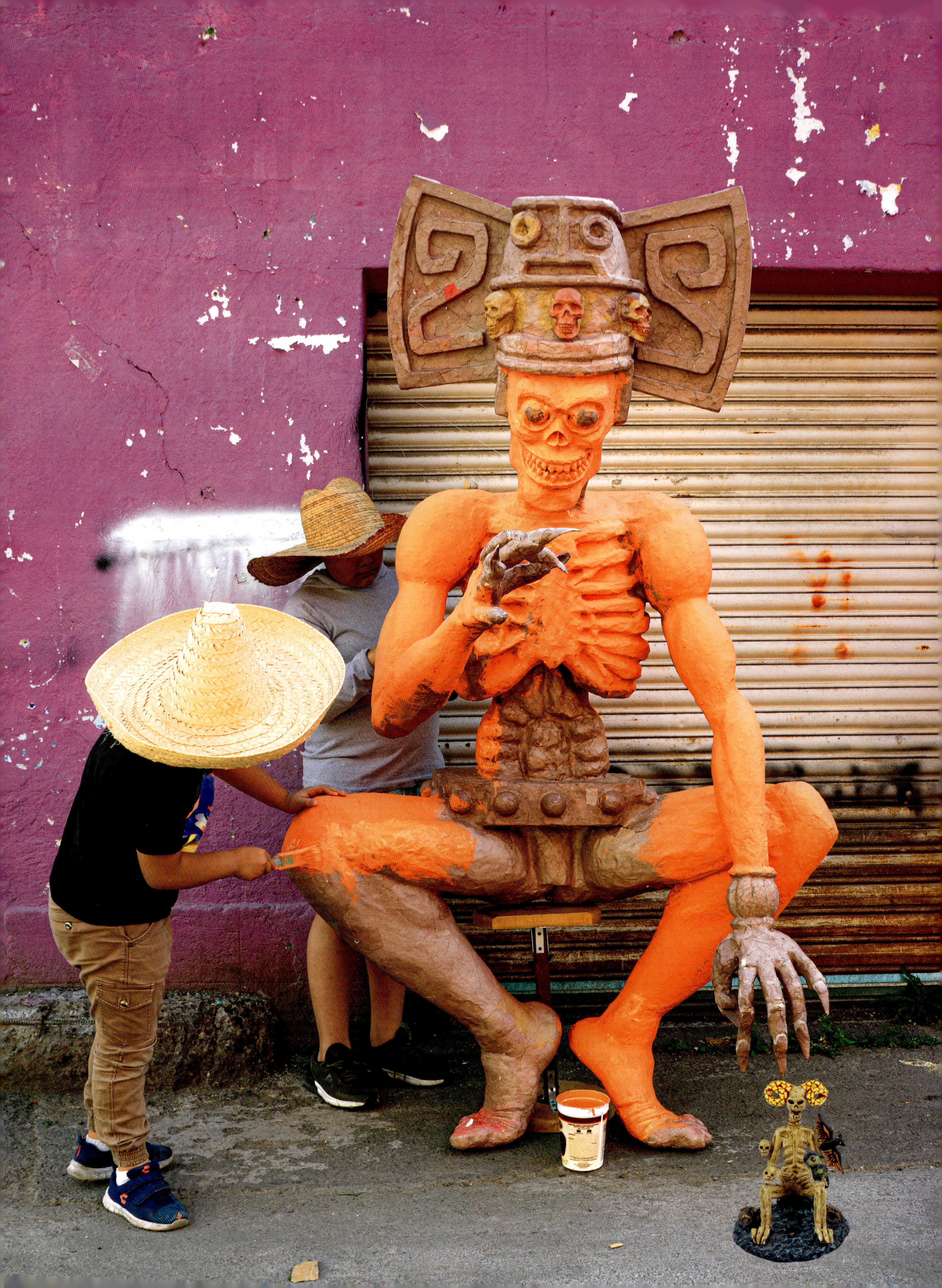

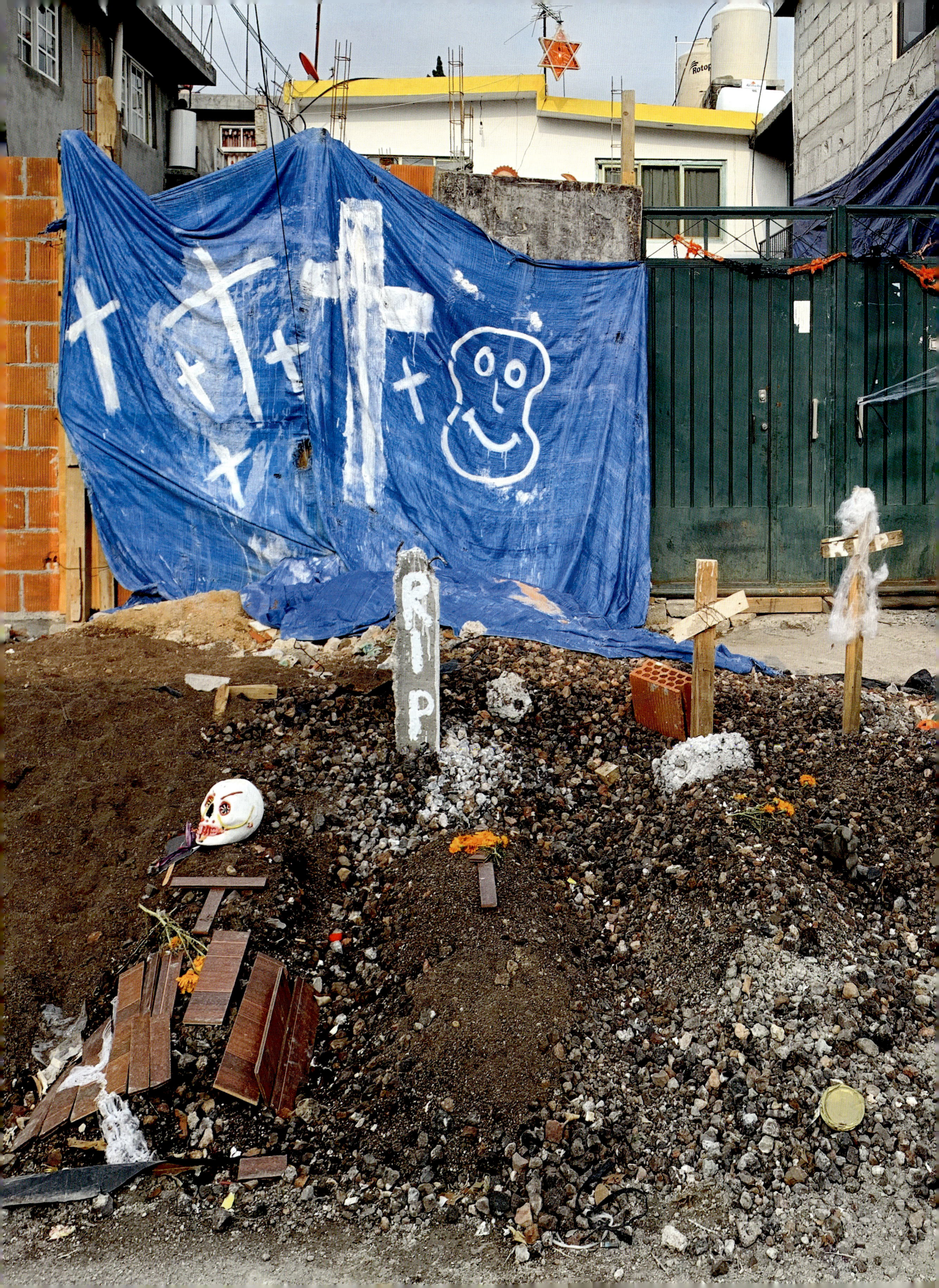
RIP

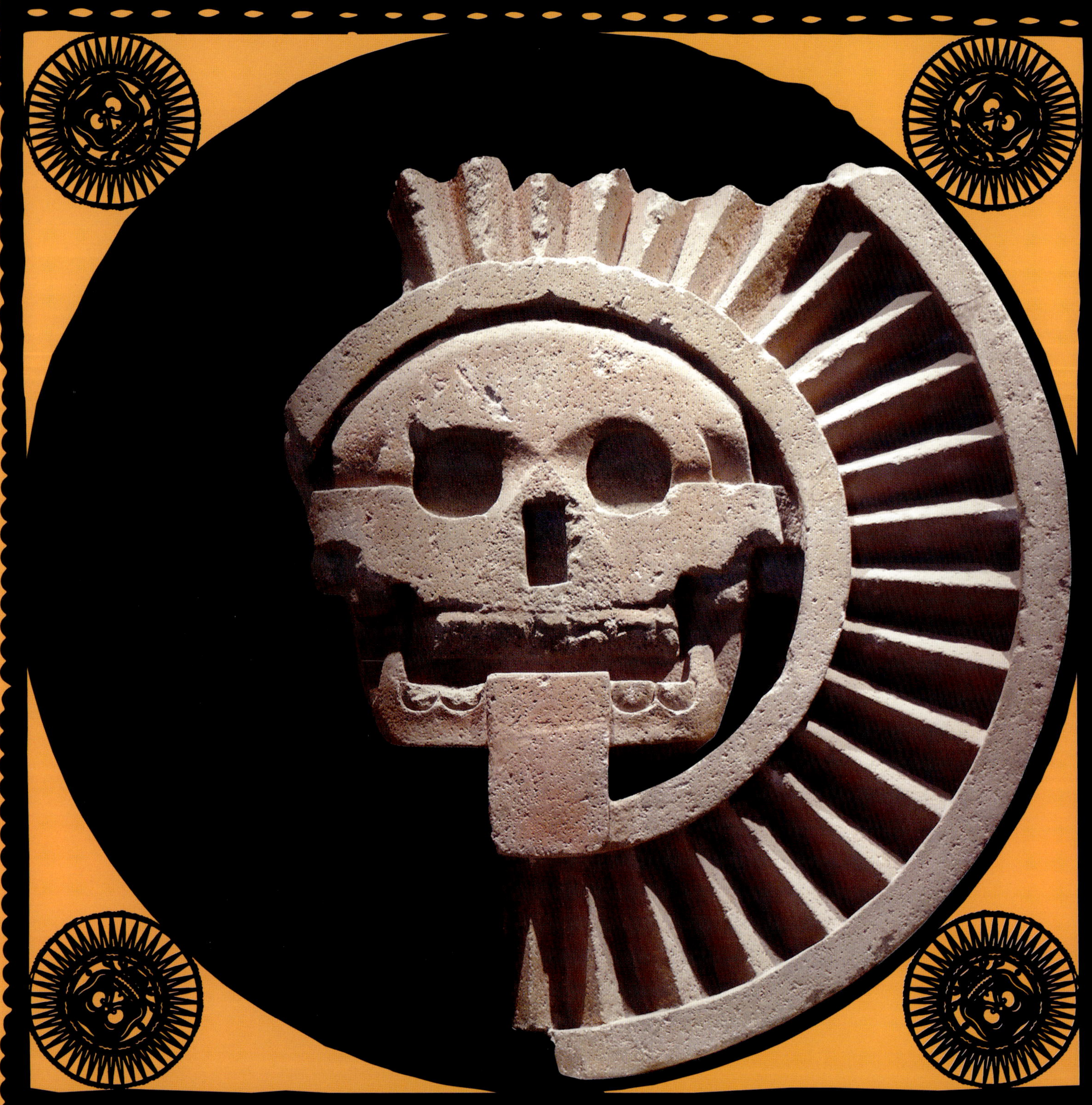

El pueblo nahua peregrinó en busca de nuevas tierras hasta asentarse en los lagos del Valle de México. Llevaba consigo sus enseres, costumbres y, lo más importante, sus dioses. Las religiones de las comunidades originarias de México veneraban deidades que representaban una dualidad antagónica y filosófica: el bien y el mal, el día y la noche, la vida y la muerte; fuerzas que en sí mismas mantenían el equilibrio en la naturaleza y en el hombre. Respetar y reverenciar esa dualidad mediante ritos funerarios, ofrendas agrícolas y sacrificios humanos era su misión.

↑ Representación en piedra de Mictlantecuhtli, el enigmático señor del inframundo. Museo del Templo Mayor, INAH.

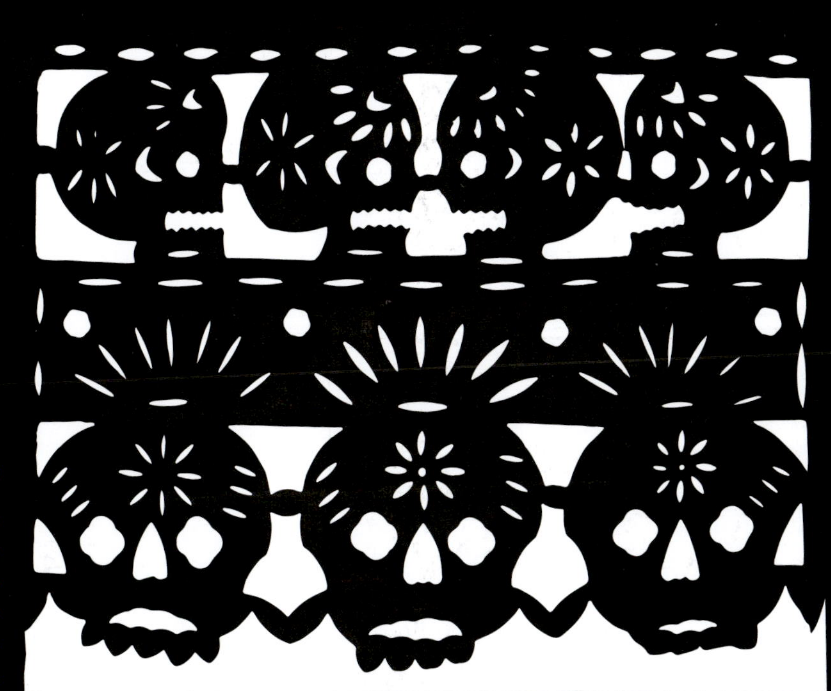

LA MUERTE EN MÉXICO

LA RELIGIOSIDAD DE UNA CULTURA

ALMAS, DIOSES Y PARAÍSOS PERDIDOS La trascendencia del alma y la muerte física eran dos aspectos fundamentales del pensamiento mexica que estaban presentes en sus cantares y códices —transmitidos por los manuscritos de los cronistas—, y nos ayudan a aproximarnos a la mentalidad que impregnaba todas las capas de esa sociedad. Para los mexicas, la tierra era un gran disco en el centro del universo, que se distribuía en cuatro direcciones como una cruz. Estaba rodeada de agua marina, a manera de anillo, y en sus extremos se levantaba un muro que sostenía el cielo. El ombligo de este lugar se representaba con una piedra preciosa perforada de color verde, que simbolizaba el orden y el equilibrio del mundo. Los puntos cardinales marcaban diversos elementos duales, donde la vida-muerte se situaba en el eje sur-norte, y lo masculino-femenino en dirección este-oeste.

En la concepción mexica, el cielo se asociaba con el número 13, que era la cantidad de niveles por los que el ánima debía ascender. La tierra se vinculaba con los números 4 y 5, por las cuatro direcciones y el centro; por último, el inframundo estaba relacionado con el número 9, pues tenía nueve etapas, casas o pueblos por los que debía transitar el ánima antes de llegar al Mictlán.

Los hombres sacrificados en honor a Huitzilopochtli y Cihuacóatl-Quilaztli eran recibidos en el cielo, adonde también iban los grandes gobernantes, las mujeres muertas en el primer parto, los guerreros —cayeran o no en batalla—, los niños fallecidos en la tierna infancia y los comerciantes que morían en expedición mercantil.

Los niveles del cielo. El estrato más alto era el **Omeyocan**, lugar de la dualidad y principio de la vida de todos los individuos. En este cielo doble, las ánimas se volvían aves, y, como en el limbo cristiano, wahí moraban los niños antes de ser enviados al mundo.

También había otro sitio, el **Tlalocan**, donde Tláloc —dios de la lluvia y la fertilidad— designaba a las ánimas que formarían parte de su corte. Quienes llegaban a este paraíso eran capaces de convocar la lluvia, dirigir los vientos, atraer el agua del mar y limpiar los cauces subterráneos; habitaban en el monte hueco de donde brotaban los ríos, los vientos y las nubes. Allí, el verano era imperecedero y se daban los frutos de la tierra.

Así describió el Tlalocan Bernardino de Sahagún:

> La otra parte donde decían que se iban las ánimas de los difuntos es el paraíso terrenal, que se nombra Tlalocan, en el cual hay muchos regocijos y refrigerios, sin pena ninguna; nunca jamás faltan las mazorcas de maíz verdes, y calabazas y ramitas de bledos, y ají verde y jitomates, y frijoles verdes en vaina, y flores; y allí viven unos dioses que se llaman Tlaloque, los cuales se parecen a los ministros de los ídolos que traen cabellos largos. Y los que van allá son los que matan los rayos o se ahogan en

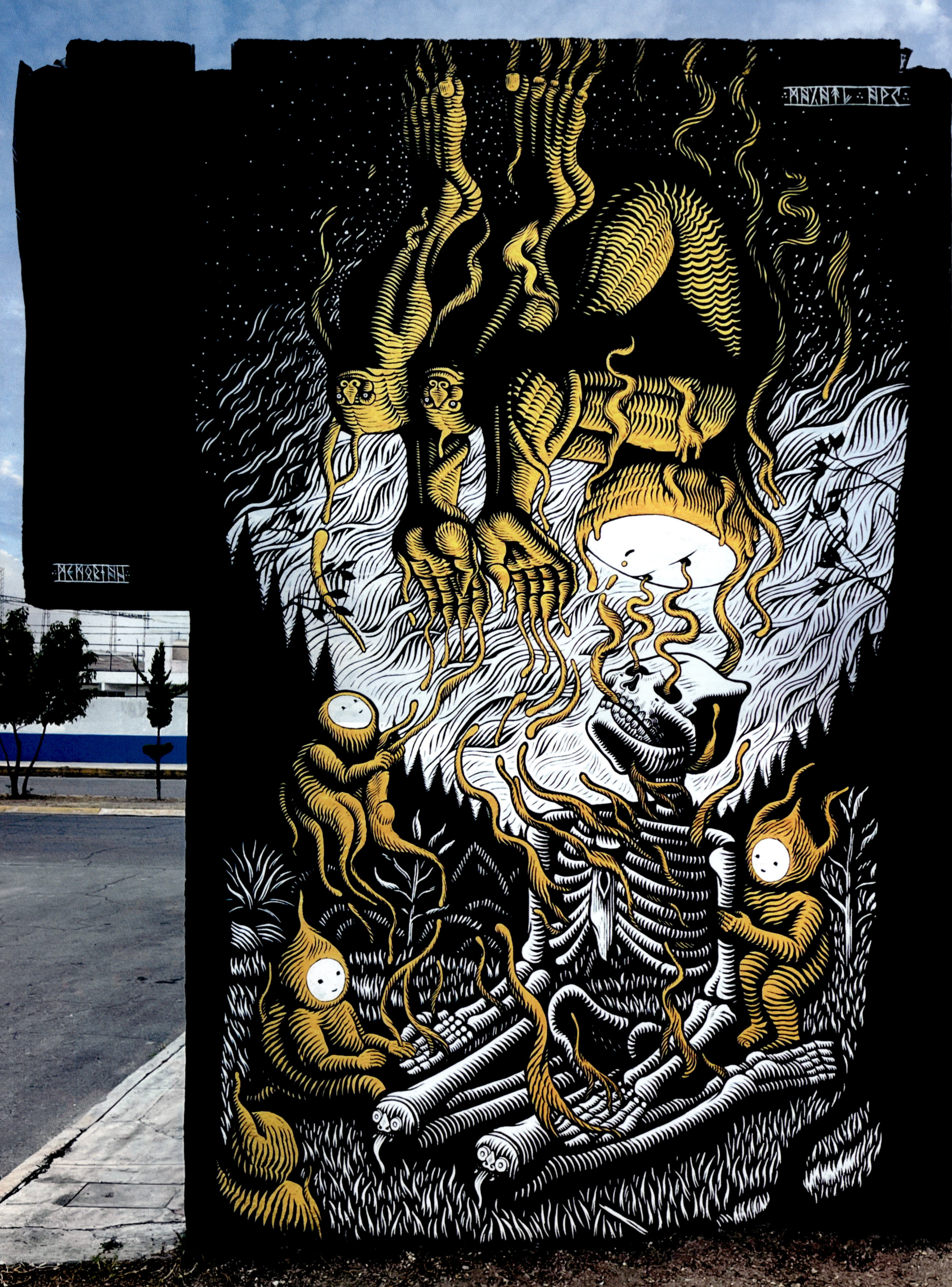

> el agua, y los leprosos, bubosos y sarnosos, gotosos e hidrópicos; y el día que se morían de las enfermedades contagiosas e incurables, no los quemaban sino enterraban los cuerpos de los dichos enfermos, y les ponían semillas de bledos en las quijadas, sobre el rostro; y más, ponínles color de azul en la frente, con papeles cortados, y más, en el colodrillo ponían los otros papeles, y los vestían con papeles, y en la mano una vara. Y así decían que en el paraíso terrenal que se llamaba Tlalocan había siempre jamás verdura y verano.

Aquellos que moraban en el Tlalocan pedían al señor de la lluvia que sus familiares los acompañaran y tuvieran una muerte benigna como la suya. No eran incinerados, sino sepultados, ya que habían sido elegidos por Tláloc y no necesitaban un elaborado rito funerario.

Entre los parajes terrenales se menciona otra morada de ultratumba: **Cincalco**, el lugar de la casa del maíz, que era una cueva situada detrás de Chapultepec, donde se padecían trabajos y miserias; por eso los hombres no acababan ahí por su propia voluntad. Reinaba **Huemac**, el dios de los terremotos en la mitología azteca y gobernante mítico de los toltecas, así que no es de extrañar que el emperador Moctezuma Xocoyotzin tratara de refugiarse en Cincalco cuando sintió cerca la amenaza de la conquista.

Sin embargo, la vida en esta tierra era concebida como un sueño; aquí no se encontraba lo verdadero y se vivía en un estado de semiinconsciencia constante. Sólo con la muerte era posible despertar y pasar al fin del mundo, "allá en la región de los muertos".

LOS DIOSES DEL INFRAMUNDO

El concepto de la muerte para los mexicas estaba íntimamente vinculado con el dios Ometecuhtli, esencia masculina que representaba una gran fuerza de naturaleza regeneradora. Este ser supremo y su esposa **Omecíhuatl** eran las deidades duales que decidían la creación y destrucción de cualquier forma de vida. A partir de ellos se originó el mito que involucra al gran señor de la mitología mesoamericana: **Quetzalcóatl**, la serpiente emplumada, el dios de la creación. La leyenda cuenta que, con el fin de recolectar los huesos que necesitaba para crear a los seres humanos, Quetzalcóatl tuvo que rodear cuatro veces el reino de los muertos. Logró reunir las osamentas, pero el señor del inframundo —furioso por su éxito— le puso una trampa: cuando la serpiente emplumada estaba a punto de salir del Mictlán, tropezó en una zanja y quedó ahí encerrado para siempre.

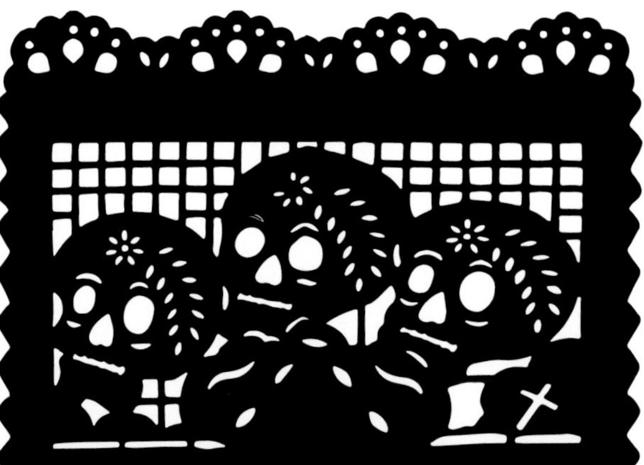

El tlatoani Nezahualcóyotl dejó constancia de su preocupación por la trascendencia en estos versos:

Percibo lo secreto, lo oculto:
¡Oh vosotros señores!
Así somos,
somos mortales,
de cuatro en cuatro nosotros
los hombres,
todos habremos de irnos,
todos habremos de morir
en la tierra [...].
Como una pintura
nos iremos borrando.
Como una flor,
nos iremos secando
aquí sobre la tierra.
Como vestidura de plumaje
de ave zacuán,
de la preciosa ave de cuello
de hule,
nos iremos acabando [...].
Meditadlo, señores,
águilas y tigres,
aunque fuerais de jade,
aunque fuerais de oro,
también allá iréis,
al lugar de los descarnados.
Tendremos que desaparecer,
nadie habrá de quedar.

Trece poetas del mundo azteca
Miguel León Portilla.

← **Bardo II.** Mural realizado por el artista urbano Mazatl con el apoyo del colectivo Memoriah de Tizayuca, Hidalgo.
↖ Representación en piedra del dios azteca Quetzalcóatl en posición erguida y amenazante. Museo Nacional de Antropología, Ciudad de México.

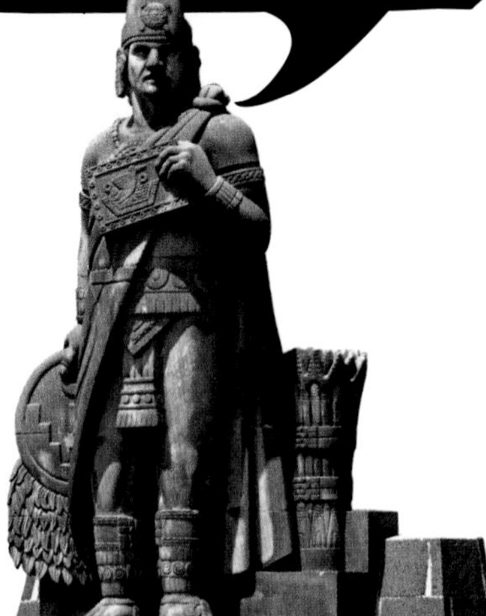

→ Nezahualcóyotl, que en náhuatl significa "coyote que ayuna", fue un tlatoani de Texcoco (en el actual Estado de México) conocido como el rey poeta.

EL REY DE LOS RIOS SUBTERRÁNEOS

El nombre de MICTLANTECUHTLI se compone de dos palabras en náhuatl: Mictlán, "mansión de los muertos", y tecuhtli, "señor"; significa, pues, "el señor de la mansión de los muertos". Mictlantecuhtli y su pareja eran conocidos con otros nombres, como se ve a continuación:

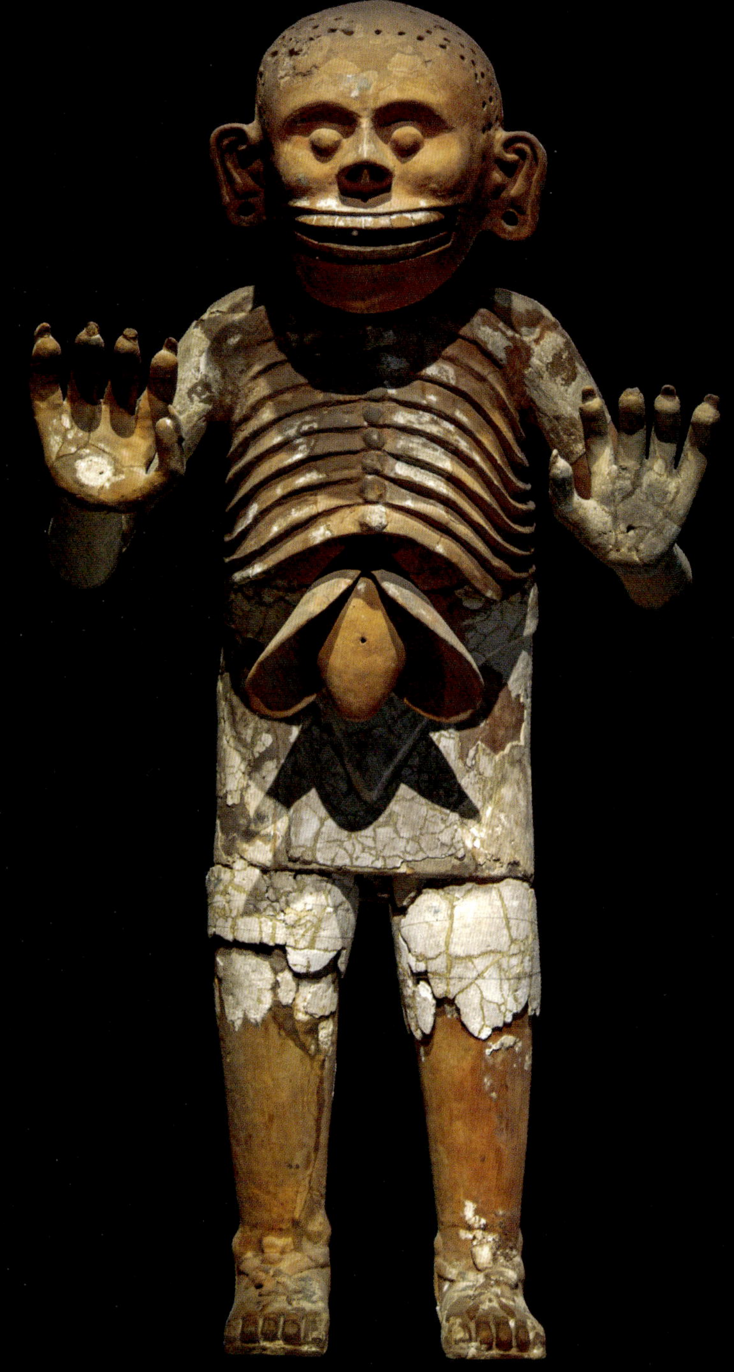

IXPUZTEQUI. Este dios era alto y delgado. De tipo cadavérico y figura antropomorfa, su nombre significa "el del pie quebrado". Según otras etimologías, Ixpuztequi quiere decir "el de la cara rota", ya que esta deidad no tenía mandíbula inferior, lo que le confería su aterrador aspecto. Cubierto con una túnica, solía aparecérseles a los viajeros por la noches.

↑ Estatua del dios de los muertos Mictlantecuhtli, en el Templo Mayor de la Ciudad de México.

NEXOXOCHE. Su compañera, "la que vomita sangre", era la diosa de los que morían tras sufrir una dura enfermedad. Estaba relacionada con las flores funerarias y solía sembrar el terror cuando aparecía en el mundo de los mortales.

NEXTEPEHUA. Etimológicamente, "el que esparce ceniza". Se representaba con su parte inferior en forma de brasero, ya que era la deidad de la cremación.

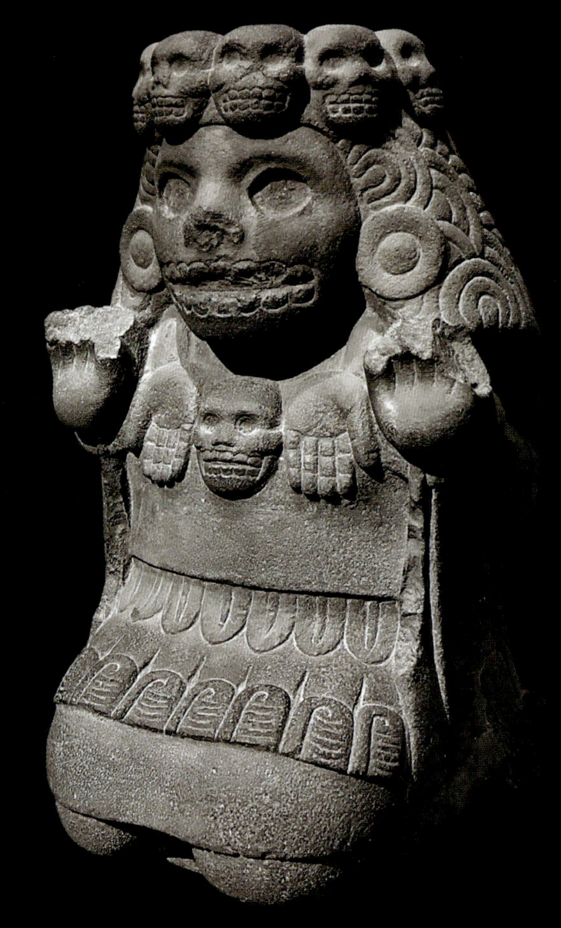

MICCAPETLACALLI. Era su temible esposa, relacionada con las tumbas; de ahí la etimología náhuatl de su nombre: "caja vieja o petate de los muertos".

CHALMECACÍHUATL. Su esposa, "la señora de los chalma", era la diosa de las plagas, los sacrificios y la peste. Se le consideraba la patrona protectora de los mercaderes.

TZONTEMOC. "El que baja la cabeza". Se identificaba con el sol en el ocaso, en el camino que recorría durante la noche hacia el mundo de los muertos. Se le representaba con la cara descarnada, grandes colmillos y garras, y tocado con adornos de papel característicos de los difuntos en el mundo náhuatl.

↑ Estatua en piedra de Cihuateótl, protectora de las mujeres en el parto. → Ometeótl, padre-madre de todas las divinidades, en la megaofrenda **El árbol de la muerte florida** (2010), en el Zócalo de la Ciudad de México.

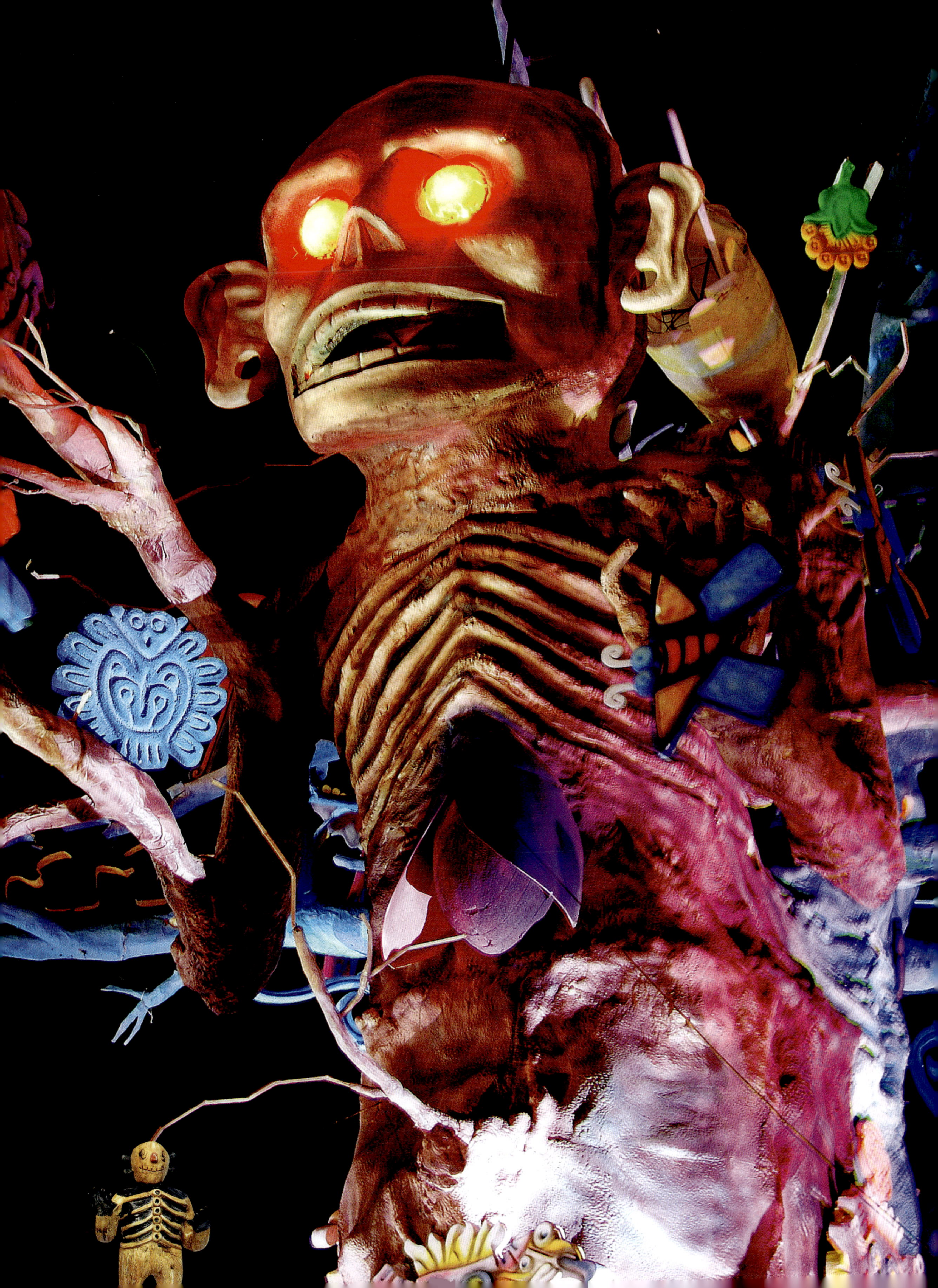

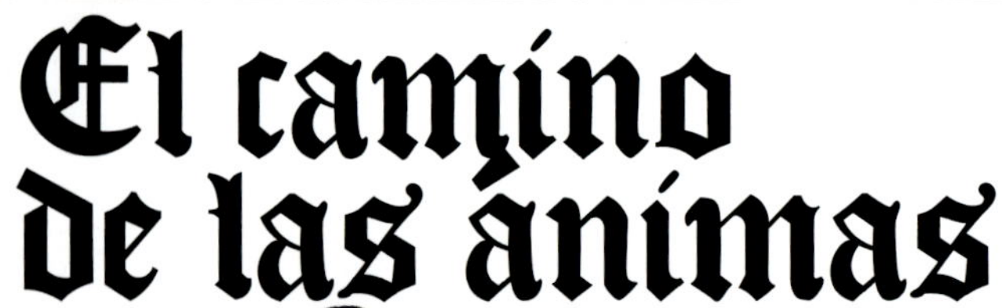

El camino de las ánimas

PARA LLEGAR A SU DESTINO FINAL, LAS ÁNIMAS DEBÍAN RECORRER UNA RUTA HACIA EL NORTE LLENA DE ESPANTOS.

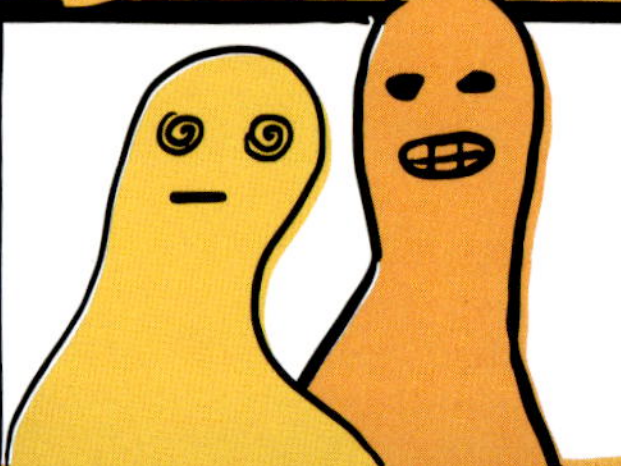

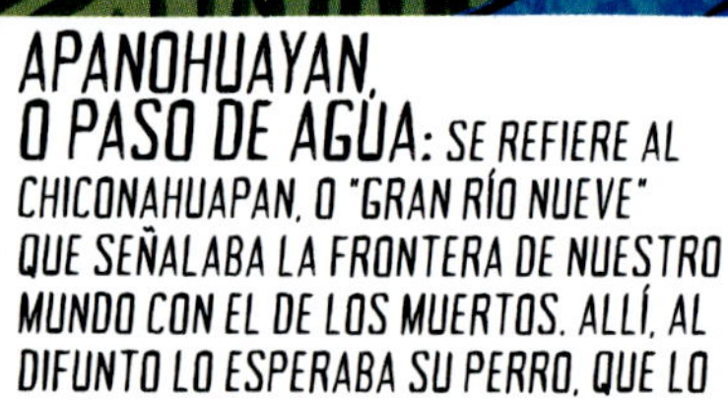

APANOHUAYAN, O PASO DE AGUA: SE REFIERE AL CHICONAHUAPAN, O "GRAN RÍO NUEVE" QUE SEÑALABA LA FRONTERA DE NUESTRO MUNDO CON EL DE LOS MUERTOS. ALLÍ, AL DIFUNTO LO ESPERABA SU PERRO, QUE LO AYUDABA A CRUZAR A NADO.

TÉPETL MONANAMICYA, "LUGAR DE MONTAÑAS QUE SE JUNTAN"

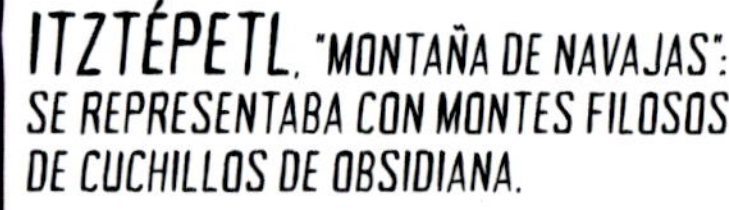

ITZTÉPETL, "MONTAÑA DE NAVAJAS": SE REPRESENTABA CON MONTES FILOSOS DE CUCHILLOS DE OBSIDIANA.

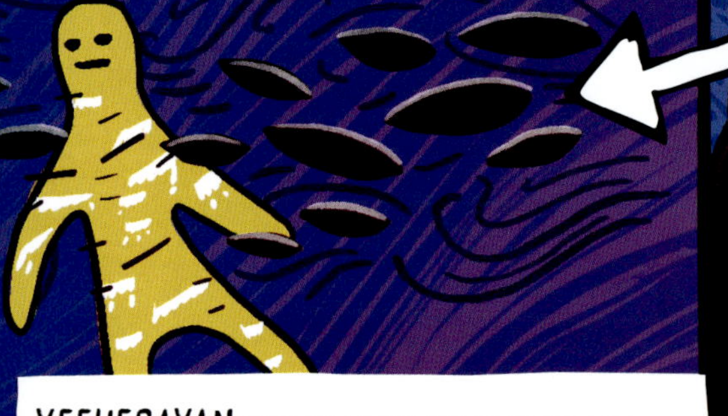

YEEHECAYAN, "LUGAR DEL VIENTO DE OBSIDIANA": SE CARACTERIZABA POR SUS AIRES FRÍOS Y MORTÍFEROS.

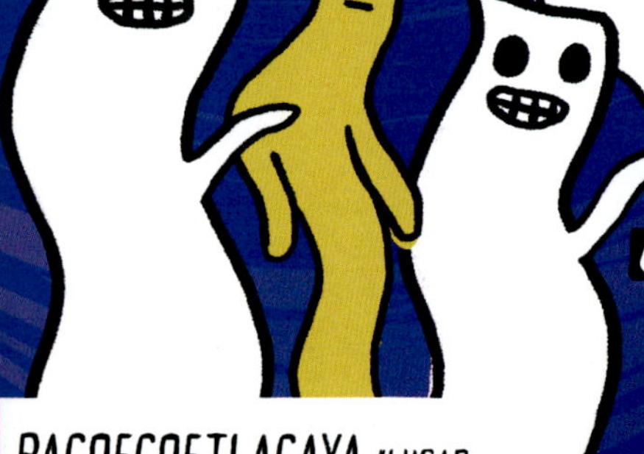

PACOECOETLACAYA, "LUGAR DONDE HACEN MUCHO RUIDO LAS BANDERAS": EN ESTE NIVEL HABÍA BANDERAS TREMOLANTES QUE SEÑALABAN EL CAMINO POSTERIOR.

TEMIMINALOYA, "LUGAR DONDE LA GENTE ES FLECHADA"

TEOCOYLQUALOYA "LUGAR DONDE SE COME EL CORAZÓN DE LA GENTE": EN ESTE NIVEL, LAS FIERAS DEVORABAN EL CORAZÓN DE LOS DIFUNTOS.

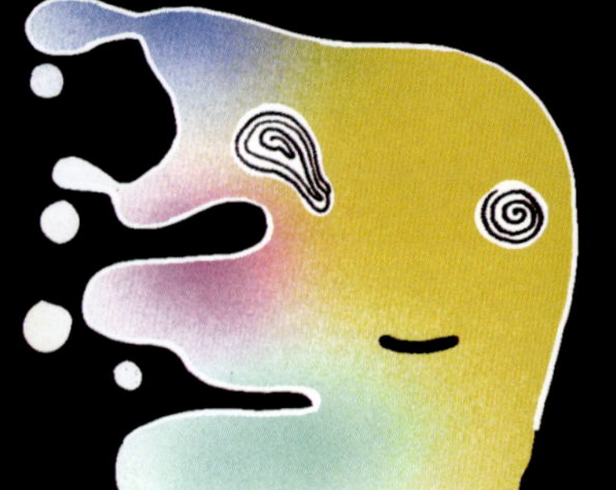

ITZMICTLAN APOCHCALOCA, "LUGAR DE LA MUERTE DE OBSIDIANA": EN ESTE SITIO SIN SALIDA SE PERDÍA LA IDENTIDAD INDIVIDUAL.

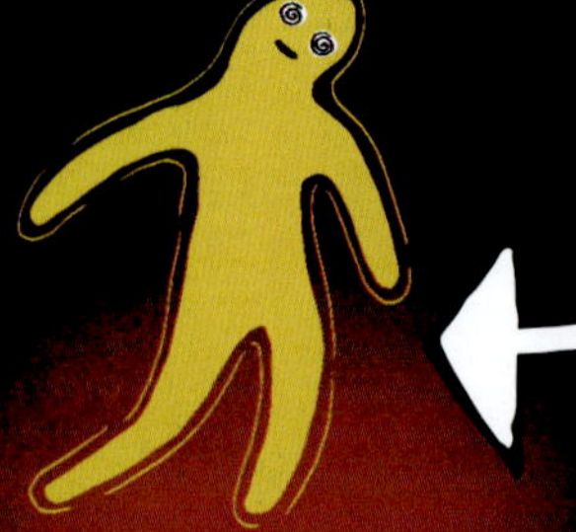

CHIUCNAUHMICTLAN, "LUGAR DE LAS NUEVE REGIONES DE LOS MUERTOS" ES EL FINAL DEL TRAYECTO. AQUÍ LOS MUERTOS YA NO PODÍAN VER A SU ALREDEDOR.

El inframundo estaba gobernado por la pareja divina formada por **Mictlantecuhtli y Mictecacíhuatl**, los reyes del mundo helado de los muertos. El primero, también conocido como el señor del Mictlán, se representaba sentado en las fauces de la tierra, con la cabeza ceñida por una diadema que indicaba su estatus de gobernante. Frente a él se encontraba **Mictecacíhuatl**, su esposa, reposando sobre una calavera. Mictlantecuhtli ejercía su soberanía sobre los nueve ríos subterráneos y sobre las ánimas que ahí llegaban. Quienes alcanzaban el Mictlán se convertían en sus servidores y mensajeros.

VESTIDO PARA MORIR Una vez muertos, a los **tlatoques mexicas** (grandes gobernantes locales) se les cubría con los ropajes de varios dioses. Quienes conformaban la élite del gobierno eran venerados como semidioses después de perder la vida, ya que una fuerza superior poseía sus corazones y los protegía.

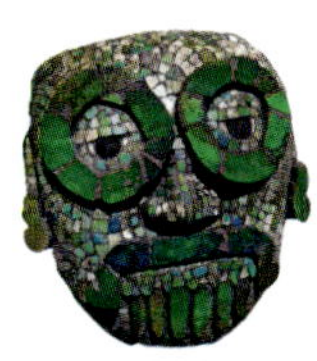

LA VIDA NOS HA CURADO DE ESPANTOS

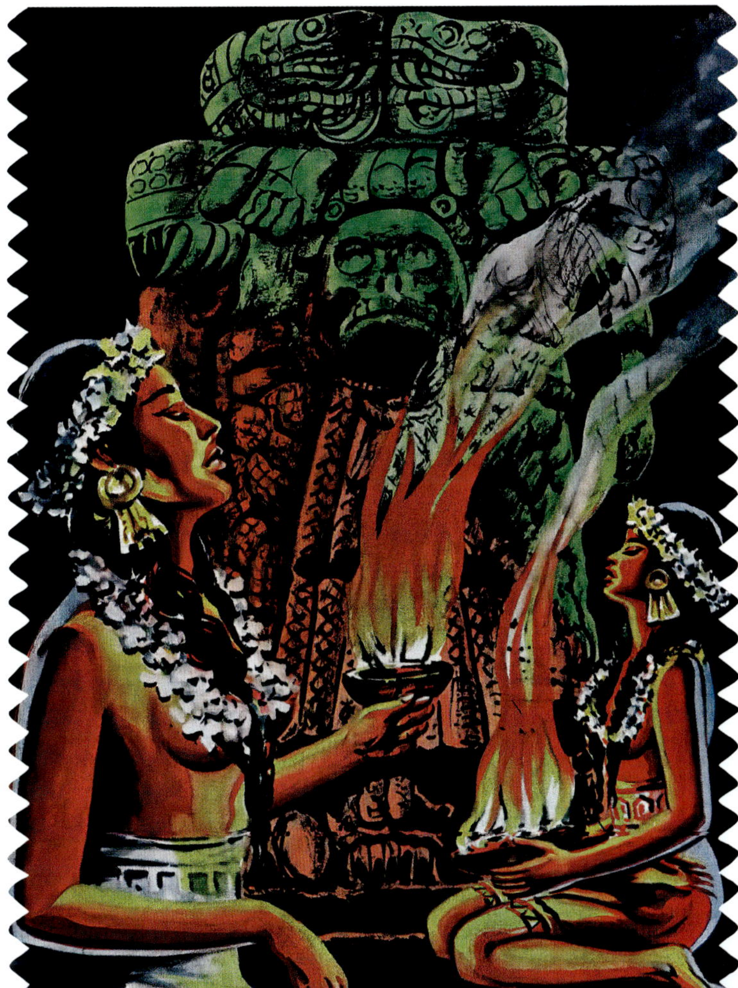

UN DESTINO SIN MAPA

En la cultura nahua la entrada al inframundo era una incógnita.

¿En dónde está el camino
para bajar al reino de los muertos,
a donde están los que ya no tienen cuerpo?
¿Hay vida aún allá en esa región
en la que de algún modo se existe?
¿Tienen aún conciencia nuestros corazones?
En cofre y caja esconden a los hombres
y los envuelve en ropas el dador de la vida.
¿Es que allá los veré?
¿He de fijar los ojos en el rostro
de mi madre y de mi padre?
¿Han de venir a darme ellos aún
su canto y su palabra?
¡Yo los busco: nada está allí:
nos dejaron huérfanos en la tierra!

Cantares mexicanos, Poesía náhuatl, II.

↖ Estatuilla en barro policromado del dios Mictlantecuhtli. Colección Miguel Abruch. ↑ Coatlicue, la madre de los dioses, representada en una monografía escolar. → **Calavera serpiente** (2016). Serigrafía en papel de Martín Ferreyra.

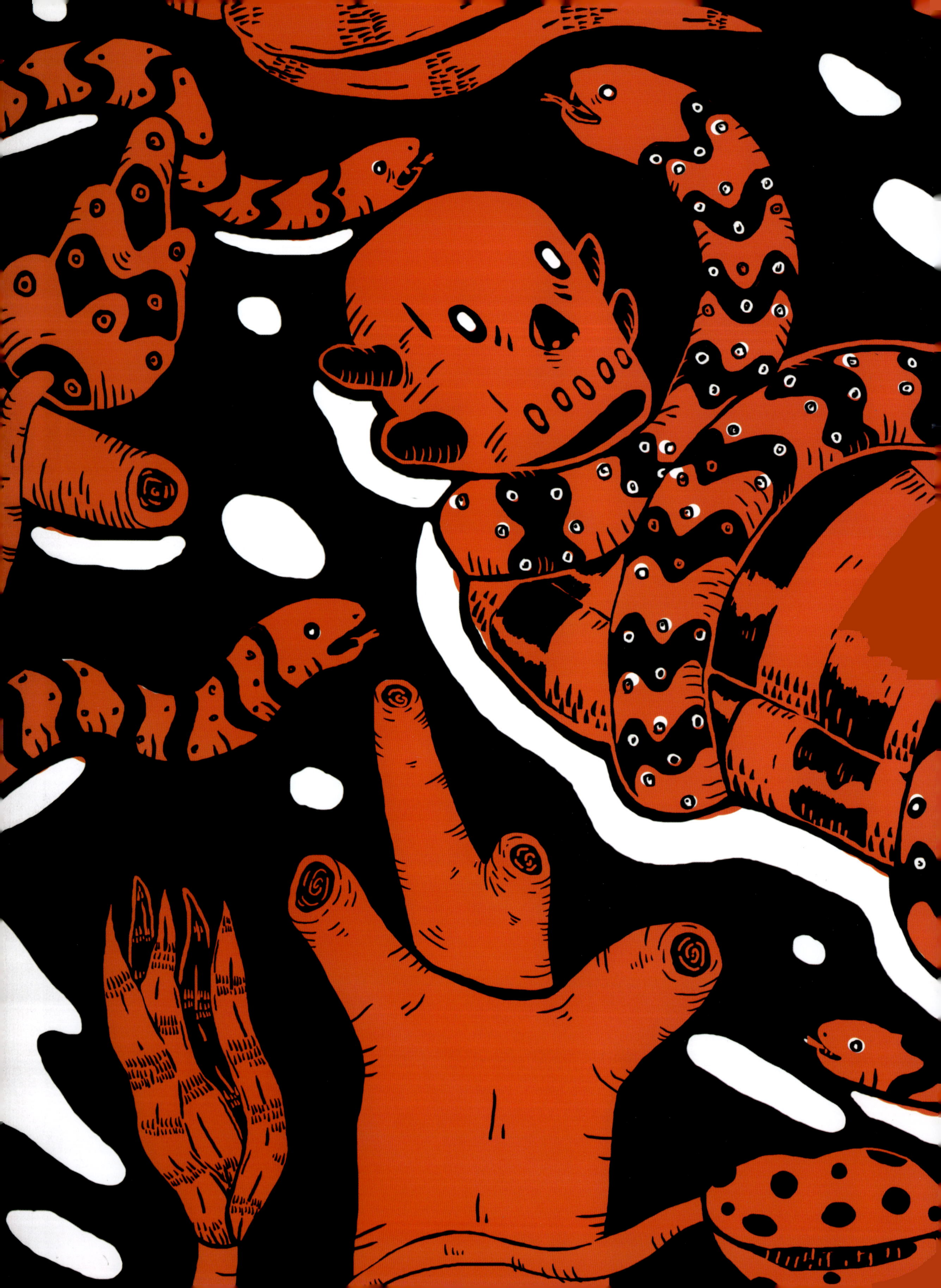

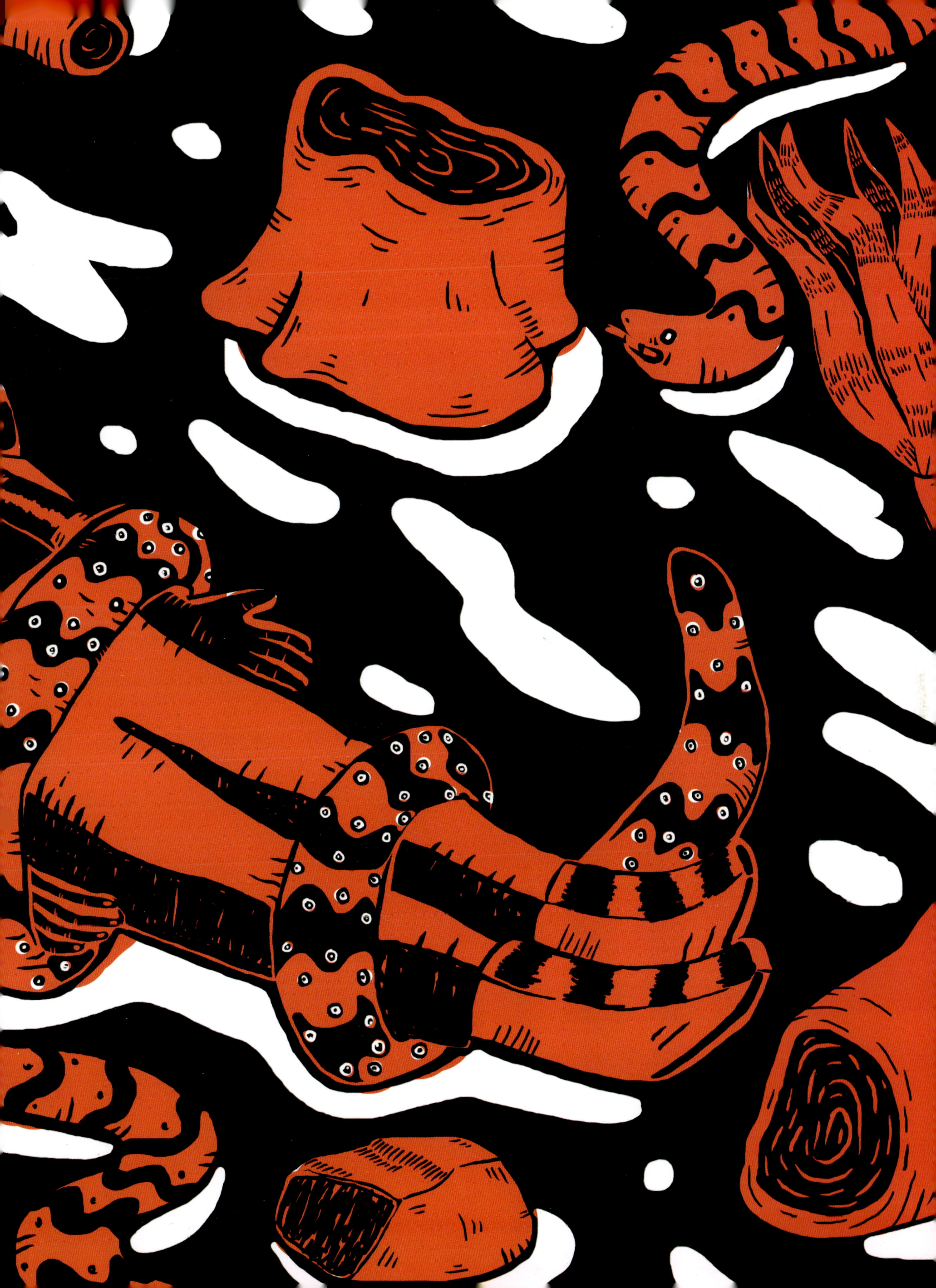

"Alcancé mi alcanzadero,
mi destrucción, mi ruptura,
mi fragmentación".

Concepción filosófica mexica.

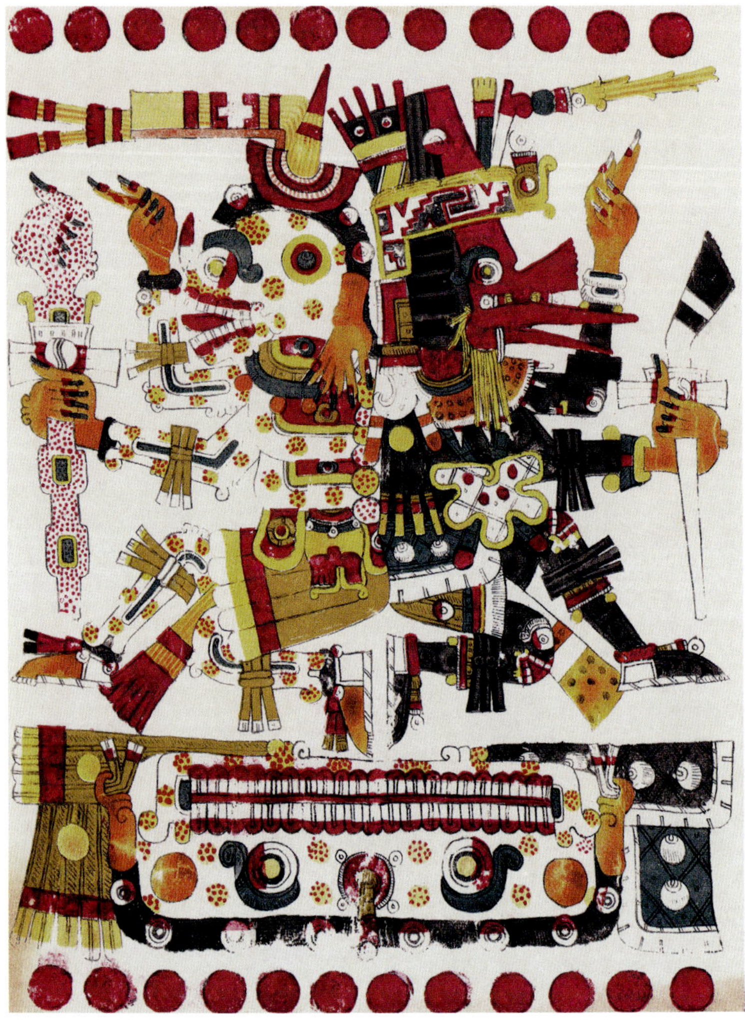

El Códice Borgia es un documento precolombino con contenido calendárico y ritual. La mayoría de sus páginas están dedicadas a los diferentes aspectos del tonalpohualli, el calendario adivinatorio de México Central, y muestra las asociaciones entre periodos de tiempo y los dioses. La lámina 56 representa a Mictlantehcutli y Ehécatl –dios del viento– espalda con espalda. Aunque su propósito no ha sido descifrado, se piensa que esta dualidad pertenece al mundo de la medicina prehispánica, asociada con la noción de vida y muerte.

↑ Mictlantecuhtli, dios de los muertos, y Ehécatl, dios de los vientos, en el Códice Borgia: un manuscrito mesoamericano prehispánico de contenido ritual y adivinatorio.

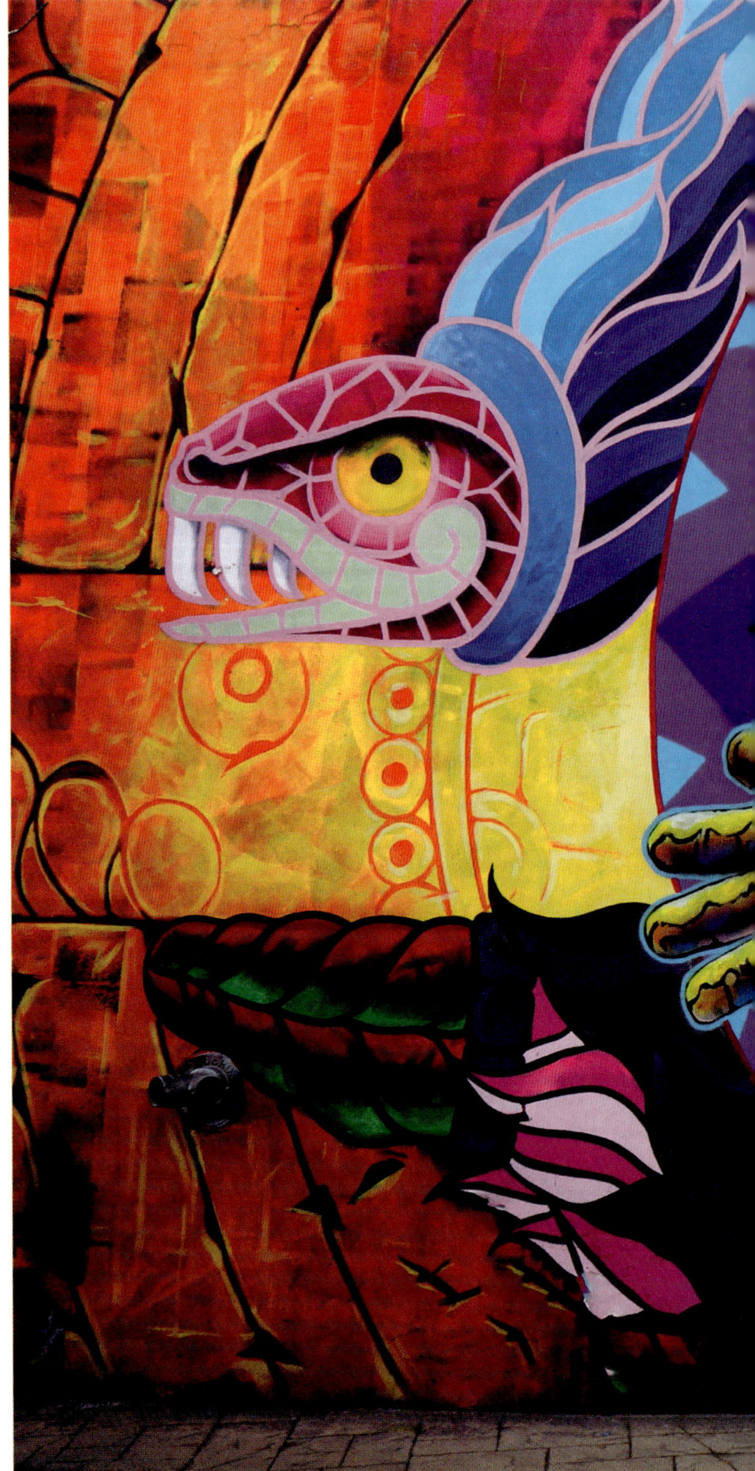

EL REINO HELADO DE LOS MUERTOS El Mictlán era un lugar misterioso y regenerador al que llegaban los difuntos, un espacio lúgubre y húmedo relacionado con la putrefacción, la oscuridad y la noche. De acuerdo con los cronistas del siglo XVI, aquí iban a parar quienes habían perdido la vida de forma natural, los que morían de viejos o de enfermedad común.

Sin embargo, para llegar a su destino final, las ánimas debían recorrer un camino hacia el norte con ocho duras etapas, cada una de ellas plagada de espanto y destrucción.

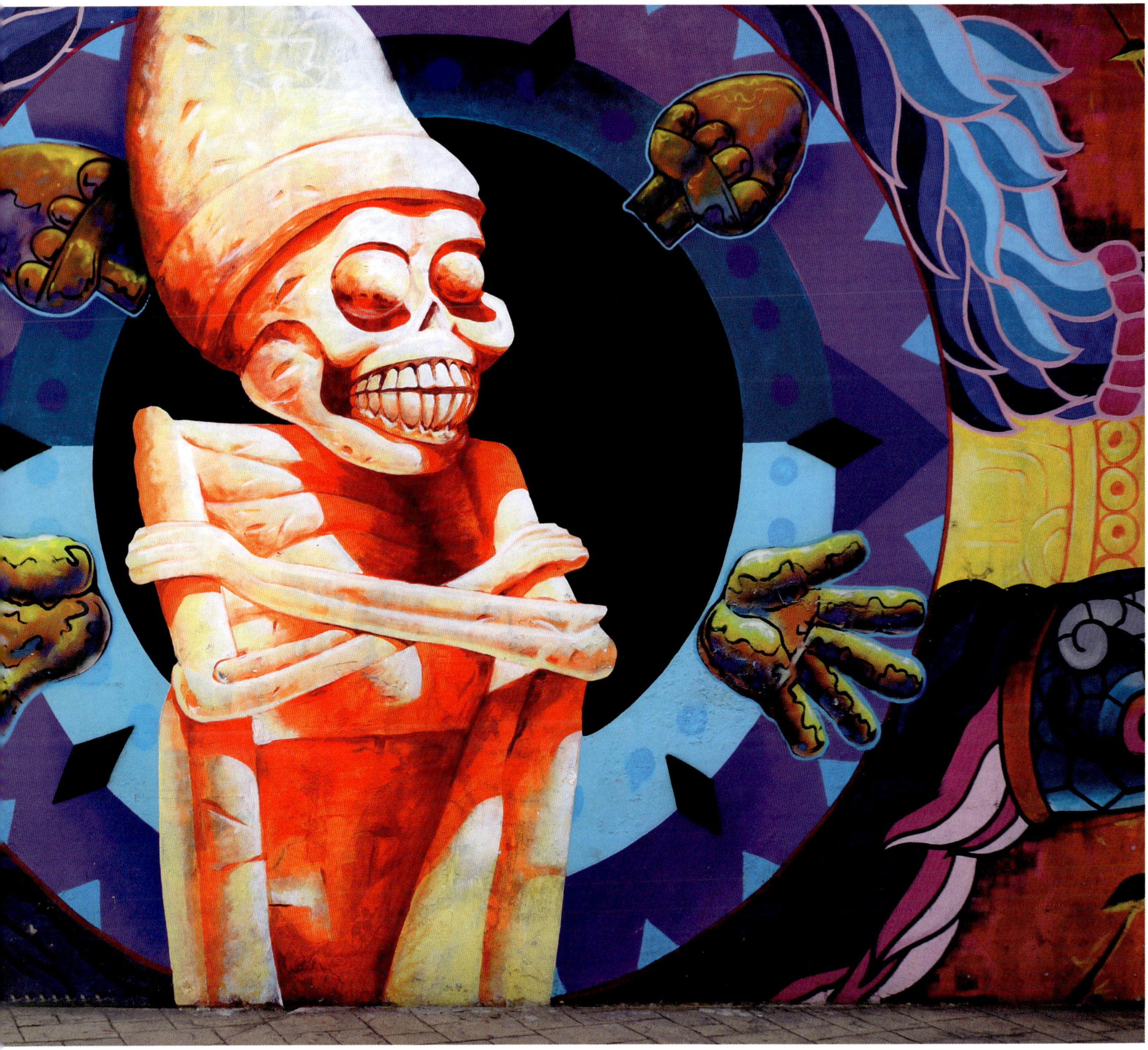

HÍGADO, CABEZA Y CORAZÓN, EL ALMA POR PARTES Dependiendo de su ánima, el individuo podía ir al cielo, a la tierra o al **Mictlán**. Los mexicas observaron que el conocimiento, los sentimientos y las acciones se correspondían con ciertas partes del cuerpo, en las que se concentraban fuerzas anímicas que daban vida al organismo y permitían la realización de las funciones psíquicas: la cabeza (**tonalli**), el corazón (**teyolía**) y el hígado (**ihíyotl**).

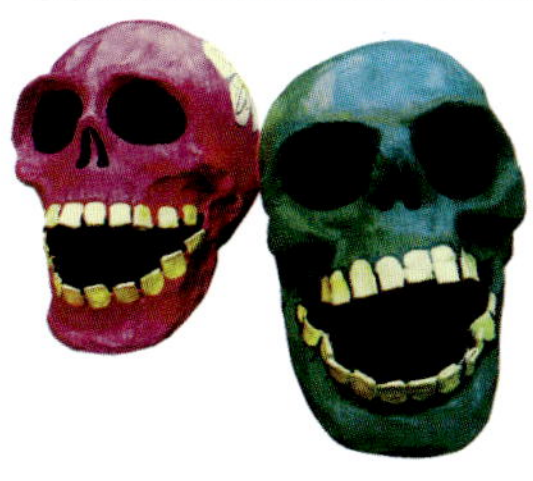

HASTA LA MUERTE CON EL NOPAL EN LA FRENTE

Tonalli, teyolía, e ihíyotl se asociaban de la siguiente forma:

CIELO-PADRE-TONALLI-CABEZA
SOL-HIJOS-TEYOLÍA-CORAZÓN
TIERRA-MADRE-IHÍYOTL-HÍGADO

Durante la vida terrenal, el **teyolía** era inseparable del ser humano; en cambio, el **tonalli** podía abandonar el organismo de forma natural, retornar a él espontáneamente o ser reubicado por procedimientos terapéuticos. Por otro lado, el **ihíyotl** emanaba sustancias dañinas en determinadas circunstancias, como liberaciones involuntarias de bilis.

↑ Mictlantecuhtli, guardián de Mixquic (2019). Fredy Pineda Ayala. Mural. Mixquic

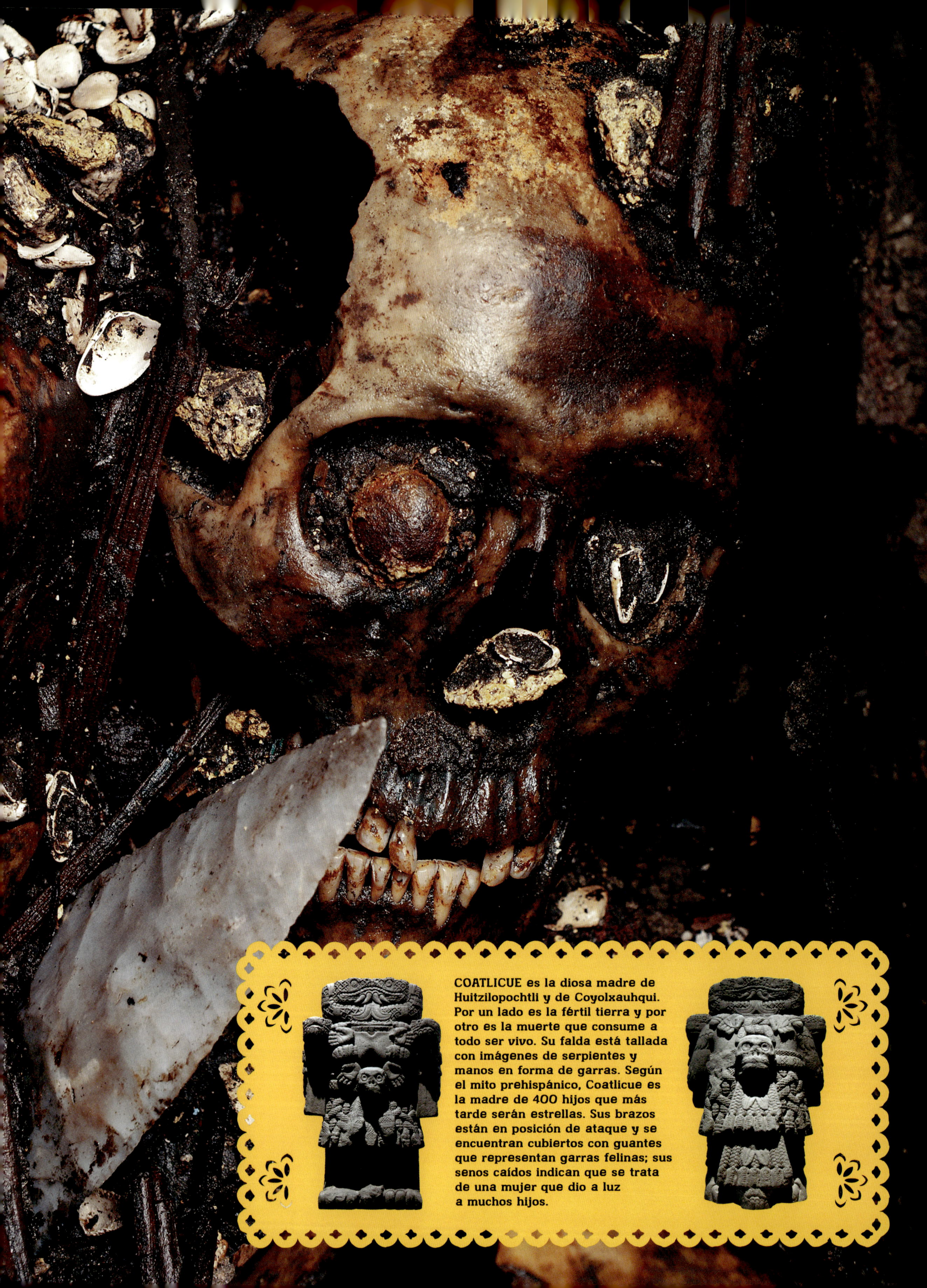

COATLICUE es la diosa madre de Huitzilopochtli y de Coyolxauhqui. Por un lado es la fértil tierra y por otro es la muerte que consume a todo ser vivo. Su falda está tallada con imágenes de serpientes y manos en forma de garras. Según el mito prehispánico, Coatlicue es la madre de 400 hijos que más tarde serán estrellas. Sus brazos están en posición de ataque y se encuentran cubiertos con guantes que representan garras felinas; sus senos caídos indican que se trata de una mujer que dio a luz a muchos hijos.

Para que el tonalli soportara las penurias del viaje hasta el Mictlán, se realizaba el rito conocido como **quitonaltía**. Consistía en colocar una representación del muerto, hecha de madera, sobre la caja o vasija de barro que contenía los restos de la incineración, así como algún mechón de los cabellos del muerto. Con ello, el **tonalli** quedaba en el hogar familiar o en el templo del **calpulli**, que era la comunidad de familias en el mundo azteca que compartían antepasados comunes y un territorio parcelado.

El **teyolía** correspondía al espíritu que viajaba a los destinos ultraterrenales. El corazón de los que se trasladaban al **Mictlán** se representaba como una figura humana pequeña que no se separaba del cuerpo hasta el momento de la cremación, pues el fuego era el vehículo que comunicaba la superficie de la tierra con el camino del teyolía viajero.

> Cortaban (al muerto) unas guedejas de cabello de lo alto de la cabeza, y guardábanlos porque decían que en ellos quedaba la memoria de su anima y día de su nacimiento y muerte; y estos cabellos juntaban con otros que en su nacimiento le habían cortado, y todos juntos los ponían en una caxita muy bien labrada y pintada por dentro con figuras del demonio, según que les parecía, y los tenían dibujados en piedra y maderos. Sobre la mortaja le ponían una máscara pintada.
>
> Fray Juan de Torquemada

En el **ihíyotl** residían la vida, el vigor, las pasiones y los sentimientos, pero también la apetencia, el deseo, la codicia y la envidia que causaba el mal de ojo. A la muerte del individuo se desprendía del cuerpo una especie de soplo, parecido a un gas luminoso; se asociaba con el "aire de noche", sustancia maligna que emanaban los cadáveres y que podía atacar a los seres humanos.

Para que un individuo estuviera sano, las tres entidades descritas debían mantenerse en equilibrio. Si una de ellas fallaba, afectaba a las otras y a las funciones psíquicas, lo que influía en el comportamiento social de la persona.

↖ Restos fúnebres en el Museo del Templo Mayor, Ciudad de México. ← Escultura de Coatlicue, con su mítica falda de serpientes que simboliza la vida y la muerte. En la cosmogonía indígena, la muerte está ligada a la tierra, y al enterrar al difunto, se le permite retornar a la madre naturaleza. Museo Nacional de Antropología, Ciudad de México.

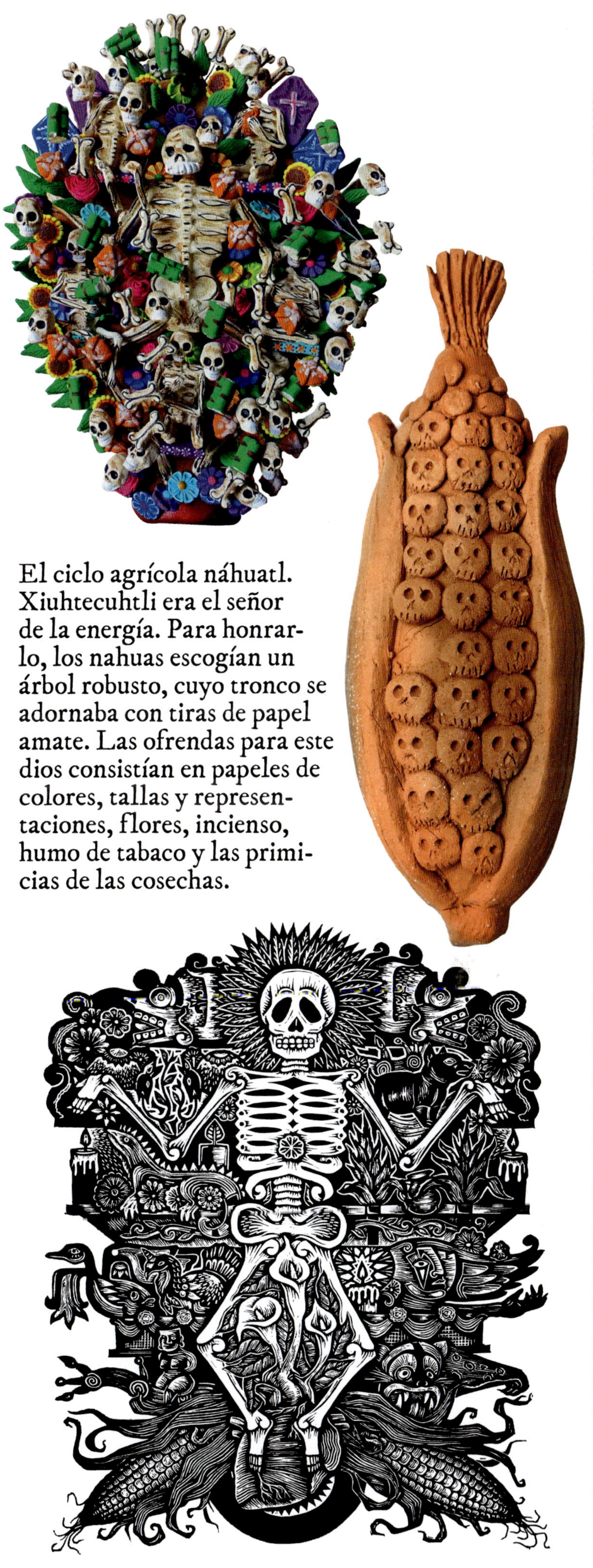

El ciclo agrícola náhuatl. Xiuhtecuhtli era el señor de la energía. Para honrarlo, los nahuas escogían un árbol robusto, cuyo tronco se adornaba con tiras de papel amate. Las ofrendas para este dios consistían en papeles de colores, tallas y representaciones, flores, incienso, humo de tabaco y las primicias de las cosechas.

↑ Árbol de la vida inspirado en el Día de Muertos.
↑ **Tzompantli maicero.** Colección de Alejandro Catalá Sicilia.
↑ **Pasajeros al tren** (2017). Eduardo Robledo. Linograbado repleto de elementos prehispánicos alusivos a la muerte.

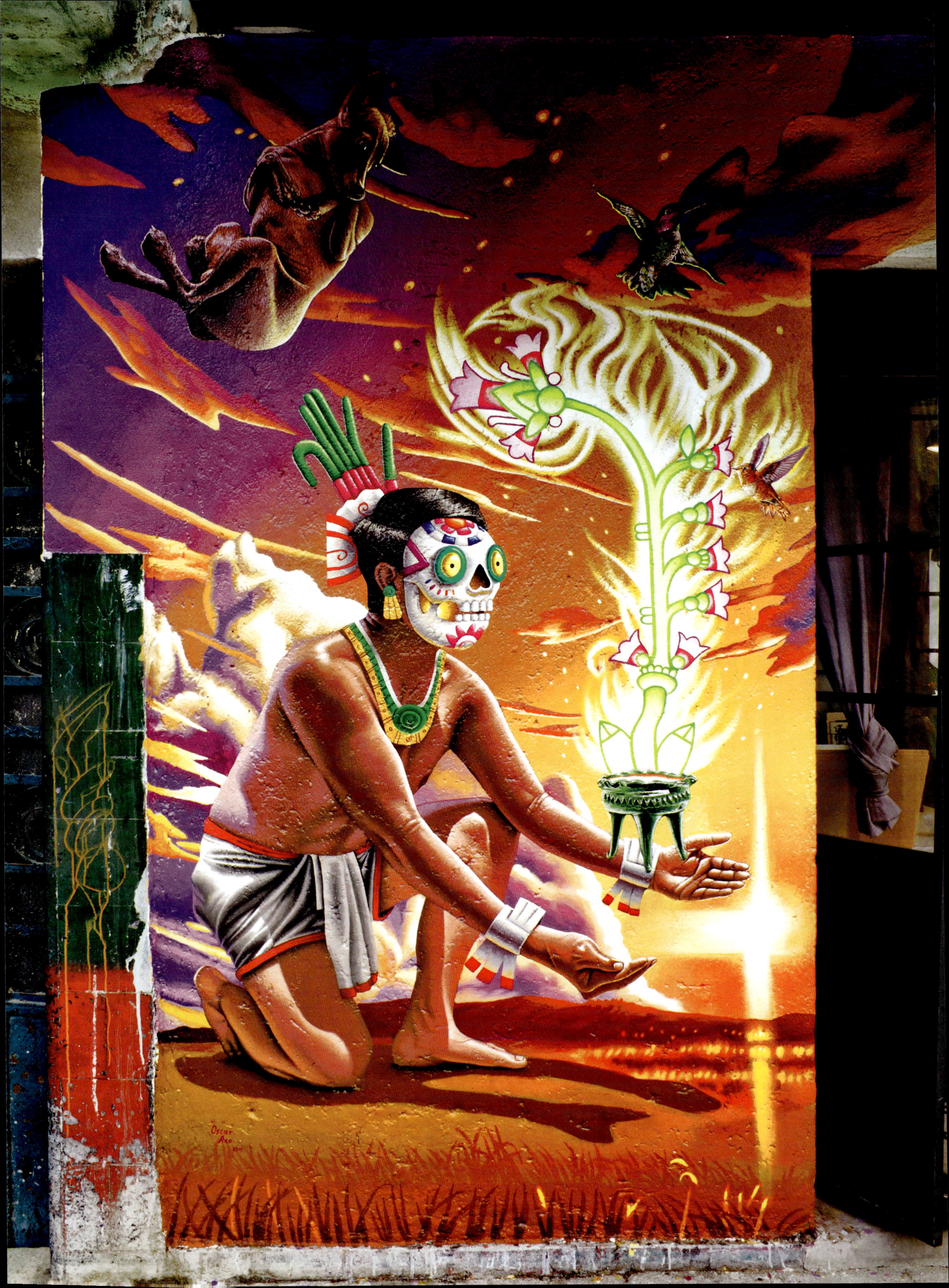
Oscar

UN PERRO TE GUÍA AL INFIERNO

En las fuentes documentales del siglo XVI aparece Xólotl, al que se considera hermano gemelo de Quetzalcóatl y su acompañante al reino del Mictlán. Su historia puede verse en el Códice Borgia, donde se representa con cara y patas de perro. El relato menciona que la deidad lo creó a partir de una astilla del Hueso de la Vida y lo ofreció como un regalo a la humanidad. De ahí surgió el xoloitzcuintle, un compañero que era el encargado de guiar las almas al inframundo.

Los nahuas pensaban que las personas al morir llegaban al río Apanohua en el inframundo, en donde hallaban a su perro y trepaban en su lomo para cruzar al otro lado.

MUY FIEL, PERO MUY FEO

El guía de los muertos, en nahua *xoloitzcuintle,* que significa "perro del ocaso o de la muerte", tenía un físico muy peculiar. Aunque era un ser divino, no ganaría un concurso de belleza, por ser calvo y chimuelo. Encima, es viejísimo, pues nació hace más de 3,500 años. Se tiene registro de la relación de los nahuas con los xoloitzcuintles a partir de la mención hecha por Bernardino de Sahagún en la *Historia general de las cosas de la Nueva España.* Aparece también en el Códice Laud, donde se puede ver uno de ellos acompañando a un indígena a presentarse ante Mictlantecuhtli.

> "Sobre el muerto vemos a su perro acompañante portando un rollo de papel, en tanto que el espíritu del muerto arroja un adorno de papel en un brasero, que está ante las gradas del templo de Mictlantecuhtli".
>
> Mercedes de la Garza, descripción de un dibujo del Códice Laud

Acompañadas por su amigo fiel, finalmente las ánimas llegaban ante Mictlantecuhtli en el **Chicunamictlan** —el estrato nueve del inframundo mexica—, donde morían.

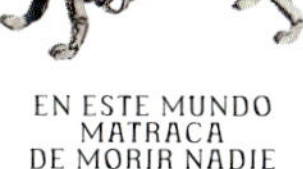
EN ESTE MUNDO MATRACA DE MORIR NADIE SE ESCAPA

← **La vida que florece** (2023). Mural de Oscar Axo. Entre el humo del copal, asciende un xólotl para guiar el alma al Mictlán.

PERROS GUARDIANES DEL INFRAMUNDO

El perro no sólo es el mejor amigo del hombre: también lo es de su alma.

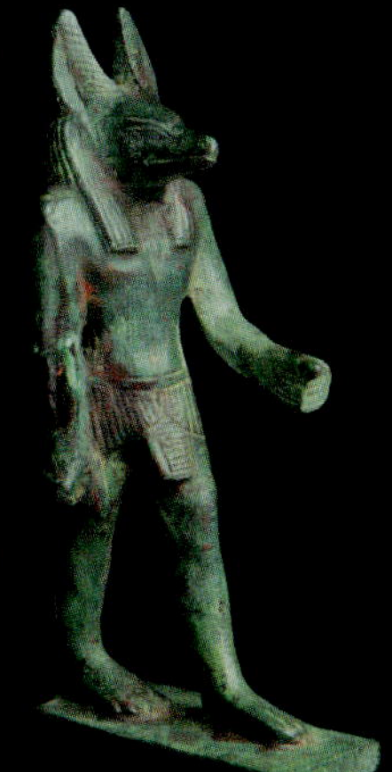

ANUBIS

En la mitología egipcia, está asociado con la muerte y el reino de los muertos. Fue representado en el arte funerario egipcio como un hombre con cabeza de chacal, por ser guardián de las tumbas, guía de los difuntos hacia el inframundo y el que manejaba la balanza en el juicio de las almas.

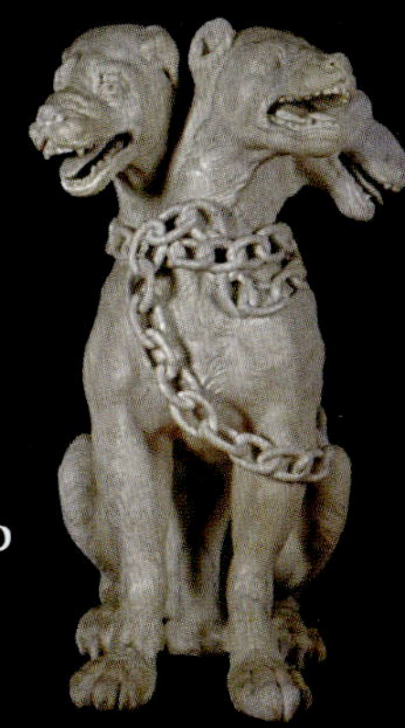

CANCERBERO

Es el perro de tres cabezas encargado de custodiar la puerta del reino de los muertos en la mitología griega, el Hades. Su misión era que los muertos no salieran del inframundo y que los vivos no entraran en él. Sólo Orfeo consiguió burlar su vigilancia, durmiéndolo con su música.

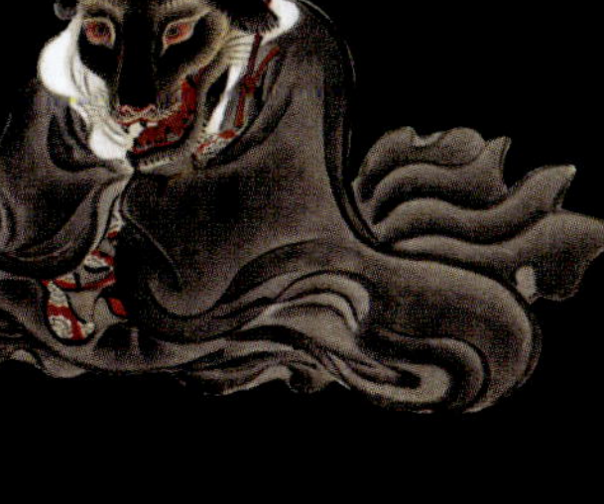

INUGAMI

En la mitología japonesa, es un perro-dios que ayuda a llevar a cabo una venganza. Se dice que, cuando alguien es poseído por un *inugami,* actúa como un perro protector capaz de curar enfermedades y la mala salud en general.

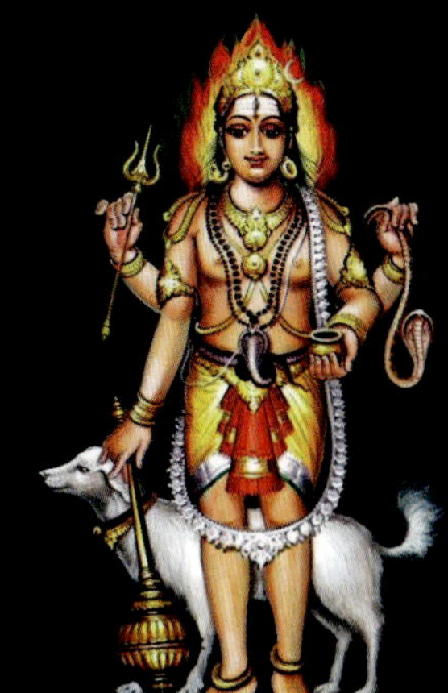

SARAMÁ

En la mitología védica Samará es la perra de Indra, dios del cielo y rey de todos los dioses. En el *Rig Veda* (el libro más antiguo de la tradición hinduista) aparece como la madre de los dos perros guardianes que tienen los cuatro ojos de Iama, el dios de los muertos y el inframundo.

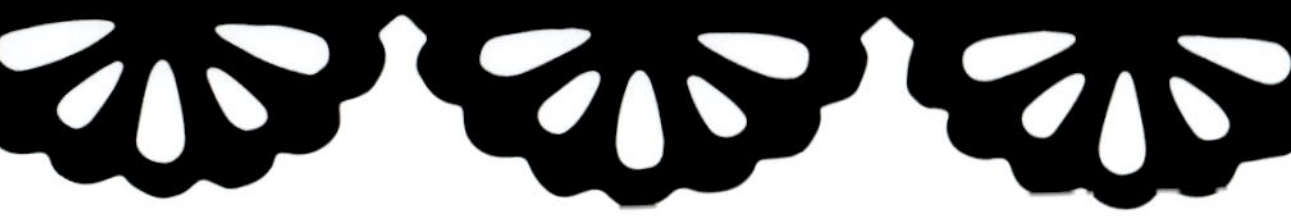

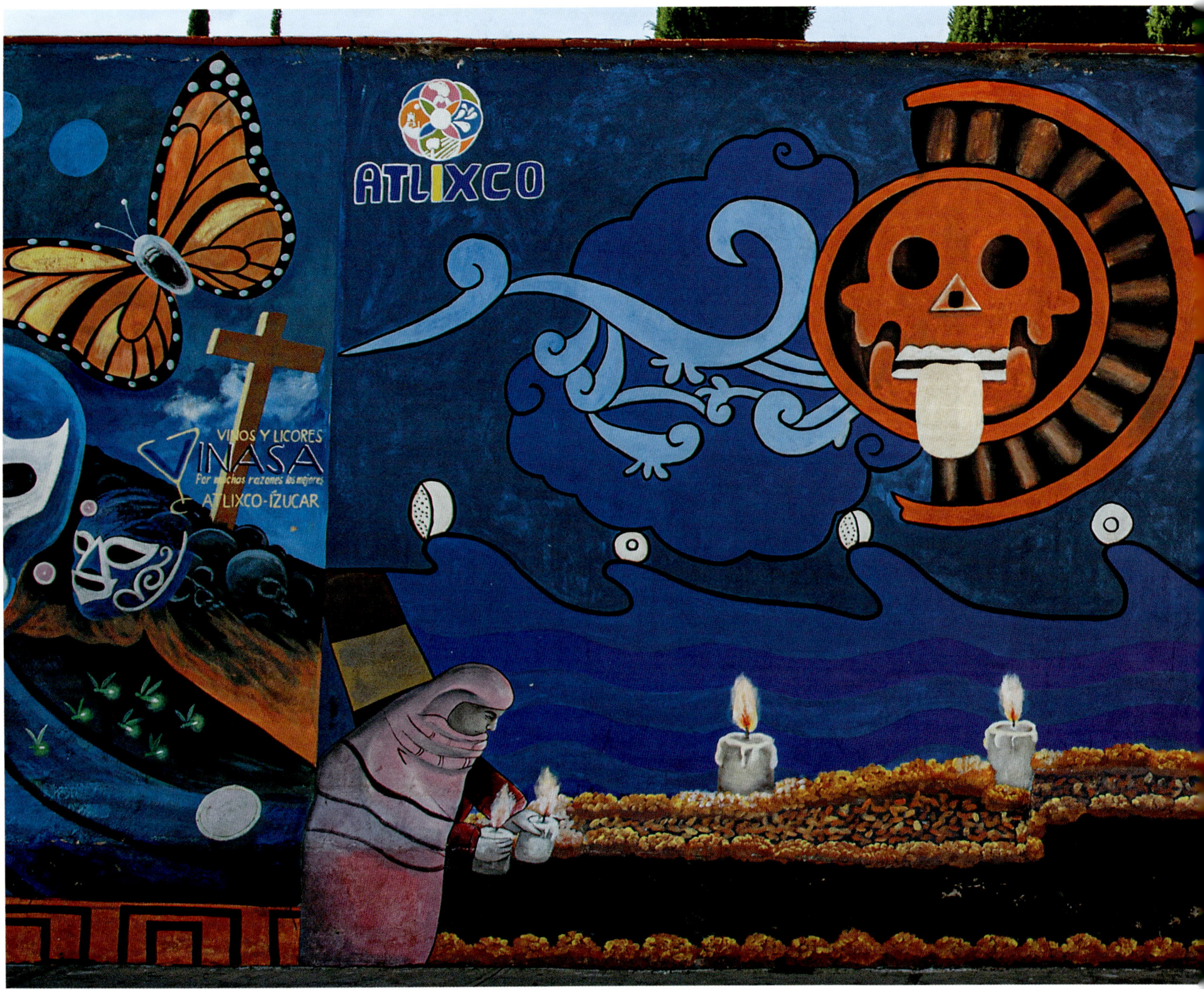

CICLOS, RITOS Y SACRIFICIOS La relación entre seres humanos, animales, ciclos de siembra-cosecha y deidades en el mundo mexica era recíproca. Se veneraba tanto el nacimiento de las plantas como la mala cosecha, la llegada de un niño lo mismo que la muerte de guerreros o mujeres. Los vivos se sentían beneficiarios de los favores divinos en todos los momentos importantes de su existencia. Recibían con gratitud la lluvia, la fertilidad de la tierra, la salud, su propio poder reproductivo o el éxito en la guerra. Pero no todo era felicidad: precipitaciones, malas cosechas, enfermedades y derrotas militares engendraron la creencia de que los dioses eran seres volubles y rigurosos. Por ello, los fieles se veían obligados a entregarles ofrendas y hacer sacrificios para retribuir sus dones, propiciar sus bendiciones o aplacar su ira.

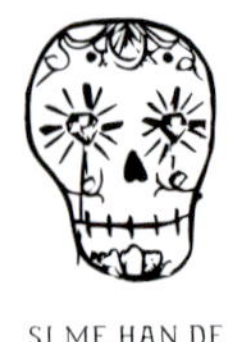
SI ME HAN DE MATAR MAÑANA, QUE ME MATEN DE UNA VEZ

La fiesta grande de muertos. El culto a los muertos era tan importante que se celebraban fiestas anuales para llorar su ausencia, despedirse y ayudarles a llegar a su destino de ultratumba. El ritual concluía al cabo de cuatro años, pero los grupos nahuas seguían recordando a sus difuntos y después de la incineración rendían homenaje a los objetos que quedaban entre las cenizas, para que sus ánimas hicieran el viaje de ida e incluso el de vuelta.

Un par de fiestas anuales no se podían saltar para tener contentos a los dioses del inframundo: Miccailhuitontli, para los muertos chiquitos, y Xocohuetzi, gran celebración de los muertos. Dos días antes de la fiesta, la comunidad recogía en los maizales diferentes granos para hacer guirnaldas y

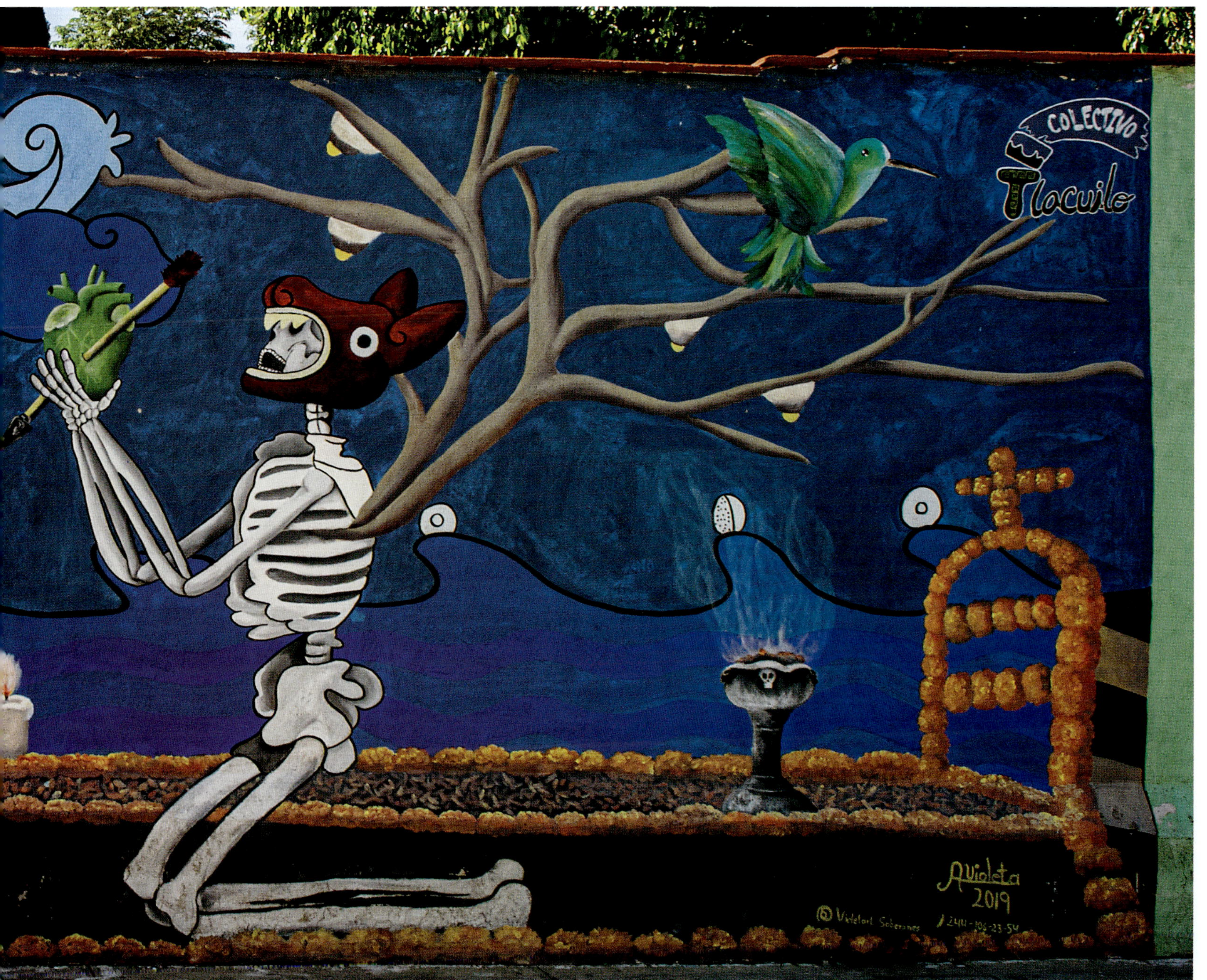

adornar sus patios. También se hacía la figura de Huitzilopochtli con masa de amaranto y miel, y a sus pies se colocaban las ofrendas. Cocluía la ceremonia con reverencias a la deidad Mictlantecuhtli-Mictlancíhuatl para recordar que los frutos al estar maduros comienzan a caer y es el momento de preparar la cosecha. Diego Durán dejó una excelente descripción de esas celebraciones:

> La primera fiesta se realizaba en el noveno mes de su calendario en memoria de los niños que habían muerto a temprana edad y se denominaba "la fiesta pequeña de los muertos", miccailhuitontli. La segunda festividad se llevaba a cabo en el décimo mes del calendario nahua y corresponde al veintiocho de agosto del calendario cristiano y era en memoria de las personas adultas. Estas fiestas además de dedicarse a los muertos también eran propiciatorias de la agricultura, ya que debido a las tormentas los indígenas temían la muerte de las sementeras. Para ello se "apercibían con ofrendas y oblaciones y sacrificios".

↑ **Los cuatro cielos** (2019), Mural. Ana Violeta Flores Soberanes. Colectivo Tlacuilo, en el panteón de Atlixco, Puebla.

Un caso especial: los *cihuateteos*. Así se denominaba a los espíritus de las mujeres nobles muertas al dar a luz. Después de cumplir sus cuatro años de servicios al dios Tonatiuh regresaban a la tierra encarnados. El funeral de estas semidiosas se realizaba en el patio de un templo de Cihuacóatl y era presidido por el esposo y un cortejo de parteras. Los parientes más cercanos debían vigilar la tumba de las difuntas durante cuatro días, pues los guerreros solían llevarse el dedo medio izquierdo y el cabello, considerados poderosos amuletos de protección en la batalla.

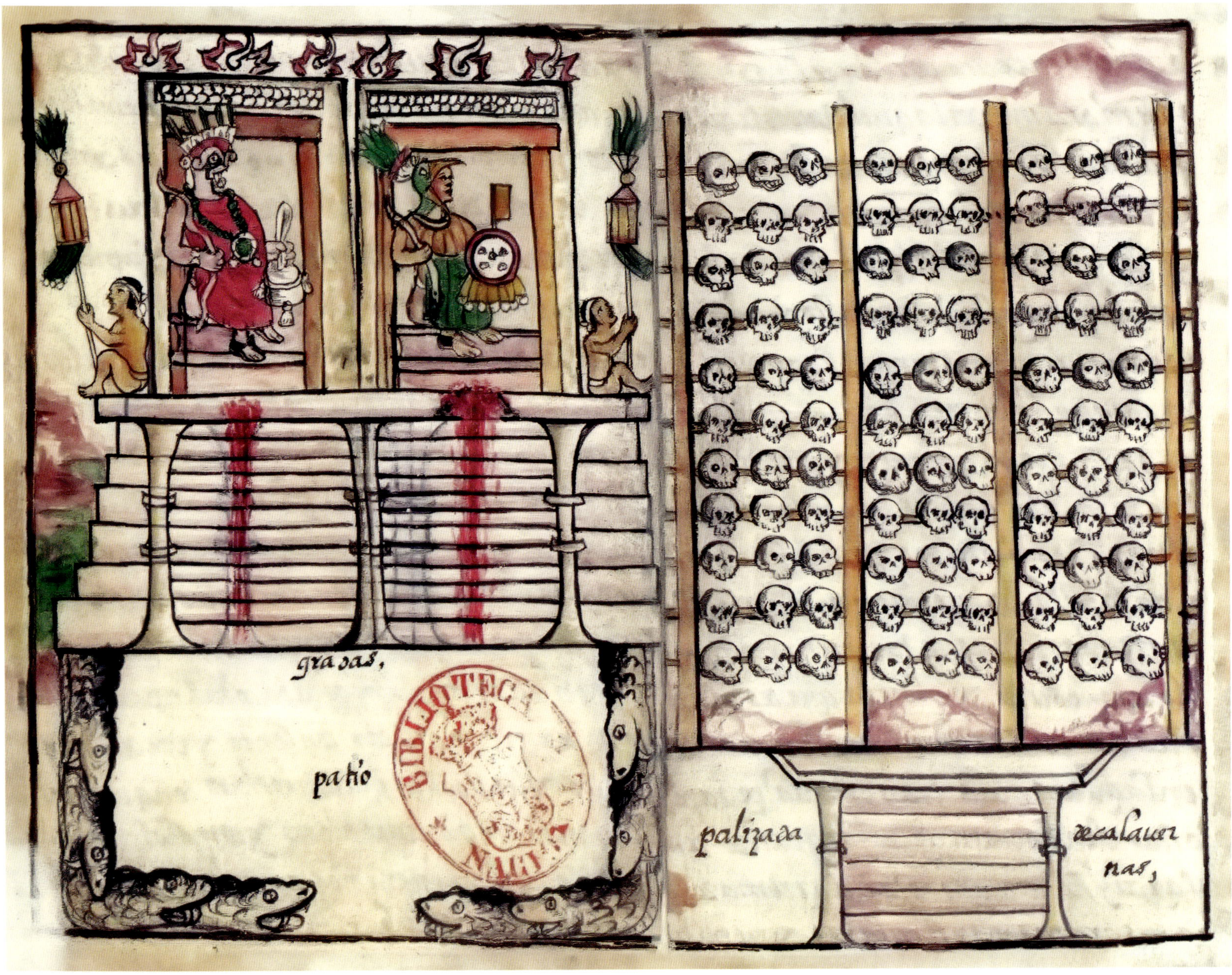

EL PRECIO DE LA VIDA El bienestar y la supervivencia en este mundo dependían de las ofrendas de sangre; por eso los sacrificios humanos llegaron a ser una actividad principal de la cultura náhuatl, pues al enviar al más allá los corazones de la gente cautiva, llamados *ixiptla*, era posible ganar el favor de todos los dioses. Sin embargo, no sólo los corazones eran una ofrenda preciada. Luego de haber cumplido con el sacrificio, los cráneos se ensartaban en una palizada unos con otros mediante un agujero practicado en las sienes. A algunos se les quitaba toda la carne, pero a otros se les dejaban piel y cabello.

El lugar de los descarnados. La exhibición de cabezas de los enemigos, o incluso de los ajusticiados, ha sido algo común en este planeta. En Mesoamérica, esta práctica ocurrió particularmente entre los mexicas, los pueblos aliados y algunos vecinos. Esta costumbre fue el origen del **tzompantli**,

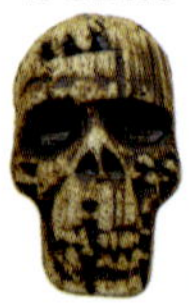

ENTRE FLORES NOS RECIBEN Y ENTRE ELLAS NOS DESPIDEN

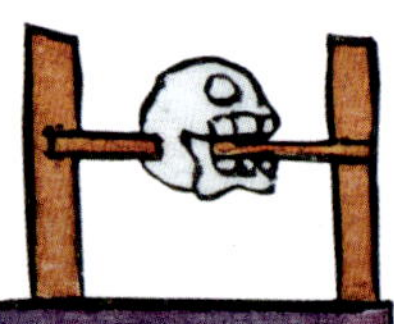

Cuando las palizadas de los altares de cráneos habían cumplido un periodo considerable a la intemperie, perdían su rigidez y tenían que ser sustituidas, una tarea constante entre los antiguos mexicas.

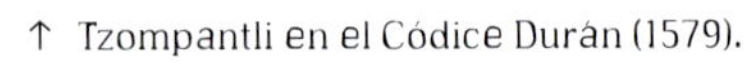

↑ Tzompantli en el Códice Durán (1579).

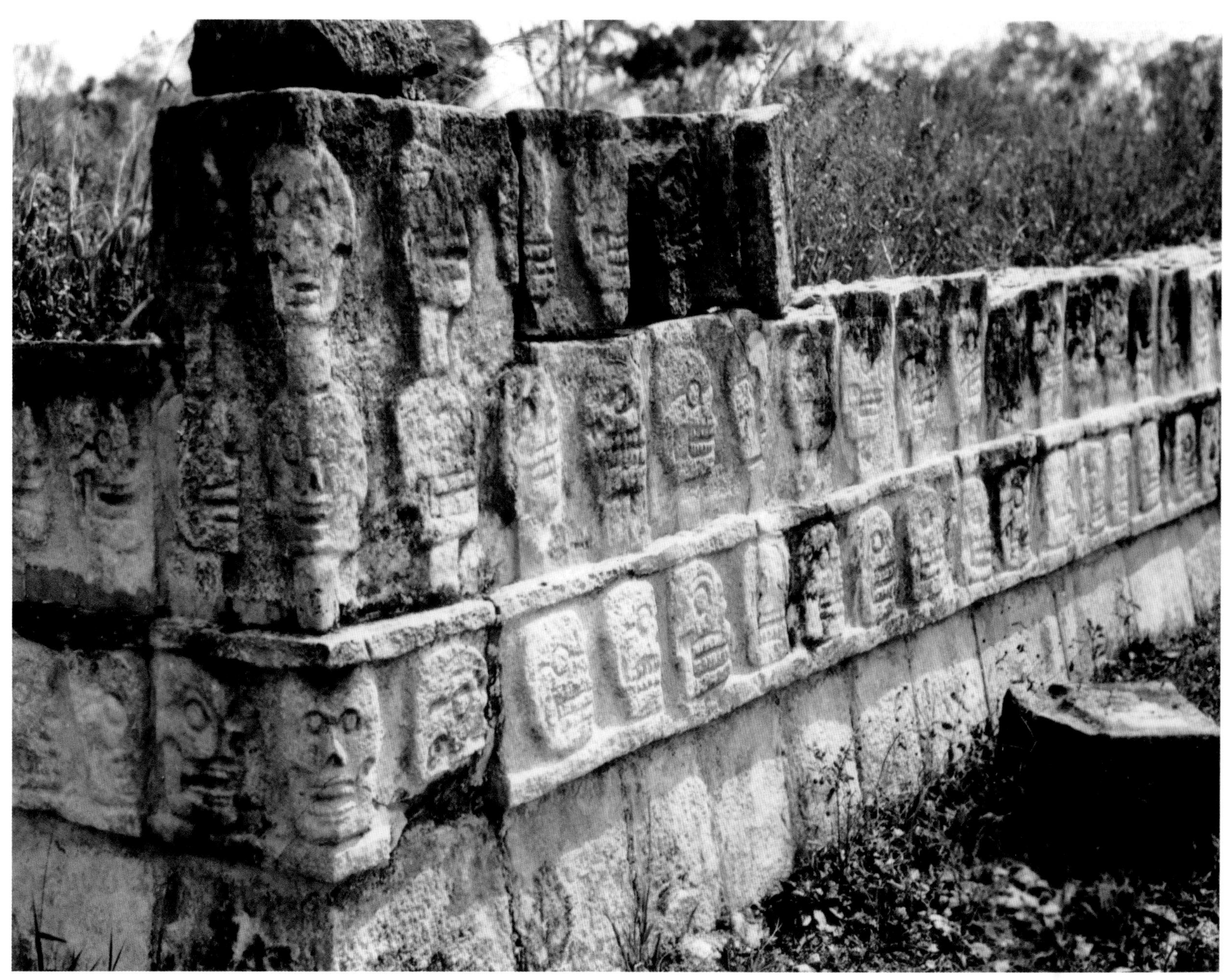

"muro, hilera o bandera de cabezas", mencionado por primera vez en los códices Magliabechiano y Durán.

El tzompantli es un altar que construían algunas culturas precolombinas. La base estaba decorada con cráneos tallados en piedra, y tenía estacas en la zona superior para ensartar la cabeza de los sacrificados. Su función era honrar a los dioses cuando castigaban a los pueblos con sequías y malas cosechas.

ENTRE MONTAÑAS SAGRADAS La primera referencia a un tzompantli tiene lugar en una descripción de la llegada de los mexicas a Coatepec, o "cerro de la serpiente", donde los pobladores construyeron la casa del señor Huitzilopochtli, dios de la guerra y patrono de los mexicas. Esta deidad creó el juego de pelota, erigió su tzompantli y levantó una represa en la tierra prometida. Por esta razón, Coyolxauhqui (diosa de la fertilidad, la vida y la muerte) y sus hijos los Centzon Huitznáhuac

↑ Expedición del arqueólogo sueco Sigvald Linné en el sitio arqueológico de Chichén Itzá, México (1932).

El tzompantli de Chichén Itzá es uno de los más antiguos y se encuentra en la Gran Plaza entre el Gran Juego de Pelota y el Templo de las Águilas y los Jaguares. Esta plataforma mide sesenta metros de largo por doce metros de ancho, consta de una banda central decorada con cráneos en tres filas y una cinta cónica con otra fila de calaveras.

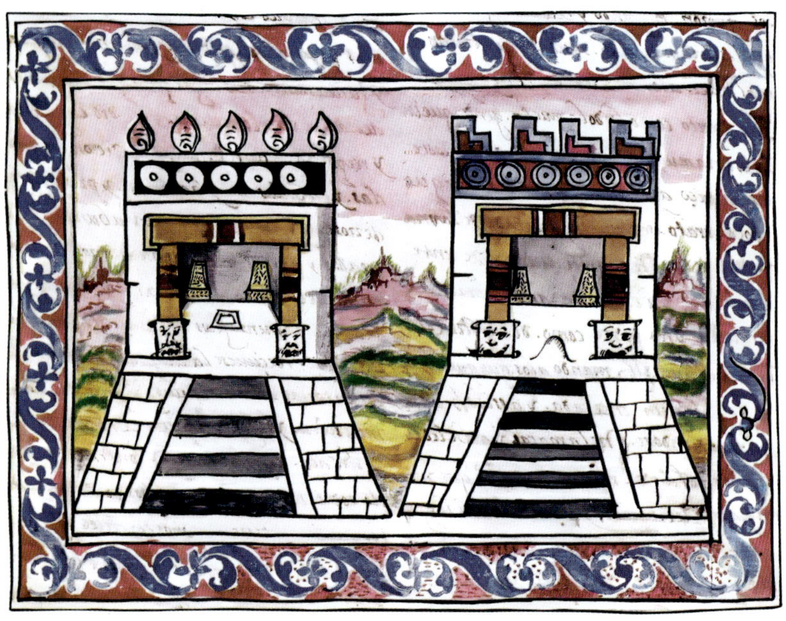

se negaron a partir, aunque el dios se lo había ordenado. Colérico, Huitzilopochtli, mató a los vástagos de la diosa y les arrancó el corazón, que devoró. A ella la descuartizó y dejó su cráneo en la ladera. Consumado el sacrificio, Huitzilopochtli ordenó a los Centzon Huitznáhuac destruir la represa y continuar su camino.

En el centro de Tenochtitlan se erigió el Templo Mayor que tuvo ocho tzompantli que se utilizaban en diversas ceremonias. El altar más importante de este templo, conocido como *Huey tzompantli,* se ubicaba delante del oratorio doble dedicado a Huitzilopochtli y Tláloc.

En un fragmento de la crónica de Bernardino de Sahagún se detalla la localización de estas estructuras ceremoniales: "El cuadragésimo edificio se llamaba Hueitzompantli; era el edificio que estaba delante del *cu* de Huitzilopochtli, donde espetaban las cabezas de los cautivos que allí mataban, a reverencia de este edificio, cada año en la fiesta de *panquetzaliztli*".

La historiadora Emilie Carreón Blaine señala que en el Iopico tzompantli, en honor al dios Xipe Tótec, ponían la cabeza cortada de los cautivos inmolados durante la veintena Tlacaxipehualiztli.

En otro tzompantli, durante las ceremonias de Tóxcatl, era puesta la cabeza de la víctima que encarnaba al dios Tezcatlipoca, y se colocaban en otro distinto las cabezas de aquellos sacrificados en el templo de Yacatecutli el primer día de la veintena Xocotlhuetzi. A su vez, en el mes de Ochpaniztli también se empleaba el tzompantli, así como en la veintena llamada Quecholli, cuando en el Mixcoapan tzompantli espetaban las cabezas de los que mataban en honra del dios Mixcóatl.

Sin lugar a dudas, el cráneo recuerda la muerte y nos lleva a meditar sobre la brevedad de la vida. Porque, por muy guapos que seamos hoy, en cien años estaremos todos calvos.

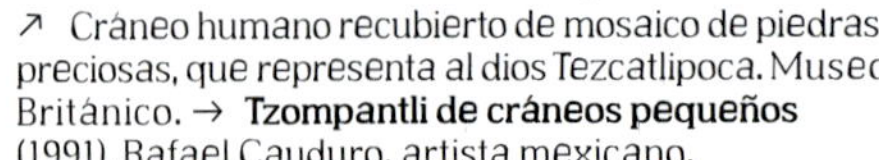

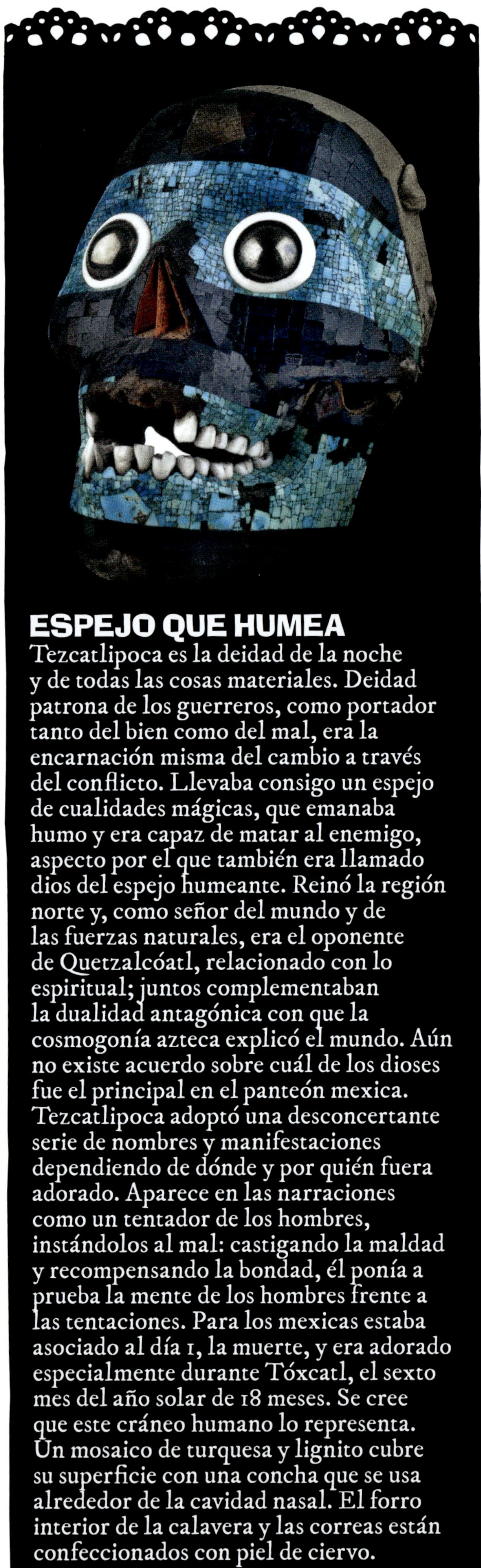

ESPEJO QUE HUMEA

Tezcatlipoca es la deidad de la noche y de todas las cosas materiales. Deidad patrona de los guerreros, como portador tanto del bien como del mal, era la encarnación misma del cambio a través del conflicto. Llevaba consigo un espejo de cualidades mágicas, que emanaba humo y era capaz de matar al enemigo, aspecto por el que también era llamado dios del espejo humeante. Reinó la región norte y, como señor del mundo y de las fuerzas naturales, era el oponente de Quetzalcóatl, relacionado con lo espiritual; juntos complementaban la dualidad antagónica con que la cosmogonía azteca explicó el mundo. Aún no existe acuerdo sobre cuál de los dioses fue el principal en el panteón mexica. Tezcatlipoca adoptó una desconcertante serie de nombres y manifestaciones dependiendo de dónde y por quién fuera adorado. Aparece en las narraciones como un tentador de los hombres, instándolos al mal: castigando la maldad y recompensando la bondad, él ponía a prueba la mente de los hombres frente a las tentaciones. Para los mexicas estaba asociado al día 1, la muerte, y era adorado especialmente durante Tóxcatl, el sexto mes del año solar de 18 meses. Se cree que este cráneo humano lo representa. Un mosaico de turquesa y lignito cubre su superficie con una concha que se usa alrededor de la cavidad nasal. El forro interior de la calavera y las correas están confeccionados con piel de ciervo.

↑ Ilustración del templo mayor de Tenochtitlan en **Historia de las Indias de Nueva España e islas de la tierra firme**, Diego Durán (1579).

↗ Cráneo humano recubierto de mosaico de piedras preciosas, que representa al dios Tezcatlipoca. Museo Británico. → **Tzompantli de cráneos pequeños** (1991). Rafael Cauduro, artista mexicano.

→ (p. 38) Tzompantli. Muro de cráneos. Museo del Templo Mayor. Ciudad de México.
→ (p. 39) Detalle de un tzompantli de cartonería en la mega ofrenda **Árbol de la muerte florida** (2010). Zócalo de la Ciudad de México.

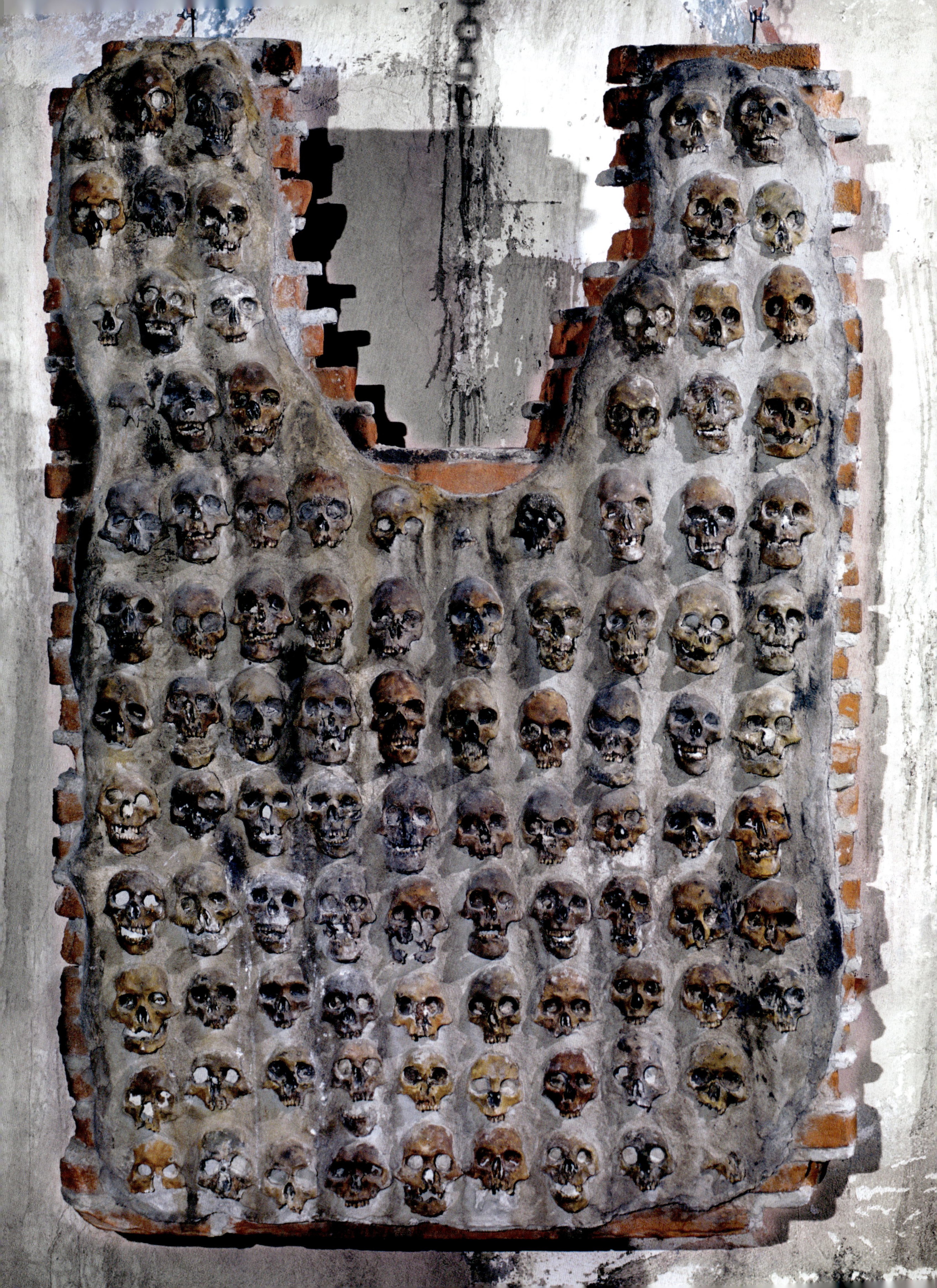

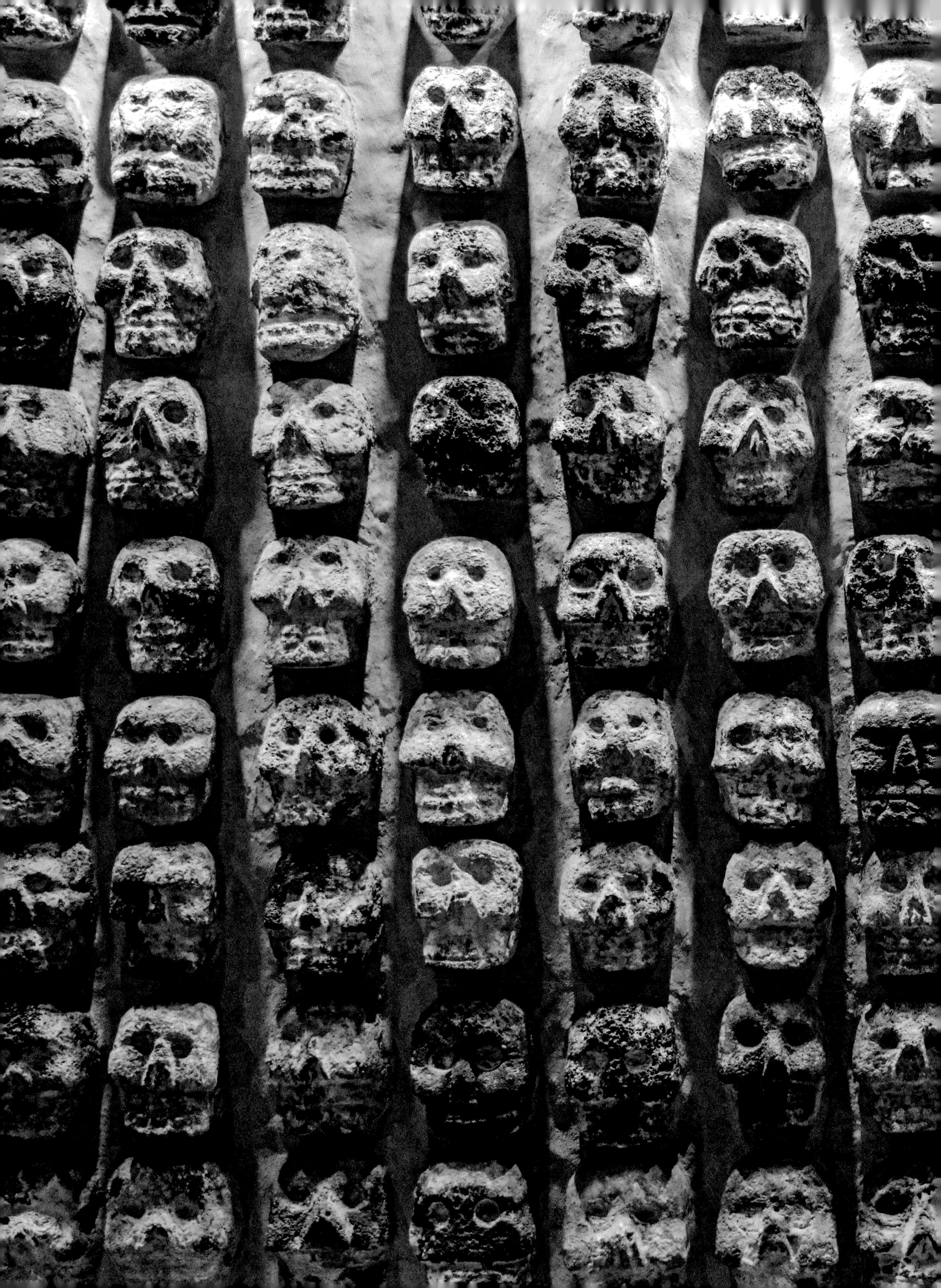

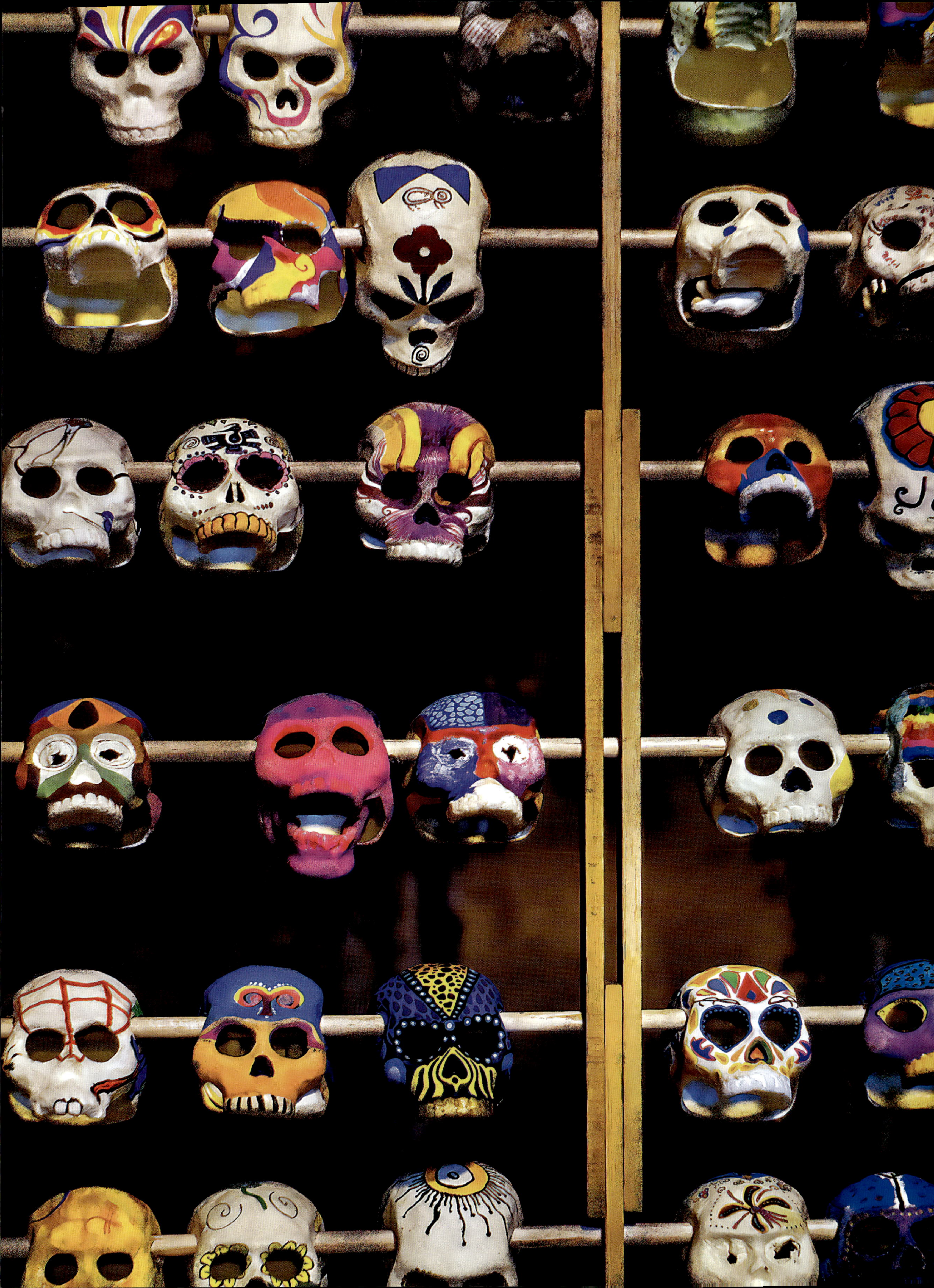

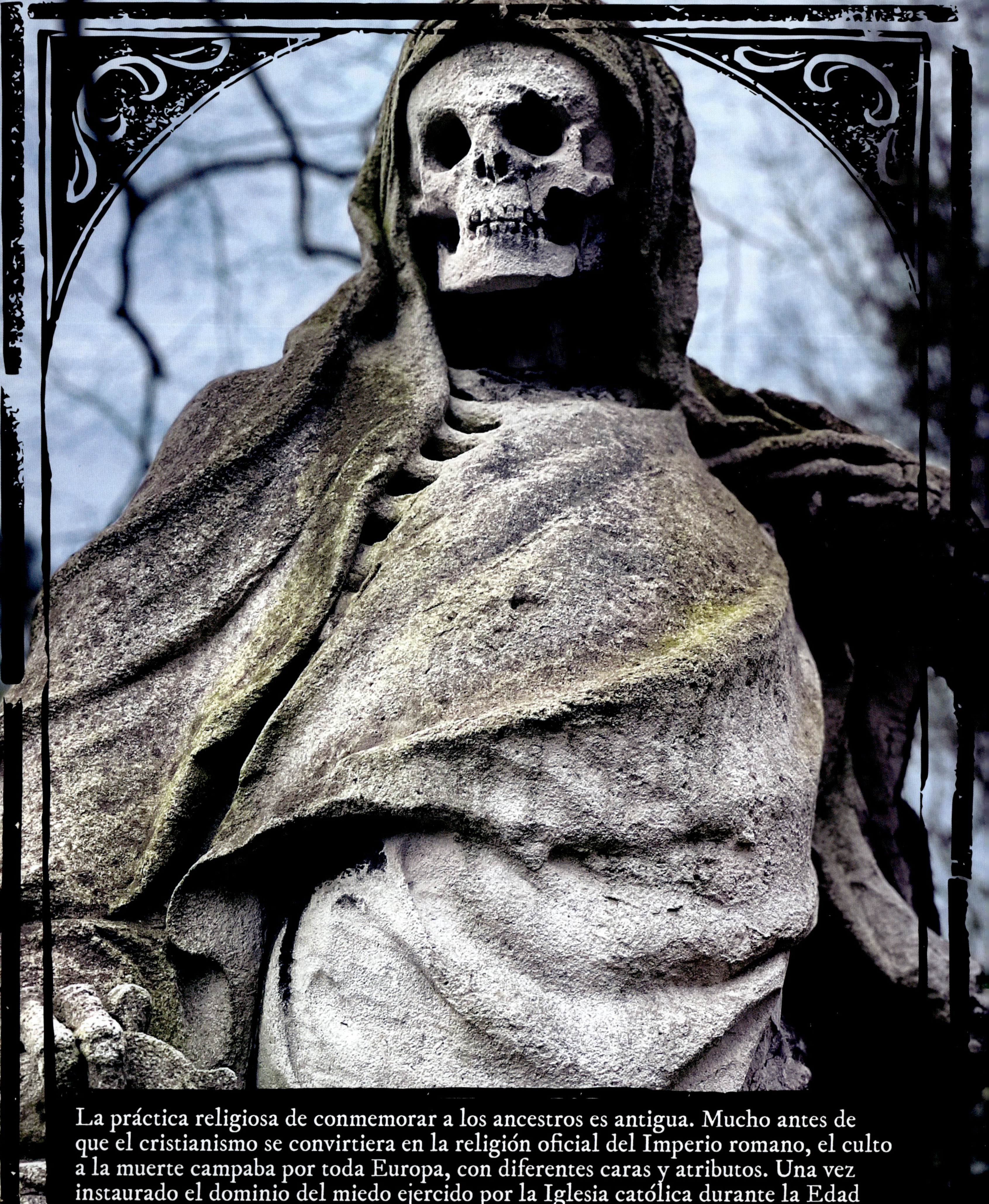

La práctica religiosa de conmemorar a los ancestros es antigua. Mucho antes de que el cristianismo se convirtiera en la religión oficial del Imperio romano, el culto a la muerte campaba por toda Europa, con diferentes caras y atributos. Una vez instaurado el dominio del miedo ejercido por la Iglesia católica durante la Edad Media, el concepto de la muerte comenzó a manifestarse en banquetes, cantos fúnebres, marchas a los cementerios y, sobre todo, en el arte y la danza.

LA HUESUDA PASEA POR EUROPA

HONRAR A LOS MUERTOS Y RECORDARLOS ERA YA UNA PRÁCTICA ANCESTRAL EN EL VIEJO CONTINENTE.

JUECES DE OTROS TIEMPOS En la cultura egipcia los difuntos llegaban ante el tribunal de Osiris en la Duat, o el más allá, guiados por el dios Anubis. Éste extraía mágicamente el corazón de las almas y lo depositaba en uno de los platillos de una balanza. En el otro se colocaba la pluma de Maat, símbolo de la verdad y la justicia universal. Si el corazón era más ligero que la pluma, su *ka* (fuerza vital) y su *ba* (fuerza anímica) se encontraban con la momia y vivían por siempre en los campos de Aaru; en el caso contrario, el corazón era arrojado a Ammyt, el devorador de los muertos, un monstruo terrible. Esto suponía para el difunto el final de su condición de inmortal.

Para los griegos (cuya mitología heredaron los romanos), el inframundo conocido como el Hades estaba superpoblado por criaturas muy desagradables:

las moiras, que decidían el destino de los mortales; las erinias, mujeres enloquecedoras que perseguían a los injustos; los tres jueces del infierno, y, sobre todo, los reyes del inframundo: Hades y su mujer, Perséfone. Hades era representado como un hombre de horrible semblante, sentado en un trono sulfuroso, con un cetro en la mano y Cerbero, el perro de tres cabezas, a sus pies. Del trono del rey manaban los cuatro ríos del inframundo: Leteo, Cocito, Flegetonte y Aqueronte, los cuales desembocaban en la laguna Estigia.

Las almas que llegaban al Hades debían someterse a tres jueces: Eaco, Radamantis y Minos. Según el poeta Virgilio, Minos se encargaba de juzgar a los que habían sido condenados injustamente a muerte; Radamantis, el juez del Tártaro, obtenía las confesiones de los condenados y dictaba inmediata sentencia; por último, Eaco se caracterizaba por ser justo y benévolo.

← Escultura de la Parca para la tumba de un comerciante en el cementerio de Melaten. August Schmiemann. Colonia, Alemania.

En el Antiguo Testamento se escribió que, al morir, los creyentes iban a un lugar de consuelo y descanso: Seol, que literalmente significa "tumba". En su origen, éste era un paraíso donde confluían tanto los malvados como los justos. Sin embargo, en el Nuevo Testamento el Seol es el inframundo. Antes de la resurrección de Cristo, el Hades se dividía en dos reinos: el seno de Abraham y el de Gehena. Entre el paraíso y el infierno había "un gran abismo" que nadie podía cruzar. No obstante, a todos les esperaba una resurrección, ya fuera a la vida eterna o a "la vergüenza y confusión perpetua" (Daniel 12:2).

ALMAS EN DESGRACIA Con el cristianismo como religión oficial del Imperio romano y de toda Europa, la preocupación de los fieles al morir era obtener la salvación eterna del alma. Lo que determinaba el destino de ésta eran las acciones del creyente en vida y el tipo de fallecimiento. La muerte ideal era en el propio lecho, tras una larga enfermedad que permitía preparar al moribundo para su travesía *post mortem*.

Durante la alta Edad Media en Europa, la posibilidad de ser condenado al infierno era tan temida que condicionaba la vida terrenal, las acciones y los rituales de todas las sociedades. La salvación de las almas se decidía únicamente en el Juicio Final, al que se llegaba desnudo e indefenso. Justos y pecadores se debatían por igual ante el Supremo en un acto compartido.

Por ejemplo, en las escenas del Juicio Final, el Dios cristiano es la figura central; personifica una dualidad, amorosa y violenta a la vez. A un costado o en sus manos aparece "el libro de vida", la base para juzgar a cada persona "según el balance de su andar en el mundo". San Miguel era el encargado de llevar a cabo la *psicostasis*, un procedimiento mediante el cual se determinaba la salvación o condena del alma, y que consistía en separar las acciones buenas de las malas y colocarlas en los respectivos platillos de una balanza.

MEMENTO MORI

ANTES MUERTA QUE SENCILLA

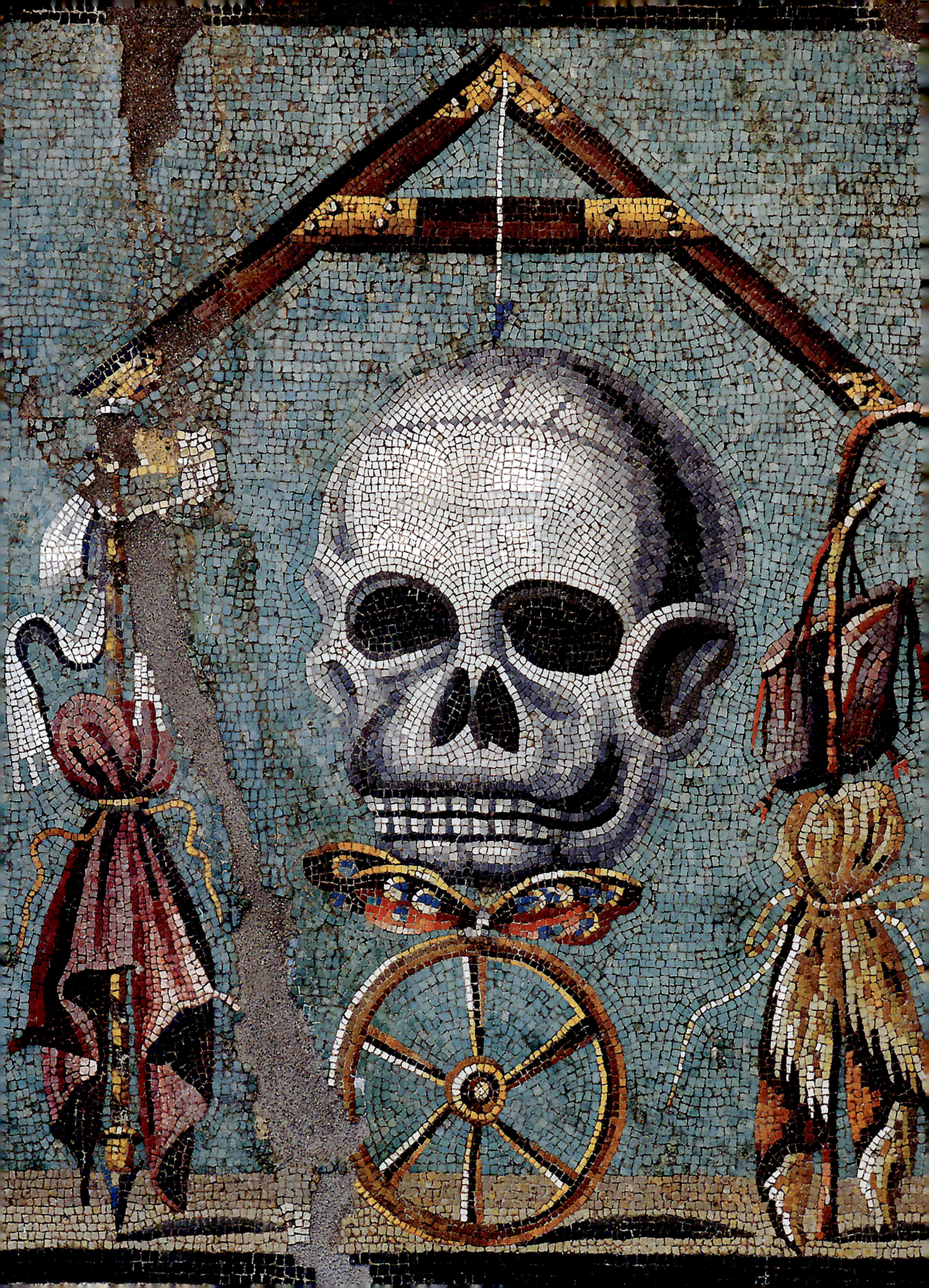

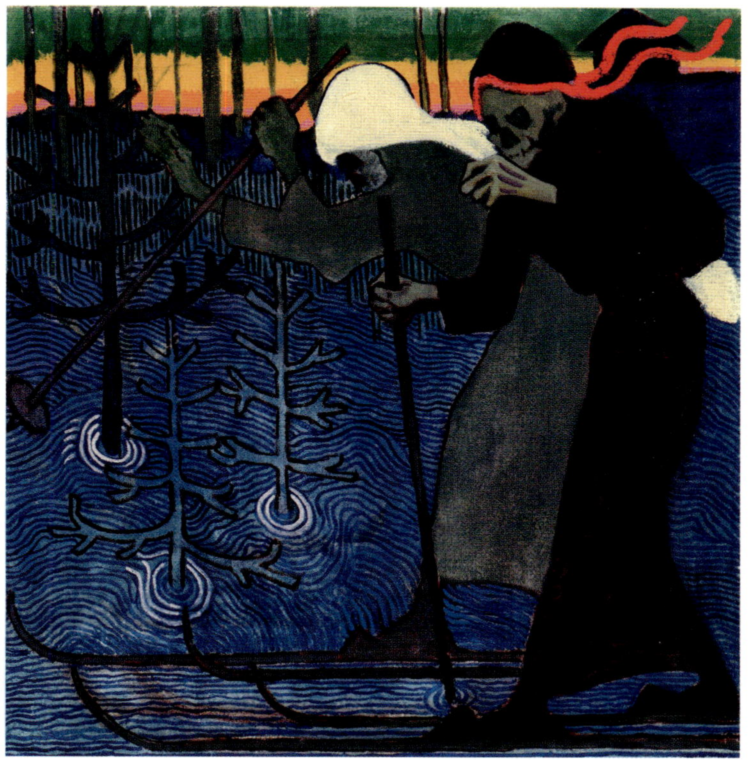

LA MUERTE MÁS TEMIDA

Las guerras, los ataques de vikingos, árabes y mongoles, así como las hambrunas ocasionadas por malas cosechas reiteradas durante la Edad Media, fueron causa de una gran mortandad que inspiró en el ánimo de los fieles "un sentimiento trágico de la vida", que sometía por igual a todas las personas.

Entre los siglos XI y XIV, el imaginario alrededor del Juicio Final comenzó a perder adeptos tras comprobarse que con la llegada del año 1000 no se había desencadenado el Apocalipsis. Puesto que no se habían producido ni la llegada del anticristo pregonada por la Iglesia ni el fin de los tiempos, el humanismo invadió las universidades medievales, los monasterios y la arquitectura.

La cara más fea de la muerte se vio en las fachadas, capiteles y frescos de las catedrales europeas. Ésta fue representada con semblante cadavérico y el esqueleto descarnado, lo que impulsó su notoriedad. A lo largo del siglo XV, esto contribuyó a crear un imaginario aún más sólido, que cristalizó en el concepto de *vanitas*, representado por una calavera, en diversas obras de arte. Por esa época, una peste de proporciones dramáticas acabó con dos tercios de la población de Europa. El contagio era tan veloz y letal que la gente moría sin la caricia espiritual, y se le sepultaba sin rituales ni oraciones. Ante esta situación, el papa Clemente VI concedió el perdón universal a las víctimas de la enfermedad.

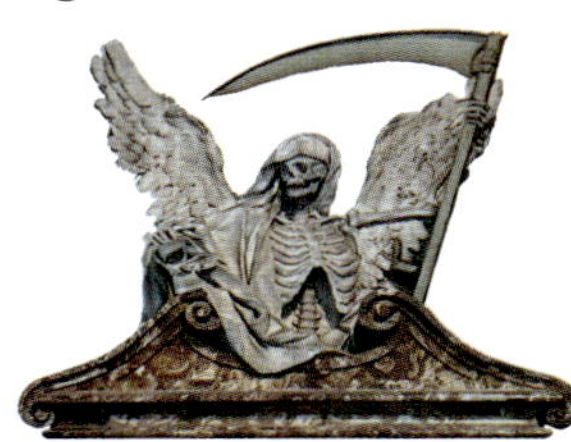

LO QUE MATA NO ES LA MUERTE, SINO LA MALA SUERTE

← Mosaico romano de la rueda de la fortuna. Siglo I d. C. Museo Arqueológico Nacional de Nápoles.
↑ **La enfermedad y la muerte** (1885). Óleo y témpera. Joseph Alanen, artista finlandés.

LAS CATACUMBAS, PRIMEROS ENTERRAMIENTOS CLANDESTINOS

Estas galerías subterráneas —excavadas y conectadas de tal manera que formaban un laberinto— sirvieron para sepultar a los primeros cristianos en Roma y otras ciudades europeas tras la muerte de Cristo. Se situaban más allá de los muros de la ciudad, a lo largo de grandes rutas como las vías Apia, Ardeatina, Salaria y Nomentana. La construcción de las primeras catacumbas romanas, hacia el año 200 d.C., se atribuye al papa Calixto I. Su utilización se prolongó hasta después del saqueo de Roma por los visigodos del año 410. En las paredes se realizaban los huecos para las tumbas, que se sellaban con una losa de piedra o ladrillos con inscripciones en latín o griego.
Las catacumbas más morbosas son las de París, que en la época romana eran minas de caliza y que en el siglo XVIII se convirtieron en un depósito al que el gobierno trasladó clandestinamente los huesos enterrados en los cementerios oficiales, pues éstos se encontraban tan repletos que ya no podían albergar más cuerpos. Se considera el osario más grande del mundo, con unos seis millones de restos centenarios e incluso milenarios de parisinos.

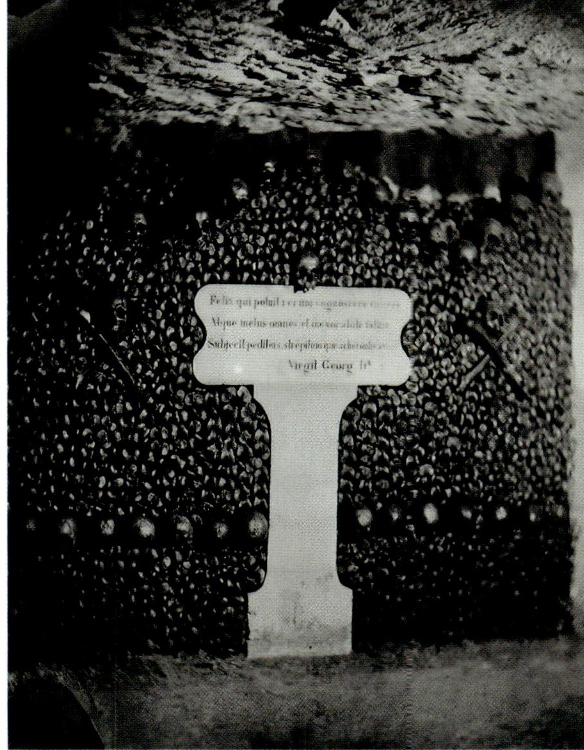

↑ Osario municipal de las Catacumbas de París (1861).

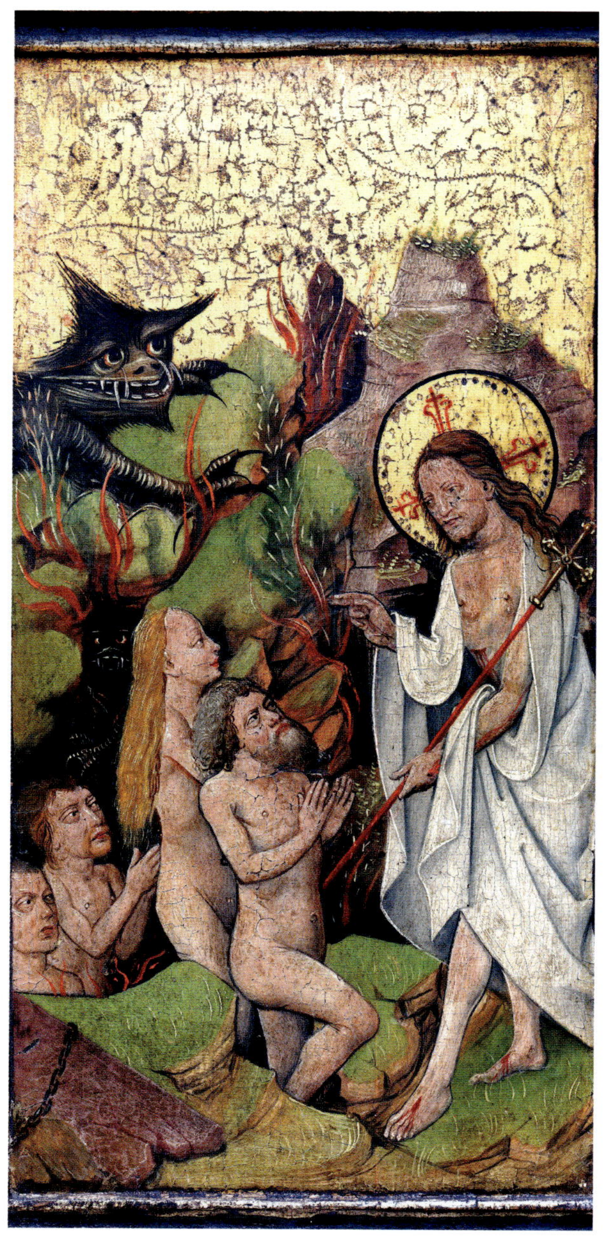

EL AVERNO EN LAS CATEDRALES Y LIBROS LITÚRGICOS

En la Edad Media, el pueblo llano no sabía leer ni escribir en latín. Para transmitir ideas tan poderosas como el pecado original o el Juicio Final, proliferaron las representaciones artísticas tanto en iglesias y monasterios como en las fachadas de las catedrales románicas y góticas, donde los condenados al infierno se retorcían impotentes entre las llamas, soportando los suplicios del maligno y sus secuaces.

↑ **Descenso al infierno** (s. XVI). Maestro anónimo de Brabante. Koninklijk Museum voor Schone Kunsten, Amberes.

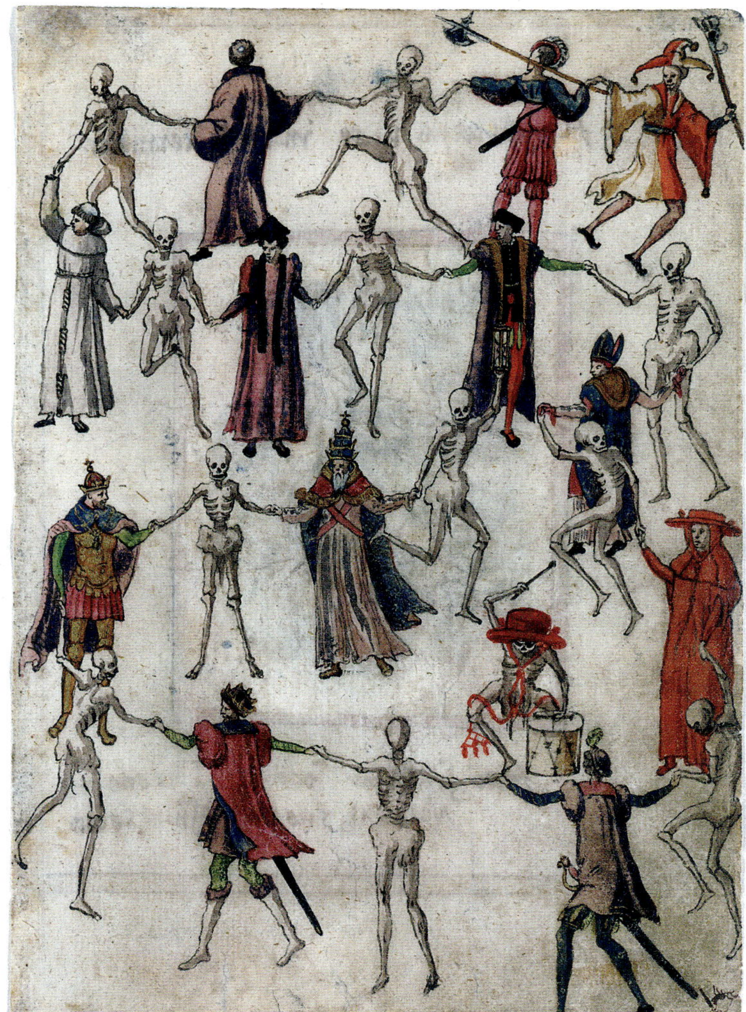

LA FLACA TE SACA A BAILAR Una consecuencia de la peste en los ritos cristianos fueron las "danzas macabras", que nacieron a finales del siglo XIV y tuvieron su máxima expresión en el siglo XV. En ellas se podía observar a la calaca triunfante; con gesto irónico, festivo y cínico, invitaba a bailar con ella.

El mensaje principal de la danza macabra era la universalidad asociada a la muerte, ya que ésta podía presentarse en cualquier momento y llevarse a cualquier persona sin importar su edad, estatus social o fama. La vida y la belleza eran, pues, transitorias y acababan cuando el cuerpo comenzaba a corromperse y transformarse en cadáver.

El hombre no podía planear su despedida, ya que el final era inesperado e incierto. La necesidad de trascender espiritualmente se hizo más fuerte que nunca, y para lograr ese objetivo se crearon guías, como los libros del buen morir.

En el siglo XV, el tránsito exitoso del alma entre uno y otro mundo se convirtió en materia de estudio. En ese contexto aparecieron los *Ars bene moriendi,* o manuales de la buena muerte, compendios de lecciones cristianas acompañadas de imágenes ilustrativas; su objetivo consistía en enseñar a afrontar el final de la vida con actitud valiente, pacífica y positiva.

↑ **Danza de la muerte.** Obra anónima. Alemania. Siglo XVI.
→ **Libro de transiencia.** Biblioteca Estatal de Wurtemberg.

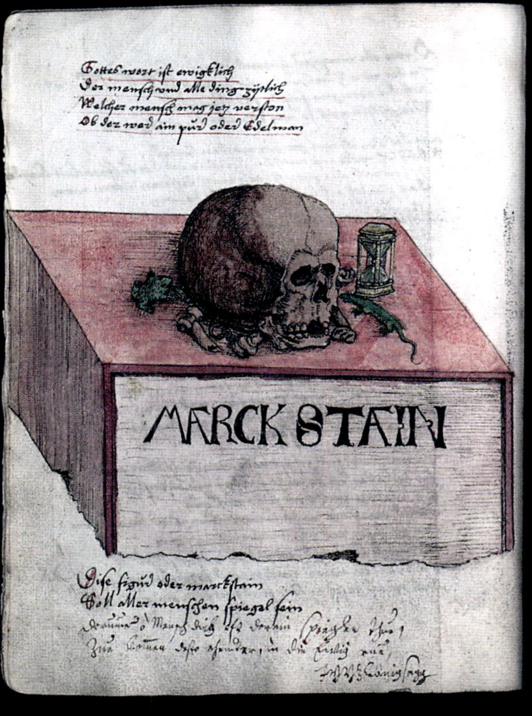
MARCK STAIN

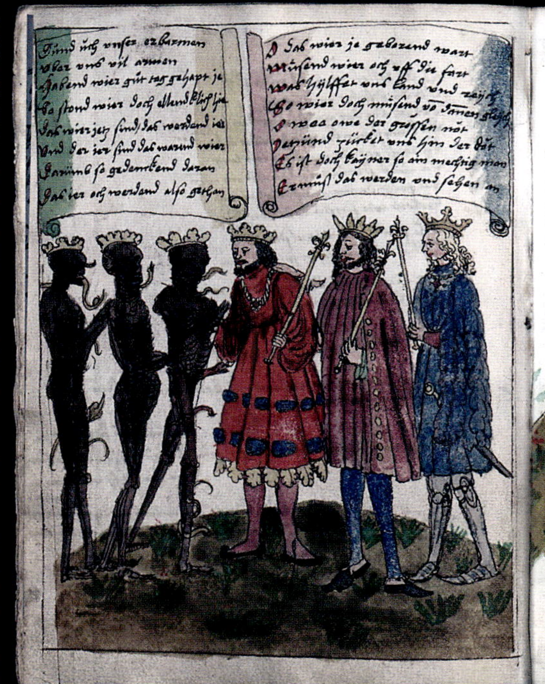

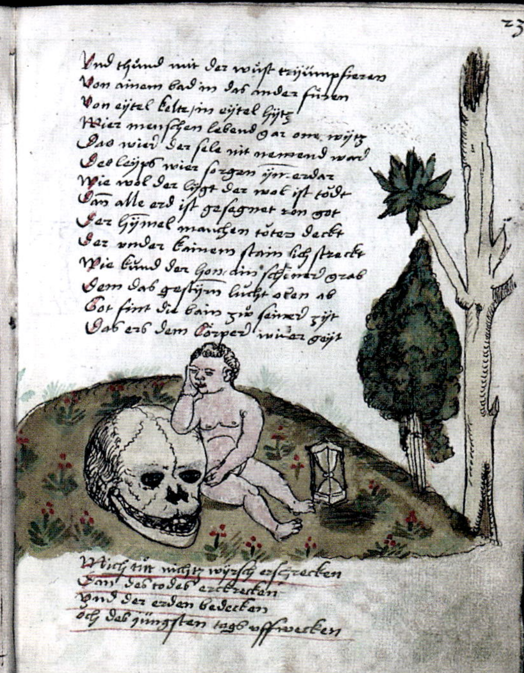

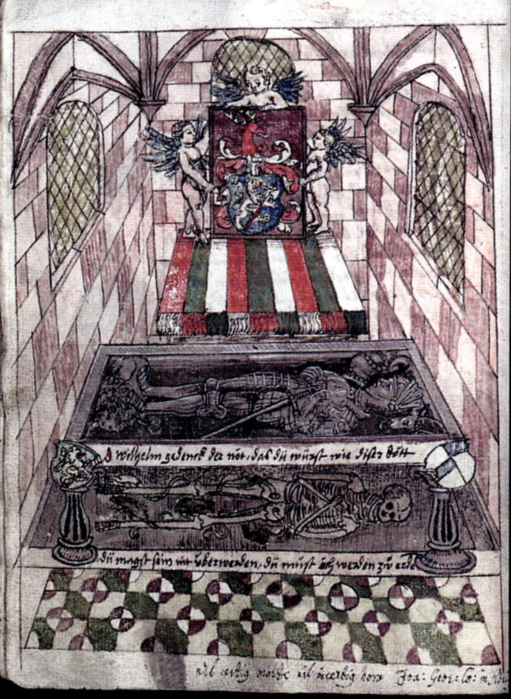

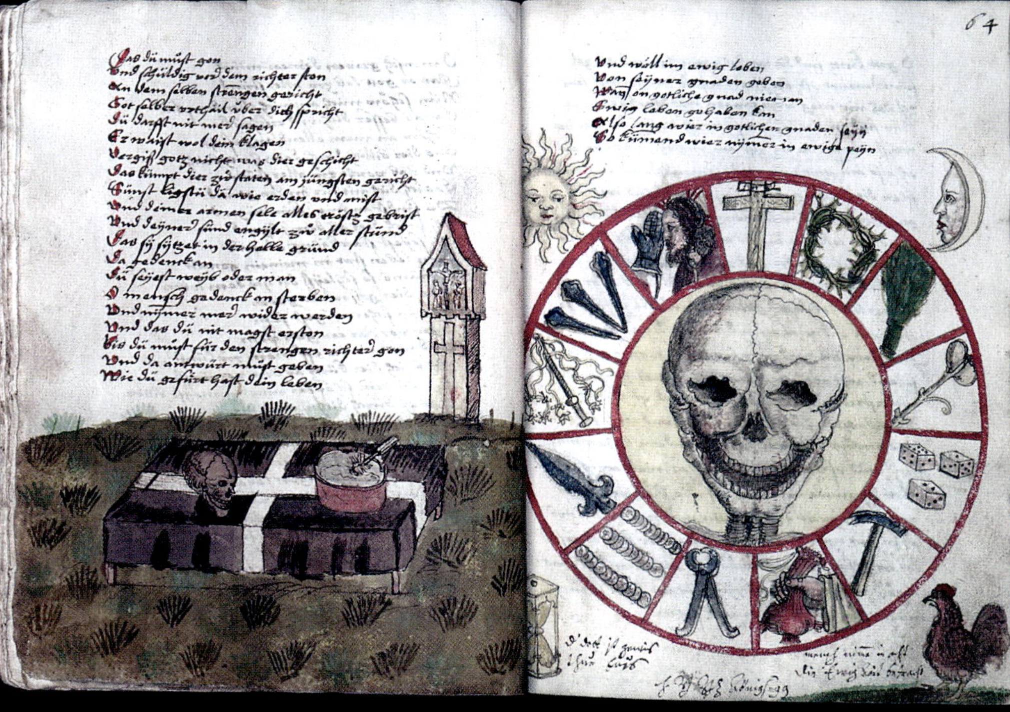

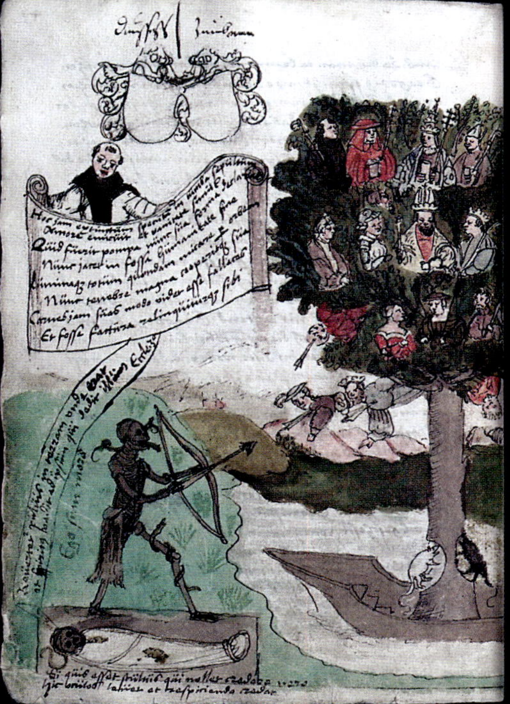

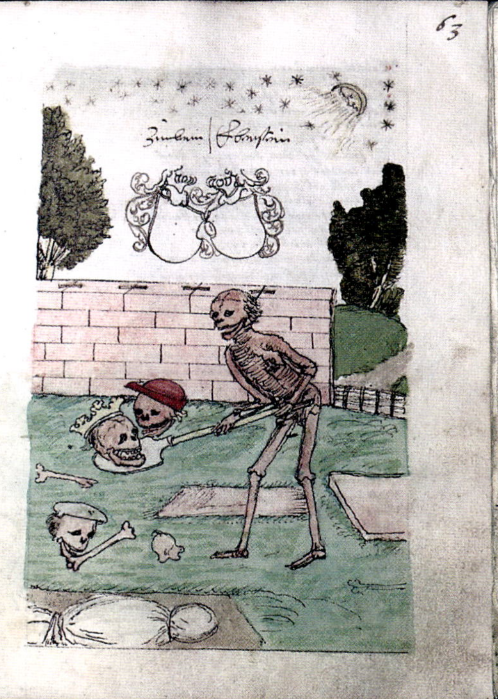

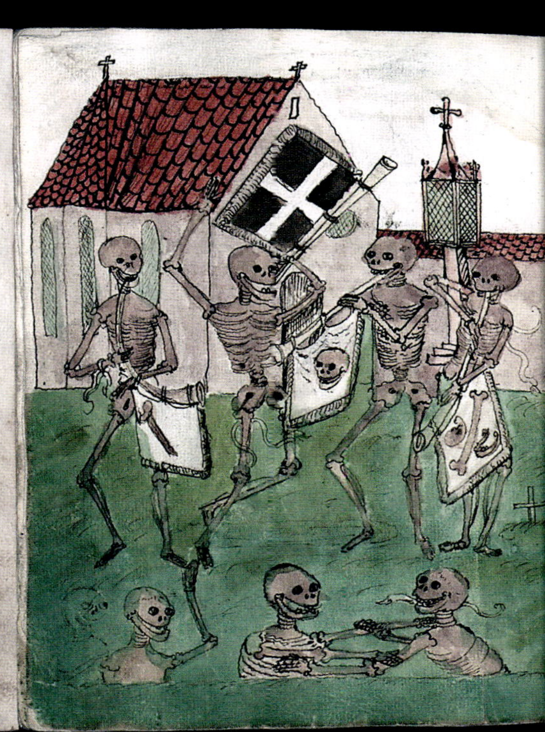

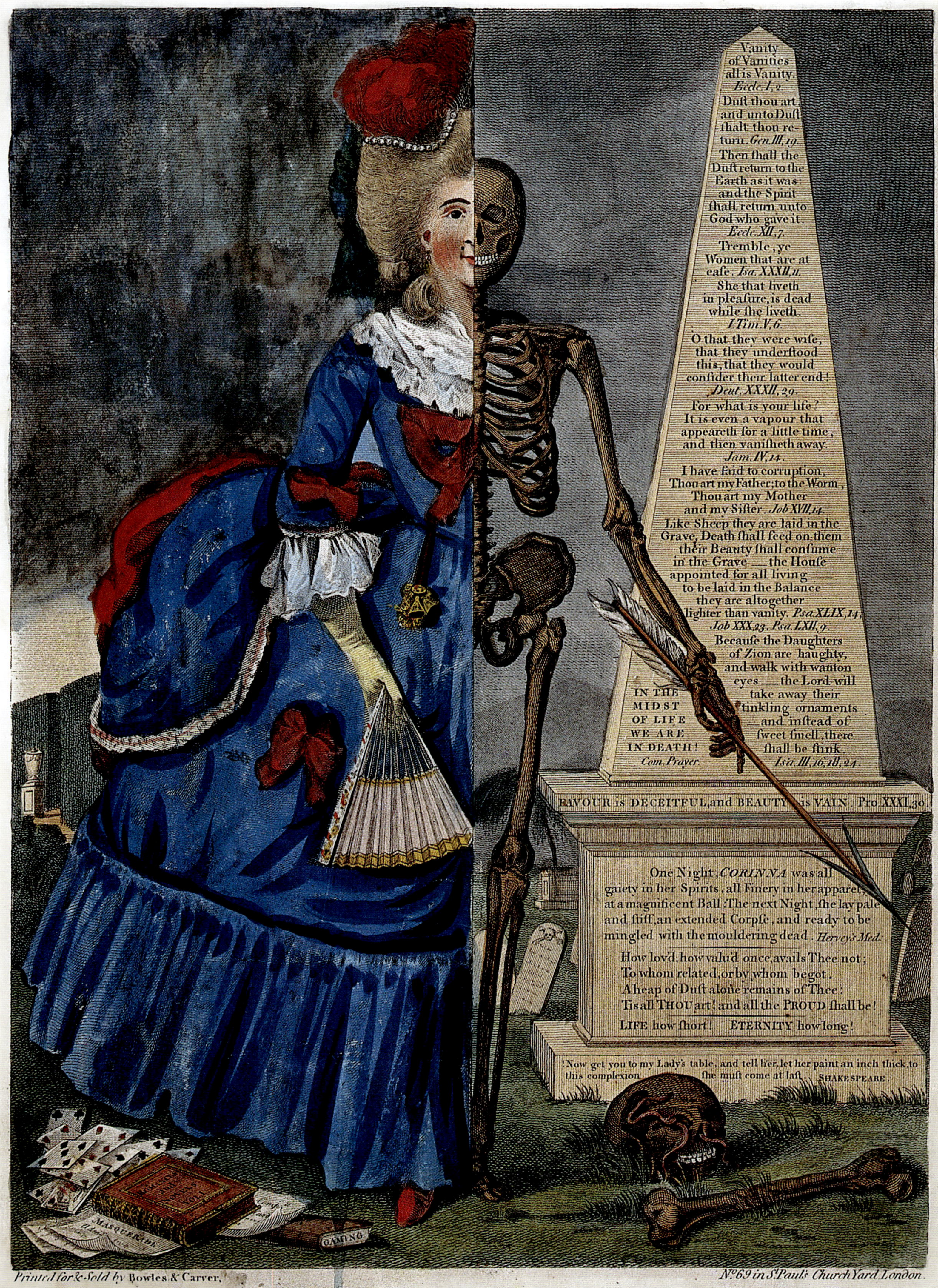

LIFE and DEATH contrasted — or, An ESSAY on WOMAN.

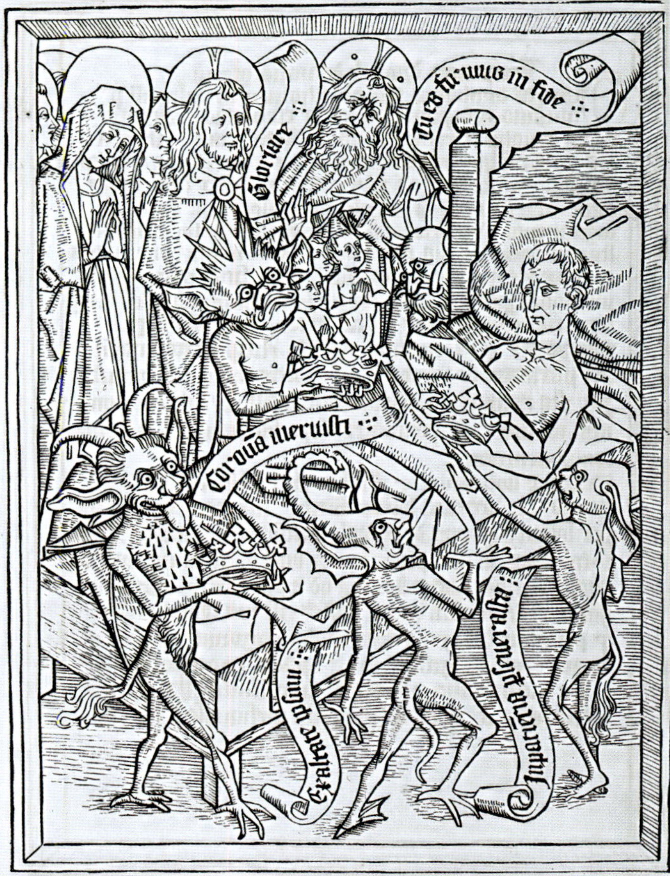

Ars moriendi o Arte de morir

Éste es un libro de seis capítulos en los que se representa al moribundo en su lecho rodeado de seres queridos, así como de enviados del demonio que tratan de tentarlo y de un representante celestial que acude para guiarlo hacia la salvación. Esta obra tenía varios objetivos:

1) Consolar al moribundo demostrándole que la muerte no era algo temible, pues tenía un lado bondadoso.
2) Resumir las cinco tentaciones que asaltaban a los agonizantes: la falta de fe, la desesperación, la impaciencia, el orgullo espiritual y la avaricia. También se explicaba cómo evadirlas.
3) Formular siete preguntas al moribundo y ofrecerle consolación.
4) Establecer la necesidad de imitar la vida de Cristo.
5) Mostrar a los amigos y familiares las pautas de comportamiento que debían seguir en el lecho de muerte.
6) Ofrecer la oración adecuada para el enfermo.

← Alegoría de la mortalidad. **Life and Death Contrasted — or, An Essay on Woman** (ca. 1770). Robert Dighton. ↑ El hombre es tentado por el orgullo en sus últimos momentos. ***Ars moriendi.*** Venecia (ca. 1563).

El fin de la vida comenzaba a verse menos como un suceso oneroso y más como una verdad ligada a la voluntad de Dios, aunque sin dejar atrás las ideas del mal y el castigo. Cuando el concepto europeo de la muerte llegó a América, se acentuó su representación mediante los cráneos de los frailes fallecidos.

LA IGLESIA REZA POR SUS DIFUNTOS

Ya instaurado el cristianismo, en el siglo VI, los benedictinos oraban por los muertos al día siguiente de Pentecostés. En tiempos de san Isidoro de Sevilla († 636), en España había una celebración parecida antes de Pentecostés. En Alemania, cerca del año 980, se llevaba a cabo una ceremonia consagrada a la oración de los muertos el 1 de noviembre, fecha aceptada por la Iglesia. Roma la adoptó en el siglo XIV, pero se remonta varias centurias atrás.

El 2 de noviembre de 998 —o 1030, según algunos autores—, en Francia, el monje benedictino san Odilón (ca. 962-1048) instauró la Conmemoración de los Fieles Difuntos. De ahí se extendió a otras congregaciones y órdenes regulares, como los cartujos. A partir del año 1000, la Iglesia estableció esa fecha para recordar a los seres que han partido.

En el siglo XV, el surgimiento de un sentimiento religioso más personal y directo con Dios llevó al Renacimiento y la Reforma protestante de los siglos siguientes, así como al debilitamiento de la fe en un dios protector de la humanidad.

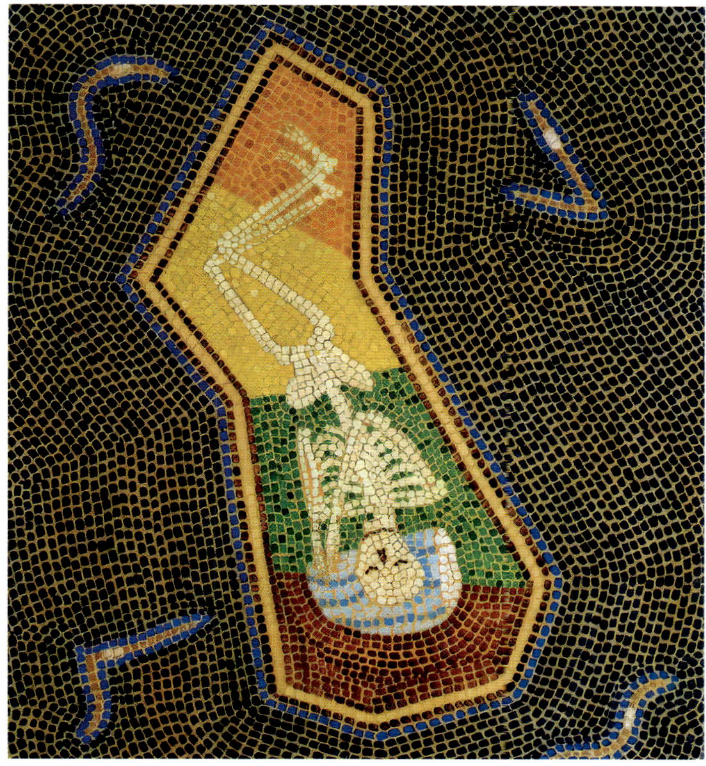

↑ **Feliz como lombriz** (2022). Christian Camacho. Exposición "En la vida, en la muerte y a la mitad".

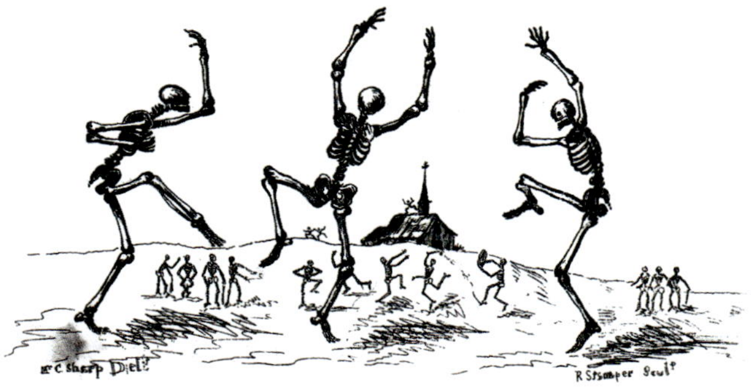

COMO ME VES, TE VERÁS

COMO ME VES, TE VERÁS Ninguna representación ha logrado captar la muerte como la calavera y el esqueleto: un cadáver con el cráneo revestido por un cutis ceroso, las órbitas oculares vacías y sin nariz. En el tórax, las costillas aparecen marcadas bajo una apergaminada epidermis con una brecha en el abdomen, que deja ver las vísceras.

A partir del siglo XV cambia el concepto de la muerte medieval hacia el tránsito a otro estado físico. En el devocionario *Las muy ricas horas del duque de Berry* (1489), Jean Colombe ilustra al cuarto jinete del Apocalipsis como un caballero con la espada desenvainada y galopando sobre las tumbas, acompañado de cadáveres amortajados y armados que avanzan hacia una multitud de soldados asustados.

A medida que los artistas se fueron independizando del control de la Iglesia, se desarrolló el nuevo tópico cortesano de la muerte y la doncella, que introduce un componente erótico en torno al tema clásico de Eros y Tánatos, el amor y la muerte. Como se observa en los dibujos de Niklaus Manuel (1517) y de Hans Baldung (1520), la muerte es un personaje masculino que asedia a una joven, a la que abraza y besa.

En 1538 se publicó la representación más famosa de la danza macabra en la Edad Moderna: una serie de 51 xilografías de Hans Holbein el Joven, donde el esqueleto de la muerte visita a diversos personajes para segarles la vida. Se trata de un crítica sarcástica a la Iglesia católica, vapuleada por las ideas reformistas de Martín Lutero.

En la Edad Moderna, por tanto, el esqueleto y la calavera estaban muy presentes en tumbas y sepulcros, pinturas barrocas, esculturas religiosas y funerarias, así como en la literatura. Cuando esta ola artística arribó a América, la iconografía mortuoria impregnó la vida novohispana y se mestizó con el concepto de ultratumba nahua, para dar lugar a nuevos aspectos visuales en la cultura mexicana.

↑ **Esqueletos bailarines** (s. XVIII). Aguafuerte. R. Stamper.

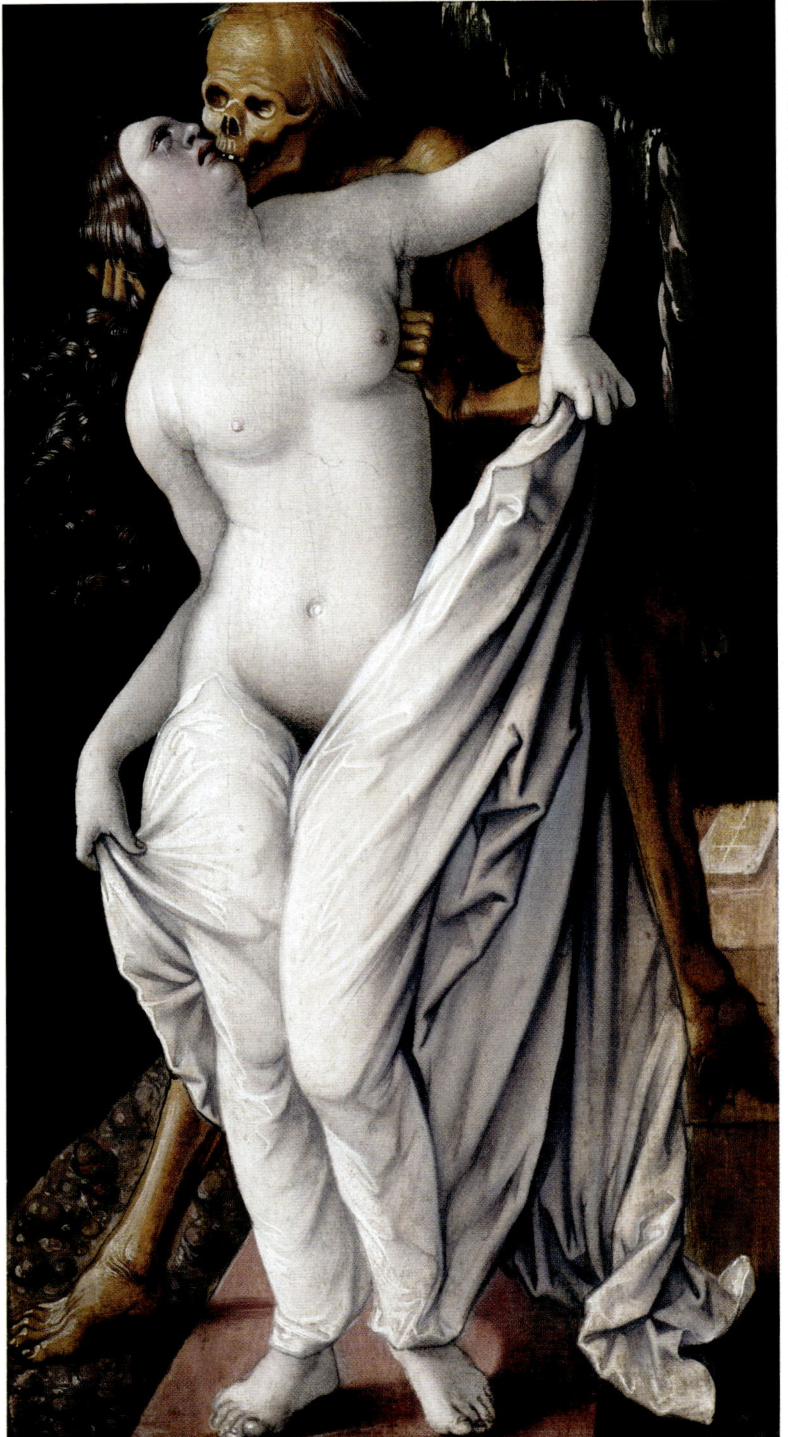

EL ARTE SE METE EN LOS HUESOS

EL ARTE SE METE EN LOS HUESOS La sola presencia del esqueleto sugiere ideas siniestras sobre el fin de la vida física y la degradación del cuerpo humano. Juan de Valdés Leal pintó dos alegorías para la iglesia del Hospital de la Caridad de Sevilla conocidas como *Jeroglíficos de las postrimerías*: "El fin de las glorias mundanas" y "En un abrir y cerrar de ojos" aluden a la banalidad de la vida terrena y a la universalidad de la muerte." El fin de las glorias mundanas" muestra los cadáveres en descomposición de un obispo y un caballero cuyas almas son juzgadas en una balanza.

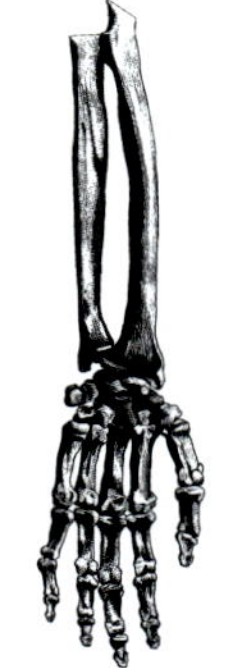

MATRIMONIO Y MORTAJA, DEL CIELO BAJAN

↑ **La muerte y la doncella** (ca. 1517). Hans Baldung, pintor alemán. → La muerte como rey en **El espejo que no adula** (1639). Grabado sobre madera. Jean Puget.

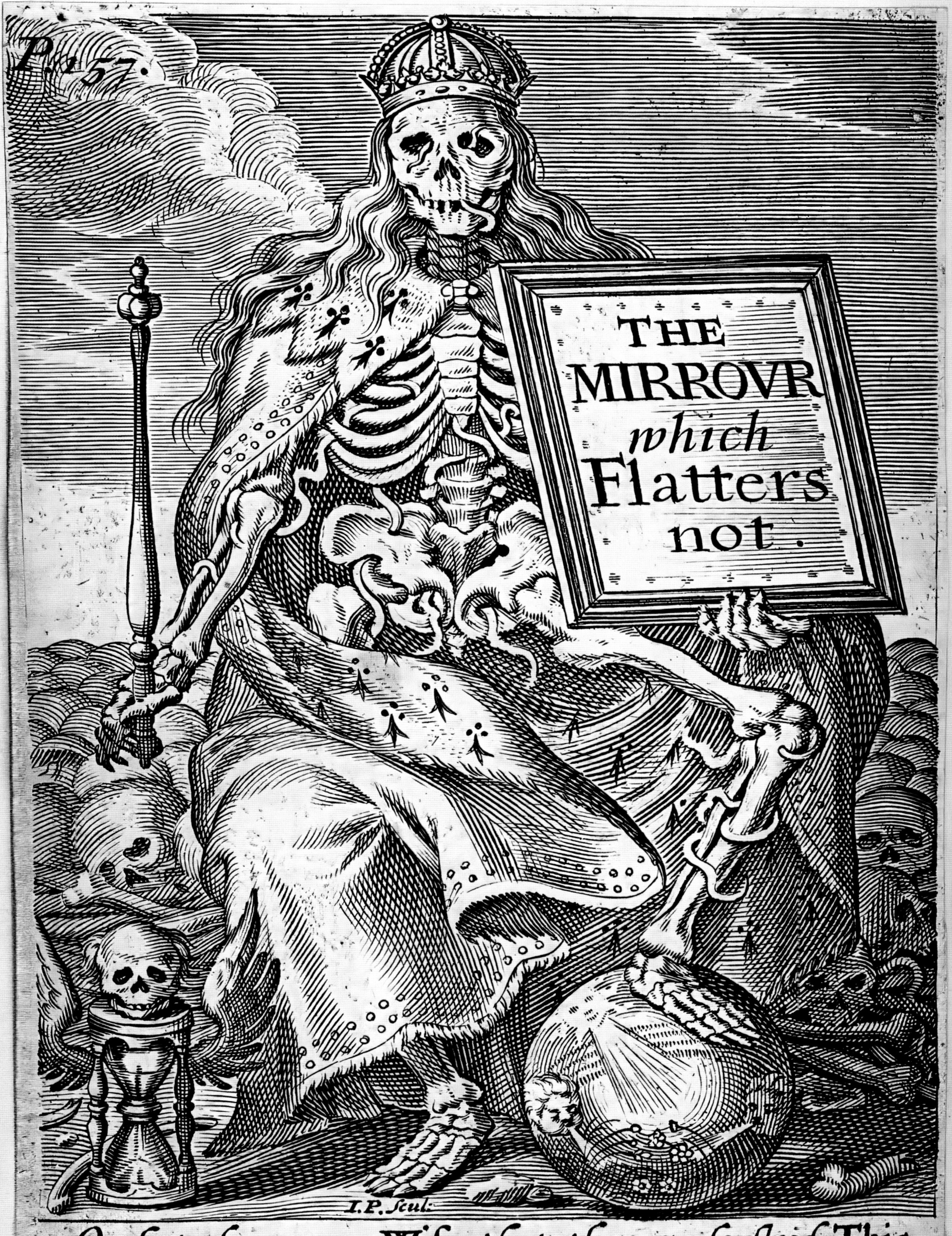

O that they were Wiſe, *that they underſtood* This, *that they would* Conſider *their latter* End! *Deut: 32.29.*

——— MORS ſola fatetur
Quantula ſint hominum corpuſcula. ——— *Iuvenal:*

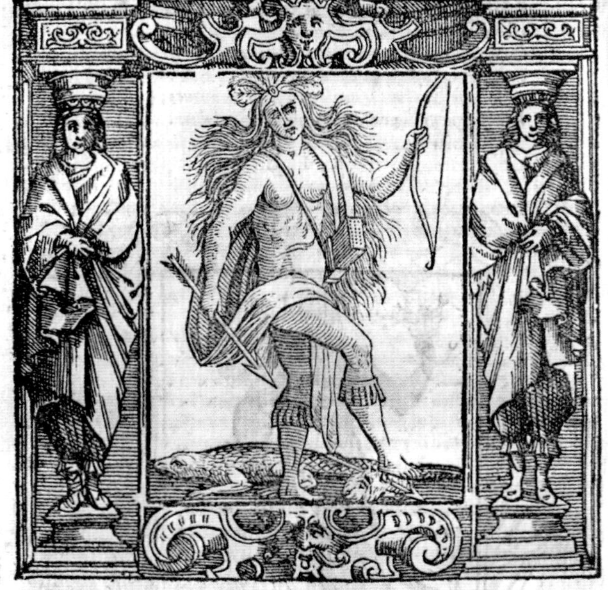

En un abrir y cerrar de ojos la muerte apaga sin esfuerzo una vela que simboliza la fragilidad de la existencia.

En esta línea estética e iconográfica de la muerte y la melancolía morbosa, en el arte de México se integra la tradición de retratar cuerpos inertes que muestran la dualidad vida-muerte, cuerpo vivo-cadáver y belleza-decrepitud. Así lo vemos en la Pinacoteca del templo de la Profesa, en la Ciudad de México, donde se conserva una obra anónima del siglo XVIII conocida como *El pudridero*, que representa un cadáver putrefacto con los intestinos a la vista.

La representación del esqueleto andante no fue tan sobresaliente durante el periodo virreinal en la Nueva España como la imagen de la muerte arquera: un esqueleto que porta arco y flechas, según la tradición europea renacentista.

Una destacada representación de este personaje portador de arco y guadaña es *La muerte arquera* (Pinacoteca Jesuita de Guanajuato, México), que recuerda las danzas macabras por su expresión sarcástica y actitud jocosa.

LA CREACIÓN DE AMÉRICA Aunque la imagen tiene raíces en el arte medieval, esta iconografía se debe más a los cronistas e historiadores españoles a su llegada al Nuevo Continente, pues los indígenas tenían aterrorizados a los conquistadores. En una analogía genérica, la propia América terminó identificándose con un guerrero indio desnudo, la cabeza tocada con plumas, a veces acompañado de un caimán, pero siempre con el arco, el carcaj y las flechas. De esa manera, Cesare Ripa describió así a América en su libro *Iconología* (Roma, 1593): una salvaje y aguerrida nativa. Esta imagen se asoció pronto con la muerte en general en la iconografía de Iberoamérica durante los siglos de la Contrarreforma.

↑ Representación alegórica de América. Cesare Ripa, **Iconología** (1603).

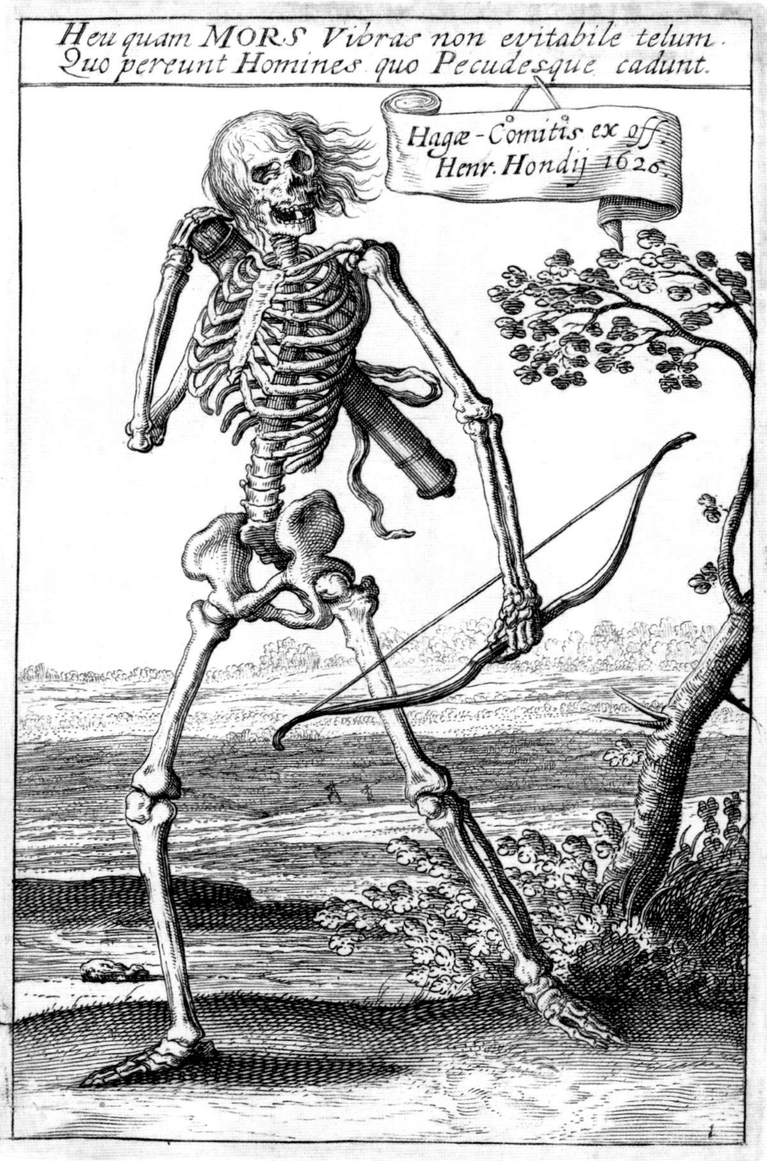

↑ **Muerte con arco y flecha** (1626). Hendrick Hondius. Grabado.

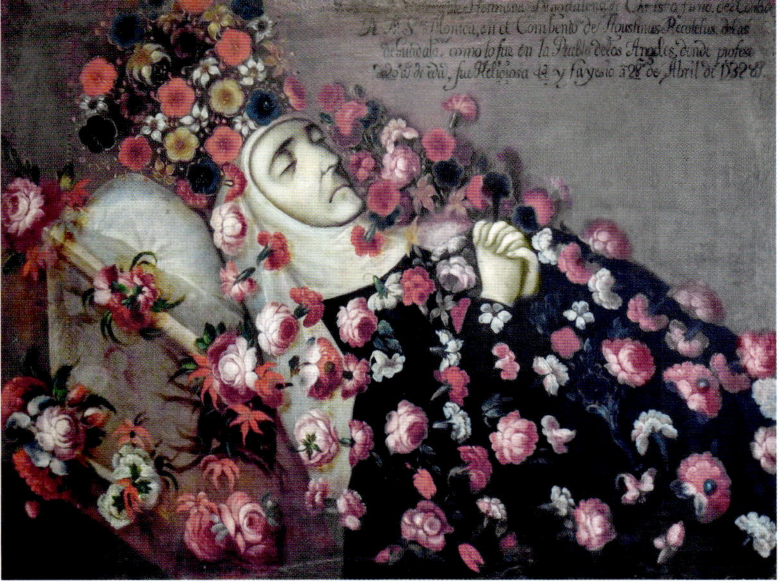

Una manifestación particular de la muerte eran los retratos de las monjas coronadas donde jóvenes novicias que han jurado los votos perpetuos aparecen vestidas como esposas de Cristo con joyas, ornamentos, coronas y flores. Las monjas tuvieron una enorme importancia en la educación de niñas y jóvenes indígenas, de ahí esta imaginería colorista para atraer a las adolescentes de la sociedad criolla. Resulta más interesante el retrato de monjas coronadas cadavéricas, que, con el paso del tiempo y la desacralización de la sociedad, se fueron asimilando como catrinas coronadas como una nueva iconografía popular para Día de Muertos.

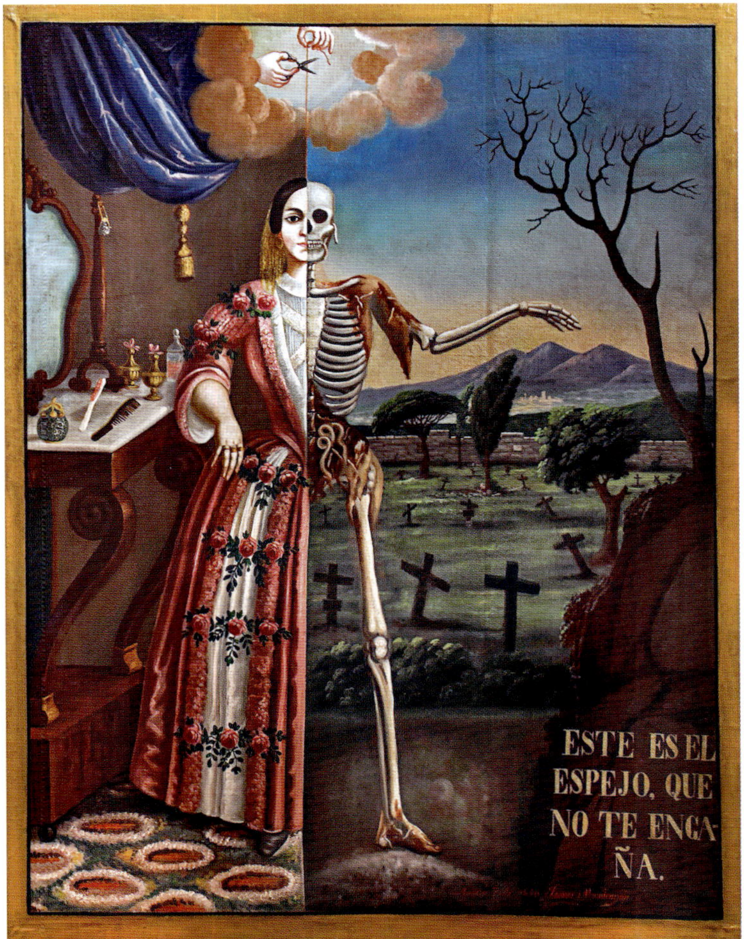

↑ **Sor Magdalena de Cristo, monja coronada y cubierta de flores** (1732). Ex convento de Santa Mónica, Puebla. ↑ Recordatorio de que todo lo que nace muere, un **memento mori** al estilo posromántico del siglo XIX.

Durante el siglo XIX, el esqueleto trascendió a la pintura y al retrato de la clase alta. La *Alegoría de la muerte,* de Tomás Mondragón (óleo sobre tela, 1856), muestra a una joven que tiene el cuerpo partido por el eje con una mitad en el mundo de los vivos y otra, en el de los muertos. En la vida es una mujer hermosa y elegante en medio de una habitación lujosa; en la muerte, sólo un cráneo y un esqueleto del que cuelgan harapos ante un paisaje siniestro de camposanto. Supone una crítica a la soberbia de las clases burguesas y terratenientes mexicanas del siglo XIX.

ESA CABECITA LOCA La calavera se independiza del resto del esqueleto humano como una heroína decapitada con honores y se convierte en el símbolo morboso de la fugacidad de la vida. Desde la prehistoria hay representaciones de calaveras, pero no relacionadas con la conciencia de la propia muerte *(memento mori).* Este sentido proviene de una peculiar costumbre en los desfiles militares romanos. Cuando un general saludaba a la plebe orgulloso, un siervo seguía gritándole: "¡Mira para atrás! Recuerda que eres sólo un hombre".

En el arte mexicano los cráneos virreinales son parlantes, pues tienen mandíbula para emitir un sermón, aunque no acompañan a ningún santo.

El cráneo como recordatorio de que todo lo que nace muere está presente en el Renacimiento y el Barroco, cuando las crisis espirituales y las reformas de la Iglesia son causa de guerra y matanzas populares, exilios masivos y purgas en las sociedades occidentales.

Desde el siglo XV la calavera y la muerte fueron un binomio, tanto en el arte religioso como en el profano. Un buen ejemplo es el *Retrato de Hieronymus Tschekkenbülin* del Maestro de Basilea (ca. 1487), donde se representan el retratado y un esqueleto en dos

CUANDO EL TECOLOTE CANTA, EL INDIO MUERE... NO ES CIERTO, PERO SUCEDE

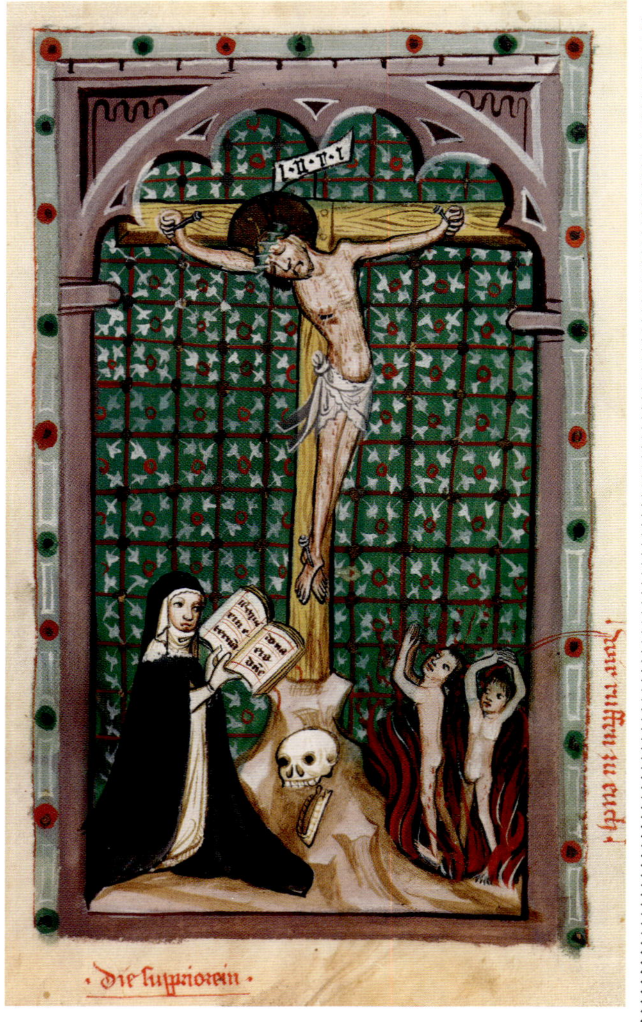

¡Vaya cruz llevas!

En el arte religioso barroco, la calavera puede aparecer al pie de la cruz para recordar que incluso Jesucristo fue mortal. Durante la Edad Media, con las Cruzadas a Tierra Santa, se popularizó la creencia de que Adán fue enterrado en el Monte Gólgota, donde crucificaron a Cristo. Por tanto, la calavera bajo la cruz alude a la resurrección de Cristo y simboliza su triunfo sobre el pecado original y la muerte. La calavera persevera junto a la cruz en los albores del Renacimiento en el *Tríptico Braque*, de Rogier van der Weyden (1450, Museo del Louvre, París), un retablo religioso con personajes del Nuevo Testamento que muestra en la parte posterior un cráneo como fin de la vida.

EL MUERTO A LA SEPULTURA Y EL VIVO A LA TRAVESURA

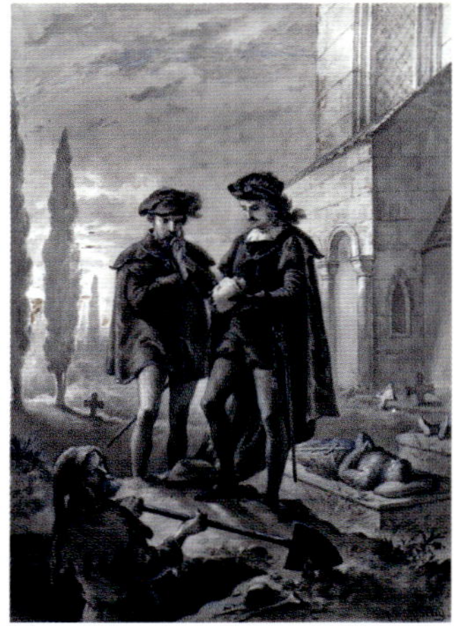

paneles enfrentados, en un concepto renacentista donde el caballero está más preocupado por la fama y la posteridad que por su salvación. Alberto Durero plasma alegóricamente la transitoriedad y banalidad de la vida en el grabado de un cráneo ladeado, abandonado a su suerte, con la boca entreabierta, sobre una superficie anodina.

También William Shakespeare se hizo eco de la sinrazón de la vida que zarandea a su antojo a jóvenes príncipes, como su atormentado Hamlet. El magistral monólogo de la duda existencial, "Ser o no ser", tiene un efecto estremecedor cuando el personaje le habla al cráneo de su padre sobre su mano.

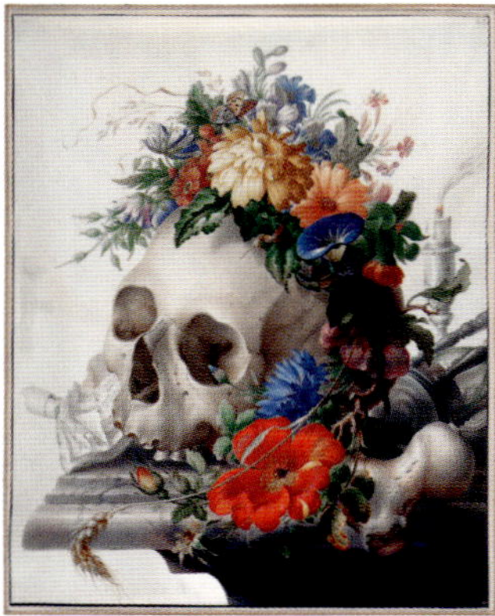

SONRÍE A TU DESTINO

La muerte empieza a mostrar dos caras en la representación de la calavera: por un lado, la tristeza por abandonar el mundo y sus placeres, y por otro, la alegría de trascender a una eternidad más feliz. Durante la Contrarreforma católica, el cráneo se convierte en un símbolo de piedad y santidad, que invita a meditar sobre la brevedad de la vida con las representaciones de san Jerónimo y la Magdalena penitente.

En algunas obras el cráneo es parlante (tiene maxilar inferior) y parece dar un discurso piadoso de frente y en ocasiones ante un espejo iluminado por una vela, donde se ve reflejado a sí mismo como es vivo y como será muerto. Como símbolo de la muerte, la calavera era un objeto corriente en las celdas de los monjes católicos para la meditación sobre la existencia efímera. En el arte virreinal, la calavera tomó un sentido esperanzador al adquirir algo de color y decoración ya que, en lugar de ser un símbolo de miedo y tristeza, recordaba la continuación de la vida en el Paraíso celestial.

Durante el siglo XVII un cráneo blanco podía simbolizar la pureza del espíritu o estar asociado con las clases altas, que podían permitirse tener porcelanas finas, oro y plata, mientras que un cráneo marrón acercaba al personaje al humus, pues la persona oraba de rodillas con la cabeza baja en actitud de humildad.

↖ **La crucifixión** (ca. 1430). Artista desconocido. Fundación Barnes, Filadelfia, Estados Unidos. ↑ **Hamlet**, de William Shakespeare, acto V, escena I (1884). Biblioteca Folger Shakespeare, Londres. ↑ **Naturaleza muerta** (s/f). Herman Henstenburgh. The Metropolitan Museum of Art, Nueva York.

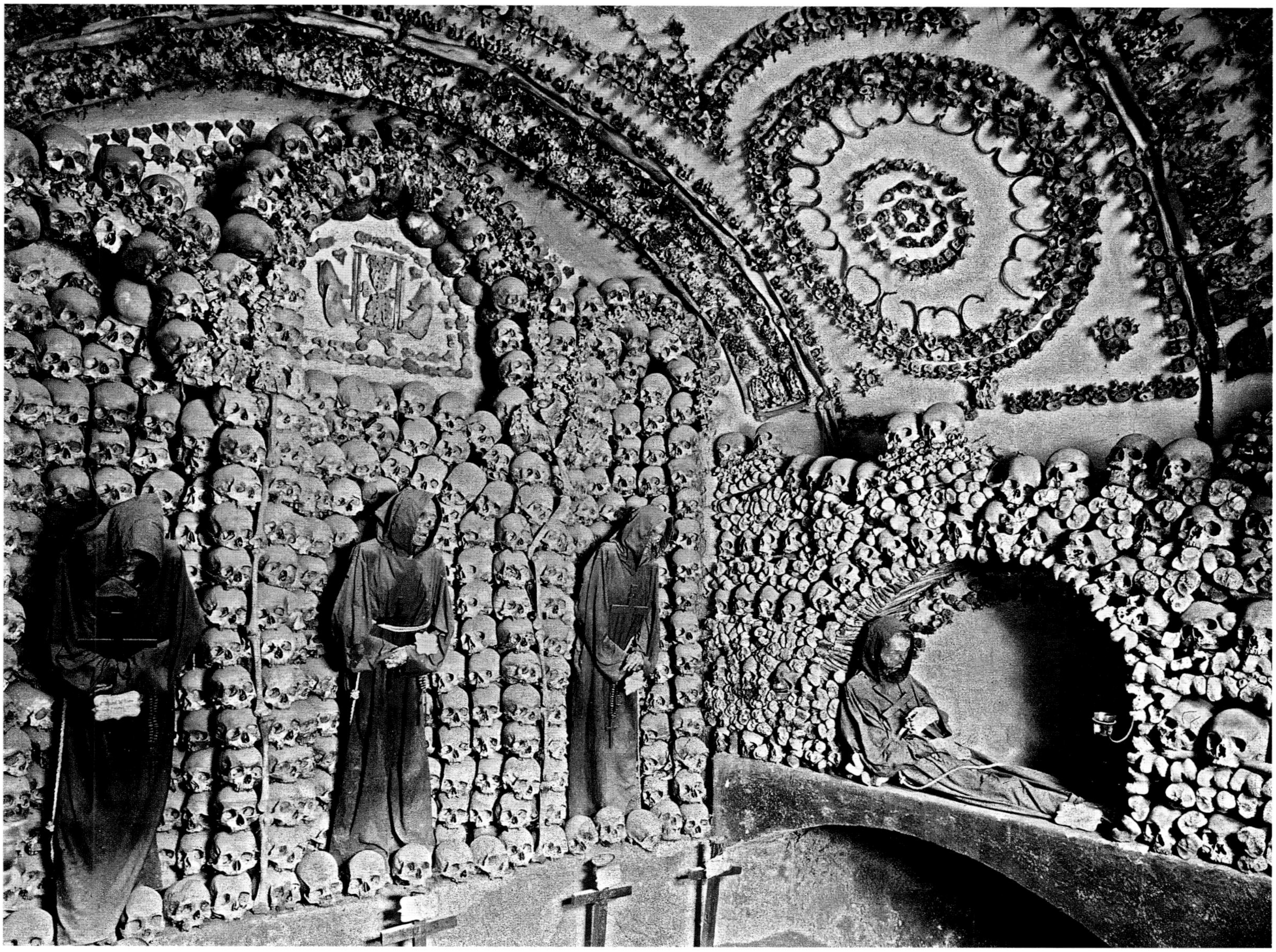

LOS DIFUNTOS SE SUBEN POR LAS PAREDES

Enterrar a los fallecidos en cementerios cercanos a las iglesias fue una práctica habitual desde los inicios del cristianismo. En periodos de alta mortandad, los restos comenzaron a acumularse dentro de capillas e iglesias y se usaron como material de construcción, como en la iglesia de San Bernardino alle Ossa (Milán, Italia), al lado del hospital de leprosos, cubierta de huesos y cráneos, algunos de ellos de condenados a muerte. Cuenta la leyenda que, cada 2 de noviembre, una niña cuyos despojos se encuentran en la iglesia vuelve a la vida e invita a los difuntos a bailar. También el osario de Sedlec (Praga, República Checa), edificado tras la visita a Tierra Santa de su abad en 1278, llegó a almacenar cuarenta mil esqueletos. Con tal excedente, los religiosos comenzaron a fabricar con ellos objetos decorativos, como una lámpara de araña y guirnaldas de cráneos. En la península ibérica sobran ejemplos, como el osario de Santa María de Wamba en España, con tres mil calaveras de monjes y partes de esqueletos depositados entre los siglos XIII y XVIII. O la Capilla de los Huesos en Évora, Portugal, recubierta con más de cinco mil cráneos. En la arquitectura religiosa mestiza, la Capilla abierta de Tlalmanalco es un ejemplo de la costumbre española de edificar iglesias y monasterios sobre antiguos lugares de culto prehispánico. Fue construida por frailes franciscanos en el siglo XVI para convertir a los indígenas, que probablemente aún no habían sido evangelizados; por ello en las paredes y arcos de la iglesia se colocaron numerosas imágenes de ángeles y demonios, y de Dios.

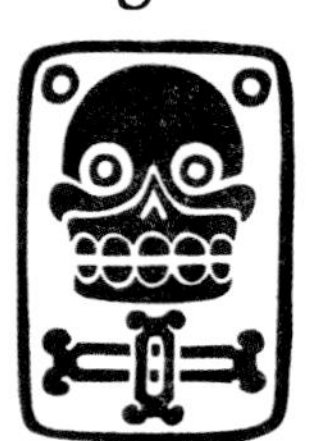

Destaca un alto relieve que muestra una calavera y huesos cruzados que puede representar el culto a la muerte de las culturas prehispánicas, imagen que estos pueblos podían fácilmente identificar.

↑ Cráneos y esqueletos. Convento de Cappuccini (ca. 1900). Santa Maria della Concezione, Roma. → **Cuando la fe es fuerte, la muerte es flaca.**

CAYENDO EL MUERTO Y SOLTANDO EL LLANTO

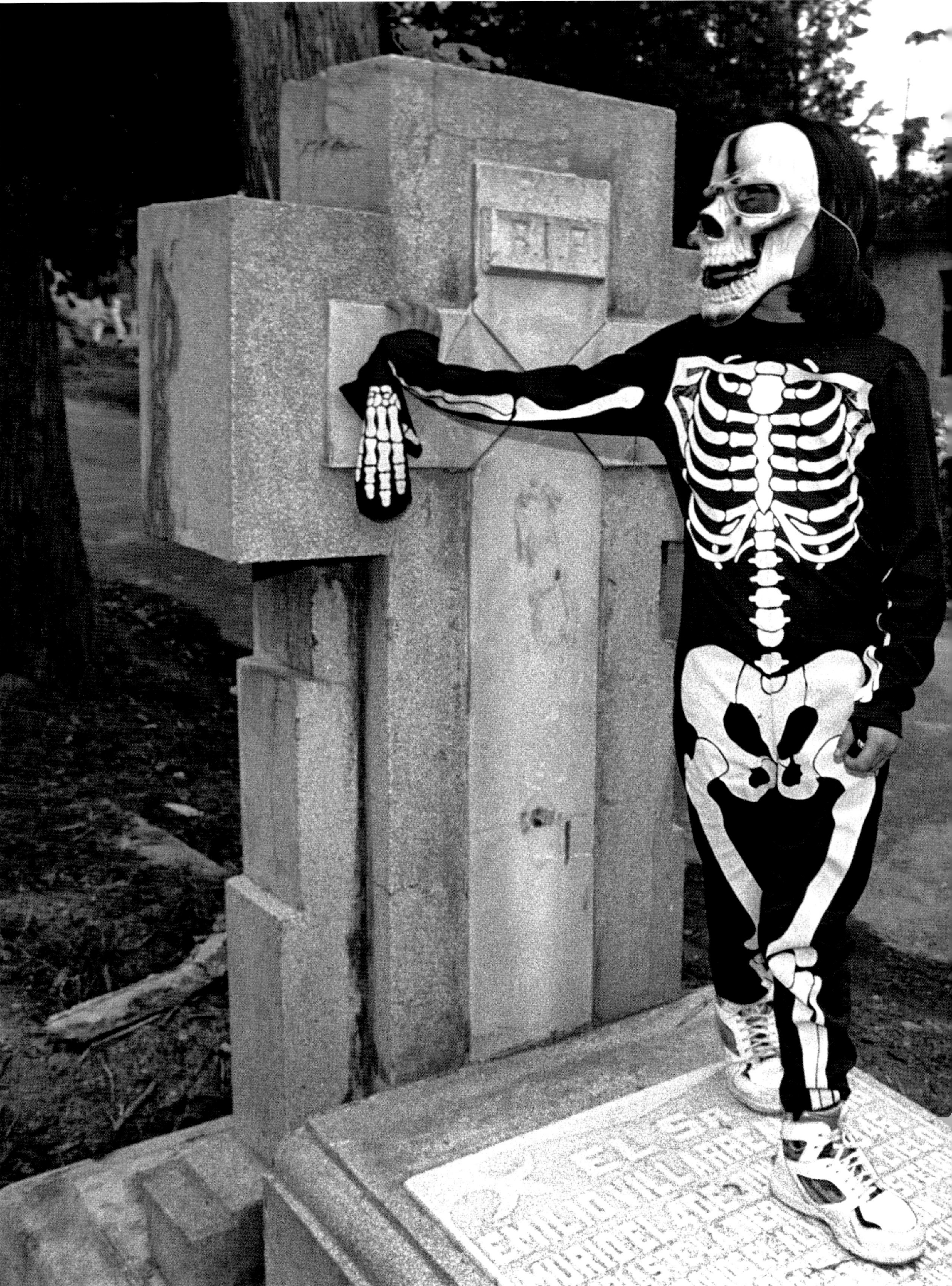

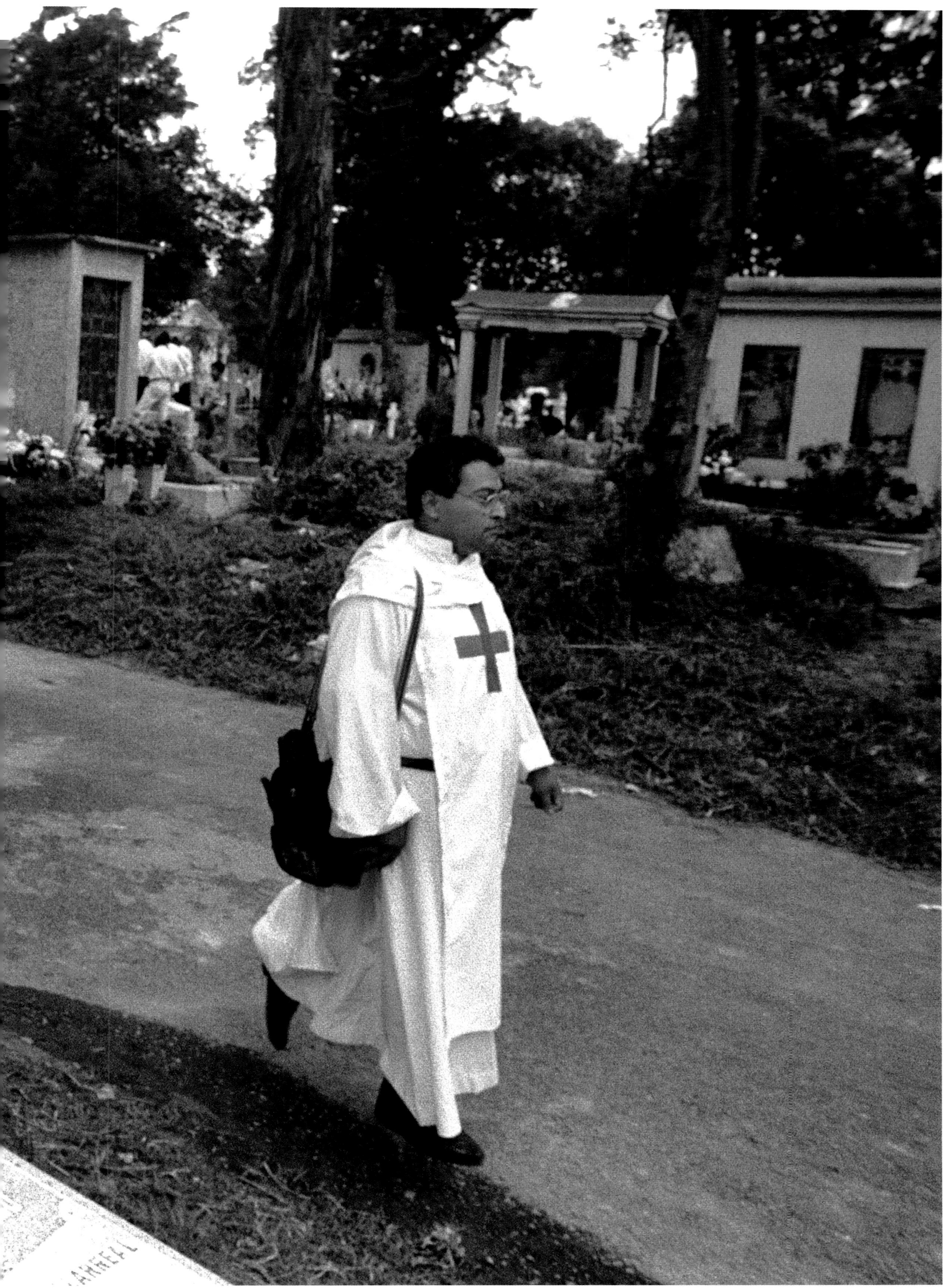

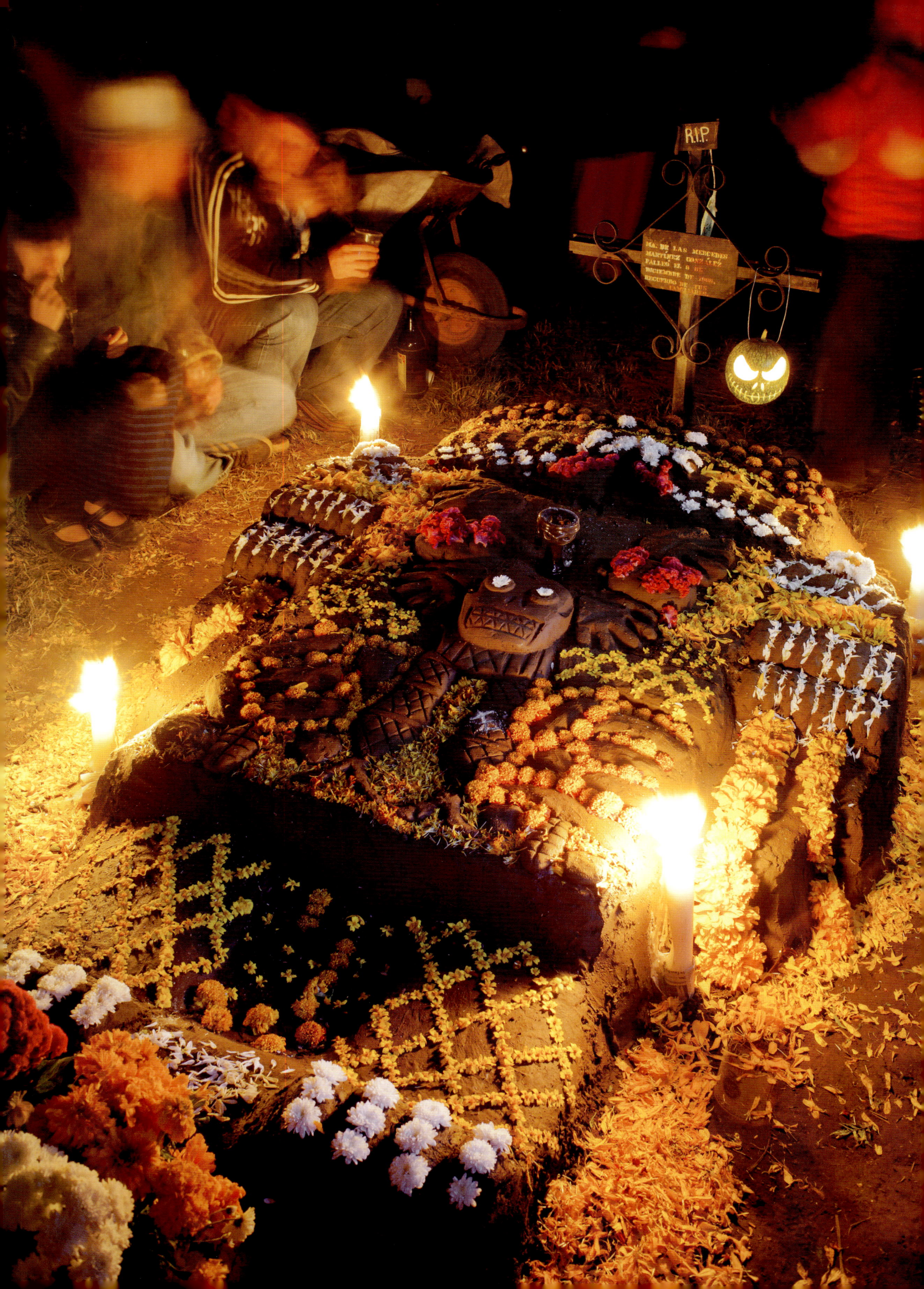
R.I.P.
MA. DE LAS MERCEDES
MARTÍNEZ GONZÁLEZ

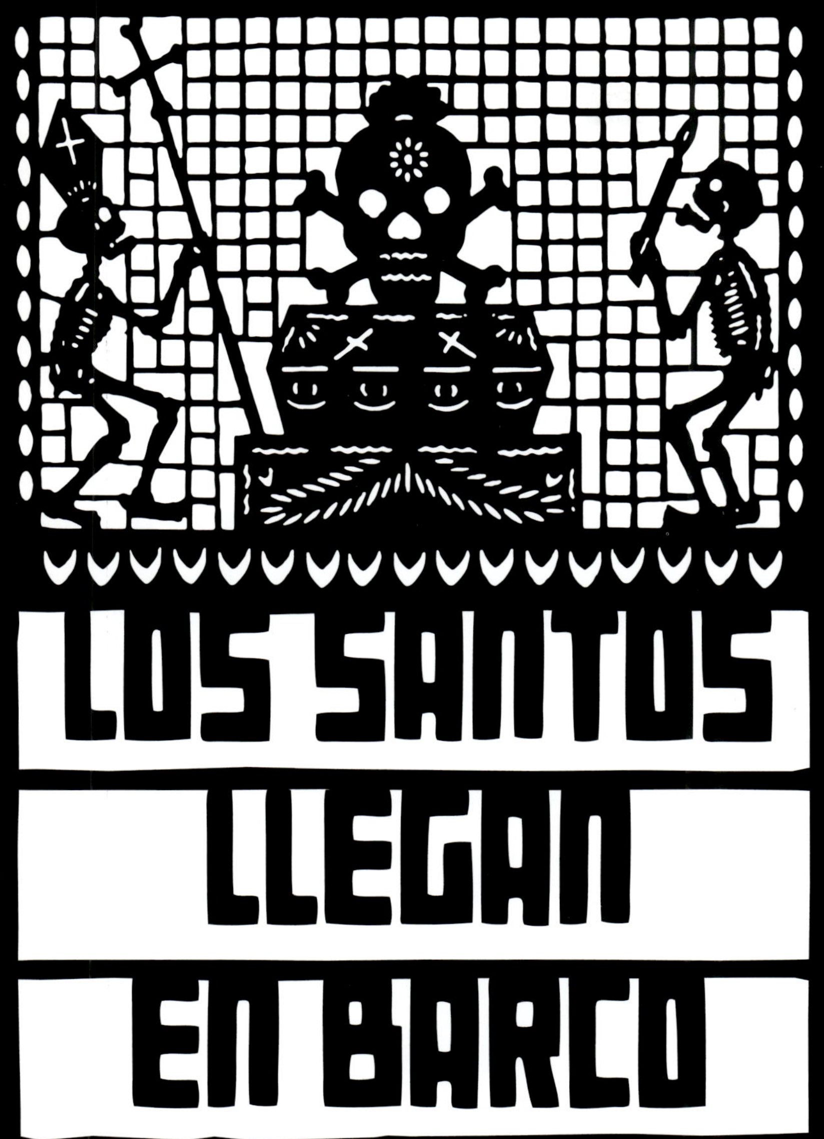

LOS SANTOS LLEGAN EN BARCO

CON LOS CONQUISTADORES ARRIBÓ EL CATOLICISMO, QUE SE FUSIONÓ CON LAS RELIGIONES INDÍGENAS Y DIO LUGAR A NUEVOS CULTOS.

Cuando Hernán Cortés pisó la costa de Chalchicueyecan, en Veracruz, México, el encuentro entre indígenas y europeos propició la creación de un puente cultural que permitió el cruce de ceremonias, ritos y creencias de ambos bandos, aunque los europeos siempre buscaron imponer su visión cristiana sobre las deidades mesoamericanas.

← Tumba velada por familiares en el panteón de San Antonio Tecómitl, Ciudad de México.

DOS MUNDOS CARA A CARA La fuerza y el arraigo de las creencias de los nahuas eran de tal magnitud que los conquistadores tuvieron que recurrir a la violencia para llevar a cabo la evangelización; efectuaron una conversión forzada, en muchas ocasiones en masa, al credo europeo. Pero la religión popular, tal como la practicaban y entendían los diferentes pueblos, persistía en Mesoamérica. De hecho, en la mayoría de las comunidades aún se requerían la guía espiritual y los servicios de oficiantes indígenas para la apertura de los campos de cultivo —los cuales necesitaban la protección de los dioses de la lluvia— y para estrenar casas, hornos de cal, baños de vapor, entre otros, pues se creía que la intervención de esos oficiantes contrarrestaba las fuerzas sobrenaturales nocivas de las obras recién construidas. También se seguía acudiendo a los celebrantes de ritos de paso, los controladores de meteoros —como lluvia y granizo—, los ahuyentadores de plagas, los médicos y los adivinos.

Con la imposición de la religión católica se produjo un fenómeno de sincretismo, en el que santos cristianos y dioses prehispánicos se solaparon para dar lugar a ritos y cultos con características únicas y peculiares.

Con miras a instituir la nueva fe, los evangelizadores trataron de comprender a los pueblos originarios observando sus diversas formas de vida. Como los consideraban incapaces de entender abstracciones, decidieron modificar las ceremonias litúrgicas romanas para adaptarlas a sus creencias, y por ello incorporaron elementos más vistosos y sonoros que intentaban captar la atención de los pobladores locales. Los frailes franciscanos, jesuitas y dominicos trabajaron con ahínco para fortalecer el catolicismo por medio de procesiones y representaciones teatrales religiosas de tipo alegórico que remataban con cantos, bailes y música, en un final apoteósico.

Estas piezas teatrales se conocen como *autos sacramentales;* llevaron la nueva religión a las plazas públicas hasta su prohibición, en 1765. Una de las primeras representaciones de este tipo tuvo lugar en 1528, cuando, según fray Toribio de

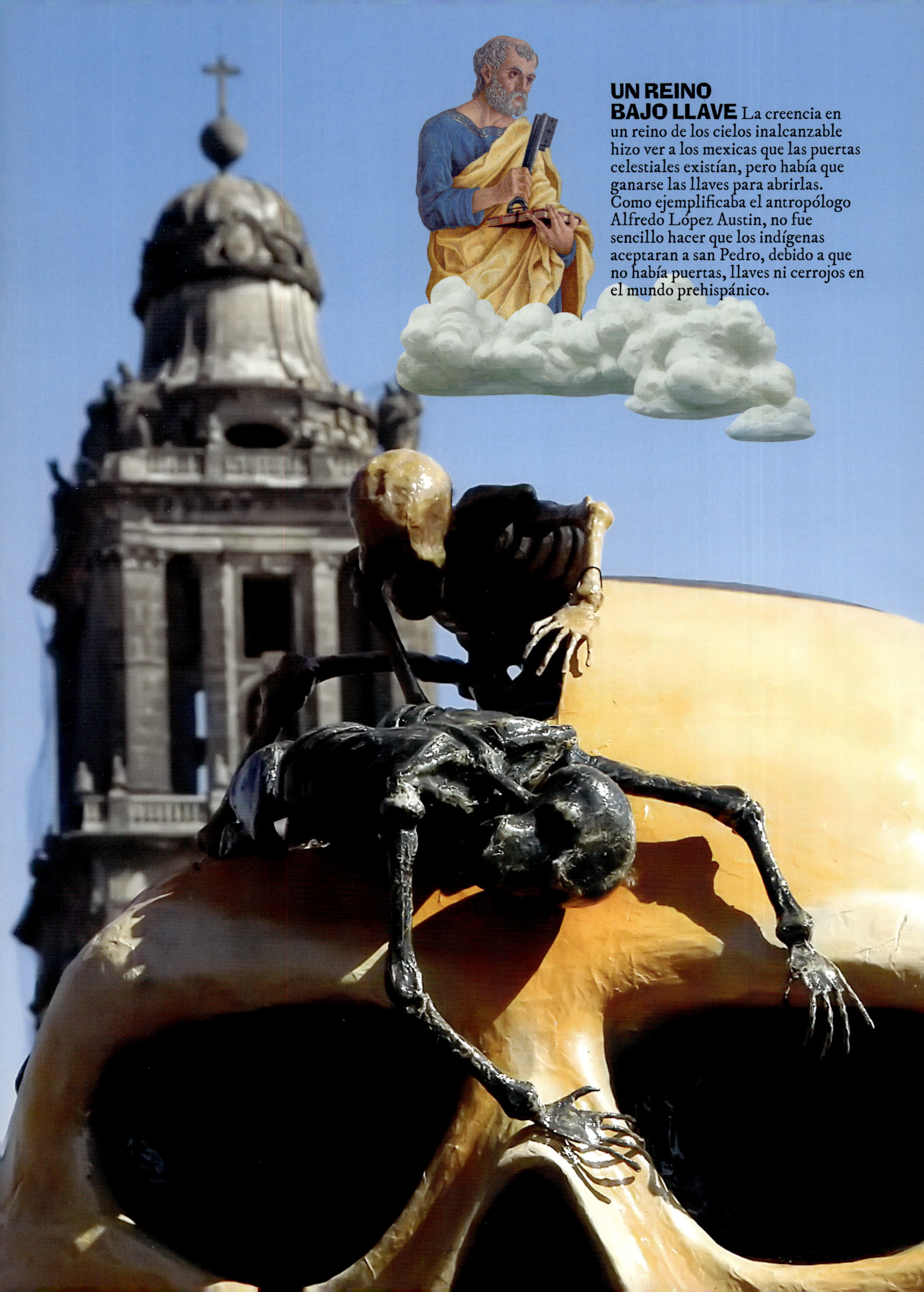

UN REINO BAJO LLAVE La creencia en un reino de los cielos inalcanzable hizo ver a los mexicas que las puertas celestiales existían, pero había que ganarse las llaves para abrirlas. Como ejemplificaba el antropólogo Alfredo López Austin, no fue sencillo hacer que los indígenas aceptaran a san Pedro, debido a que no había puertas, llaves ni cerrojos en el mundo prehispánico.

Benavente, se presentó el drama *El ofrecimiento de los Reyes al Niño Jesús* durante la misa de Epifanía.

No hubo propaganda religiosa más poderosa que los autos sacramentales, donde los nativos veían los misterios del catolicismo encarnados en sus propias pieles, rasgos y vestimentas. Asimismo, al incluir a los indígenas en las festividades católicas, los evangelizadores consiguieron introducir en las diferentes culturas americanas las fiestas patronales europeas —basadas en el calendario litúrgico—, como la Semana Santa, el Corpus Christi, Todos Santos y Navidad.

EL SINCRETISMO NOS TRAE LA PAZ

Aunque la salvación que prometía el cristianismo convenció a miles de mexicas, los españoles también intentaron someter a los pobladores locales con la amenaza de los castigos eternos promovidos por el catolicismo. "Alcanza el cielo para que evites llegar al infierno" fue la premisa de las órdenes religiosas, la cual atañía tanto al inicio de la vida como a su fin. En realidad, las batallas de Dios y Satanás eran las mismas que libraban Huitzilopochtli y Quetzalcóatl.

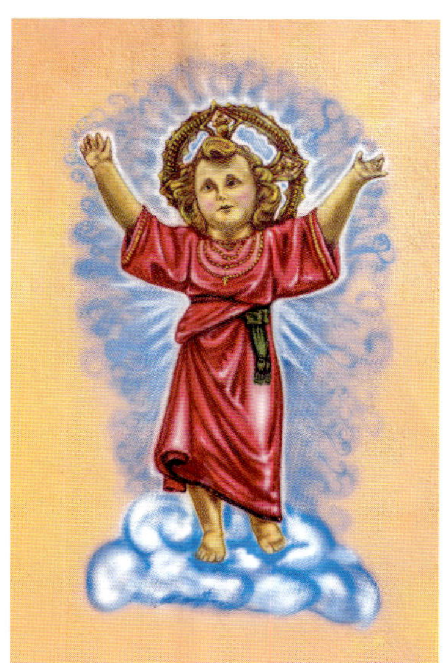

Para regocijo de la Corona española, los militares y las órdenes religiosas, la utopía cristiana en tierras americanas cobró sentido en el sincretismo "amable", mediante el cual los mexicas dieron su brazo a torcer, aunque sin renunciar a sus tradiciones y costumbres centenarias. La desnudez, la poligamia, el politeísmo y los rituales con sus sacrificios perdieron adeptos paulatinamente, y pocos lograron resistirse por mucho tiempo.

Para finales del siglo XVI, los símbolos cristianos provenientes de la cultura medieval y la cosmogonía náhuatl fueron "aceptados" en nombre de la "verdadera fe", que con el paso de los años acentuó la imaginación de ambos bandos y creó nuevos mitos. En ese momento histórico, la vida novohispana ya estaba cargada de imágenes cristianas: iglesias, ángeles y demonios, santos tallados en piedra y madera, vírgenes hiladas sobre tela y cruces atriales con serpientes enrolladas acompañadas de pequeños cráneos. En una vía de dos direcciones, el universo de imágenes prehispánicas también se hizo presente en la mentalidad europea en forma de vasos, vasijas, platos, sahumadores, murales, pirámides, tzompantli, entre otras.

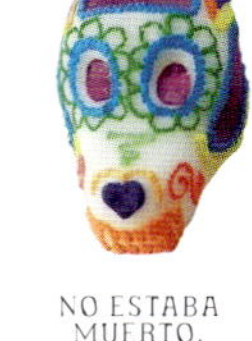

NO ESTABA MUERTO, ANDABA DE PARRANDA

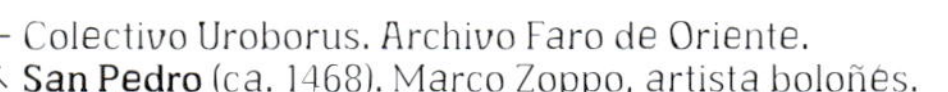

← Colectivo Uroborus. Archivo Faro de Oriente.
↖ **San Pedro** (ca. 1468). Marco Zoppo, artista boloñés.

El atrio del Templo de San Andrés Apóstol, en Mixquic, se levantó sobre una plataforma prehispánica. En ésta conviven esculturas mesoamericanas con elementos europeos, como una fuente y un busto de Miquiztli, diosa de la vida y de la muerte.

↖ Mural. Niño Jesús. Mixquic, Tláhuac, Ciudad de México.
↑ Mizquiztli, diosa de la muerte, en el atrio del Antiguo Convento de San Andrés Apóstol, San Andrés Mixquic.

El libro mexicano de la muerte

En México, una referencia del siglo XVIII similar al *Ars moriendi* del siglo XV europeo es el *Políptico de la muerte*. Este documento cuenta con una serie pictórica conformada por un *memento mori*, el "Origen y destino del hombre", el "Relox", el moribundo en el lecho, una escena del Juicio Final y el retrato de una mujer a manera de *vanitas*. Mediante la imagen de la calaca, pretendía aleccionar a los vivos en relación con la muerte y recordarles su condición efímera. Imbuida por el sentido fugaz y banal de la vida, en la Nueva España la muerte se convirtió en una esperanza para lograr llegar al cielo. En la cultura novohispana, el Día de Muertos comenzó a tener sus primeras fiestas, que sintetizaron las creencias católicas y europeas en torno a los difuntos, con ritos prehispánicos que continuaban bien vivos en la cultura autóctona.

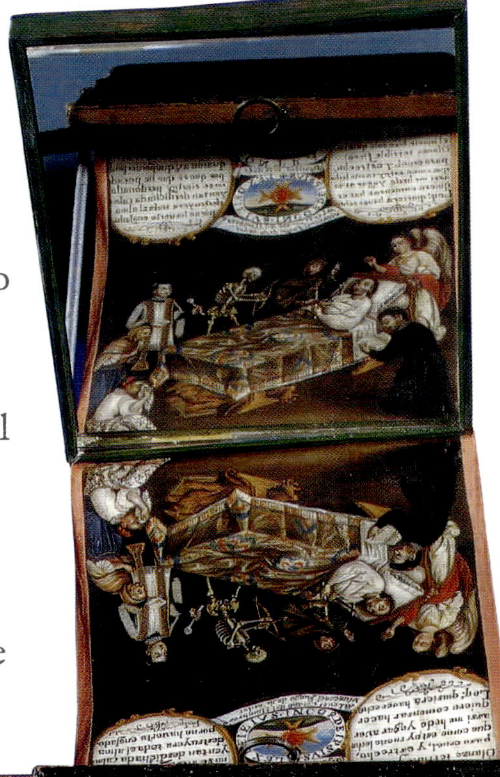

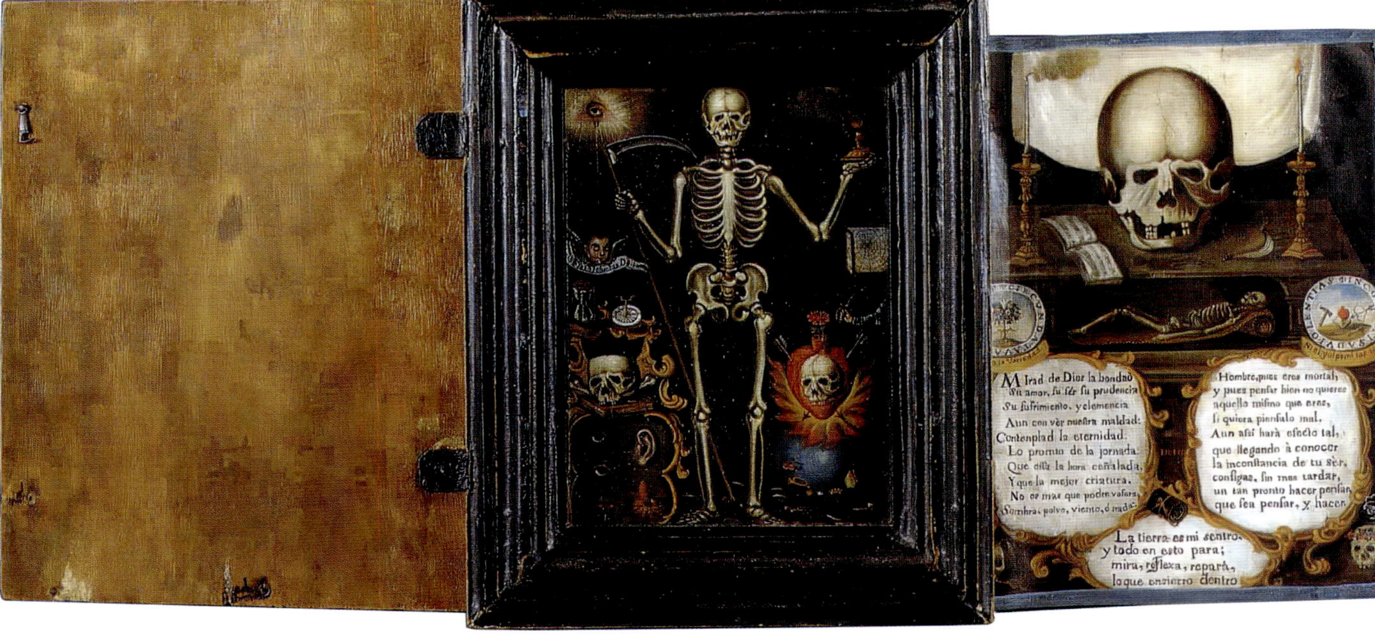

EL PODER DE LOS SANTOS SACRAMENTOS

En el cristianismo los sacramentos representaban el signo material de la presencia de Jesucristo entre las personas, una gracia interna y espiritual que Dios concedía a quien los recibía. El último sacramento que se administraba en vida era la extremaunción, que consistía en ungir con aceite bendito (santos óleos) a una persona cristiana que estuviera próxima a la muerte. Cuando el enfermo yacía en su lecho, el sacerdote oraba: "La paz del Señor sea en esta casa y todos los que habitan en ella". Se buscaba que, antes de transitar al más allá, el moribundo confesara los pecados mortales cometidos después del bautismo y quedara perdonado y limpio para llegar al cielo sin pasar por el purgatorio.

La cosa no terminaba con el cuerpo rígido y frío. En el momento del fallecimiento, comenzaba el rito funerario, que quedaba en manos de familiares y amigos. Algunos moribundos pedían que se les despidiera con canciones y una pequeña comilona; otros solicitaban largas horas de oración para que sus cuerpos y almas encontraran el descanso. Sin embargo, todos coincidían en que sus ánimas se dejaran en manos de Dios; por ello, los religiosos rodeaban el cadáver y lo guiaban —precedido por una cruz— hacia el panteón, su última morada física. Allí, el cura oficiaba una ceremonia antes de proceder a la sepultura. Al seguir esos preceptos, un buen cristiano podía lograr que su alma trascendiera y fuera llevada directamente a los brazos del Supremo.

Y LA MUERTE DIJO "FLACA, PERO NO DE HAMBRE"

↑ **Políptico de la muerte**. Anónimo, siglo XVIII. Museo Nacional del Virreinato. → **Ofrenda *papercut*** (2020), Alec Dempster. → (pp. 62-63) Mictlán, Francisco Mata Rosas.

EN EL ÚLTIMO ALIENTO

A partir del siglo XVI los mexicas —y casi todos los pueblos mesoamericanos—conformaron familias con europeos. En ese proceso de mestizaje se fundieron con total naturalidad los ritos funerarios, memorias y tradiciones de unos y otros.

Al concepto europeo de la muerte se incorporaron cinco consideraciones que influyeron en las representaciones populares, artísticas y sociales:

1. La muerte puede sobrevenir en forma brusca e inesperada a personas de toda edad y condición. 2. La fama, el poder y la riqueza son transitorios. 3. La belleza física decae con la vejez y desaparece al corromperse el cuerpo después de la muerte. 4. En el fin de los tiempos, los muertos serán liberados de sus tumbas para presentarse al Juicio Final. 5. Con oraciones, misas, buenas obras y donaciones se obtienen indulgencias para las penas del purgatorio.

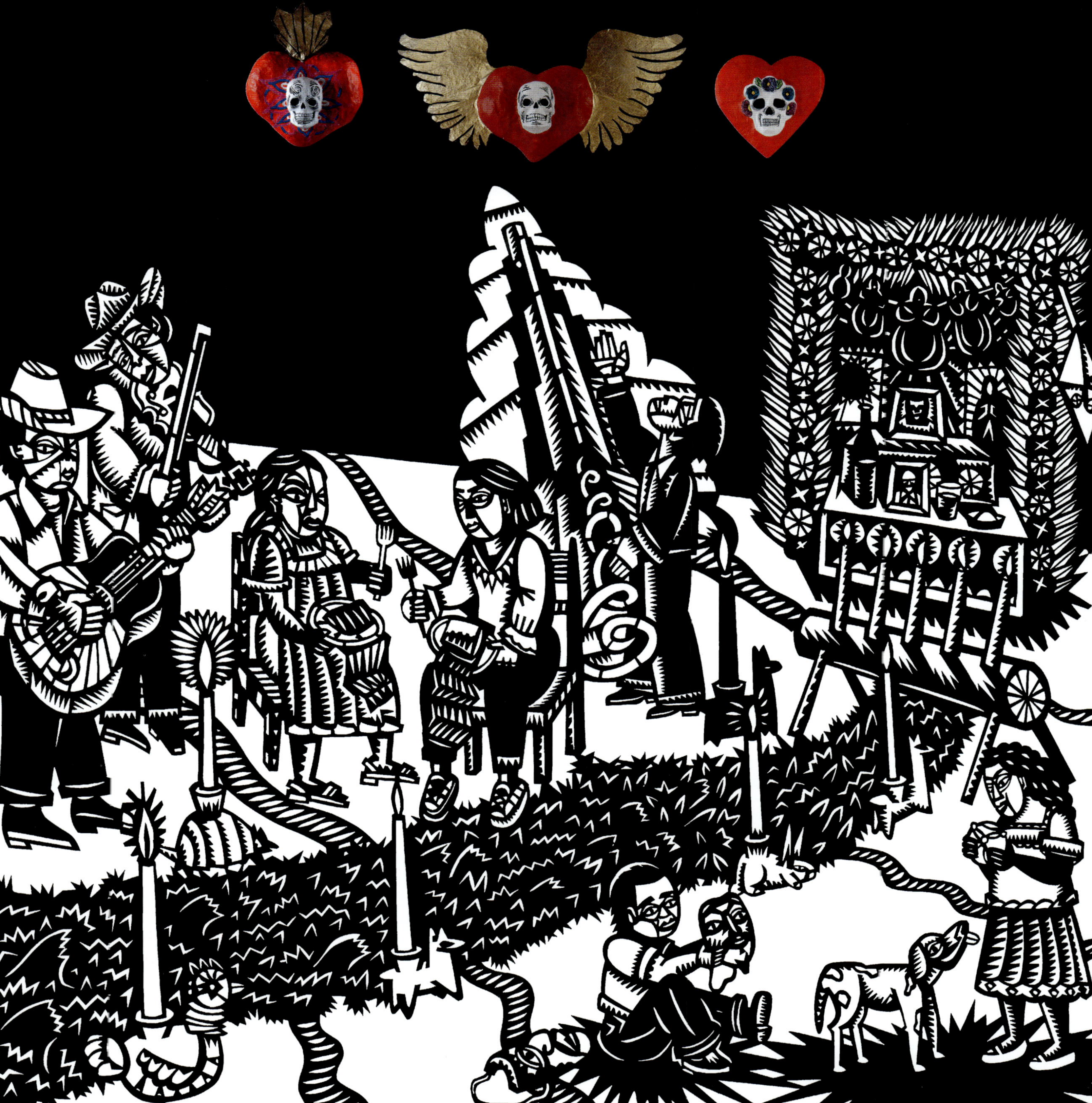

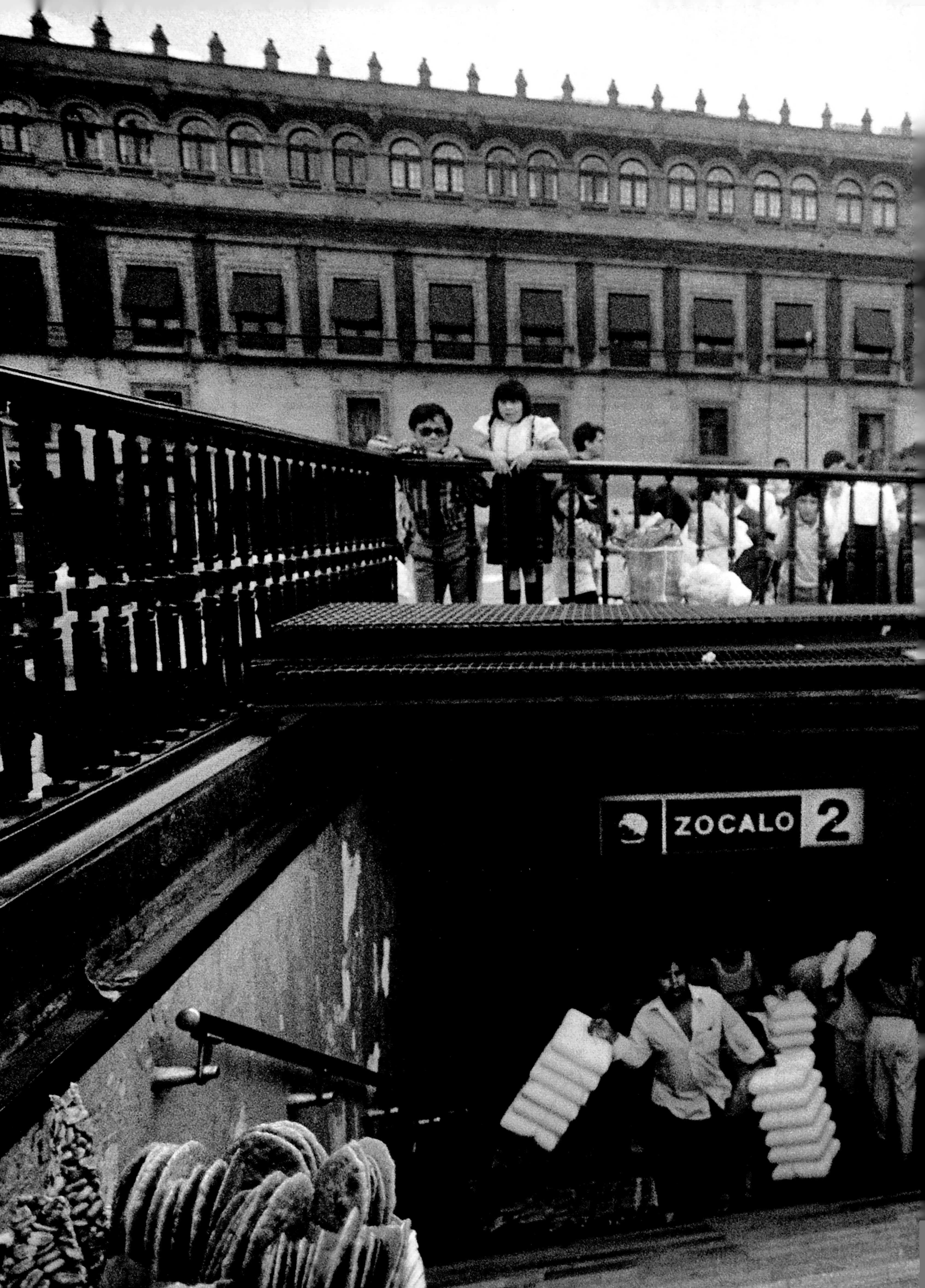
ZOCALO
2

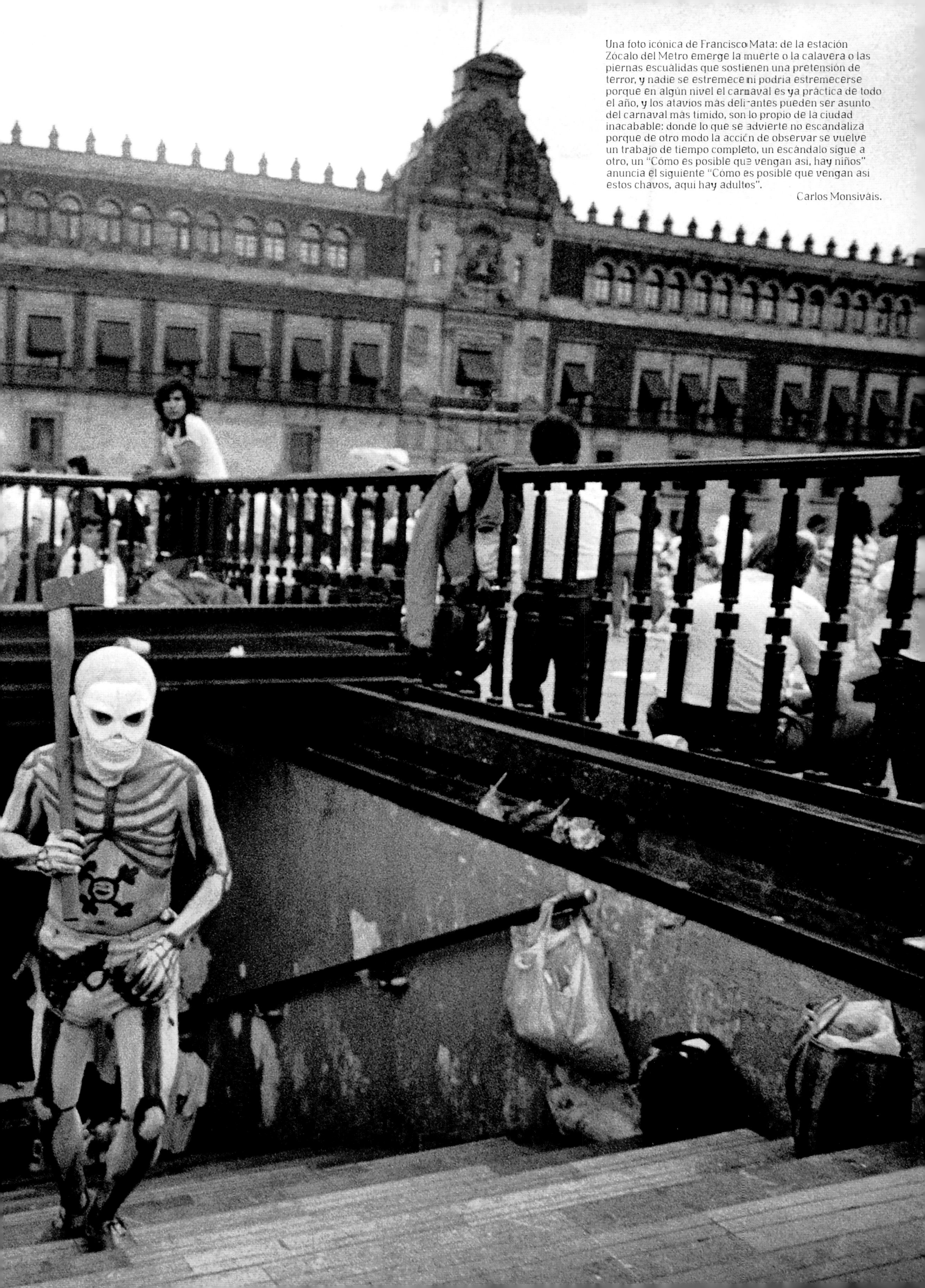

Una foto icónica de Francisco Mata: de la estación Zócalo del Metro emerge la muerte o la calavera o las piernas escuálidas que sostienen una pretensión de terror, y nadie se estremece ni podría estremecerse porque en algún nivel el carnaval es ya práctica de todo el año, y los atavíos más delirantes pueden ser asunto del carnaval más tímido, son lo propio de la ciudad inacabable: donde lo que se advierte no escandaliza porque de otro modo la acción de observar se vuelve un trabajo de tiempo completo, un escándalo sigue a otro, un "Cómo es posible que vengan así, hay niños" anuncia el siguiente "Cómo es posible que vengan así estos chavos, aquí hay adultos".

Carlos Monsiváis.

LA ALUMBRADA

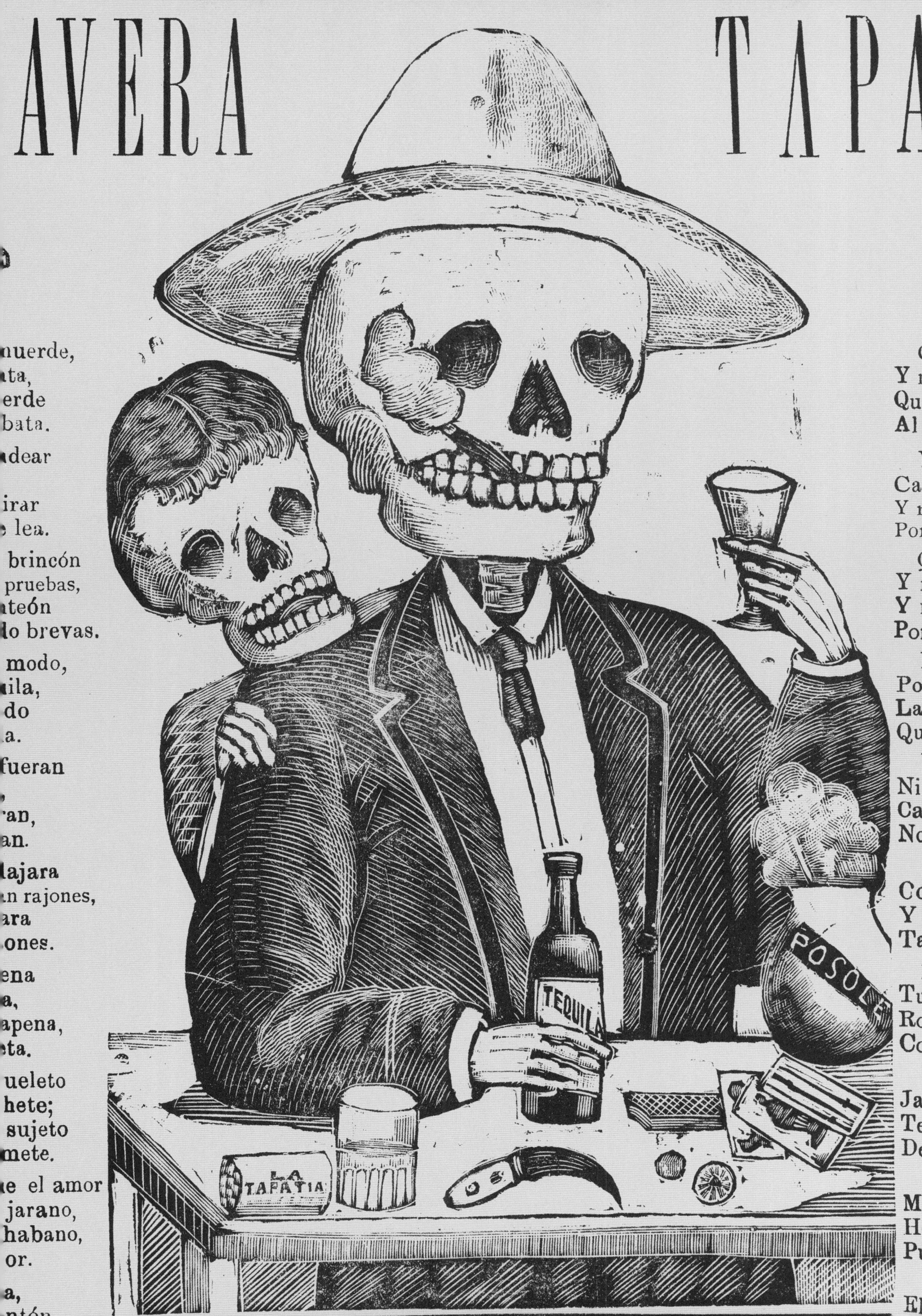

AVERA TAPA
TEQUILA
POSOLE
LA TAPATIA
nuerde,
ata,
erde
bata.
adear
irar
lea.
brincón
pruebas,
teón
lo brevas.
modo,
ila,
do
a.
fueran
an,
an.
lajara
n rajones,
ara
ones.
ena
a,
apena,
ta.
ueleto
hete;
sujeto
mete.
e el amor
jarano,
habano,
or.
a,
ntón.
Ca
Y no
Que
Al qu
Yo
Canta
Y no
Porqu
Qu
Y no
Y ni
Porqu
Ho
Porqu
La m
Quiso
Yo
Ni mi
Calav
No ci
El
Con
Y na
Tan
Por
Tuvo
Roda
Con
Aq
Jaroc
Tepic
De M
No
Mi cu
He m
Pues
Y á
El te

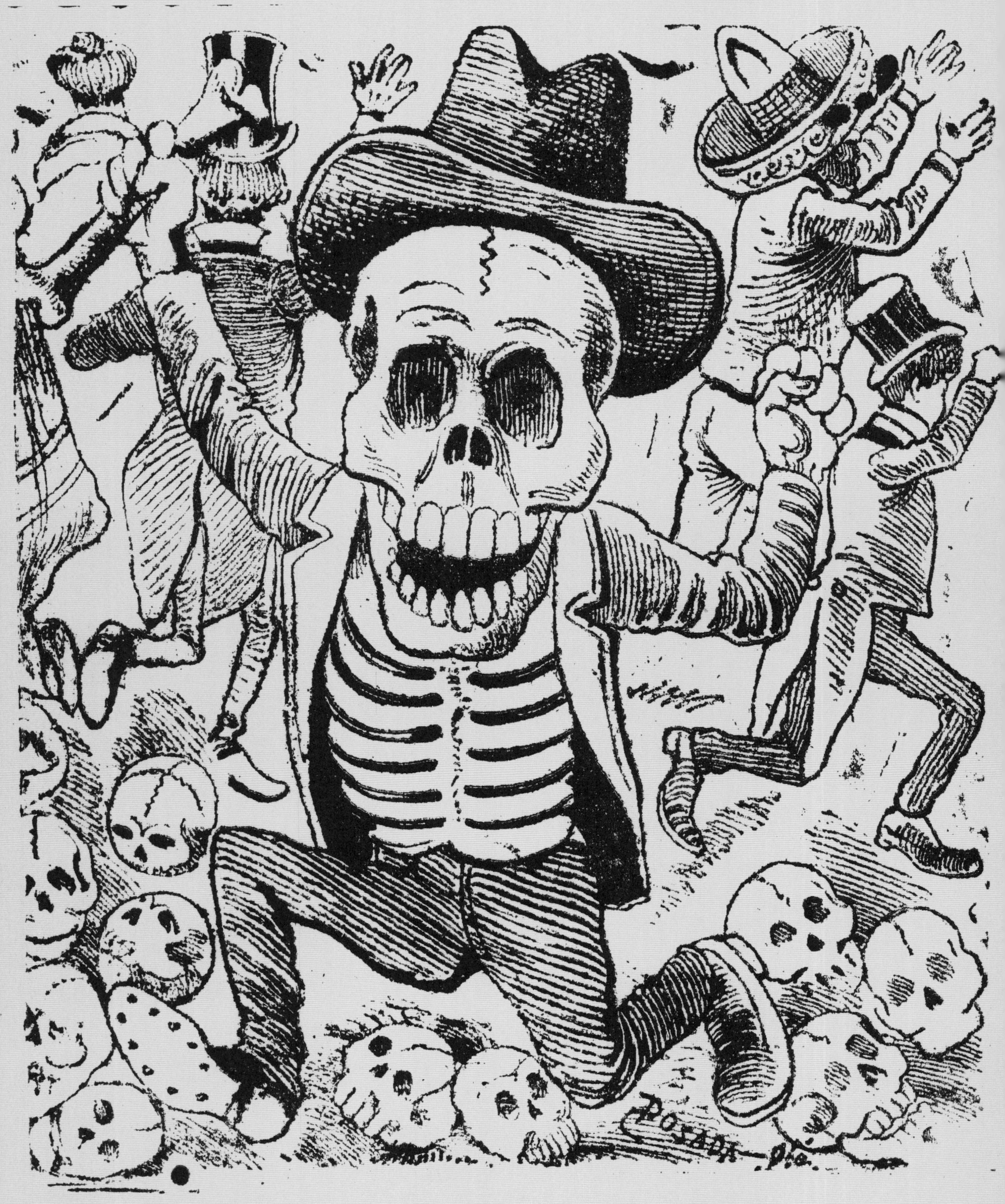

← (p. 64) La alumbrada. Mural de arte urbano en Mixquic, Alcaldía Tláhuac de la Ciudad de México. ← (p. 65) **Calavera Tapatía** de Manuel Manilla. Creada en la década de 1880 y publicada en 1919 por Antonio Vanegas Arroyo.

↑ **Calaveras de caudillos de Silla presidencial** de José Guadalupe Posada. Serie titulada 'Las bravísimas calaveras guatemaltecas' publicada por Antonio Vanegas Arroyo entre 1909-1913.

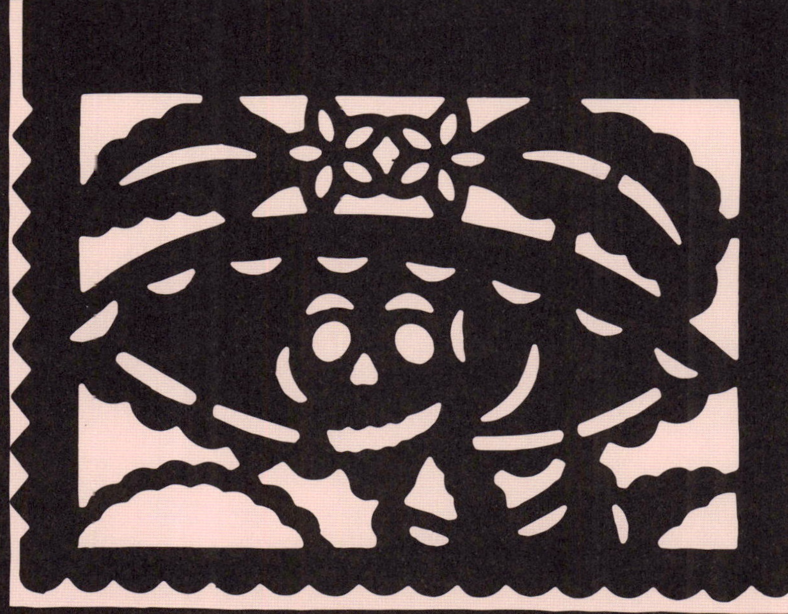

PANFLETOS PARA MORIR DE RISA

Las ideas de la Ilustración trajeron consigo un aire de libertad que hizo posible la Declaración de Independencia de los Estados Unidos de América en 1776 y el estallido de la Revolución francesa trece años más tarde. Estos sucesos encendieron la mecha de la emancipación de las colonias americanas respecto de los imperios de ultramar. A raíz de esos hechos y a consecuencia de la guerra de Independencia de México (1810-1821), el esqueleto y la calavera se volvieron sarcásticos y audaces, y se ganaron un sitio entre el público mexicano.

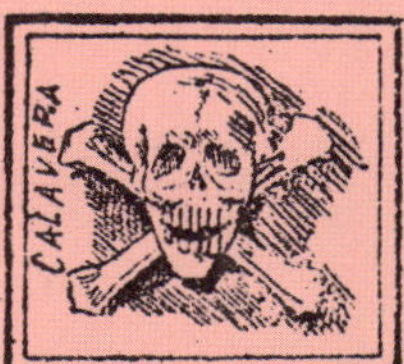

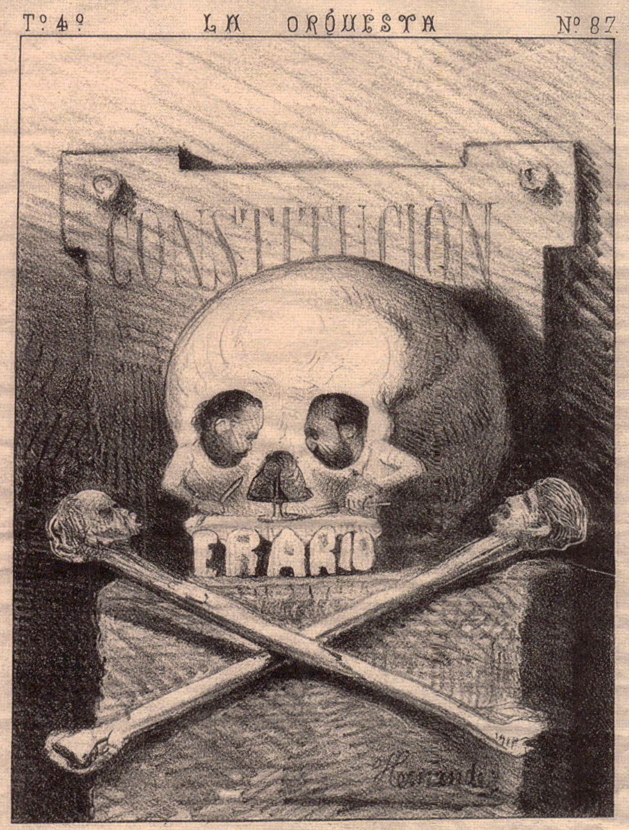
T.º 4.º LA ORQUESTA N.º 87.

La ofrenda de D. Benito.

Aunada a estas transformaciones, hubo una reacción contra los entierros oficiales y los panegíricos funerarios dedicados a figuras políticas y de la alta sociedad. Debido a su pedantería lírica, los poemas fúnebres comenzaron a ser satirizados en una especie de odas pre mortem. Éste fue el nacimiento de las calaveras literarias, verdaderos contrapanegíricos con tono de mofa y escarnio de personalidades conocidas, escritos en versos simples, fáciles de recordar y repetir. Acompañadas con dibujos de cráneos, esqueletos y entierros de los personajes en cuestión, solían publicarse en gacetillas y hojas sueltas o insertas en los periódicos. Se distribuían en octubre y noviembre, por lo que pronto quedaron asociadas al Día de Muertos.

Las calaveras se volvieron sumamente populares entre 1860 y 1890, y alcanzaron un alto nivel artístico por su ingenio y el aporte novedoso de los esqueletos caricaturizados. Según varios estudios, Constantino Escalante (1836-1868) y Santiago Hernández (1833-1908) fueron los primeros artistas en litografiar calaveras con un enfoque de crítica política en el periódico La Orquesta.

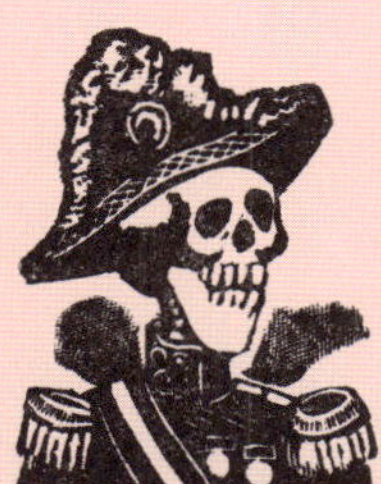

↑ Santiago Hernández. Periódico La Orquesta, tomo 3, número 81. Museo Blaisten, Ciudad de México.

EL CALAVERA.

Mención aparte merece *El Calavera*, semanario editado por Juan R. Navarro y publicado durante la primera mitad de 1847. El título aludía a la imagen que aparecía en su portada: un esqueleto con esmoquin que se pasea en sociedad. Ésta fue la primera publicación mexicana que utilizó caricaturas del esqueleto y la calavera para criticar las crisis políticas que hubo durante la invasión de Estados Unidos a México. Antes de ser censurado y clausurado, El Calavera dejó su huella en catorce láminas con su calavera jocosa. A Manuel Manilla y José Guadalupe Posada les correspondió tomar el testigo de este semanario.

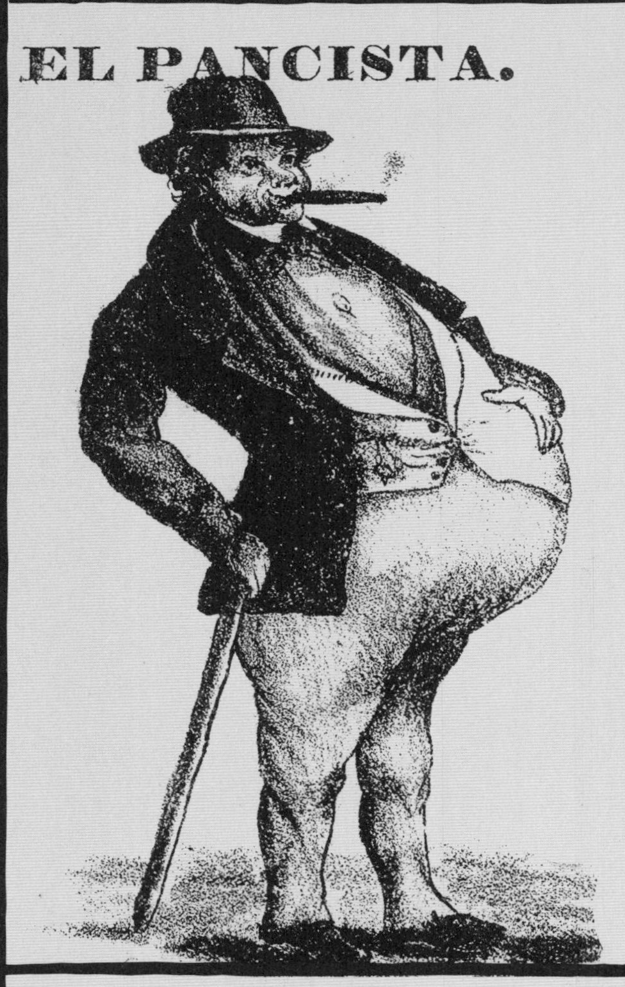

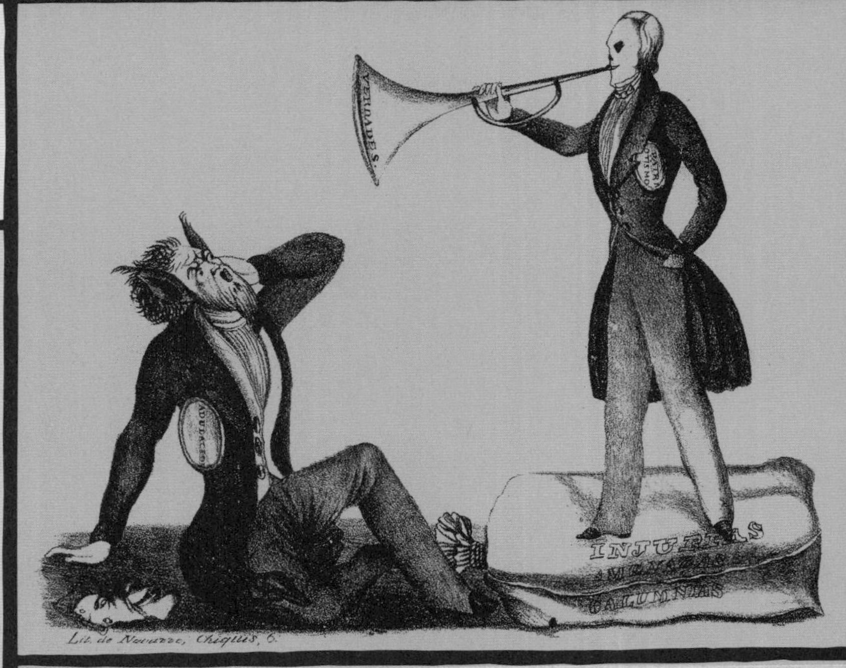

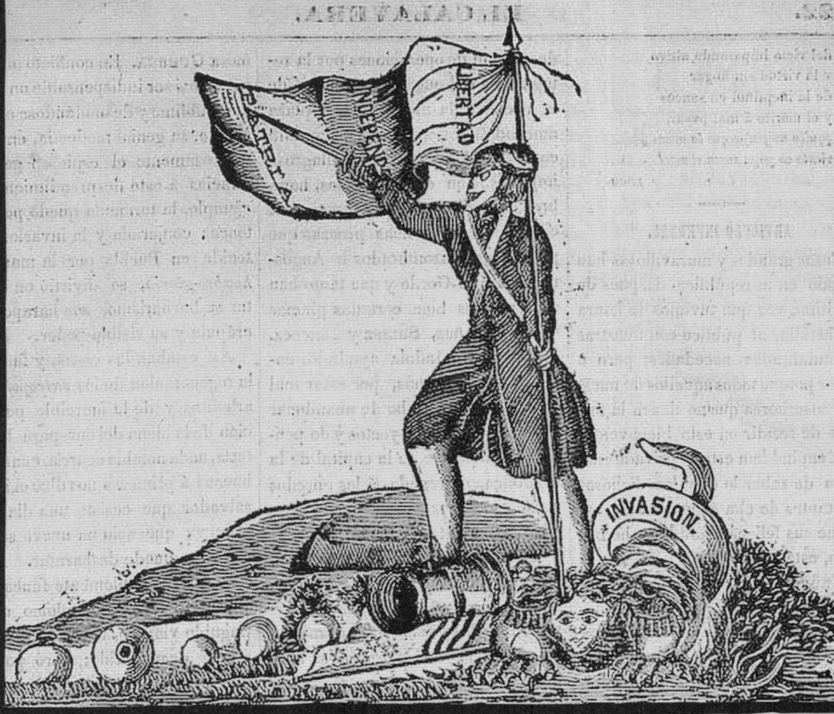

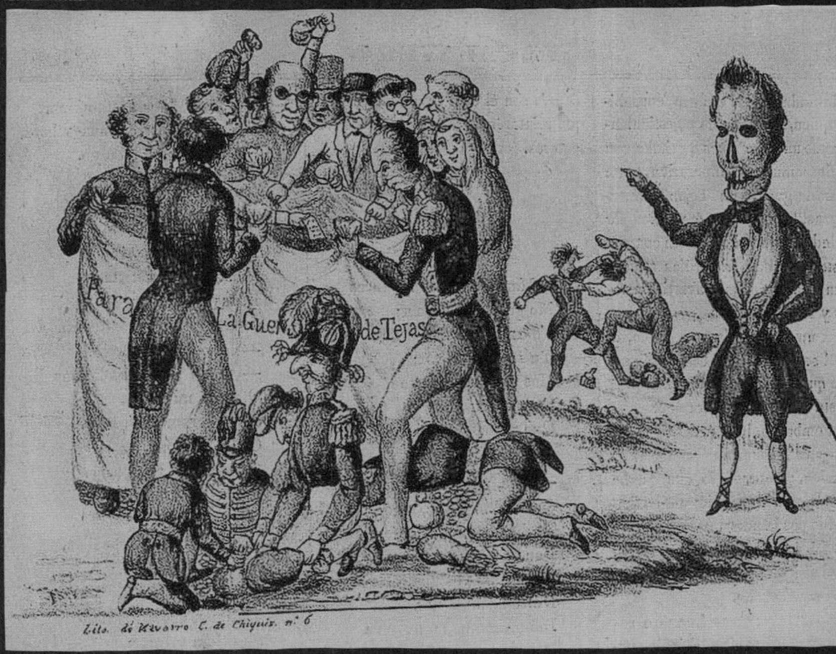

↑ Caricatura litográfica titulada "El pancista", tópico muy recurrente en el imaginario de la época, cuyo vientre abultado simbolizaba los beneficios obtenidos mediante bienes ajenos, a menudo provenientes del erario. **El Calavera**, 19 de enero de 1847. ↑ Encabezado litográfico en **El Calavera** de los versos "Por un buen gusto un buen susto", 9 de febrero de 1847. ↑ Caricatura que ilustra la composición en verso "Honor y amor", en **El Calavera**, 7 de mayo de 1847. ↑ Encabezado litográfico en **El Calavera** de la narración "Va de cuento", 12 de enero de 1847. Todas las ilustraciones son anónimas. Archivo General de la Nación, México.

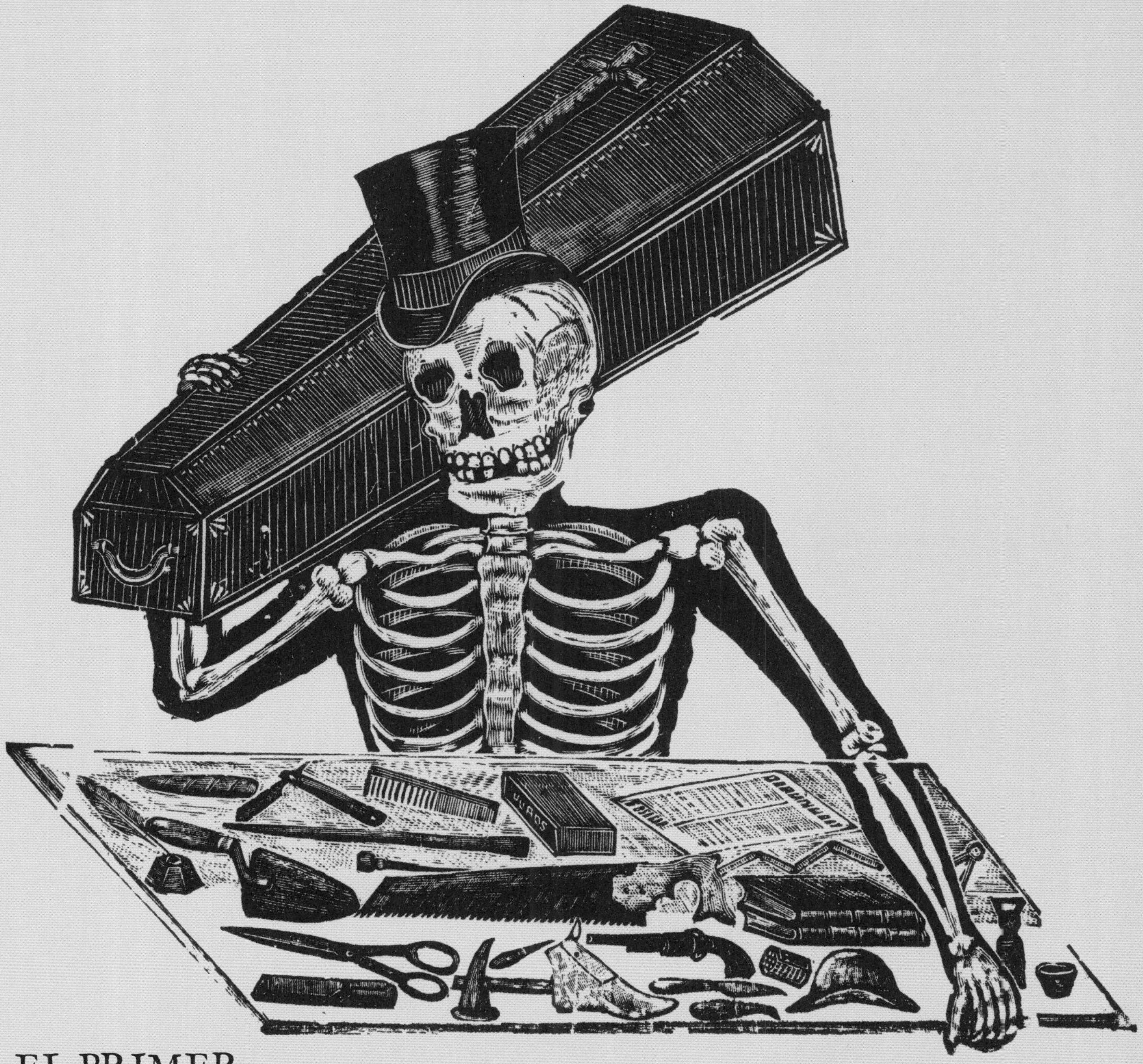

EL PRIMER CALAVERISTA

Manuel Manilla fue un artista del que se sabe muy poco. Se desconoce el lugar y la fecha de su nacimiento, aunque se especula que vino al mundo en la Ciudad de México en 1830. También se ignora el año exacto en que murió; según algunos historiadores, falleció de tifus en 1895, tres años después de haber dejado de trabajar para la imprenta de Antonio Vanegas Arroyo, pero otros datan su deceso en 1899.

Aunque produjo unos quinientos grabados, ninguno de ellos lleva su firma. Esto propició el anonimato que rodea su obra y ocasionó que su persona cayera en el olvido, eclipsada por la figura de su compañero de oficio José Guadalupe Posada. Los primeros grabados de Manilla que se conocen aparecieron en 1873 en *La Edad Feliz*; en ellos destaca su talento para describir barrios y suburbios. Con sus grabados, este artista ilustró corridos y canciones, cuentos y novelas, juegos manuales, programas de circo y espectáculos de magia; plasmó, sobre todo, sucesos cotidianos, como temblores, la vida en las cárceles o las condiciones de los condenados a muerte.

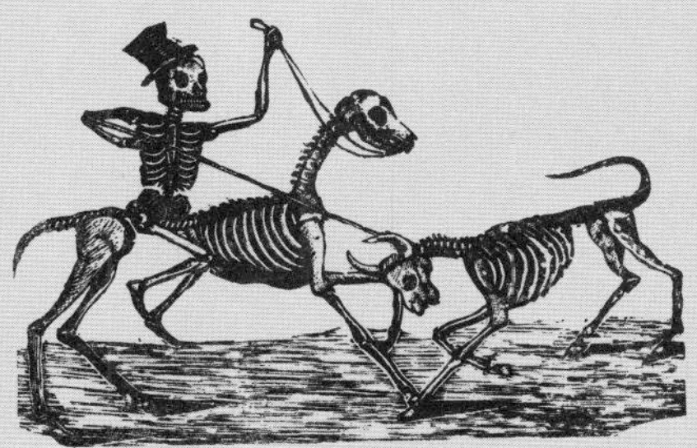

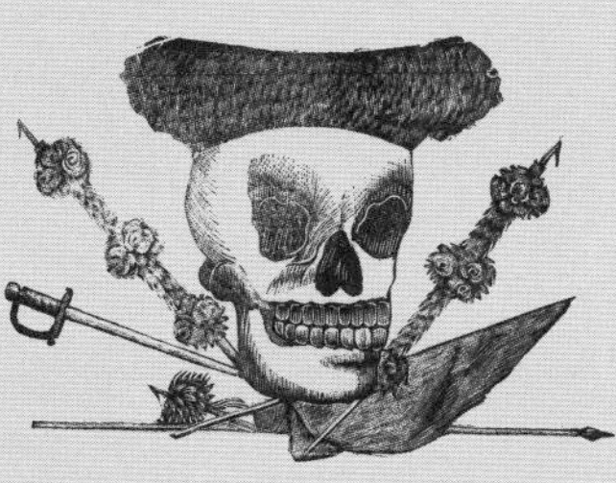

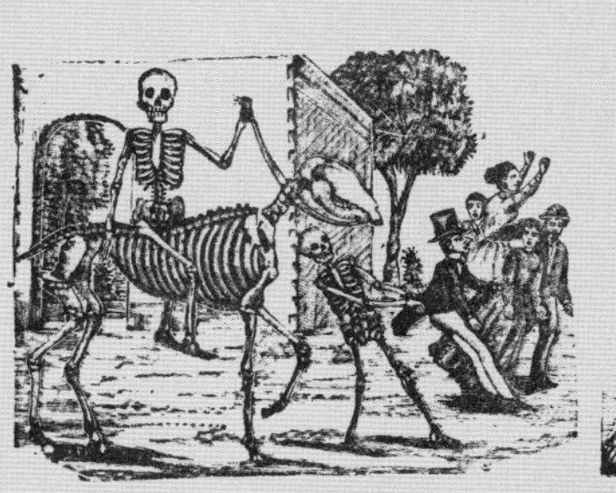

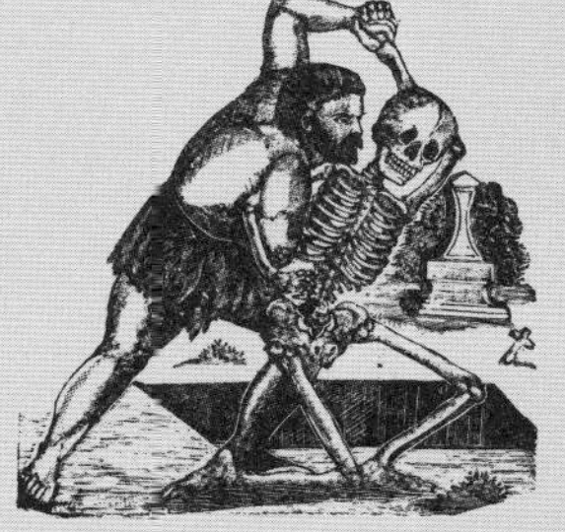

↑ **Aprendiz de todo, oficial de nada** (1909-1917). José guadalupe Posada ↑ **Calavera del varilarguero** (s/f). Manuel Manilla.

↗ **Calavera torera** (s/f). Manuel Manilla. ↑ **La Calavera de Don Quijote** (ca. 1910). José Guadalupe Posada.

↑ **La Calavera de Don Quijote** (ca. 1910). José Guadalupe Posada. ↗ **Calavera saliendo de una tumba y forcejeando con un hombre** (s/f). José Guadalupe Posada.

DE MANO EN MANO

Buena parte de la obra de Manilla se publicó en hojas volantes, las cuales eran páginas impresas por ambos lados que se distribuían con motivo de sucesos extraordinarios o en festividades señeras, como el Día de Muertos. Se ha dicho que sus calaveras "son creación personal del lenguaje plástico, donde el blanco y negro contrasta con energía, llegando al corazón sencillo del pueblo mexicano". La esencia de la iconografía de Manilla proviene del acervo artístico novohispano de las calaveras barrocas, las danzas de la muerte medievales y el neoclasicismo jocoso de un difunto esquelético que se ríe de la muerte. Entre sus piezas más aclamadas destacan "Aprendiz de todo, oficial de nada", "El toro embolado", "Calavera poncianista", "Hércules en la lucha con la muerte" y "La Torre Eiffel".

"CALAVERITAS DEL AMOR"

Los primeros esqueletos alegres de Manuel Manilla se publicaron en Calaveritas del amor, libro protagonizado por personajes huesudos que acompañan en su recorrido vital a personas afligidas por desamores y pasiones ardientes. Estos dibujos eran elementos recurrentes en la celebración de Día de Muertos; la gente los pasaba de mano en mano y los comentaba entre risas y susurros. Aunque Manilla creó sus esqueletos por varios años, a su muerte fue olvidado, hasta que décadas después el pintor Jean Charlot redescubrió y reivindicó su obra. Sin lugar a dudas fue el primer grabador de la vida costumbrista mexicana del periodo contemporáneo, aunque su obra no se valoró en su época.

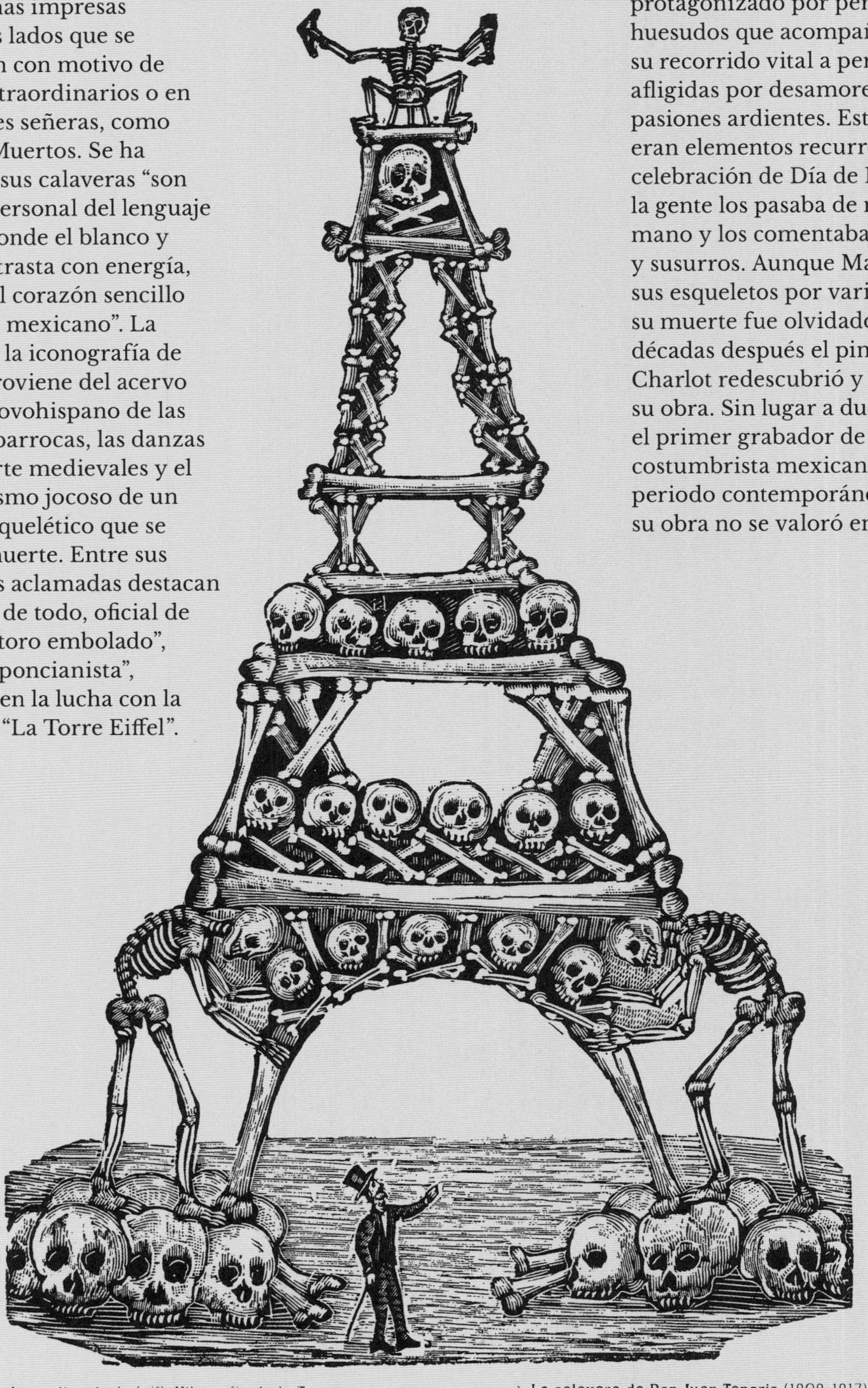

↑ **Calavera de la penitenciaría** (s/f). Xilografía de la Torre Eiffel construida con cráneos. Manuel Manilla.

→ **La calavera de Don Juan Tenorio** (1909-1917). Manuel Manilla. Editado por Antonio Venegas Arroyo.

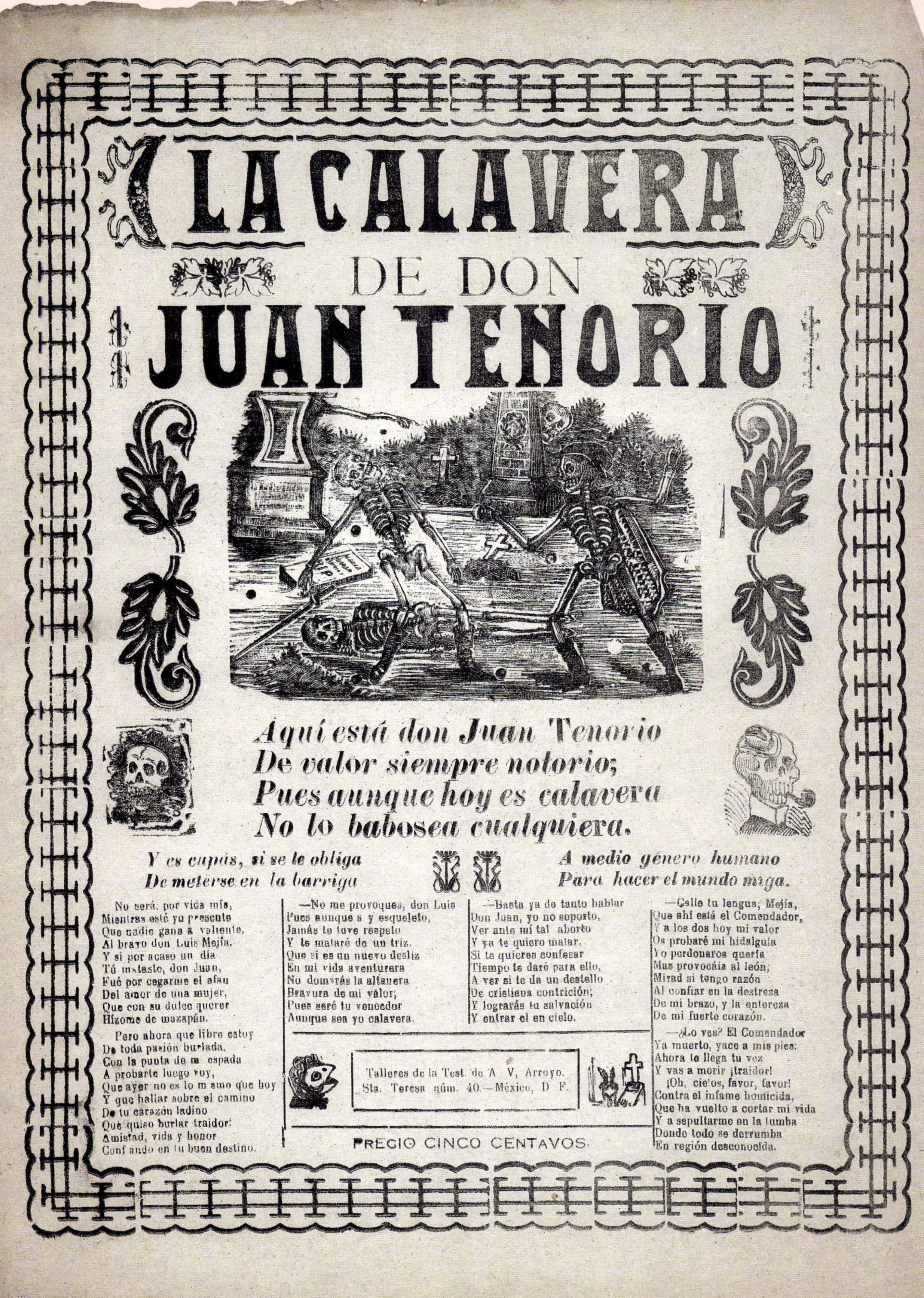

LA CALAVERA
DE DON
JUAN TENORIO

Aquí está don Juan Tenorio
De valor siempre notorio;
Pues aunque hoy es calavera
No lo babosea cualquiera.

Y es capás, si se le obliga
De meterse en la barriga
A medio género humano
Para hacer el mundo miga.

No será, por vida mía,
Mientras esté yo presente
Que nadie gana á valiente,
Al bravo don Luis Mejía.
Y si por acaso un día
Tú mataste, don Juan,
Fué por cegarme el afan
Del amor de una mujer,
Que con su dulce querer
Hízome de mazapán.

Pero ahora que libre estoy
De toda pasión burlada,
Con la punta de mi espada
A probarte luego voy,
Que ayer no es lo mismo que hoy
Y que hallar sobre el camino
De tu carazón ladino
Qué quiso burlar traidor!
Amistad, vida y honor
Confiando en tu buen destino.

—No me provoques, don Luis
Pues aunque s y esqueleto,
Jamás te tuve respeto
Y te mataré de un triz.
Que si es un nuevo desliz
En mi vida aventurera
No domarás la altanera
Bravura de mi valor;
Pues seré tu vencedor
Aunque sea yo calavera.

—Basta ya de tanto hablar
Don Juan, yo no soporto,
Ver ante mí tal aborto
Y ya te quiero matar.
Si te quieres confesar
Tiempo te daré para ello,
A ver si te da un destello
De cristiana contrición;
Y lograrás tu salvación
Y entrar el en cielo.

—Calle tu lengua, Mejía,
Que ahí está el Comendador,
Y a los dos hoy mi valor
Os probaré mi hidalguía
Yo perdonaros quería
Mas provocáis al león;
Mirad si tengo razón
Al confiar en la destreza
De mi brazo, y la entereza
De mi fuerte corazón.

—¿Lo ves? El Comendador
Ya muerto, yace a mis pies:
Ahora te llega tu vez
Y vas a morir ¡traidor!
¡Oh, cielos, favor, favor!
Contra el infame homicida,
Que ha vuelto a cortar mi vida
Y a sepultarme en la tumba
Donde todo se derrumba
En región desconocida.

Talleres de la Test. de A. V. Arroyo.
Sta. Teresa núm. 40.—México, D. F.

PRECIO CINCO CENTAVOS.

En este Purgatorio sin segundo Los artistas se ven de todo el mundo.

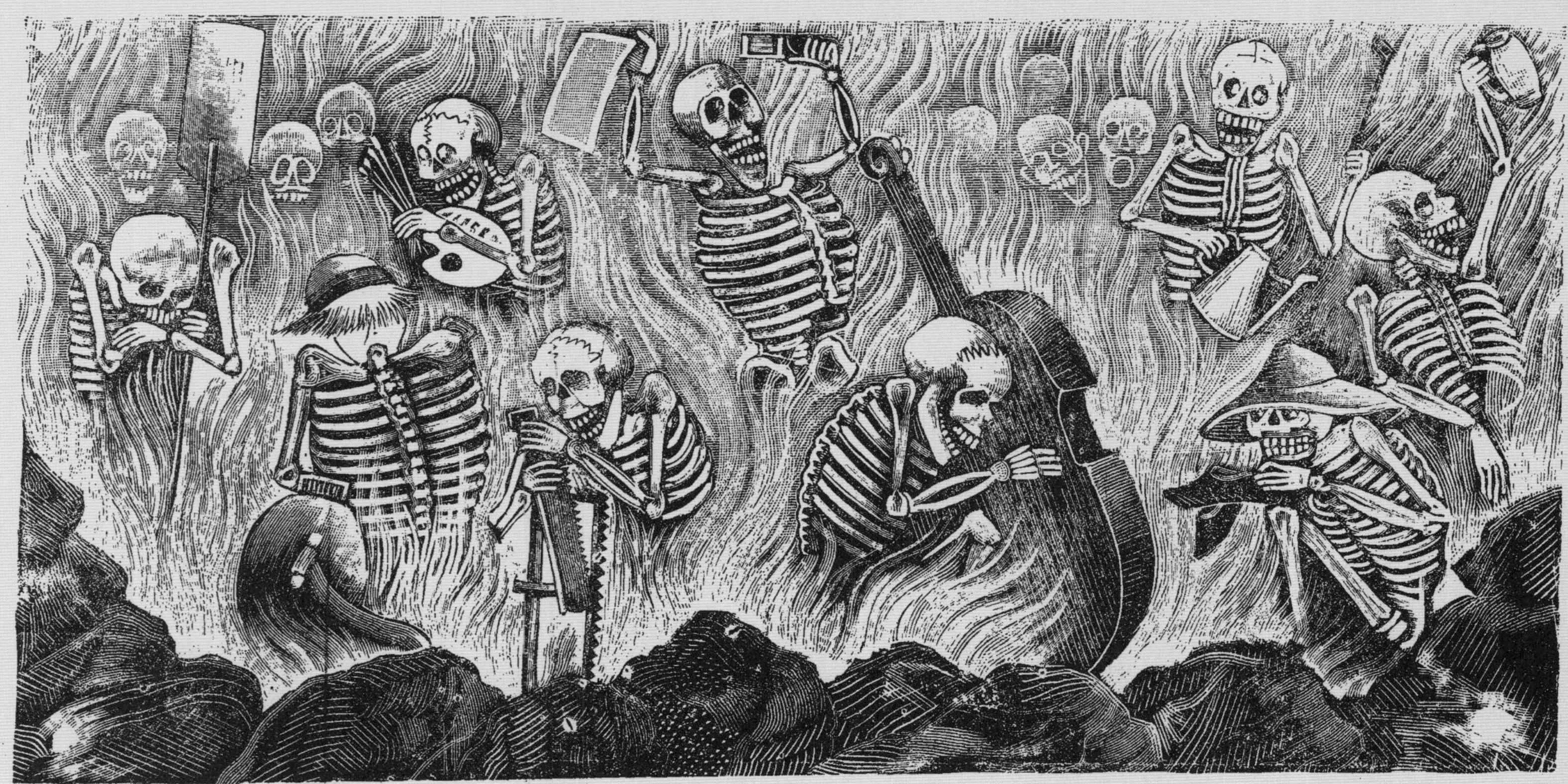

He aquí el cuadro que nos representa palpablemente lo que es el principio de la vida y lo que es su inexorable fin. —"Hoy por tí y mañana por mí.

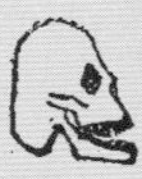

Cobijados están por un sudario
Artesanos y artistas á millares,

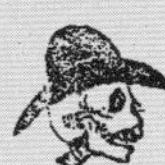

Y es seguro hallarás al que buscares
Por orden singular de abecedario.

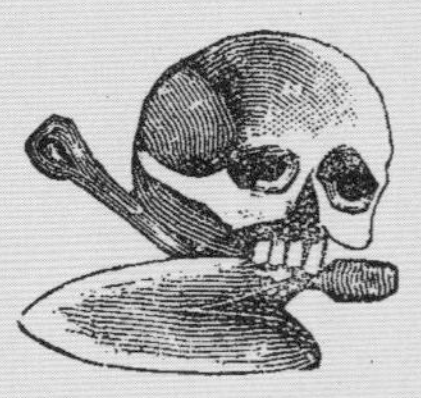

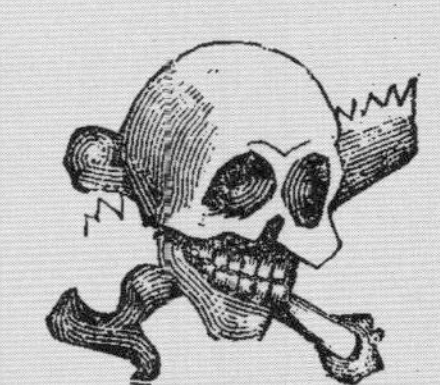

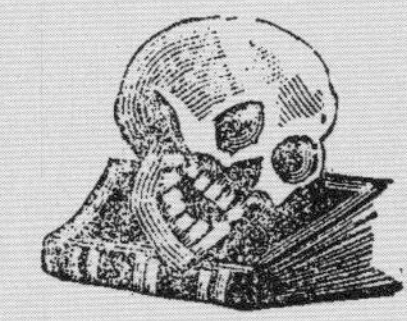

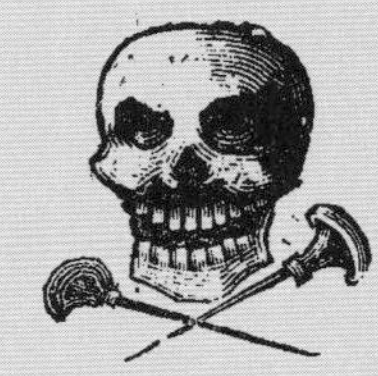

A LA MUERTE LE DAN POSADA Grabados y dibujos impresos fueron la expresión más común para aplacar el enojo de los mexicanos ante la inestabilidad política. Para señalar a los adversarios políticos de uno y otro bando se usó la representación de la calaca en sus papeles estelares. Talentosos caricaturistas del momento personificaron, mediante cráneos y esqueletos, la ignorancia, la corrupción y la traición; así, pobres y ricos fueron retratados en posiciones absurdas y situaciones poco convencionales, como bacanales o desfiles.

Es probable que Manilla haya trabajado con Posada hacia 1888,

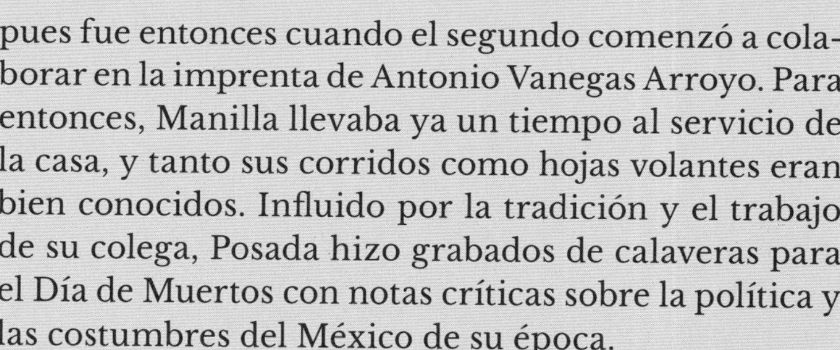

pues fue entonces cuando el segundo comenzó a colaborar en la imprenta de Antonio Vanegas Arroyo. Para entonces, Manilla llevaba ya un tiempo al servicio de la casa, y tanto sus corridos como hojas volantes eran bien conocidos. Influido por la tradición y el trabajo de su colega, Posada hizo grabados de calaveras para el Día de Muertos con notas críticas sobre la política y las costumbres del México de su época.

Con sus más de dos mil láminas, Posada creó el grabado genuinamente mexicano, y lo hizo, al decir de Jean Charlot, "mediante el sentimiento estético de lo gótico o lo bizantino". Curas, soldados, herreros, albañiles, carpinteros, zapateros, tortilleras, queseras, atoleras, tamaleras: todos sirvieron de inspiración para este gran artista.

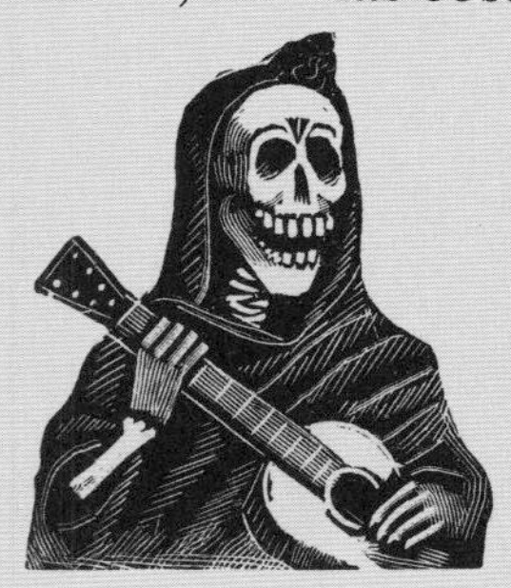

TODOS NACEMOS LLORANDO Y NADIE SE MUERE RIENDO.

↑ El purgatorio artístico en el que yacen las calaveras de los artistas y artesanos (1900-1910). Andanada. Grabado sobre zinc con xilografía. José Guadalupe Posada. Museo de Arte de la Universidad de Miami.

EL FIN DEL MUNDO ES YA CIERTO

TODOS SERÁN CALAVERAS:

ADIOS TODOS LOS VIVIENTES,

AHORA SI FUE DE DEVERAS.

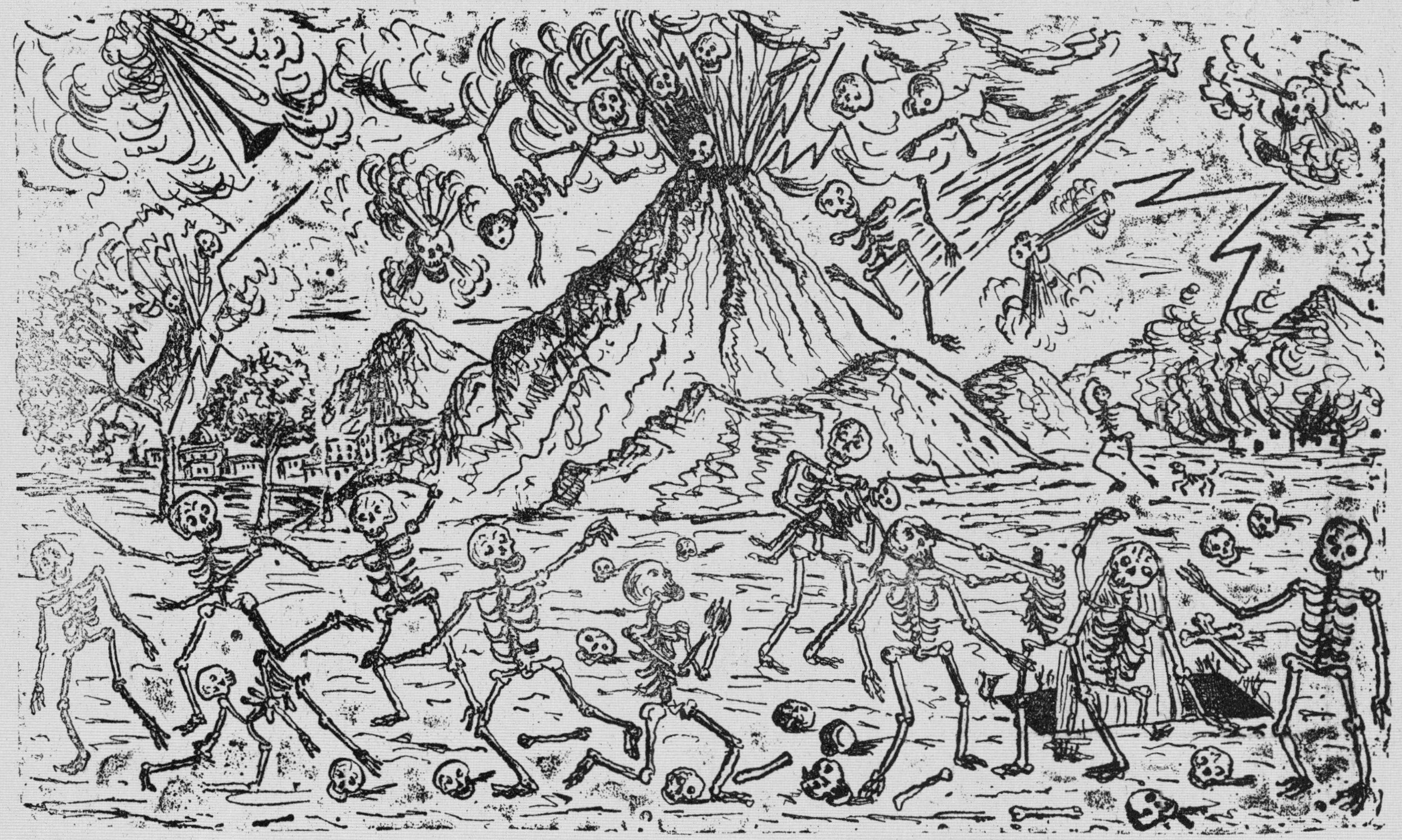

ESE CRÁNEO PRIVILEGIADO

En las calaveras de Posada está ausente el temor que en la época feudal inspiraba la muerte. Sus huesudas “se nutren de la visión de las culturas indígenas de la que está imbuida la sociedad mexicana”. En su obra, Posada hizo una crítica mordaz; se sirvió de la muerte para pintar con verdadero realismo el morbo de la sociedad decadente.

José Guadalupe vistió e hizo actuar a la flaca según el mensaje que deseaba comunicar. Plasmó personajes de la élite porfirista o figuras de la Revolución (como ocurre en “La coronela” o “La calavera revolucionaria”), y llevó a sus calacas de parranda, las obligó a suplicar por amor, a inmiscuirse en pleitos callejeros o a participar de fiestas populares donde se comían fritangas y se bebía pulque.

↑ **El fin del mundo ya está aquí** (1899). Andanada apocalíptica. José Guadalupe Posada.

También salieron de sus manos estampas inspiradas en leyendas populares de espantos y visiones (por ejemplo, “La aparición del fantasma de Pachita, la alfojarera” o “La confesión de un esqueleto”), y un gran número de grabados que se imprimieron en portadas de libros, con calaveras de personajes de la vida política, intelectual y artística, como la actriz María Conesa.

Artista popular, obrero y crítico de la dictadura porfiriana, Posada fue el grabador que con mayor fuerza hizo uso del esqueleto, símbolo que, en palabras del crítico Luis Cardoza y Aragón, habría de convertirse en el tótem nacional de México.

NUMERO 1.

CALAVERAS DEL MONTON.

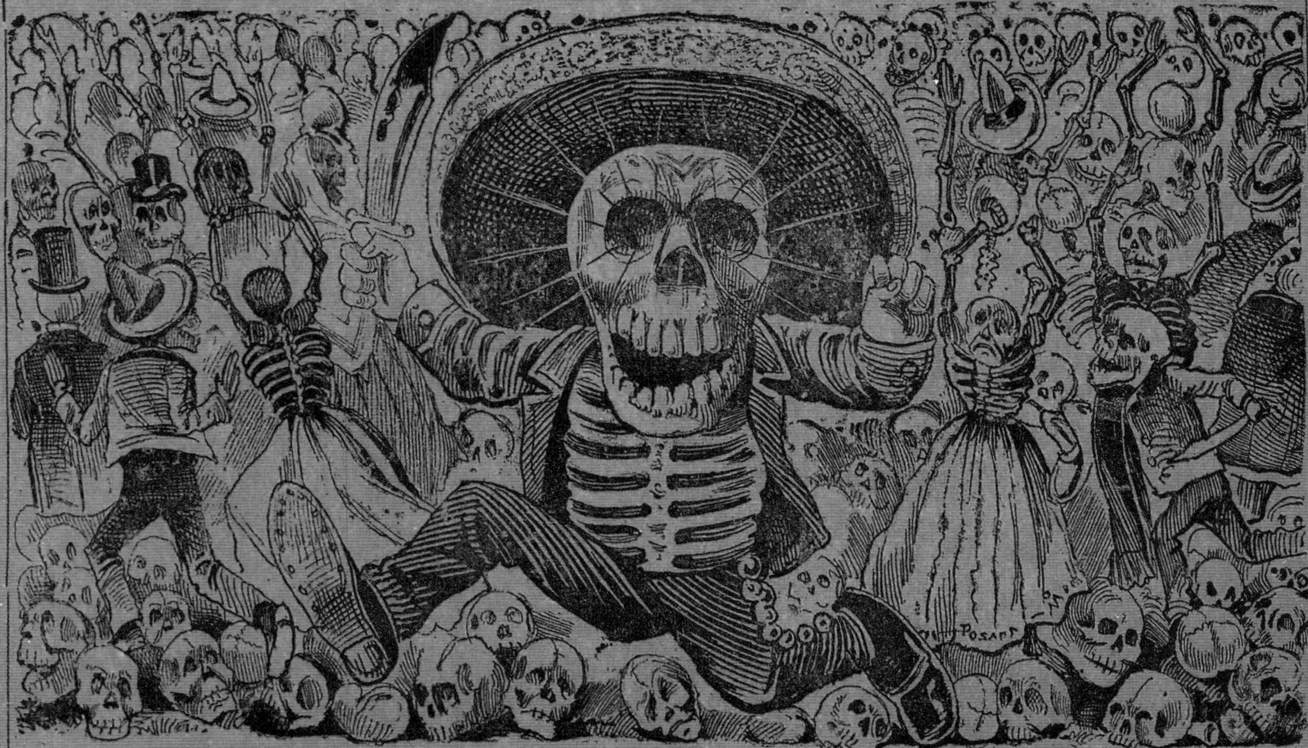

Es la vida pasajera
Y todos pelan el diente,
Aquí está la calavera,
Del que ha sido presidente.
También la de Don Ramón
Y todos sus subalternos
Son como buenos Gobiernos
Calaveras del montón.

No caven ya en el Panteón
Es mucha la guesamenta,
Entre ellas también se cuenta;
La de Landa y Escandón.
Que les prendan sus siriales
A nombre de la Nación
Alcabo que son iguales;
Calaveras del montón.

Las otras son de Oficiales
Sin ninguna distinción,
Coroneles. . . . . Generales
Y jefes de división.
Mayores con charreteras
Capitanes de instrucción,
Toditos son calaveras
Calaveras del montón.

A la vez los ayudantes
Con todito su Escuadrón.
Y siguen los Aspirantes:
Calaveras todos son.
Calavera es el Teniente
Y también la reclusión,
Y lo mismo el subteniente
Calaveras del montón.

Esto si que es un recreo
Nadie de morir se escapa
A las muertes con su capa
Diciendo misa las veo;
Y responsos para el Papa.
Ya le prendieron sus ceras
Y se hayan en oración
Calaveras del montón.

También al fuereño toca
Su partesita en la fiesta,
Que por abrir la boca;
Un eléctrico lo acuesta.
Estas si que son tonteras
El andar en la función,
Toditos son calaveras
Calaveras del montón.

Muchos hicieron corajes
Y sucumbieron de enojo,
Fueron grandes personajes:
E hicieron todo á su antojo.
Como fieles y constantes
De su patria en la Nación;
A hoy los representantes
Calaveras todos son.

Empesamos por el chino
Y vamos viendo despues,
Que al llegar á su destino;
Murió con el Japones.
La china fué la primera
Un representante envió,
Y se quedó calavera;
De tantas cosas que vió.

España un enviado dió
Que fué especial y muy fiel,
Pues al momento cumplió,
Con el encargo del Rey.
Tu persona placentera
Va en mi representación,
Pero quedó calavera
Calavera del montón.

Los valientes tiradores,
Soldados de artillería
Juntos con los zapadores;
Calaveras son en este día
El soldado de primera
Y el cabo de pelotón;
Con su horrible calavera
Espantan en el panteón.

Calaveras por millares
Se van contando por cientos,
Todos fueron militares;
Y pasaron por sargentos
Comandantes de sección
Que se numere la hilera
Que grite la calavera:
Ya estamos en el panteón.

Ya se llenó el panteón
No queda ni un ahujero,
Pues se cuentan por montón;
Calaveras por entero.
Hoy el sepulturero
Escarba como una fiera,
Y busca la calavera;
De Don Francisco Madero.

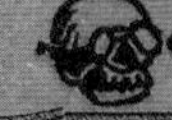

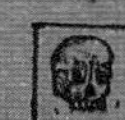

Que de pezar se murió
Sin encontrar á la suerte;
La muerte se lo llevó
En su lomo como fuerte.
Madero murió inosente
Pero quedó la madera
Por querer ser presidente
Lo volvieron calavera.

Todo charlatán pulquero
Que á mujeres engañó,
Calavera se volvió;
Tan solo por embustero.
Aquél que vendió su quezo
Con la muerte allá en la plaza,
Se ha quedado como tiezo
Calavera de su casa.

El vendedor de las peras
Los saca muelas chorriados,
Se han quedado calaveras;
Y con los dientes pelados.
Y aquellos que se murieron
Enfermos del corazón,
Ya sus velas les prendieron;
Calaveras del montón.

Ya las inditas placeras
No hicieron buena fortuna,
Por andar vendiendo tuna;
Se volvieron calaveras.
Lo mismo el del chicharrón
Y todas las enchiladeras;
Son roídas calaveras;
Calaveras del montón.

Imprenta de Antonio Vanegas Arroyo.—2a Calle de Santa Teresa, Número 43.—México año de 1910.

↑ **Calaveras del montón** (ca. 1910). N1. Hoja volante. José Guadalupe Posada. Editor: Antonio Vanegas Arroyo.

CALAVERAS LITERARIAS

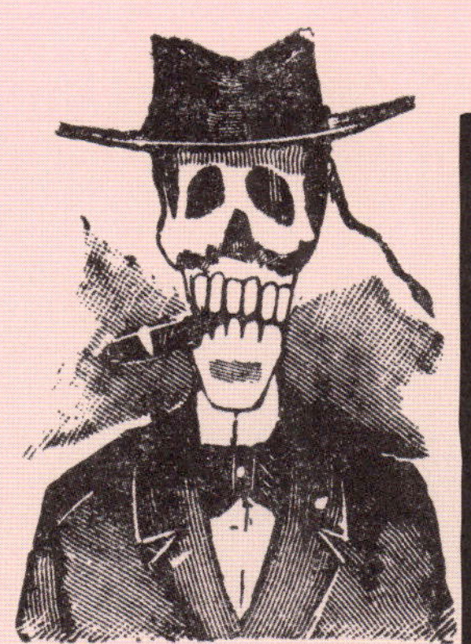

Es calavera el inglés,
calavera el italiano,
lo mismo Maximiliano
y el pontífice romano.
Y todos los cardenales,
reyes, duques, concejales
y el jefe de la nación,
en la tumba son iguales:
calaveras del montón.

Lo nacional es un concepto que Posada llevó a una de las calaveras literarias más populares y aclamadas en su momento: la del candidato presidencial Francisco I. Madero. En él, la muerte vestida de charro, con el pecho descubierto, empuña un machete; a la espalda y a los pies de la parca, el pueblo celebra su fallecimiento extraviado en el Mictlán. En la primera octava de la hoja volante se puede leer:

Es la vida pasajera
y todos pelan el diente,
aquí está la calavera
del que ha sido presidente.
También la de don Ramón
y todos sus subalternos
son como buenos gobiernos
calaveras del montón.

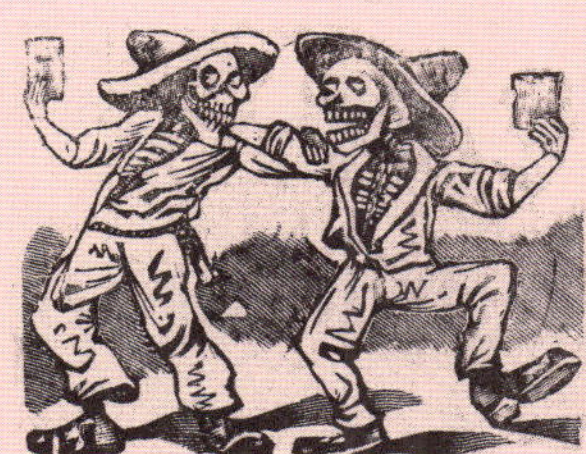

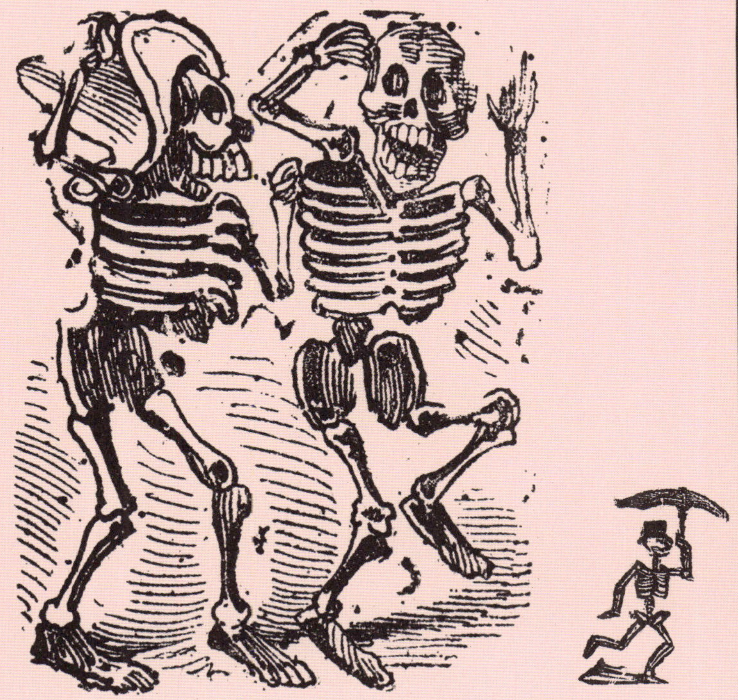

↑ **Calavera poncianista** (s/f), grabado en madera. José Guadalupe Posada. ↑ Dos esqueletos masculinos en trajes bailando (1890-1910). Viñeta para la fiesta de los muertos. José Guadalupe Posada. ↑ **Alegres con Doña Juanita** (s/f). Grabado en madera. José Guadalupe Posada. Colección Blaisten.

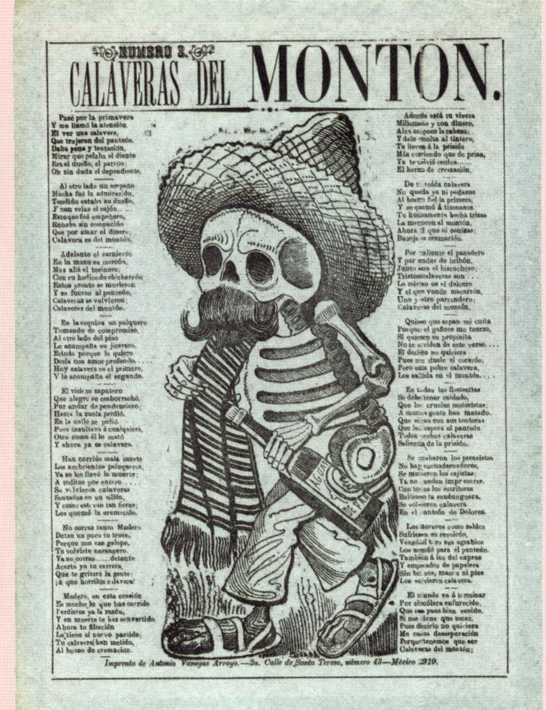

NUMERO 3.
CALAVERAS DEL MONTON.

Y DESPUÉS DE LA REVOLUCIÓN, ¿QUÉ?

Tras la huida del presidente Porfirio Díaz a Europa, en 1911, el inicio del movimiento armado trajo muchos más muertos de los que la parca se llevó durante el siglo XIX. Los diferentes gobiernos —incapaces de administrar la pérdida de los suyos— establecieron una relación de "alegre familiaridad" con la muerte, lo que determinó buena parte de la identidad nacional actual.

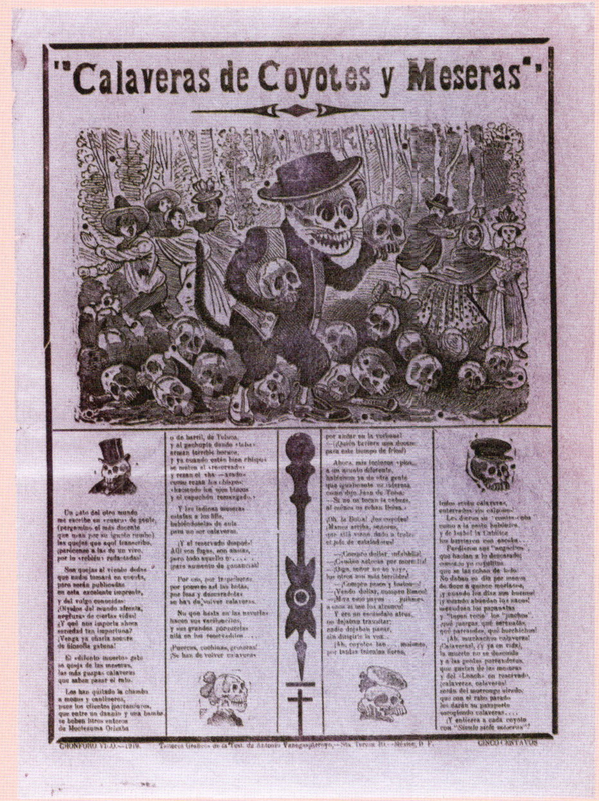

"Calaveras de Coyotes y Meseras"

↑ **Calaveras del montón** (ca. 1890), "Calaveras de coyotes y meseras". José Guadalupe Posada. Editor: Antonio Vanegas Arroyo.

EL PROYECTO INDIGENISTA

Una vez que José Vasconcelos se convirtió en secretario de Educación, el Dr. Atl publicó el libro *Las artes populares en México* (1921) y Adolfo Best Maugard dio a las prensas su *Método de dibujo* (1923). Ambos libros mostraban la fortaleza de las artes indígenas. Por entonces, los capitalinos se habían subido al tren de las vanguardias europeas y el periodo indigenista apenas tomaba vuelo. Entre las publicaciones de carácter socialista, como *El Maestro Rural* (1930), y las editadas por intelectuales norteamericanos como *Mexican Folkways*, de Frances Toor, "la sangre india" prevalecía.

Los artistas posteriores a la Revolución transformaron la intimidad con la muerte en oposición a la violencia de los colonizadores y la explotación de la clase obrera. Rescataron la gráfica prehispánica de la muerte y la acercaron a la calaca garbancera de Posada; ejemplo de ello es la Catrina de Diego Rivera. Con ella, los artistas encontraron la fuente con la que justificarían el concepto de mexicanidad; nacionalizaron el Día de Muertos e hicieron de él una gran celebración.

En palabras de Diego Rivera: "Posada fue tan grande, que quizá un día se olvide su nombre. Está tan integrado al alma popular de México, que tal vez se vuelva enteramente abstracto; pero hoy su obra y su vida trascienden a las venas de los artistas jóvenes mexicanos cuyas obras brotan como flores en un campo primaveral".

Los esqueletos bailarines de Posada proporcionaron a Diego Rivera el vínculo estético entre el arte moderno, el arte precolombino y el arte popular. El pintor tomó prestada la calavera personificada y caricaturizada, y le dio otra faceta: la muerte como símbolo mexicano con el que había gran familiaridad y cercanía. De hecho, Rivera estaba tan obsesionado con la cultura funeraria indigenista y prehispánica que en su estudio reunió una vasta colección de calaveras de piedra y esqueletos de papel maché.

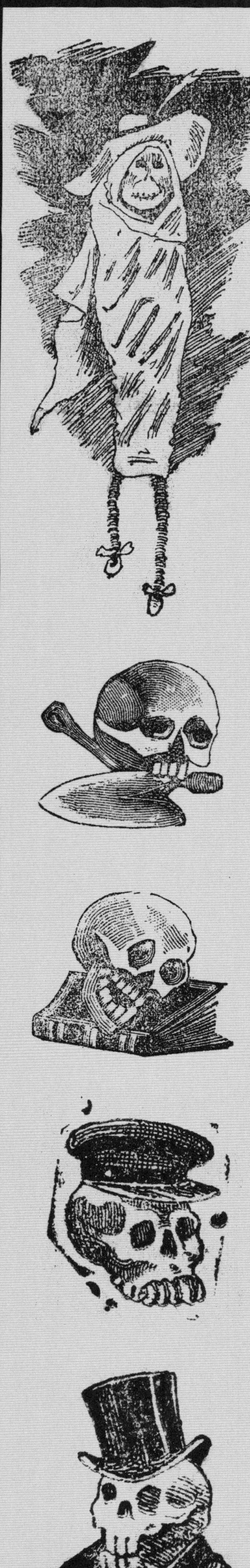

LA GARBANCERA SE TRANSFORMA EN CATRINA

Gracias a la introducción que Diego Rivera escribió para el libro Monografía de 406 grabados de José Guadalupe Posada, la Garbancera comenzó a ser llamada Catrina. La popularización de este personaje llegó de la mano del famoso pintor cuando la reprodujo en su mural Sueño de una tarde dominical en la Alameda Central, ubicado en el Museo Mural Diego Rivera en la Ciudad de México.

La Catrina es una síntesis de aspectos de la mexicanidad: la boa de plumas evoca a Quetzalcóatl; su elegante sombrero y su vestido afrancesado (ambos tomados de la Garbancera de Posada) son representativos del Porfiriato; los rasgos del cráneo y la sonrisa jocosa ante la muerte constituyen elementos prototípicos de la iconografía mexicana.

"La Catrina es un símbolo nacional, al lado del águila y la serpiente, la figura de Zapata, el rostro de Juárez y el Zócalo". Si la calavera fue importante para Rivera, no lo fue menos para Frida Kahlo. Tan consciente de su muerte como de su vida, Kahlo plasmó en su arte de esencia surrealista una relación morbosa con la huesuda.

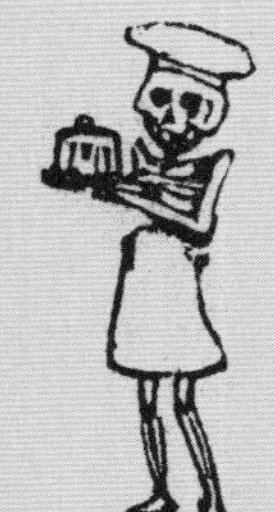

↑ Detalles de calaveras. José Guadalupe Posada.

Gran Calavera Eléctrica

—QUE SE LES VA A REGALAR—

CALAVERA MUY FACHOSA DE PURA ELECTRICIDAD

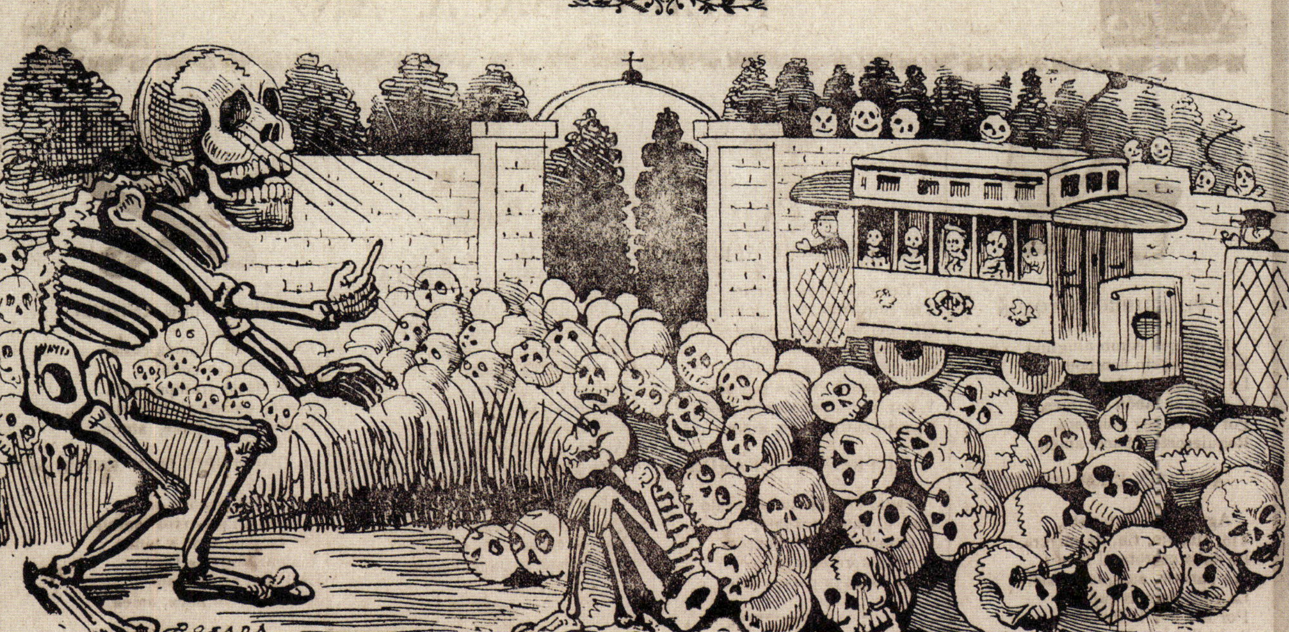

El primero de Noviembre,
Como diablos correrán

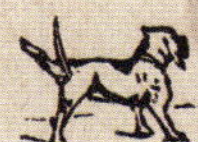

Los eléctricos vagones
Que á Dolores llegarán.

¡Qué hechiceras van á estar
Ese día de calaveras;
Han de ser todas eléctricas
Con sorbete y con pialeras.

A esta reunión eléctrica
Están convidados varios;
Aquellos muertos fachosos
Y de los más endiablados.
"Chucho el Roto ha de asistir"
Cón todos sus compañeros
Que eléctricos han de estar
Gastando muchos dineros
Los *lagartos* de Plateros,
También están convidados
Para asistir á la bola
Donde estarán muy jalados.

Como diablos correrán,
Los eléctricos vagones
Que en menos de un santiamén
Los jalarán á Dolores

La eléctricidad estará,
De lo más fuerte, Señores;
Habrá muertos y esqueletos,
En sus caballos rabones.

Las pipilas de Santa Ana,
Juntas con las del Carrizo
Han de ir también á almorzar
Cucarachas y mestizos.

Van á adornar el Panteón.
Para hacer la gran jamaica,
Donde efectuarán el baile,
El almuerzo y merendata.

Los instrumentos que toquen,
Serán de puros huesitos;
Con harta electricidad
Tocarán allí solitos.

Y entonces las calaveras
Bailarán sus jarabitos,
Con esqueletos eléctricos
Estando muy borrachitos

Los músicos han de estar
Eléctricos también todos,
Pues tocarán muchas piezas
Y danzas de los demonios.

A la luz de muchos focos
De nuestra electricidad,
Saldrán de las sepulturas
Los muertos allí á danzar.

Las Mercedarias también
Eléctricas estarán.
Y armando la grande bola
Bailarán allí el cancán.

Mariana; la trompa de hule,
Pípila de la Aguilita,
Estará tambien eléctrica
Con la tuerta Mariquita.

Cuando el almuerzo ya esté,
Sentados á la redonda,
Comerán mole de perro
Y tripas de rata hedionda.

Allí estará Juan el manco
Con todita su recua.
Oue eléctricos estarán
Bailando hasta de cabeza.

Harta guasa y harta copa;
¡Viva la electricidad!
¡Que brinden las calaveras
Con júbilo sin igual!

En la jamaica han de de estar,
Todas vestidas de chinas,
Con sus botines de raso
Y rebozo de bolita.

Todo el pulque de Mazapa,
Lo tienen ya contratado,
Junto con el de Cuautenco;
Los dos muy bien recurados.

Habrá mucha barbacoa,
Pues Don Diego el carnicero
Ha comprado perros gordos
Para en el horno cocerlos.

Gertrudis la Pingajosa
Que es la muertera mayor,
Se vestirá de catrina
Para hacerles el amor.

El bolón es general,
Pues los vivos y los muertos
Como á las dos de la tarde,
Han de estar ya muy eléctricos.

También en esa gran fiesta,
Los electricos gendarmes
De ver aquel gran rebumbio,
Les darán hasta calambres.

A las cuatro de la tarde,
Ya no se podrá aguantar,
Tanto eléctrico borracho
Que en el Panteón estará.

En esa hora los gendarmes
Que parecen zopilotes.
Cargarán vivos y muertos,
Cual si fueran tejocotes.

Los eléctricos vagones
¡Cuantas gentes llevarán
Para hacerlas calaveras
Con pura eléctricidad.

En fin, que lleguen los Muertos.
La fiesta está cerca ya;
A pasearse y á gozar:
¡Que viva la electricidad
Que vivan las calaveras!
Qqe descansan en Dolores,
Los trenes también electricos
Que los llevan á montones;
Un padre nuestro por ellos
Y un Requien á los vagones.
Un responso por las ánimas
Y los borrachos gritones.

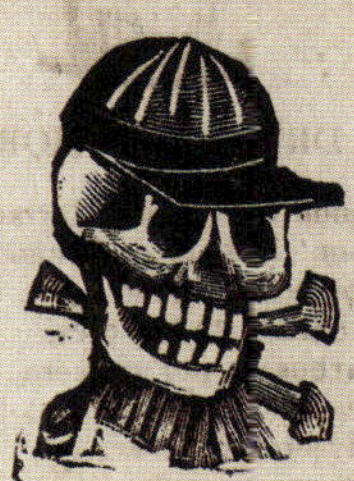

↑ **La gran calavera eléctrica.** José Guadalupe Posada. Muestra un gran esqueleto hipnotizando a un grupo de cráneos mientras pasa un tranvía con pasajeros. Editor: Antonio Vanegas Arroyo. Biblioteca del Congreso de Estados Unidos.

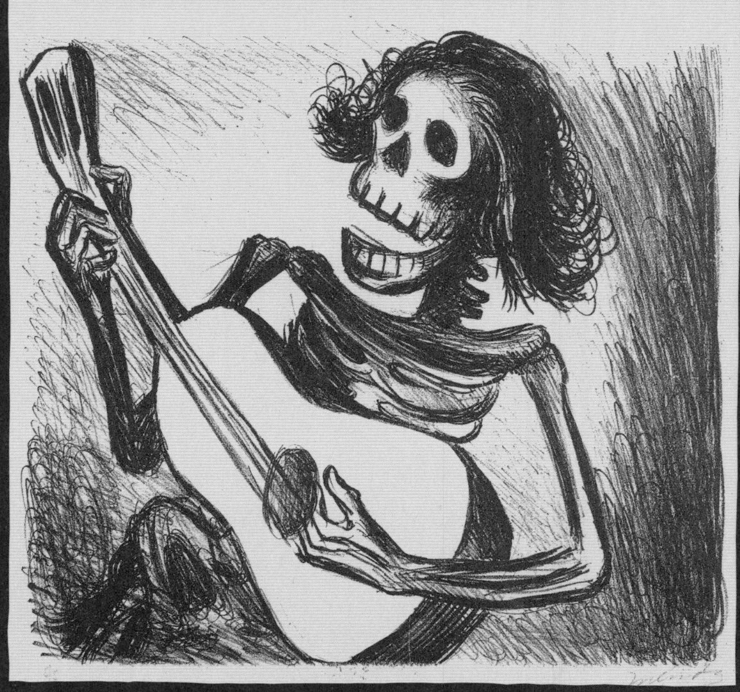

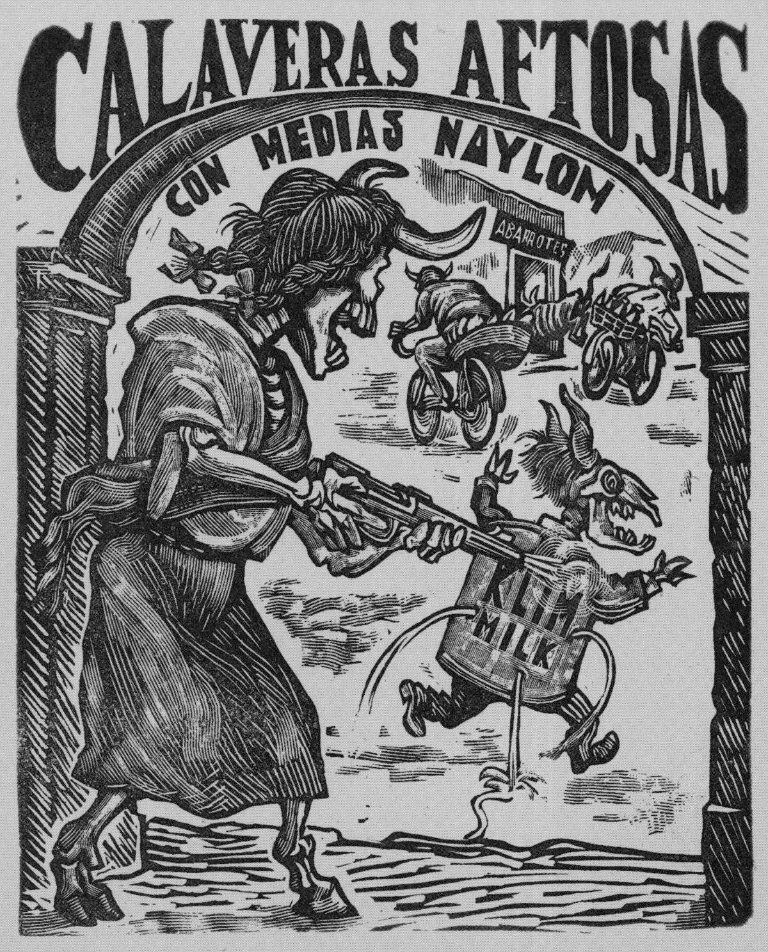

EL LEGADO DE POSADA NO SE ACABA

Los ilustradores del siglo XIX y los muralistas del XX influyeron en destacados artistas, como Leopoldo Méndez (muy inspirado por la obra de Posada), Ignacio Aguirre, Alberto Beltrán, Adolfo Mexiac y Mariana Yampolsky, quienes se reunieron para fundar, en 1937, el Taller de Gráfica Popular. Con la finalidad de hacer llegar el arte a obreros y campesinos, este grupo creó todo tipo de manifestaciones artísticas callejeras, como hojas volantes, carteles, telones para mítines, carros alegóricos y periódicos con calaveras del Día de Muertos. Las estampas y relatos gráficos del Taller aportaron un nuevo imaginario iconográfico de la dinámica histórica del país a través de arquetipos como el héroe, los trabajadores y la gente humilde, así como el enemigo de clase: burgueses, políticos corruptos e imperialismo, entre otros.

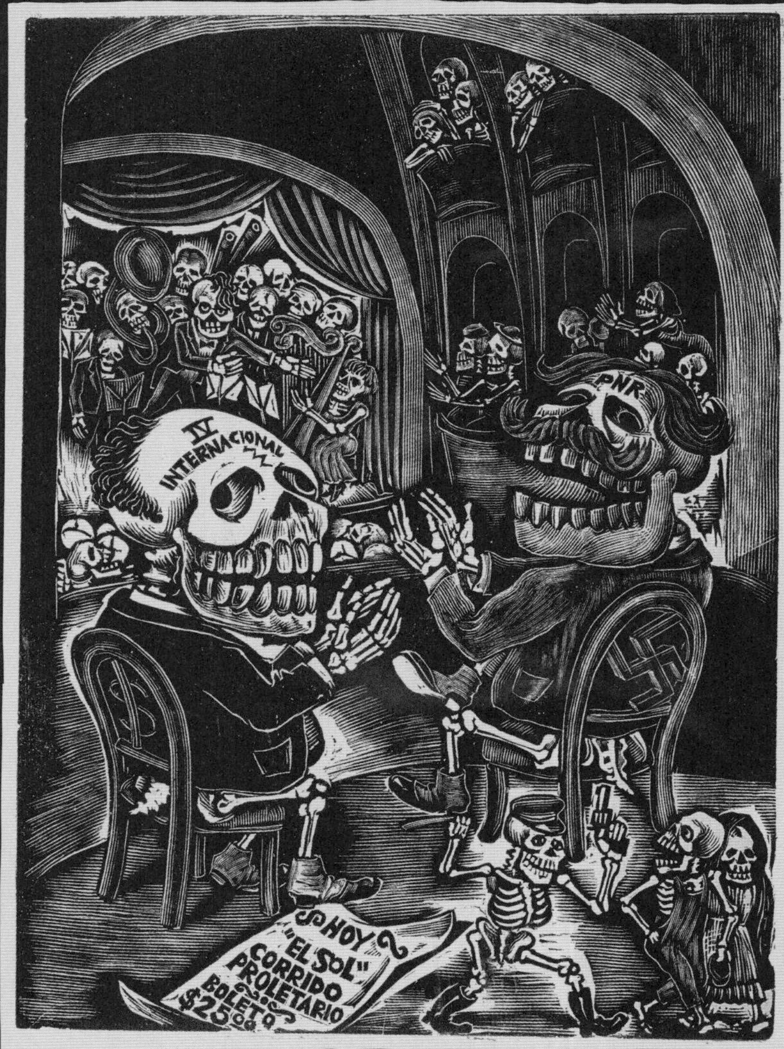

↑ **Calaveras aftosas con medias de naylon** (1947). Leopoldo Méndez. Grabado alusivo a un brote de fiebre de aftosa a finales de 1948 que afectaba a las vacas. Taller de Gráfica Popular. ↑ **Concierto sinfónico de calaveras** (1943). Leopoldo Méndez.

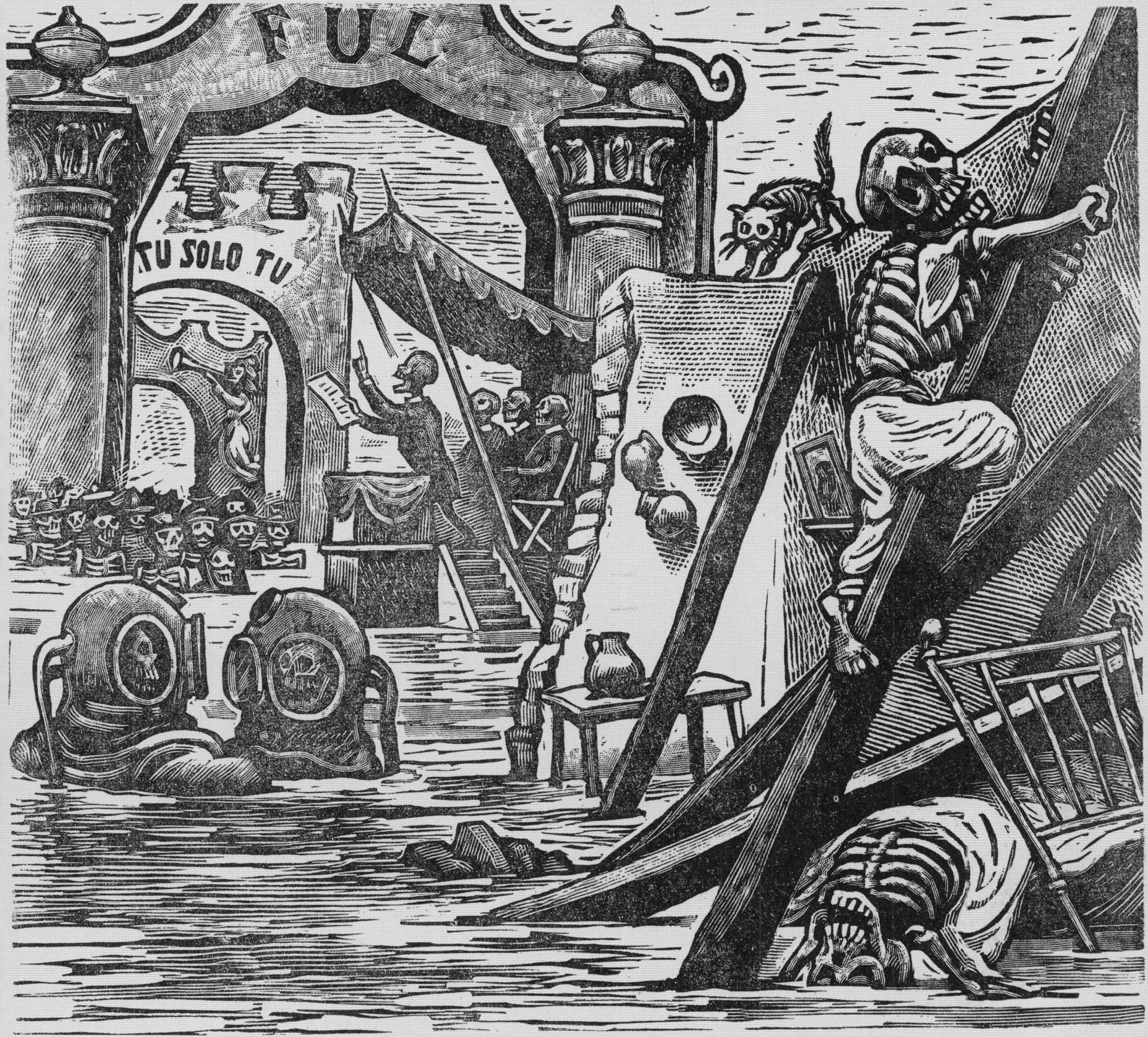

"Leopoldo Méndez ha llevado la tradición posadista a un punto completamente moderno, en el cual ya existe un perfecto balance entre la dosis emocional de la obra y el control intelectual"

Carlos Mérida

CALAVERAS LOCAS POR LA VIDA

Ésta fue una de las primeras hojas volantes con calaveras realizadas por el Taller de Gráfica Popular en ocasión del Día de Muertos. Seguía la tradición de Posada en lo que respecta al tono humorístico, el estilo gráfico y la sátira social que revelaba las posturas políticas del grupo. Destaca la portada de tintes nacionales, que muestra una manifestación de las clases populares defendiéndose de un conjunto de calaveras monopolizadoras y rentistas. En la contraportada, la Confederación Obrera denuncia los acuerdos de Múnich y la división de Checoslovaquia, vistos como una alianza vampírica entre Hitler y Mussolini, con el apoyo de Inglaterra y Francia.

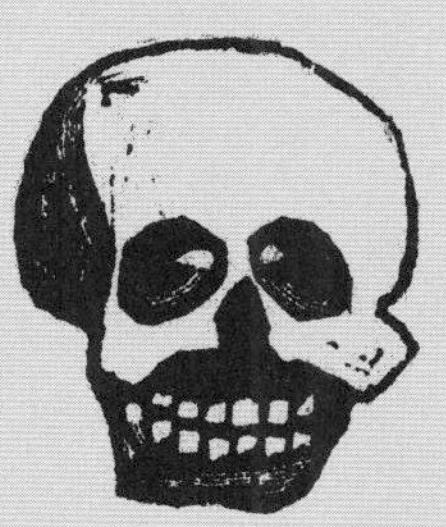

↑ *Calaveras piratas* (1951). Leopoldo Méndez.

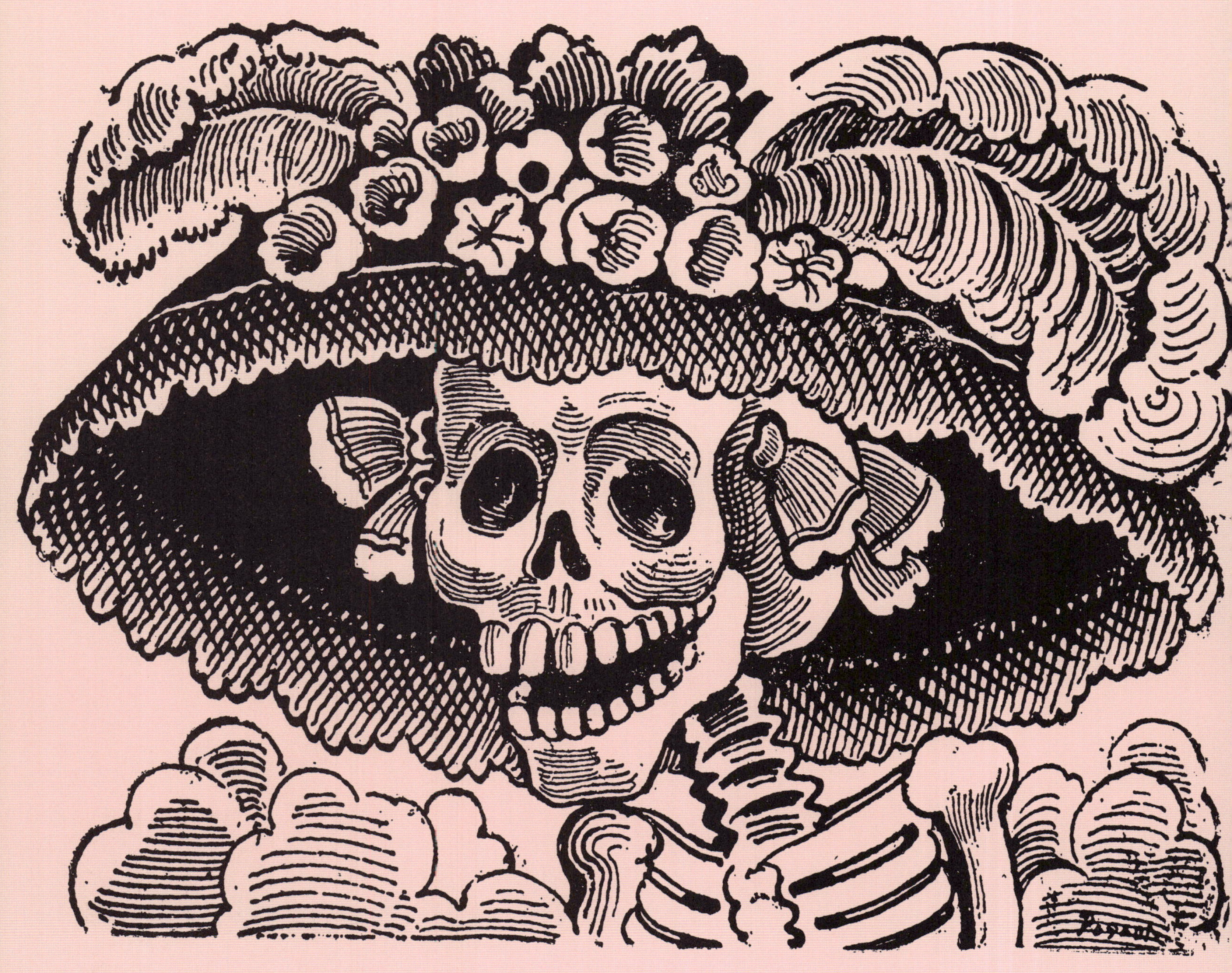

LA MÁS ELEGANTE DEL MUNDO

Posada creó un imaginario novedoso para las calacas y la vida nacional. Su logro más aclamado fue el personaje de la Garbancera, años después conocida como Catrina. Esta huesuda apareció en el periódico Remate de Calaveras Alegres y Sandungueras, cuyo subtítulo rezaba: "Las que hoy son empolvadas garbanceras pararán en deformes calaveras".

La Catrina es una caricatura de las mujeres indígenas que querían verse glamorosas; de ahí, su característico sombrero de plumas, que era una exquisitez de la moda europea de la época, reservada a las clases pudientes. El término garbancera es peyorativo, ya que supone una burla de las vendedoras de garbanzo que, pese a ser pobres, aparentaban tener buena posición económica y menospreciaban sus orígenes humildes.

↑ **La calavera garbancera** (1910). José Guadalupe Posada.

Paradójicamente, Posada no alcanzó a ver "La Garbancera" impresa: ésta se publicó por primera vez en noviembre de 1913 y el grabador murió el 20 de enero de ese año. Falleció tan pobre que fue enterrado en una fosa común del Panteón de Dolores. Sus restos nunca fueron reclamados. El reconocimiento de su obra se produjo años después y hoy es uno de los artistas que más han trascendido en la cultura mexicana como creador de un icono de fama internacional.

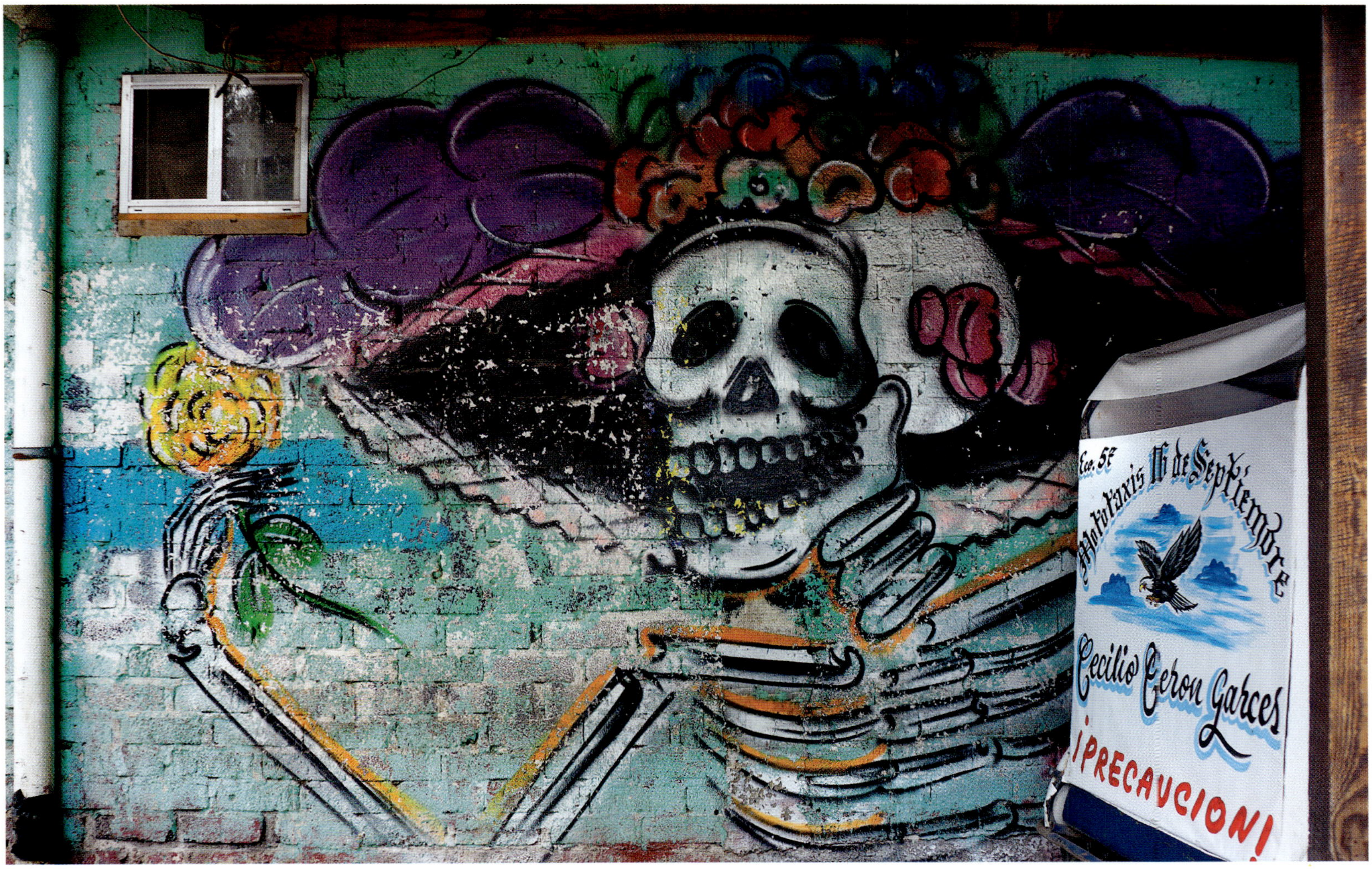

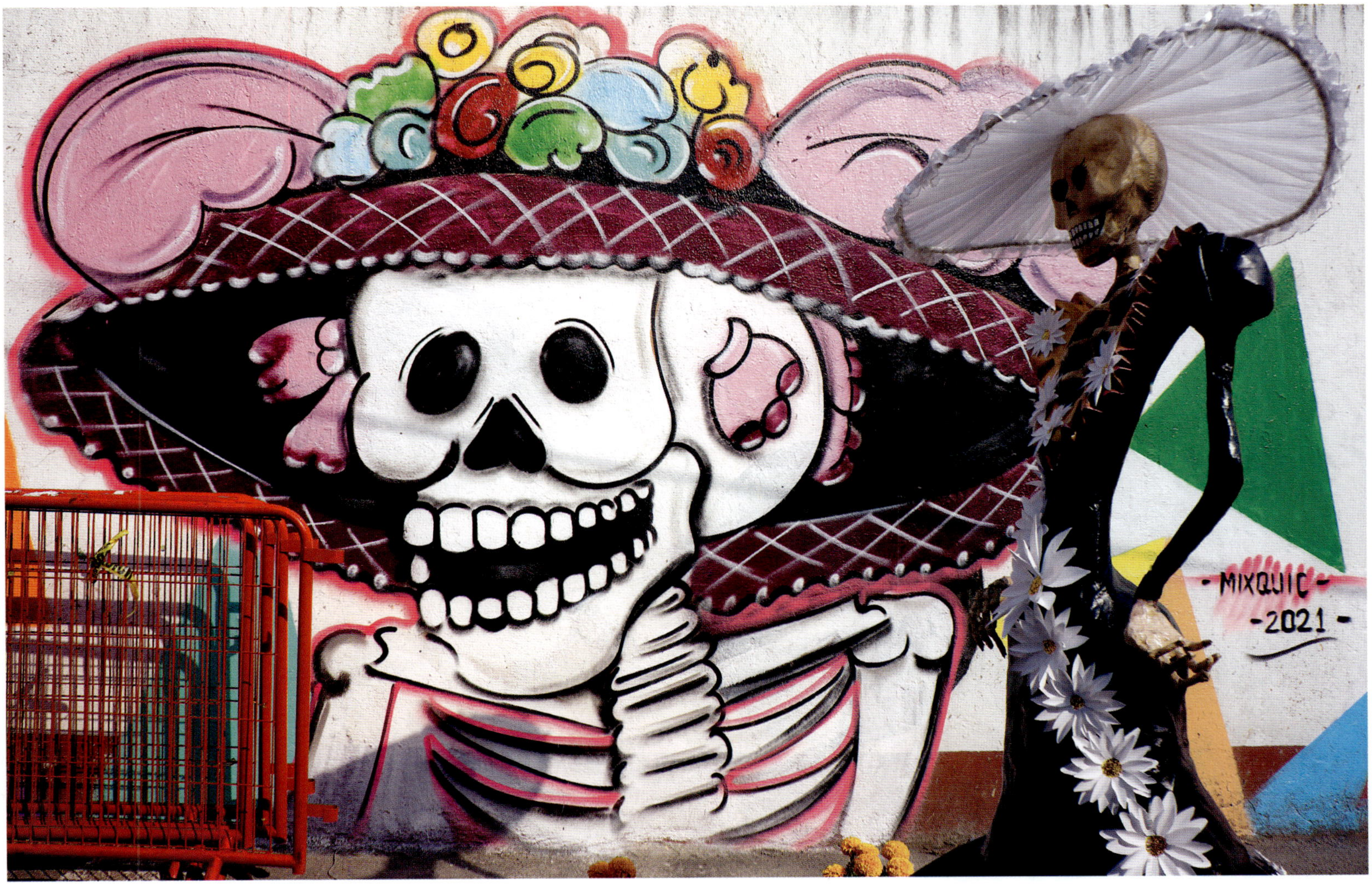

↑ Murales de la Garbancera de Posada en el arte urbano (2021). Mixquic, Tláhuac, Ciudad de México.

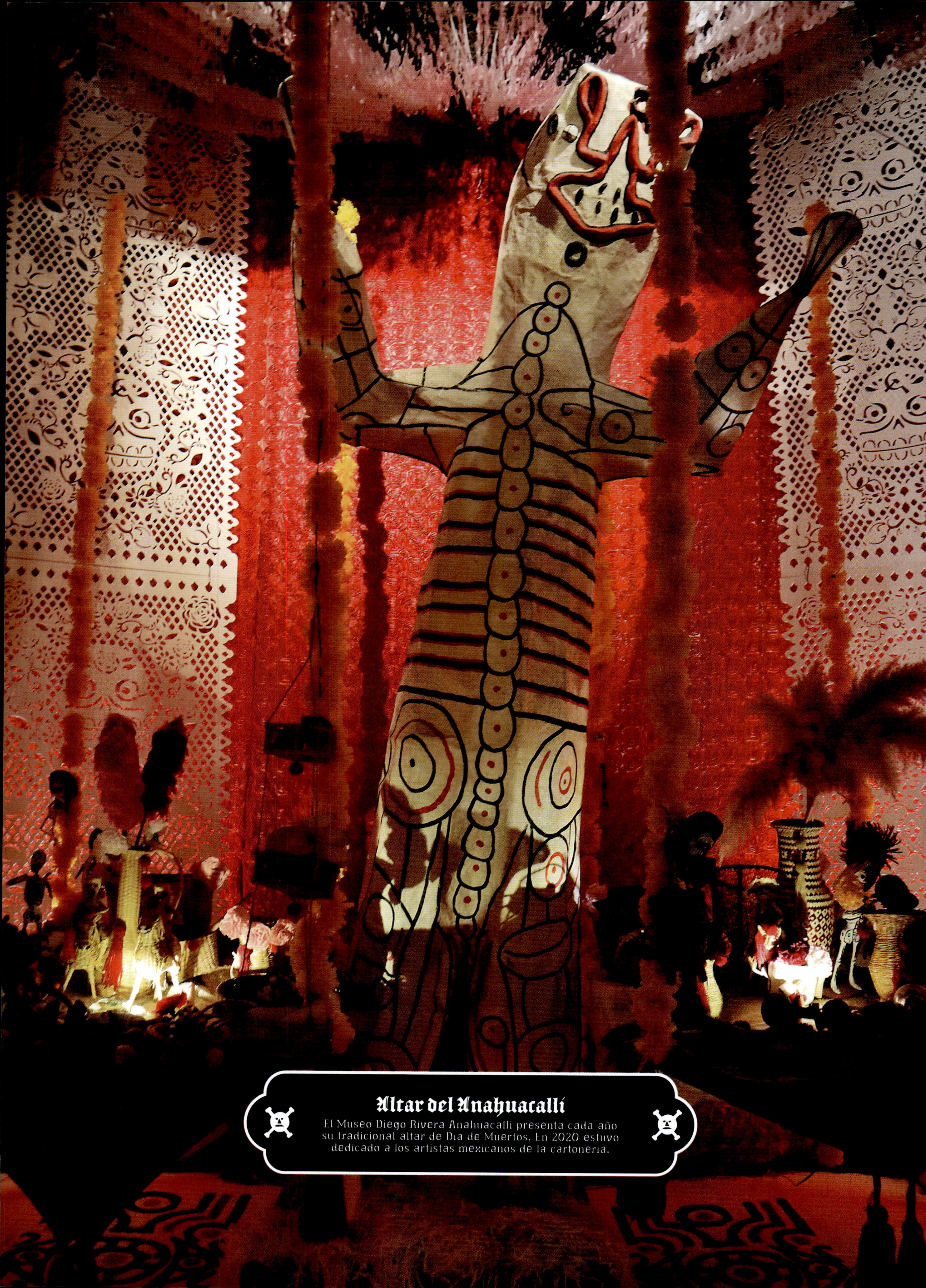

Altar del Anahuacalli

El Museo Diego Rivera Anahuacalli presenta cada año su tradicional altar de Dia de Muertos. En 2020 estuvo dedicado a los artistas mexicanos de la cartoneria.

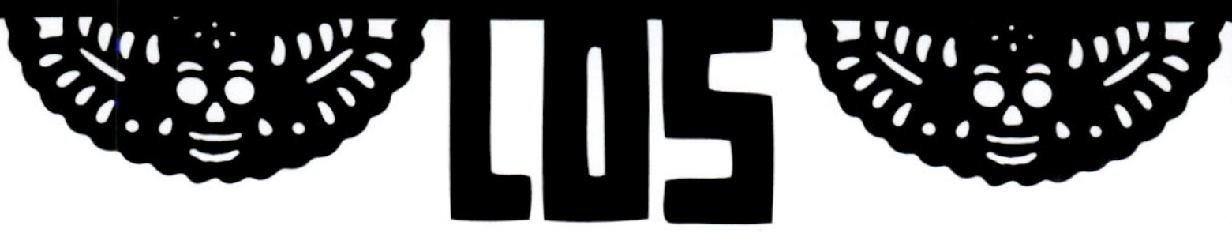

LOS DIFUNTOS VUELVEN A CASA

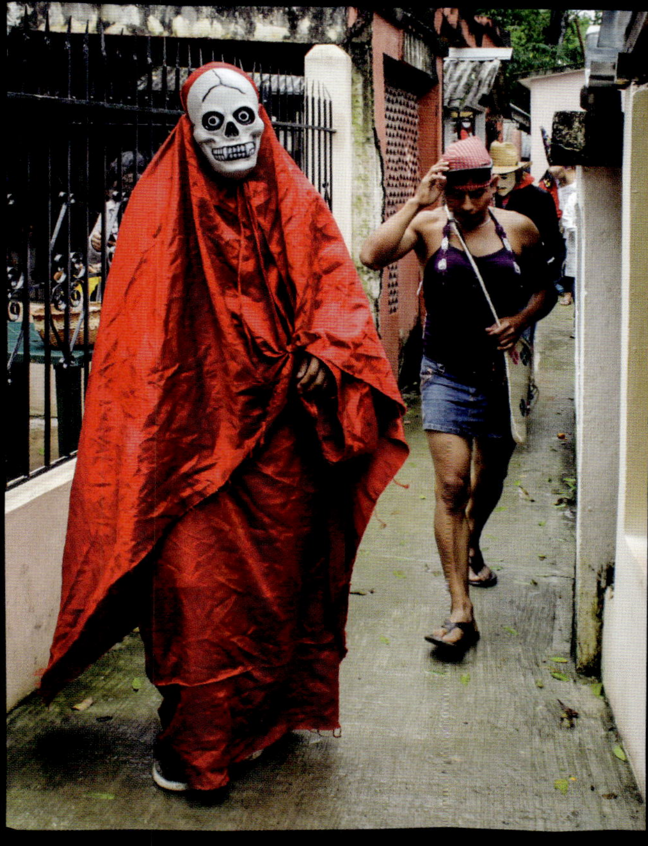

ECHAR LA CASA POR LA VENTANA En México es tradición honrar la memoria de los difuntos. La celebración de Día de Muertos se originó como un sincretismo entre las conmemoraciones católicas y las costumbres indígenas. Cuando los españoles llegaron a América, el altar prehispánico con sus ofrendas tradicionales se transformó al sumarle cirios, velas e incienso típicos de las iglesias europeas, así como el crucifijo de metal o ceniza; más adelante se incluyeron estampas de santos y vírgenes. Para el ágape se añadieron a los alimentos originales otros provenientes de Occidente.

MÁS ALLÁ DE UNA CALAVERA, UN ALTAR O VESTIRSE DE CATRINA
Una vez al año, el alma de los que se han ido regresa a casa para convivir con la familia y volver a gozar por un día de los placeres mundanos. Para agasajarla, no puede faltar nada: su fotografía se coloca en un altar rodeado de sus manjares favoritos, flores y objetos que la festejan en muerte como tal vez nunca se la festejó en vida.

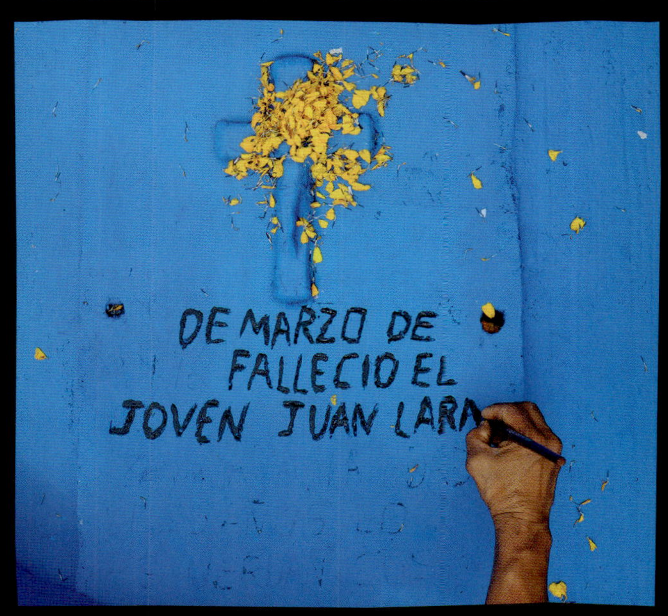

↗ Celebración del Xantolo en la Huasteca hidalguense. → Los familiares limpian y decoran las tumbas de sus seres queridos. Tumba en la Huasteca hidalguense.

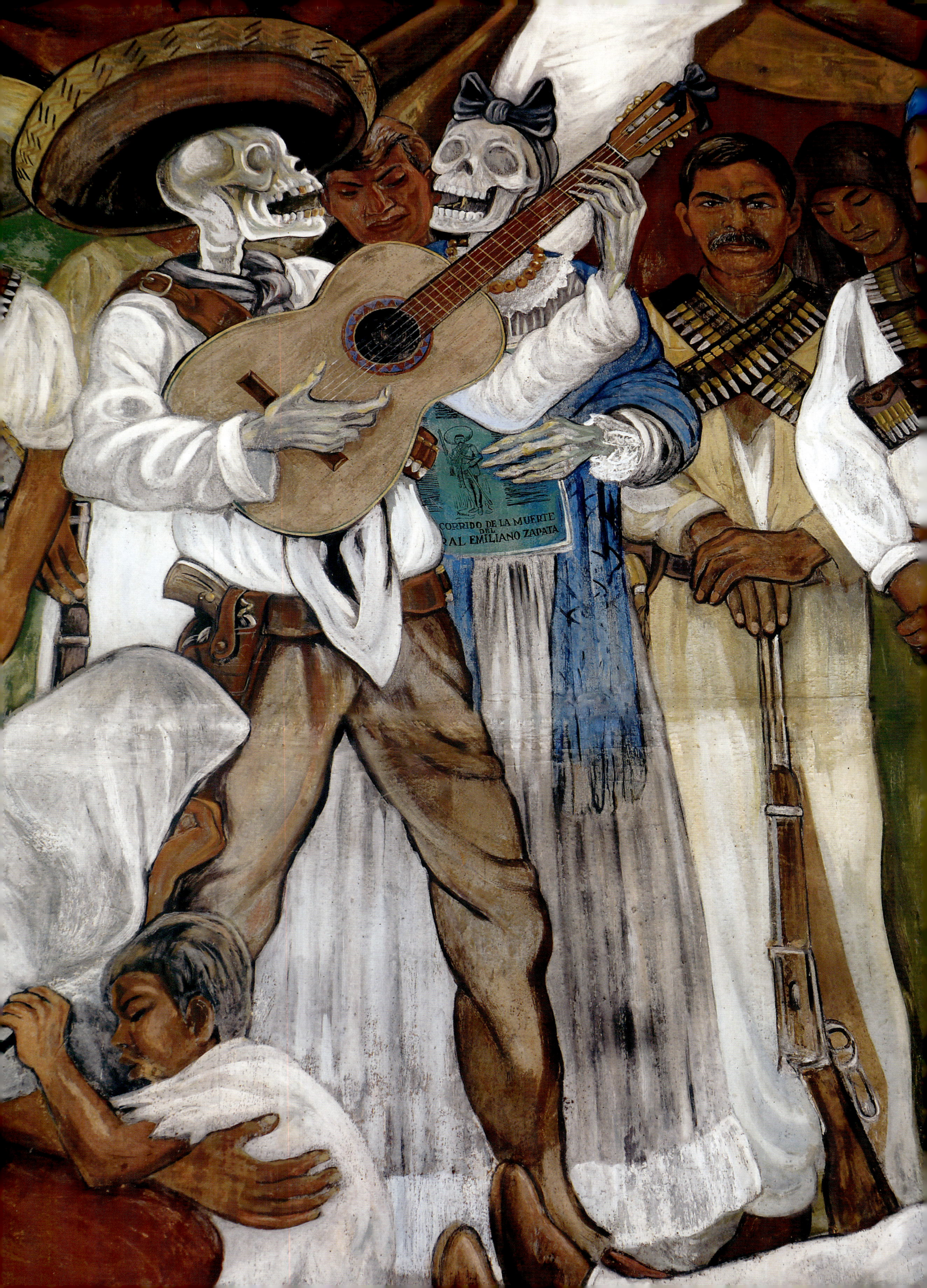
CORRIDO DE LA MUERTE
DEL
RAL EMILIANO ZAPATA

Según documentos que datan de los siglos XVI y XVII, el Día de Todos Santos se servían banquetes en las iglesias y más tarde se celebraba una comida familiar en casa para recordar a los ausentes. En algunas comunidades, cerca o dentro de los templos se exhibía durante ocho días una calavera blanqueada sobre un catafalco. Los jóvenes también participaban pidiendo limosna y en ocasiones se unían a los rezos por las ánimas.

LA EVOLUCIÓN DE LA CONMEMORACIÓN Influyeron varios factores; por ejemplo, en la capital de México los altos índices de mortalidad provocaron la creación de panteones fuera del centro. En el siglo XIX el gobierno comenzó a hacerse cargo de los entierros, principalmente para evitar la proliferación de infecciones en los alrededores de los templos. Con estos cambios se consolidó la costumbre de visitar los cementerios, adornar las tumbas y prolongar el ritual en las casas con la colocación de ofrendas pequeñas y la preparación de alimentos.

> La tradición de Día de Muertos mezcla las costumbres fúnebres del catolicismo desde el periodo virreinal hasta la primera mitad del siglo XX, las cuales reflejan tanto las influencias indígenas como las corrientes más modernas de cada región.

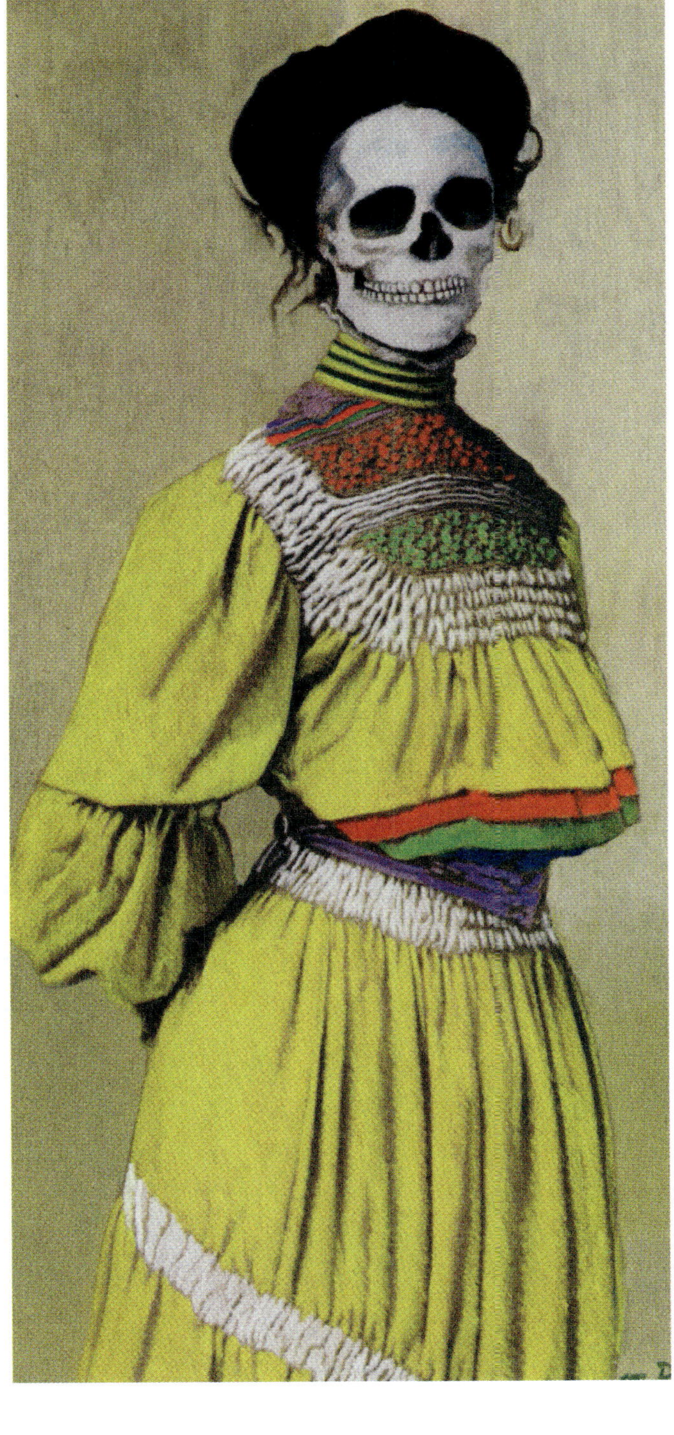

Durante este mismo siglo, los ideales políticos mexicanos tomaron mucho de las reacciones sociales europeas contra las monarquías y las formas de gobierno que éstas impusieron en América. Dos grupos, los conservadores —partidarios de la Iglesia católica y las instituciones creadas por la Corona— y los liberales —reformadores y contrarios a los valores religiosos de la época—, libraron peleas ideológicas que afectaron la celebración de Día de Muertos. Así, si bien los segundos aceptaron la tradición y la incorporación de elementos occidentales al altar, rechazaron la idea de asociar el ritual con el Día de los Fieles Difuntos católico.

A pesar de las luchas entre ambos bandos, la celebración perduró y con ella la presencia de imágenes, en especial de santos y de los fallecidos. Esta práctica cobró mayor fuerza cuando la fotografía comenzó a popularizarse gracias a la apertura de estudios fotográficos al término de la Revolución mexicana, y aún más cuando el país tuvo estabilidad política. Fue entonces cuando los retratos de los difuntos empezaron a integrarse al altar.

MORIR EN LA RAYA

← Detalle **La revolución en Guerrero y Guerrero al triunfo de la revolución** (1955). Mural Roberto Cueva del Río. Museo Regional de Guerrero INAH, Chilpancingo, Guerrero.

↑ **Muchacha con un escandaloso vestido amarillo** (2020). Marcos Raya.

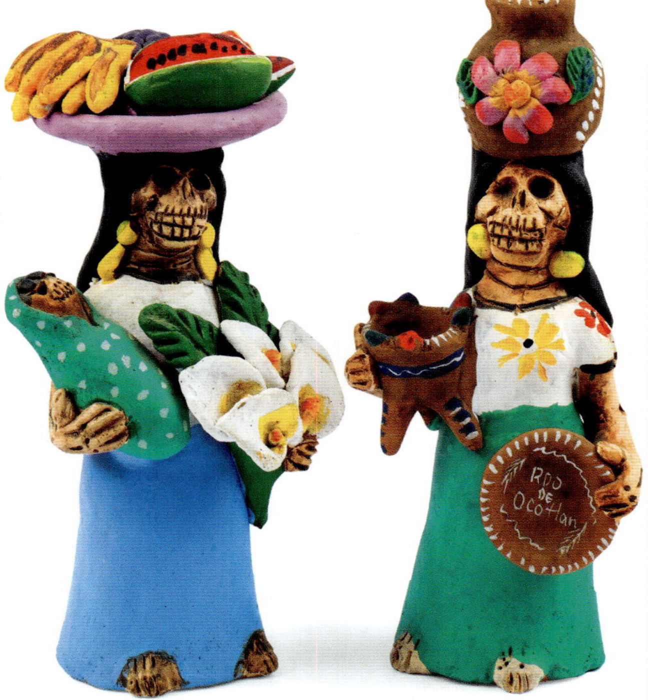

En las siguientes décadas, la ideología socialista y comunista de ciertos intelectuales mexicanos traspasó fronteras. La institucionalización de "lo mexicano" a través de las artes —cine, teatro, música, pintura, escultura y poesía— permeó el pensamiento popular y se inició la exportación de imágenes nacionales a otros entornos, sobre todo de Estados Unidos y Europa. La conmemoración de los difuntos se convirtió en el emblema de la valentía y el arrojo del mexicano que vence a sus opositores y es el azote de invasores y enemigos, pues hasta la muerte le "pela los dientes", como expresa un dicho popular. Las celebraciones dedicadas a los antepasados se constituyeron en el referente del orgullo patrio: no se pacta ni mucho menos se hacen tratos con la Flaca.

VOCES EN DESACUERDO No todos los estudiosos defienden el origen sincrético del Día de Muertos. Para la antropóloga Elsa Malvido, la celebración que hoy conocemos surgió a mediados del siglo XX como una versión americana de las prácticas cristianas y no durante el periodo prehispánico. Malvido considera que el nacionalismo posrevolucionario y las afirmaciones de Octavio Paz en *El laberinto de la soledad* originaron la idea de que la fiesta es resultado de la fusión de las costumbres mortuorias nahuas con las católicas.

LAS PENAS NO MATAN, PERO AYUDAN A MORIR

↑ Figuritas de barro modelado y policromado. Ocotlán de Morelos, Oaxaca. Colección Miguel Abruch.

EL OLVIDO TIENE SU CASTIGO La colocación del altar para complacer a los que se han ido y compartir con ellos los frutos de la tierra se considera un deber. La siguiente leyenda habla sobre el castigo que recae en quienes olvidan la tradición:

En cierta ocasión, un hombre no respetó el Día de Difuntos porque no quería dejar el trabajo en su parcela. Así que cuando llegó el día se dijo: "Debo ir a labrar para comer y no voy a gastar mi dinero en esta fiesta, que además me quita mucho tiempo". Así que se fue al campo, pero cuando estaba más ocupado escuchó una voz que salía del monte y le decía: "Hijo, hijo, quiero comer unos tamales".

El hombre se quedó sorprendido y pensó que era su imaginación, pero al cabo escuchó otras voces que conversaban y lo llamaban por su nombre; reflexionó y comprendió que eran su padre y familiares difuntos que clamaban por las ofrendas que les había negado.

Inmediatamente dejó su trabajo y regresó corriendo a su casa. Le dijo a su mujer que matara unos guajolotes e hiciera unos tamales para ofrendarlos a sus difuntos en el altar familiar. Mientras la mujer trabajaba sin cesar en la cocina preparando las ofrendas, el hombre se acostó a descansar un rato. Cuando la mujer fue a llamarlo, no logró despertarlo: estaba muerto. Aunque había cumplido los deseos de sus familiares difuntos, de todos modos se lo llevaron.

Leyenda recopilada por Flavio Martínez y publicada en 2006 en el libro **La festividad indígena dedicada a los muertos en México.**

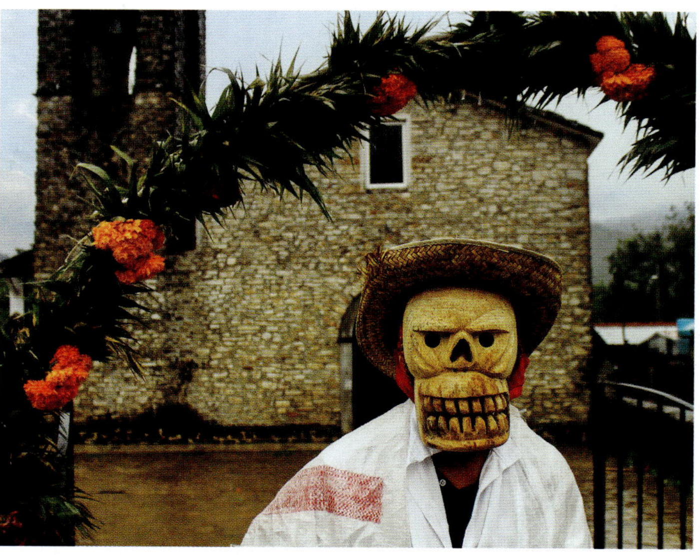

↑ Hombre con una máscara de madera durante la celebración del Xantolo. Huasteca hiudalguense.

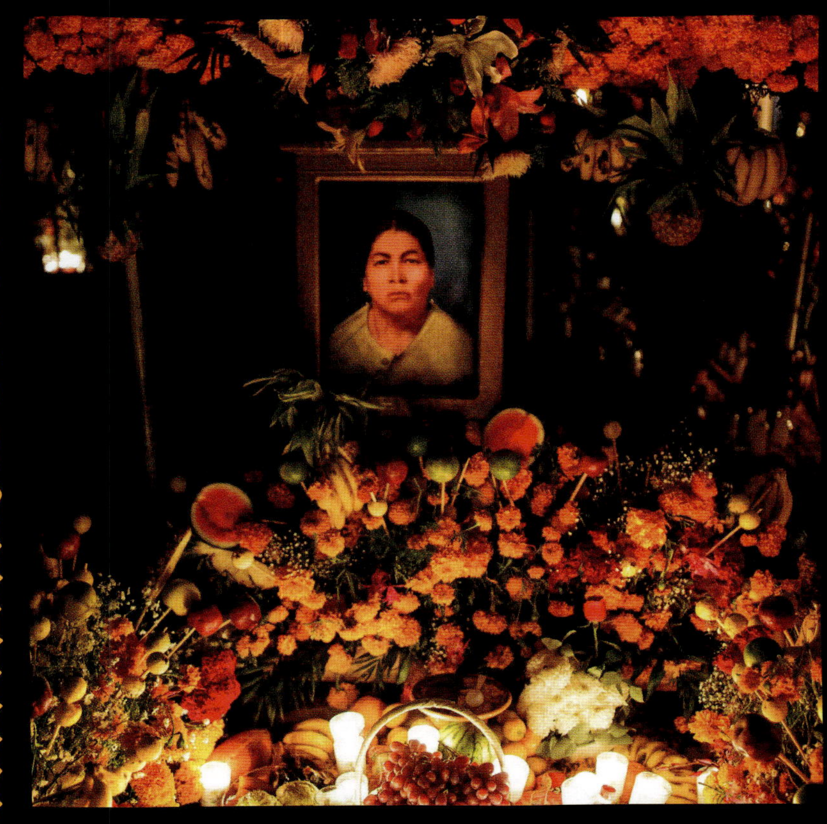

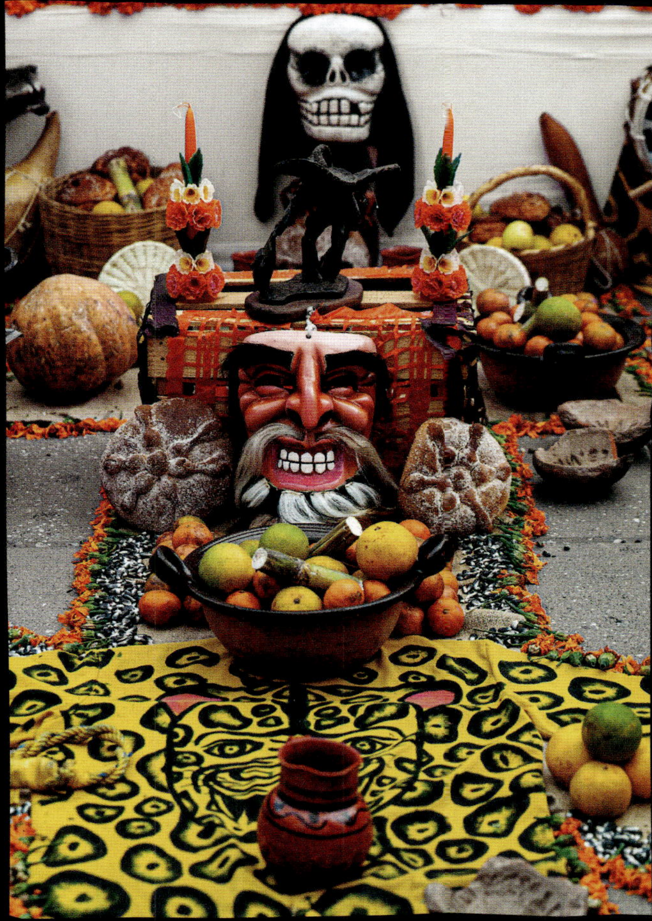

ELEMENTOS DE LA OFRENDA

A los muertos hay que prestarles la debida atención si no queremos enfadarlos. Por tanto, es necesario considerar varios factores fundamentales en la construcción del altar, pues con éste las familias intentan llamar la atención del ser querido. Por lo común, el montaje de la ofrenda comienza con los elementos más básicos: una mesa y un mantel de plástico. A ello se pueden sumar otros objetos que proporcionen vista y volumen. Sin embargo, no todo es cuestión de tamaño: en los altares, cualquier detalle, por pequeño que sea, tiene una finalidad y un significado.

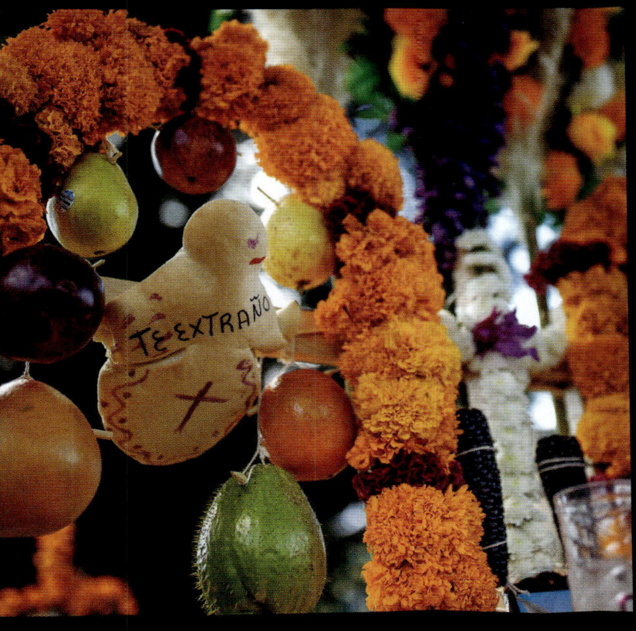

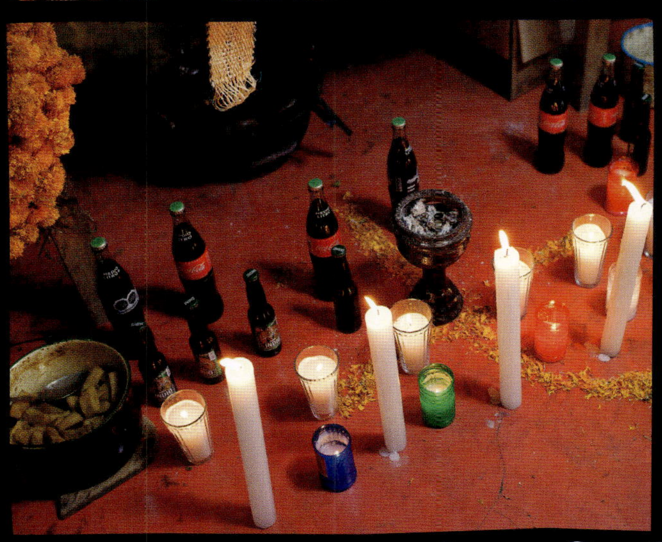

↑ Los altares con fotos y nombre del difunto resaltan el carácter personal y familiar de las ofrendas. → Objetos rituales que no pueden faltar en todo altar tradicional.

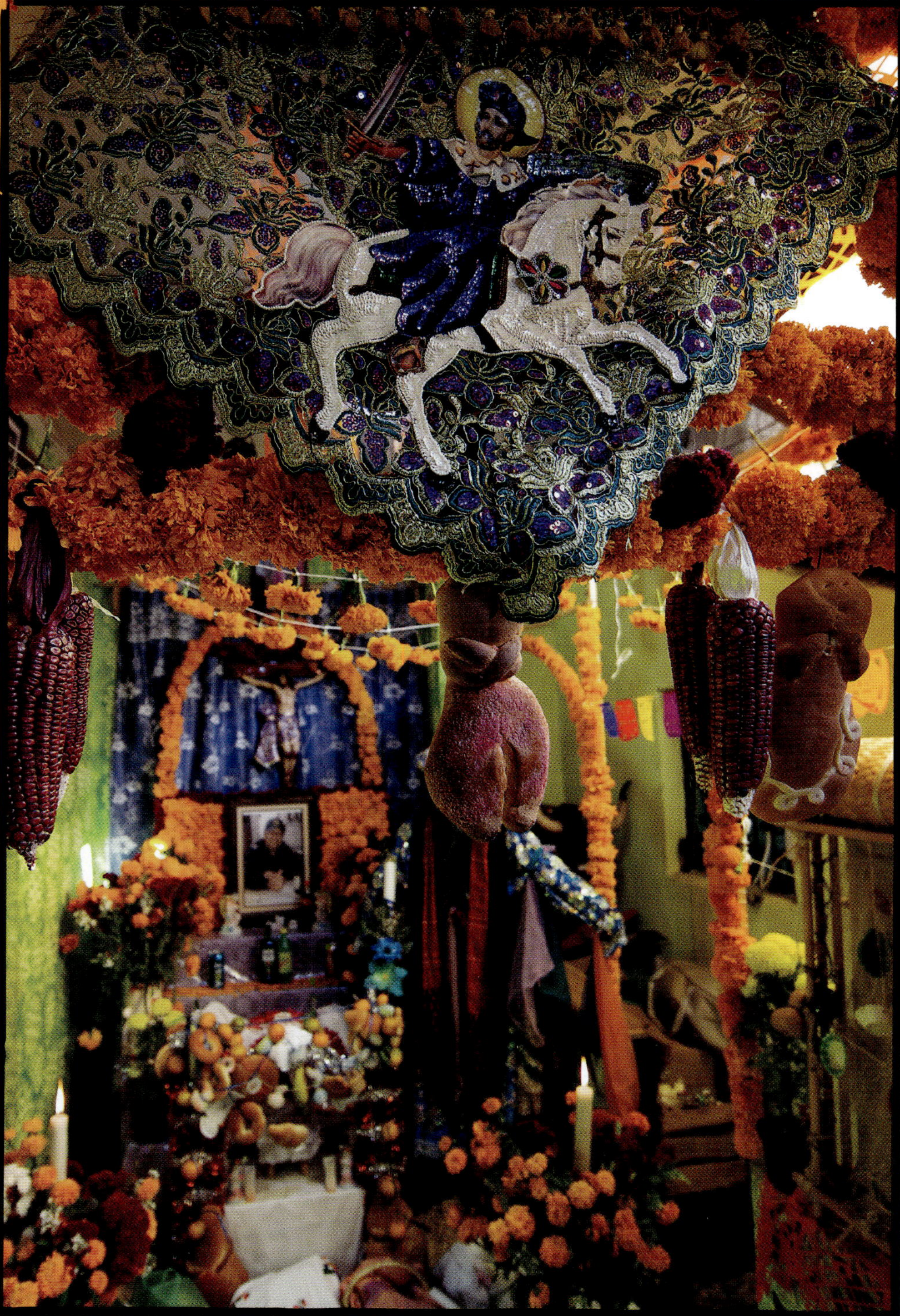

HONOR A QUIEN HONOR MERECE

Todos los años, México se prepara para recibir a sus difuntos. Para ellos, con gratitud, amor y veneración, se deja una ofrenda de alimentos y objetos que ocupa un lugar destacado en todas las casas.

Sin duda, no hay nada más personal que la elaboración de este altar familiar. Los elementos que lo componen fortalecen el sentido de la celebración: agua, imágenes de santos, dulces y juguetes. En algunos casos, la gente deposita radios portátiles, balones de futbol, camisetas de clubes deportivos, calzado usado o nuevo y las herramientas de trabajo que identifican al difunto con su profesión, afición u oficio: tijeras, espejo y silla de afeitar, si era peluquero; motocicletas y automóviles, si le gustaba la velocidad o murió debido a un accidente de tránsito. Todo lo que sirva para recordar y honrar al fallecido es válido.

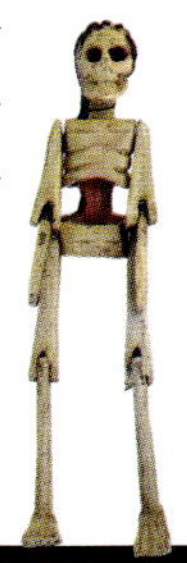

↑ El sincretismo entre la cultura indígena y la religión católica es evidente.

A LA ALTURA DE LOS DIOSES

El número de niveles o escalones que puede tener un altar varía en cada región del país, pues depende de la cosmovisión particular de cada comunidad y de la persona homenajeada. Las versiones más habituales y populares tienen entre dos y siete pisos que representan el cielo, la tierra y el inframundo. Según las tradiciones mexicas, cuanto más alto sea el altar, mejor; así, los de siete escalones propician que el ánima alcance la paz espiritual. Sin embargo, para el pueblo otomí los siete escalones representan los pecados capitales.

En una ofrenda de siete niveles se pueden disponer los siguientes elementos en orden descendente:

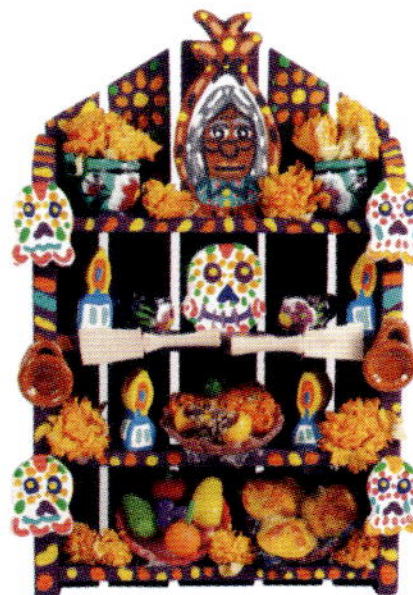

1. En el nivel más alto se coloca la imagen de un santo o virgen para bendecirla.
2. El siguiente escalón está dedicado a las ánimas del purgatorio y sirve para facilitar su salida de ese sitio. Se suele dejar un vaso de agua para contrarrestar el fuego del infierno.
3. El tercer peldaño es el lugar dedicado a los niños del purgatorio. Ahí se ofrece sal para evitar que el cuerpo se corrompa.
4. En el nivel intermedio se deposita pan de muerto.
5. En el quinto escaño se presentan los platillos favoritos del difunto, acompañados de bebidas y dulces.
6. En el penúltimo nivel se exhibe la imagen del ser querido (fotografía o pintura) y sus objetos personales.
7. A nivel del suelo, con semillas, frutas, ceniza, cal o cuatro velas, se traza una cruz que representa los puntos cardinales y el polvo en que se convierten los seres humanos. Se cree que la cruz ahuyenta los malos espíritus y ayuda al muerto a expiar sus culpas.

↑ Ofrenda. Maestro artesano Miguel Estévez.

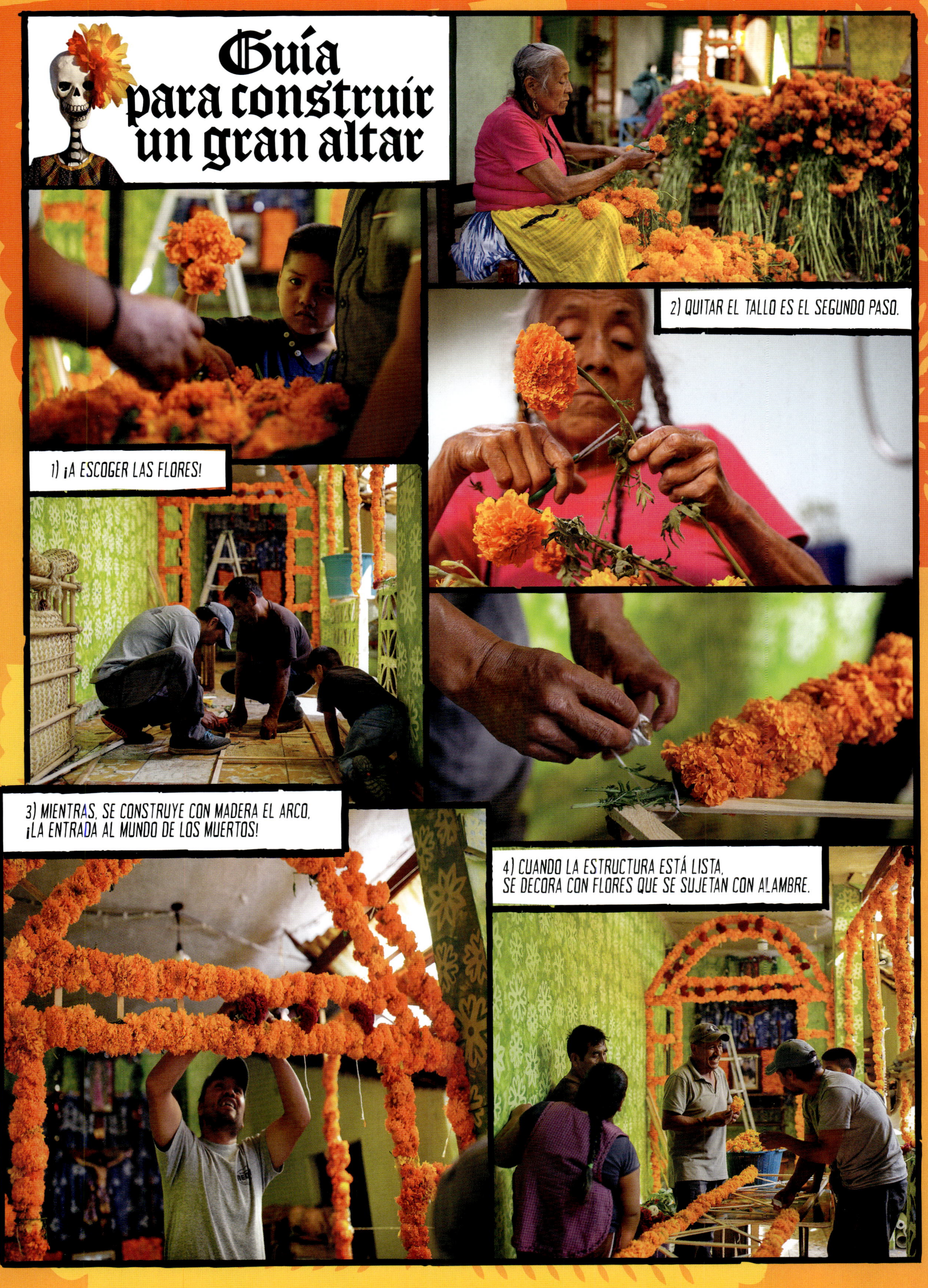
Guía para construir un gran altar
1) ¡A ESCOGER LAS FLORES!
2) QUITAR EL TALLO ES EL SEGUNDO PASO.
3) MIENTRAS, SE CONSTRUYE CON MADERA EL ARCO, ¡LA ENTRADA AL MUNDO DE LOS MUERTOS!
4) CUANDO LA ESTRUCTURA ESTÁ LISTA, SE DECORA CON FLORES QUE SE SUJETAN CON ALAMBRE.

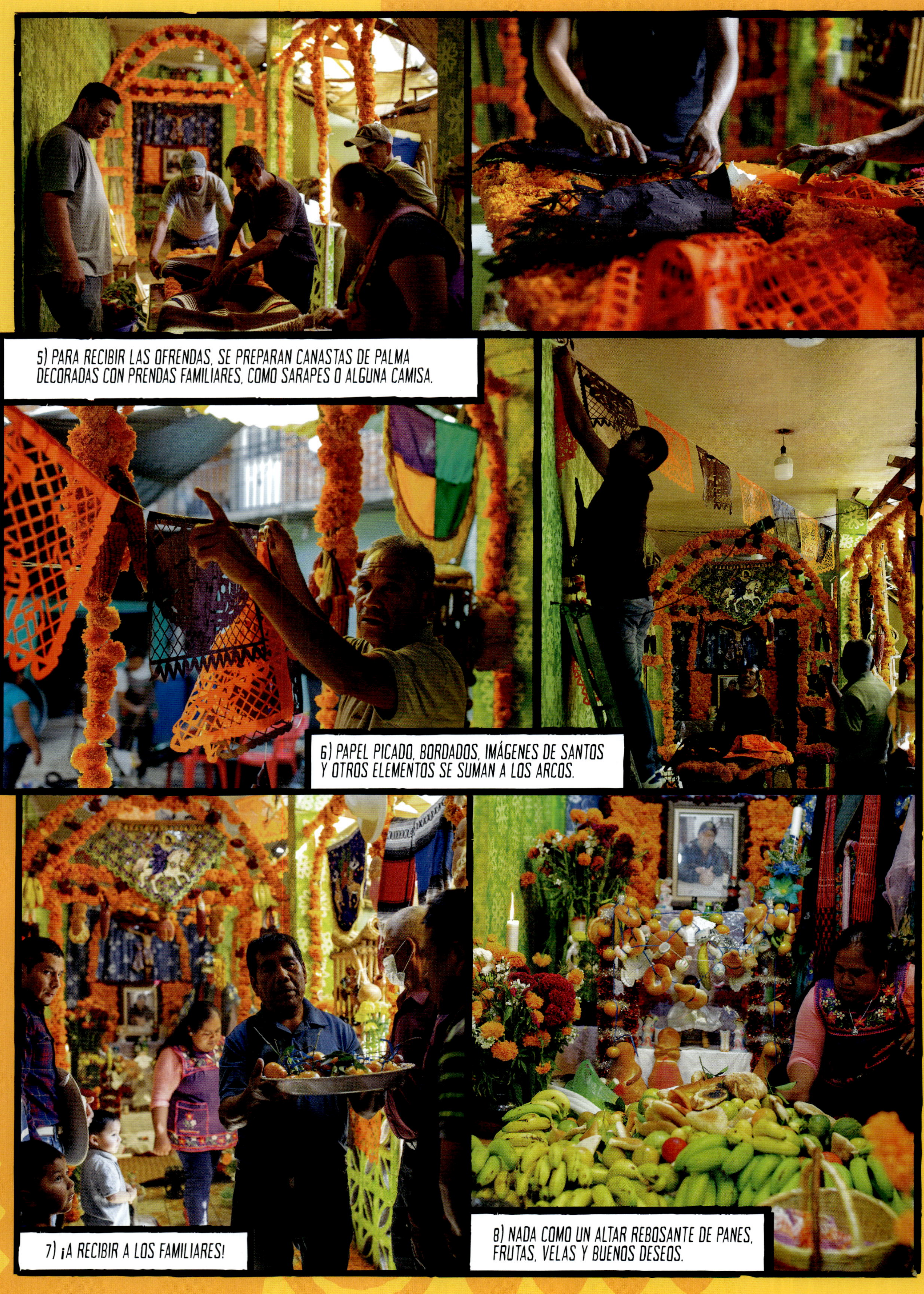
5) PARA RECIBIR LAS OFRENDAS, SE PREPARAN CANASTAS DE PALMA DECORADAS CON PRENDAS FAMILIARES, COMO SARAPES O ALGUNA CAMISA.
6) PAPEL PICADO, BORDADOS, IMÁGENES DE SANTOS Y OTROS ELEMENTOS SE SUMAN A LOS ARCOS.
7) ¡A RECIBIR A LOS FAMILIARES!
8) NADA COMO UN ALTAR REBOSANTE DE PANES, FRUTAS, VELAS Y BUENOS DESEOS.

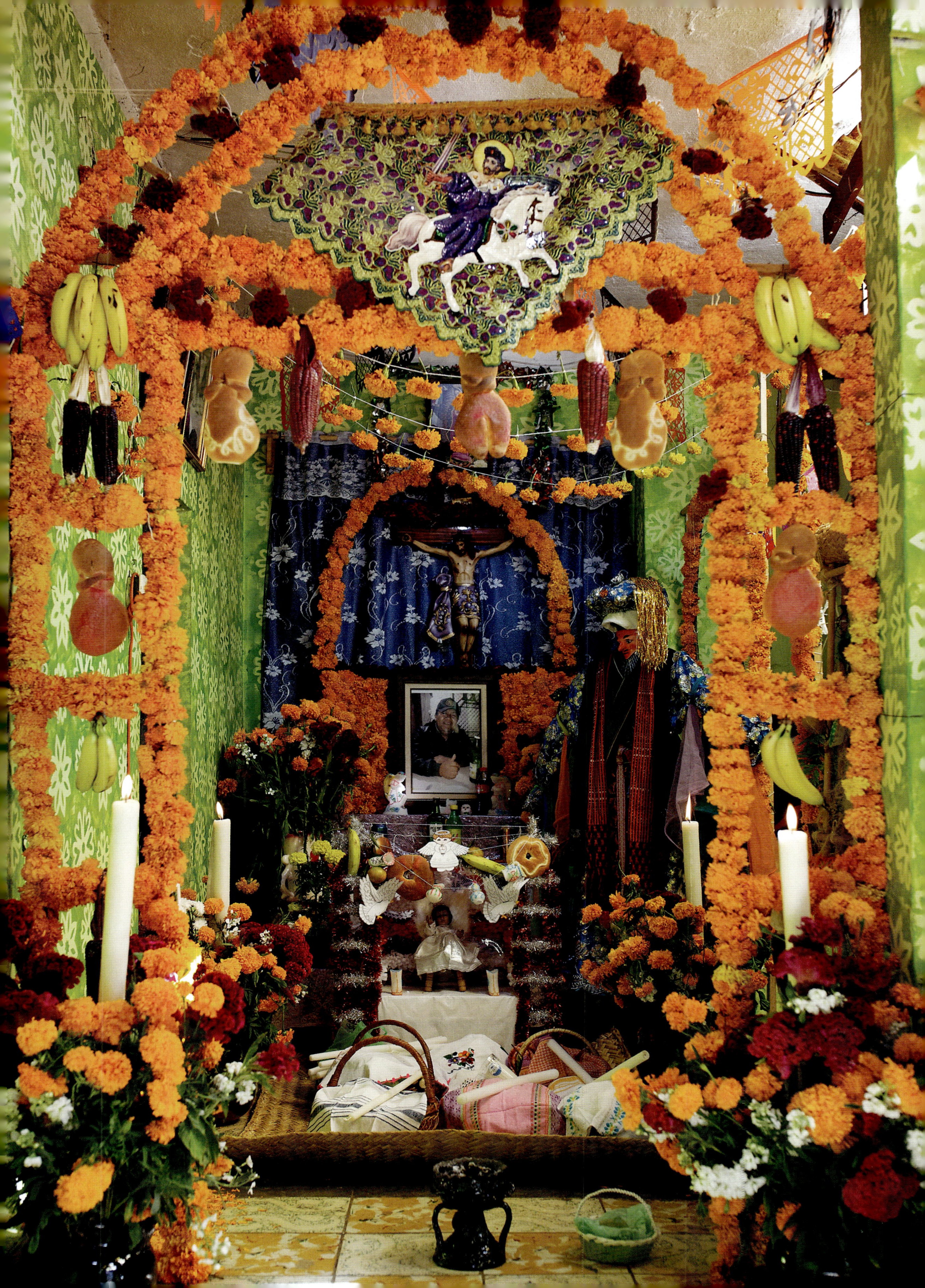

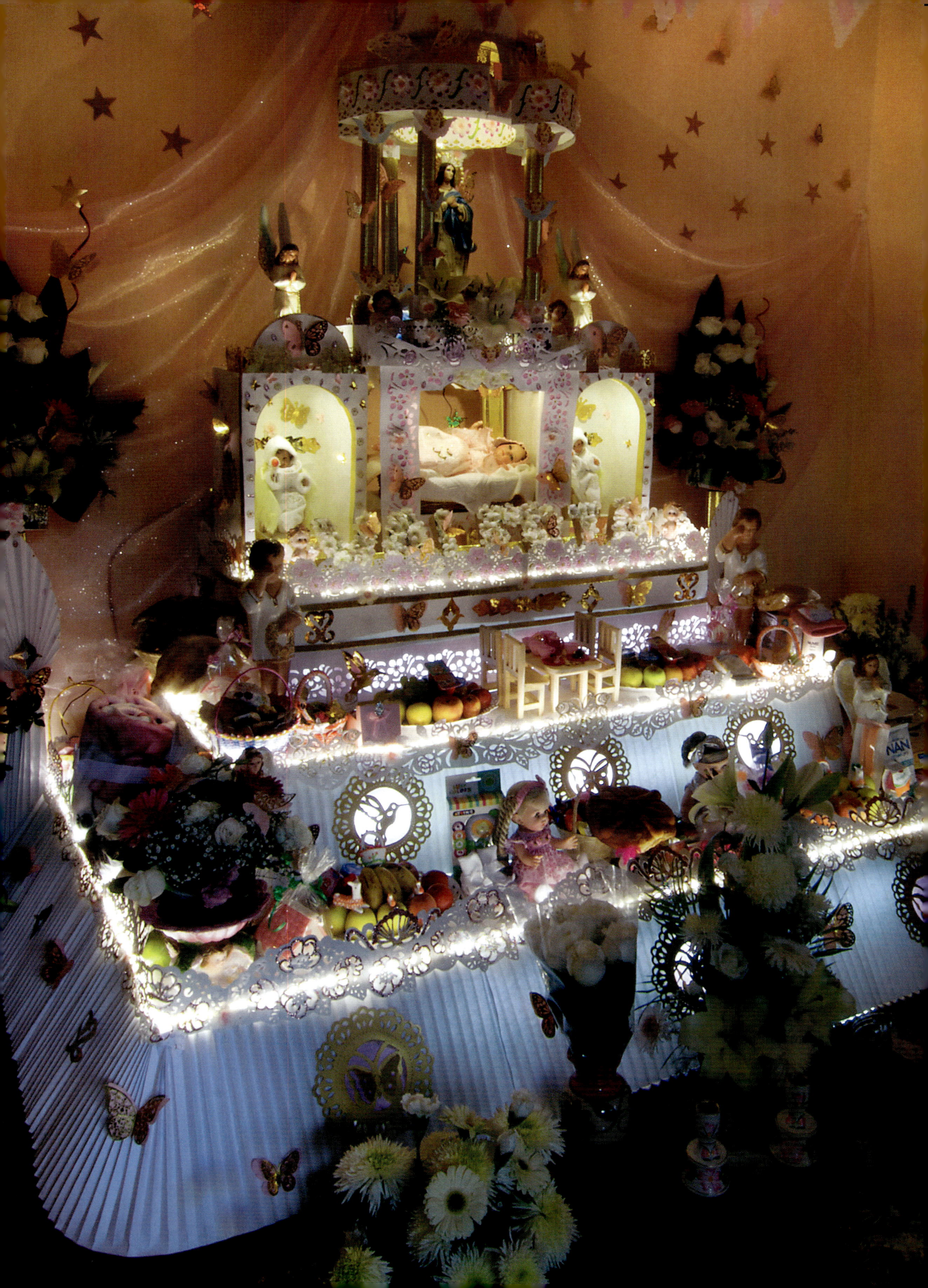
NAN

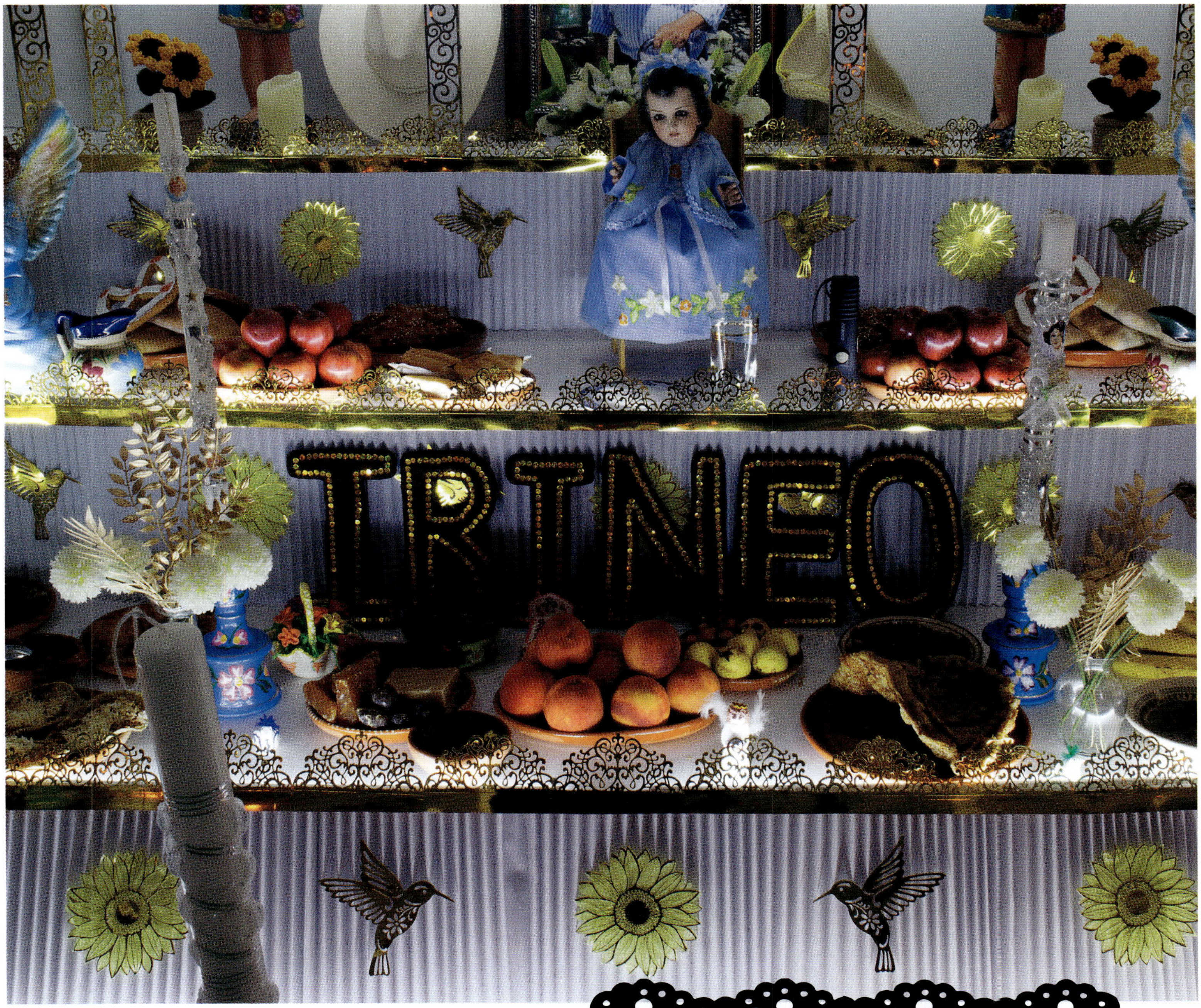

ESCALERITA HASTA EL CIELO Quizá los altares más conmovedores son los dedicados a los niños, los cuales se adornan con toda suerte de elementos infantiles:

Comida: no debe tener chile; incluye fruta, pan dulce en miniatura, dulces de calabaza y azúcar. Si el difunto es un bebé, hay que dejarle mamilas con leche.
Color blanco: las flores (el alhelí y la nube) y los candelabros deben ser de este color, que simboliza la pureza. 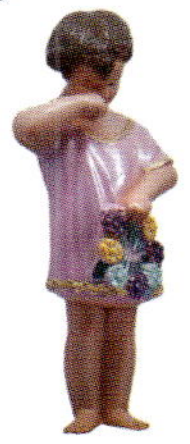
Escala reducida: los elementos no pueden ser demasiado grandes, ni deben incluirse objetos propios de los altares de adultos, como alcohol o tabaco.

CONSEJOS Y EJEMPLOS QUE OBLIGAN, LOS QUE LOS MUERTOSDIGAN

ANGELITOS DE SANTA FE DE LA LAGUNA

MICHOACÁN

En esta localidad, la vuelta de los "angelitos" —es decir, los bebés o las criaturas no bautizadas— se festeja el 31 de octubre, aunque en gran parte de México esa celebración tiene lugar el 1 de noviembre. No se sabe exactamente de dónde viene esta tradición; los habitantes de Santa Fe de la Laguna la atribuyen al lanzamiento de cohetones, que causan gran emoción entre los pequeños.

↑ Altar de Irineo Olivos Rosales. Tochimilco, Puebla.
← Altar de la niña Valeria Dávila Rangel. Tochimilco, Puebla.

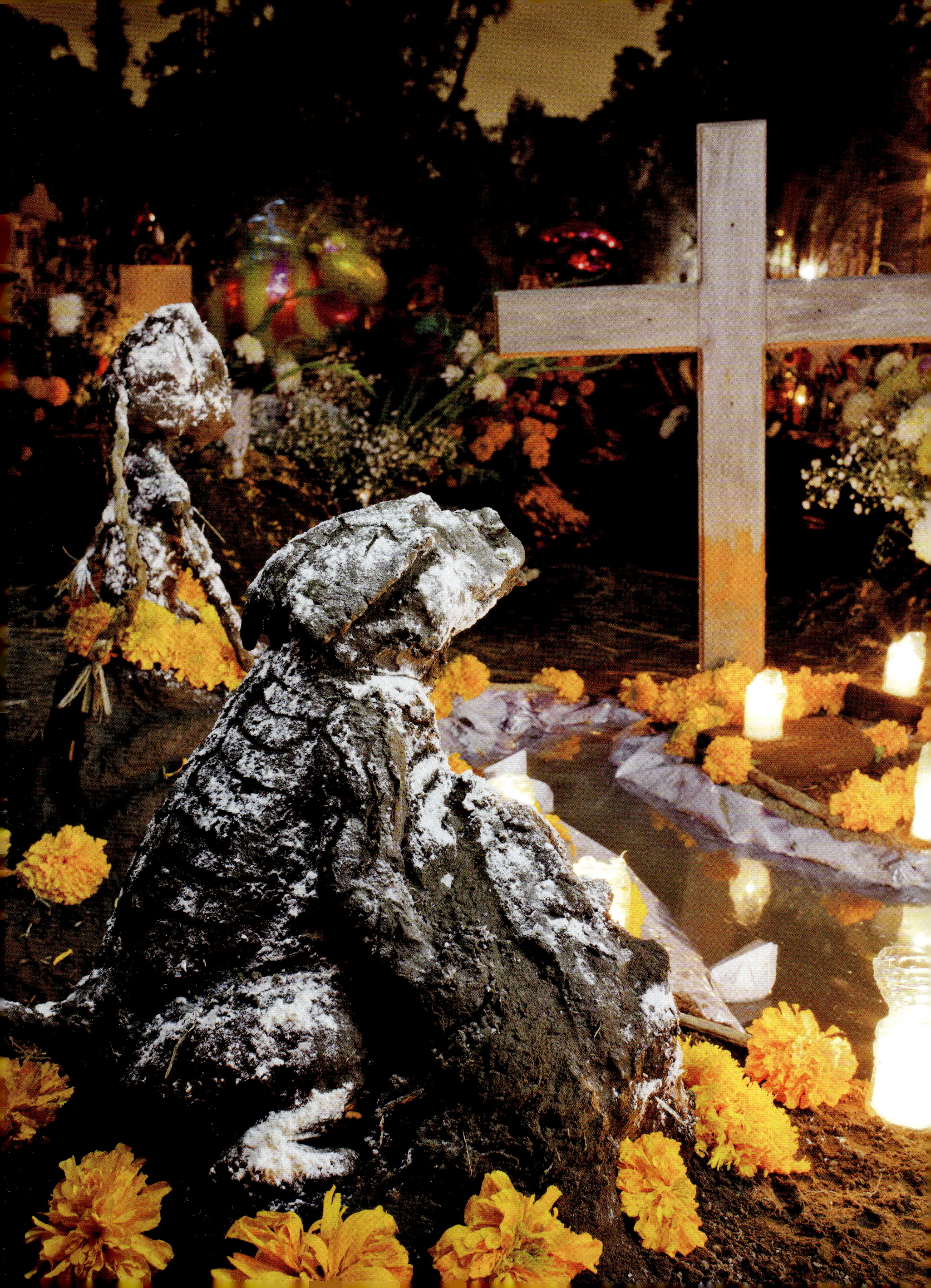

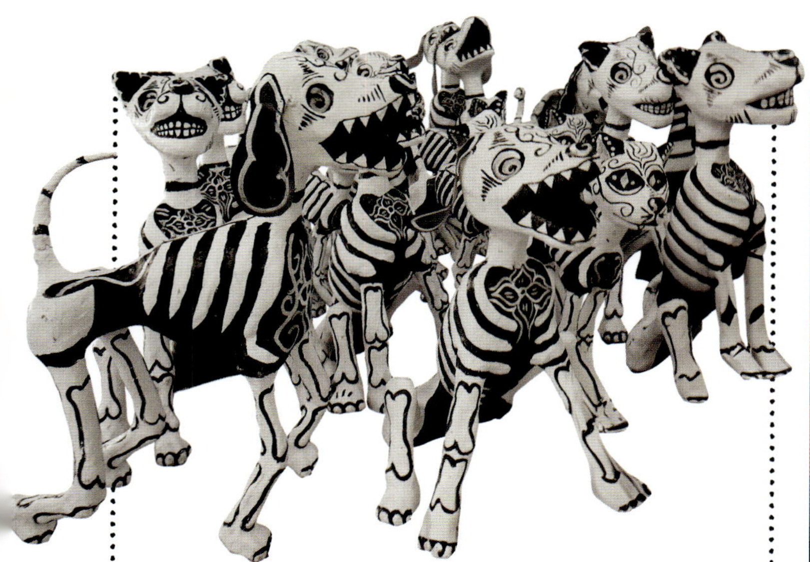

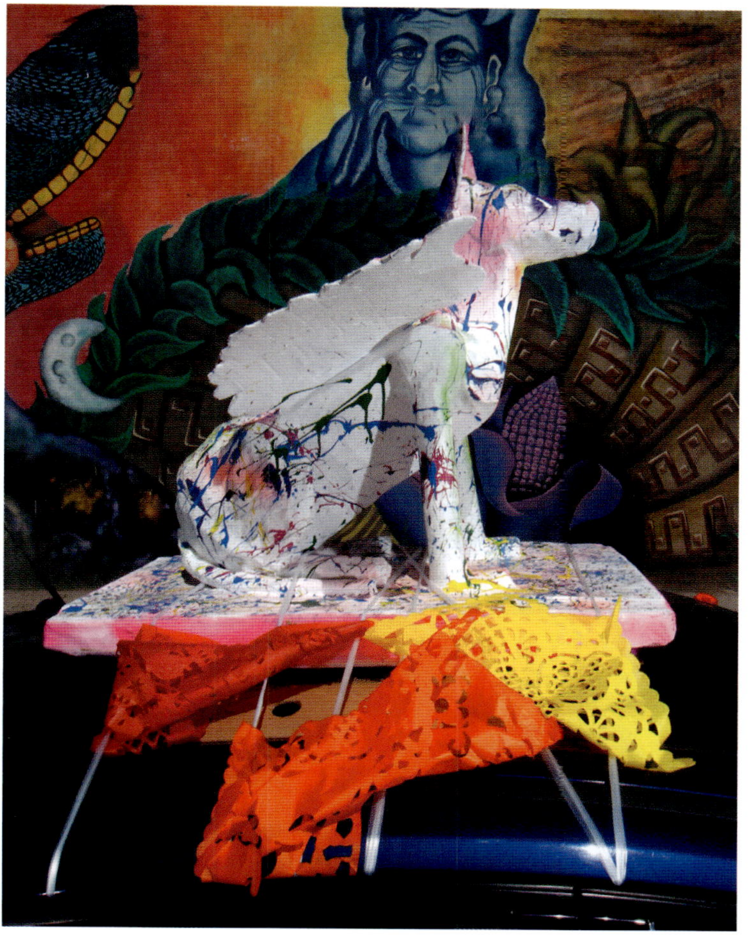

Al sur de la Ciudad de México se encuentra el cementerio Ameyalco, conocido como "el jardín para un amigo," donde reposan mascotas tan queridas como perros, gatos, conejos e incluso un león.

PARA LOS AMIGOS DE CUATRO PATAS

Los compañeros no humanos suelen partir antes que las personas, pues su vida es más breve. Y no son pocos quienes los lloran como a los familiares más allegados. En las diferentes culturas prehispánicas de México, el culto a los animales está muy arraigado. Según varias leyendas, cuando una persona muere, su mascota la espera en la orilla del inframundo para ayudarla a cruzar. Sin embargo, si el animal no ha recibido un buen trato, le dará la espalda al humano y lo ignorará.

En México se dedica un día a los animales muertos (entre la noche del 27 de octubre y la madrugada del 28) y se les prepara una ofrenda independiente de los demás difuntos de la familia. En ese altar no puede faltar la mejor de las fotos de la mascota, su comida favorita, agua, juguetes, su manta o cama, su correa y ropita... En suma, todos los objetos que disfrutó con su humano. Como adorno, se colocan flores de cempasúchil, veladoras y papel picado con la forma del animalito.

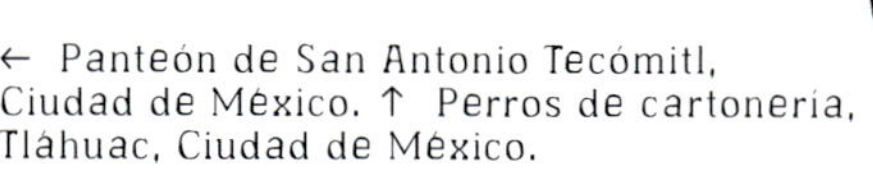

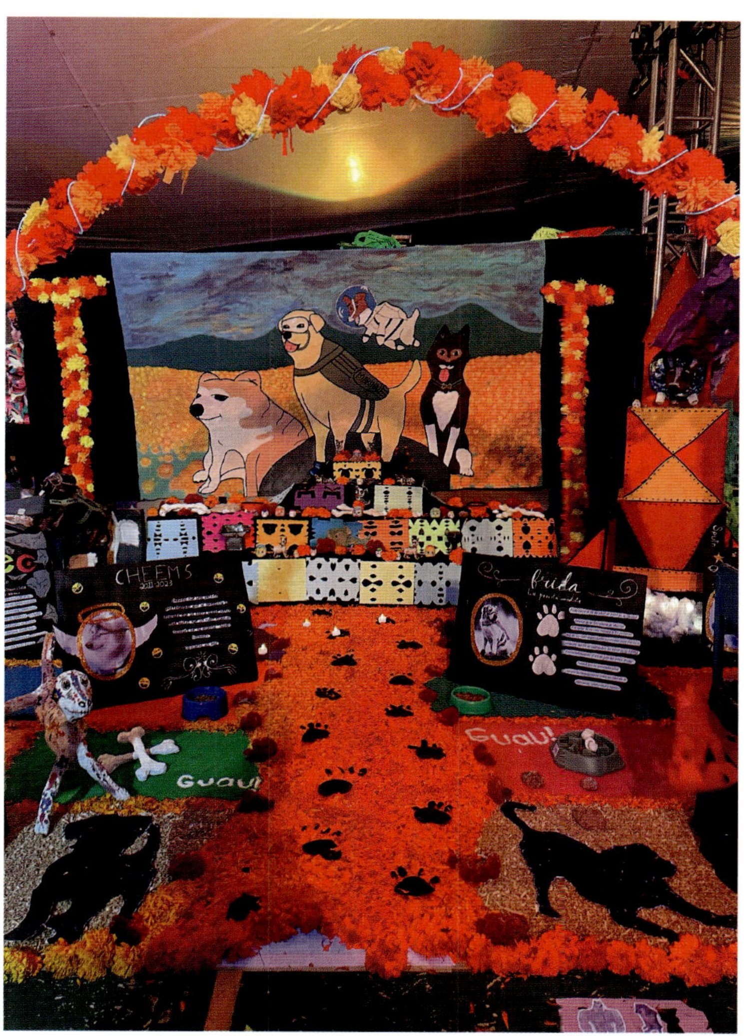

← Panteón de San Antonio Tecómitl, Ciudad de México. ↑ Perros de cartonería, Tláhuac, Ciudad de México.

↑ Xoloitzcuintle de cartonería y con alas listo para volar al otro mundo. Coyotepec, Estado de México. ↑ Altar especial para mascotas (2023). Colegio Luis Vives, Ciudad de México.

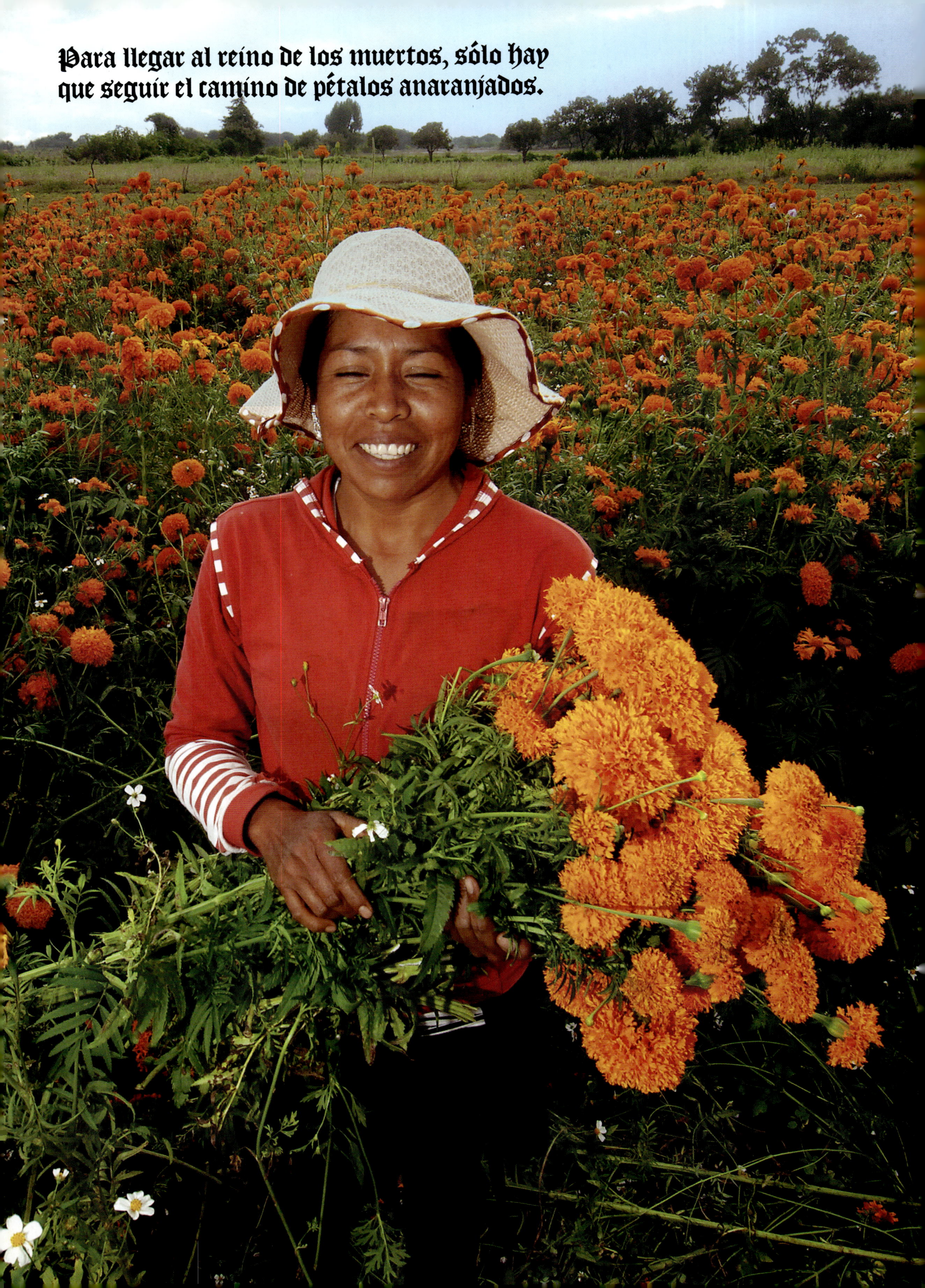

Para llegar al reino de los muertos, sólo hay que seguir el camino de pétalos anaranjados.

PÉTALOS QUE GUÍAN EL CAMINO

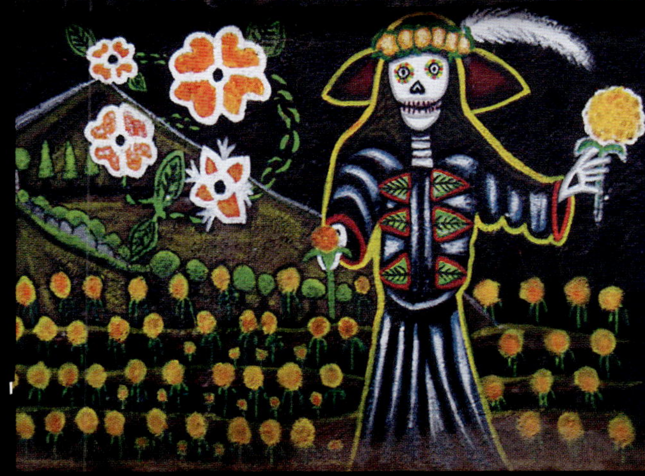

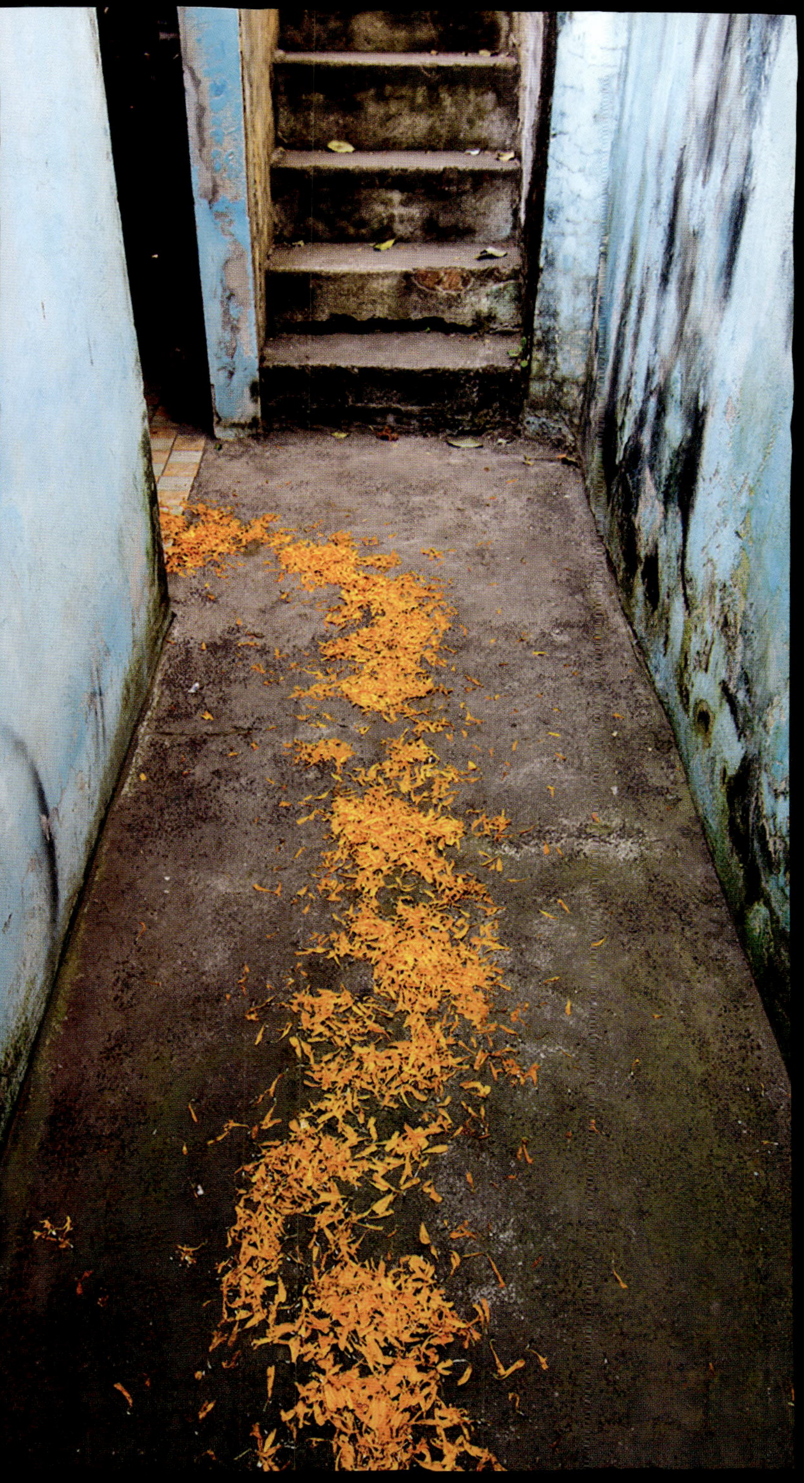

La flor de cempasúchil es uno de los elementos más representativos de las ofrendas, pues gracias a su color, aroma y textura sirve como guía para que los difuntos regresen a casa. Este icono de la fiesta de muertos en México y en el mundo sigue dando a la celebración un carácter originario.

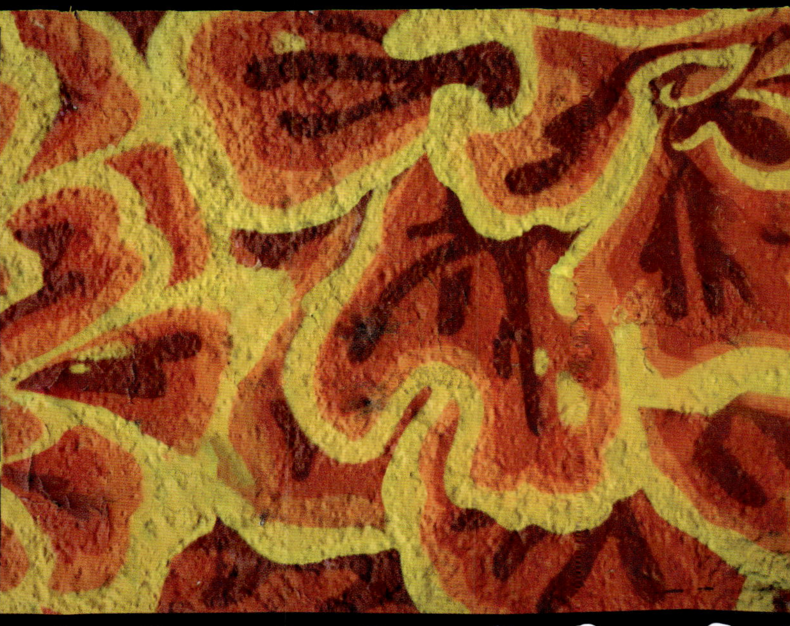

← Campo de cempasúchil de Modesta Delgado. Atlixco, Puebla. ↑ Mural en Zaachila, Oaxaca. ↗ Camino de cempasúchil, Huaquechula, Puebla. → Cempasúchil. Detalle de mural.

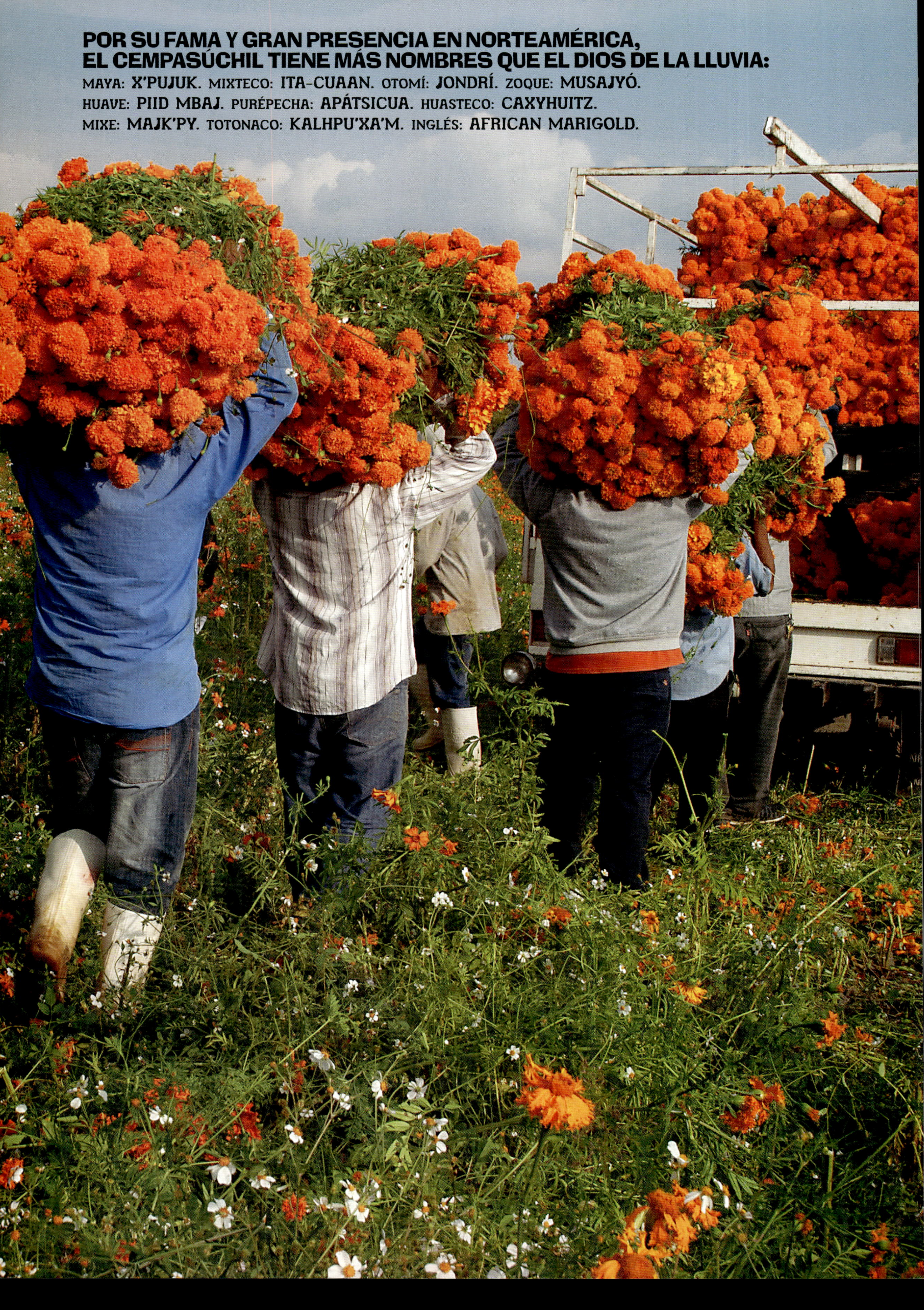

POR SU FAMA Y GRAN PRESENCIA EN NORTEAMÉRICA, EL CEMPASÚCHIL TIENE MÁS NOMBRES QUE EL DIOS DE LA LLUVIA:
MAYA: X'PUJUK. MIXTECO: ITA-CUAAN. OTOMÍ: JONDRÍ. ZOQUE: MUSAJYÓ. HUAVE: PIID MBAJ. PURÉPECHA: APÁTSICUA. HUASTECO: CAXYHUITZ. MIXE: MAJK'PY. TOTONACO: KALHPU'XA'M. INGLÉS: AFRICAN MARIGOLD.

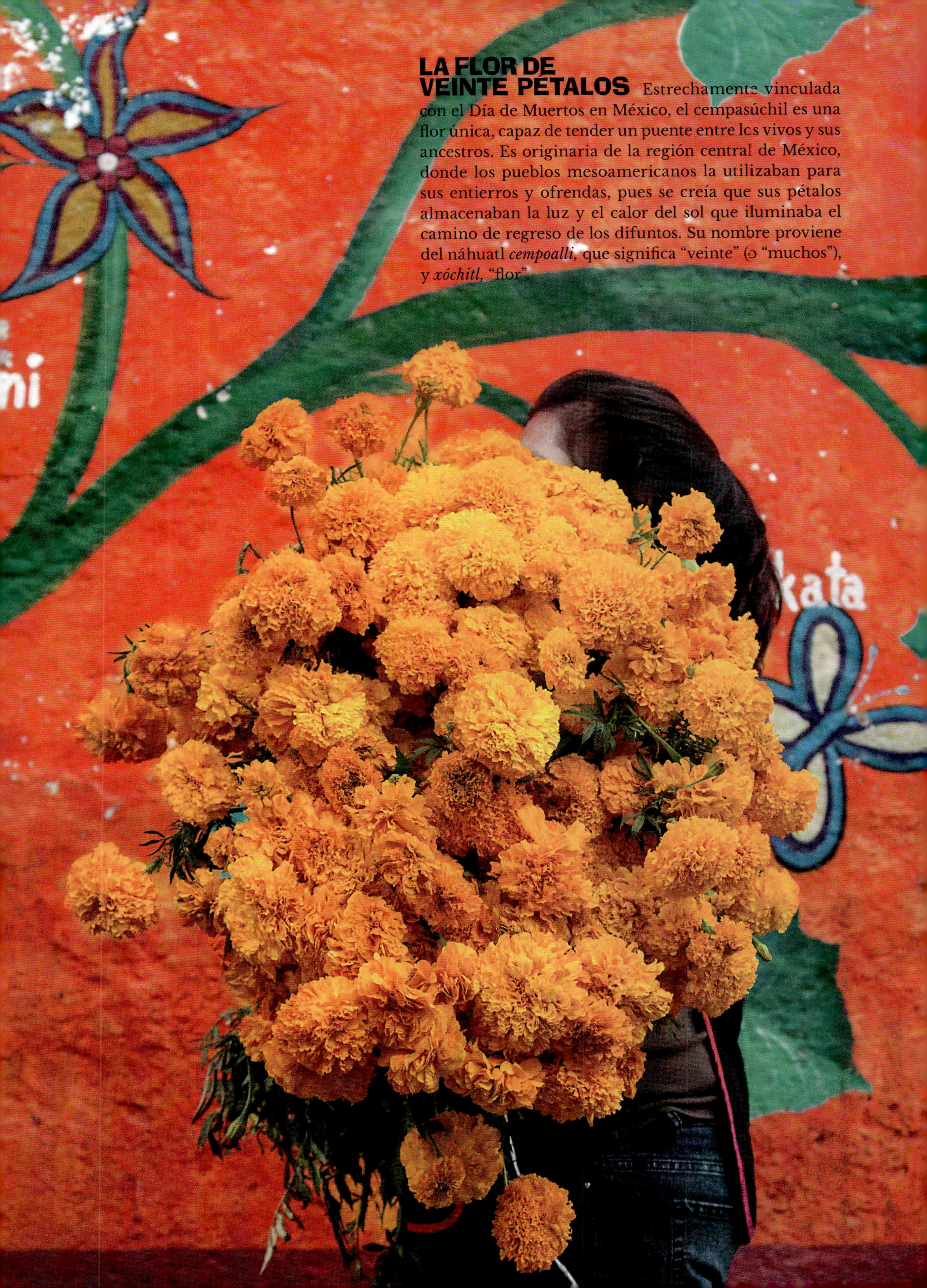

LA FLOR DE VEINTE PÉTALOS

Estrechamente vinculada con el Día de Muertos en México, el cempasúchil es una flor única, capaz de tender un puente entre los vivos y sus ancestros. Es originaria de la región central de México, donde los pueblos mesoamericanos la utilizaban para sus entierros y ofrendas, pues se creía que sus pétalos almacenaban la luz y el calor del sol que iluminaba el camino de regreso de los difuntos. Su nombre proviene del náhuatl *cempoalli*, que significa "veinte" (o "muchos"), y *xóchitl*, "flor".

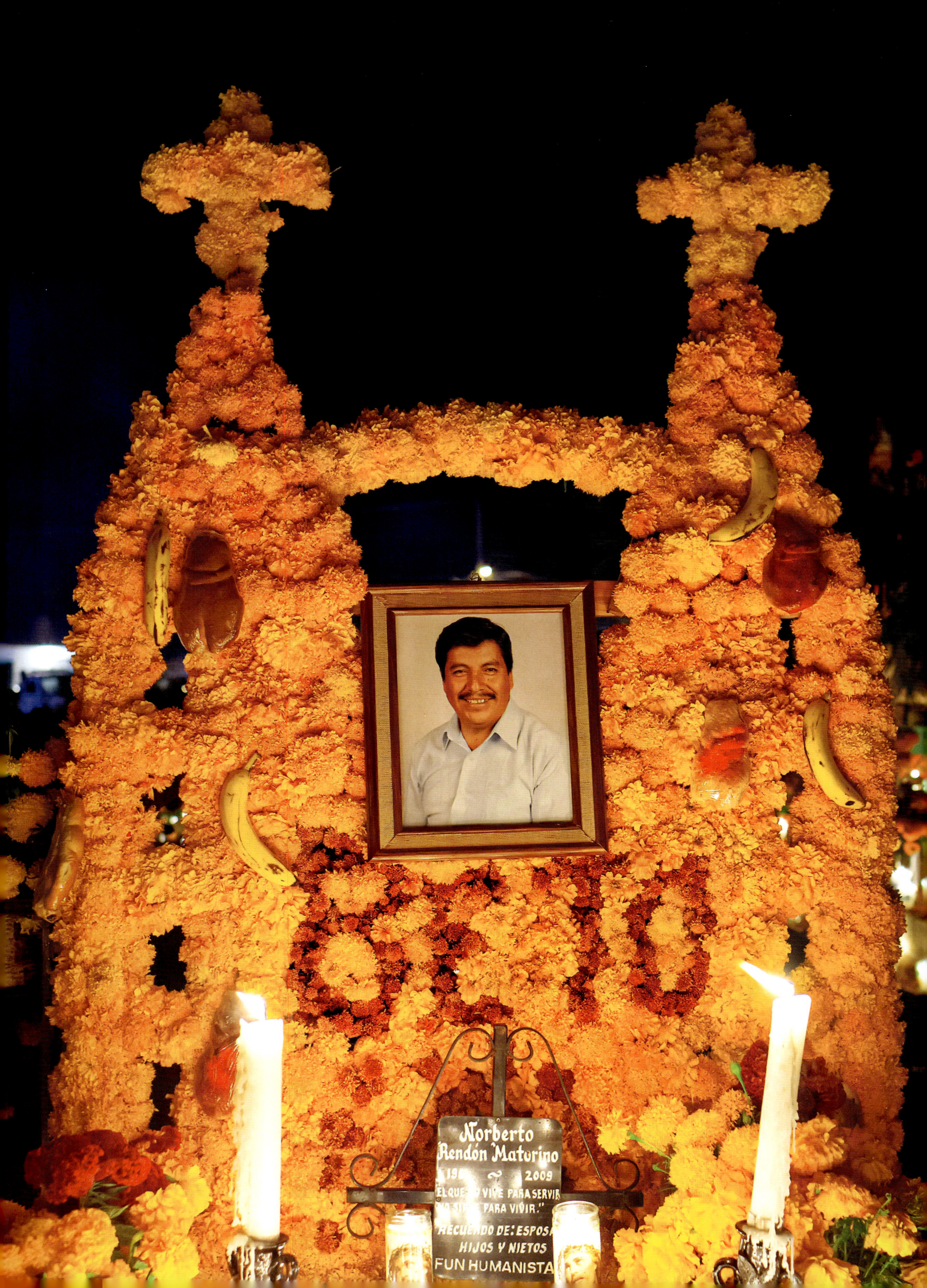
Norberto
Rendón Maturino
2009
VIVE PARA SERVIR
PARA VIVIR."
RECUERDO DE: ESPOSA
HIJOS Y NIETOS
FUN HUMANISTA

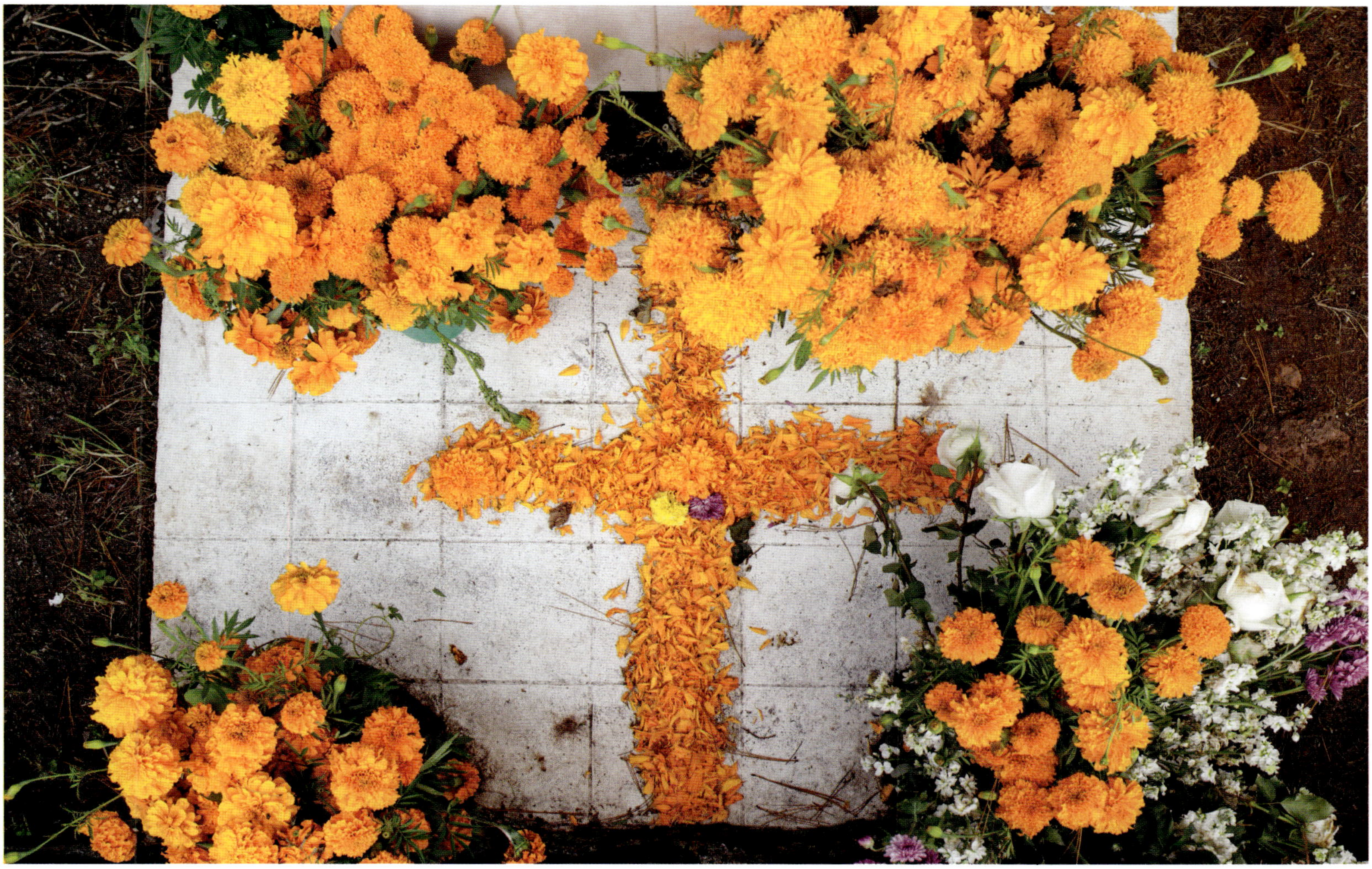

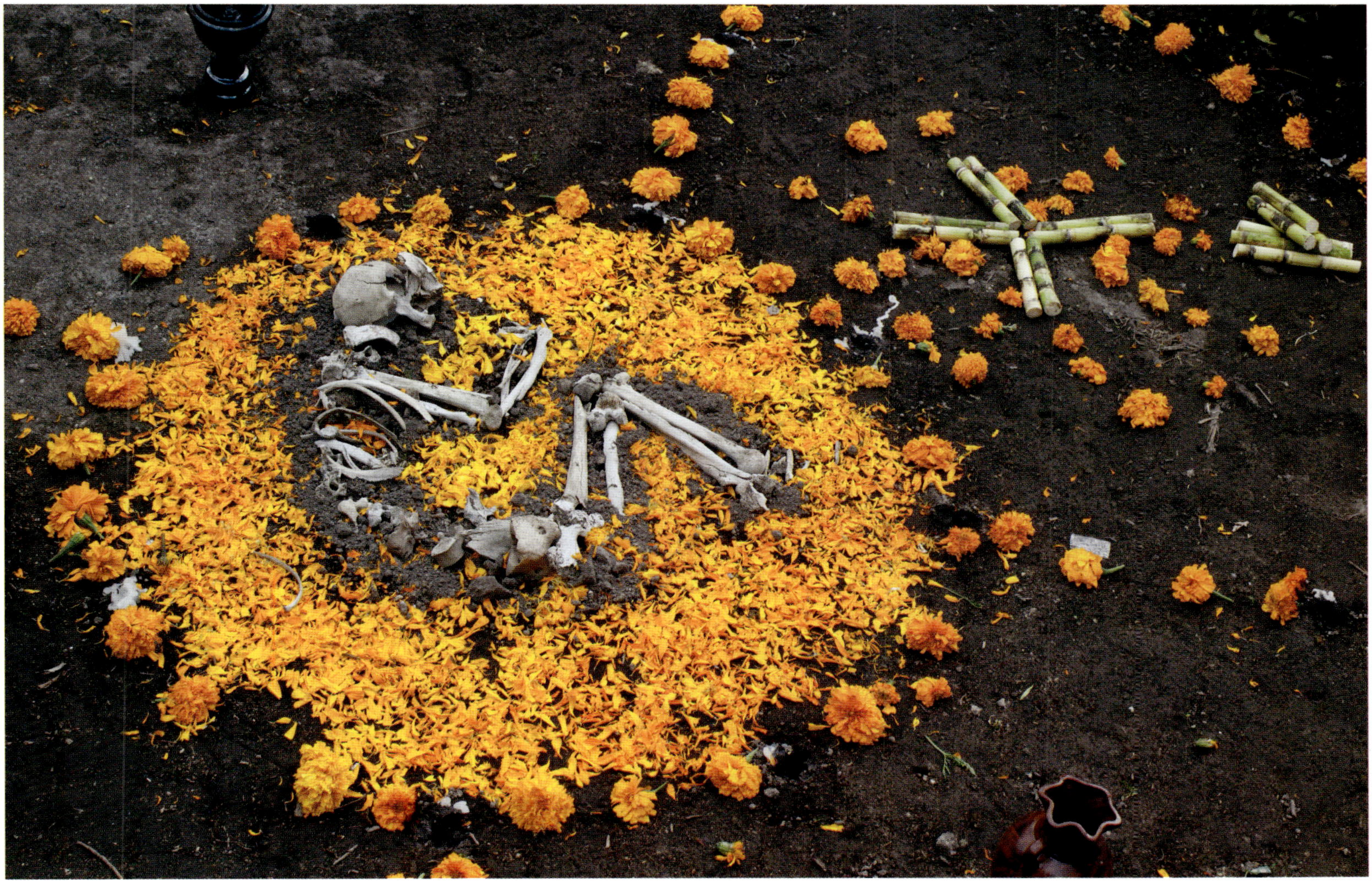

← (p. 98) Cosecha de cempasúchil, Atlixco, Puebla. ← (p. 99) Cempasúchil, Michoacán. ← Exuberante adorno floral en panteón público. Michoacán.

↑ Detalle del uso decorativo con cempasuchil en Atotonilco El Grande, Hidalgo. ↑ Esqueleto en posición feta , que era un tipo de inhumación mesoamericana, rodeado de flores de cempasúchil. Mixquic, Tláhuac, Ciudad de México.

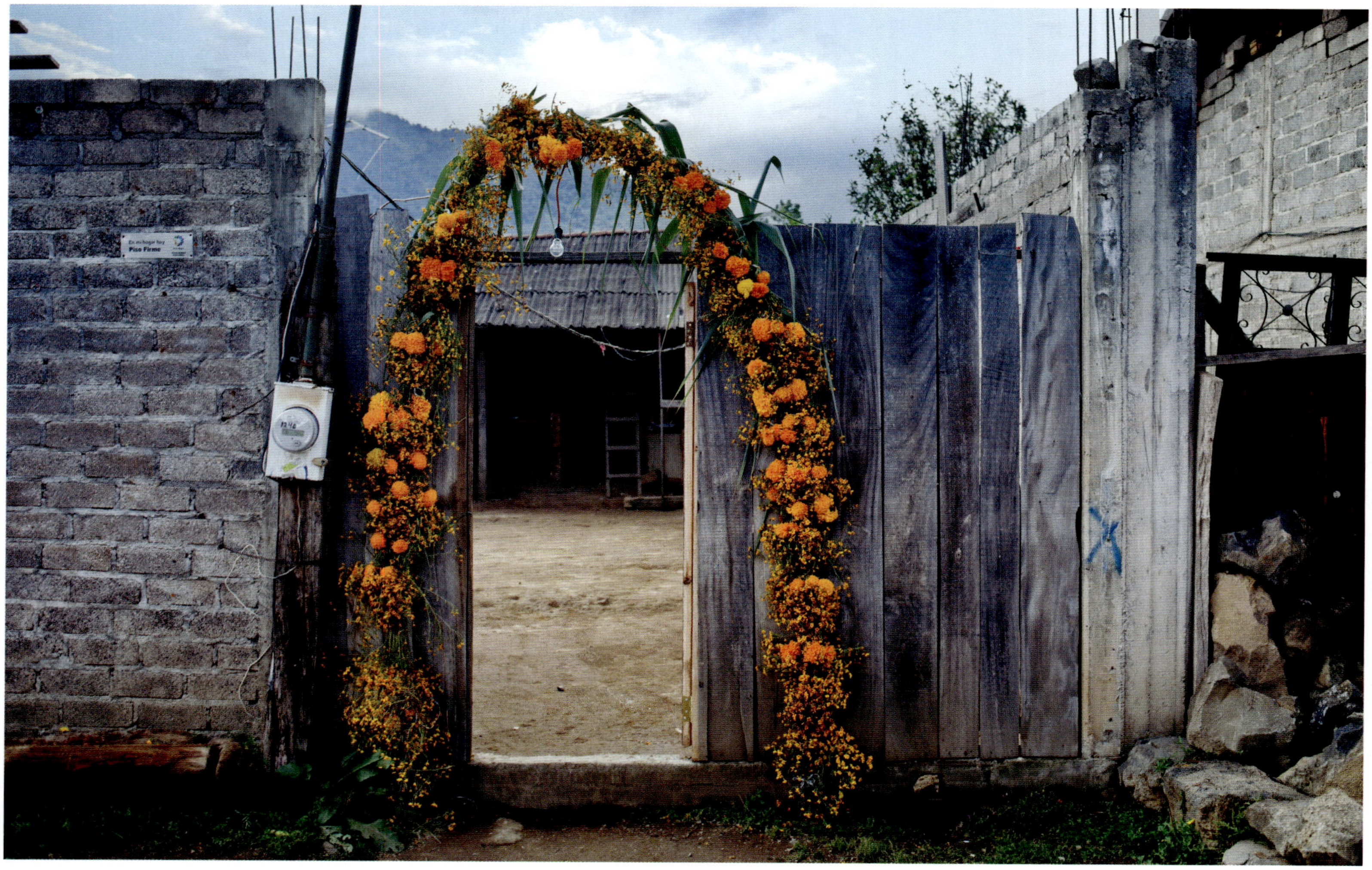

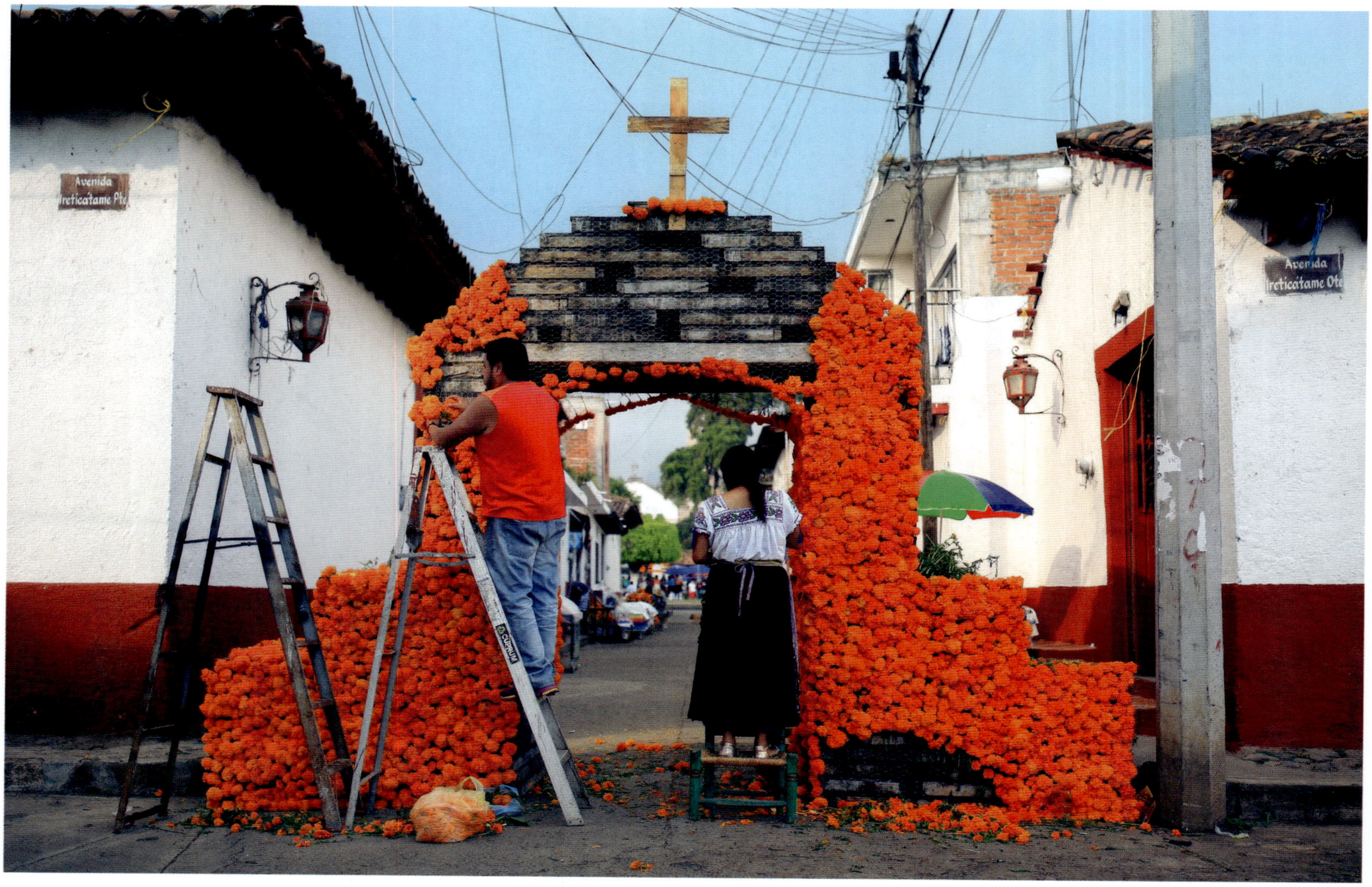

↑ Los arcos de cempasúchil son una invitación a los muertos para que entren a las casas. Cuanajo, Michoacán (2015). ↗ En la decoración de los hogares en Día de Muertos se involucra a toda la comunidad.

→ Una vez decoradas, las puertas de las casas se convierten en umbrales de tránsito para vivos y muertos por igual. Cuanajo, Michoacán.

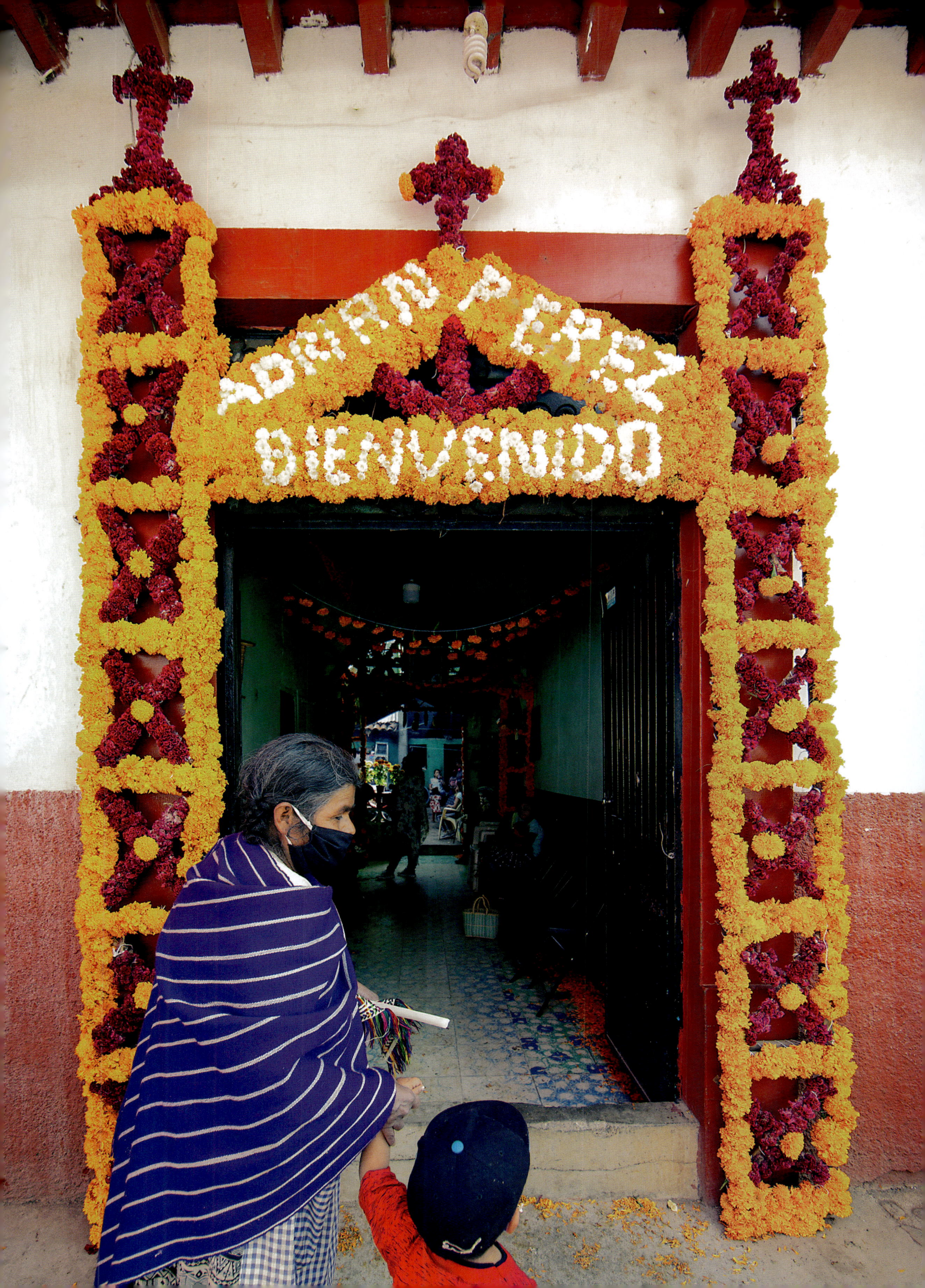
BIENVENIDO

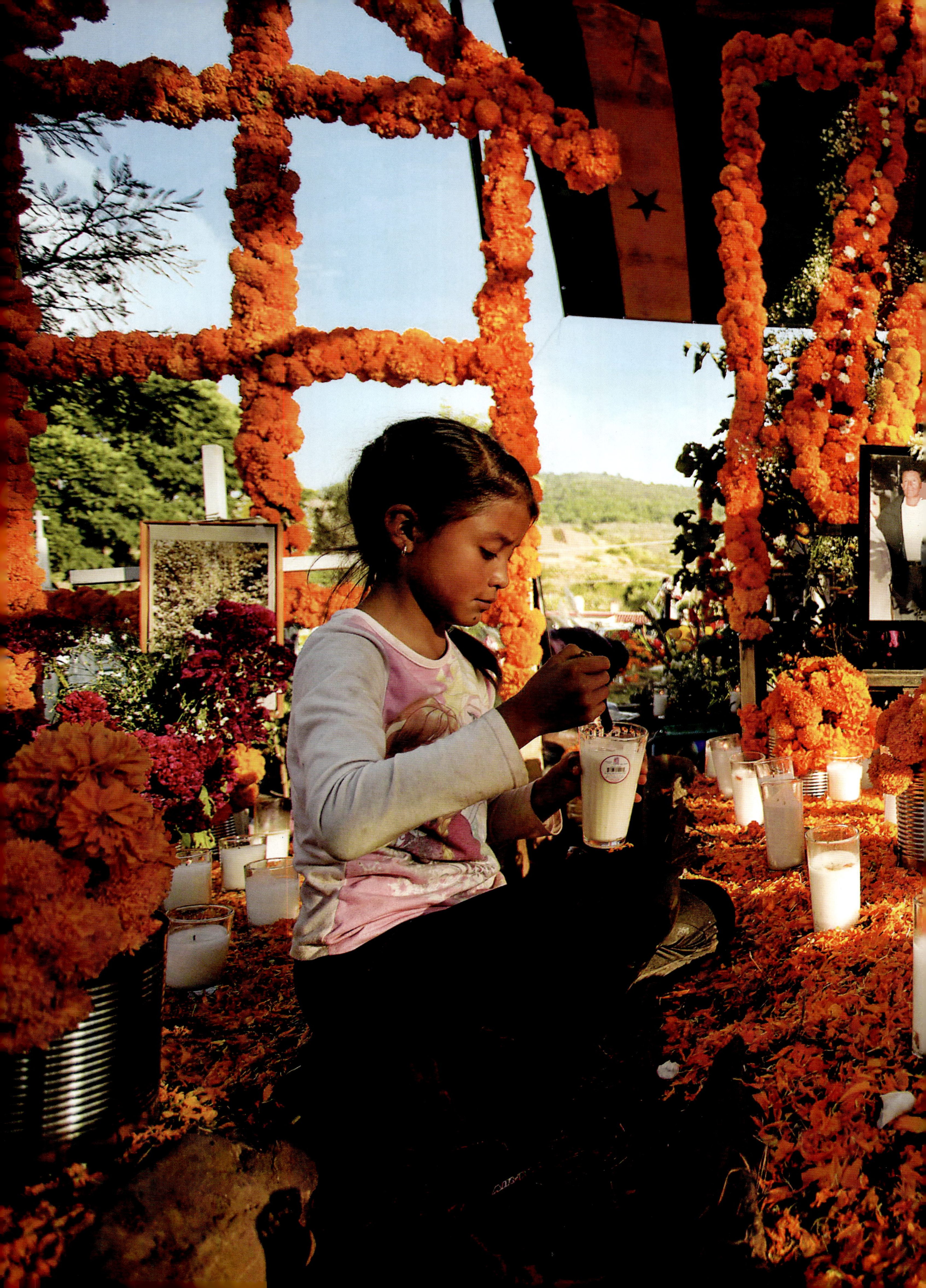

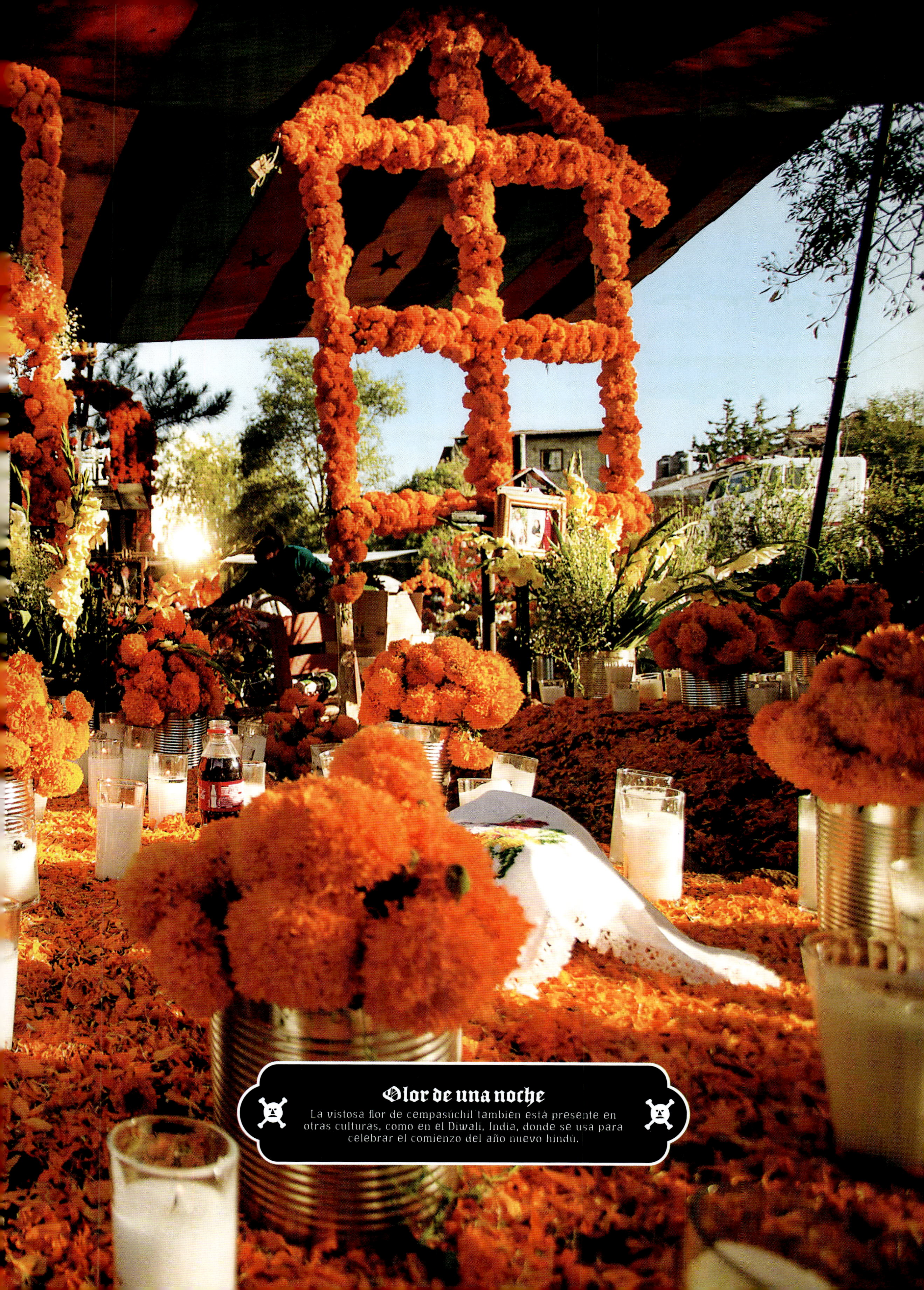

Olor de una noche

La vistosa flor de cempasúchil también está presente en otras culturas, como en el Diwali, India, donde se usa para celebrar el comienzo del año nuevo hindú.

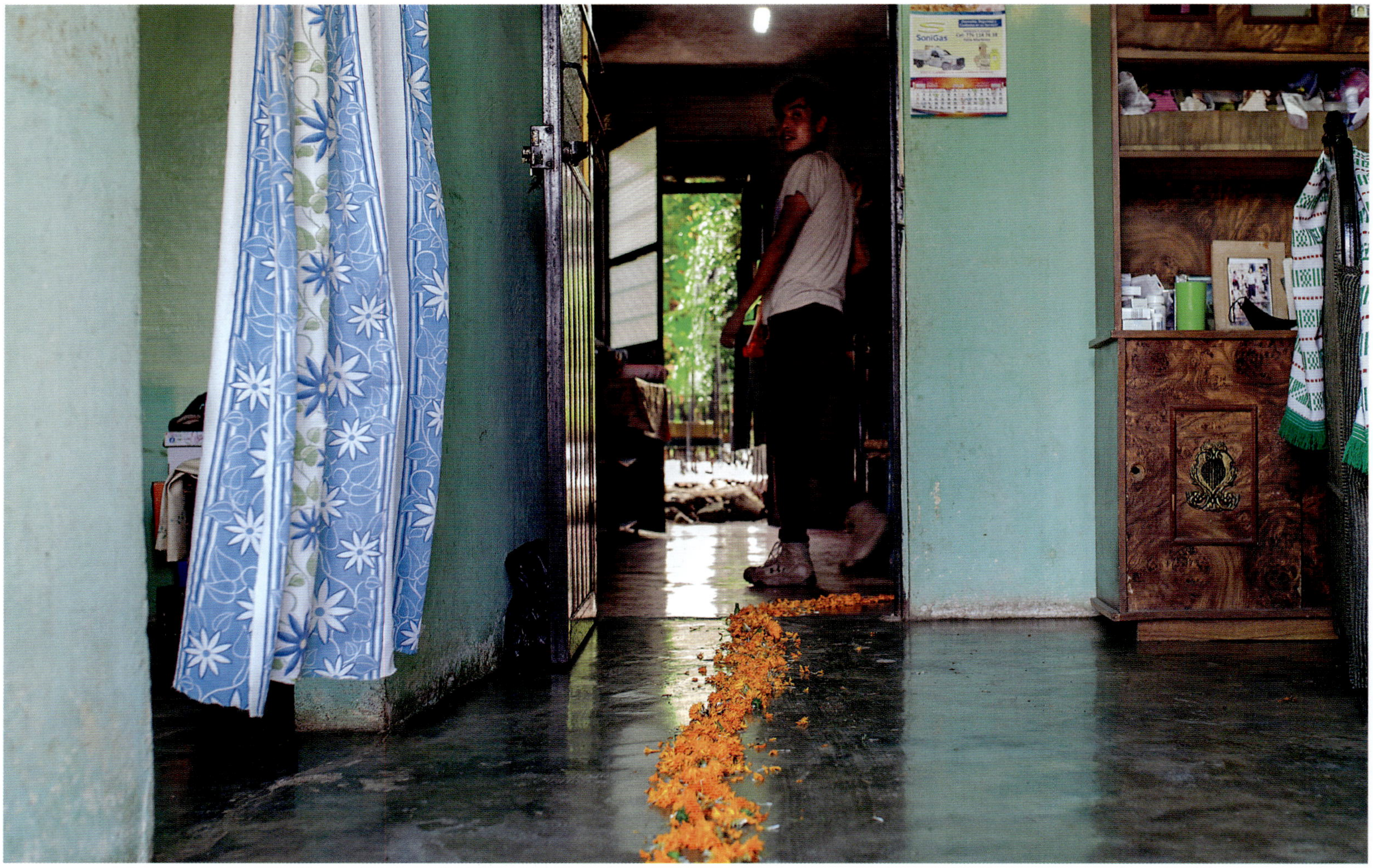

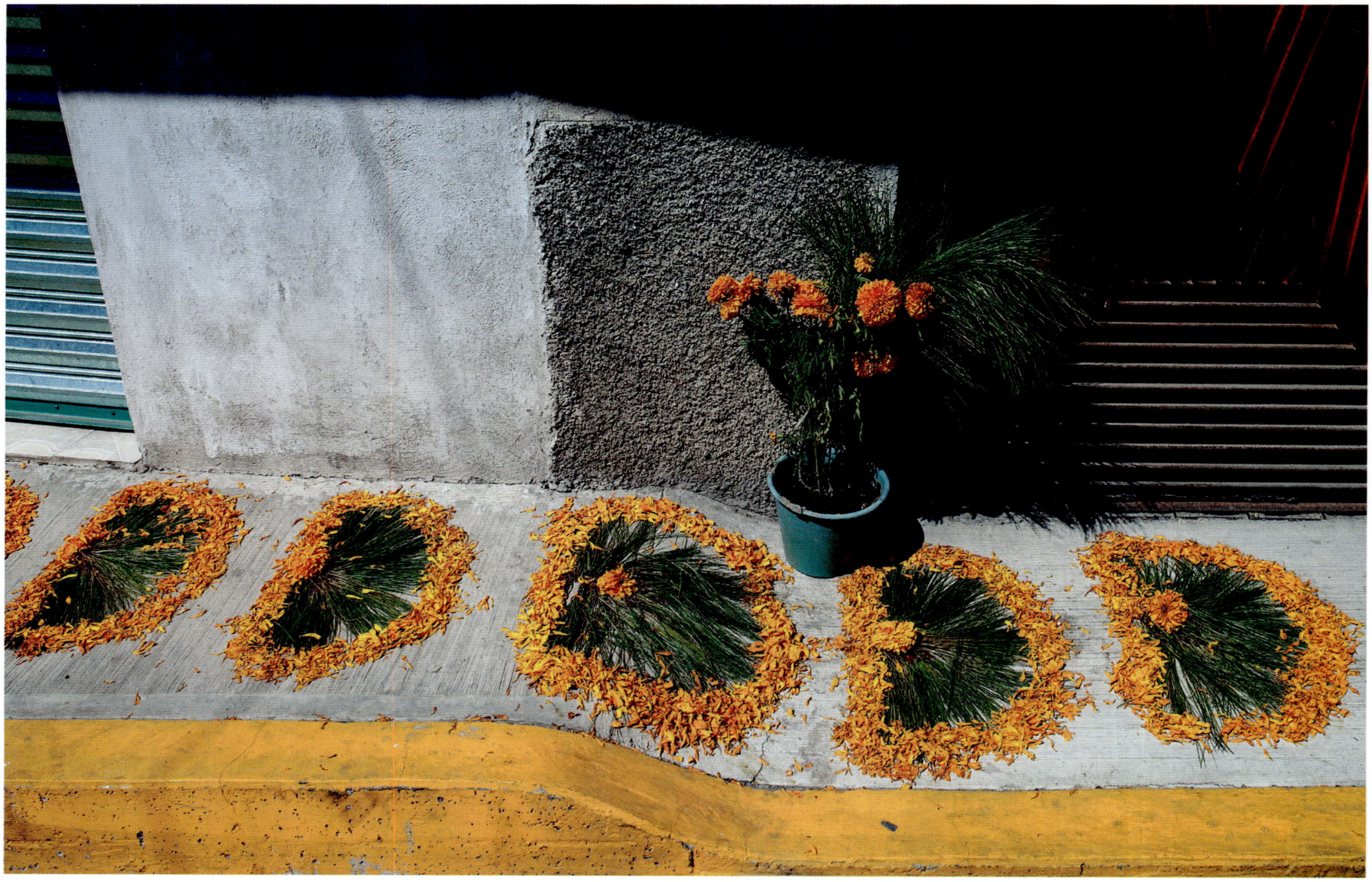

↑ Los caminos de pétalos de cempasúchil guían a los difuntos hacia sus respectivas ofrendas. ↗ Fragmento del **Códice Florentino** (1577) donde se describen y explican los usos y propiedades de la flor de cempasúchil (**Tagetes erecta**).

↗ Descripción morfológica de la planta de cempasúchil con raíces, hojas y flores, **Nova plantarum, animalium et mineralium mexicanorum historia** (1651). Francisco Hernández. Biblioteca John Carter Brown. → Flores de cempasúchil en **Dreer's Garden Book** (1931). Henry A. Greer. Filadelfia, Estados Unidos.

En su *Historia general de las cosas de la Nueva España,* fray Bernardino de Sahagún describió de la siguiente manera el cempasúchil y sus beneficios: “Estas flores que se llaman *cempoalxóchitl,* son amarillas y de buen olor, y anchas y hermosas, que ellas se nacen, y otras que las siembran en los huertos; son de dos maneras, unas que llaman hembras y son grandes y hermosas, y otras que hay las llaman machos *cempoalxóchitl* (y) no son tan hermosas ni tan grandes”.

Asimismo, en la obra *Historia de las plantas de la Nueva España,* el médico Francisco Hernández enumeró sus propiedades médicas:

> Tienen todas hojas como de tanaceto, flores amarillas, o amarillas con algo de bermejo, de temperamento caliente y seco en tercer grado, sabor acre, partes sutiles y olor un tanto fuerte. Tiene virtud resolutiva y aperitiva; el jugo de las hojas tomado o las mismas hojas machacadas y tomadas con agua o con vino atemperan el estómago frío, provocan las reglas, la orina y el sudor, alejan los fríos de las intermitentes untadas un poco antes del acceso, quitan la flatulencia, excitan el apetito venéreo, curan la debilidad que proviene de destemplanza fría del hígado, abren las vías obstruidas, aflojan los miembros contraídos, alivian la hidropesía, provocan vómito tomadas con agua tibia, y curan los fríos de las fiebres y aun las fiebres mismas evacuando la causa por la orina y el sudor.

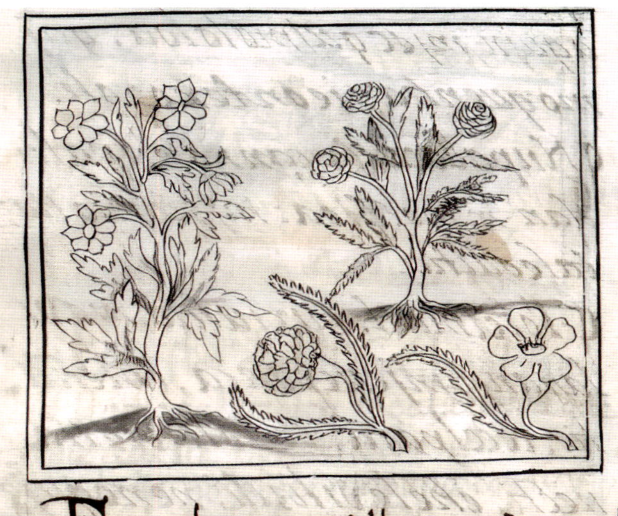

Estas flores queſellaman Cempoal
suchitl: ſon amarillas y debuen olor y
hermosas aymuchasdellas que ellas
ſenacē yotras que las ſembran enlos
huertos ſōdedosmaneras vnas quella
mā hembras cempoalxuchitl y ſongran
des y hermoſas: otras ay queſellamā
macho cempoal suchitl noſon tanher
mosas nj tangrandes.

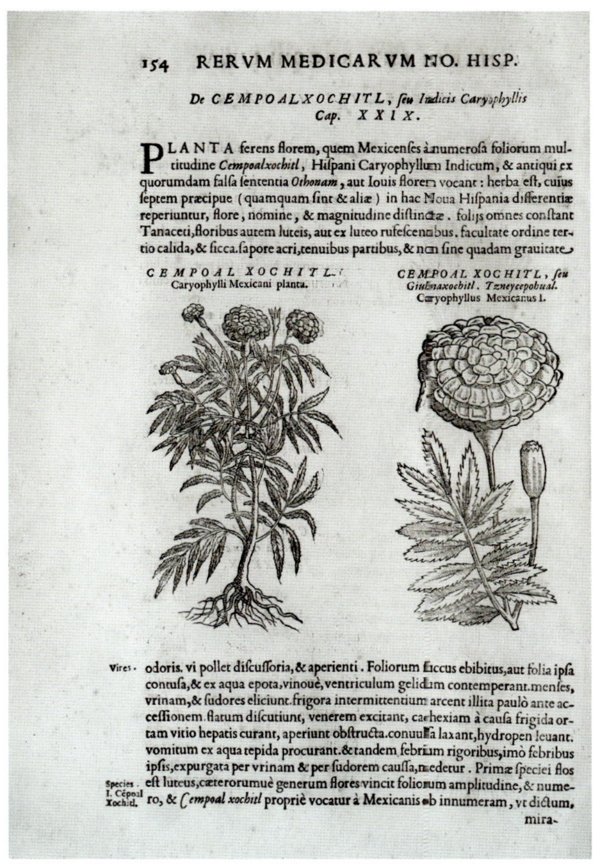

154 RERVM MEDICARVM NO. HISP.

De CEMPOALXOCHITL, *ſeu Indicis Caryophyllis*
Cap. XXIX.

PLANTA ferens florem, quem Mexicenſes à numeroſa foliorum multitudine *Cempoalxochitl*, Hiſpani Caryophyllum Indicum, & antiqui ex quorumdam falſa ſententia *Othonam*, aut Iouis florem vocant: herba eſt, cuius ſeptem præcipue (quamquam ſint & aliæ) in hac Noua Hiſpania differentiæ reperiuntur, flore, nomine, & magnitudine diſtinctæ. folijs omnes conſtant Tanaceti, floribus autem luteis, aut ex luteo rufeſcentibus. facultate ordine tertio calida, & ſicca. ſapore acri, tenuibus partibus, & non ſine quadam grauitate

CEMPOAL XOCHITL.
Caryophylli Mexicani planta.

CEMPOAL XOCHITL, *ſeu Giulnaxochitl. Tzneycepohual.*
Caryophyllus Mexicanus I.

Vires. odoris. vi pollet diſcuſſoria, & aperienti. Foliorum ſuccus ebibitus, aut folia ipſa contuſa, & ex aqua epota, vinouè, ventriculum gelidum contemperant. menſes, vrinam, & ſudores eliciunt. frigora intermittentium arcent illita paulò ante acceſſionem. flatum diſcutiunt, venerem excitant, cachexiam à cauſa frigida ortam vitio hepatis curant, aperiunt obſtructa. conuulſa laxant, hydropen leuant. vomitum ex aqua tepida procurant. & tandem febrium rigoribus, imò febribus ipſis, expurgata per vrinam & per ſudorem cauſſa, medetur. Primæ ſpeciei flos

Species. I. Cépoal Xochitl. eſt luteus, cæterorumuè generum flores vincit foliorum amplitudine, & numero, & *Cempoal xochitl* propriè vocatur à Mexicanis ob innumeram, vt dictum, mira-

Carlos Linneo también la mencionó y la describió en *Species Plantarum* (1753) con el nombre científico de *Tagetes erecta.* En el continente americano existen cincuenta y cinco especies, treinta de ellas mexicanas. Pero la flor ya no sólo se cultiva en su territorio originario. Actualmente, China abastece 70 % del mercado mundial, e India, 20 %, ya que el uso del cempasúchil no es exclusivo para el festejo, sino que se comercializa como colorante en fungicidas e insecticidas, en cápsulas de luteína y como alivio para problemas digestivos y respiratorios. Incluso se ha incorporado a la gastronomía mexicana en aceite para ensaladas, pulque, nieve, sopas y mermeladas. La competencia ha generado que estados mexicanos tradicionalmente productores, como Morelos, importen semillas “mejoradas” de Holanda, Alemania y Estados Unidos.

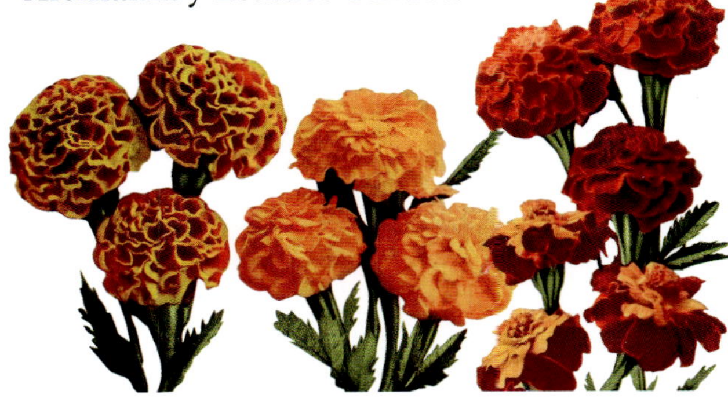

→ (pp. 108-109) Instalación de Popocatépetl e Iztaccíhuatl en un campo de cempasúchil durante el Festival Valle de Catrinas 2023. Atlixco, Puebla.

→ (pp. 110-111) Arte urbano de Leonardo “Zukher” inspirado en los grabadores del siglo XIX. Cacomixtle Colectivo.

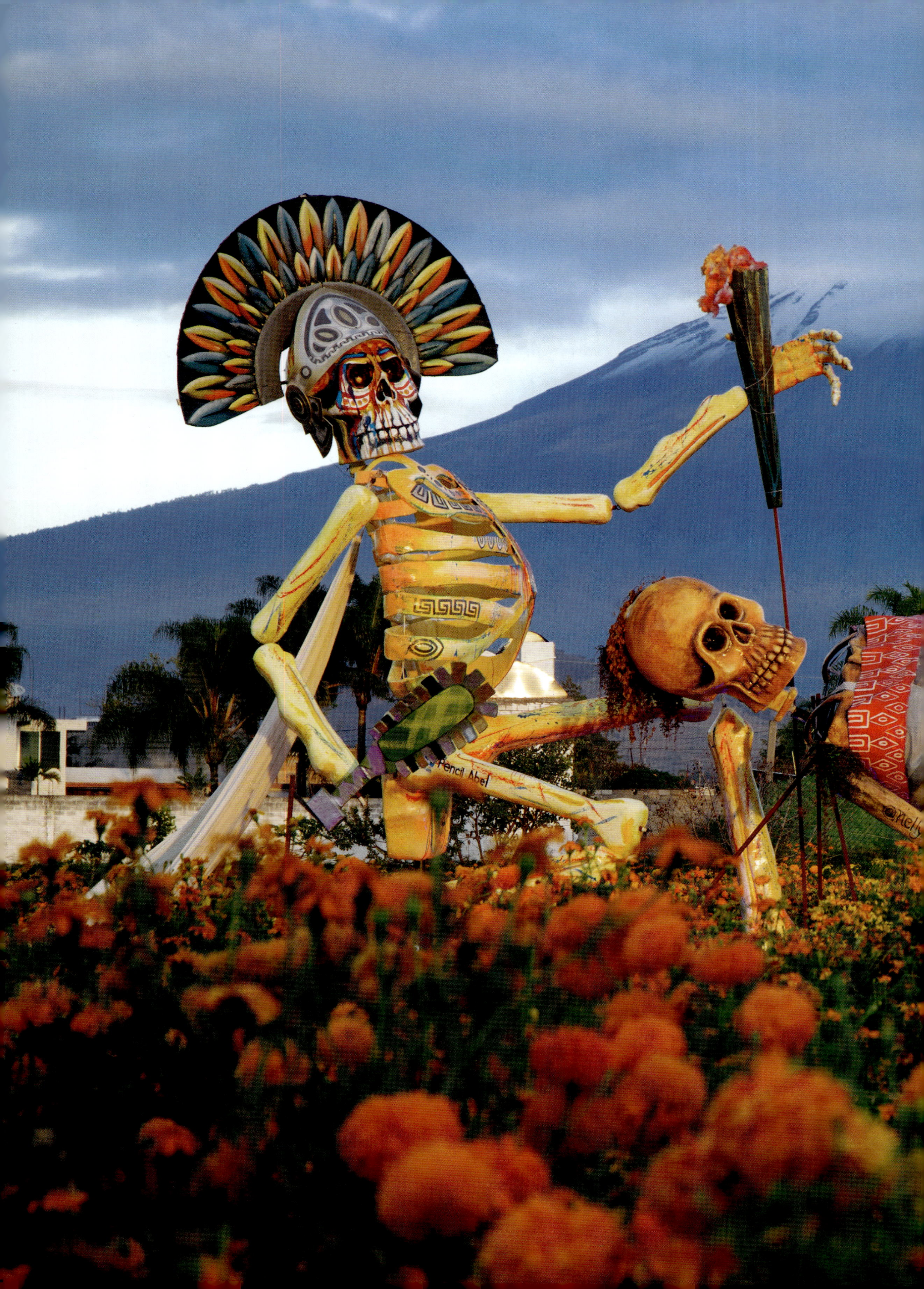
Pencil Abel

UNA FLOR PARA EL AMOR

Al ser tan mítico, el cempasúchil tiene su propia leyenda, que trascenderá los tiempos mientras los colibríes sobrevuelen los campos de flores anaranjadas. El joven Huitzilin y la bella Xóchitl, enamorados desde la infancia, juraron amarse incluso después de muertos. Para obtener el favor divino, cada día subían a la montaña y le llevaban flores a Tonatiuh —dios de los cielos—, quien, complacido, bendijo su amor. Sin embargo, Huitzilin fue llamado a la guerra y murió en combate. Desconsolada, Xóchitl pidió a Tonatiuh que la llevara con su amor, y el dios, apiadándose de ella, la transformó en una flor de color intenso como el sol. Ésta se mantuvo cerrada hasta que un bello colibrí, atraído por su aroma, se acercó y se posó en su centro: era Huitzilin. Al instante, la flor se abrió, mostrando los veinte pétalos que le daban identidad y nombre: cempasúchil. Así, los enamorados se reconocieron y revivieron su vínculo, ella como flor y él como pájaro. Para evocar aquel encuentro *post mortem*, cada año en las ofrendas se colocan caminos trazados con cempasúchil, a fin de que su olor guíe a las almas al encuentro con los vivos.

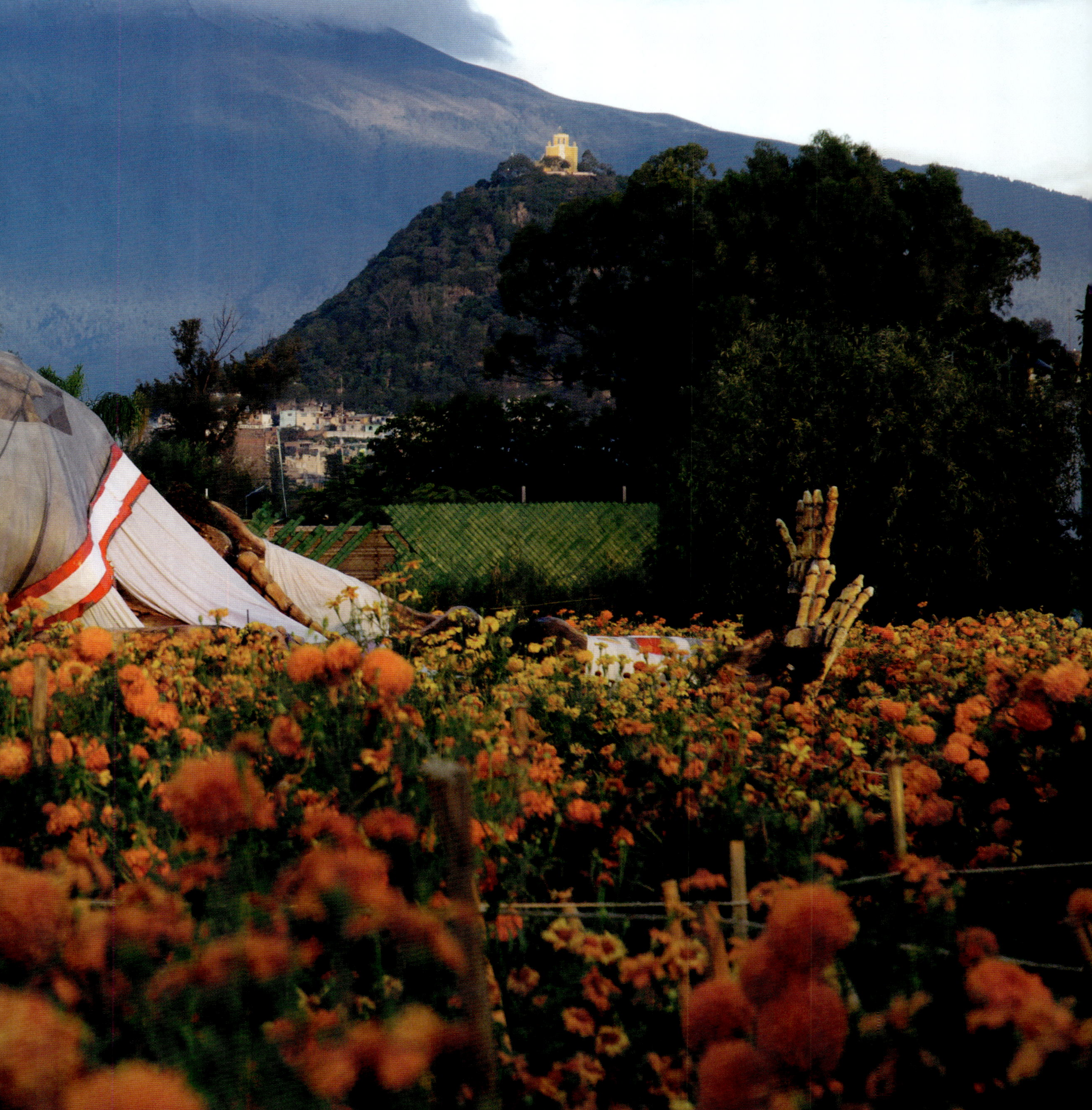

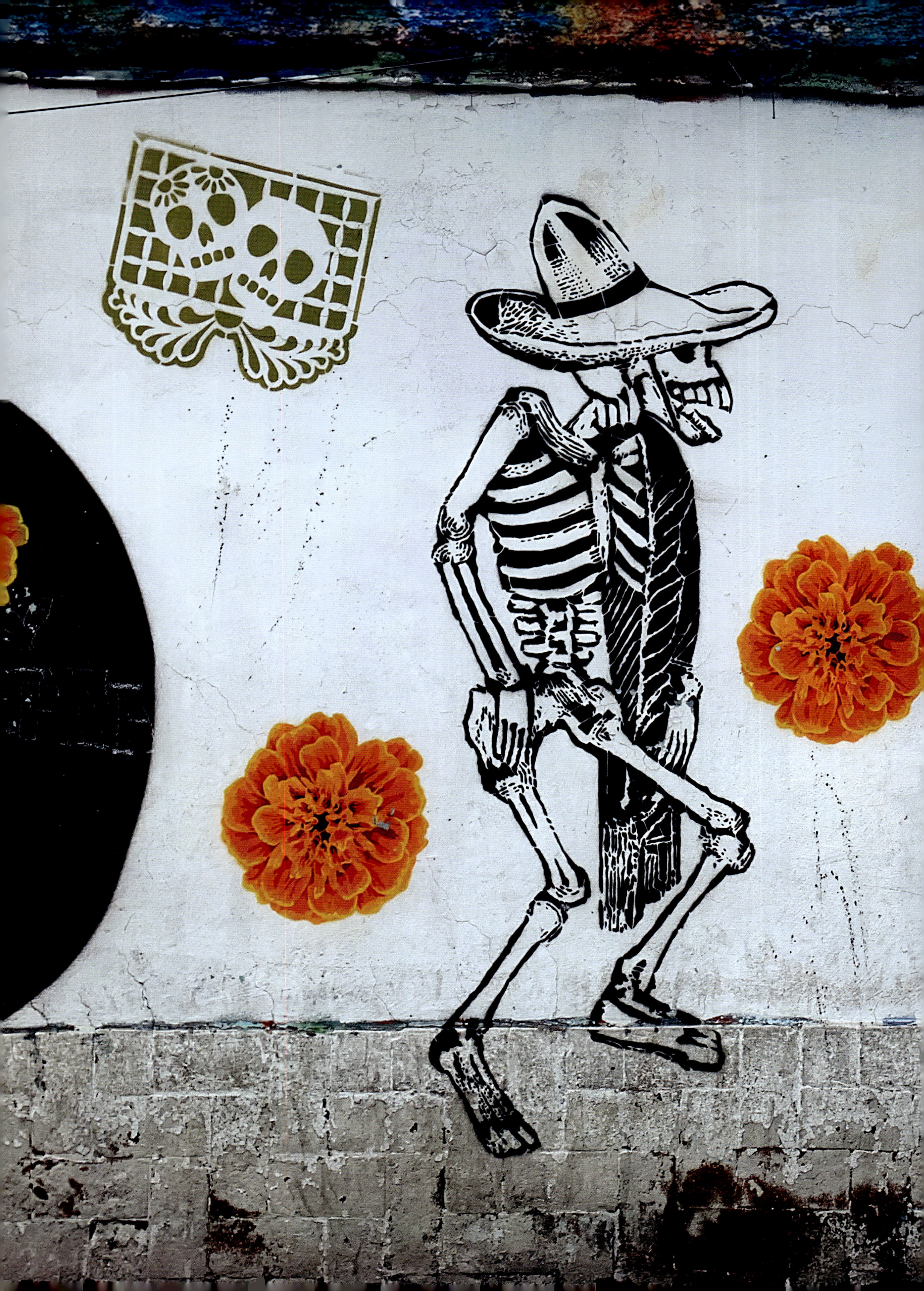

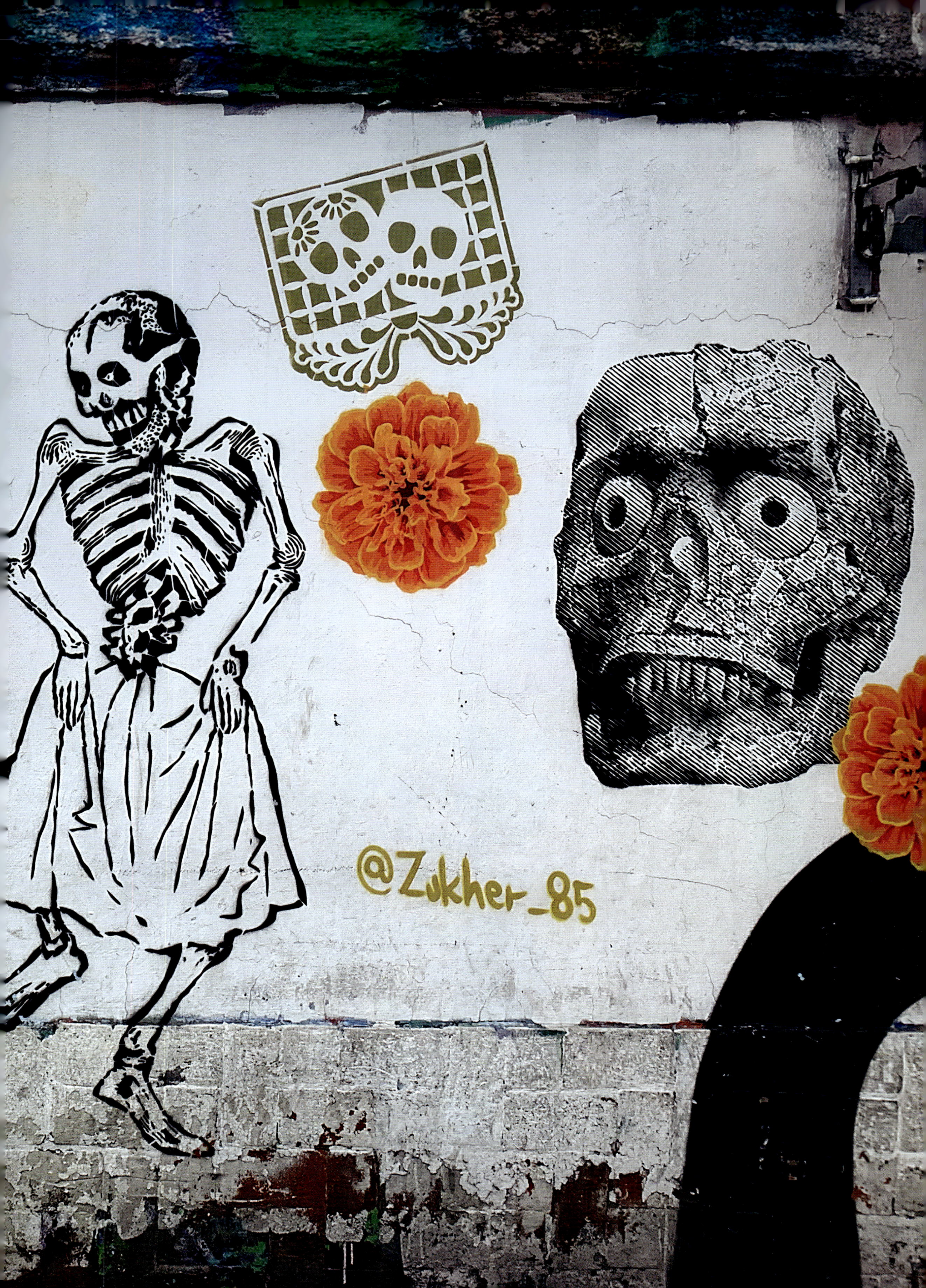
@Zukher_85

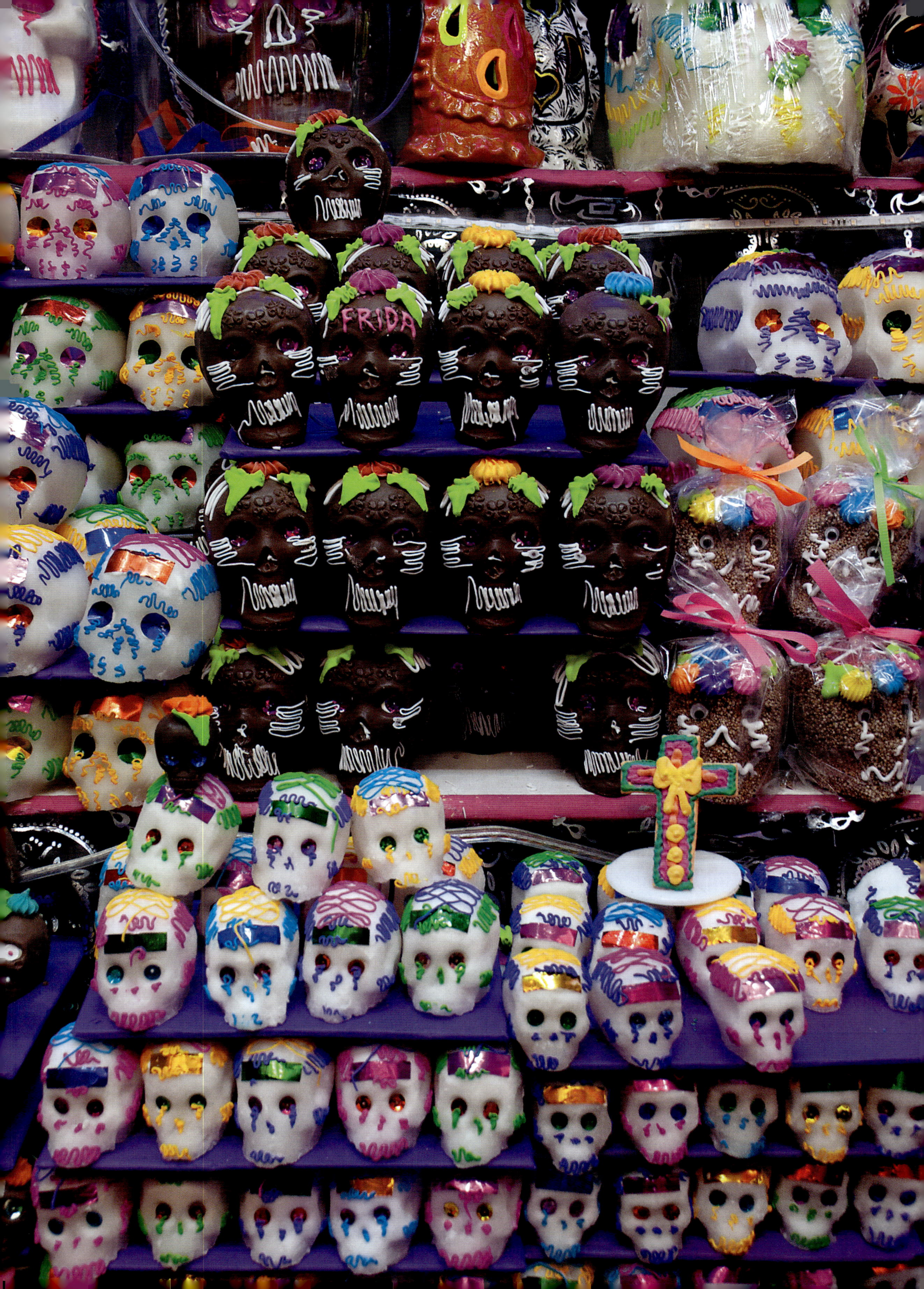
FRIDA

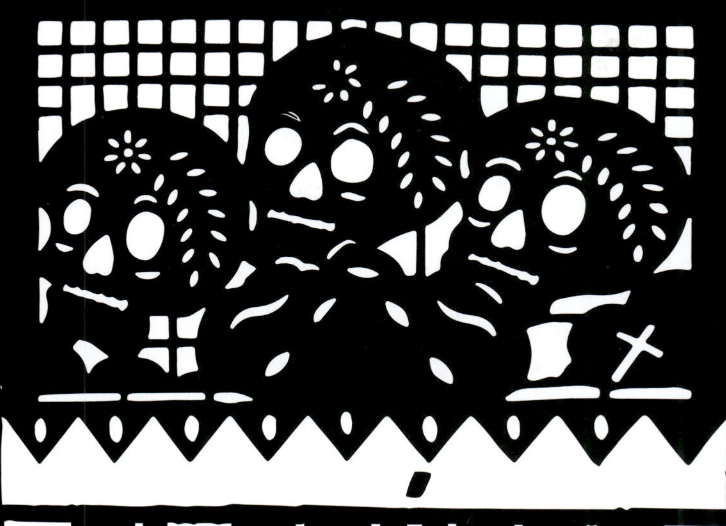

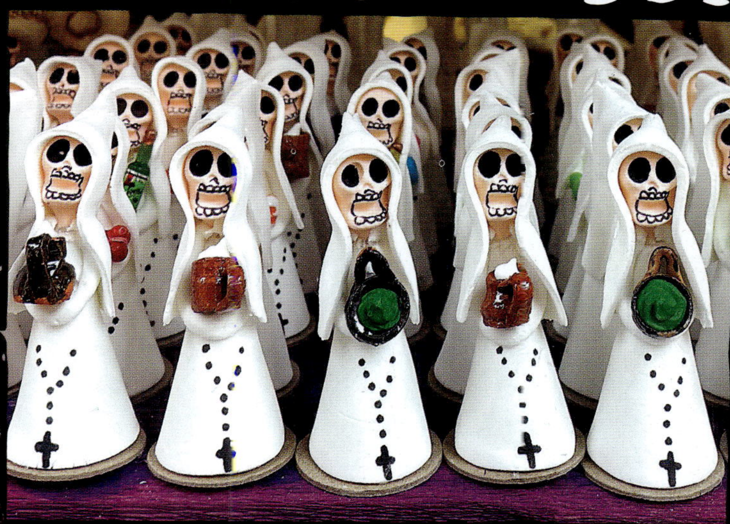

EL AZÚCAR SE SUBE A LA CABEZA

En México la muerte es tan dulce que sabe a calaverita. Así es como se llama popularmente a los alfeñiques, dulces de pasta de azúcar cocida y moldeada con diferentes formas. En manos de los artesanos, se convierten en ataúdes, esqueletitos y cráneos que flanquean las fotos de los difuntos en los altares. No es raro que se coloquen sobre la frente de la calavera los nombres de vivos y muertos, como parte de la tradición.

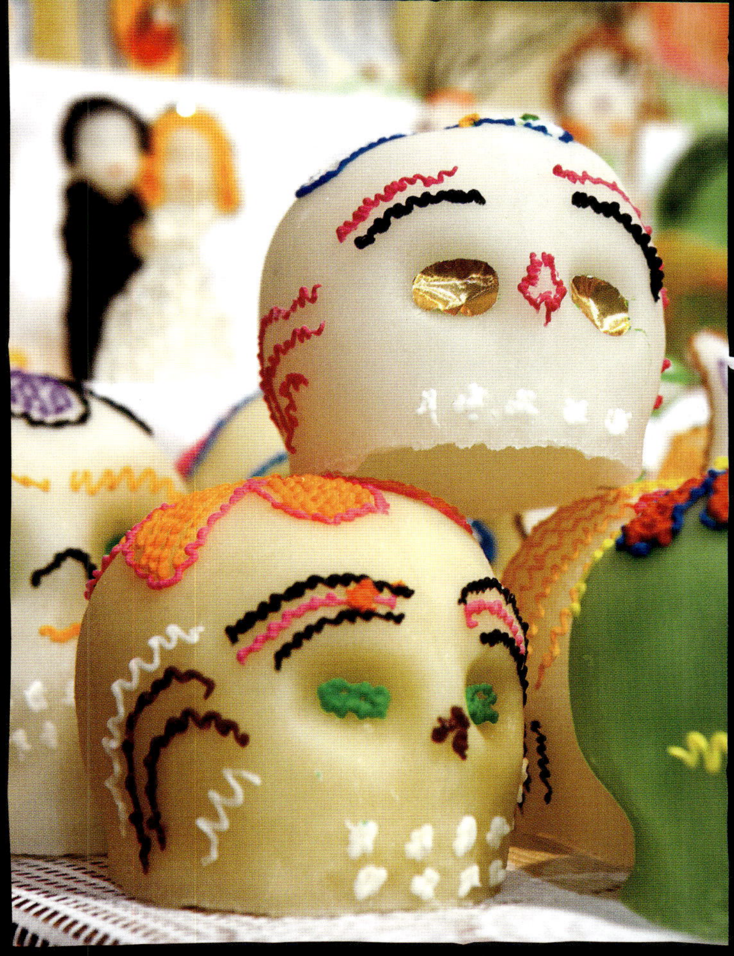

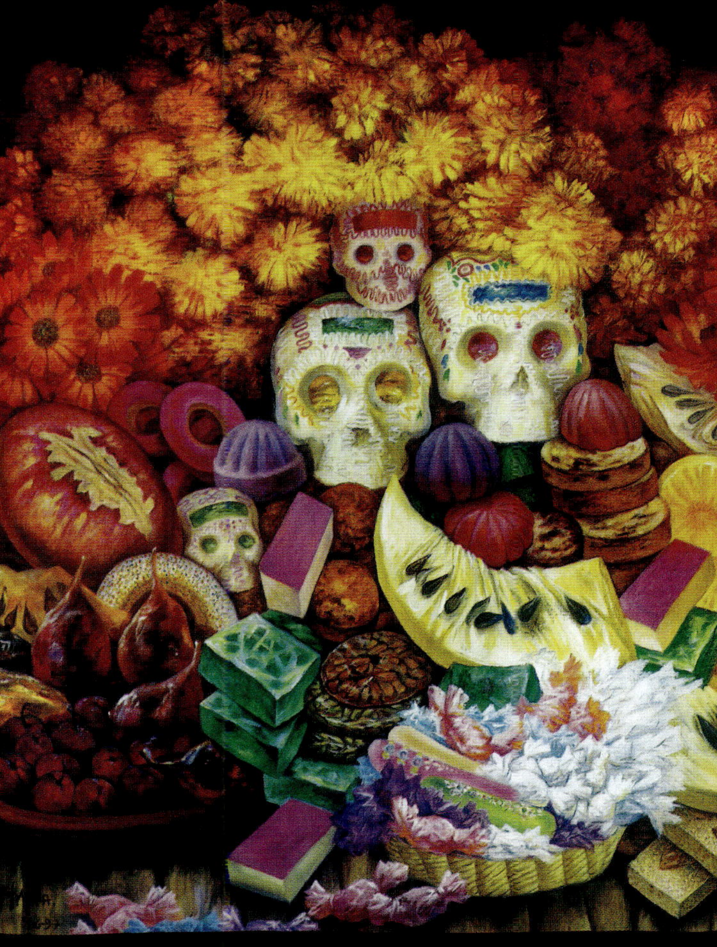

← Escaparate de calaveritas de azúcar para todos los gustos. Pátzcuaro, Michoacán. ↑ El tzompantli, hilera de cráneos de enemigos sacrificados, inspiró la forma de estos dulces.

↑ Con la masa de la caña de azúcar puede adoptar formas muy divertidas. El límite es la imaginación. ↑ Ofrenda de muertos (1996-1997), José Reyes Meza, muralista mexicano.

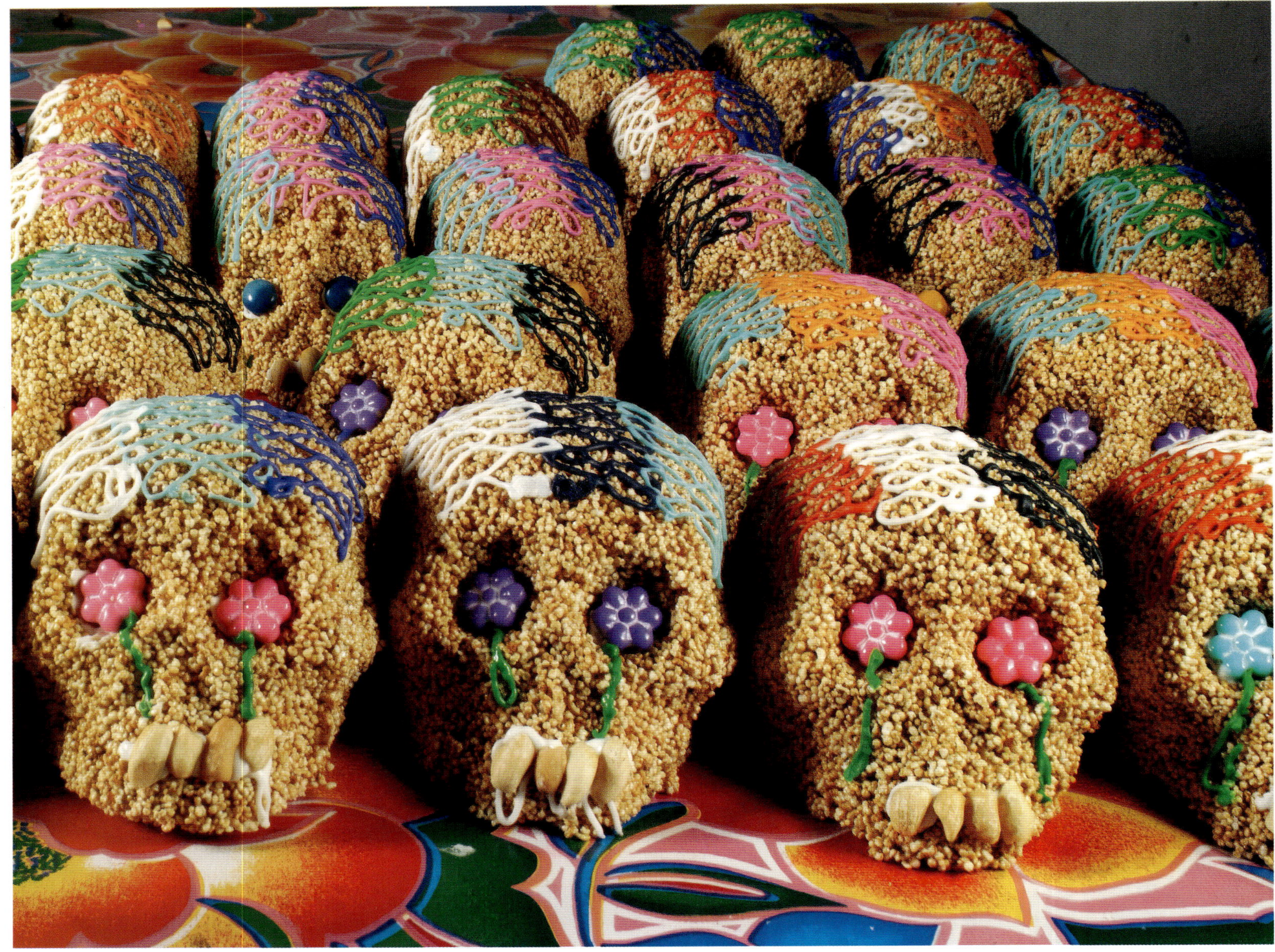

LA CAÑA POR AMARANTO

De origen árabe, el alfeñique llegó a Mesoamérica a través de los conquistadores, quienes lo usaron para sustituir el *tzoalli,* masa de amaranto y aguamiel con la que se esculpían efigies de los dioses mesoamericanos. Esas figuras se colocaban en los altares y luego eran consumidas durante el *teocualo,* ritual antropofágico en el que se ingería simbólicamente a las divinidades. Por formar parte de un acto análogo a la comunión cristiana, los conquistadores decidieron prohibir el amaranto, lo que abrió el camino para la introducción de técnicas e ingredientes acordes con el pensamiento de los españoles.

Por los altares desfilan calaveritas de azúcar, chilacayote, chocolate, calabaza, yuca, camote y demás frutas regionales. Éstas colorean los cráneos, que para algunos son una adaptación de los tzompantli, aunque más bien constituyen una derivación de los exvotos de cera que se exhibían en las iglesias durante los días de Fieles Difuntos como ofrenda de los feligreses que buscaban el favor de los santos. Poco a poco, la tradición de las figuras de cera se mezcló con las representaciones de cráneos hasta transformarse en alfeñiques comestibles que se vendían afuera de las iglesias durante los días santos. Posteriormente, las calaveritas se introdujeron en los hogares y se convirtieron en uno de los elementos característicos de la celebración.

La producción masiva de calaveritas de azúcar se realiza principalmente en Puebla y el Estado de México. Con cazo de cobre y moldes de barro, los fabricantes pueden tardar hasta cuatro jornadas en prepararlas, sin contar los días de secado. En Puebla, a partir de junio, la fábrica El Colibrí elabora alrededor de 25 mil piezas anuales, que en su mayoría son exportadas a Alemania y España. En el Estado de México, desde 1932 tiene lugar la Feria del Alfeñique (Toluca), y en Chalma hay una comunidad dedicada exclusivamente a su fabricación.

DE AQUÍ A CIEN AÑOS, TODOS SEREMOS PELONES

↑ Calaveritas de amaranto, una de las semillas más antiguas de América Central, muy estimada por las culturas prehispánicas por su gran valor nutricional. Huazulco, Morelos.

→ Al añadir el colorante al azúcar se obtienen dulces muy originales. Pátzcuaro, Michoacán.

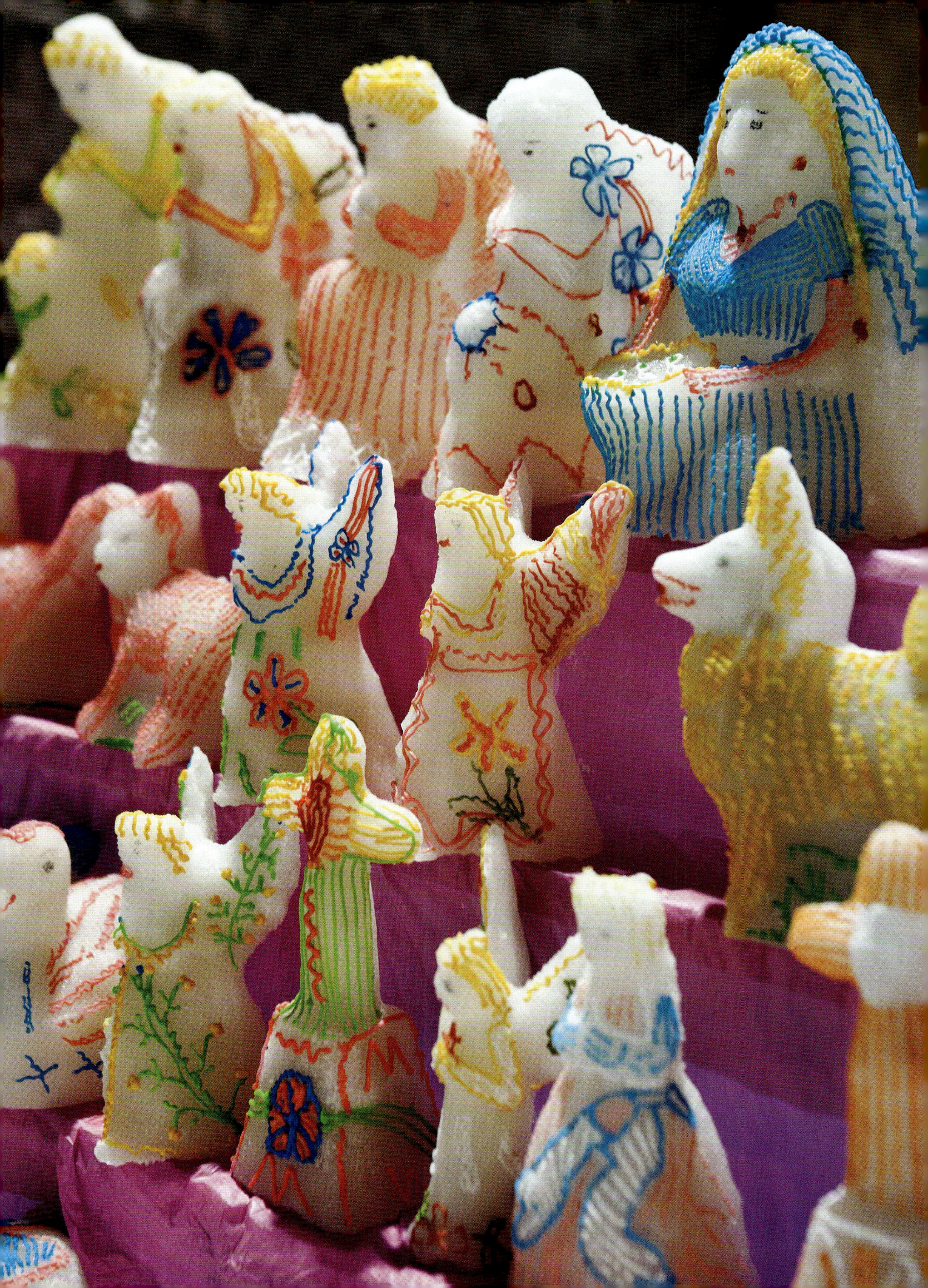

Hazme una dulce calaverita

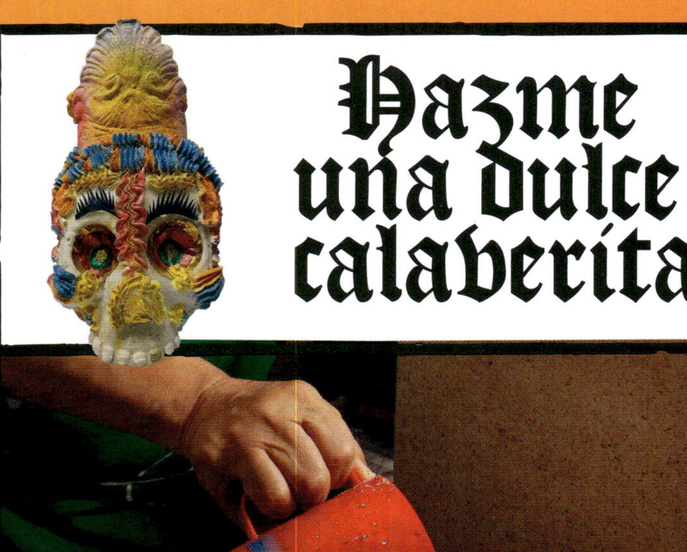

1) LO PRIMERO ES COLOCAR AZÚCAR EN UN CAZO DE COBRE Y ENSEGUIDA VERTER AGUA; DESPUÉS DE LA EBULLICIÓN, HAY QUE ESPERAR ENTRE 15 Y 20 MINUTOS HASTA QUE LA MEZCLA TENGA UNA TEMPERATURA DE 110 GRADOS CENTÍGRADOS.

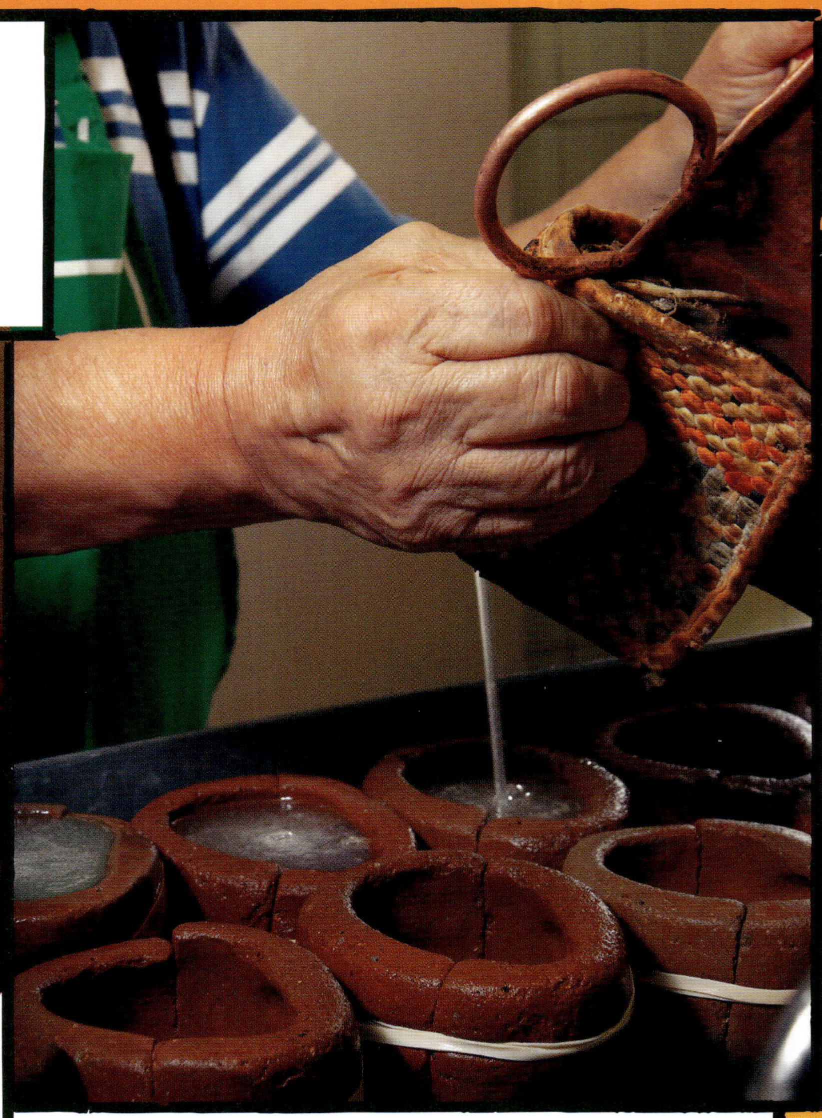

3) DESPUÉS LA MEZCLA SE VACÍA EN MOLDES DE BARRO Y SE DEJA ENFRIAR.

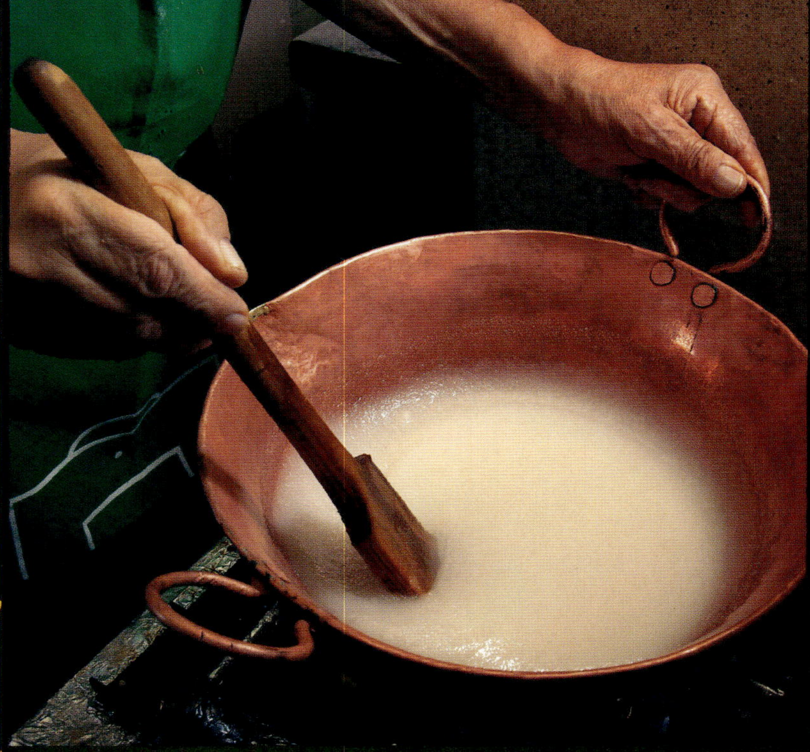

2) PARA SABER SI SE HA LOGRADO LA CONSISTENCIA NECESARIA, SE HACE LA "PRUEBA DE LA BOLA", QUE CONSISTE EN TOMAR UN POCO DE LA MEZCLA Y PONERLA EN UN RECIPIENTE CON AGUA FRÍA; SI LA PREPARACIÓN ESTÁ EN SU PUNTO, SE ENDURECERÁ.

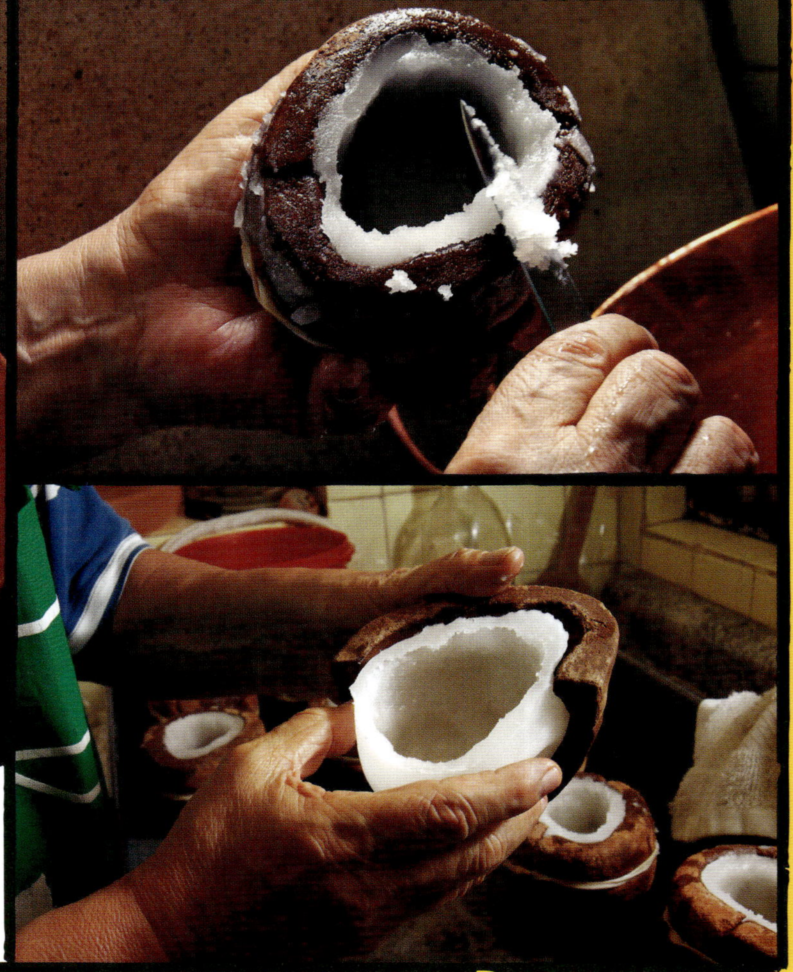

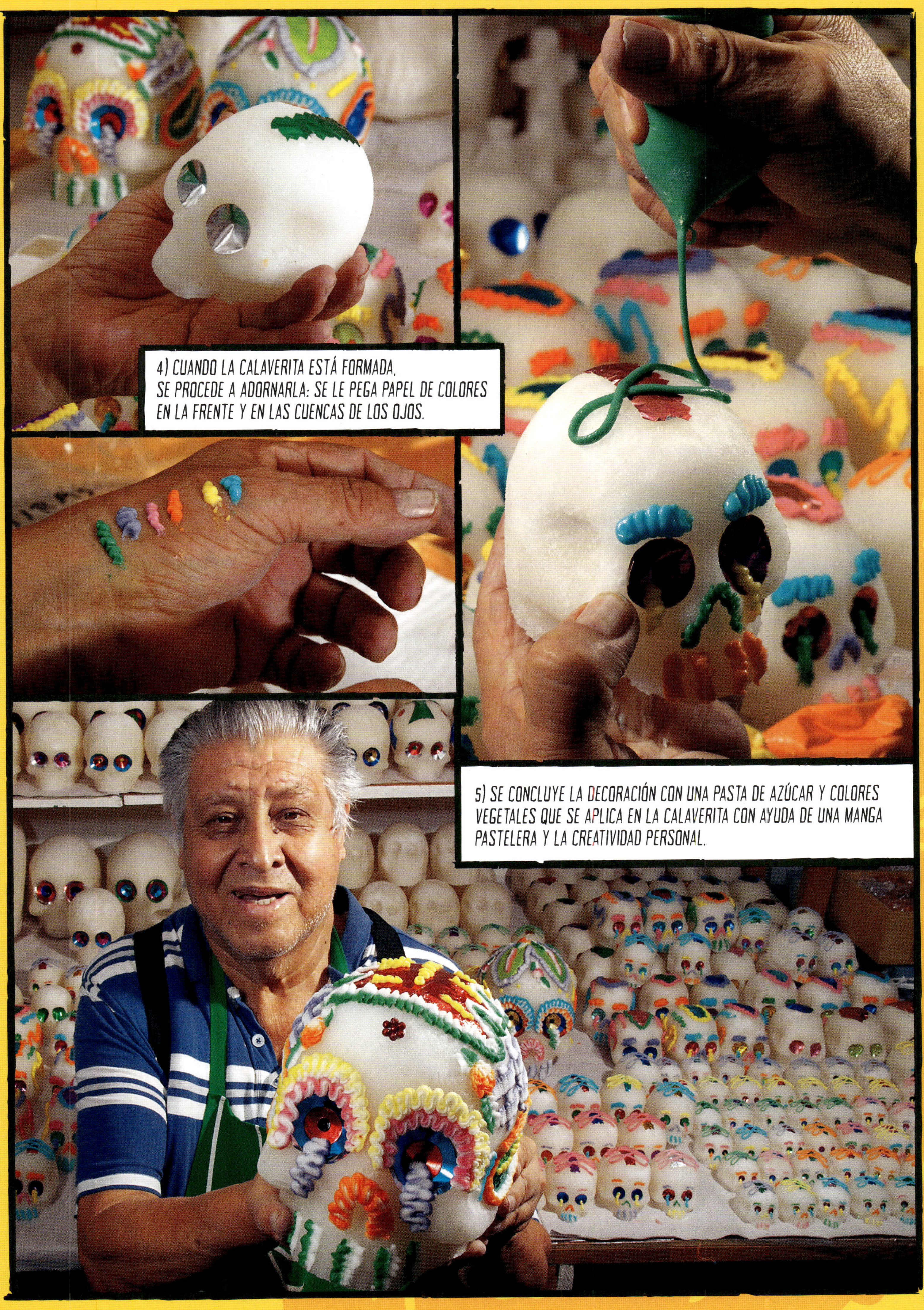
4) CUANDO LA CALAVERITA ESTÁ FORMADA,
SE PROCEDE A ADORNARLA: SE LE PEGA PAPEL DE COLORES
EN LA FRENTE Y EN LAS CUENCAS DE LOS OJOS.
5) SE CONCLUYE LA DECORACIÓN CON UNA PASTA DE AZÚCAR Y COLORES
VEGETALES QUE SE APLICA EN LA CALAVERITA CON AYUDA DE UNA MANGA
PASTELERA Y LA CREATIVIDAD PERSONAL.

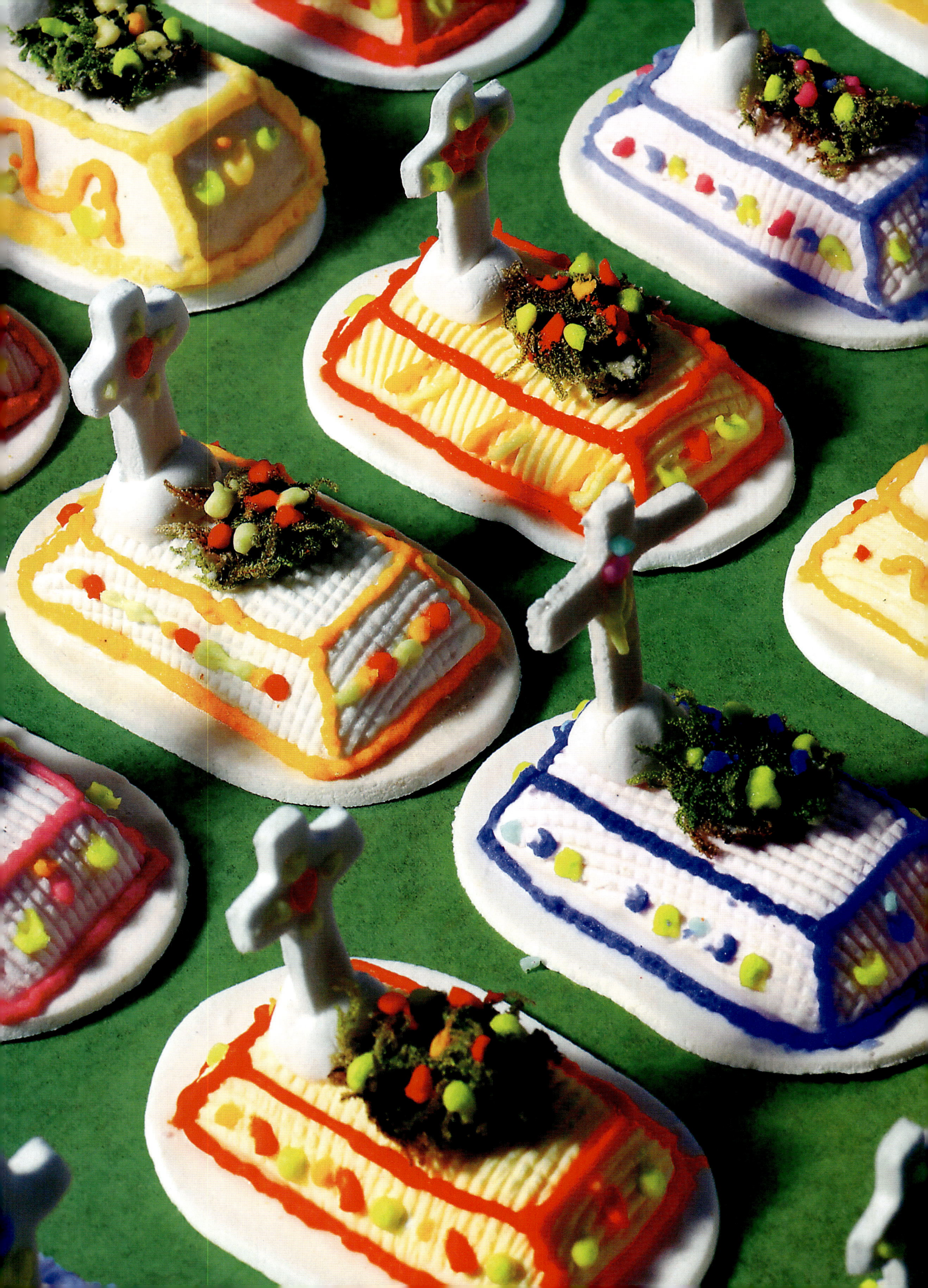

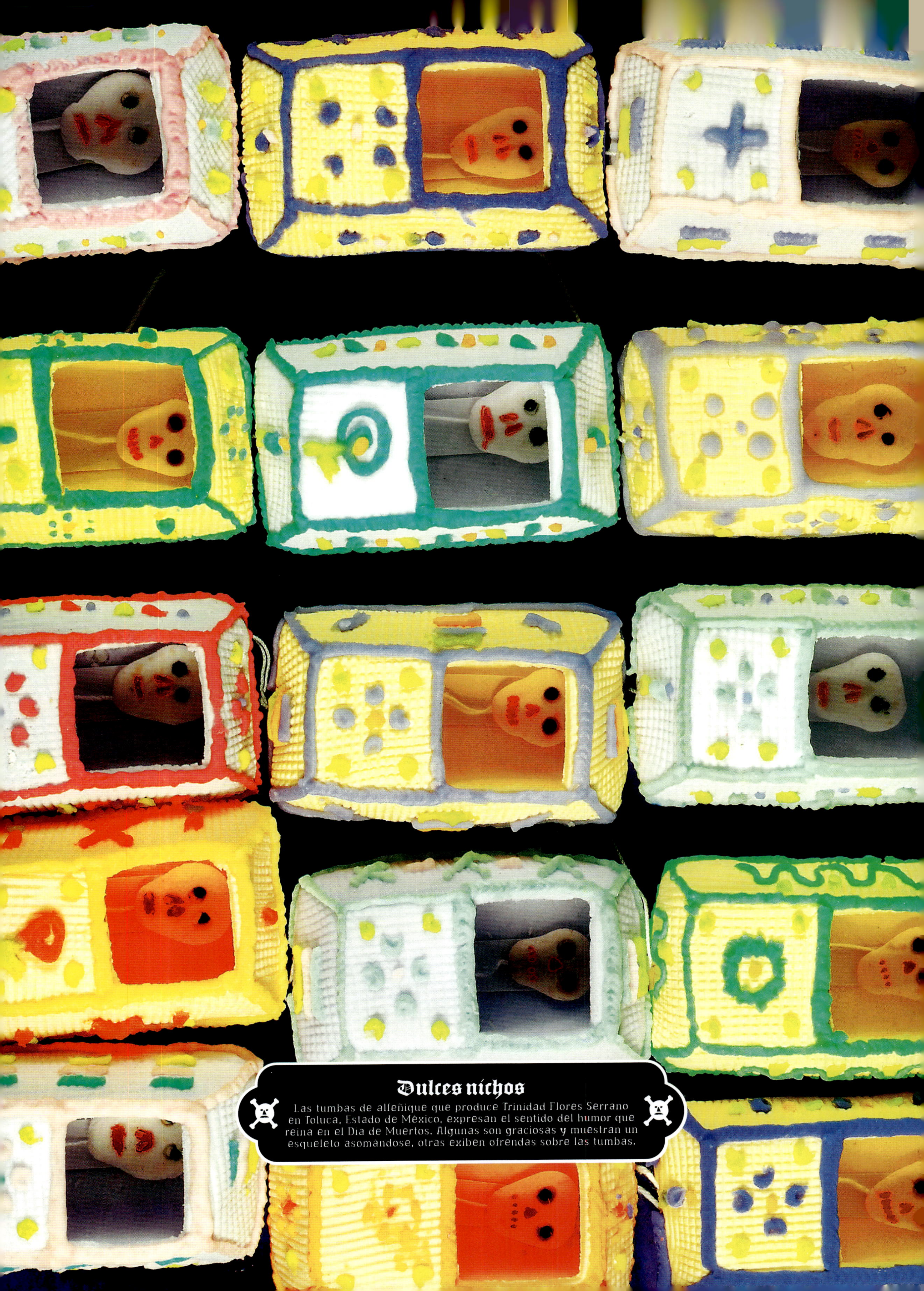

Dulces nichos

Las tumbas de alfeñique que produce Trinidad Flores Serrano en Toluca, Estado de México, expresan el sentido del humor que reina en el Dia de Muertos. Algunas son graciosas y muestran un esqueleto asomándose, otras exiben ofrendas sobre las tumbas.

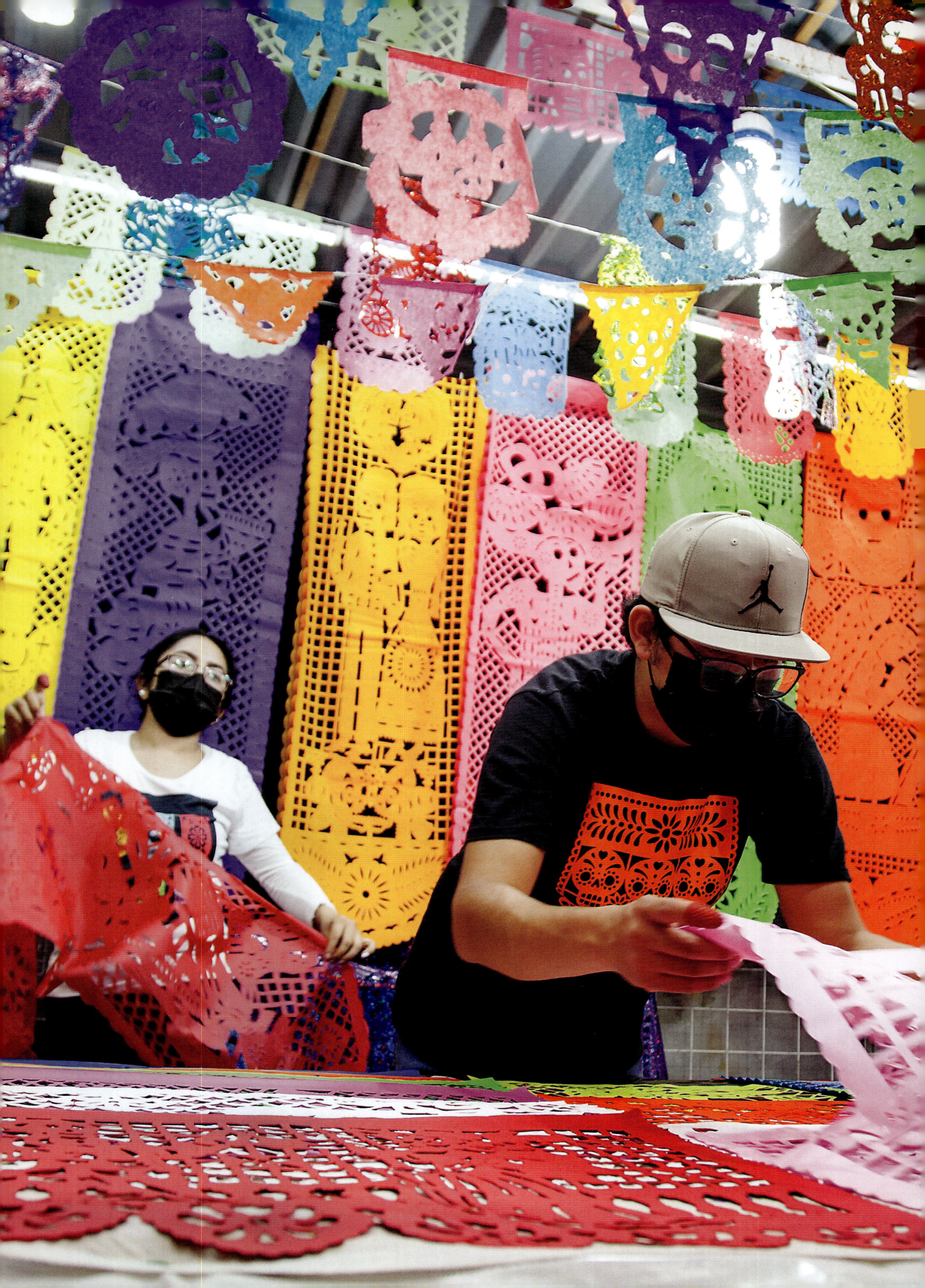

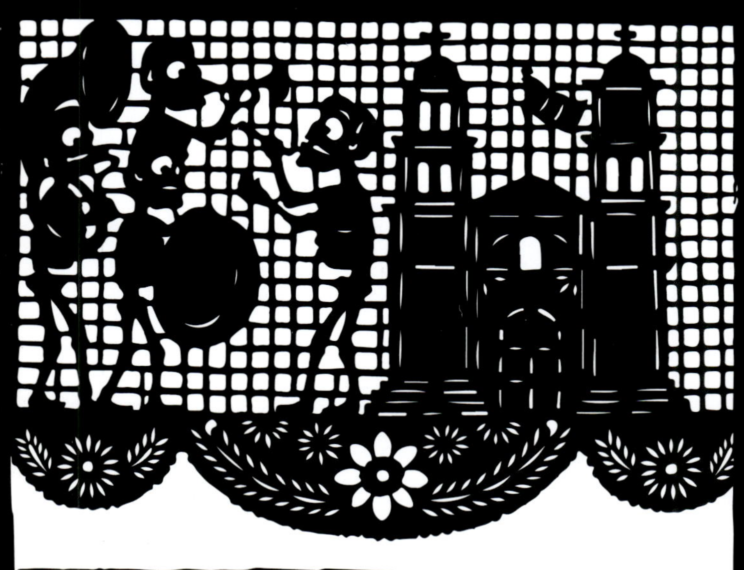

PAPELES AL VIENTO

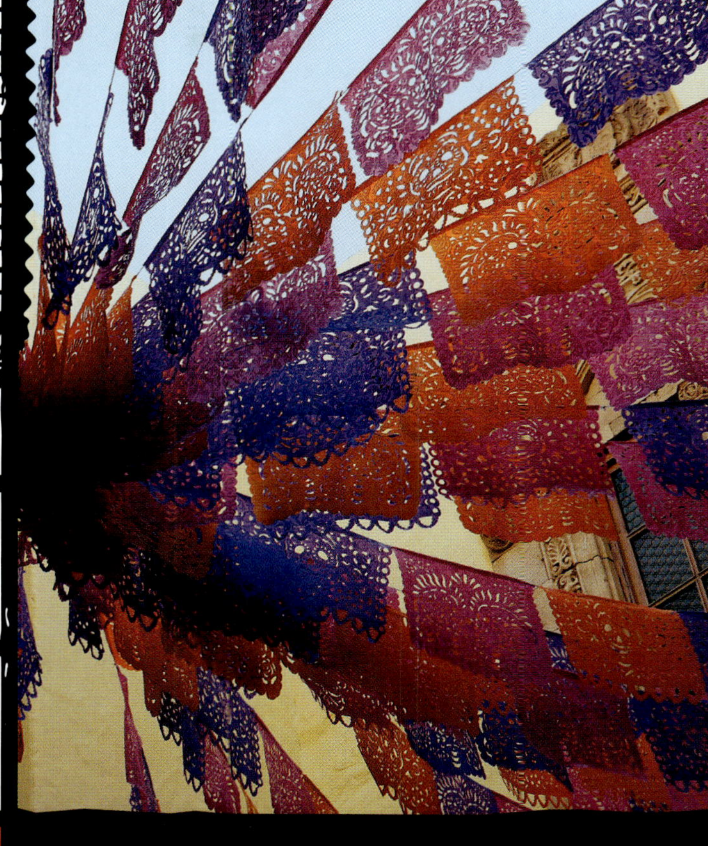

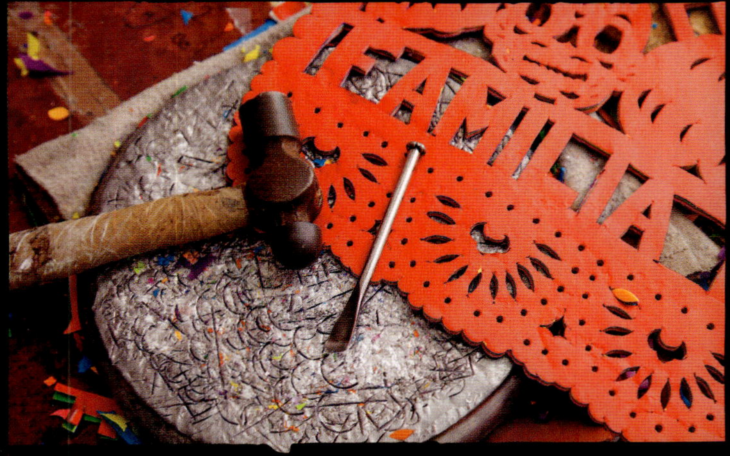

La inclusión de papel en las ofrendas es moderna, aunque su uso en la tradición es ancestral. En Mesoamérica, el papel amate era tan valorado que formaba parte del ornamento ritual de las ceremonias a los dioses y se consideraba un canal entre la vida y la muerte, ya que las raíces del árbol que lo produce se expanden bajo el inframundo.

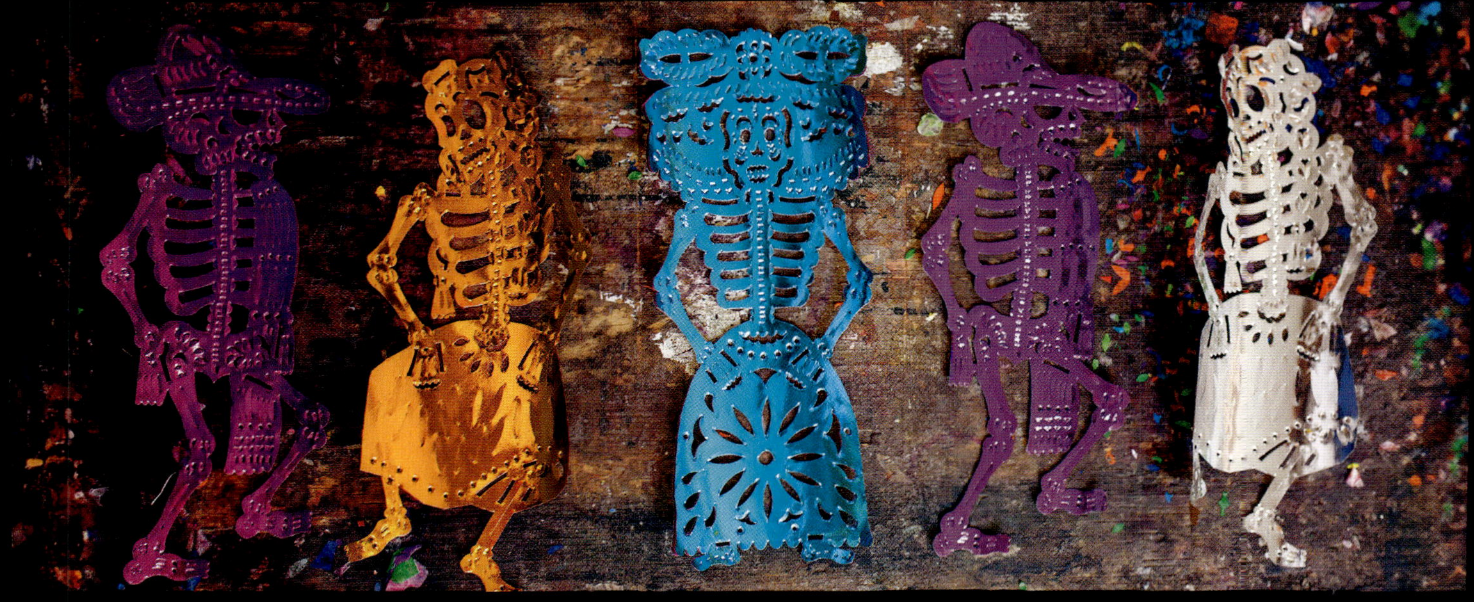

← Puestos de papel picado en vibrantes colores del Mercado de las tradiciones, Texcoco. Estado de México. ↑ Papel picado. Pedro Ortega. Tláhuac, Ciudad de México.

↑ Detalle de **Escalera al cielo. Migrando y siendo migrados por la historia** (2023). Betsabeé Romero. Casa de Colón. Canarias, España.

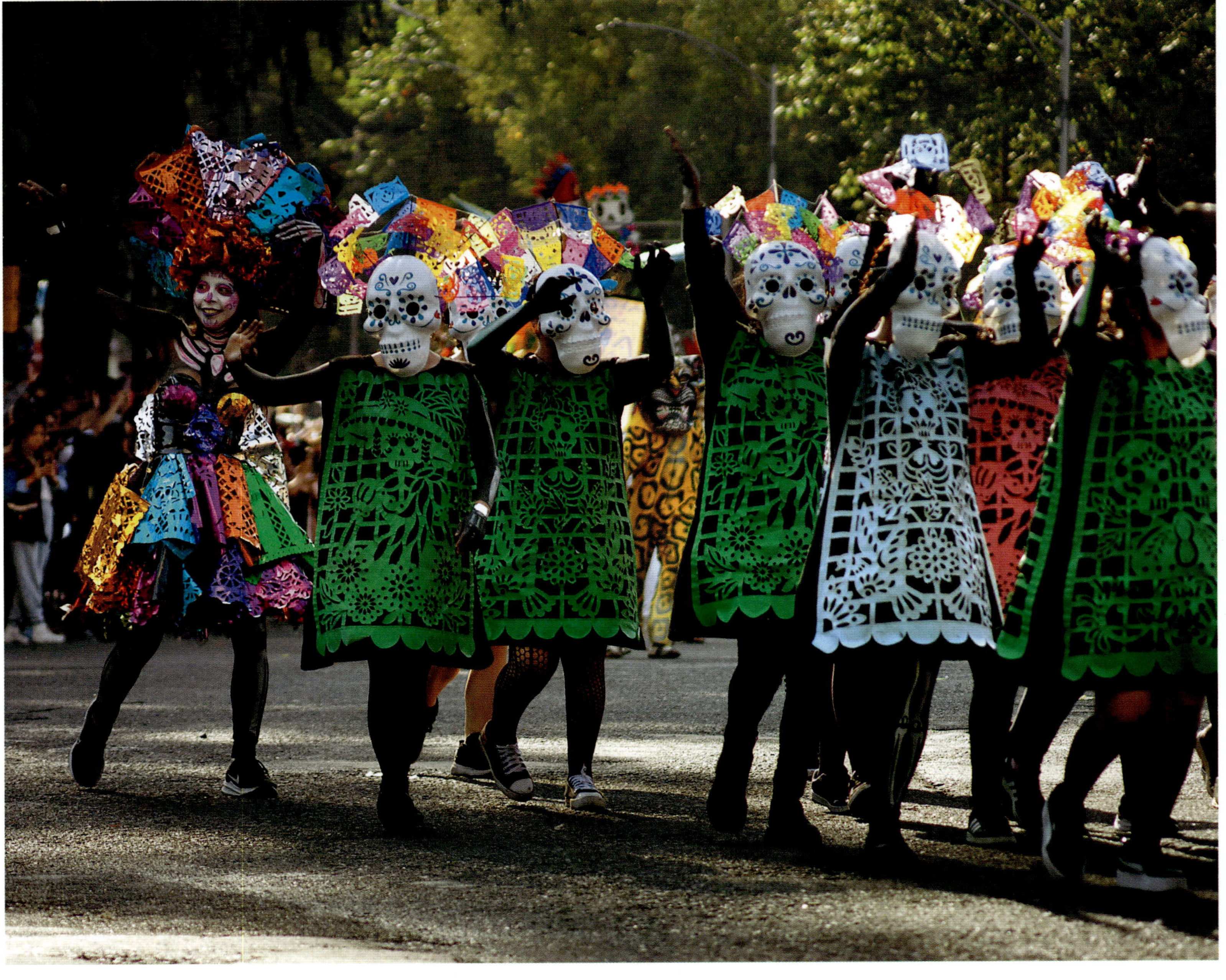

HECHO EN CHINA A inicios del siglo XVI hizo su aparición un material extranjero más liviano y común. Se trata del papel picado, que viajó de China a Europa y posteriormente a América, y que en México recibió el nombre de "papel de China". Tardó en encontrar su vocación, pues, sin un uso definido, se almacenaba en los anaqueles de las tiendas de raya de las haciendas en el siglo XIX, hasta que los peones comenzaron a hacer con él adornos para sus fiestas.

La técnica del papel picado, tal como se conoce hoy, se inició en San Salvador Huixcolotla, Puebla. Con diseños variados, enriqueció visualmente los festejos, por lo que pronto se expandió a los alrededores. Para 1930 ya era popular en la capital poblana y en Tlaxcala, aunque todavía debieron pasar algunos años para que conquistara la Ciudad de México y lograra un reconocimiento nacional.

En los inicios del siglo XX, el papel picado empezó a incorporarse a los altares como la representación del viento, aunque debió simbolizar también los otros tres elementos primordiales: tierra, fuego y agua. Este material, que exalta la imaginación y la destreza, y que sólo requiere hilo, tijeras, navajas y cinceles, es patrimonio cultural del estado de Puebla desde el 22 de septiembre de 1998. Dicha declaración dio a la región de San Salvador Huixcolotla la oportunidad de exportar sus diseños a otros países, principalmente a España y Alemania, donde se exhiben en colecciones de museos o se venden en tiendas de artesanías mexicanas. La empresa Papel Picado a la Mexicana, originaria de esta región, exporta al mercado norteamericano productos realizados de manera tradicional —es decir, a mano—, aunque sus ventas han disminuido debido a la competencia con los productores chinos.

↑ Desfile del Día de Muertos (2023). Ciudad de México.

NADIE SALE VIVO DE ESTA VIDA

→ Las calles principales de pueblos y ciudades de todo México se decoran con papel picado, formando un falso techo que adorna procesiones y desfiles (2021). Tamazunchale, San Luis Potosí.

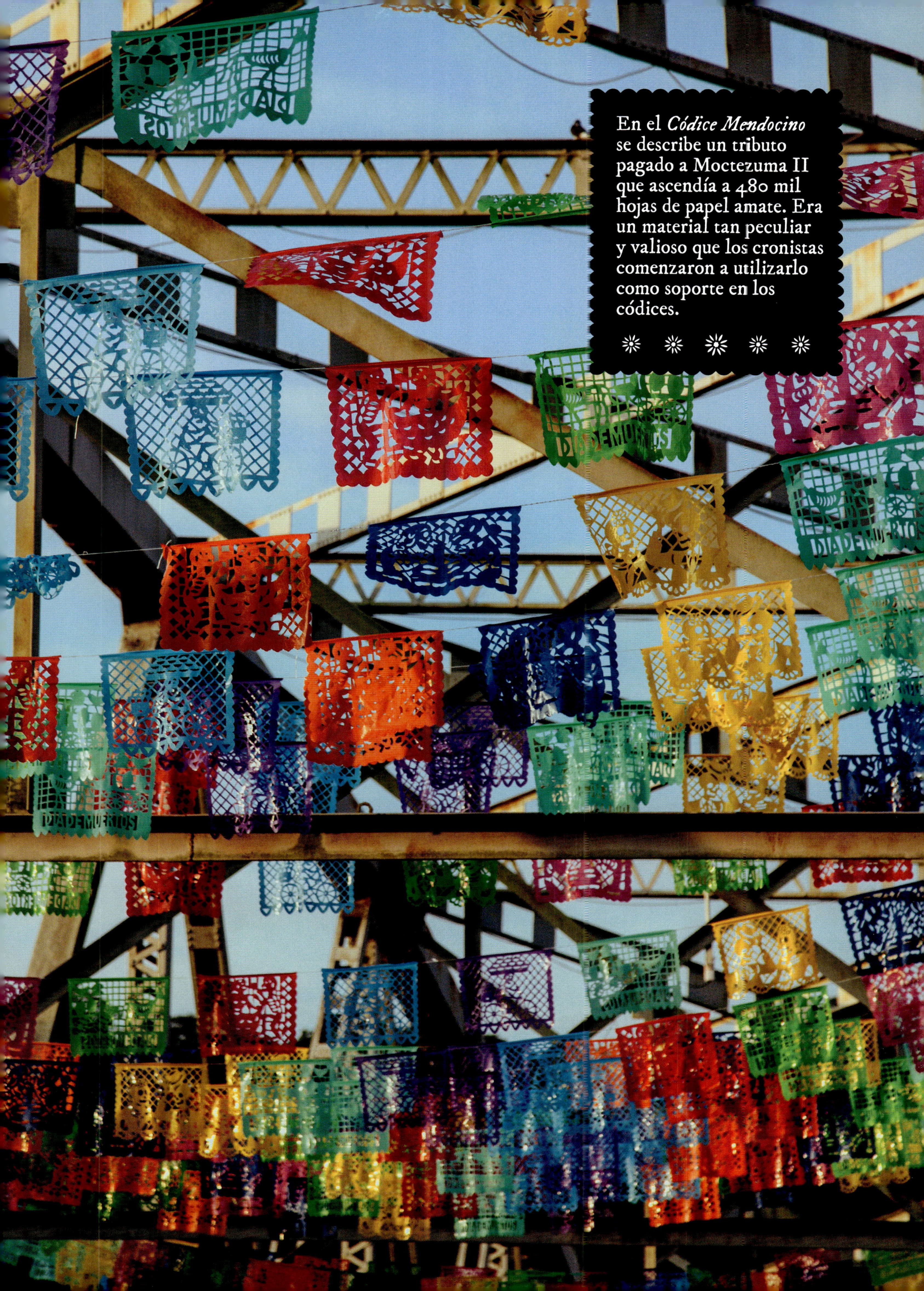

En el *Códice Mendocino* se describe un tributo pagado a Moctezuma II que ascendía a 480 mil hojas de papel amate. Era un material tan peculiar y valioso que los cronistas comenzaron a utilizarlo como soporte en los códices.

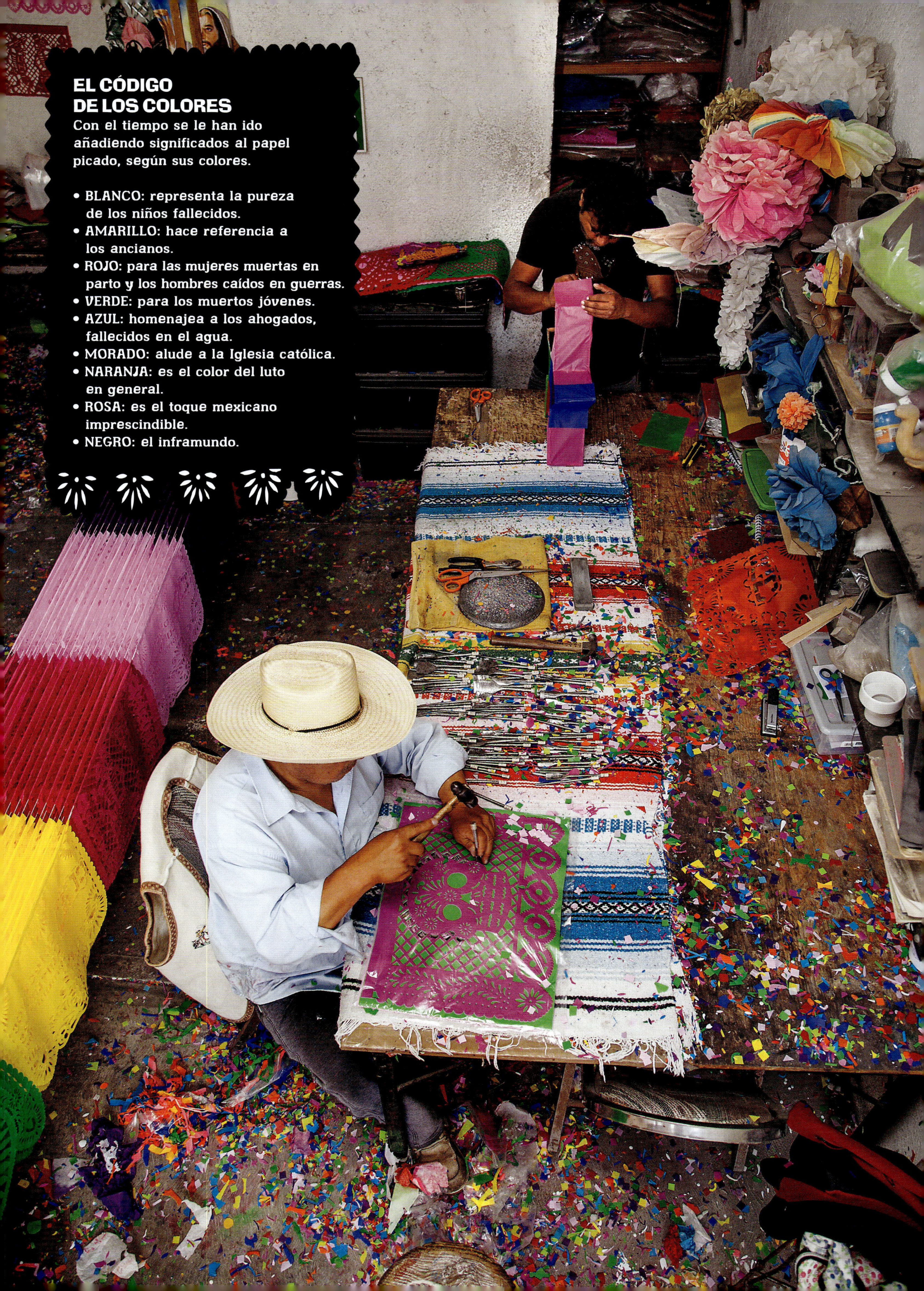

EL CÓDIGO DE LOS COLORES

Con el tiempo se le han ido añadiendo significados al papel picado, según sus colores.

- BLANCO: representa la pureza de los niños fallecidos.
- AMARILLO: hace referencia a los ancianos.
- ROJO: para las mujeres muertas en parto y los hombres caídos en guerras.
- VERDE: para los muertos jóvenes.
- AZUL: homenajea a los ahogados, fallecidos en el agua.
- MORADO: alude a la Iglesia católica.
- NARANJA: es el color del luto en general.
- ROSA: es el toque mexicano imprescindible.
- NEGRO: el inframundo.

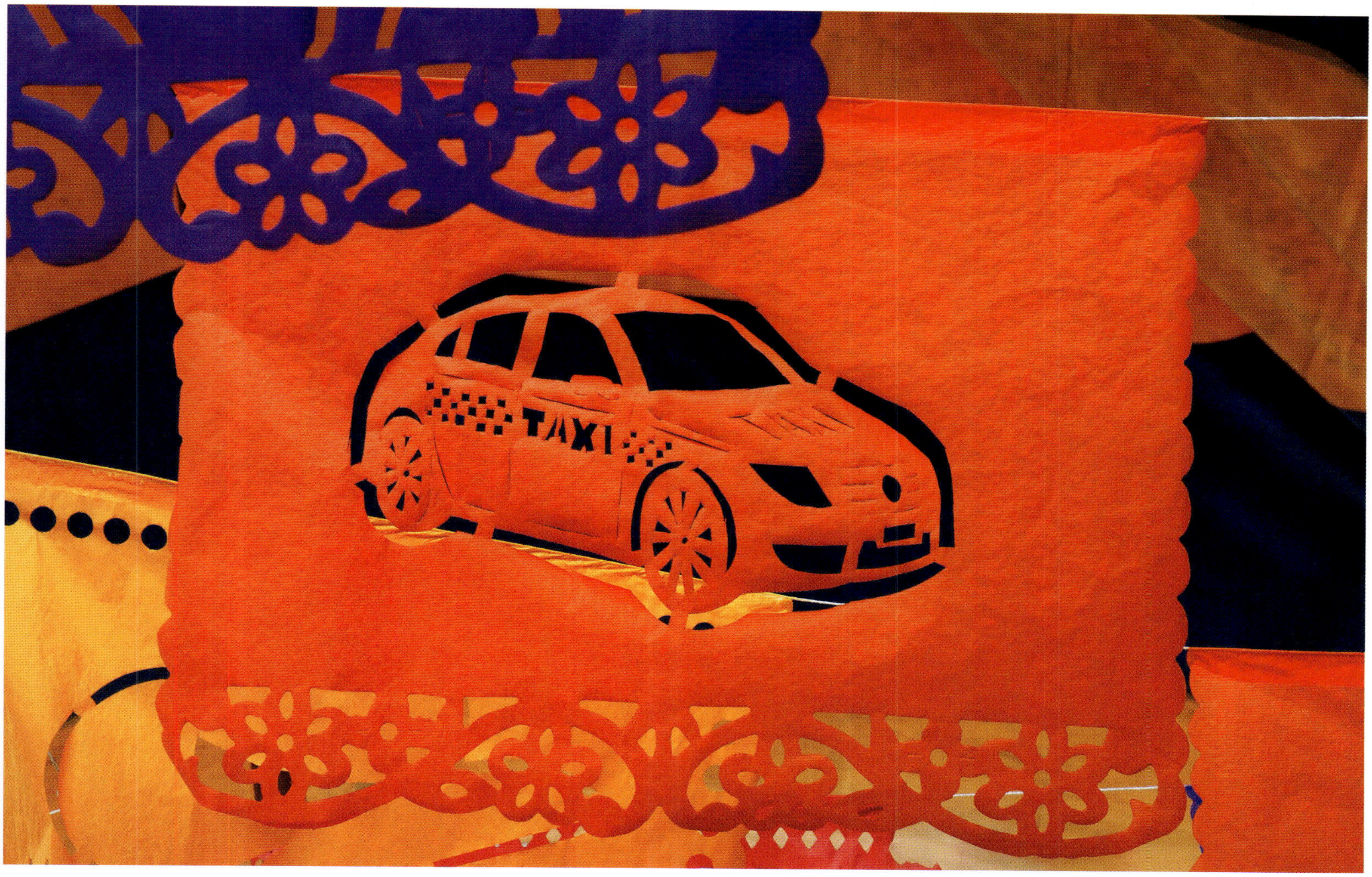

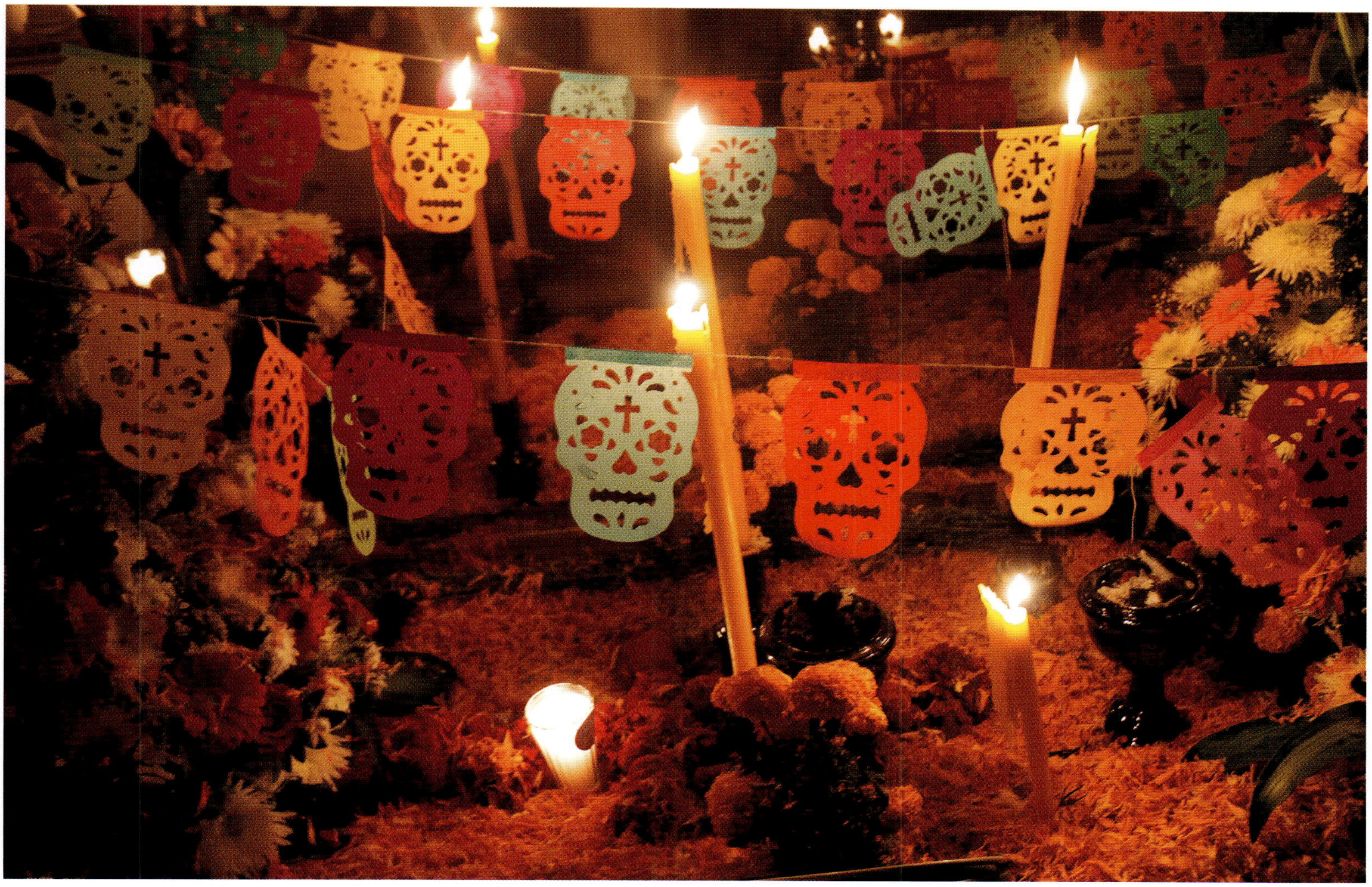

← Taller de artesanía de papel picado de Pedro Ortega. Tláhuac, Ciudad de México. ↑ Altar con veladoras y papel picado en el cementerio de La Magdalena Yancuitlalpan (2023). Tochimilco, Puebla.

↑ Detalle de un altar dedicado a un taxista en el cementerio de La Magdalena Yancuitlalpan (2023). Tochimilco, Puebla.

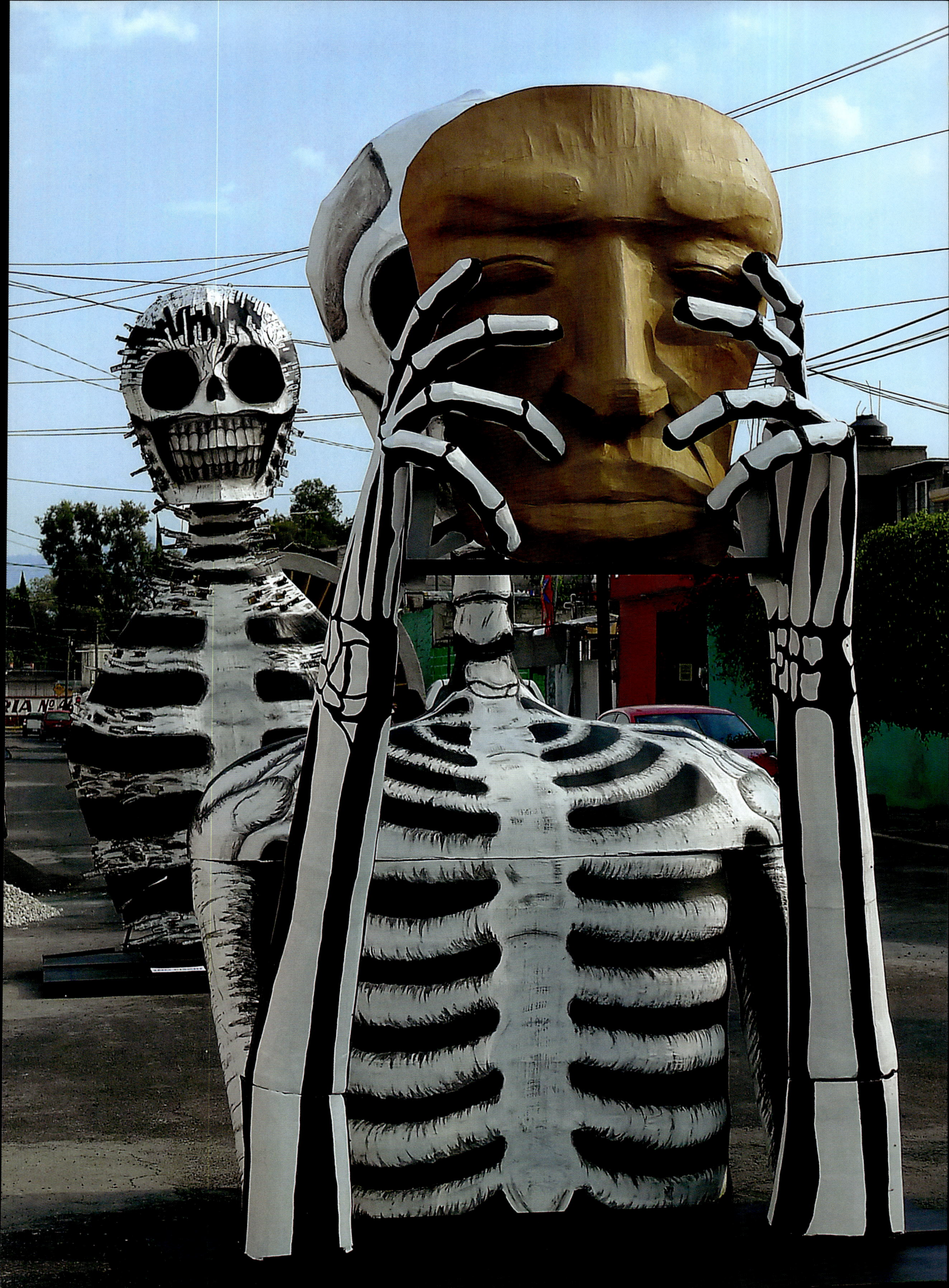

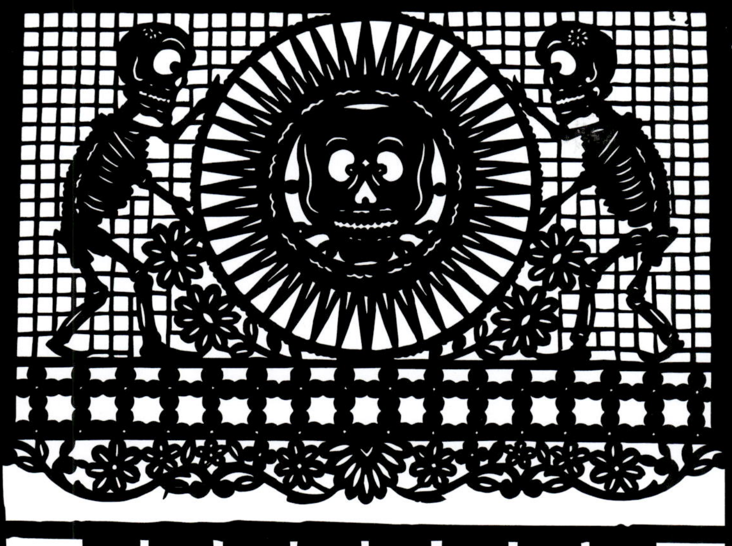

CARTONES QUE DAN VIDA

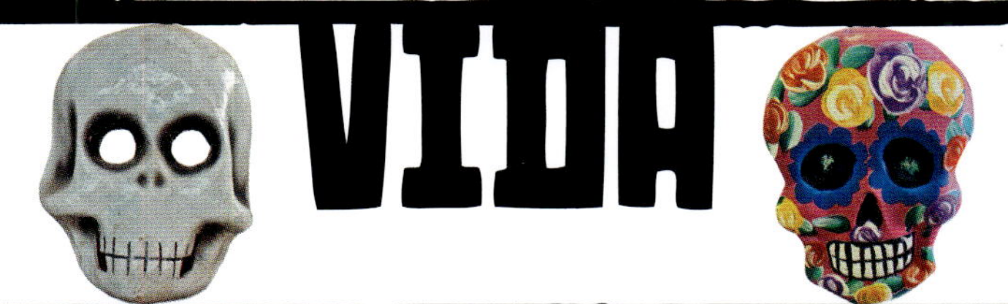

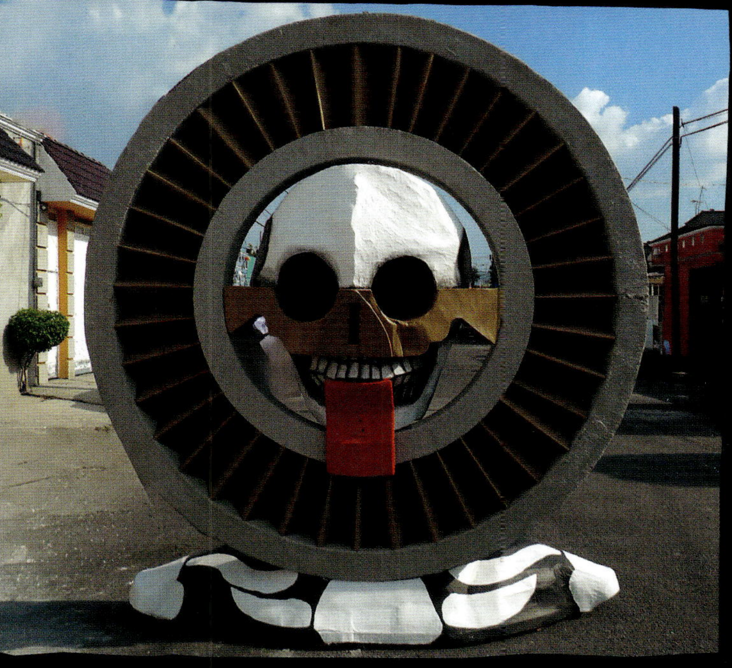

Cada año, calacas y catrinas cobran vida para celebrar la continuidad de la cartonería, otra técnica artesanal que empezó a practicarse durante la Colonia y que se ha transformado a lo largo de los siglos, adaptándose a las necesidades, los cambios culturales y, sobre todo, a materiales y tecnologías de cada época.

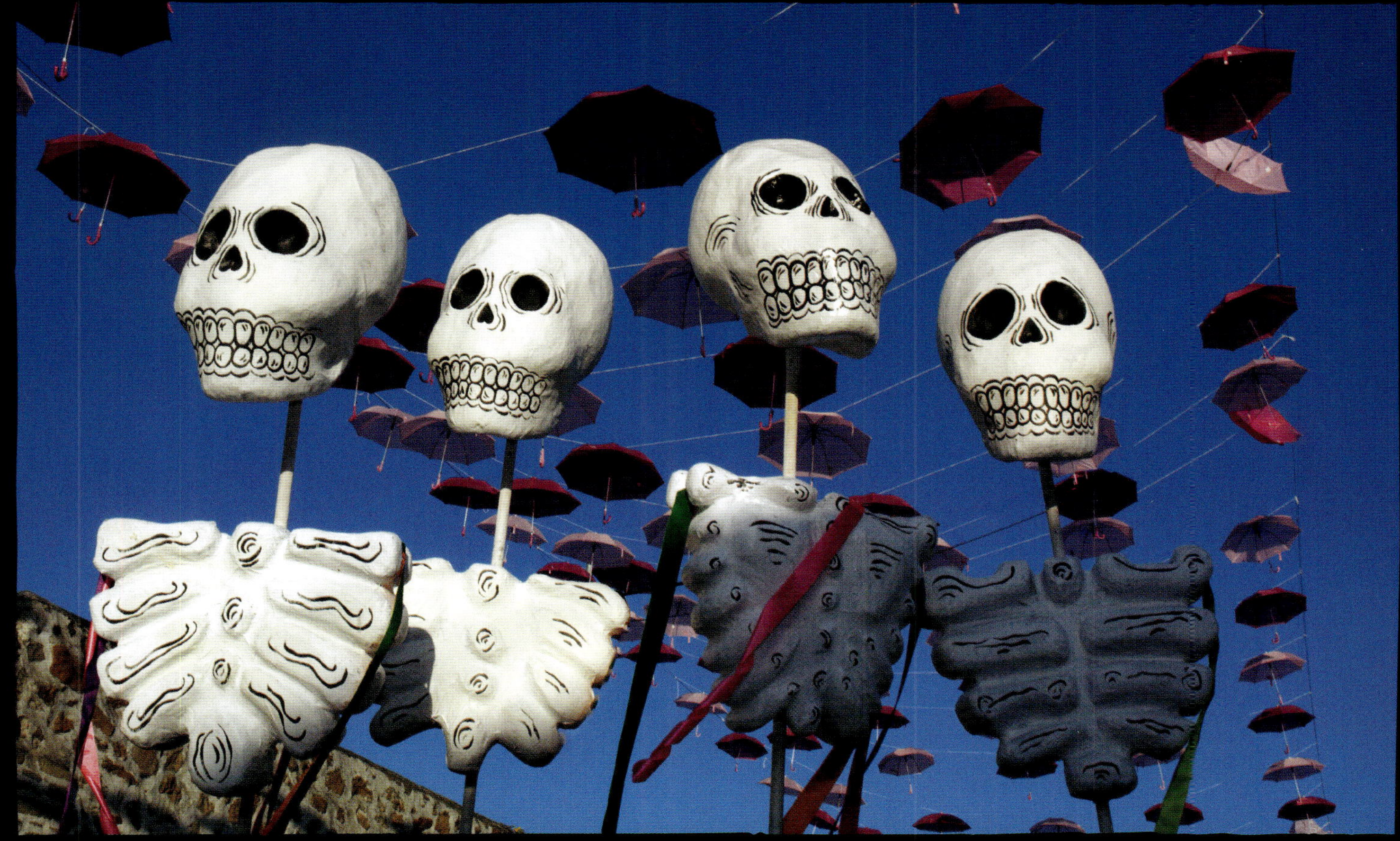

← Esqueleto gigante con máscara. Jaén Cartonería, Tláhuac.
↑ Desfile de Día de Muertos. Calacas realizadas por Jóvenes al Rescate de Tepotzotlán. Estado de México.

↑ Muestra Cocoliztli-Covidiztli durante la pandemia del coronavirus (2020). Jaén Cartonería, Tláhuac.

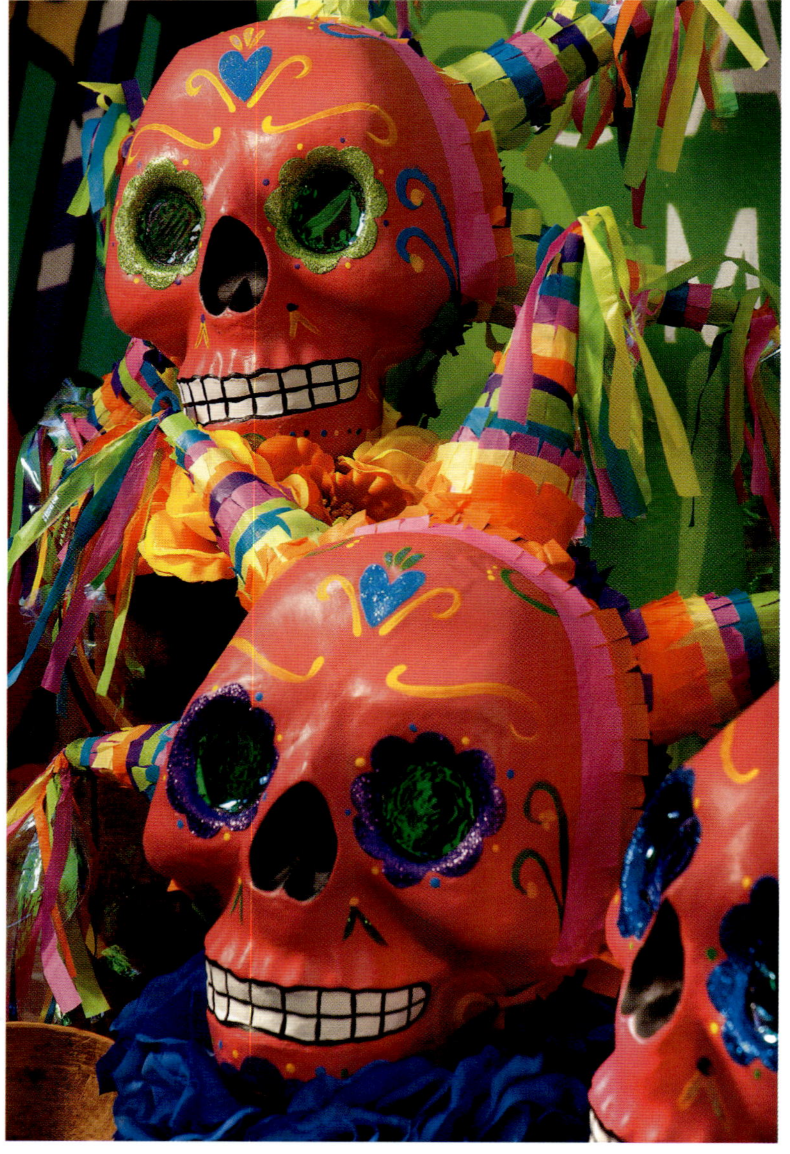

↑ Piñatas en forma de cráneos. Patricia Sanchez para Calavera Mexology.

PAPEL A LA FRANCESA

La técnica cartonera proviene de China, pero se popularizó en Francia con el nombre de *papier mâché* (papel machacado). Esta artesanía se elabora con una pulpa moldeable de papel, normalmente kraft o periódico. La pulpa se consigue cortando el papel en tiras o pequeños pedazos que luego se ablandan y cocinan en agua fría; según la consistencia que se busque, se añade pegamento a la masa que se obtiene y enseguida se licúa.

Desde finales del siglo XVI, está técnica fue muy utilizada por los frailes como parte de una estrategia didáctica para explicar conceptos y costumbres religiosos. Así nació la piñata y empezaron a hacerse los Judas durante la Semana Santa. La cartonería se fue extendiendo a otras festividades profano-religiosas, hasta que los diablos y las mojigangas de carnaval se quedaron en los huesos y salieron a las calles, unos disfrazados de personajes pop, otros vestidos de políticos que hacen sonar el esqueleto.

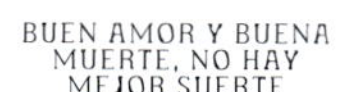

BUEN AMOR Y BUENA MUERTE, NO HAY MEJOR SUERTE

Con este método, Pedro Linares López creó los alebrijes, figuras de animales fantásticos que en su versión más "godzilesca" desfilan desde 2007 en las calles de la Ciudad de México como parte de las festividades urbanas.

A semejanza de otros oficios artesanales, la cartonería mexicana persiste gracias al sentido comunal de su producción. Su técnica se ha enseñado durante generaciones, dando identidad a familias y, en ocasiones, a los habitantes de un pueblo o un barrio. Para algunos especialistas es incluso una expresión de arte callejero, un grafiti con volumen que exhibe la creatividad para homenajear a los muertos.

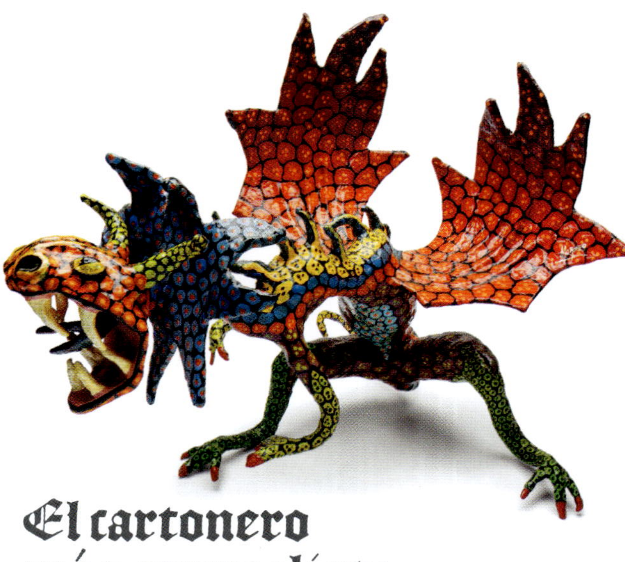

El cartonero más surrealista

En 193 Pedro Linares López creó los alebrijes tras unas agudas y prolongadas fiebres que le produjeron vívidas alucinaciones. Quizá pensó que su nahual se transformaba en algún tipo de criatura híbrida y fantástica; lo cierto es que, una vez superada su enfermedad, decidió dar forma tridimensional a sus visiones mediante la cartonería. Poco a poco, aquellos entes fáunicos comenzaron a llamar la atención y Linares decidió probar con la madera. Los primeros burros con alas, leones con cabeza de perro, gallos con cuernos y perros con patas de gallina inspiraron a familias oaxaqueñas para moldear su propia imaginería. Así, los alebrijes hicieron del pueblo de San Martín Tilcajete, Oaxaca, su hogar.

↑ Alebrije, dragón. Colección Miguel Abruch.

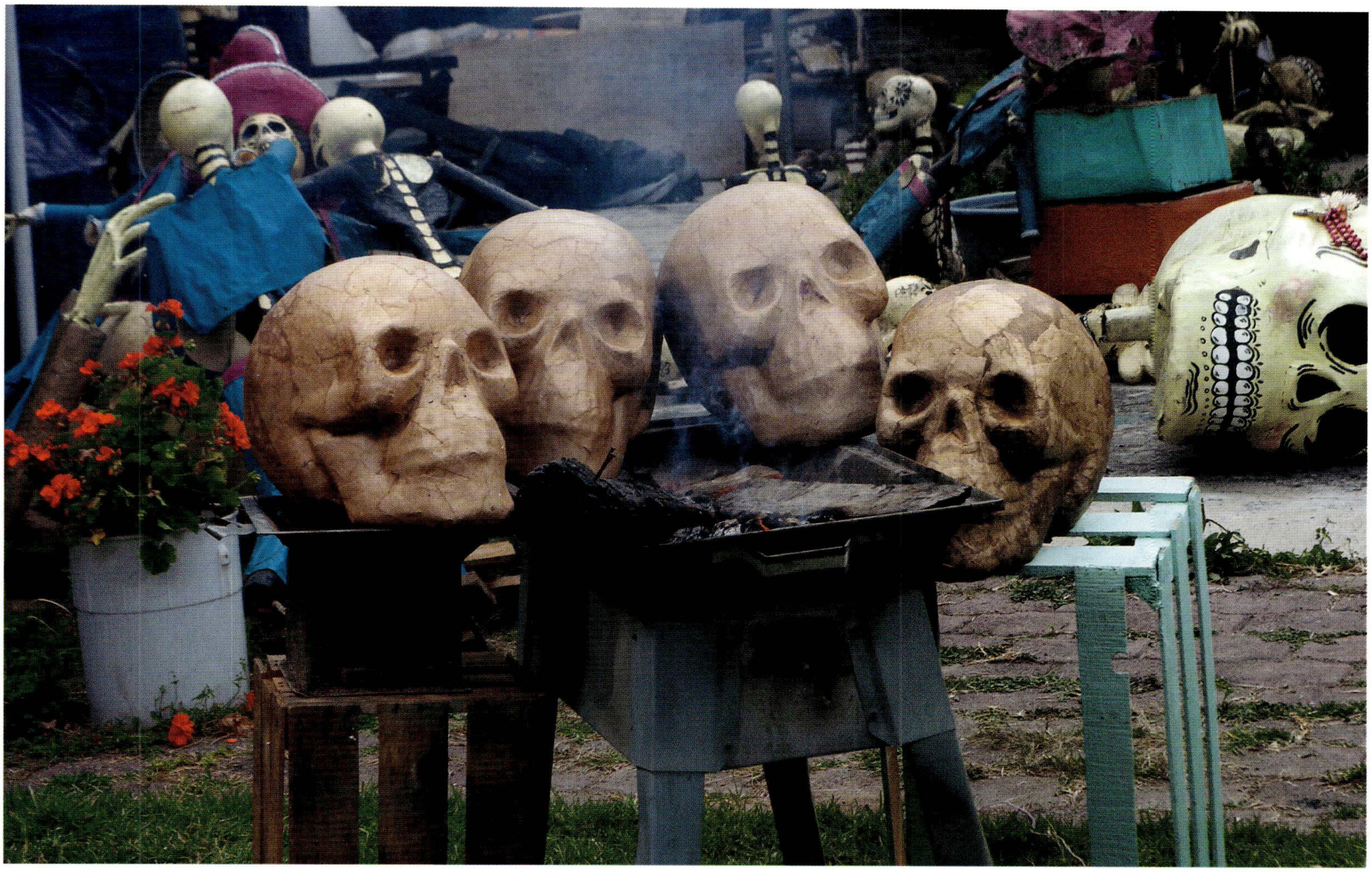

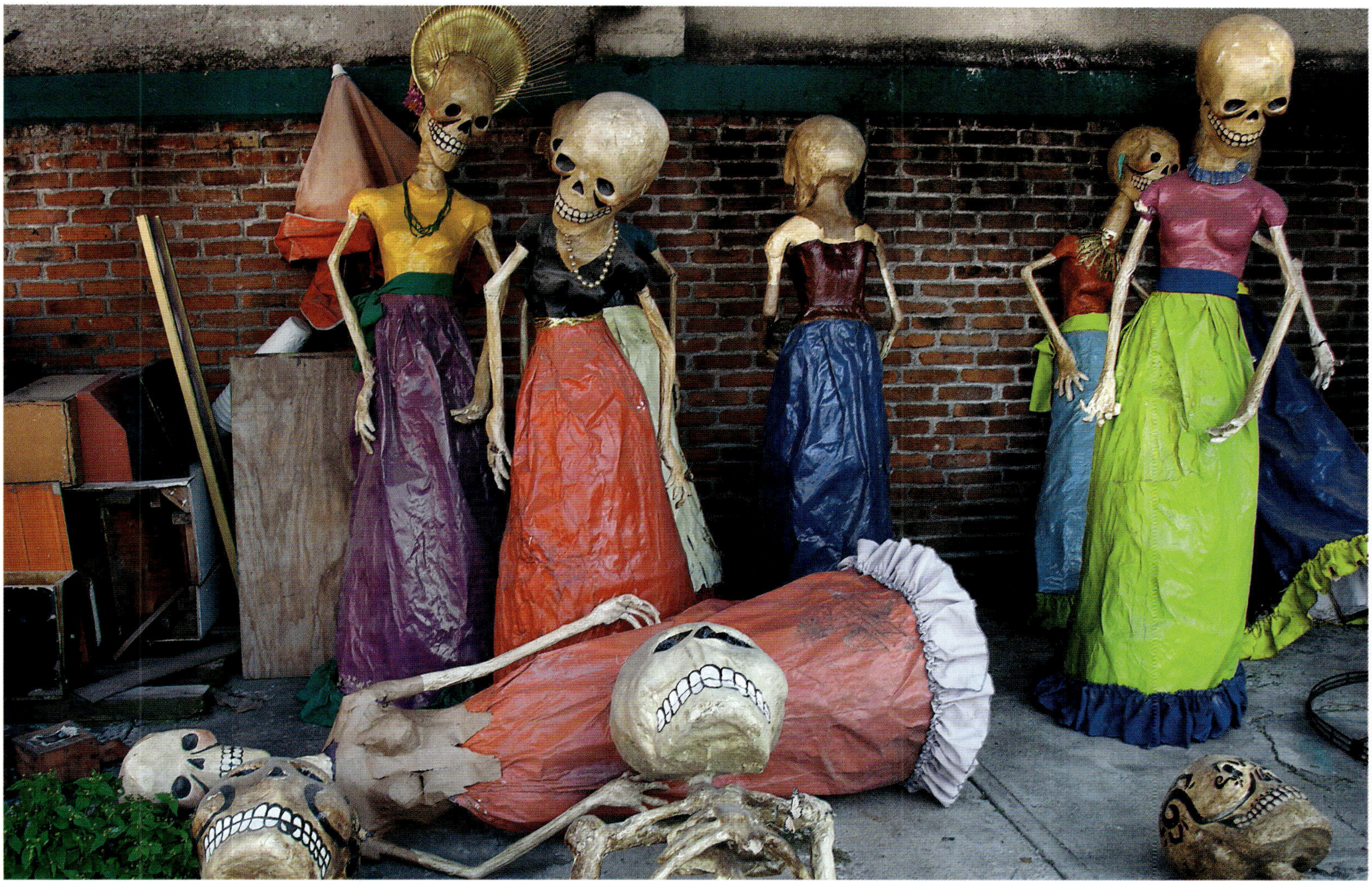

↑ Cartonería, colectivo Jóvenes al Rescate de Tepotzotlán, Estado de México.

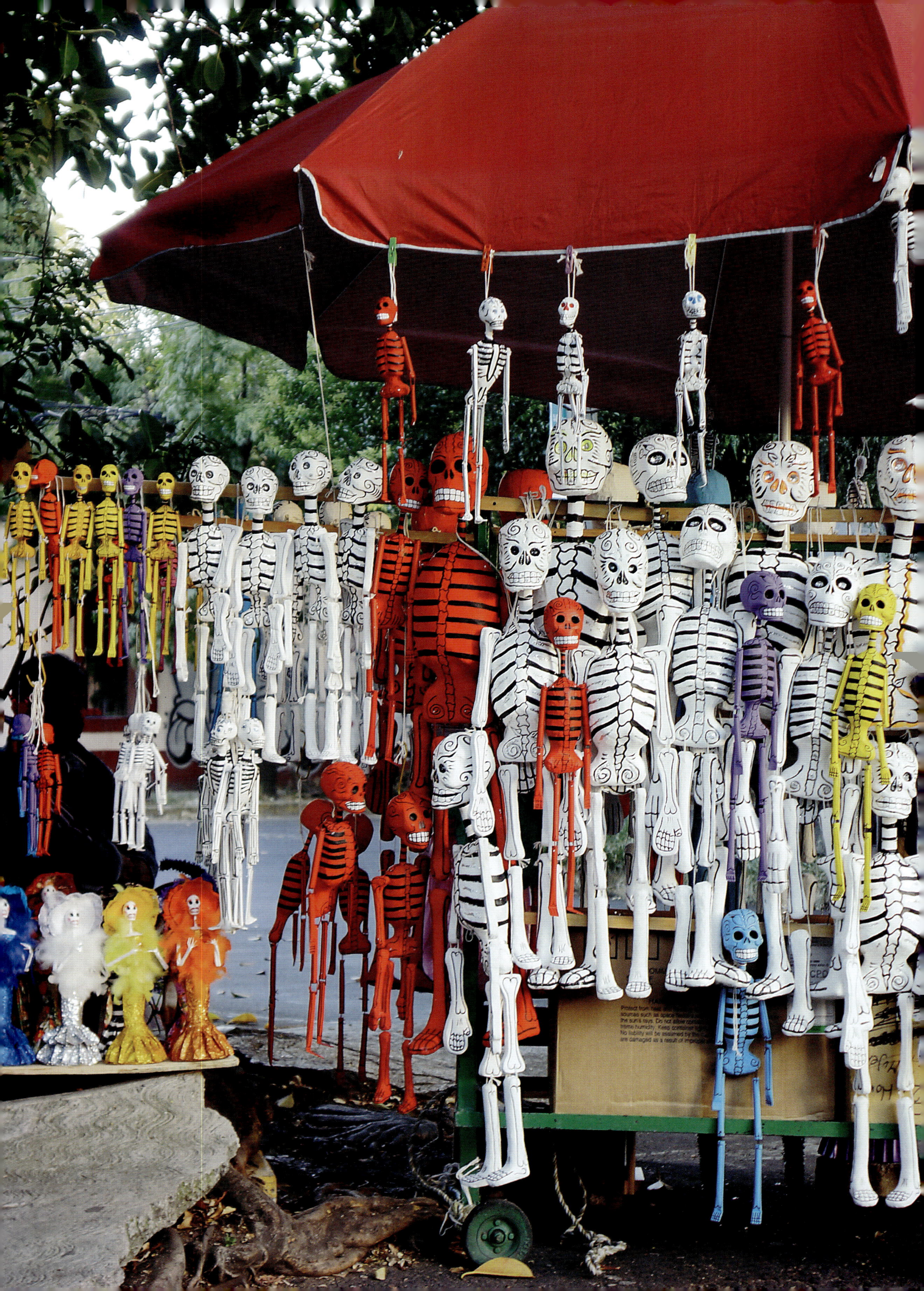

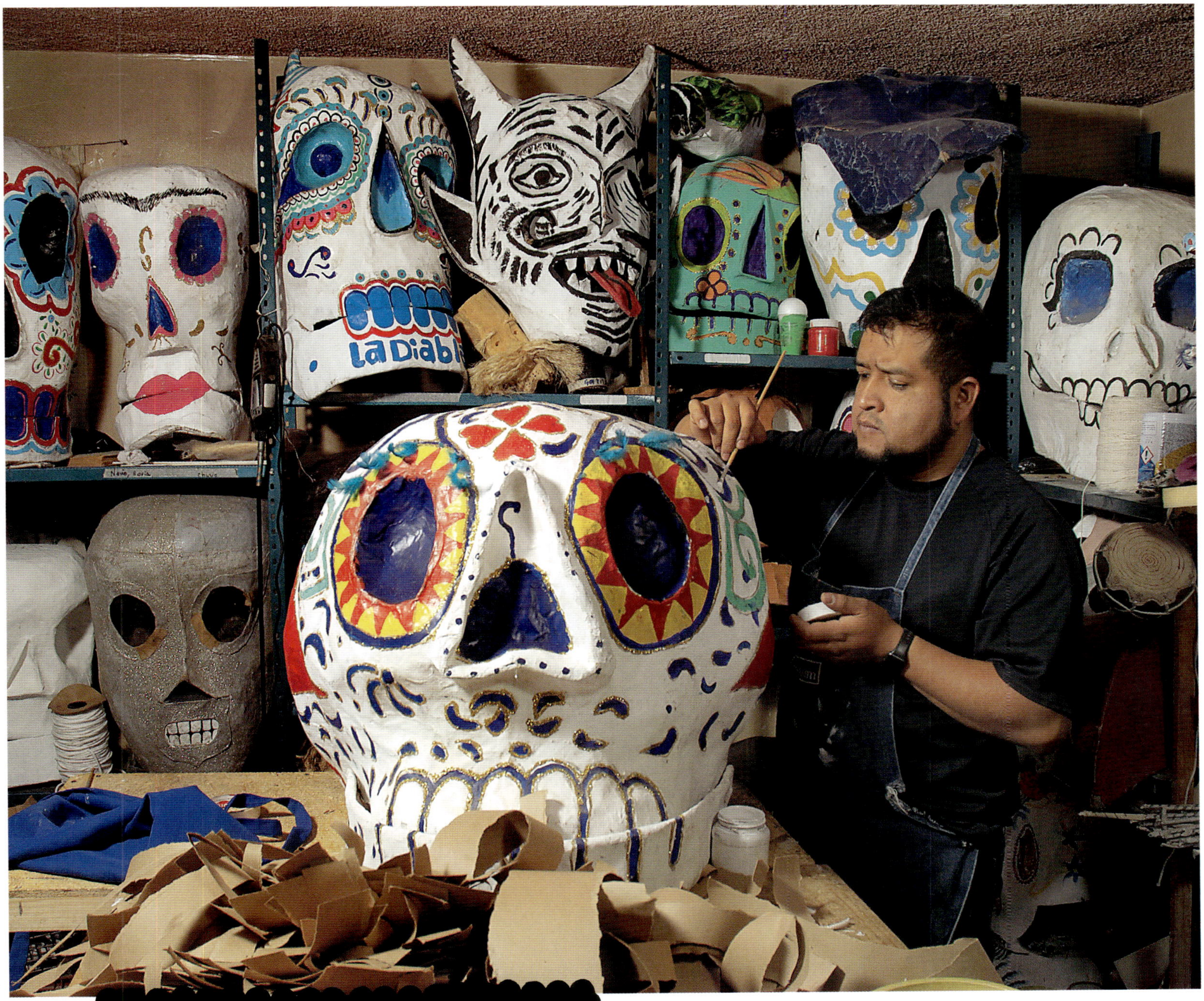

Debido a que comparten materia prima, la cartonería y el papel maché suelen confundirse, y aunque el resultado puede ser parecido, el proceso no lo es. En la primera técnica suele elaborarse un alma (una estructura básica de alambre forrado con tiras adhesivas) en la que se superponen al menos cinco capas de papel, hasta conseguir la forma deseada. En cambio, la base de la segunda es una pasta de papel que se moldea sobre un soporte que le servirá para darle forma. Ambas técnicas requieren un tiempo de secado antes de proceder a pintar las figuras y aplicar accesorios. También se caracterizan por emplear materiales de desecho de papelería.

← Esqueletos de cartonería en San Ángel, Ciudad de México.
↑ Mojigangas de Conrado Serrano, Tecamachalco, Puebla.

¿UN MUSEO PARA EL CARTÓN?

En 2017 se realizó el primer congreso de cartonería, que reunió a artesanos mexicanos y de distintas partes del mundo para intercambiar técnicas y estilos, así como para analizar su situación como productores. De esta reunión surgió la idea de fundar el **Museo Nacional e Internacional de la Cartonería**, con la finalidad de destacar el valor de este oficio; para ello se unieron más de sesenta creadores. Se inauguró el 1 de diciembre de 2020 en la colonia San Miguel Xico IV Sección, en el Valle de Chalco (Estado de México), y desde entonces se ha encargado de difundir el arte de la cartonería, sobre todo de diversos municipios mexiquenses y las alcaldías Tláhuac e Iztapalapa, de la Ciudad de México.

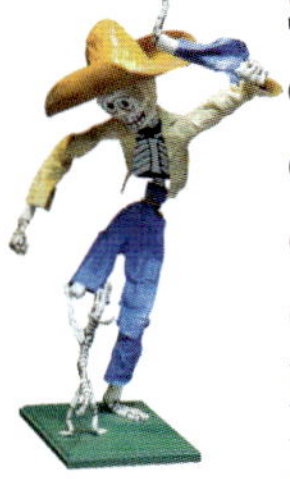

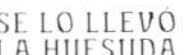

SE LO LLEVÓ LA HUESUDA

→ (p. 132) Portón decorado con un esqueleto gigante en Casa Proserpina, San Miguel de Allende, Guanajuato. → (p. 133) Catrina decorada según la tradición de Talavera, con un platillo de chile en nogada (2023). Atlixco, Puebla.

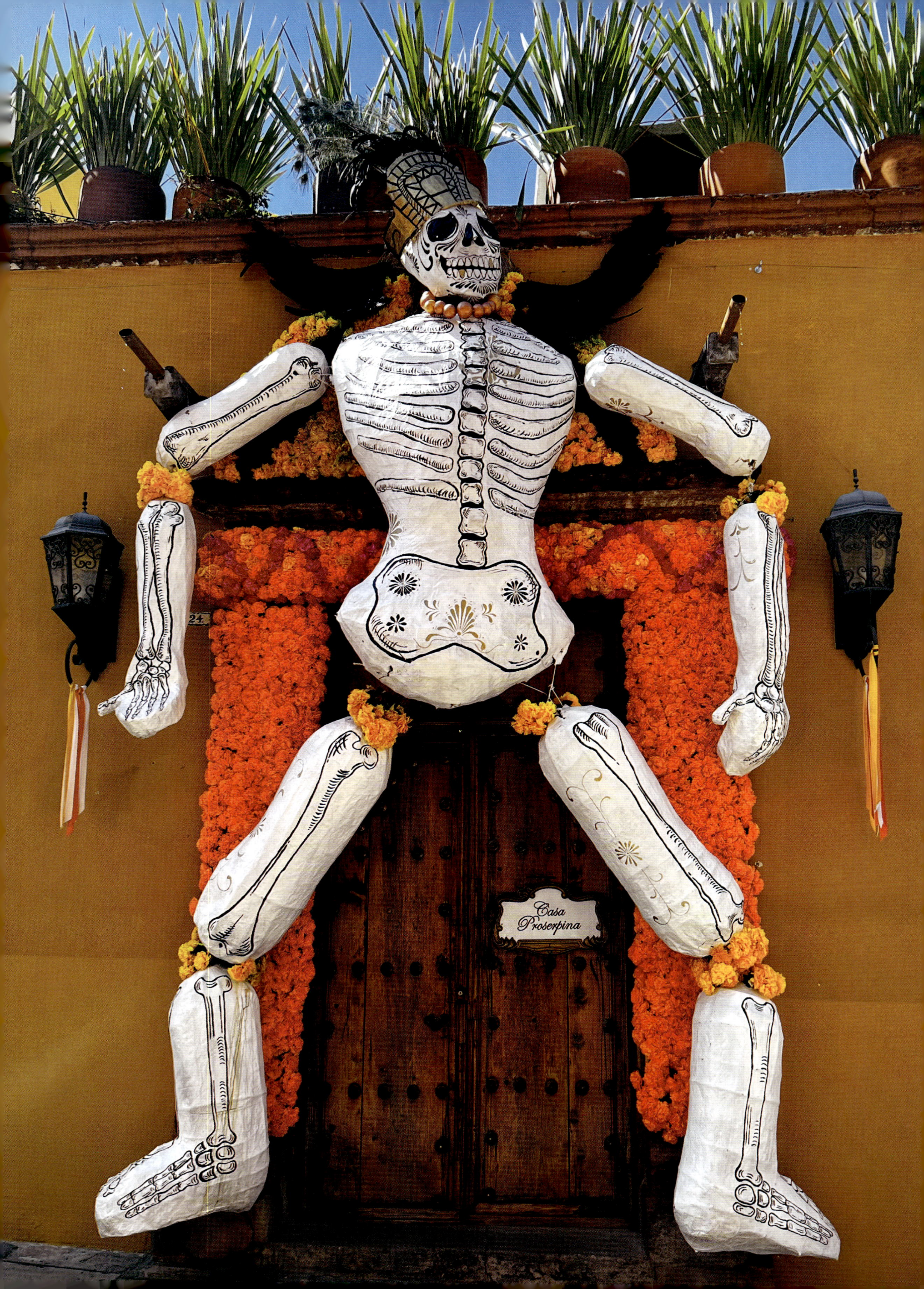
24
Casa
Proserpina

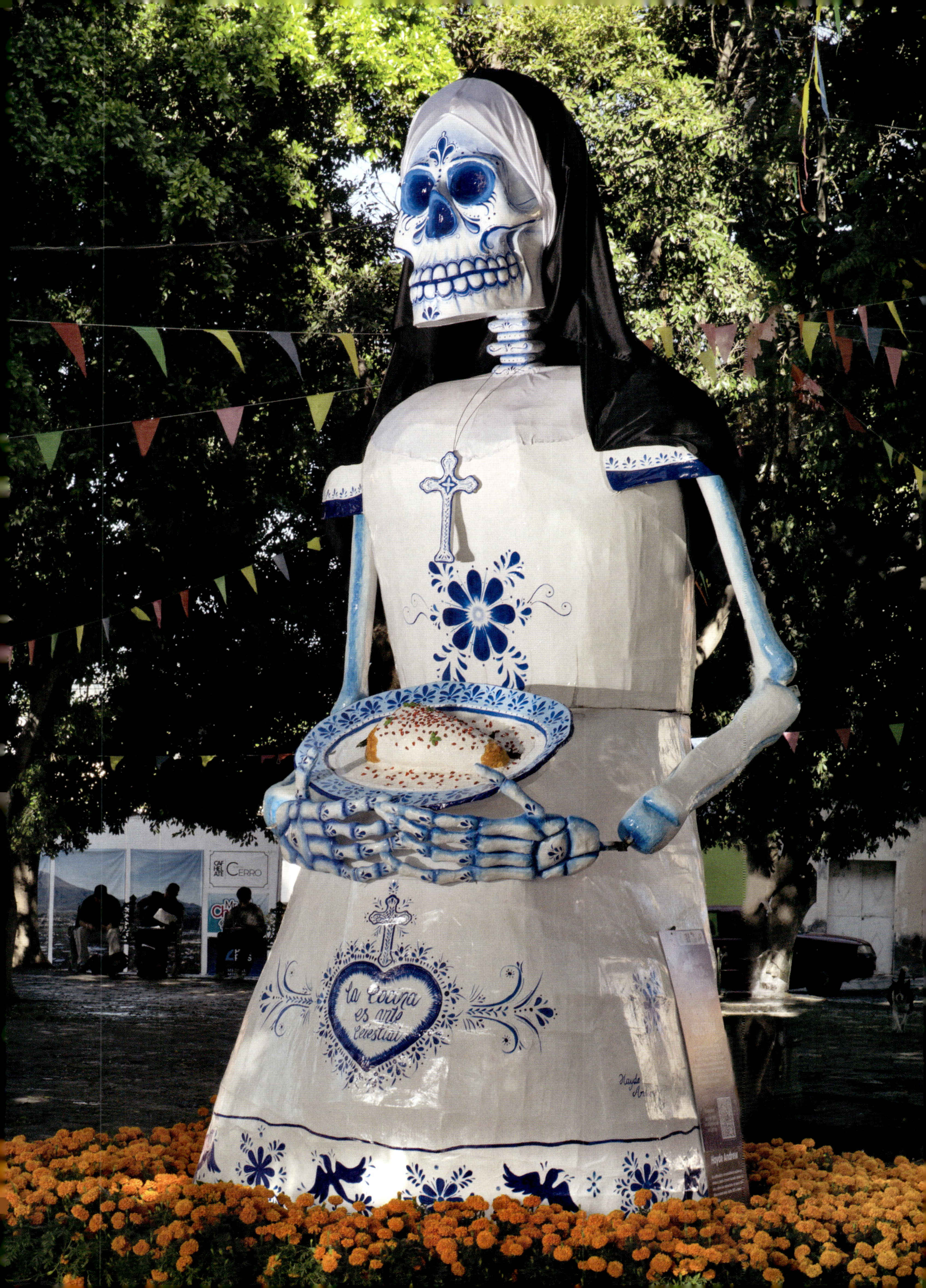
CAF
HEL
ATE
CERRO
La Cocina
es arte
Celestial

Cartonería del más allá

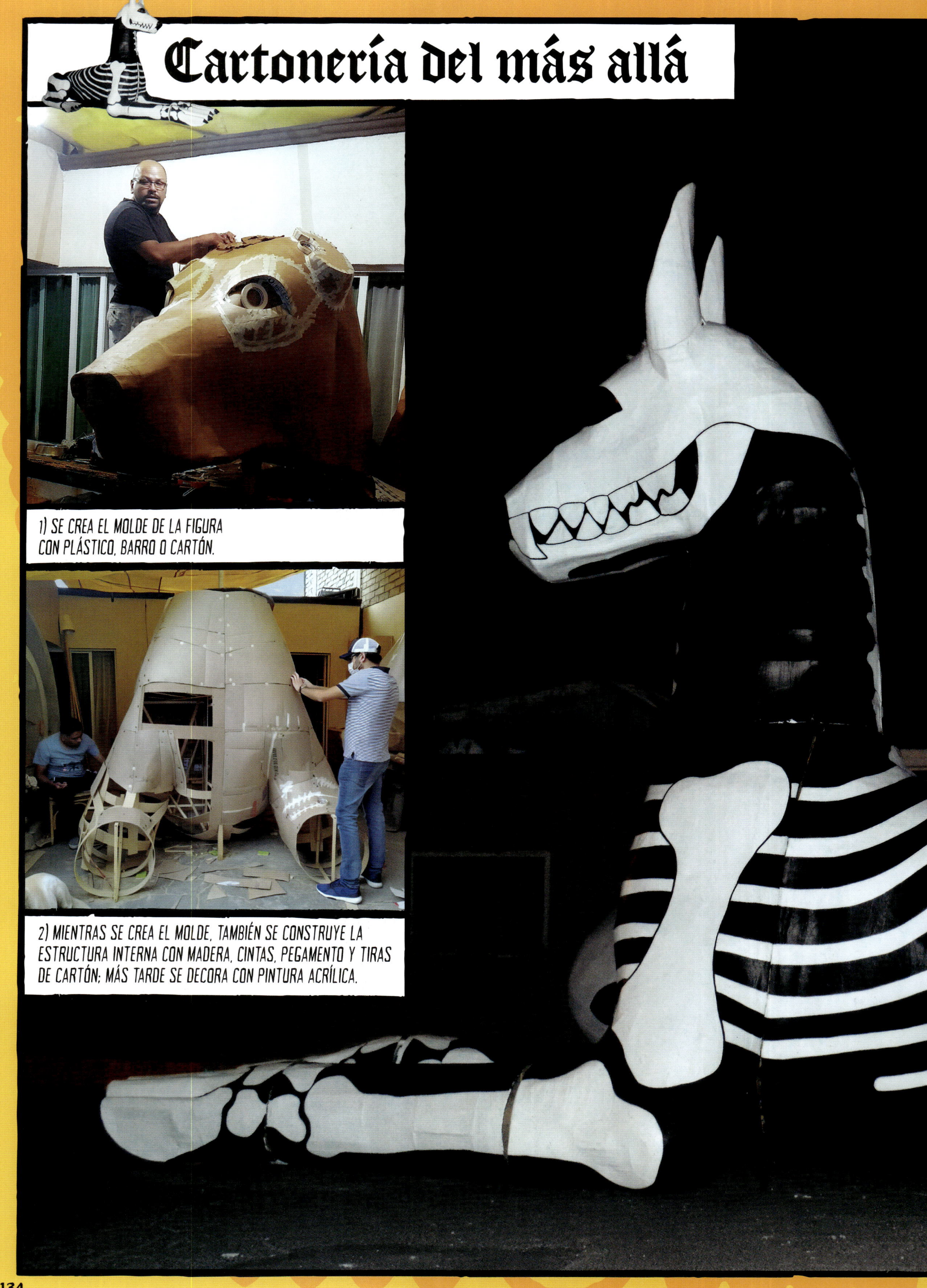

1) SE CREA EL MOLDE DE LA FIGURA CON PLÁSTICO, BARRO O CARTÓN.

2) MIENTRAS SE CREA EL MOLDE, TAMBIÉN SE CONSTRUYE LA ESTRUCTURA INTERNA CON MADERA, CINTAS, PEGAMENTO Y TIRAS DE CARTÓN; MÁS TARDE SE DECORA CON PINTURA ACRÍLICA.

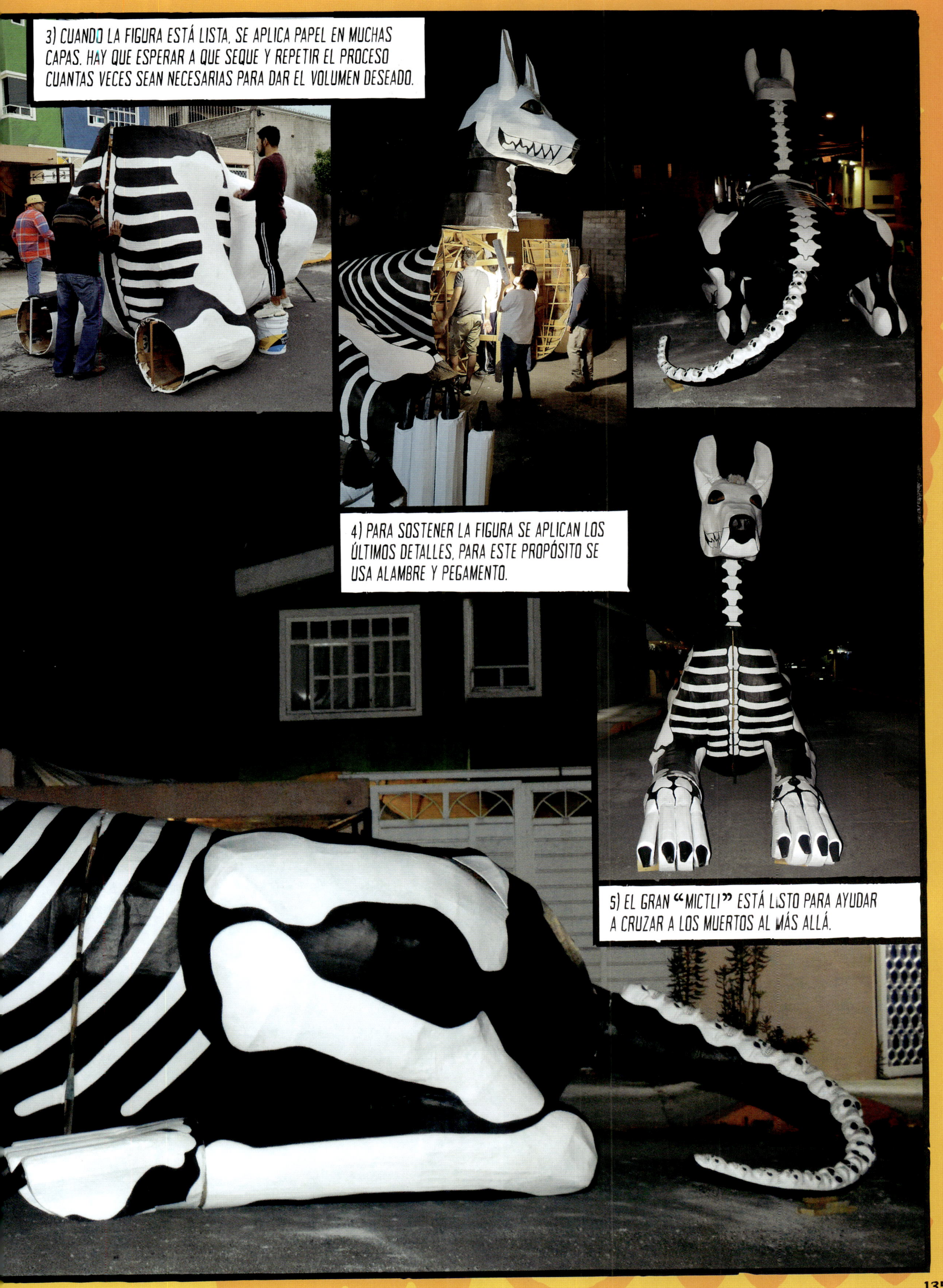
3) CUANDO LA FIGURA ESTÁ LISTA, SE APLICA PAPEL EN MUCHAS CAPAS. HAY QUE ESPERAR A QUE SEQUE Y REPETIR EL PROCESO CUANTAS VECES SEAN NECESARIAS PARA DAR EL VOLUMEN DESEADO.
4) PARA SOSTENER LA FIGURA SE APLICAN LOS ÚLTIMOS DETALLES, PARA ESTE PROPÓSITO SE USA ALAMBRE Y PEGAMENTO.
5) EL GRAN "MICTLI" ESTÁ LISTO PARA AYUDAR A CRUZAR A LOS MUERTOS AL MÁS ALLÁ.

UN COLECTIVO FUERA DE SERIE

La casa de Raymundo Medina Jaén albergó el taller donde Jaén Cartonería empezó a trabajar sus piezas. Inspirada en el contexto mundial y luego en noticias locales y vecinales, la producción de este colectivo comenzó modestamente con la ayuda de familiares, organizados por horarios y días. Cada año, las ideas de Jaén comienzan a tomar forma a finales de julio. Se propone un programa de trabajo que, tras la aprobación de la mayoría, es concretado por los miembros de la agrupación, quienes gestionan los recursos de la comunidad de la calle Francisco Borraz, en la colonia Santa Cecilia de la alcaldía Tláhuac (Ciudad de México), aunque buena parte de la inversión proviene de sus propios bolsillos. Doce años después de su primera intervención artística, apoyándose básicamente en su imaginación y talento, el despunte de Jaén Cartonería llegó en 2019, con una de sus creaciones más sorprendentes: *Mictlán urbano*. En esta obra, que aprovecha los baches de las calles para su escenificación, dos calaveras gigantes emergen del suelo.

En Ocotepec se dice que el muerto "viene nuevo," porque será la primera vez en el año que la persona será celebrada sin su presencia terrenal.

La atención que esta instalación recibió no sólo fue local; a través de los medios de comunicación y las redes sociales se captó la atención del público que solía acudir al cementerio de Mixquic, en la misma alcaldía Tláhuac.

En 2020 la pandemia de Covid no impidió que los miembros del colectivo lanzaran un reto a la muerte en su muestra anual, que empleó herramientas digitales para respetar las restricciones de salubridad. Tanto vecinos como personas ajenas al barrio pudieron conocer de forma virtual a un innovador personaje que dio nombre a la instalación: "Cocoliztli-Covidiztli", lo que viene de afuera".

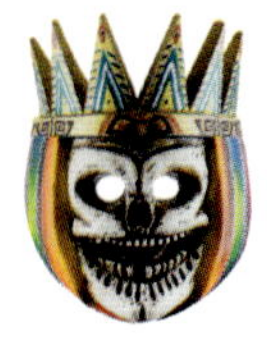

DE UN JALÓN HASTA EL PANTEÓN

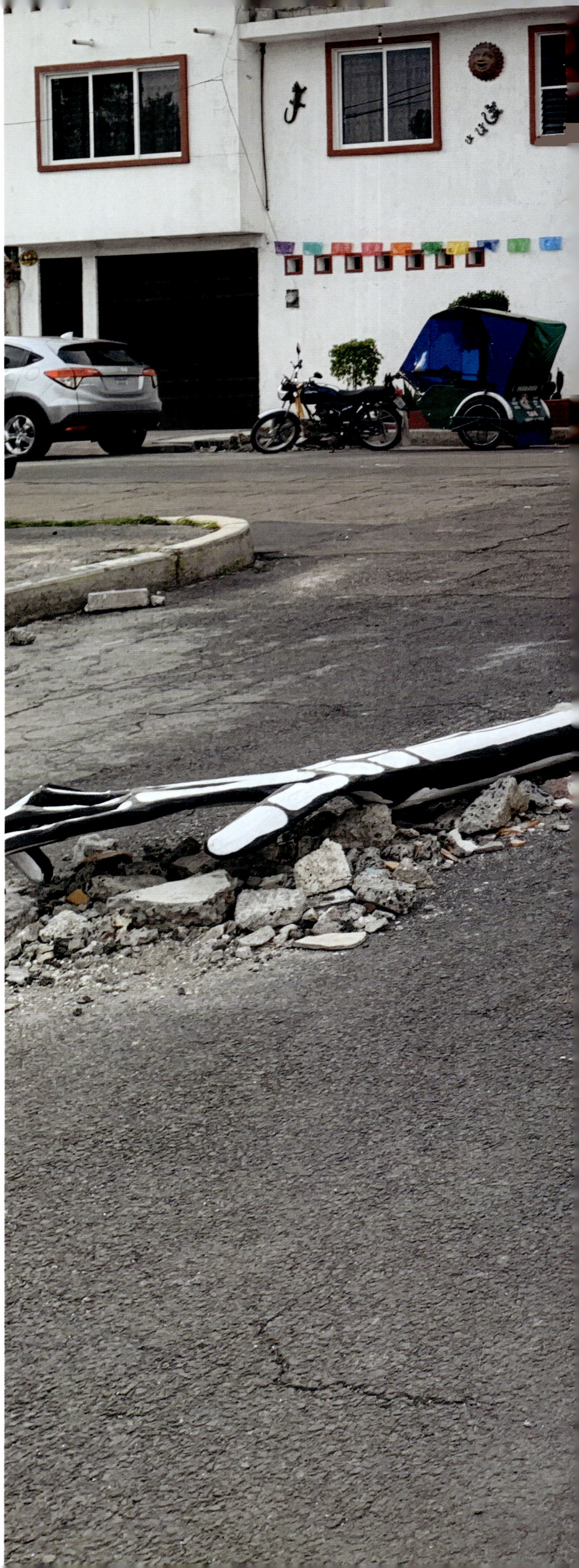

→ Los baches y grietas de las calles de Tláhuac son aprovechados por Jaén Cartonería para instalar sus esqueletos gigantes (2019).

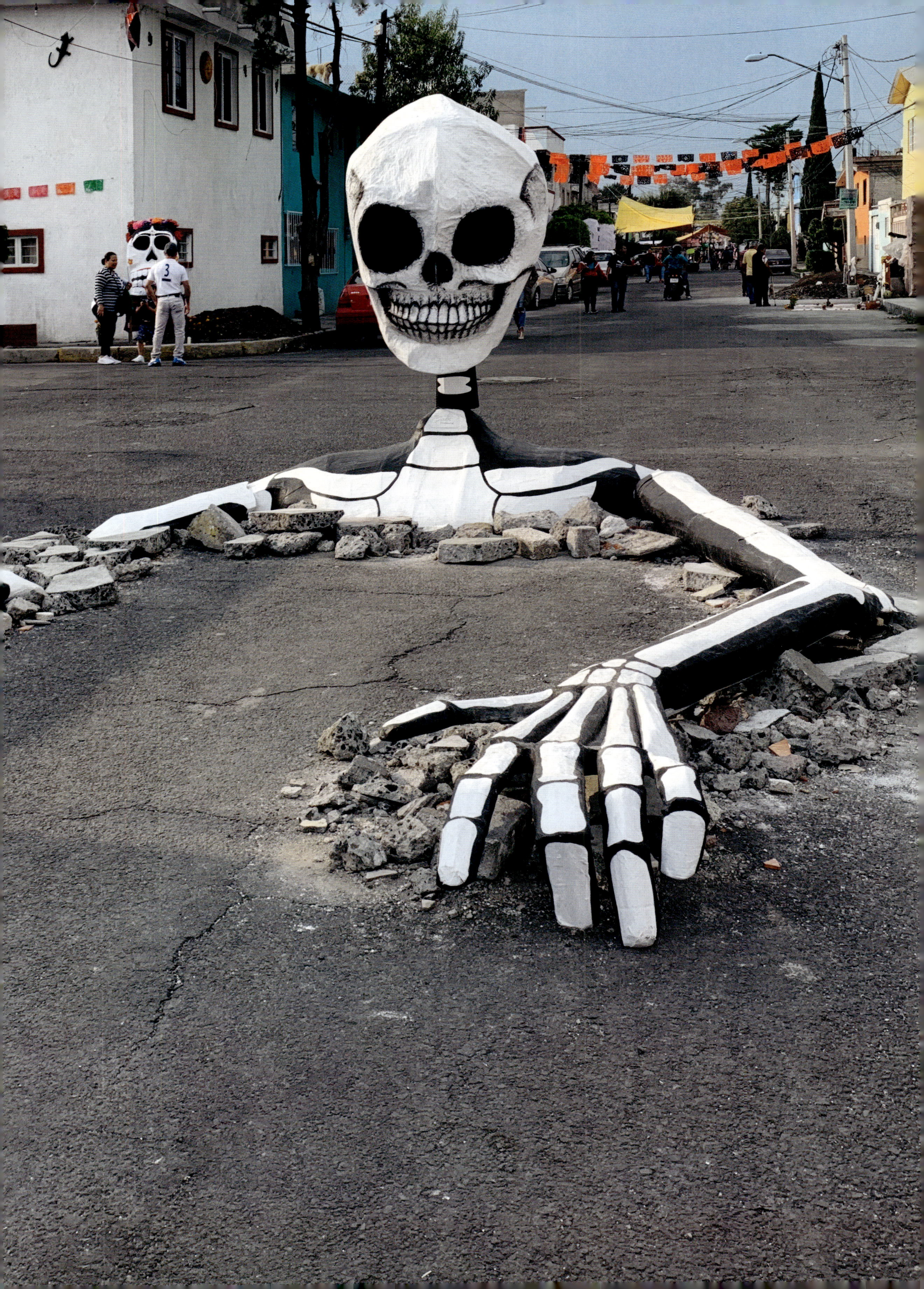

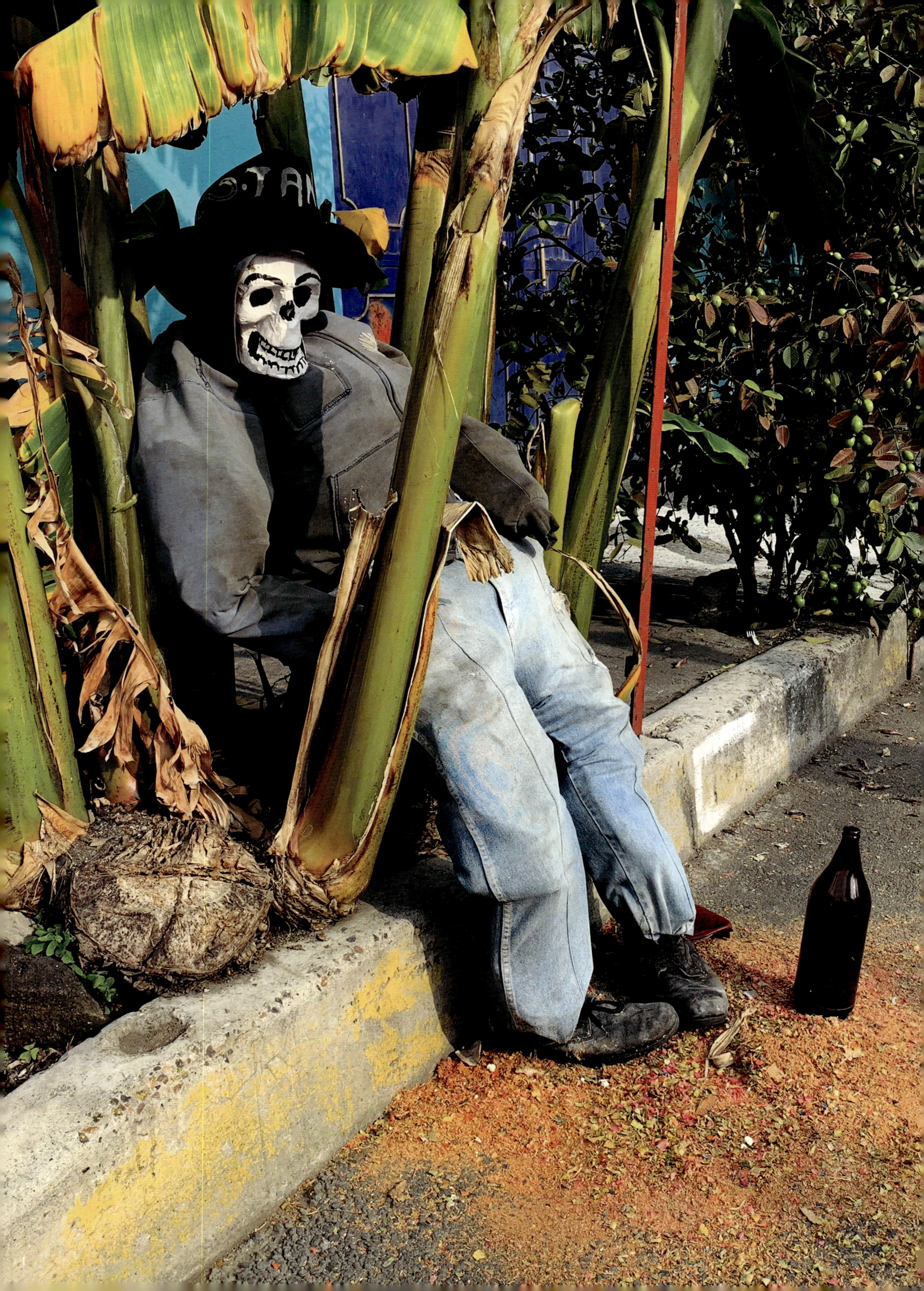

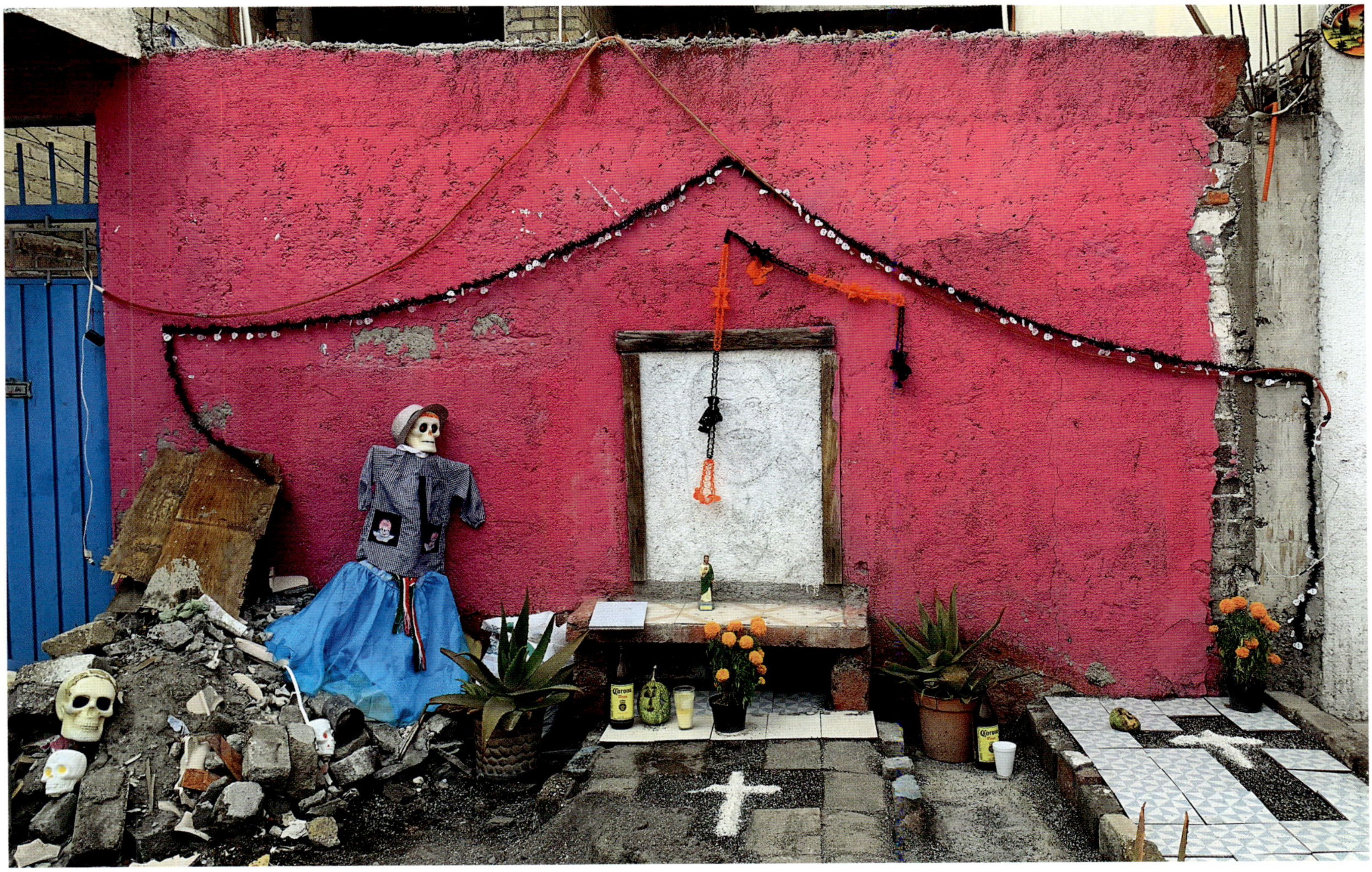

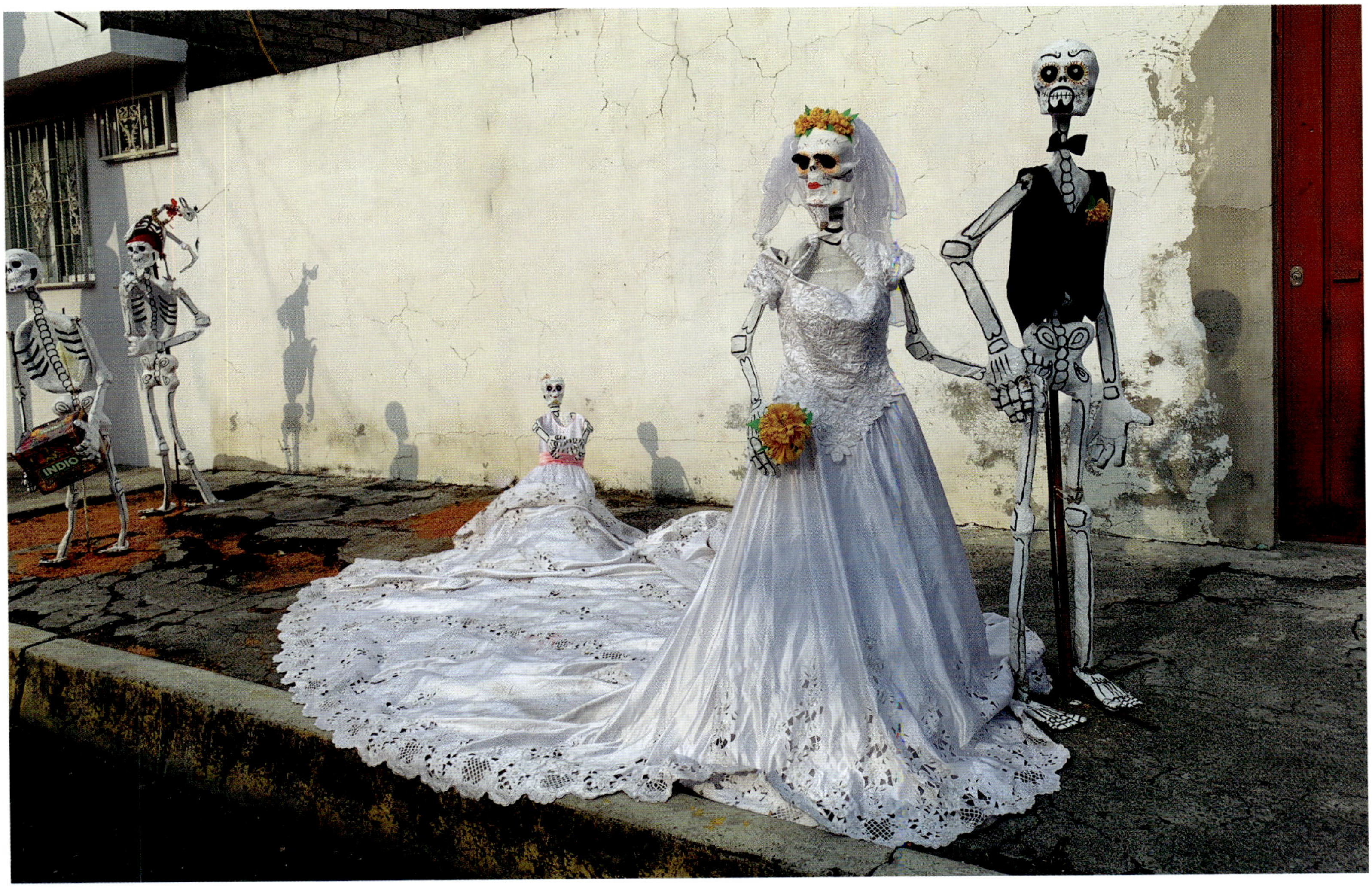

← Una calavera teporocha con más ganas de beber que de vivir. ↑ El arte de la cartonería convive junto a ruinas urbanas en Tláhuac, formando instalaciones únicas.

↑ Una pareja de esqueletos recién casados pasea por las calles de Tláhuac. ¡Mueran los novios! → (pp. 140-141) Tres esqueletos de cartonería se asoman entre los escombros, Tláhuac, Ciudad de México.

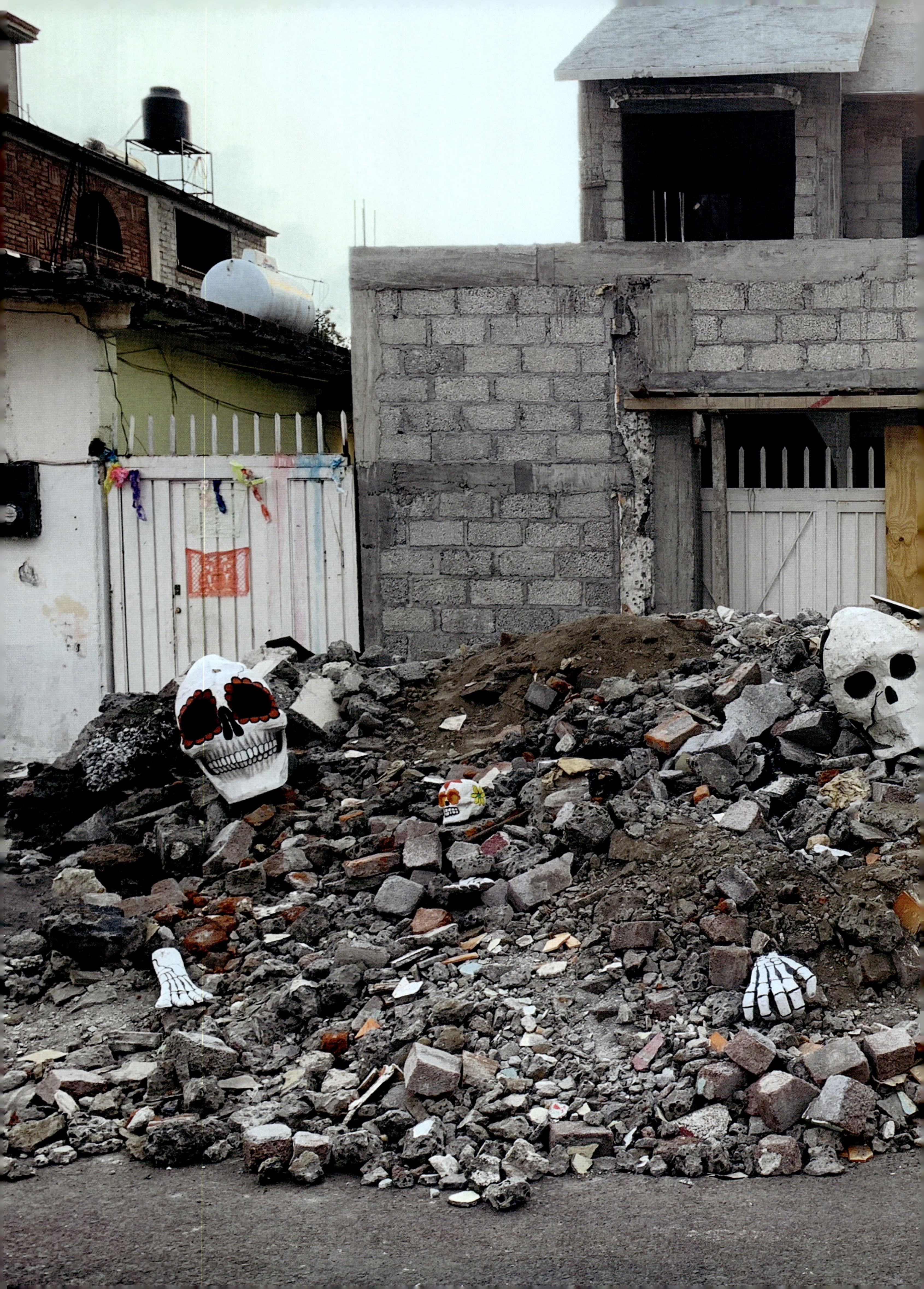

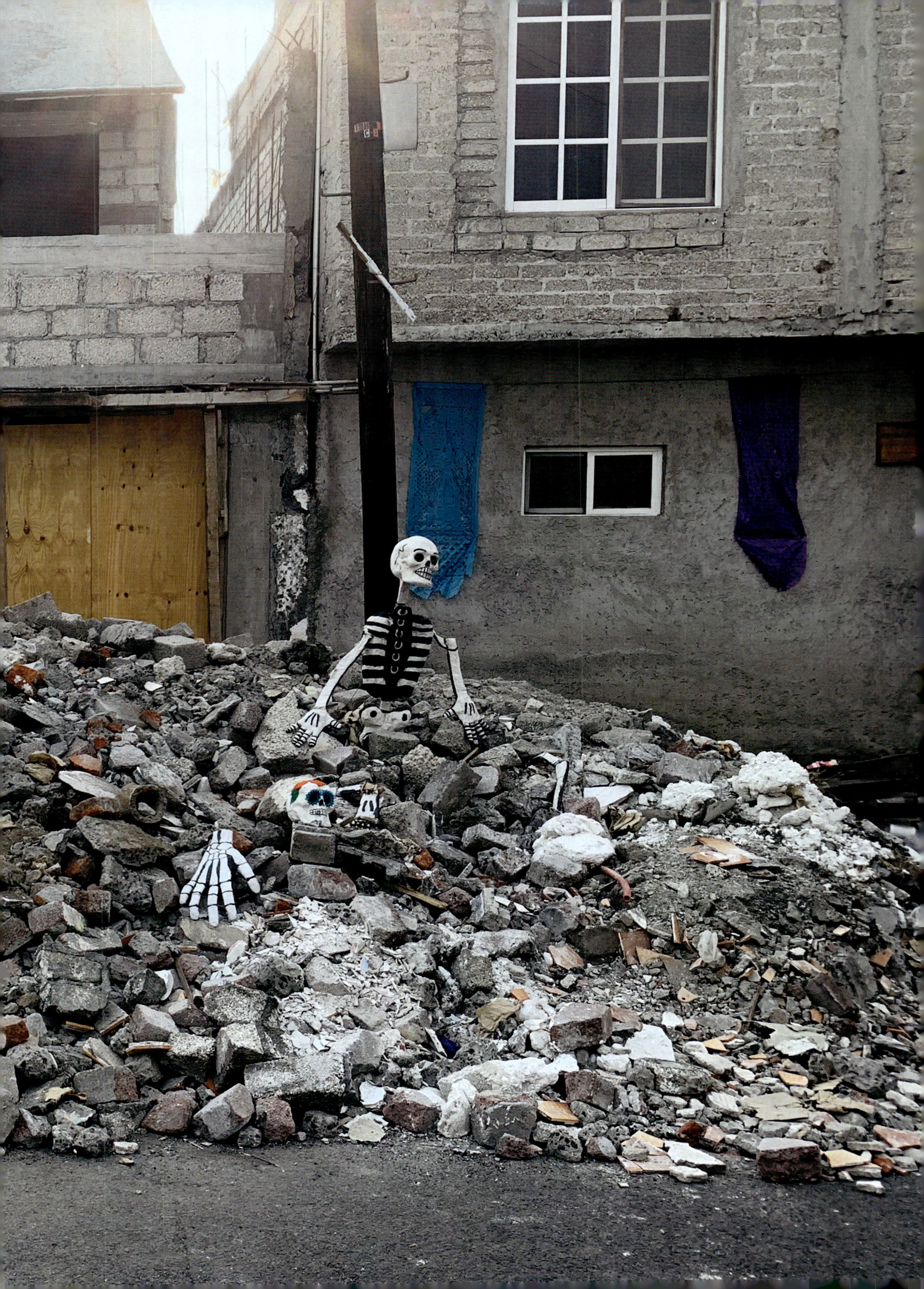

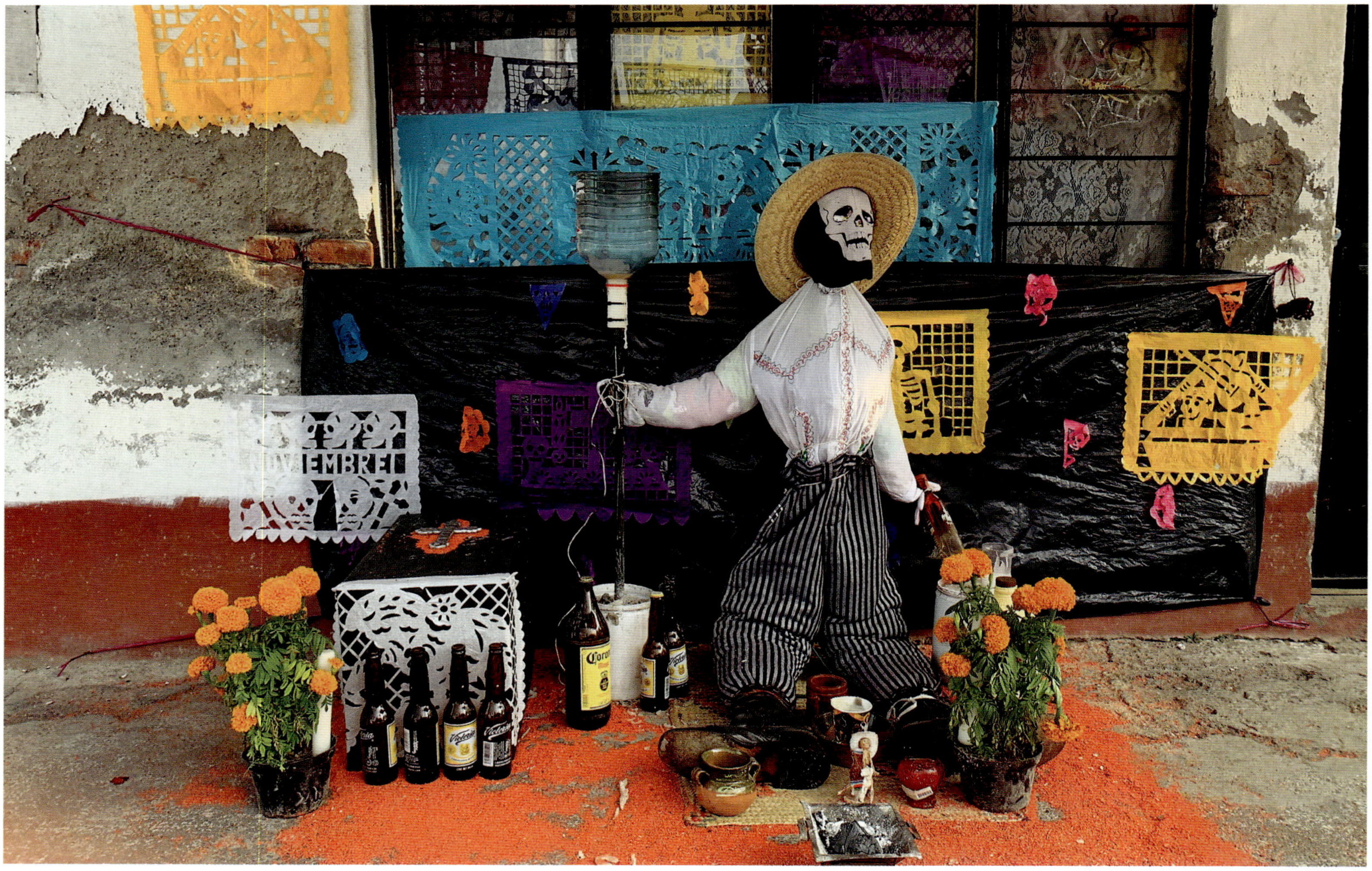

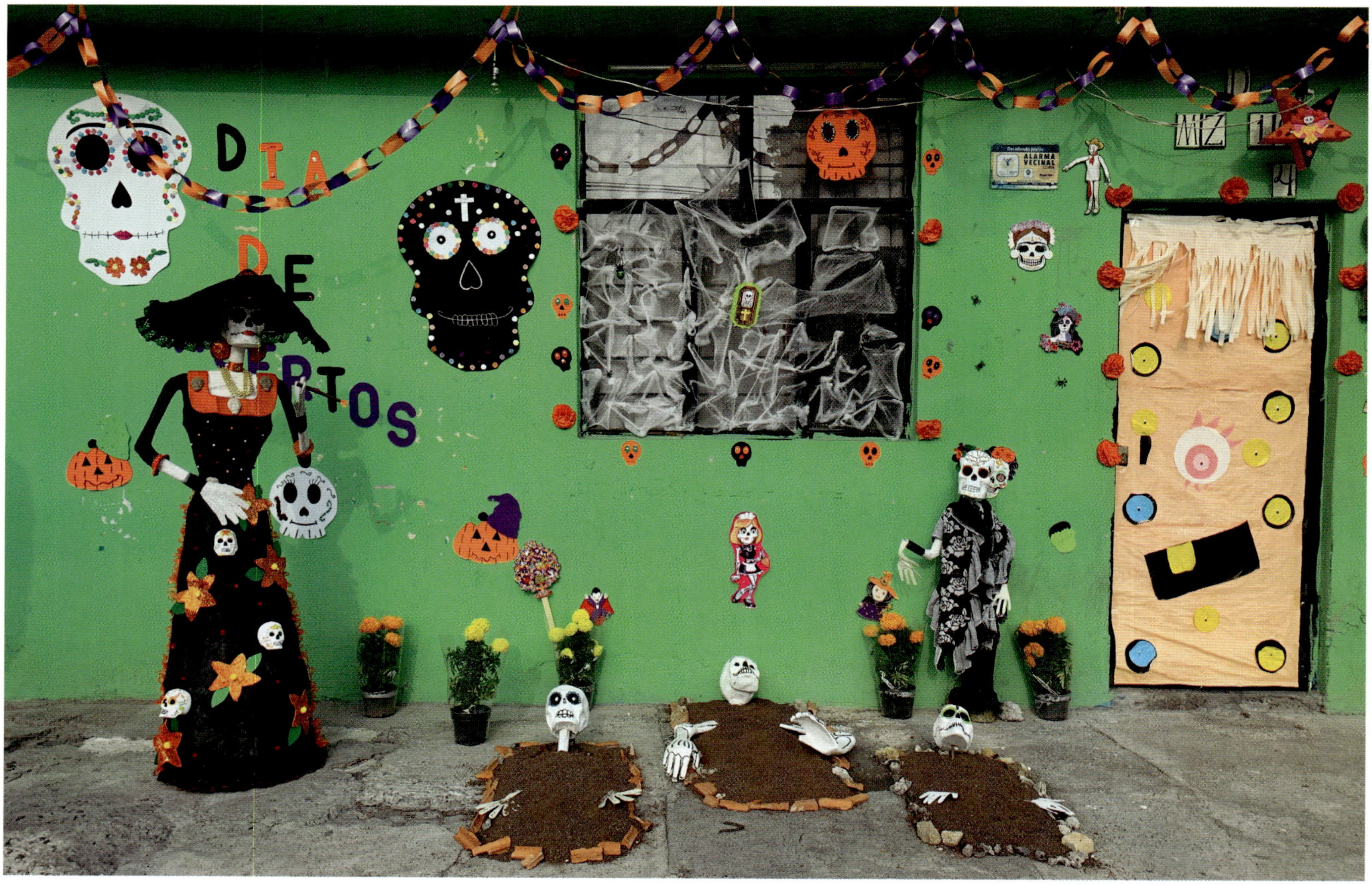

↑ Instalaciones populares en la colonia Santa Cecilia, Tláhuac.

→ Catrín y Catrina esperan sentados a que empiece la fiesta.

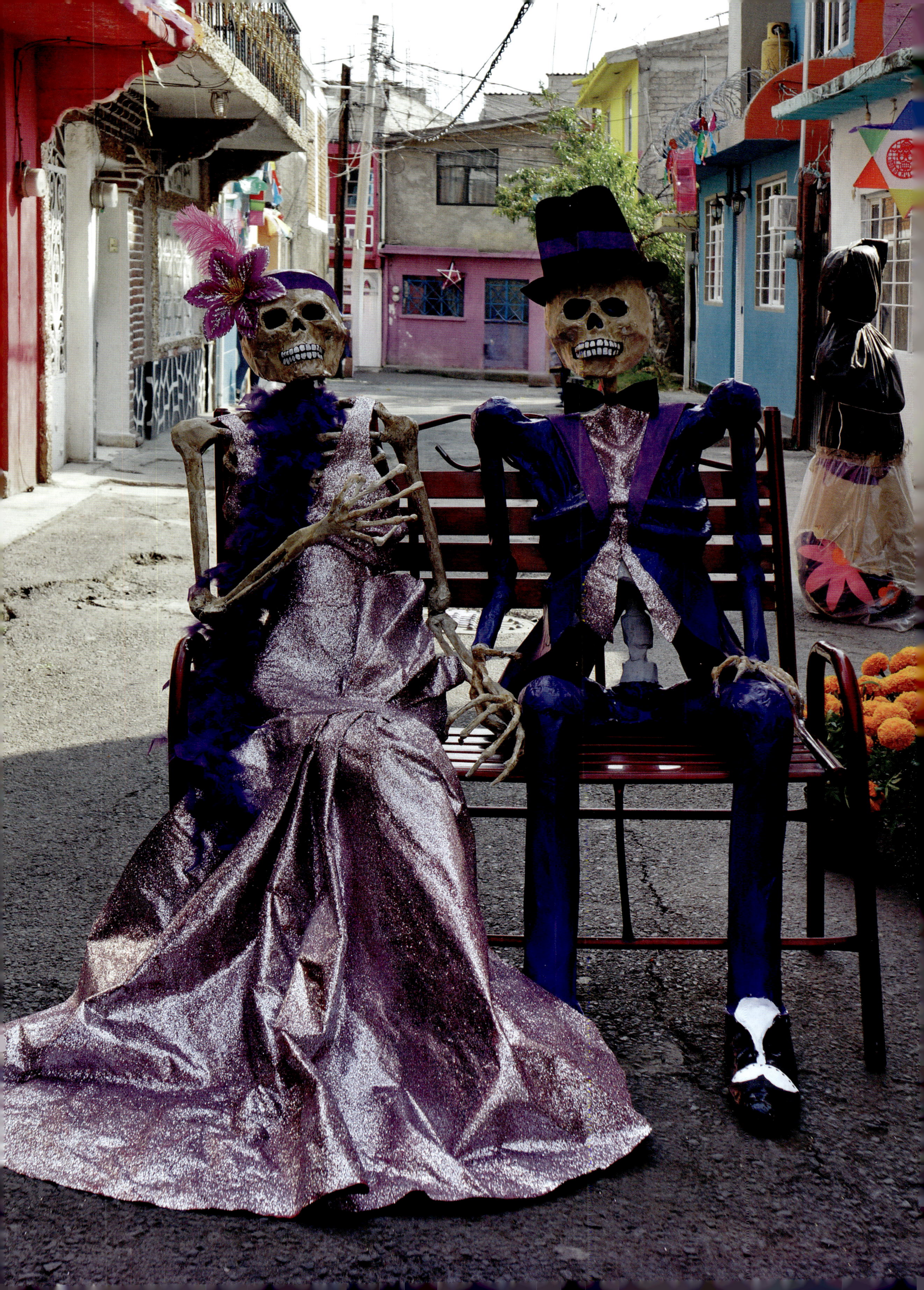

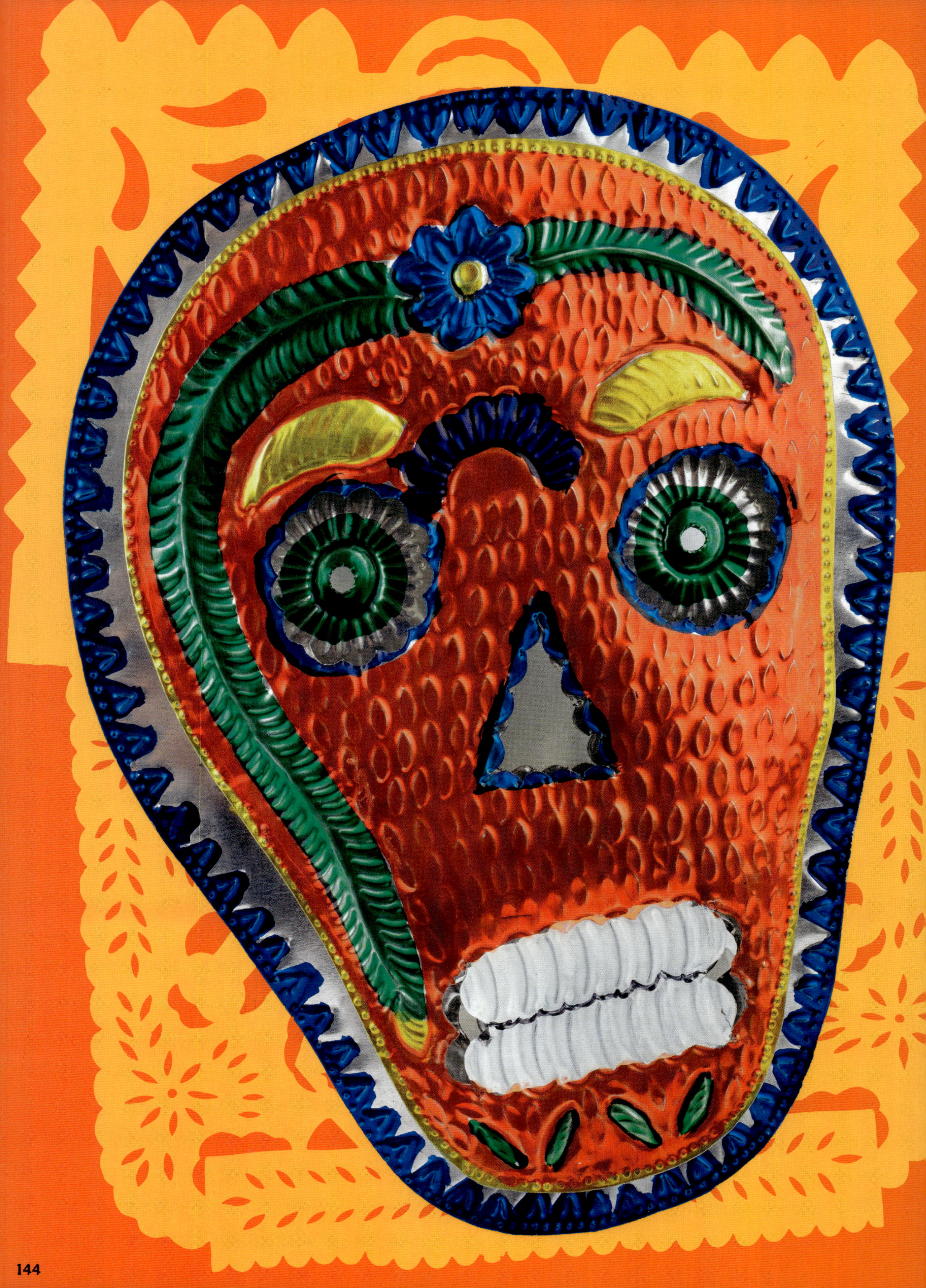

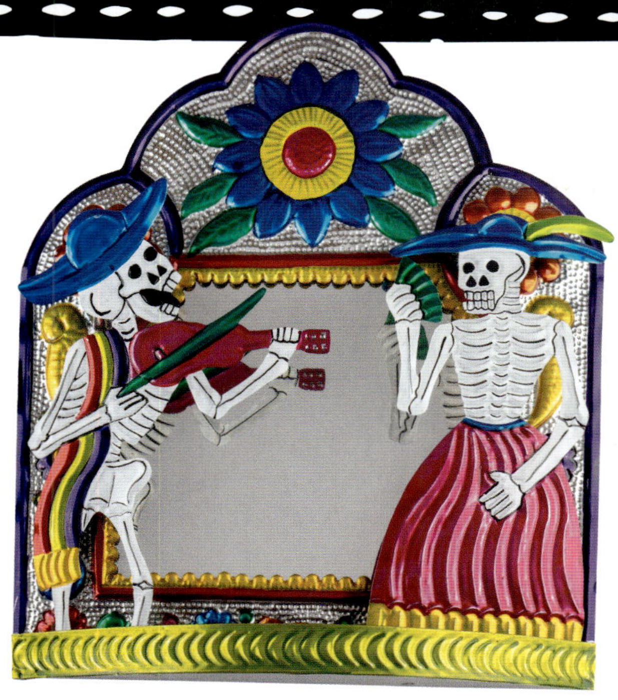

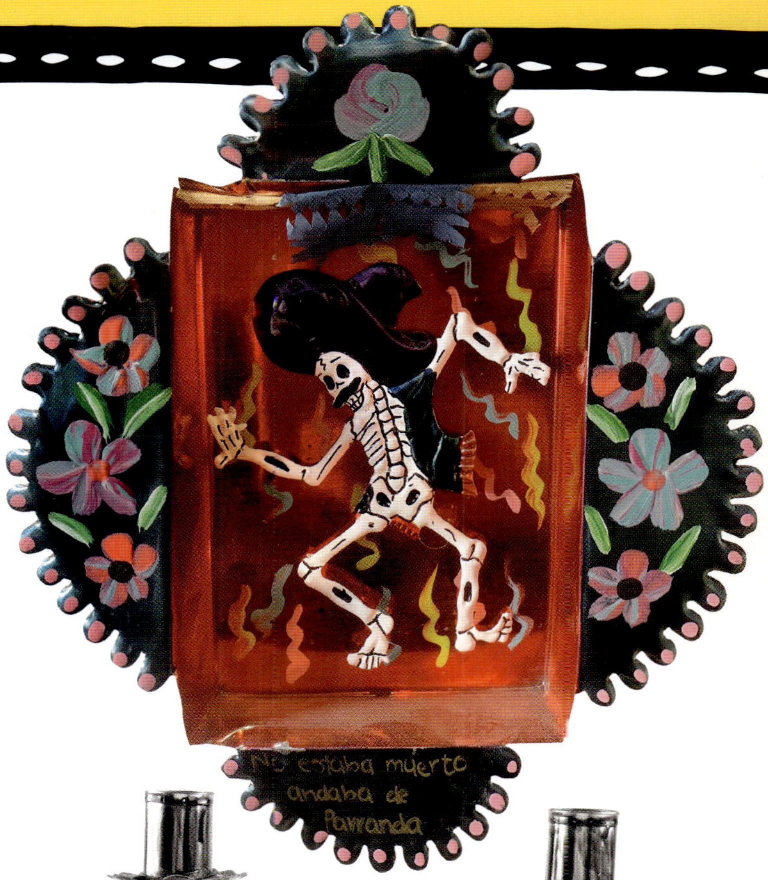

DIFUNTOS DE HOJALATA

En cualquier altar se pueden encontrar retratos de vivos y muertos, xoloitzcuintles, calaveras y hasta esqueletos de hojalata o latón. Este material se empezó a trabajar en el México novohispano; al igual que ocurrió con otros oficios, la técnica fue introducida por las órdenes religiosas durante la evangelización. En un principio se utilizó para fabricar relicarios, vitrinas y marcos para imágenes de santos y objetos eclesiásticos, además de piezas más decorativas y utilitarias, como juguetes y cajas. La demanda de estos artículos creció en el virreinato debido a su ductilidad, bajo costo, resistencia, así como al brillo de su materia prima, considerada como "plata barata".

El desarrollo de este oficio fue paralelo a la orfebrería. Los artesanos comenzaron a modelar y pintar candelabros, milagritos, corazones, nacimientos, ataúdes y esqueletos de hojalata que se integraron a los altares. Recortada, repujada, doblada, cincelada o soldada, esta técnica se exploró durante la Colonia en talleres de Guanajuato, Jalisco, Puebla, la Ciudad de México y Oaxaca. Hoy, en la capital oaxaqueña, en el barrio de Xochimilco, aún se concentran talleres familiares dedicados a esta artesanía. Sin embargo, la aparición de nuevos materiales industriales, como el peltre, el aluminio y el plástico, desplazó los utensilios de hoja de lata, que se convirtieron en piezas minoritarias de uso decorativo.

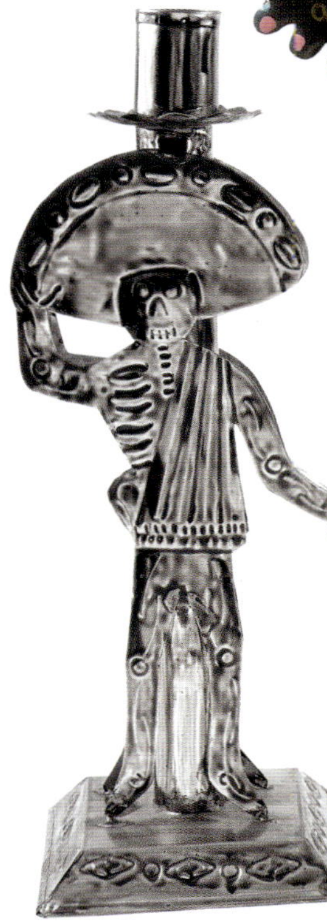

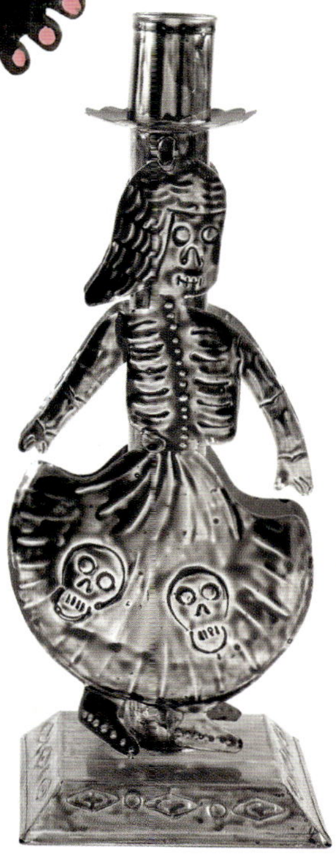

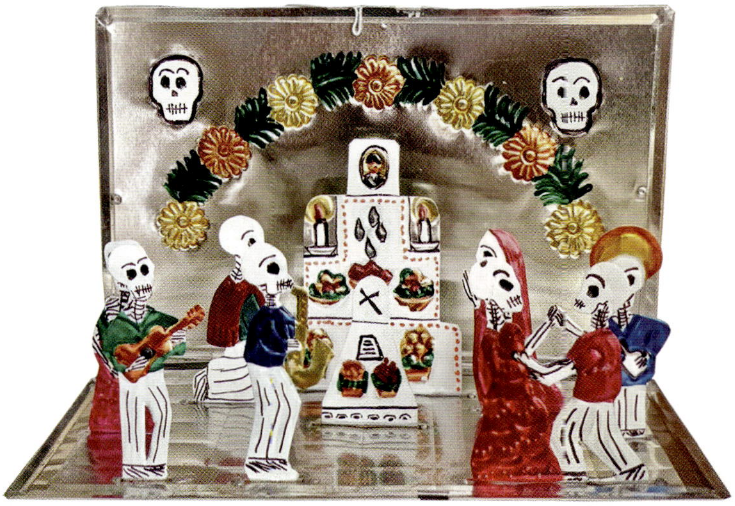

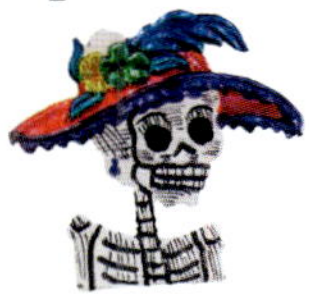

TODOS NACEMOS LLORANDO Y NADIE SE MUERE RIENDO

← Máscara de hojalata. Colección Miguel Abruch.

↖ Teatrillo de muertitos. ↑ Esqueleto danzante de hojalata. ↑ Charro y bailarina. Colección Miguel Abruch. ↑ Altarcito de hojalata. La Divina Casa, México.

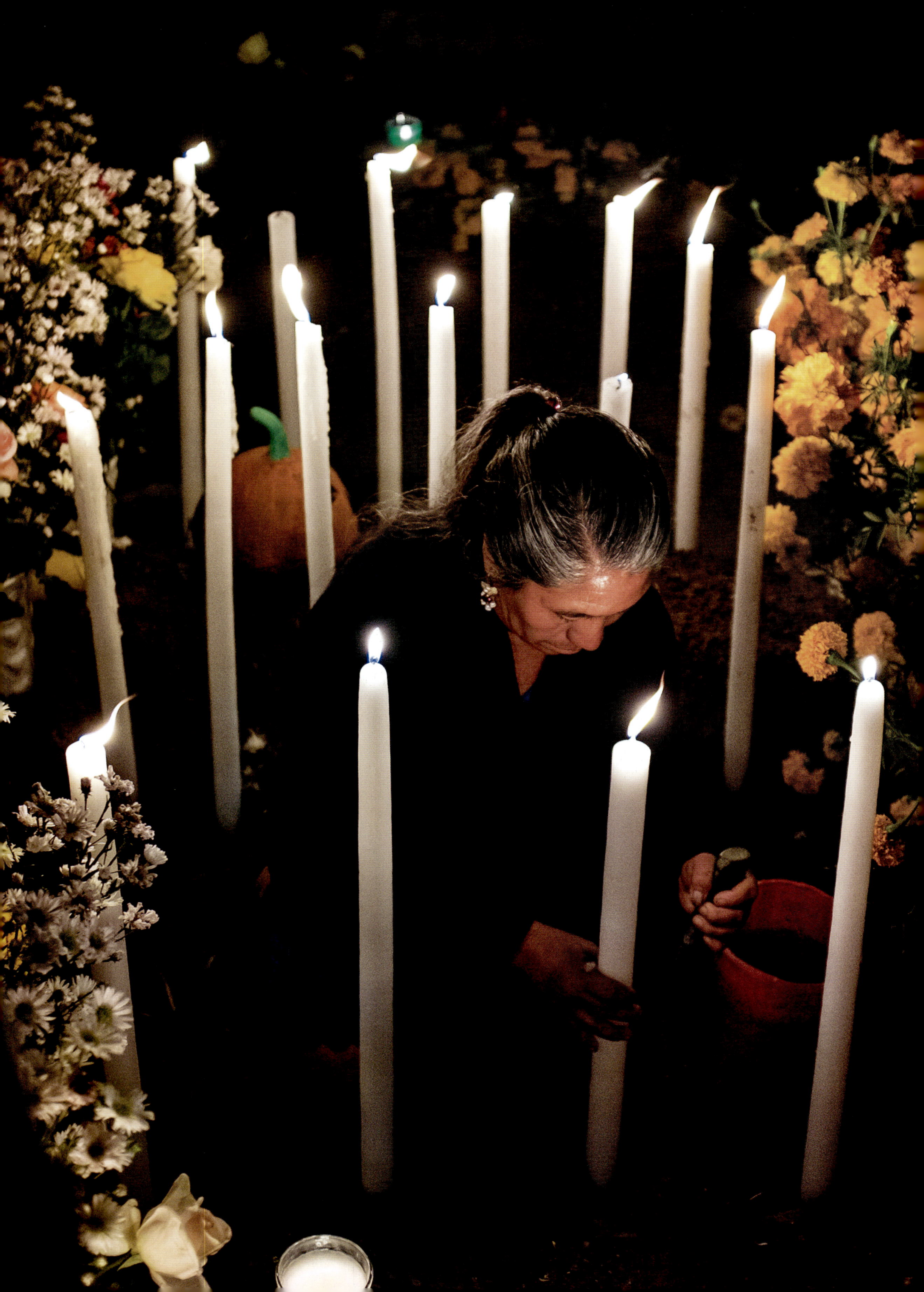

LA LUZ AL FINAL DEL TÚNEL

En las culturas mesoamericanas se alumbraba el camino de los muertos con varas de ocote (una por difunto), costumbre que perdura hasta la fecha en algunas regiones de México. A partir de la Conquista, en vez de ocote se incluyeron en los altares veladoras, cirios y ceras moldeadas. Siguiendo esa tradición, en las ofrendas actuales suelen colocarse cuatro velas en forma de cruz, señalando los puntos cardinales. Cada ánima tiene su propia vela, que debe ser blanca, pero si la persona falleció en el año en curso se usará una morada.

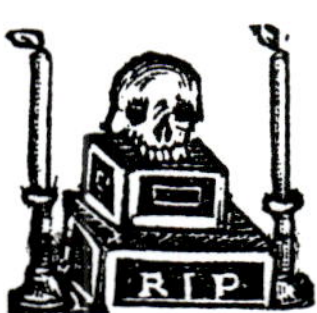

Aunque hoy en día se usan velas y cirios industrializados, la fabricación artesanal continúa en algunos poblados. Éste es el caso de Teotitlán del Valle (Oaxaca), Cuetzalan (Puebla) y Nacajuca (Tabasco), donde los artesanos utilizan cera de abeja, de parafina e incluso de cebo de res.

Si bien iluminar el camino de las almas es la función primordial de este ornamento, no es la única: las ceras suelen entregarse a los deudos como símbolo de respeto. Esta práctica forma parte del ritual en Chilac y Huaquechula (Puebla), donde se ofrecen cirios ornamentados con flores. En algunos poblados zapotecos y mixtecos son parte de "ofrendas portátiles" que se disponen en canastas cargadas de pan, flores y chocolates, que se llevan en las visitas a familiares. Más original es una ofrenda de Michoacán en la que se regala un caballito de madera con velas.

Como no hay dos muertos iguales, el momento de alumbrar el altar depende de la identidad y el contexto del difunto. De hecho, la tradición es tan generosa que incluye a los solitarios y olvidados, quienes también tendrán su propia luz. Según las tradiciones de cada comunidad, se asigna un día para el encendido: el 28 de octubre se dedica a las ánimas que viajan solas; el 29 a los desamparados y a los que fallecieron peleados; el 30 se consagra a los que murieron en accidentes; el 31 se ilumina el camino de los mayores (tardan más en llegar); el 1 de noviembre se guía a las almas infantiles, y el 2 los altares se encienden completamente y ya no se apagan hasta que las velas se extinguen y los muertos retornan a sus moradas.

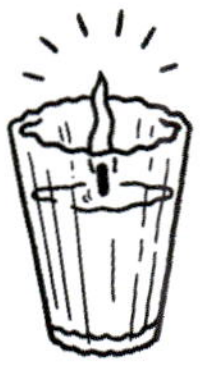

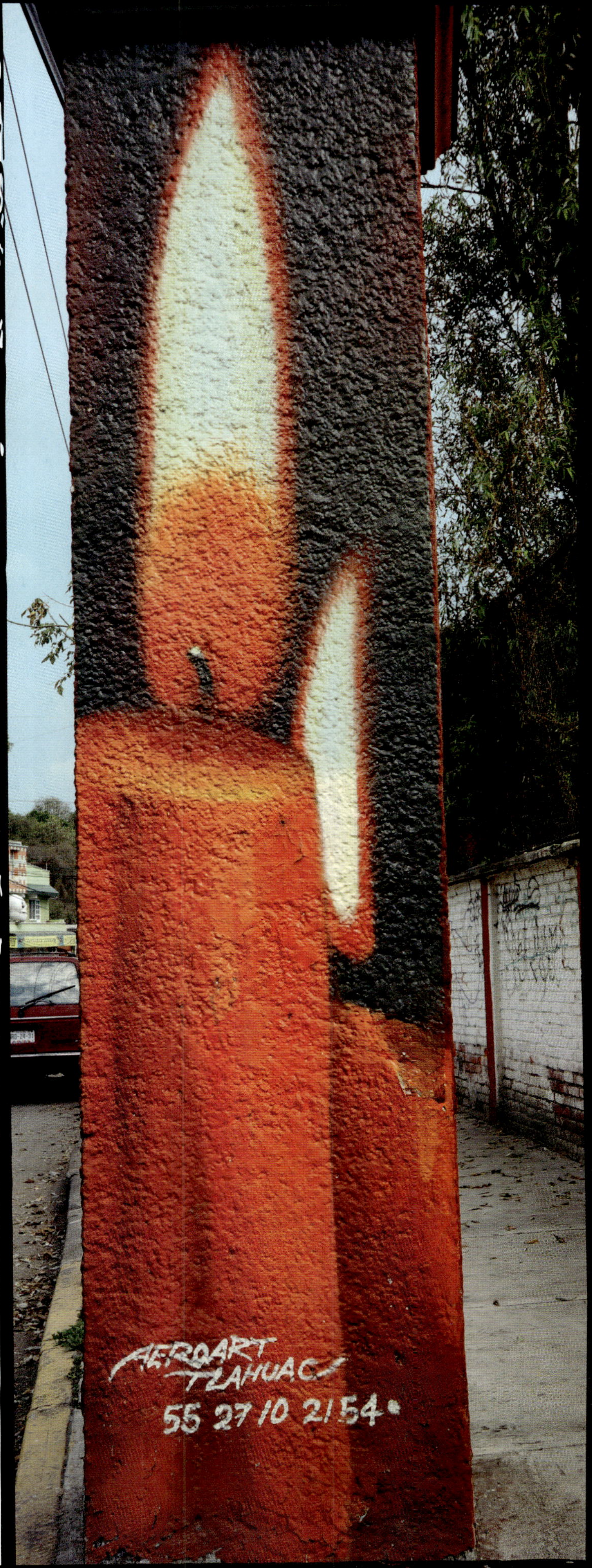

← Las velas iluminan el camino de los muertos, para que no se desvíen.

↑ El mobiliario urbano es un excelente soporte para el arte popular, como estas velas pintadas sobre una columna en Tláhuac, Ciudad de México.

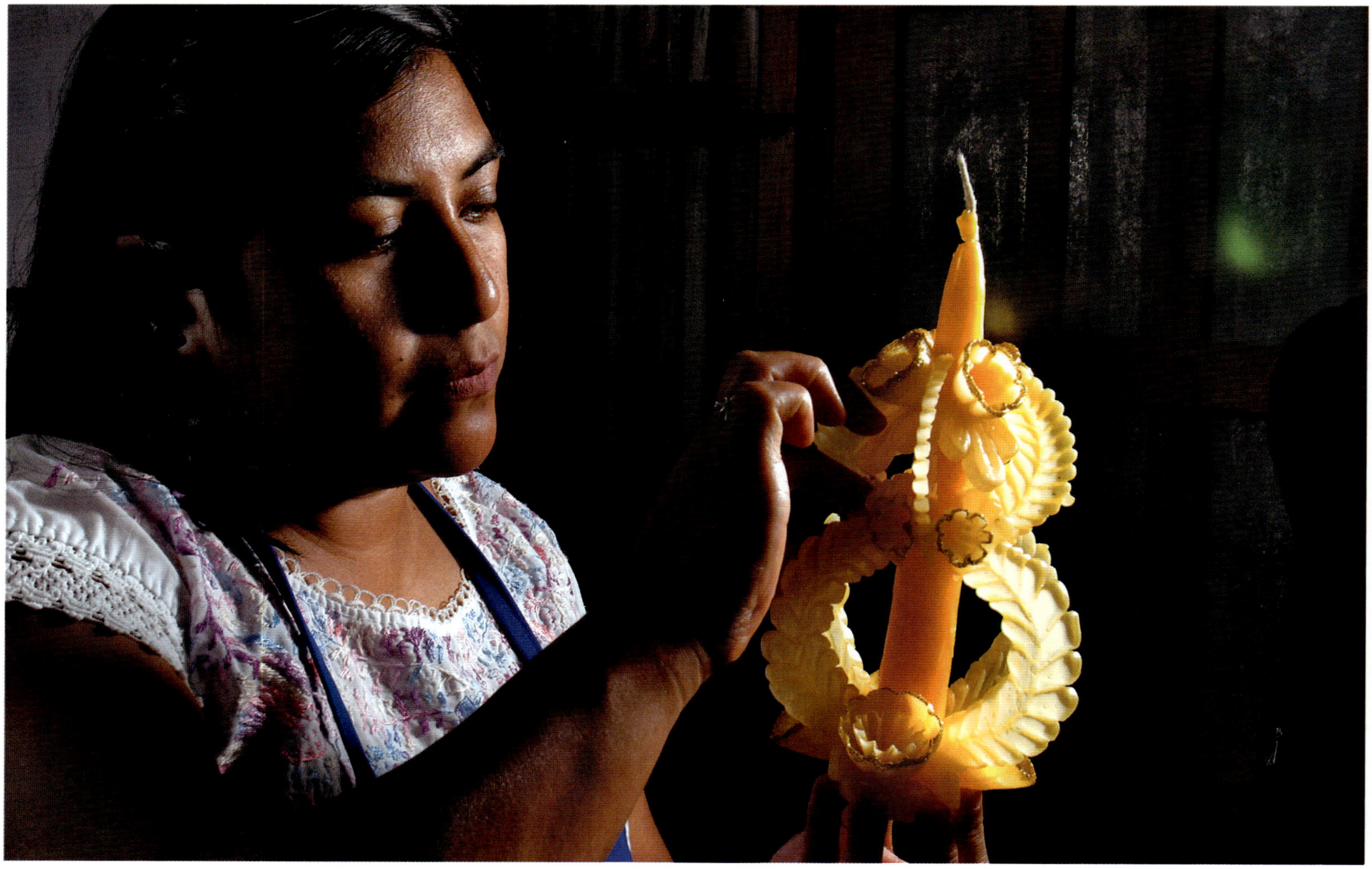

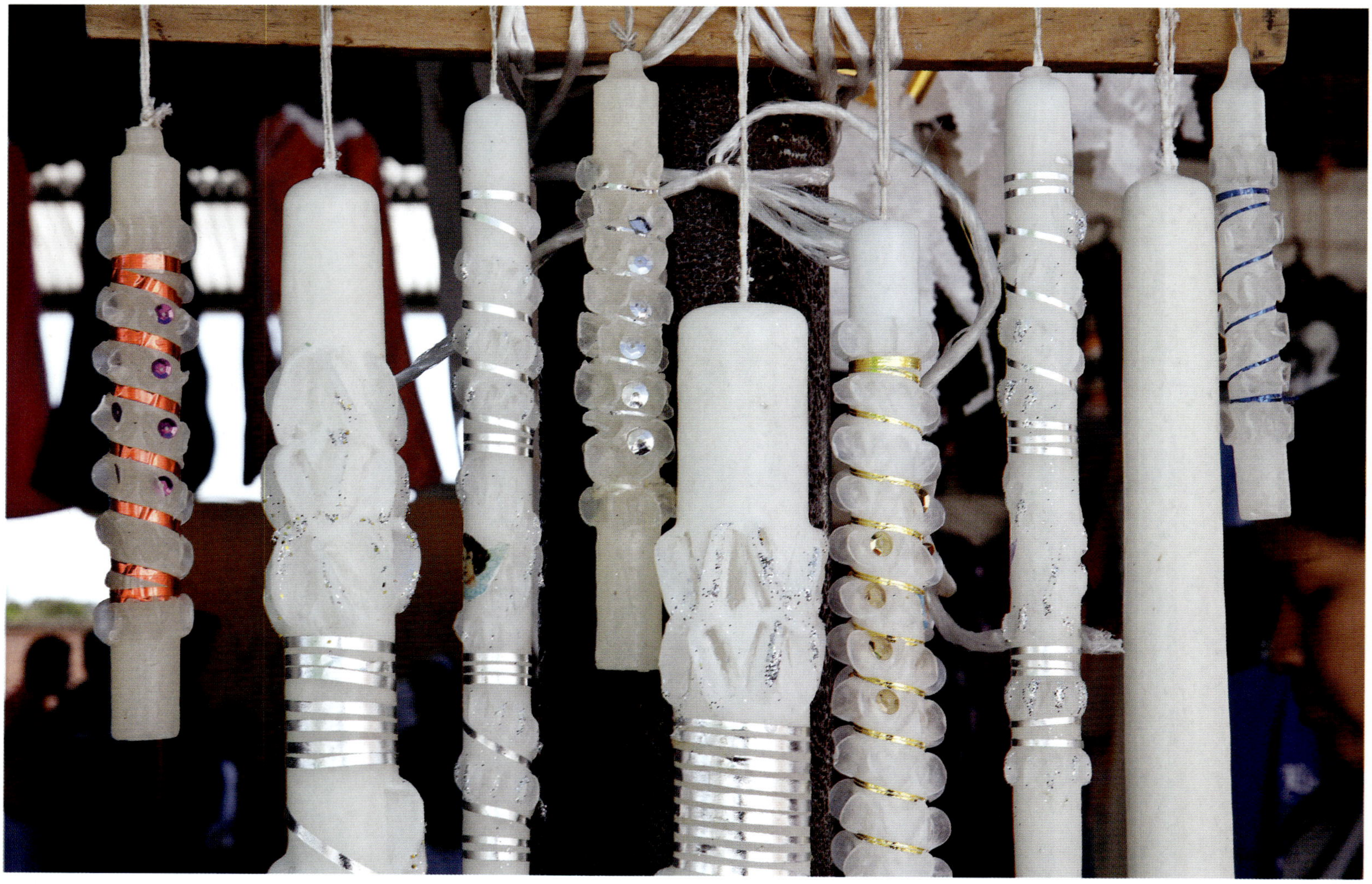

↑ Elaboración artesanal de velas, Tochimilco, Puebla.
↑ La peculiaridad de las veladoras para difuntos es su forma espigada, y prácticamente no generan humo, Calpan, Puebla.

→ Las veladoras amarillas o anaranjadas representan la luz del sol, que guía las almas de los difuntos de vuelta al mundo de los vivos, Chilac, Puebla. → (pp. 150-151) Celebración del Xantolo, Huasteca hidalguense.

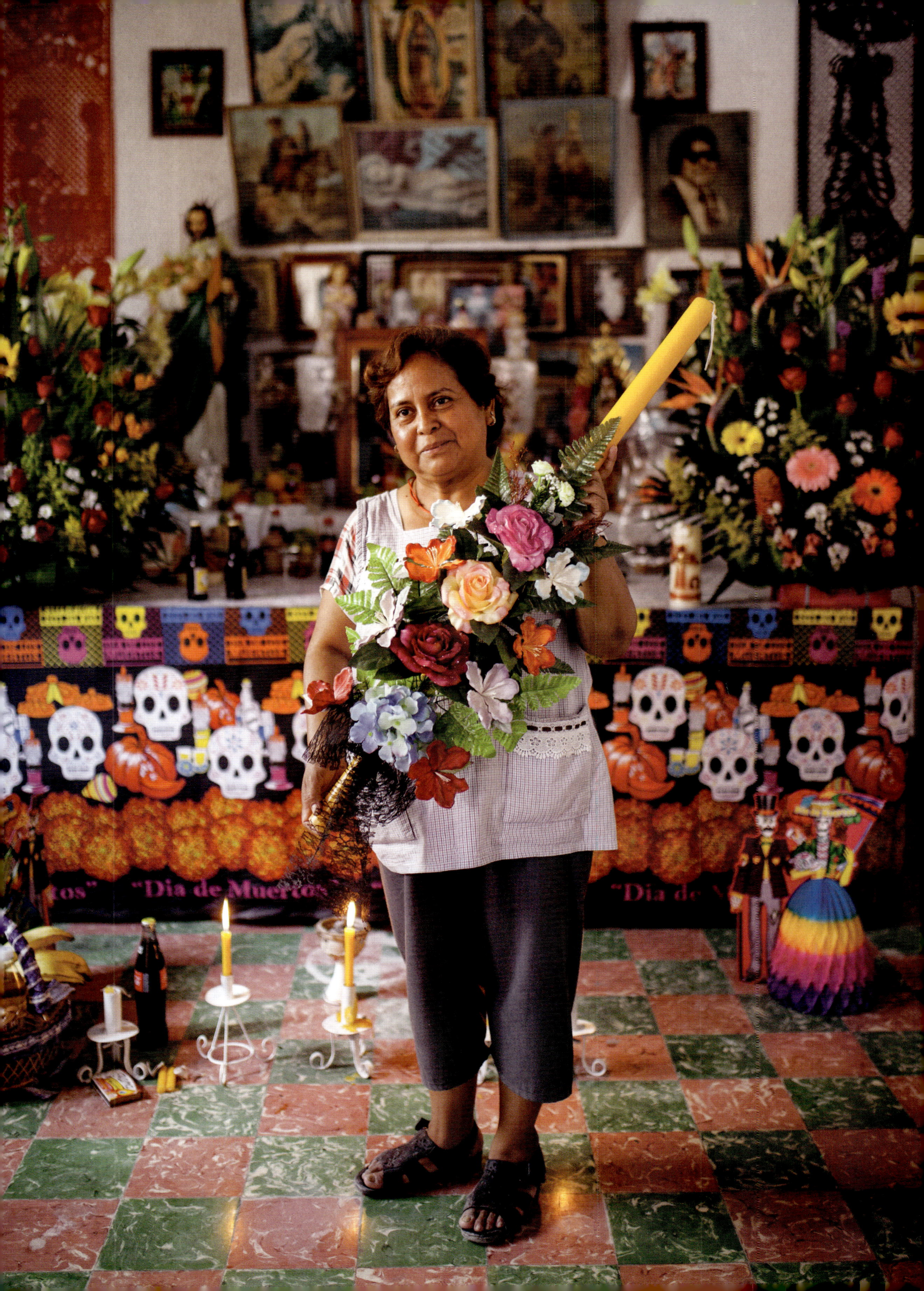
"Dia de Muertos"

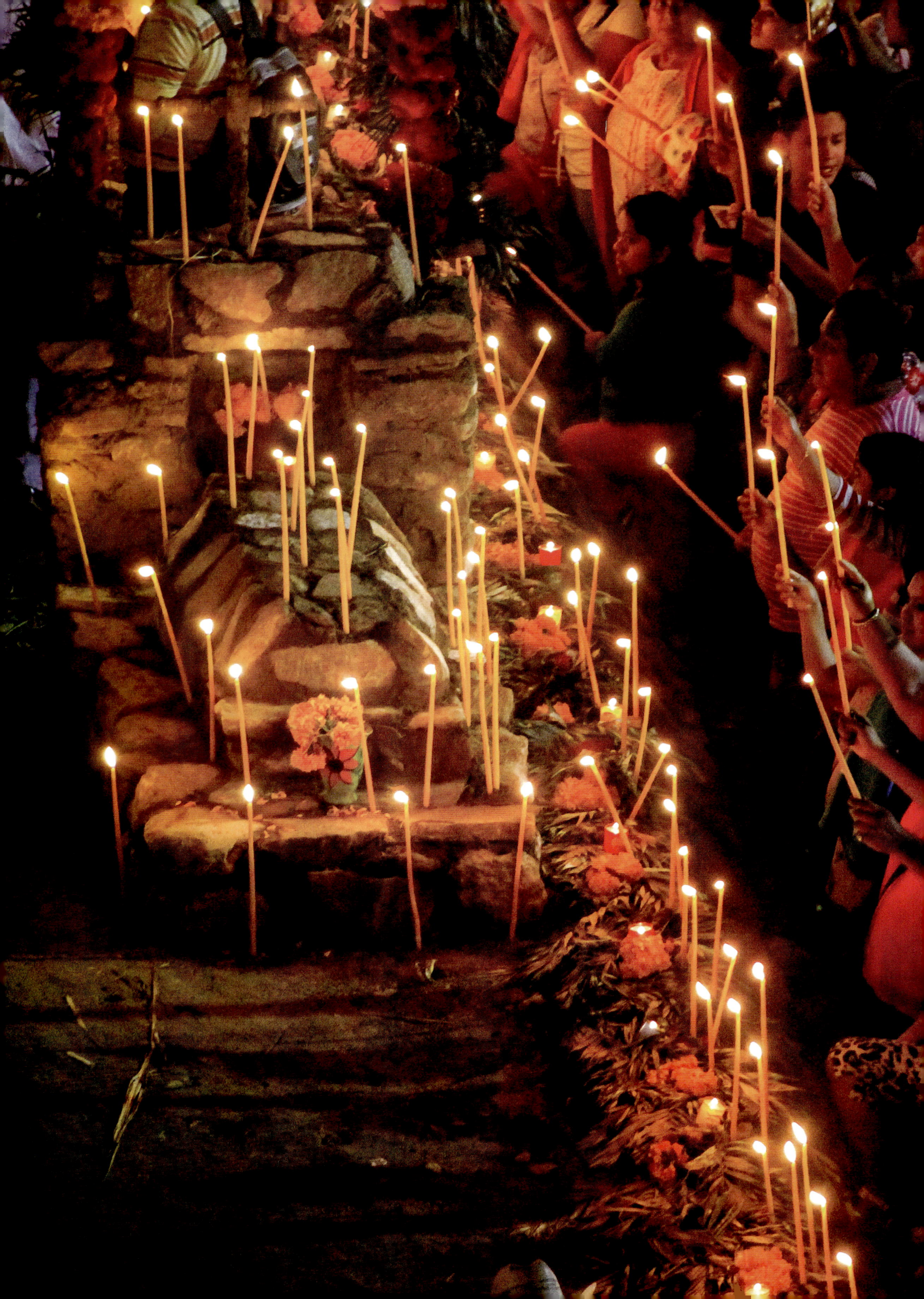

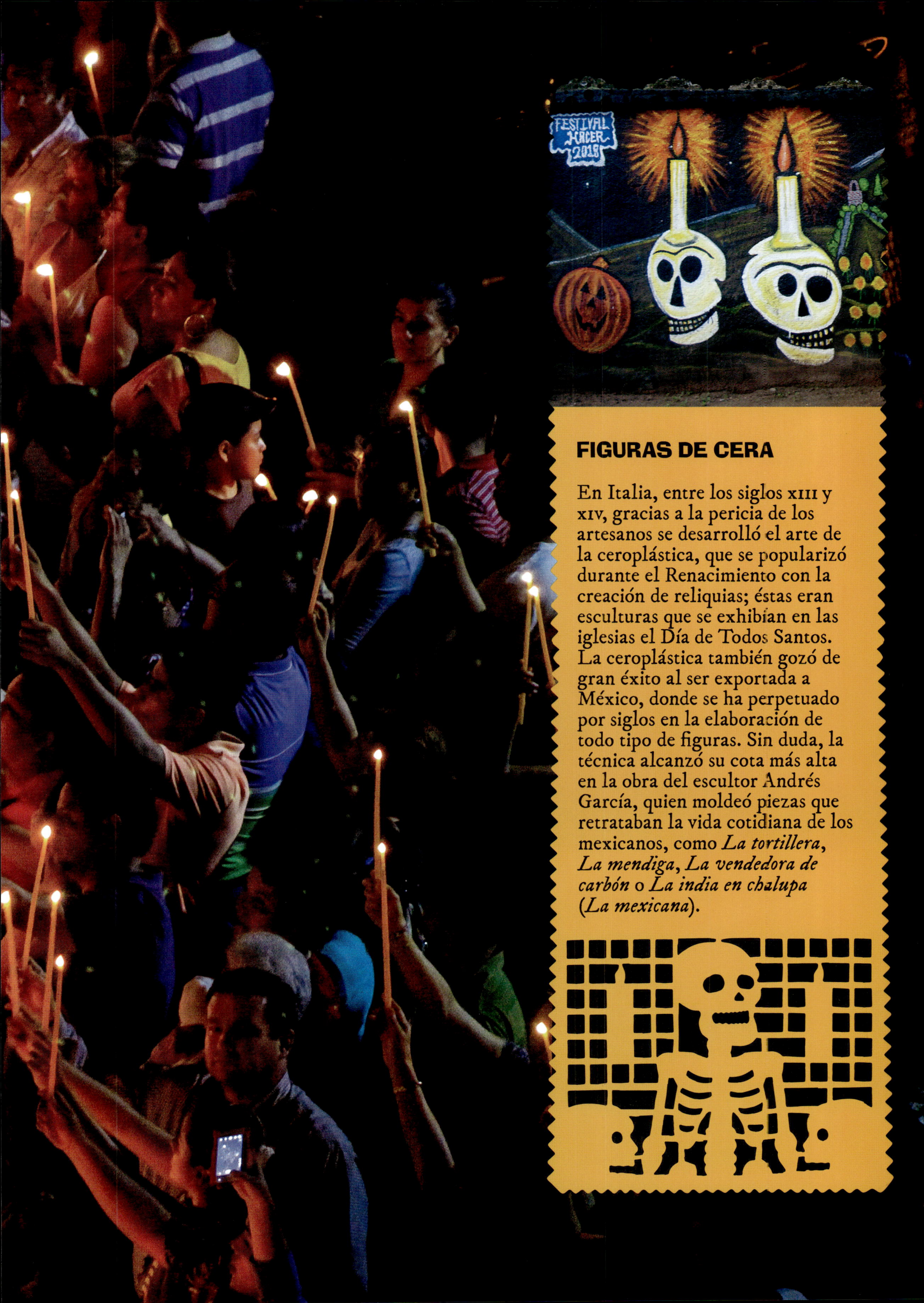

FIGURAS DE CERA

En Italia, entre los siglos XIII y XIV, gracias a la pericia de los artesanos se desarrolló el arte de la ceroplástica, que se popularizó durante el Renacimiento con la creación de reliquias; éstas eran esculturas que se exhibían en las iglesias el Día de Todos Santos. La ceroplástica también gozó de gran éxito al ser exportada a México, donde se ha perpetuado por siglos en la elaboración de todo tipo de figuras. Sin duda, la técnica alcanzó su cota más alta en la obra del escultor Andrés García, quien moldeó piezas que retrataban la vida cotidiana de los mexicanos, como *La tortillera*, *La mendiga*, *La vendedora de carbón* o *La india en chalupa* (*La mexicana*).

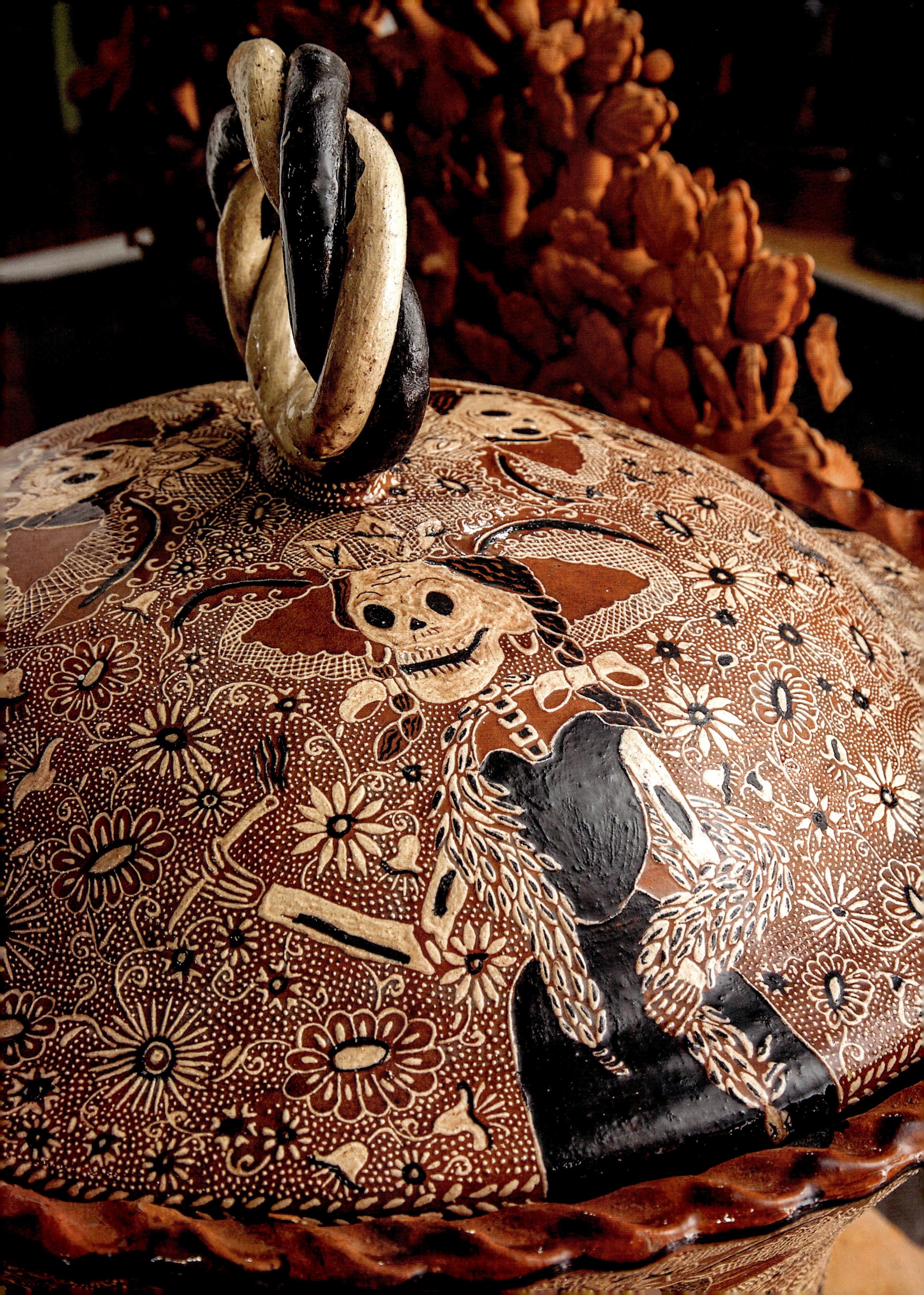

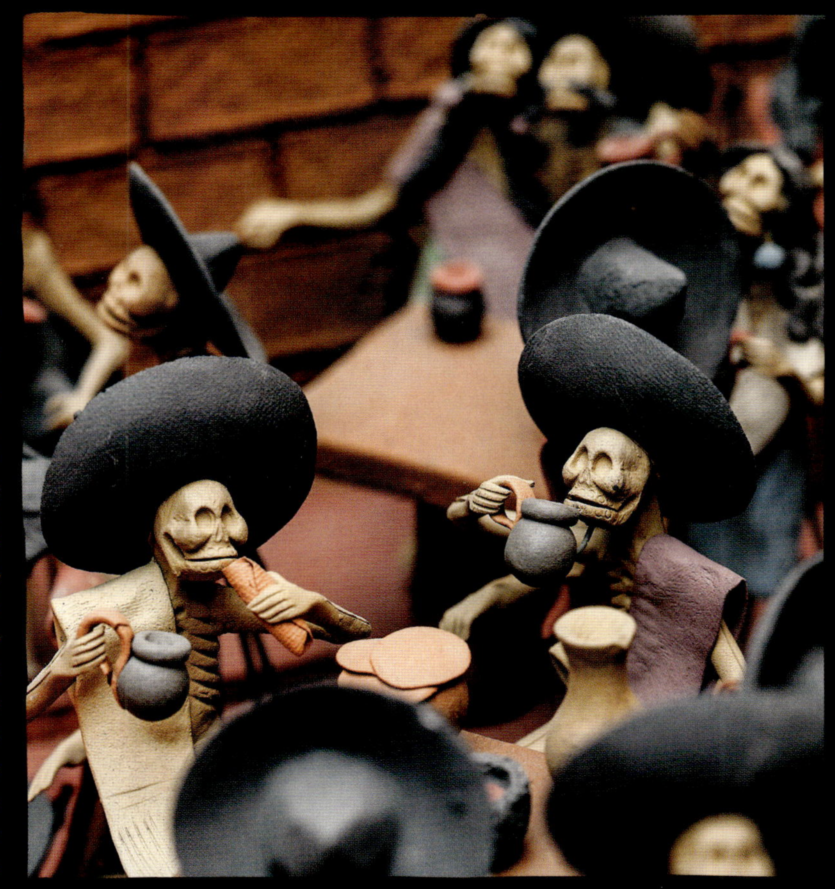

caballos, venados y otros animales de cerámica en los altares. En esta zona también se fabrican silbatos, que tradicionalmente se depositan en las ofrendas dedicadas a los niños. La comunidad de Tlayacapan (Morelos) es conocida por sus sahumadores decorados con ángeles, y la de Cuentepec, por los comales que forman parte de la escenografía de los altares. Puebla es otro estado famoso por sus sahumadores; Huaquechula y el Barrio de la Luz son los lugares más visitados.

Los altares son producto del sincretismo religioso y comparten elementos simbólicos con los *tlamanalli* (del náhuatl tlamana, "ofrecer") de algunas localidades indígenas de México.

NUTRIR LOS ESPÍRITUS El hallazgo de vasijas y otros utensilios de cerámica en las tumbas prehispánicas sugiere que la comida constituía un vínculo primordial entre el pasado y el presente. En las zonas zapotecas, donde la muerte estaba relacionada con el dios del rayo, se han encontrado, además de enseres domésticos, representaciones de Pitao Cocijo, diosa de la lluvia. Las urnas funerarias de cerámica eran frecuentes en Mesoamérica y son una muestra de la forma en que los antiguos pobladores materializaban sus creencias en los objetos rituales.

En México, el vestigio más antiguo de cerámica con mensajes para los difuntos data del año 2300 a. C. y fue encontrado en el Estado de México. Actualmente, en el municipio de Ozumba, a los pies del volcán Popocatépetl, está el punto de venta de objetos de cerámica más concurrido de la región. En México hay muchas comunidades especializadas en distintas técnicas ceramistas, dependiendo de la riqueza de sus tierras y la calidad de las arcillas. Destacan, por ejemplo, el barro negro de San Bartolo Coyotepec y el barro verde de Atzompa —ambos en Oaxaca—, con el que, además de vasijas tradicionales, se moldean sahumerios, figuritas, macetas, calaveras y candelabros. En Chililico, pueblo de la Huasteca hidalguense, se colocan

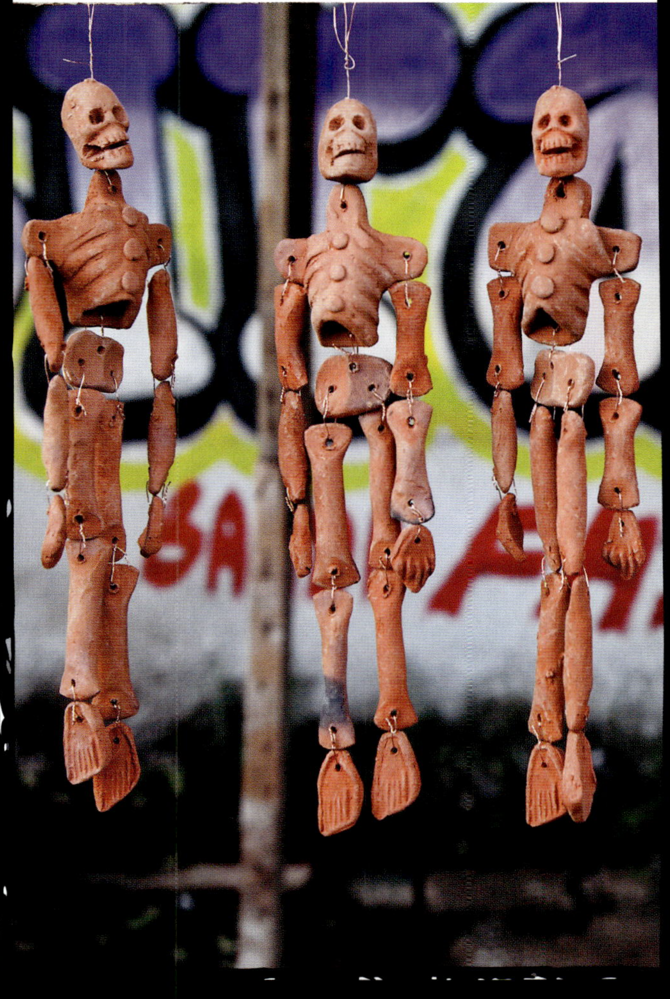

DE GORDOS Y GLOTONES ESTÁN LLENOS LOS PANTEONES

← La artesanía de barro rojo recuerda las vasijas funerarias que contenían alimentos. ↑ El aspecto festivo se manifiesta en pequeños detalles.

↑ Esqueletos de barro, Ciudad de México.

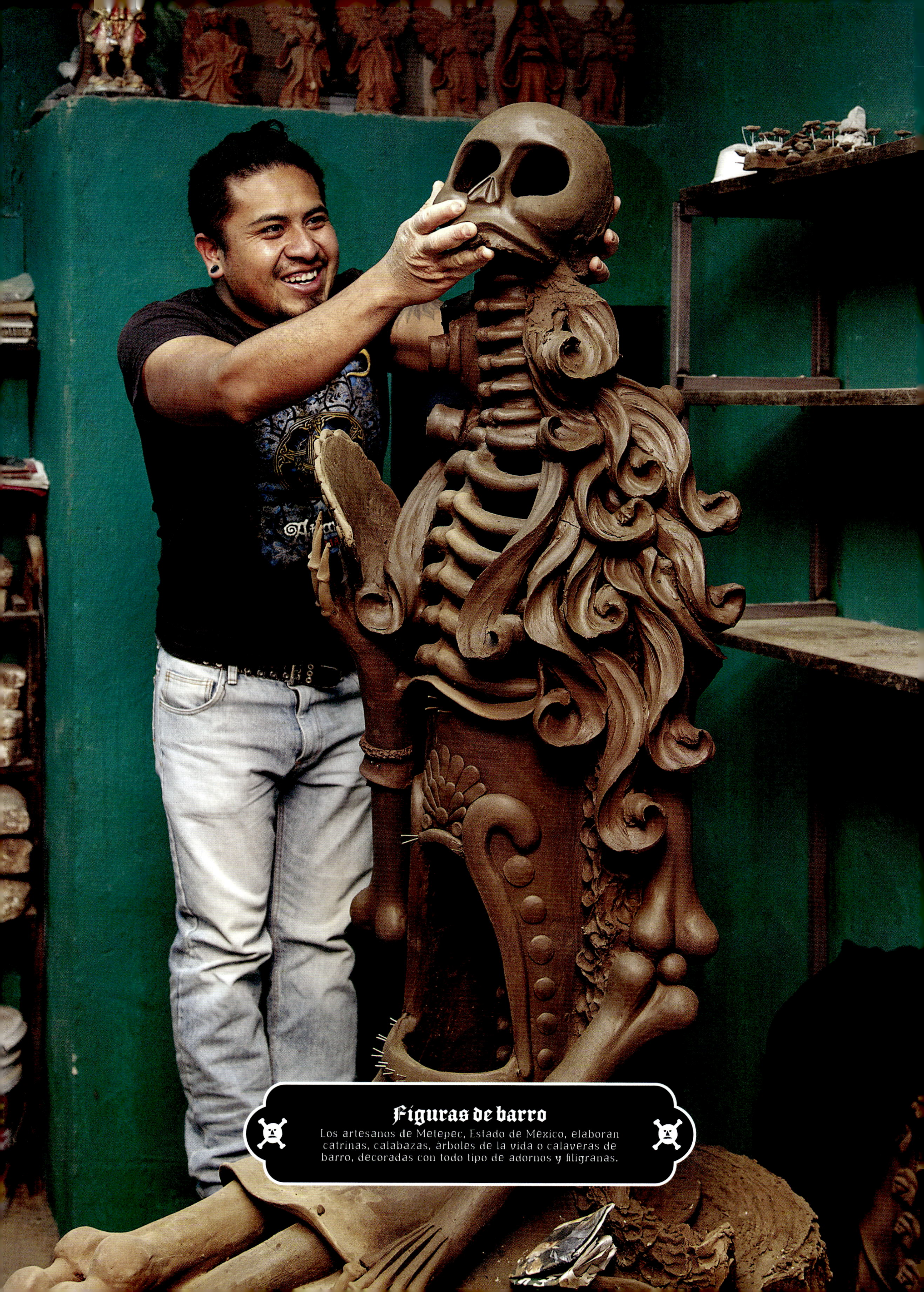

Figuras de barro

Los artesanos de Metepec, Estado de México, elaboran catrinas, calabazas, árboles de la vida o calaveras de barro, decoradas con todo tipo de adornos y filigranas.

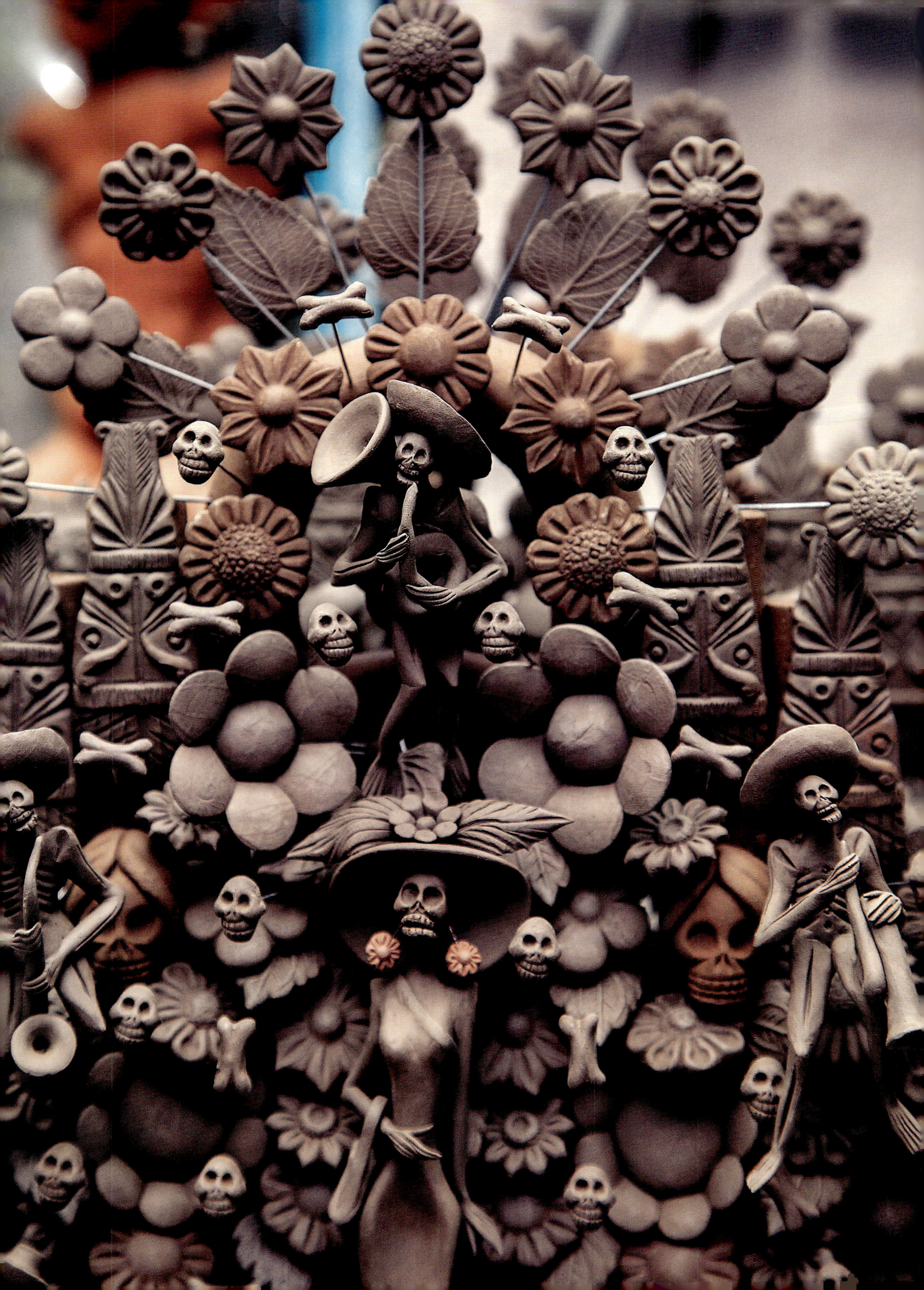

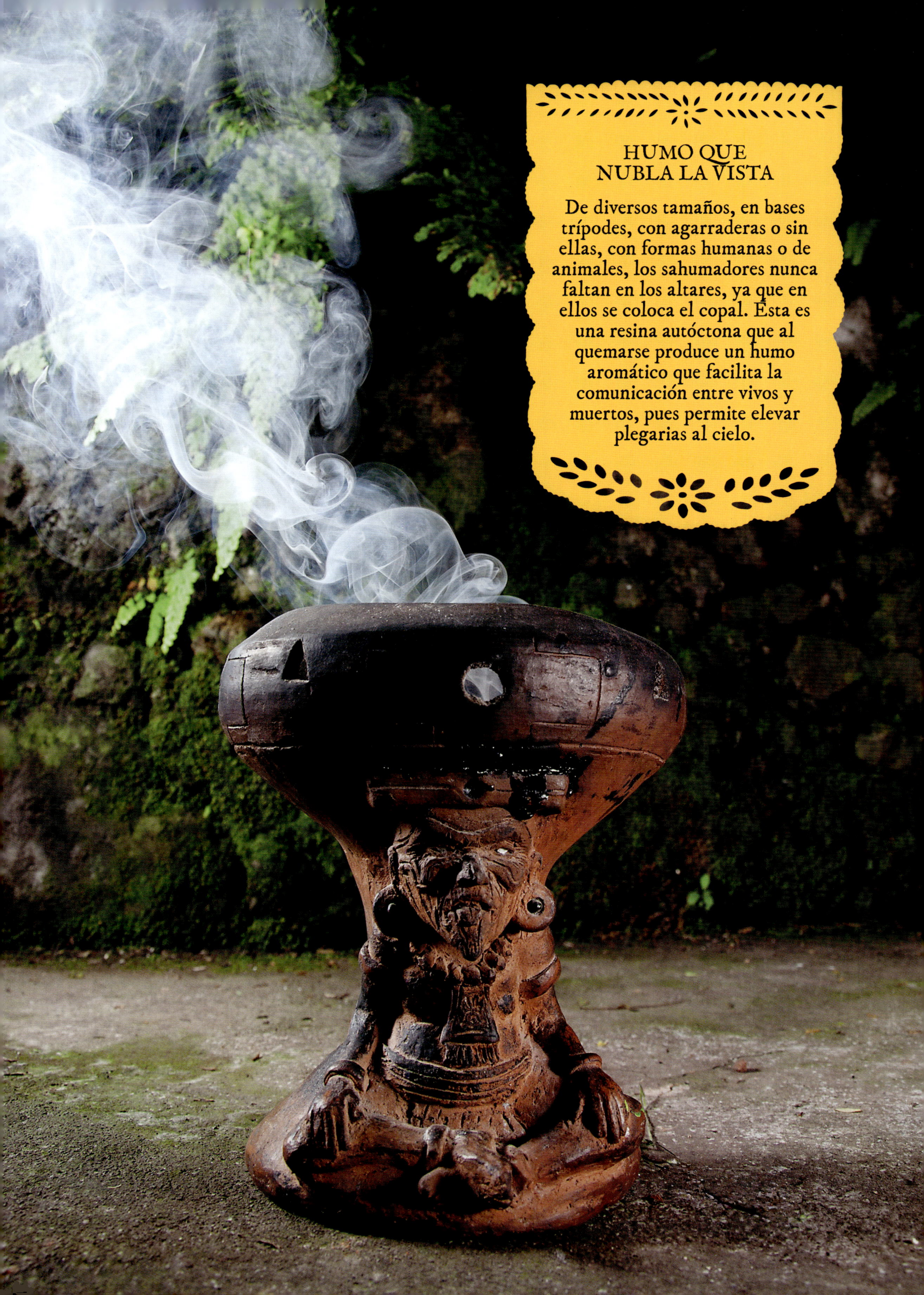

HUMO QUE NUBLA LA VISTA

De diversos tamaños, en bases trípodes, con agarraderas o sin ellas, con formas humanas o de animales, los sahumadores nunca faltan en los altares, ya que en ellos se coloca el copal. Ésta es una resina autóctona que al quemarse produce un humo aromático que facilita la comunicación entre vivos y muertos, pues permite elevar plegarias al cielo.

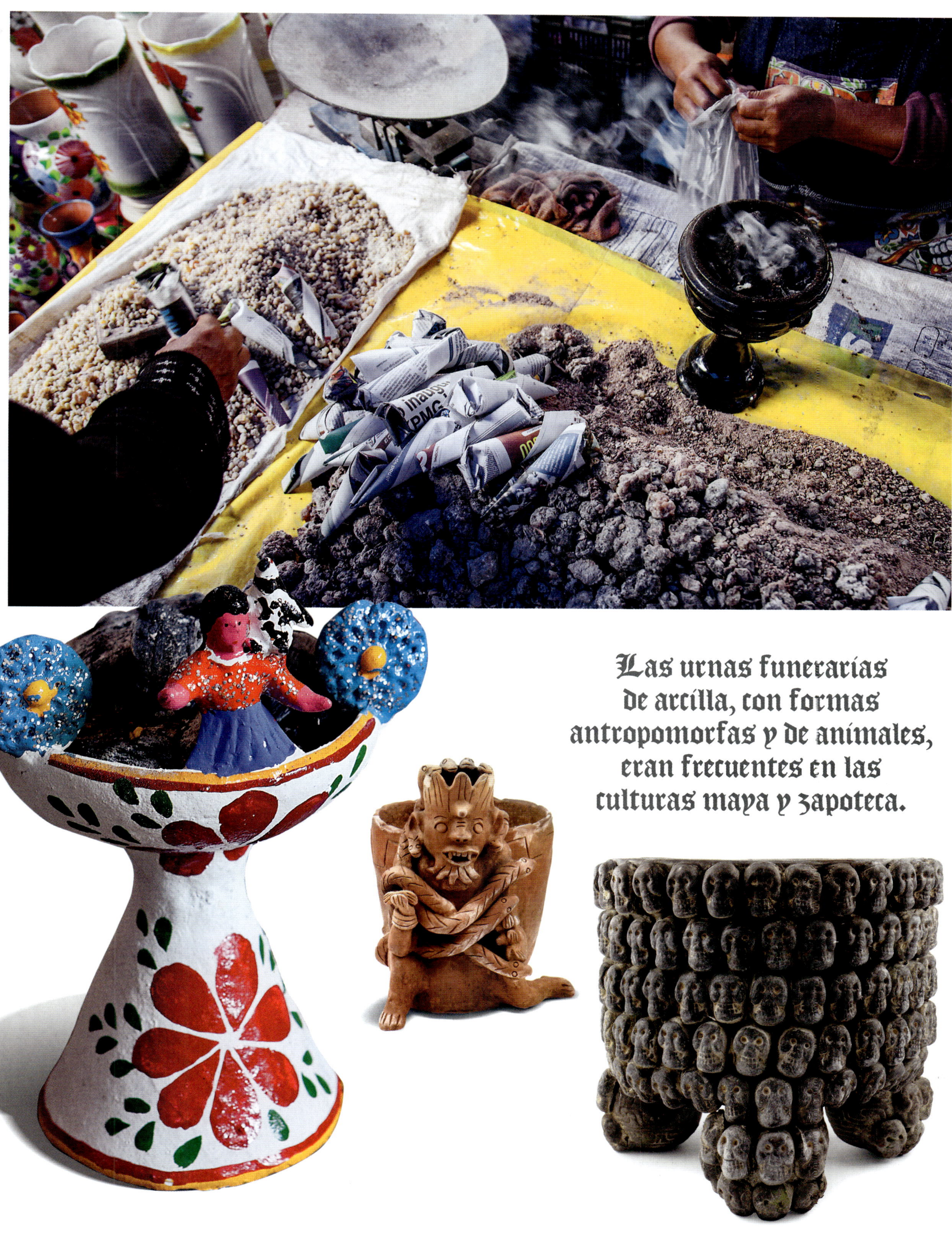

Las urnas funerarias de arcilla, con formas antropomorfas y de animales, eran frecuentes en las culturas maya y zapoteca.

← El sahumador es un vaso tradicional para quemar resinas aromáticas, como el copal o el incienso. Malinalco, Estado de México. ↑ Preparación de un copal funerario en el mercado tradicional de Ozumba, Estado de México.

↖ Los sahumadores en los altares sirven para purificar el aire de malas energías.

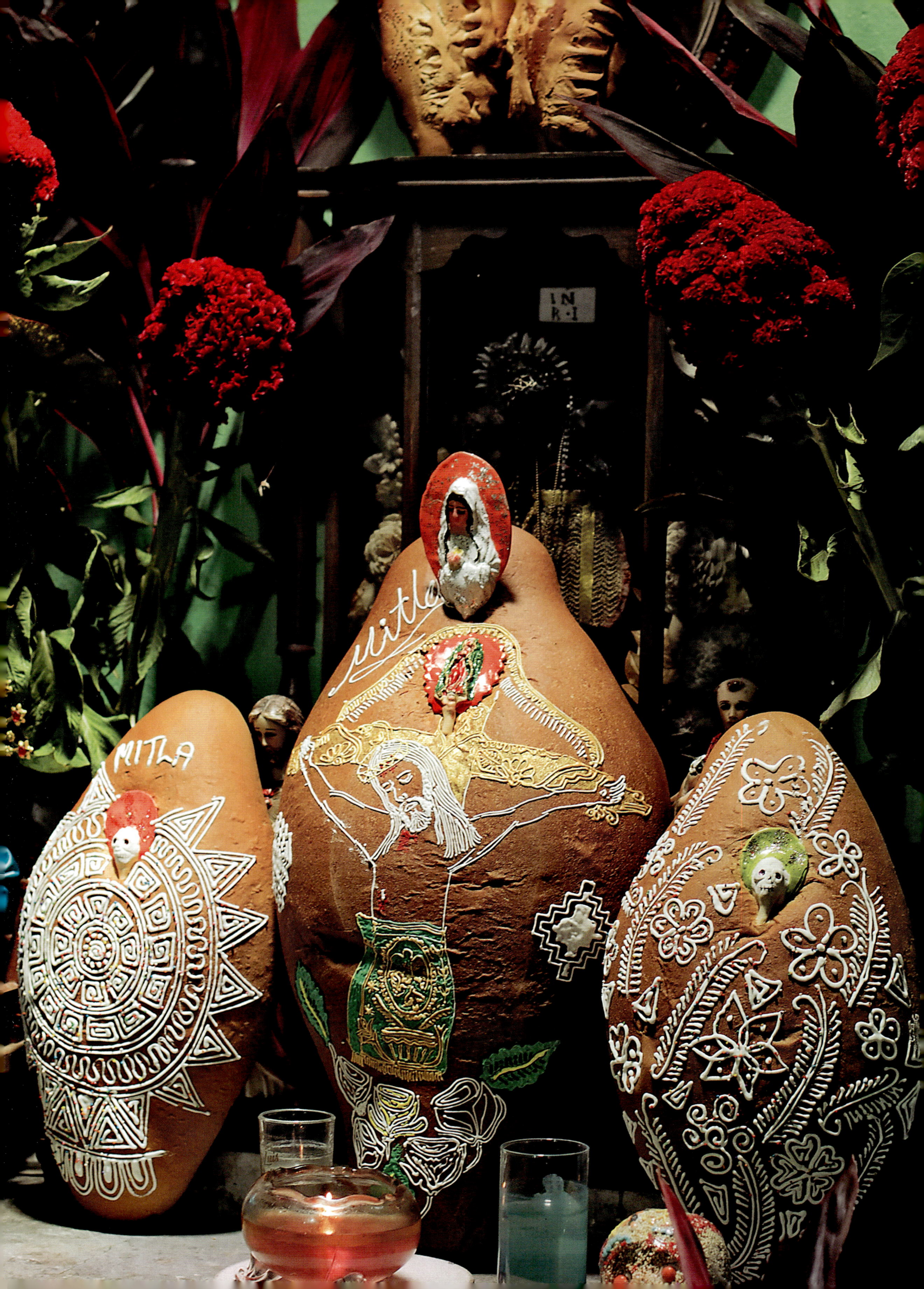
Mitla
MITLA

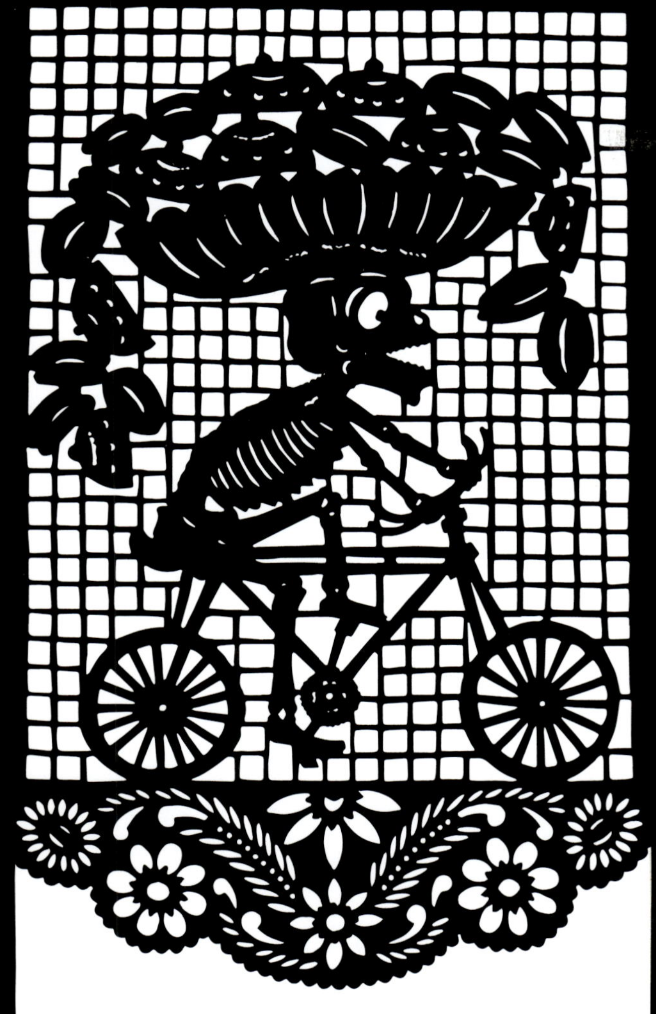

LAS PENAS MEJOR CON PAN

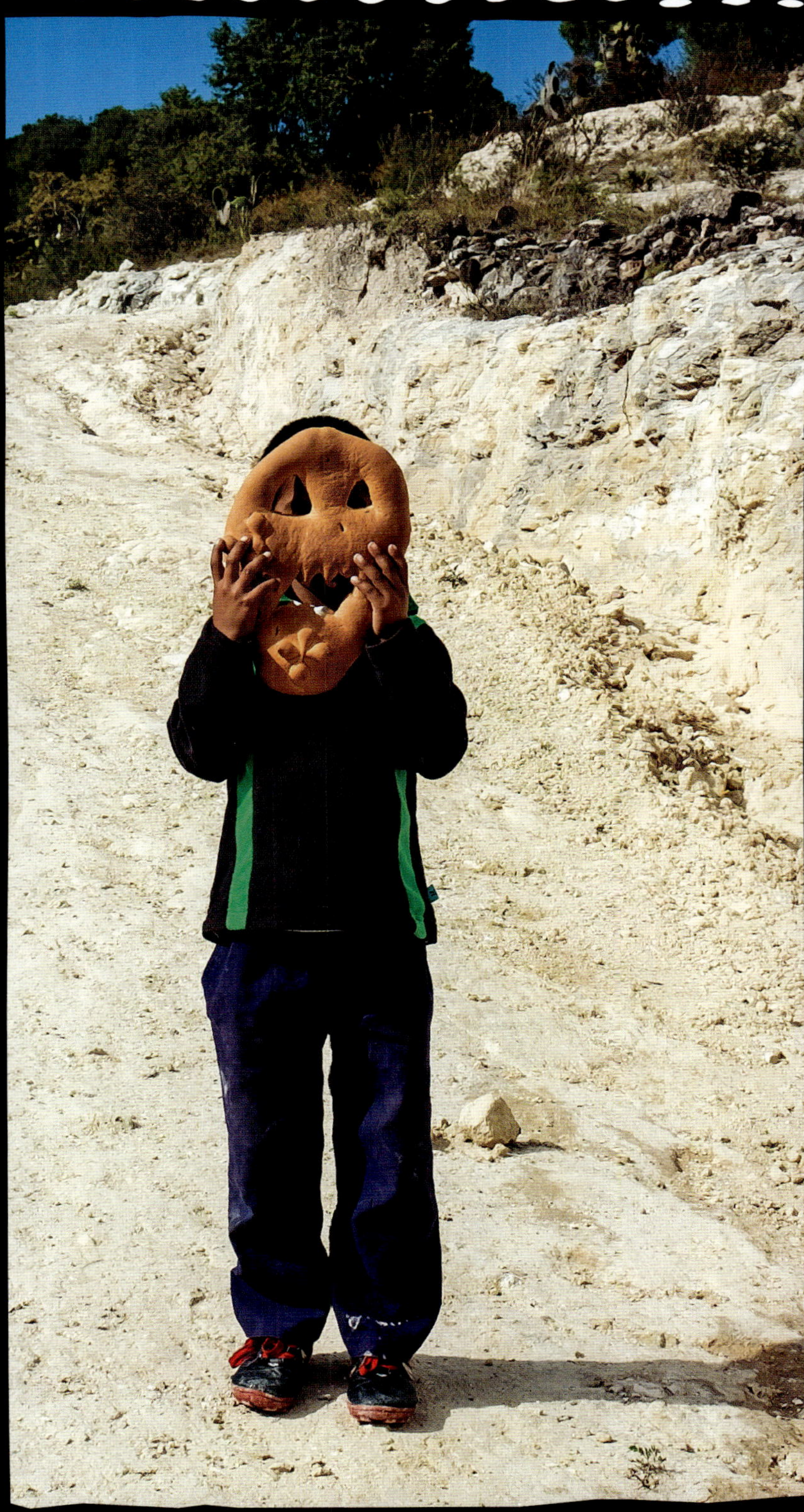

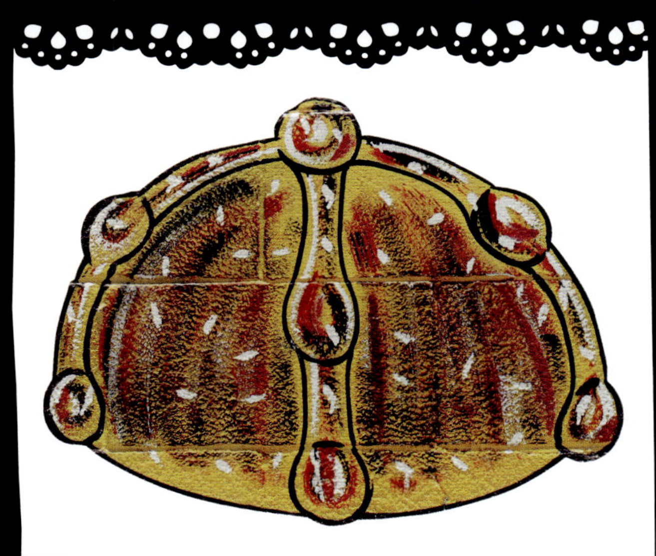

Muchos opinan que en Día de Muertos los visitantes del otro mundo prueban los alimentos, y eso hace que éstos pierdan su sabor, olor y color. Para que los demonios no toquen ni contaminen las ofrendas, en los altares se colocan cruces e imágenes de santos. De entre todos los manjares con que suele agasajarse al visitante ultraterreno, no puede faltar el pan, duro o blando, grande o pequeño, blanco o negro, como alimento básico de cualquier mesa.

← Panes adornados con símbolos religiosos para alimentar el alma, porque no sólo de pan vive el muerto, Mitla, Oaxaca. ← Mural de un pan de muertos tradicional horneado. ↑ Niño tapándose la cara con un pan. Río Blanco, Oaxaca.

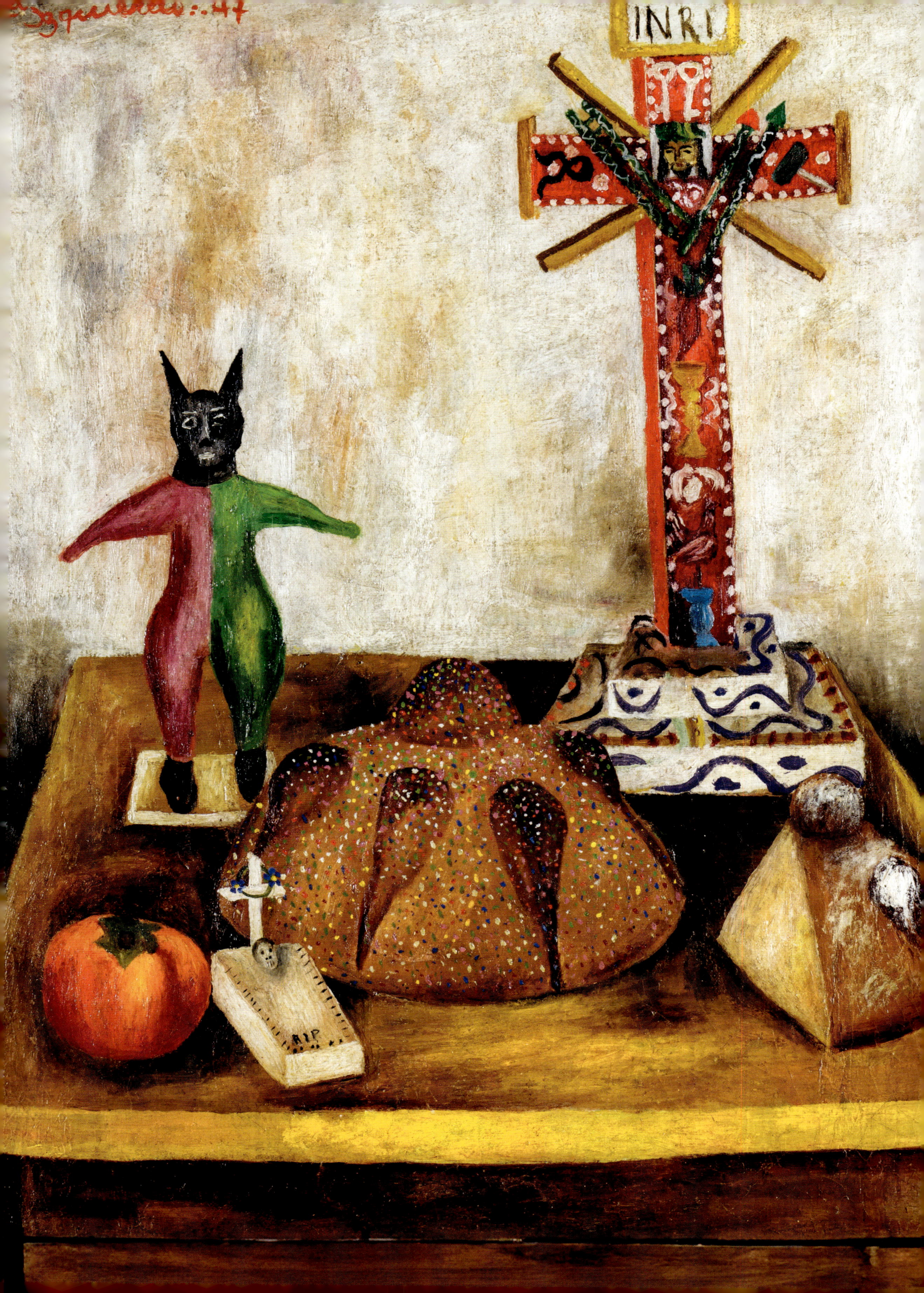
INRI
RIP

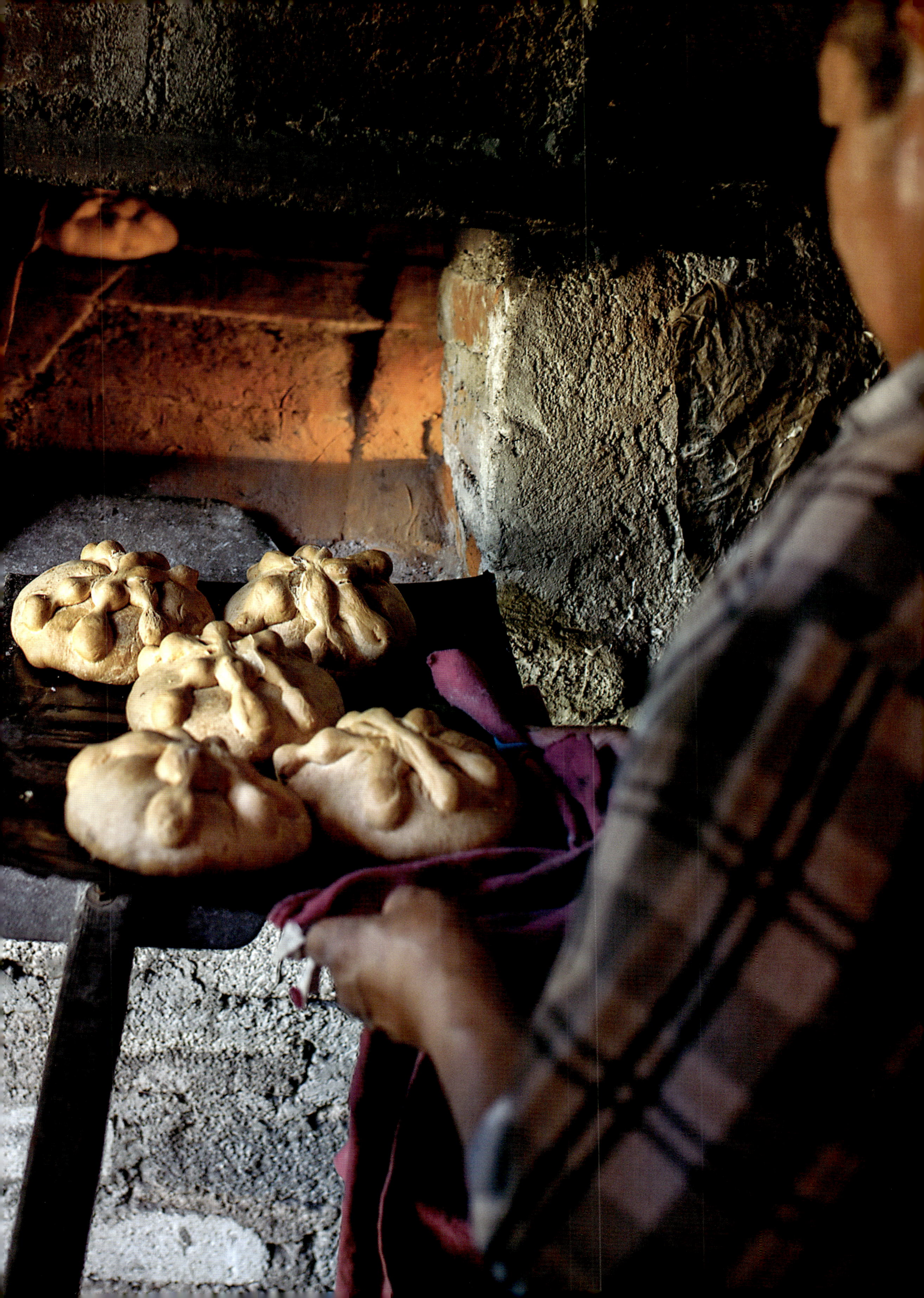

CANIBALISMO CULINARIO

Fray Bernardino de Sahagún destacó en sus escritos que el pan ofrendado en Mesoamérica carecía de levadura, tenía una textura seca y color tostado, y se hacía a base de amaranto y miel de maguey. También mencionó el *papalotlaxcalli,* un pan con forma de mariposa que se preparaba especialmente para honrar a la diosa Cihuapipiltin, encargada de velar por las mujeres muertas en el parto.

Fray Diego Durán, autor de *Historia de las Indias de Nueva España,* describió los panes elaborados por los nahuas para honrar a Huitzilopochtli, que reproducían la imagen del dios y de sus huesos. Al final de las celebraciones dedicadas a este dios, los asistentes repartían y comían ese alimento en una especie de antropofagia religiosa y culinaria. A los españoles les conmocionarion este tipo de rituales y sustituyeron el amaranto y miel de los panes por trigo y azúcar pintada de rojo para simbolizar el corazón y la sangre de una alegórica víctima sacrificada.

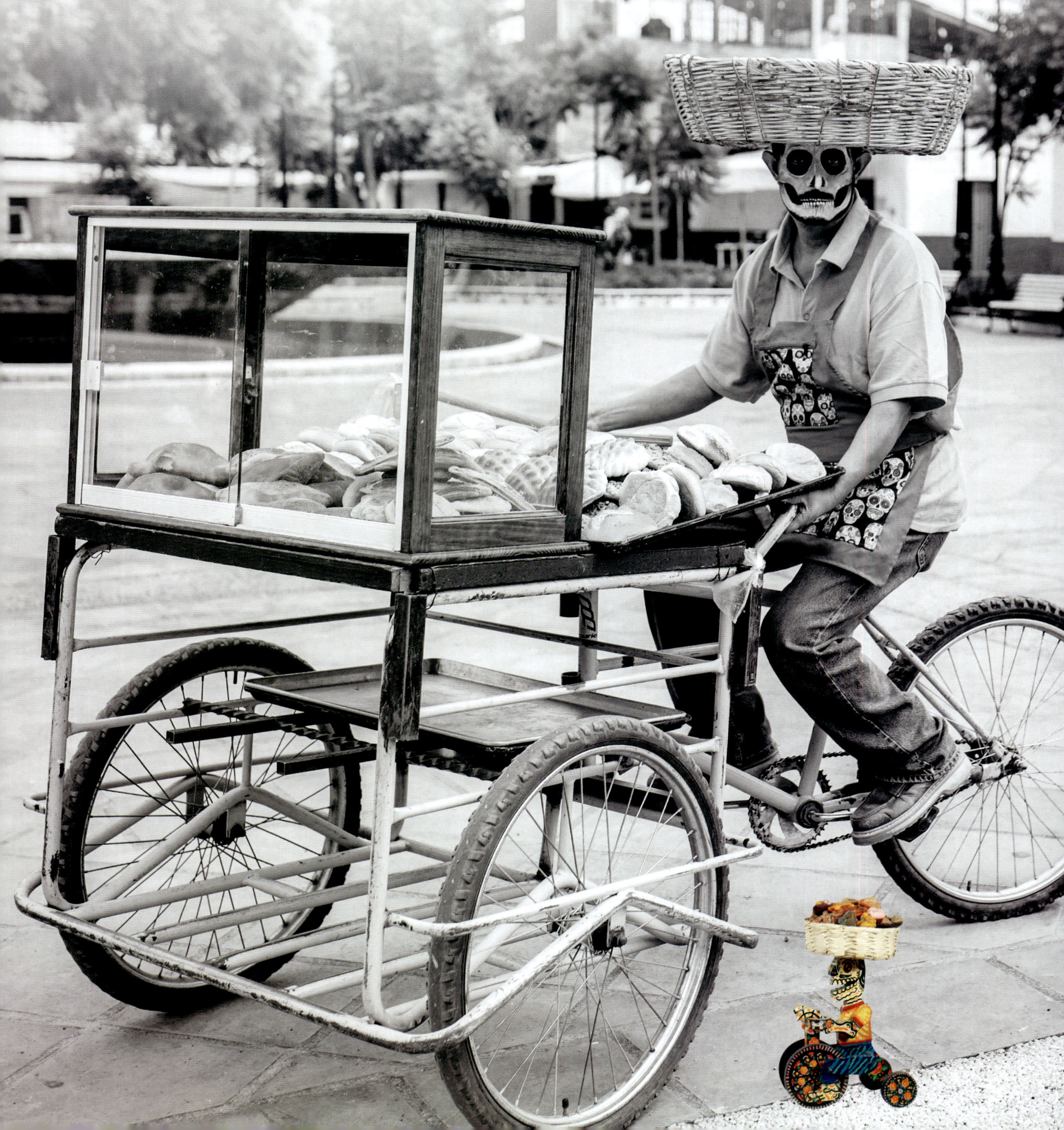

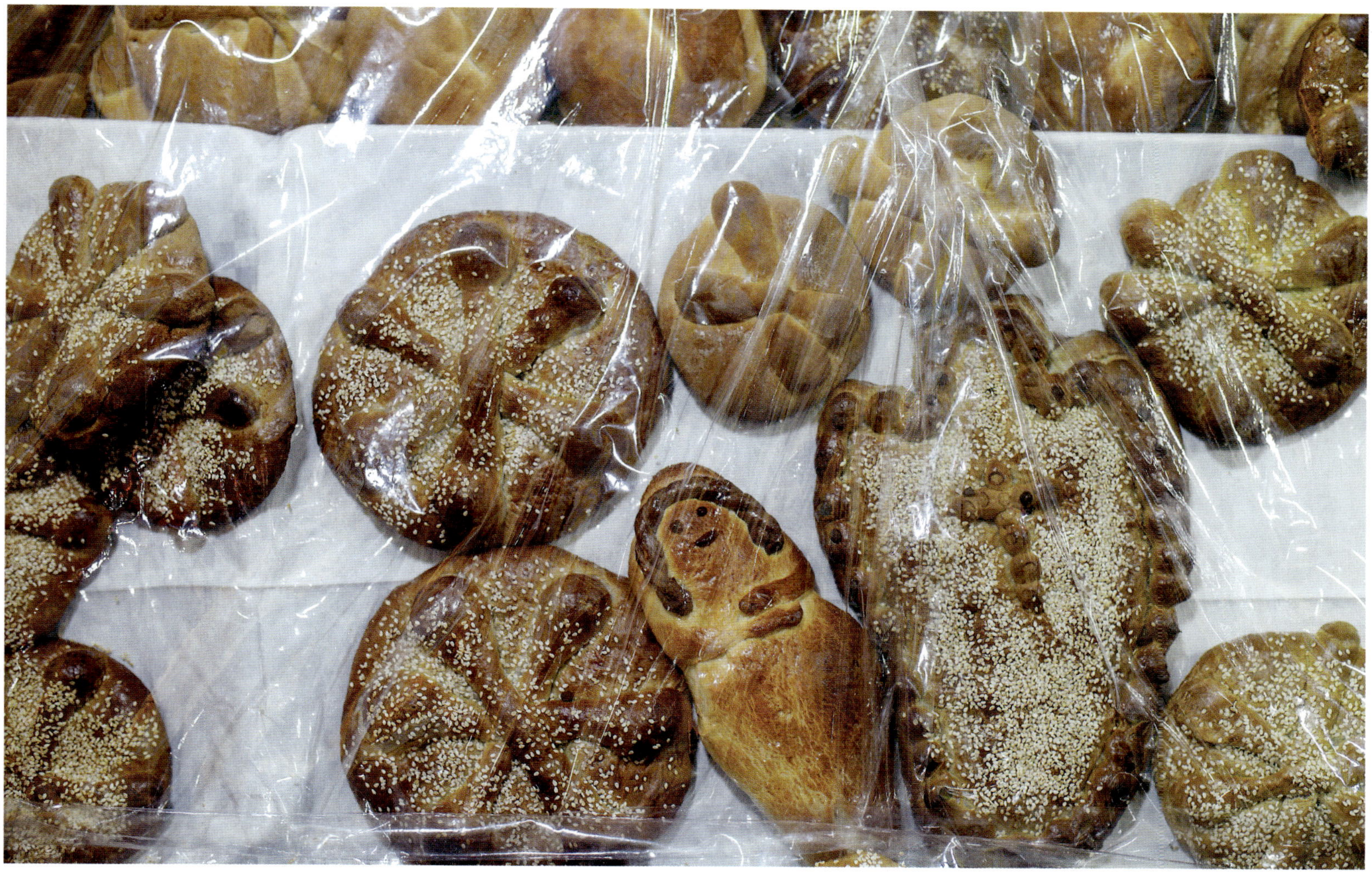

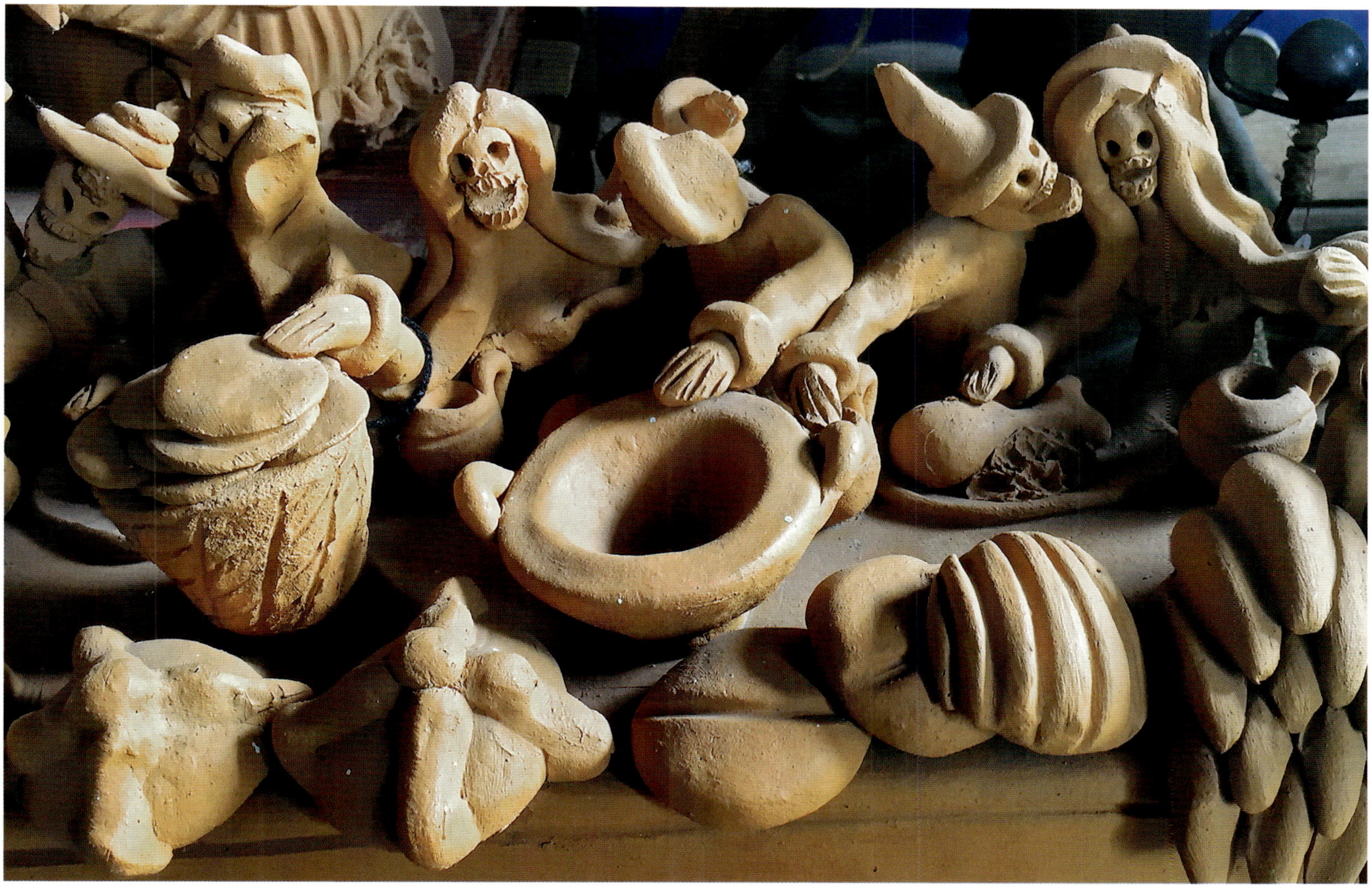

← (p. 160) **Pan de muerto** (1947), María Izquierdo. Óleo sobre tela.
← (p. 161) Proceso artesanal de elaboración de panes de muerto.
← Repartidor de pan ataviado como calaca en Capula, Michoacán.

↑ El pan es el elemento destacado de esta mesa tradicional de Muertos en Río Blanco, Oaxaca.
↑ Artesanía en barro. Mixquic, Ciudad de México.

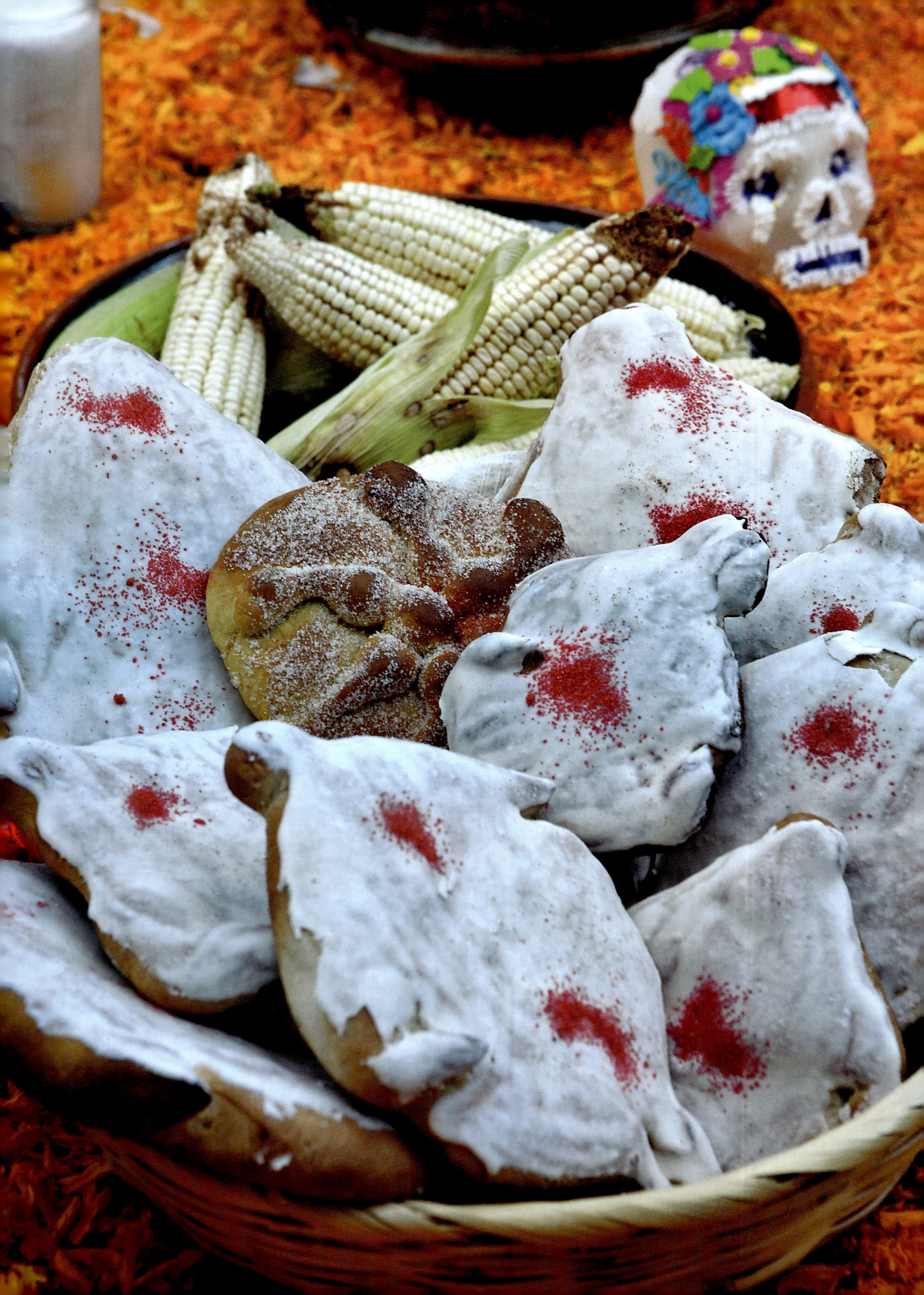

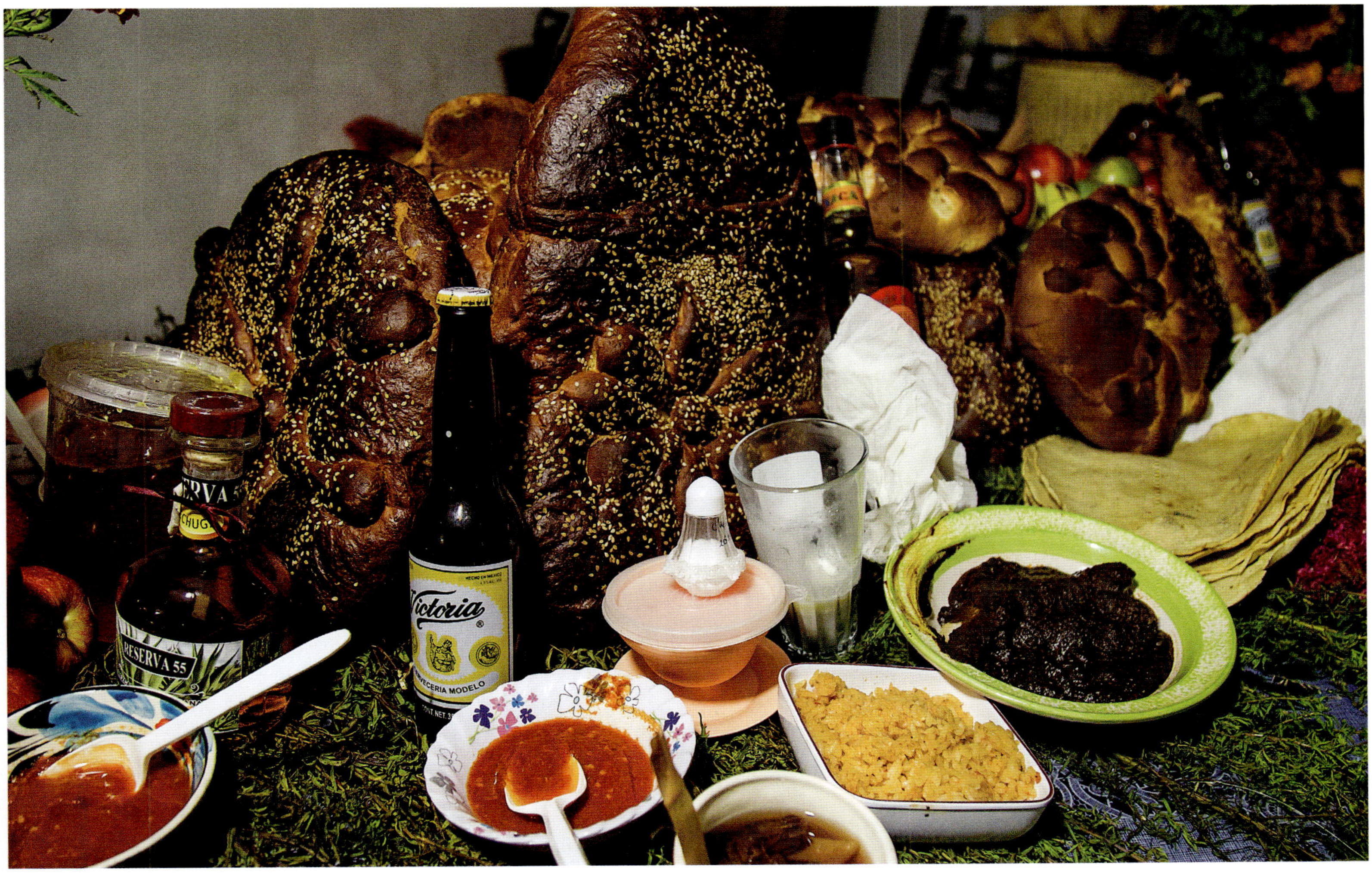

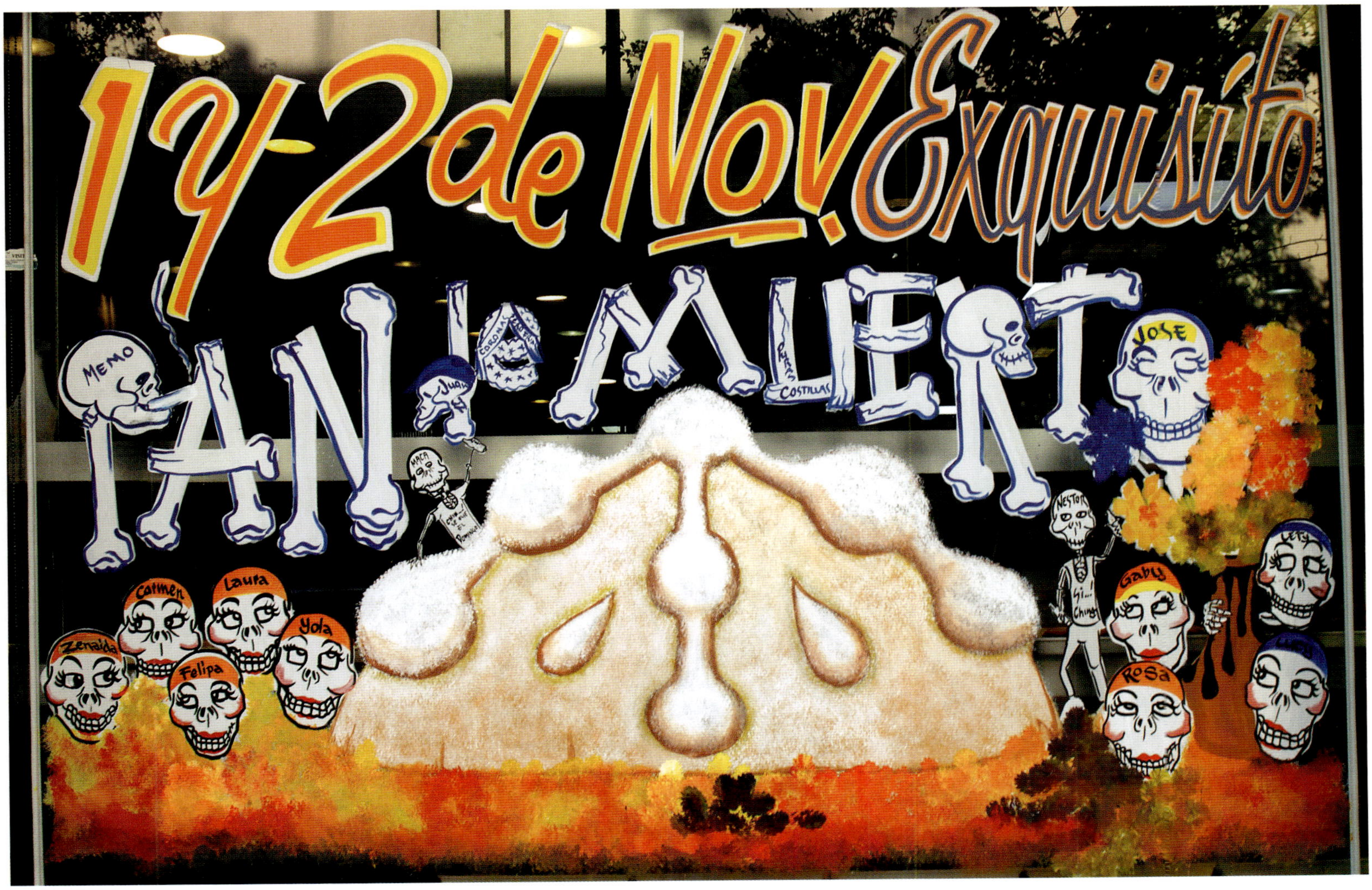

← Detalle de un altar en Morelia, Michoacán, con pan de muerto blanco.
↑ Chiles y chelas en abundancia para el difunto que disfrutaba de la buena mesa, Tonaltepec, Mixteca Alta, Oaxaca.

↑ Aparador de la panadería La Joya, en la calle 5 de Febrero. Centro Histórico, Ciudad de México.

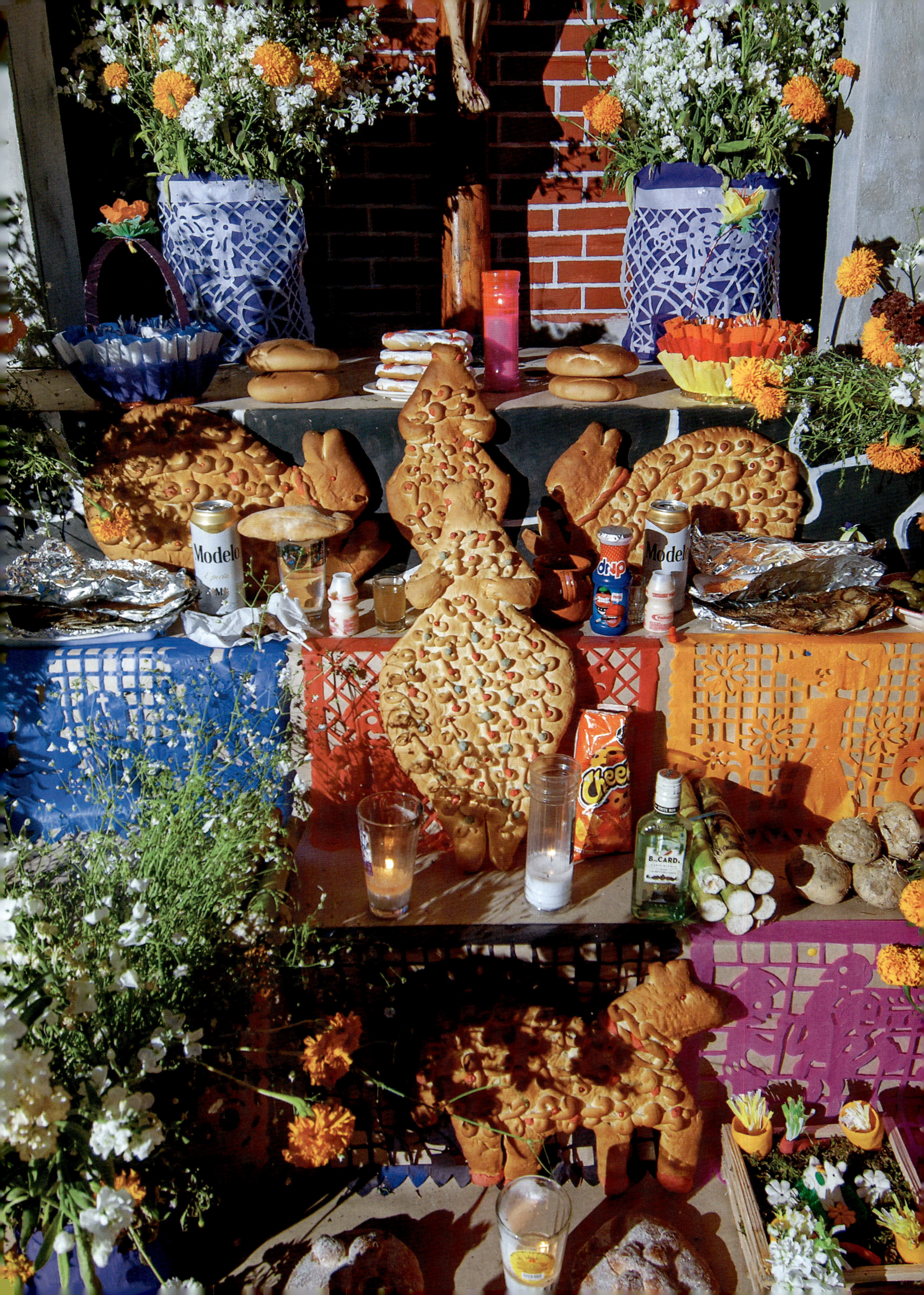
Modelo
Modelo

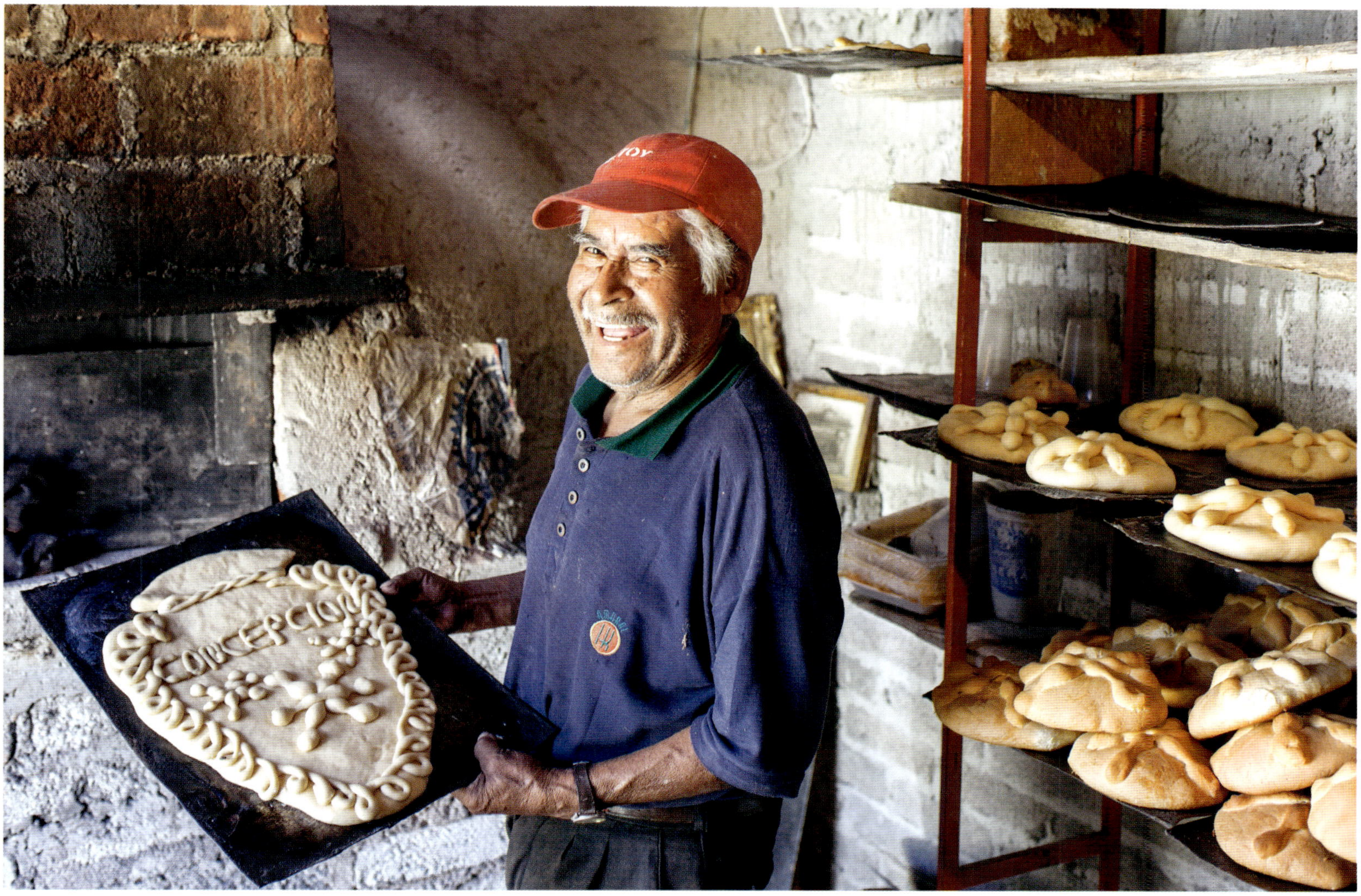

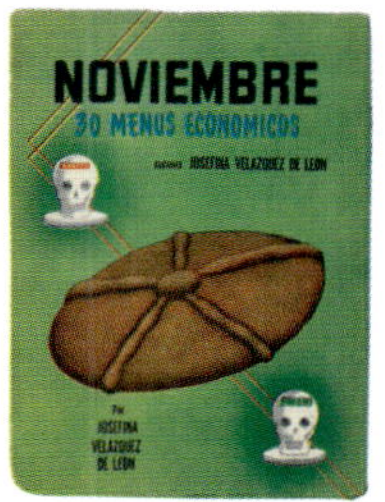

¿CON LEVADURA O SIN ELLA?

La primera receta de pan de muerto se publicó en 1938 en el libro *Repostería selecta,* de Josefina Velázquez de León, que recopilaba platillos típicos de diversas comunidades con el fin de compartir el legado culinario mexicano. Para Día de Muertos, además de la receta tradicional del pan, la autora incluyó varios postres especiales: pastel de calabaza y vino, calaveras de azúcar y adorno floral de mesa.

Actualmente hay más de cuatrocientas variantes de esa receta canónica. Si bien la diversidad de sabores y formas es una de sus características, a mediados del siglo xx se popularizó el modelo más extendido, identificado como "pan de muerto mexicano": el bollo redondo mellado con una cruz en el centro y adornado por huesos que lo dividen en cuatro, tal como está representado en el óleo de Gustavo Montoya titulado *Bodegón con panes mexicanos* (1951).

Además de la versión característica del centro de México (horneada con anís, agua de azahar y ralladura de naranja), hay gran diversidad de sabores, tamaños, ingredientes y formas que remiten a conceptos muy arraigados en las creencias de cada región y cultura.

Aunque ya casi no se prepara el *tzoalli* y las variantes no se parecen al *huitlatamalli,* el *yotlaxcalli* o el *uilocpalli* (especie de empanada de maíz sin cocer), aún se evocan los orígenes prehispánicos y estas recetas protagonizan las ofrendas y los menús gastronómicos de la temporada. En forma circular, de corazón, humana, de mariposa o de otros animales, con mucha azúcar espolvoreada o amaranto, con o sin relleno, de tamaño individual o familiar, el pan de muerto sigue siendo un alimento indispensable para ofrecer a quienes ya no pueden comerlo.

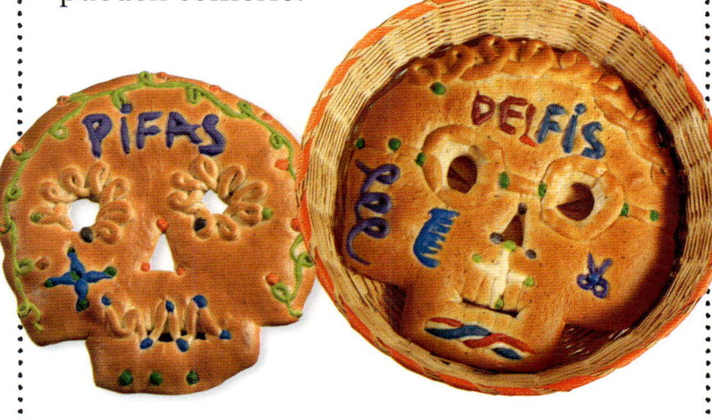

← Ofrenda de muertos nuevos. Feliberto Hernández Castañeda y Raymundo Hernández Castañeda. Malinalco, Estado de México. ↑ Portada del libro **Noviembre, 30 menús económicos** de Josefina Velázquez de León (1939).

↑ Panadero en San Miguel Tlaixpan, Texcoco, Estado de México. ↑ Pan de muerto del El Horno de Mali. Malinalco, Estado de México.

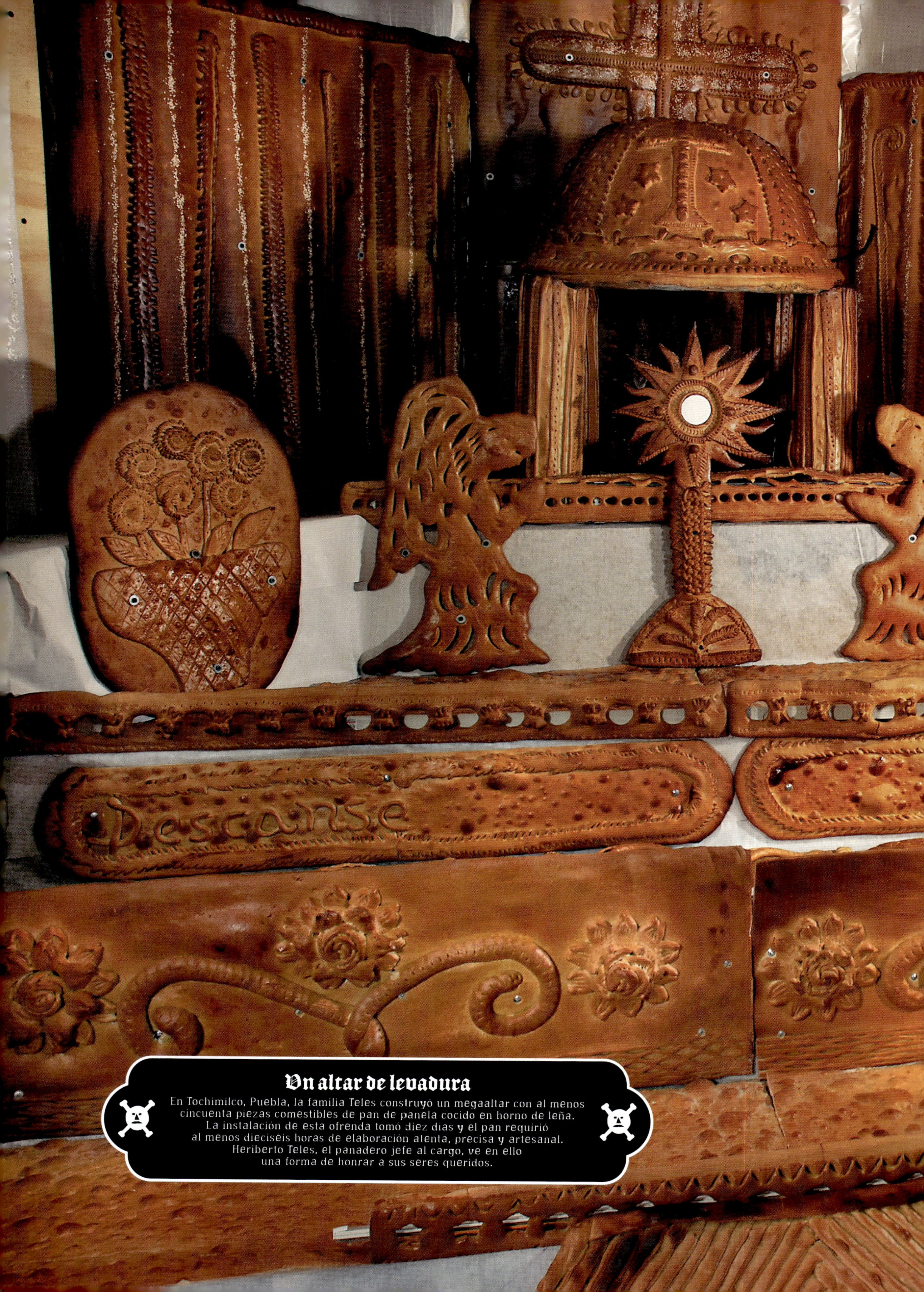

Un altar de levadura

En Tochimilco, Puebla, la familia Teles construyó un megaaltar con al menos cincuenta piezas comestibles de pan de panela cocido en horno de leña. La instalación de esta ofrenda tomó diez días y el pan requirió al menos dieciséis horas de elaboración atenta, precisa y artesanal. Heriberto Teles, el panadero jefe al cargo, ve en ello una forma de honrar a sus seres queridos.

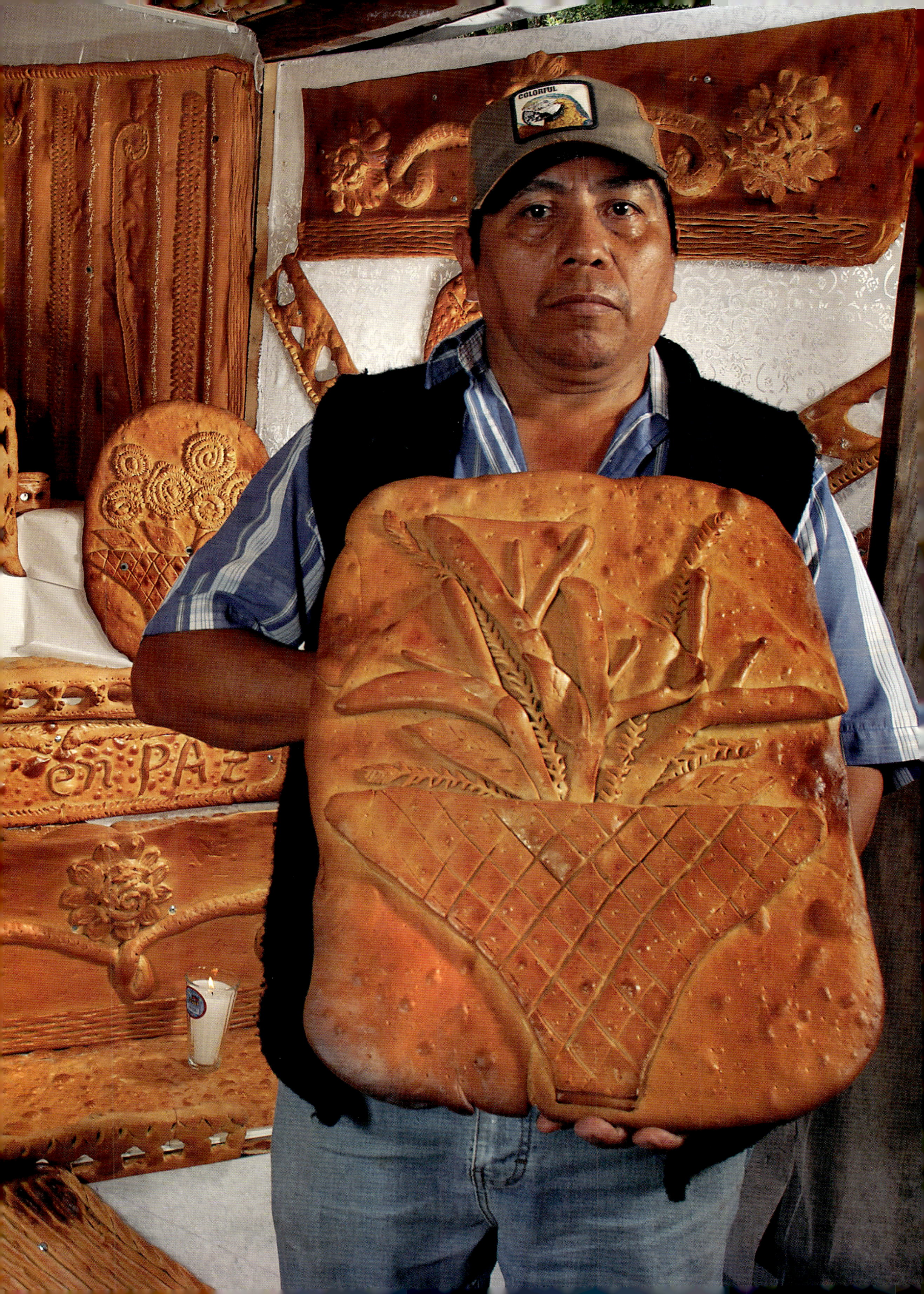
COLORFUL
en PAZ

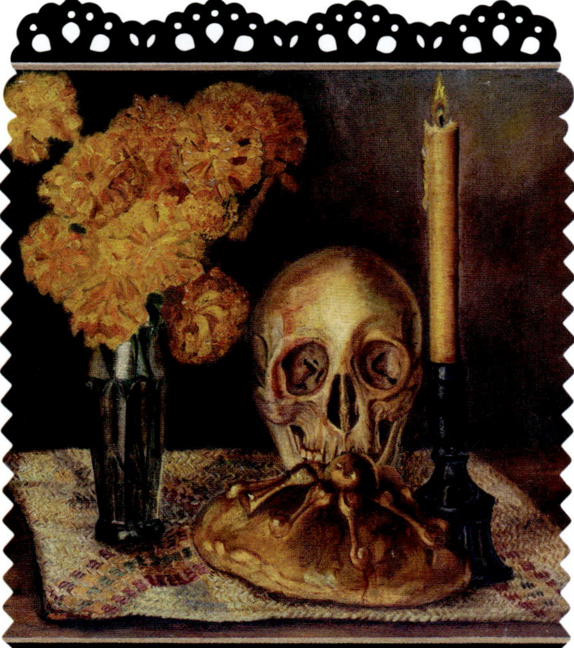

¿DE DÓNDE SURGE SU APARIENCIA?

La forma redonda del pan de muerto representa el ciclo sin fin de la vida y la muerte. La mollera que tiene en el centro emula el ombligo del mundo de las creencias nahuas. En cuanto a los cuatro "huesitos" que lo dividen, se han dado distintas explicaciones: para algunos, se trata de las extremidades; otros los consideran los puntos cardinales, y hay quienes afirman que son los cuatro dioses primordiales de la vida para los prehispánicos: Quetzalcóatl (hacedor de hombres), Tezcatlipoca (dios que da y quita), Xipetotec (dios de la regeneración) y Tláloc (dios de la fertilidad).

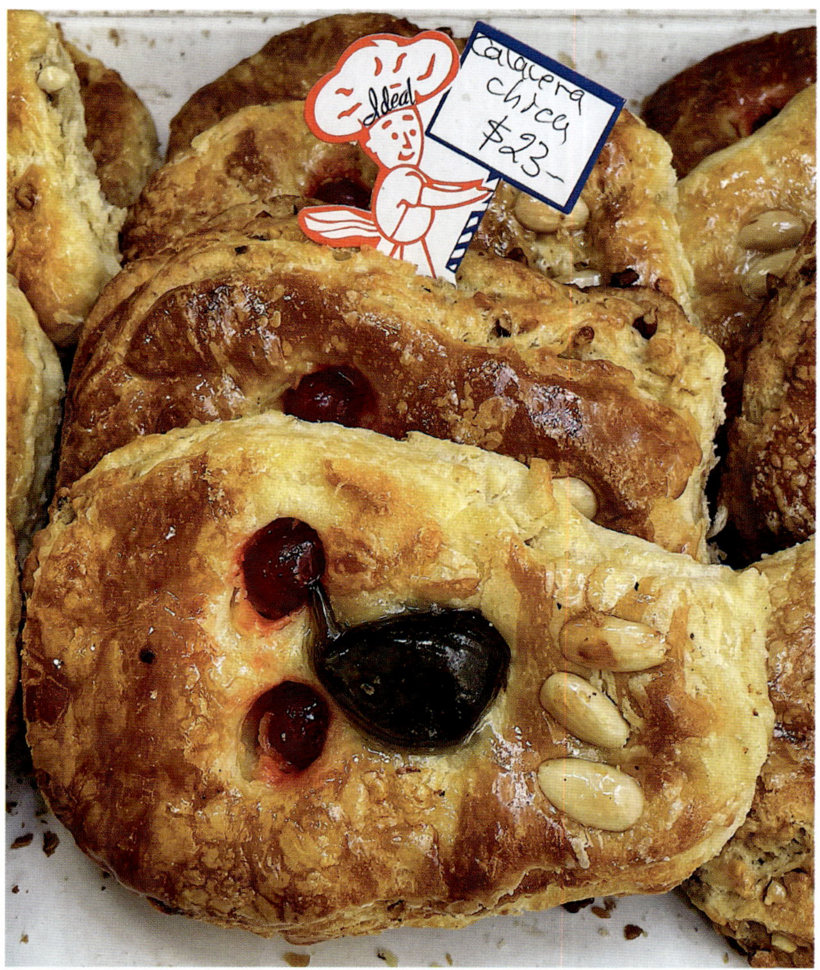

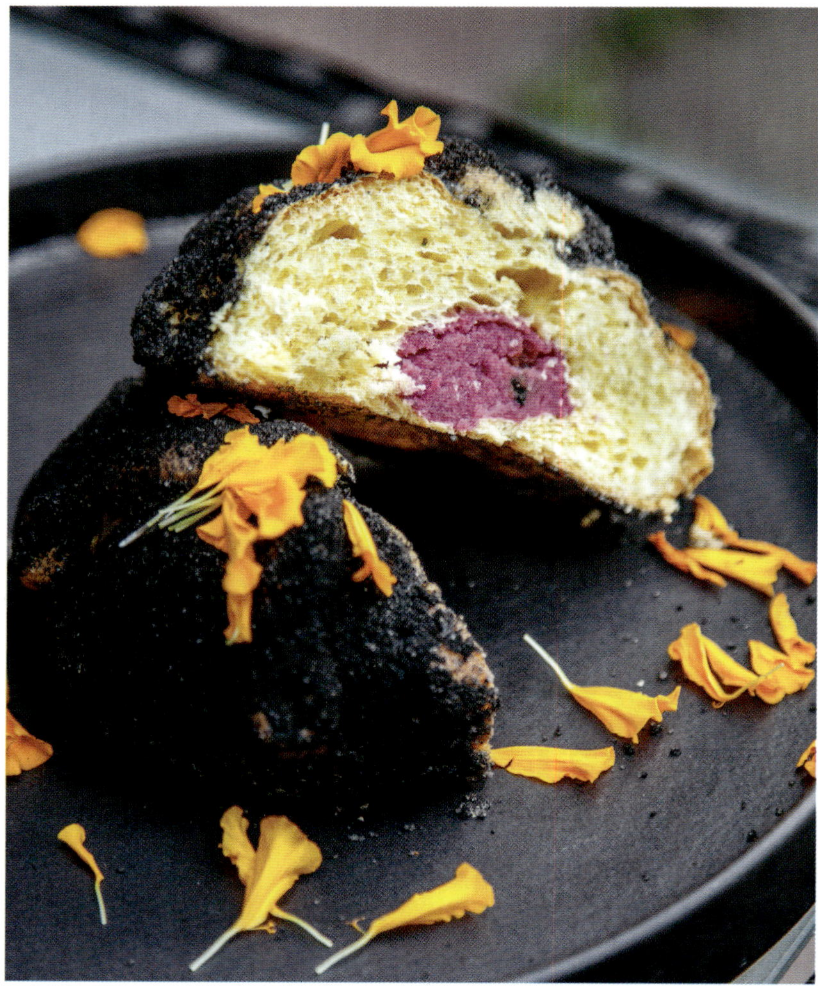

↑ La naturaleza muerta con calavera nos recuerda la fugacidad de la vida. Colección particular. ↗ Pan dulce de calavera en una panadería de la Ciudad de México.

↑ El pan de muerto negro se hace con cenizas de totomoxtle, que son las hojas que envuelven el maíz. → Al pan de muerto rojo se le conoce como hojaldra, huesitos o coloradito.

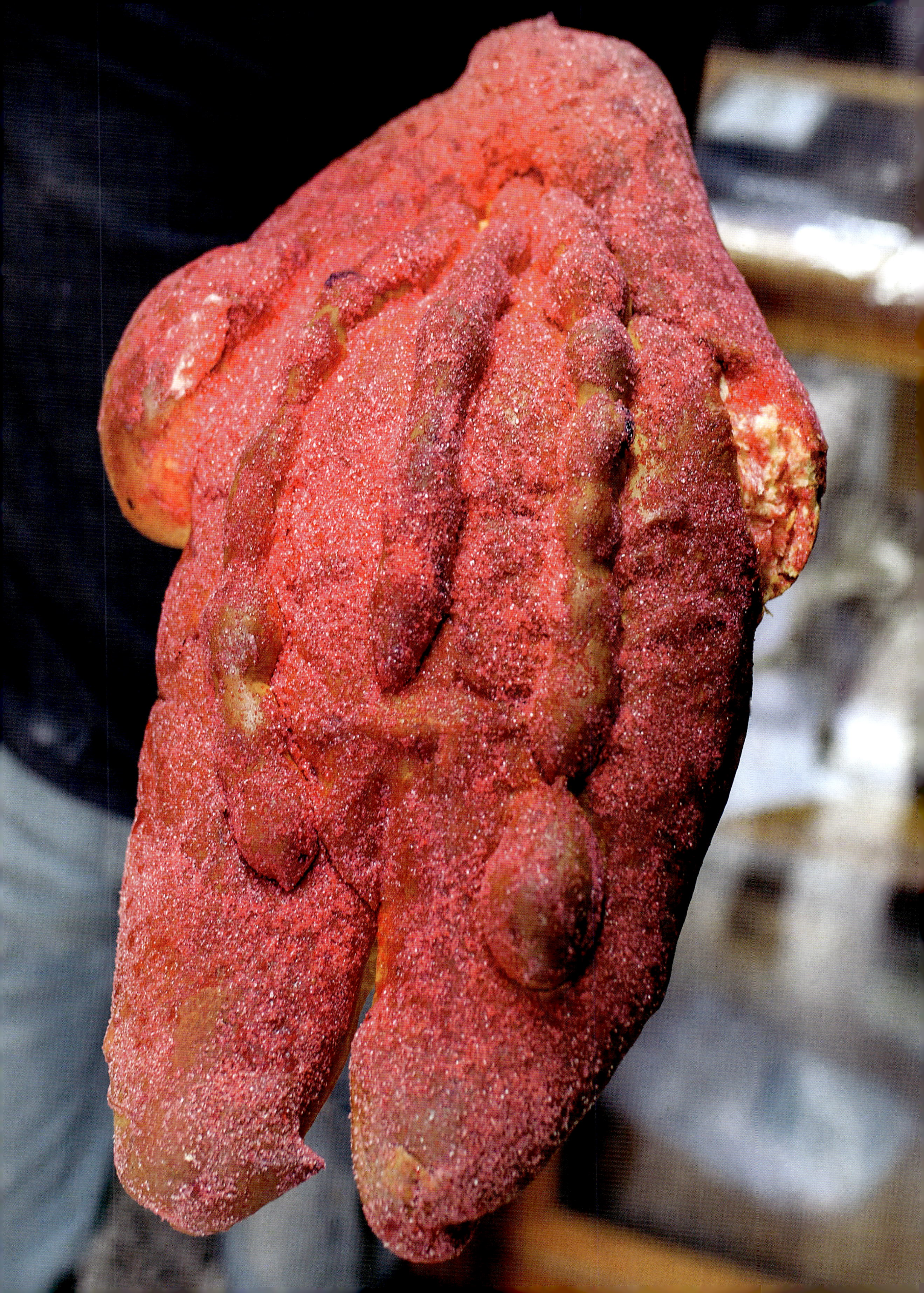

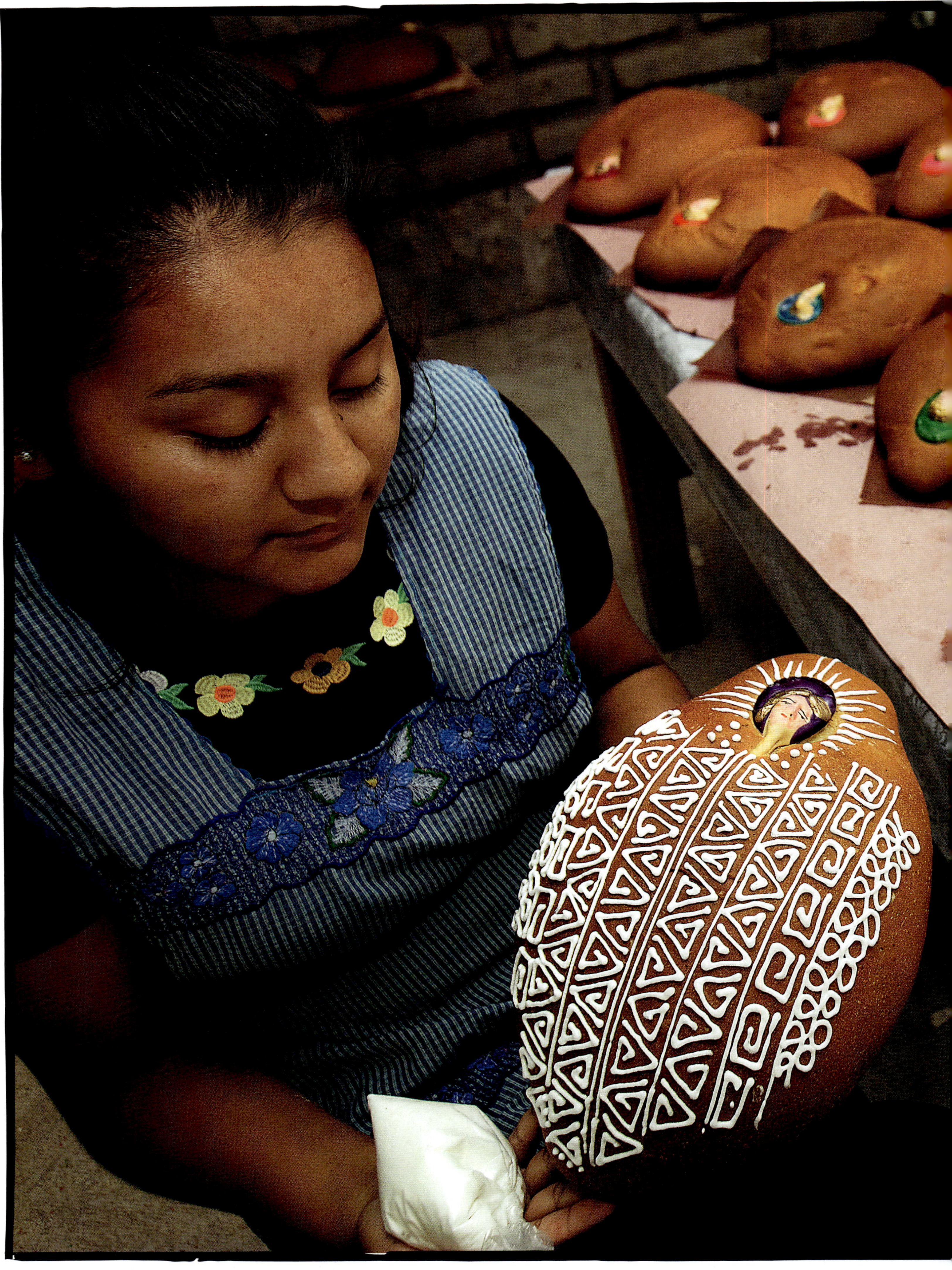

PAN CON DENOMINACIÓN DE ORIGEN: OAXACA

Pan de frío, de calor, dulce, salado, de colores, ácimo... Todos los panes caben y existen en Oaxaca y en sus quinientos setenta municipios, cada uno con su particular identidad. La Cañada, el istmo de Tehuantepec, la Mixteca, la costa, los Valles Centrales, Tlacolula de Matamoros, la Sierra Sur y la región del Papaloapan tienen su propia forma de preparar el pan de muerto.

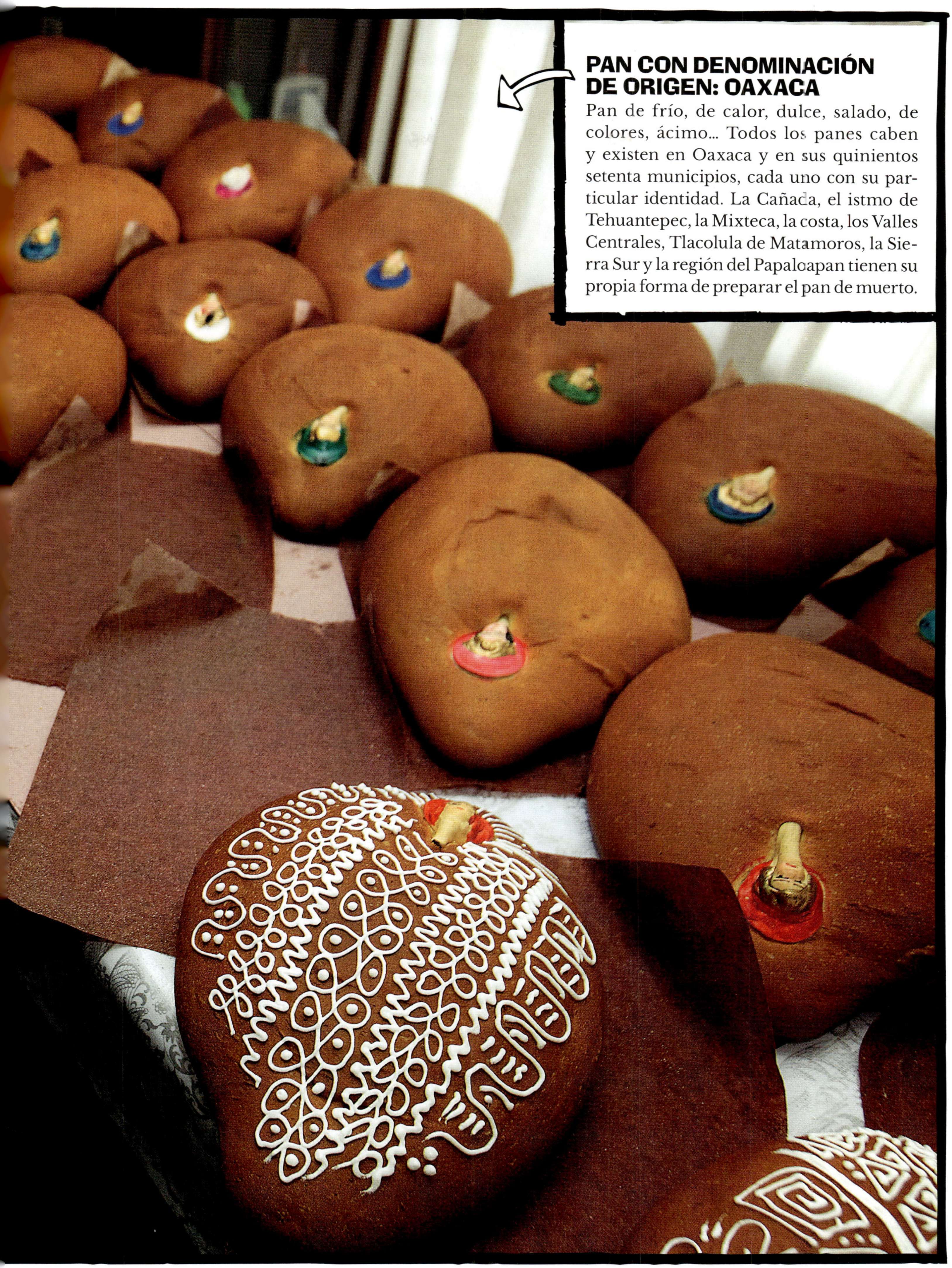

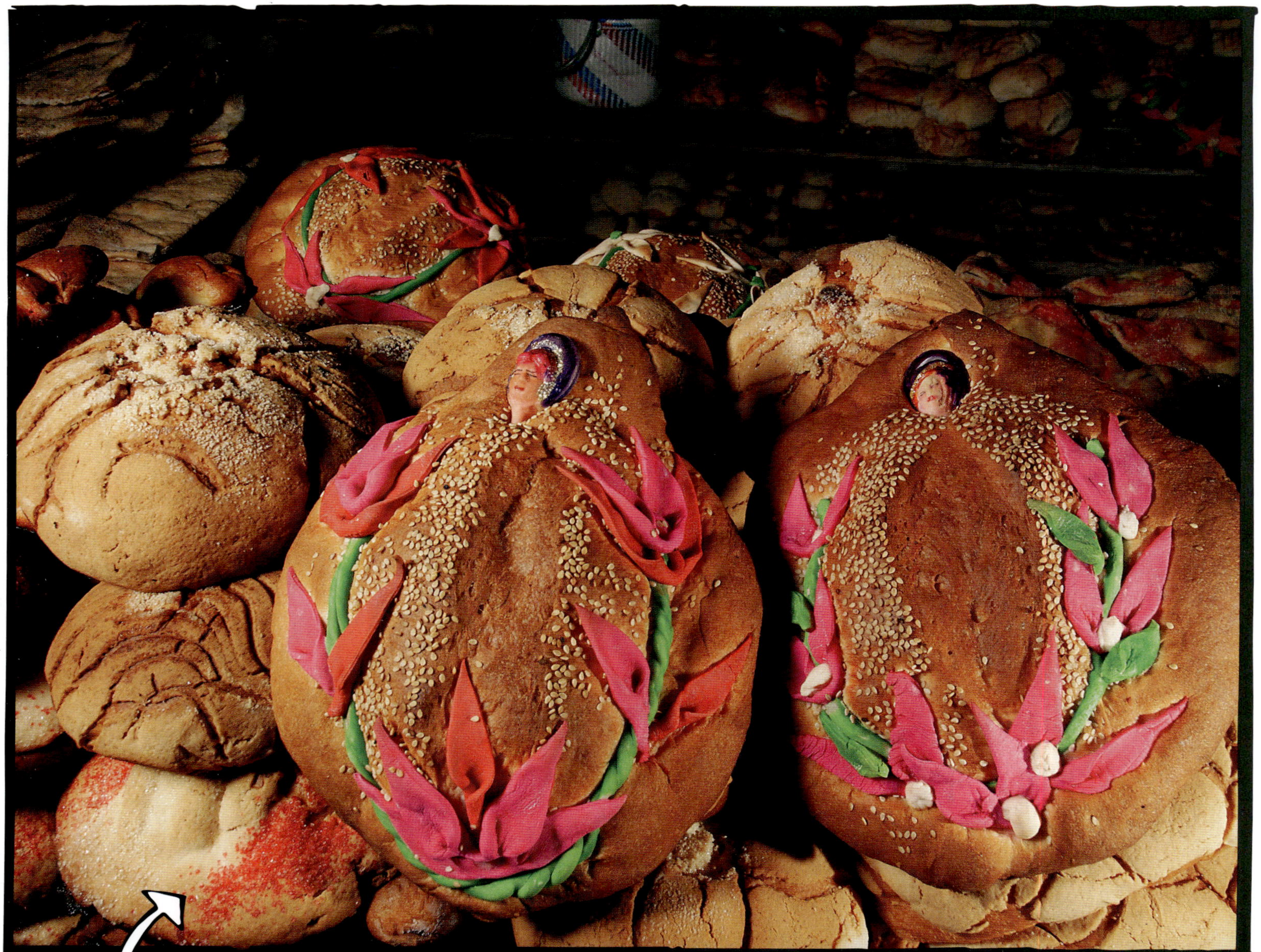

Valles Centrales. En San Pablo Villa de Mitla comenzaron a ponerle caritas de alfeñique o migajón al pan de yema para convertirlo en un pan de muerto especial, conocido como "pan oficial de muerto", que se extendió a otros lugares, y llegó incluso a Estados Unidos.

Tlacolula de Matamoros. Esta comunidad tiene la sección de pan más colorida entre los mercados tradicionales de los Valles Centrales. Son famosos sus panes de cazuela, llamados así por el utensilio en el que originalmente se llevaba a cabo la cocción. Sin embargo, como los panes se desmoronaban a menudo, alguien tuvo la idea de hornearlos en latas de sardina, y gustó tanto esa versión que la práctica se normalizó. La masa se prepara con harina, huevo, manteca, anís, canela, pasas y chocolate derretido, con el que se obtiene el jaspeado tradicional. Hay una variante para Día de Muertos, que es una especie de rol de canela elíptico gigante.

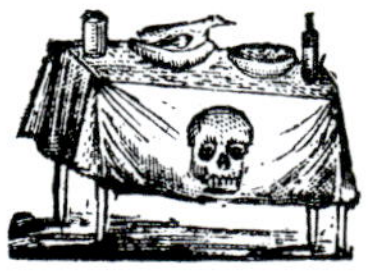

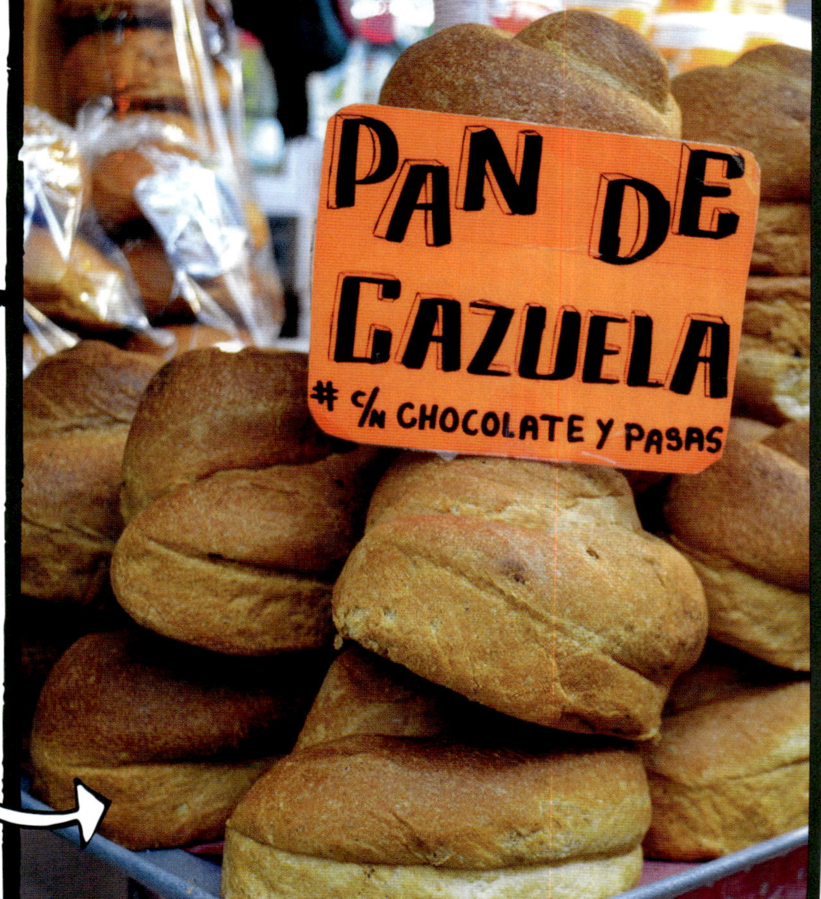

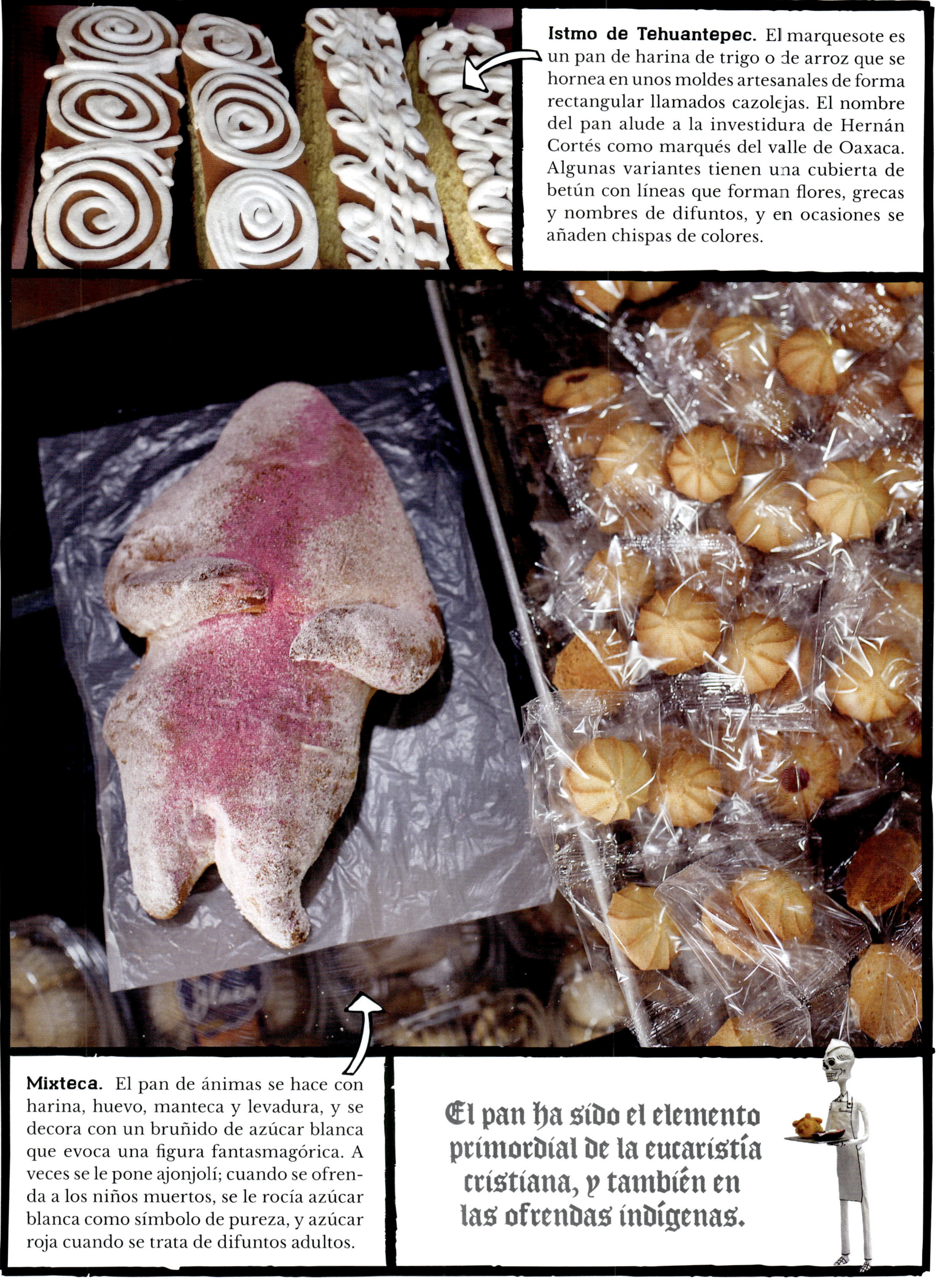

Istmo de Tehuantepec. El marquesote es un pan de harina de trigo o de arroz que se hornea en unos moldes artesanales de forma rectangular llamados cazolejas. El nombre del pan alude a la investidura de Hernán Cortés como marqués del valle de Oaxaca. Algunas variantes tienen una cubierta de betún con líneas que forman flores, grecas y nombres de difuntos, y en ocasiones se añaden chispas de colores.

Mixteca. El pan de ánimas se hace con harina, huevo, manteca y levadura, y se decora con un bruñido de azúcar blanca que evoca una figura fantasmagórica. A veces se le pone ajonjolí; cuando se ofrenda a los niños muertos, se le rocía azúcar blanca como símbolo de pureza, y azúcar roja cuando se trata de difuntos adultos.

El pan ha sido el elemento primordial de la eucaristía cristiana, y también en las ofrendas indígenas.

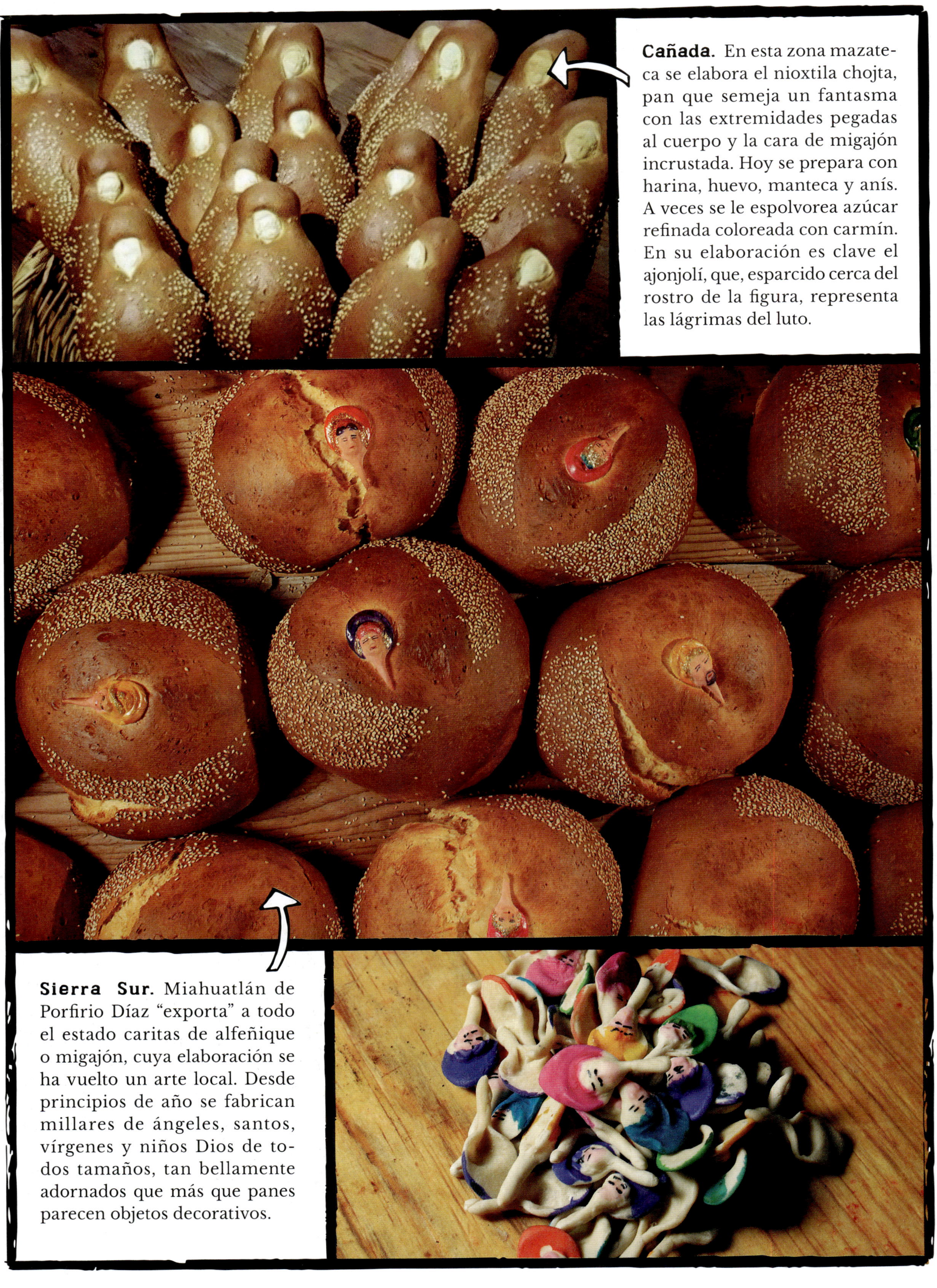

Cañada. En esta zona mazateca se elabora el nioxtila chojta, pan que semeja un fantasma con las extremidades pegadas al cuerpo y la cara de migajón incrustada. Hoy se prepara con harina, huevo, manteca y anís. A veces se le espolvorea azúcar refinada coloreada con carmín. En su elaboración es clave el ajonjolí, que, esparcido cerca del rostro de la figura, representa las lágrimas del luto.

Sierra Sur. Miahuatlán de Porfirio Díaz "exporta" a todo el estado caritas de alfeñique o migajón, cuya elaboración se ha vuelto un arte local. Desde principios de año se fabrican millares de ángeles, santos, vírgenes y niños Dios de todos tamaños, tan bellamente adornados que más que panes parecen objetos decorativos.

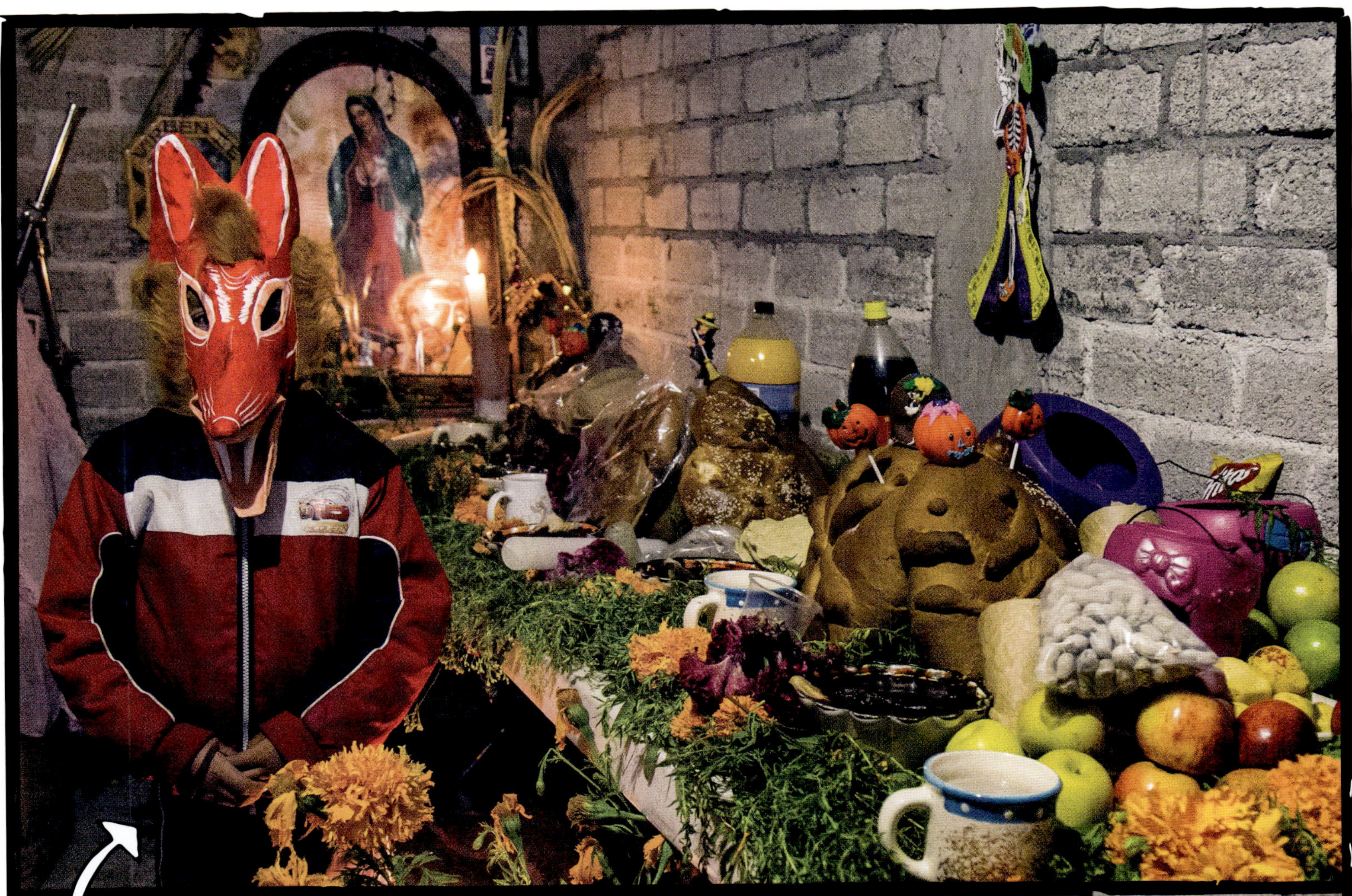

Costa. El pan de la costa tiene dos modalidades. La primera es un pan de persona (es decir, con forma humana) con carita de muerto, de tamaño colectivo y familiar, que se come por partes. Se barniza con huevo, se le hacen cortes en forma de flores, hojas y grecas, y se le esparcen semillas de ajonjolí en la superficie. La otra modalidad es el pan de manteca y anís; también es un pan de persona, aunque más pequeño, con forma de hombre o mujer: el de hombre suele llevar los brazos separados del cuerpo; el de mujer tiene los brazos cruzados y una falda.

Cuenca del Papaloapan. Esta región toma su nombre del río que la atraviesa; su ciudad más representativa es Tuxtepec, colindante con la Mixteca y la parte sur de Veracruz. Elaborados con levadura fresca, los panes en forma de sirena son una ofrenda habitual para agradecer los dones y la riqueza de esta zona, que se distingue por la gran presencia de ríos y acuíferos; también suelen llevar cruces y grecas de betún, así como inscripciones y cortes que se hacen sobre la masa antes del horneado.

Delicias para celebrar

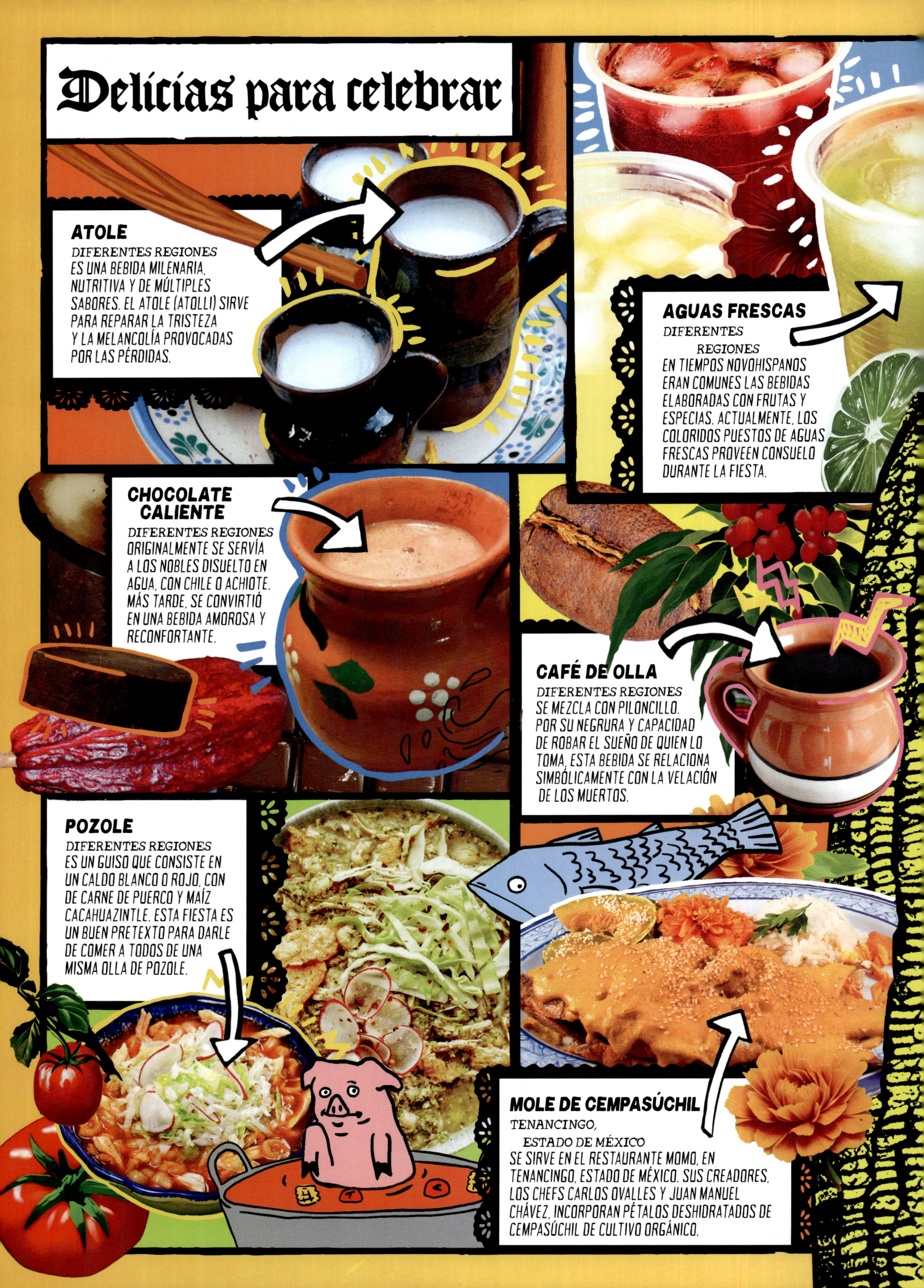

ATOLE

DIFERENTES REGIONES

ES UNA BEBIDA MILENARIA, NUTRITIVA Y DE MÚLTIPLES SABORES. EL ATOLE (ATOLLI) SIRVE PARA REPARAR LA TRISTEZA Y LA MELANCOLÍA PROVOCADAS POR LAS PÉRDIDAS.

AGUAS FRESCAS

DIFERENTES REGIONES

EN TIEMPOS NOVOHISPANOS ERAN COMUNES LAS BEBIDAS ELABORADAS CON FRUTAS Y ESPECIAS. ACTUALMENTE, LOS COLORIDOS PUESTOS DE AGUAS FRESCAS PROVEEN CONSUELO DURANTE LA FIESTA.

CHOCOLATE CALIENTE

DIFERENTES REGIONES

ORIGINALMENTE SE SERVÍA A LOS NOBLES DISUELTO EN AGUA, CON CHILE O ACHIOTE. MÁS TARDE, SE CONVIRTIÓ EN UNA BEBIDA AMOROSA Y RECONFORTANTE.

CAFÉ DE OLLA

DIFERENTES REGIONES

SE MEZCLA CON PILONCILLO. POR SU NEGRURA Y CAPACIDAD DE ROBAR EL SUEÑO DE QUIEN LO TOMA, ESTA BEBIDA SE RELACIONA SIMBÓLICAMENTE CON LA VELACIÓN DE LOS MUERTOS.

POZOLE

DIFERENTES REGIONES

ES UN GUISO QUE CONSISTE EN UN CALDO BLANCO O ROJO, CON DE CARNE DE PUERCO Y MAÍZ CACAHUAZINTLE. ESTA FIESTA ES UN BUEN PRETEXTO PARA DARLE DE COMER A TODOS DE UNA MISMA OLLA DE POZOLE.

MOLE DE CEMPASÚCHIL

TENANCINGO, ESTADO DE MÉXICO

SE SIRVE EN EL RESTAURANTE MOMO, EN TENANCINGO, ESTADO DE MÉXICO. SUS CREADORES, LOS CHEFS CARLOS OVALLES Y JUAN MANUEL CHÁVEZ, INCORPORAN PÉTALOS DESHIDRATADOS DE CEMPASÚCHIL DE CULTIVO ORGÁNICO.

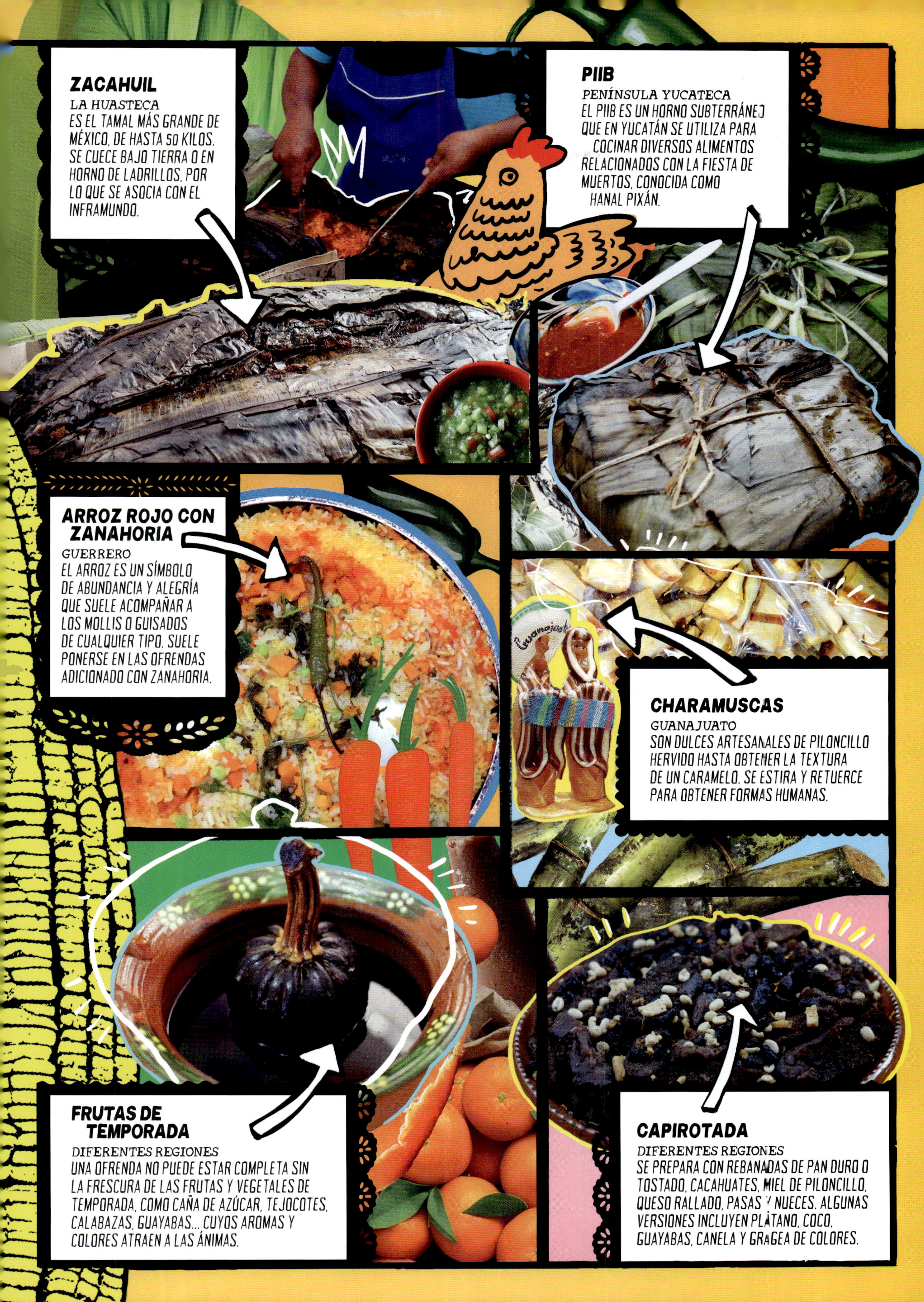

ZACAHUIL
LA HUASTECA
ES EL TAMAL MÁS GRANDE DE MÉXICO, DE HASTA 50 KILOS. SE CUECE BAJO TIERRA O EN HORNO DE LADRILLOS, POR LO QUE SE ASOCIA CON EL INFRAMUNDO.
PIIB
PENÍNSULA YUCATECA
EL PIIB ES UN HORNO SUBTERRÁNEO QUE EN YUCATÁN SE UTILIZA PARA COCINAR DIVERSOS ALIMENTOS RELACIONADOS CON LA FIESTA DE MUERTOS, CONOCIDA COMO HANAL PIXÁN.
ARROZ ROJO CON ZANAHORIA
GUERRERO
EL ARROZ ES UN SÍMBOLO DE ABUNDANCIA Y ALEGRÍA QUE SUELE ACOMPAÑAR A LOS MOLLIS O GUISADOS DE CUALQUIER TIPO. SUELE PONERSE EN LAS OFRENDAS ADICIONADO CON ZANAHORIA.
CHARAMUSCAS
GUANAJUATO
SON DULCES ARTESANALES DE PILONCILLO HERVIDO HASTA OBTENER LA TEXTURA DE UN CARAMELO. SE ESTIRA Y RETUERCE PARA OBTENER FORMAS HUMANAS.
FRUTAS DE TEMPORADA
DIFERENTES REGIONES
UNA OFRENDA NO PUEDE ESTAR COMPLETA SIN LA FRESCURA DE LAS FRUTAS Y VEGETALES DE TEMPORADA, COMO CAÑA DE AZÚCAR, TEJOCOTES, CALABAZAS, GUAYABAS... CUYOS AROMAS Y COLORES ATRAEN A LAS ÁNIMAS.
CAPIROTADA
DIFERENTES REGIONES
SE PREPARA CON REBANADAS DE PAN DURO O TOSTADO, CACAHUATES, MIEL DE PILONCILLO, QUESO RALLADO, PASAS Y NUECES. ALGUNAS VERSIONES INCLUYEN PLÁTANO, COCO, GUAYABAS, CANELA Y GRAGEA DE COLORES.

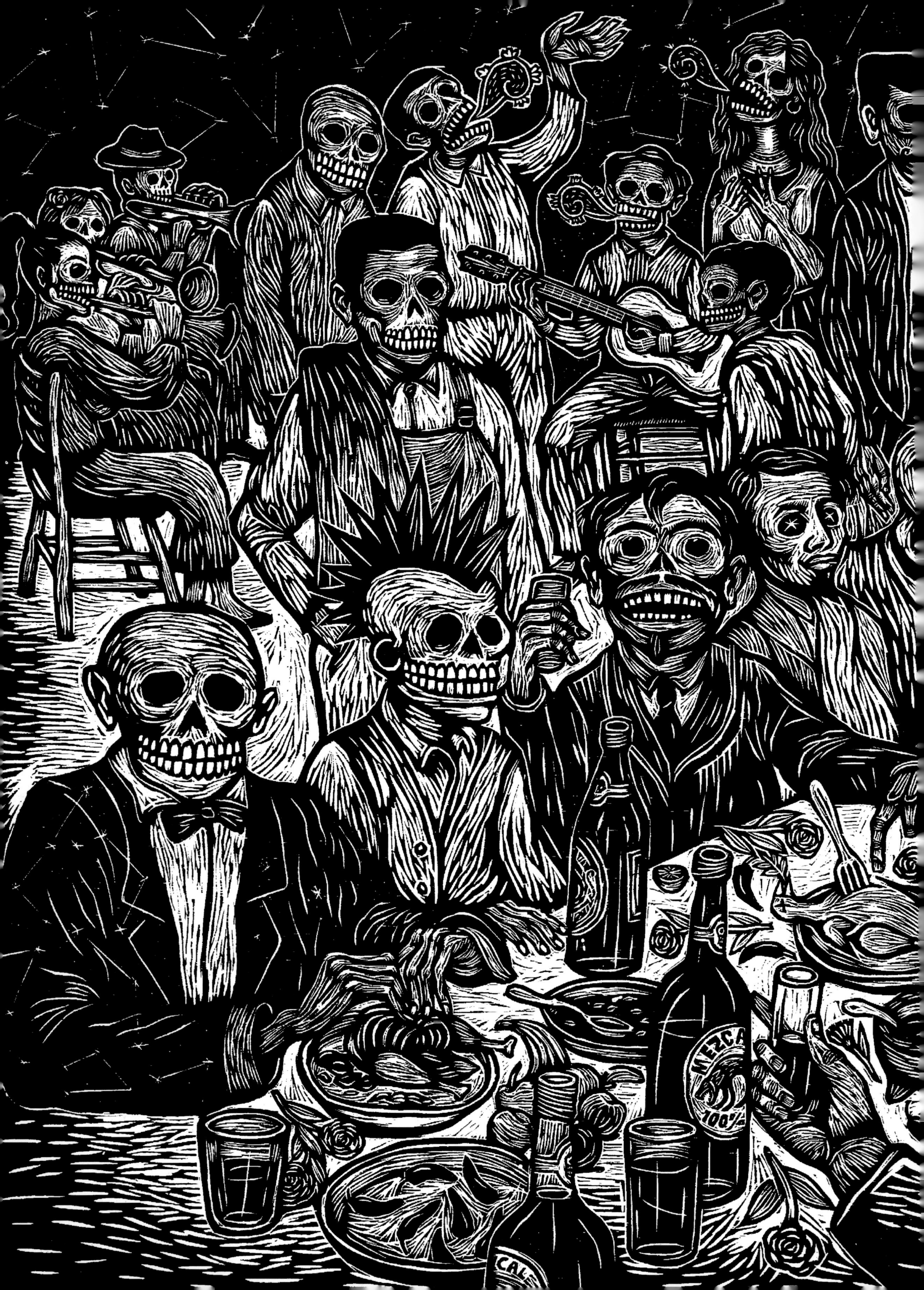

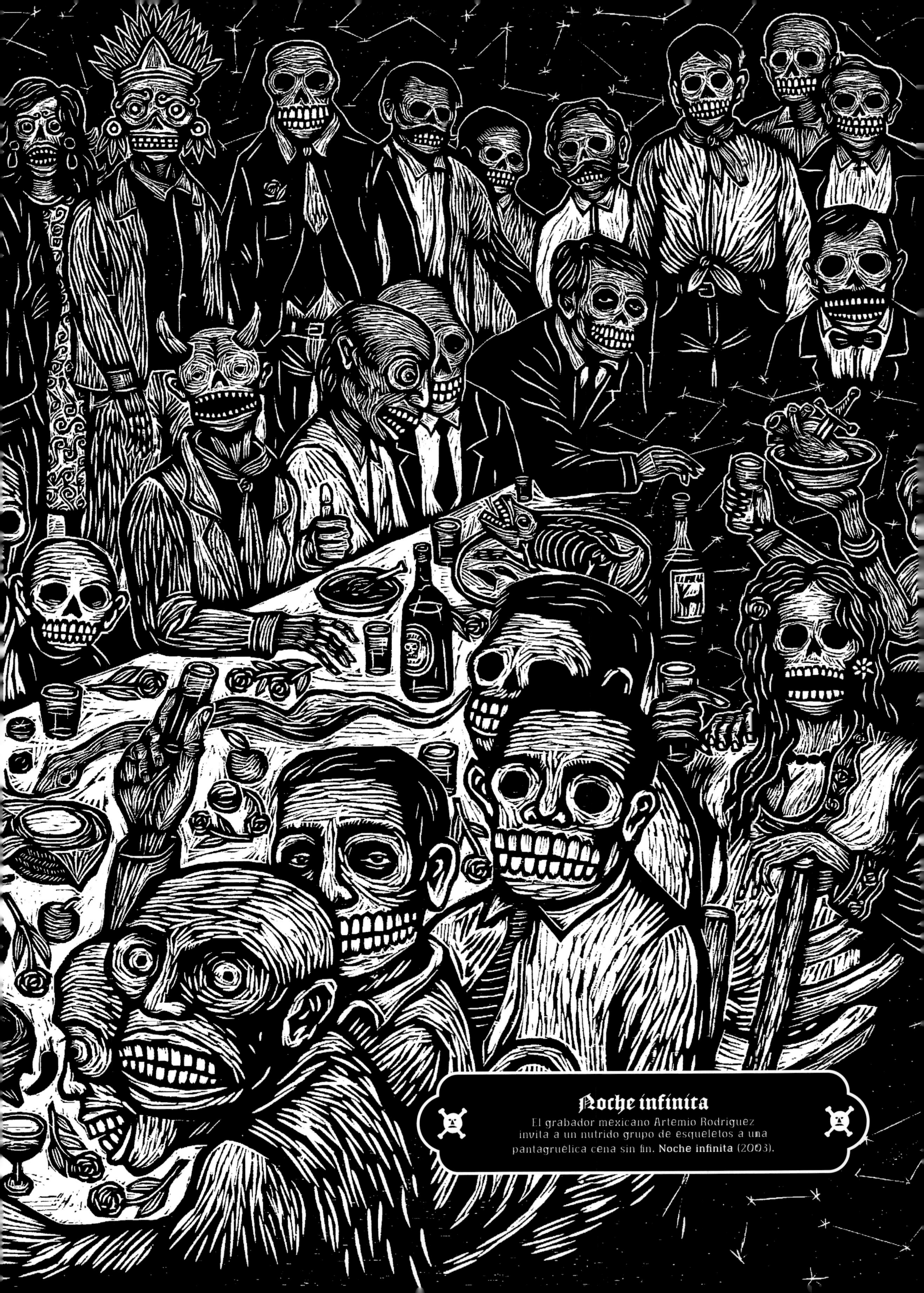

Noche infinita

El grabador mexicano Artemio Rodriguez invita a un nutrido grupo de esqueletos a una pantagruélica cena sin fin. **Noche infinita** (2003).

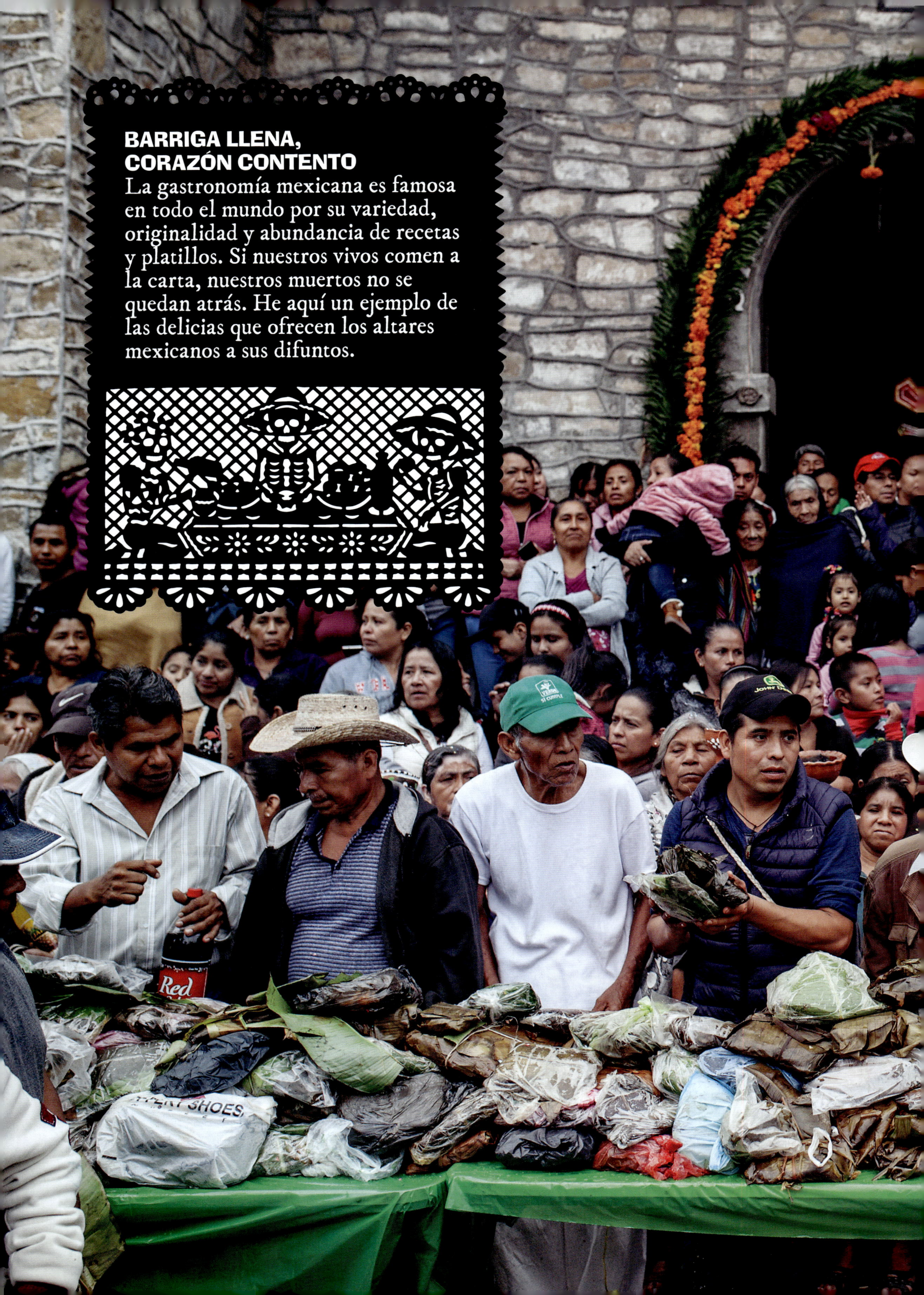

BARRIGA LLENA, CORAZÓN CONTENTO

La gastronomía mexicana es famosa en todo el mundo por su variedad, originalidad y abundancia de recetas y platillos. Si nuestros vivos comen a la carta, nuestros muertos no se quedan atrás. He aquí un ejemplo de las delicias que ofrecen los altares mexicanos a sus difuntos.

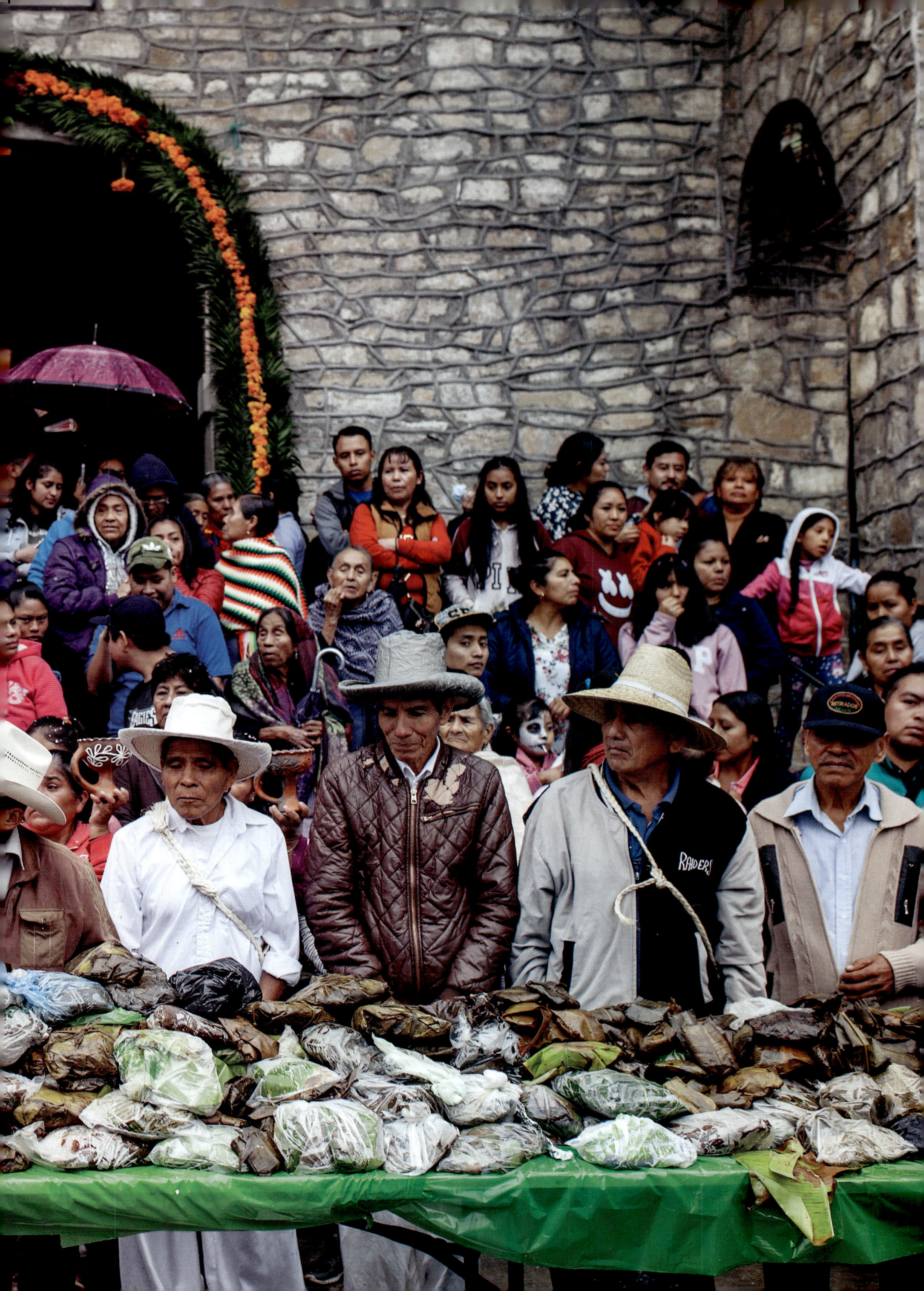
RAIDERS

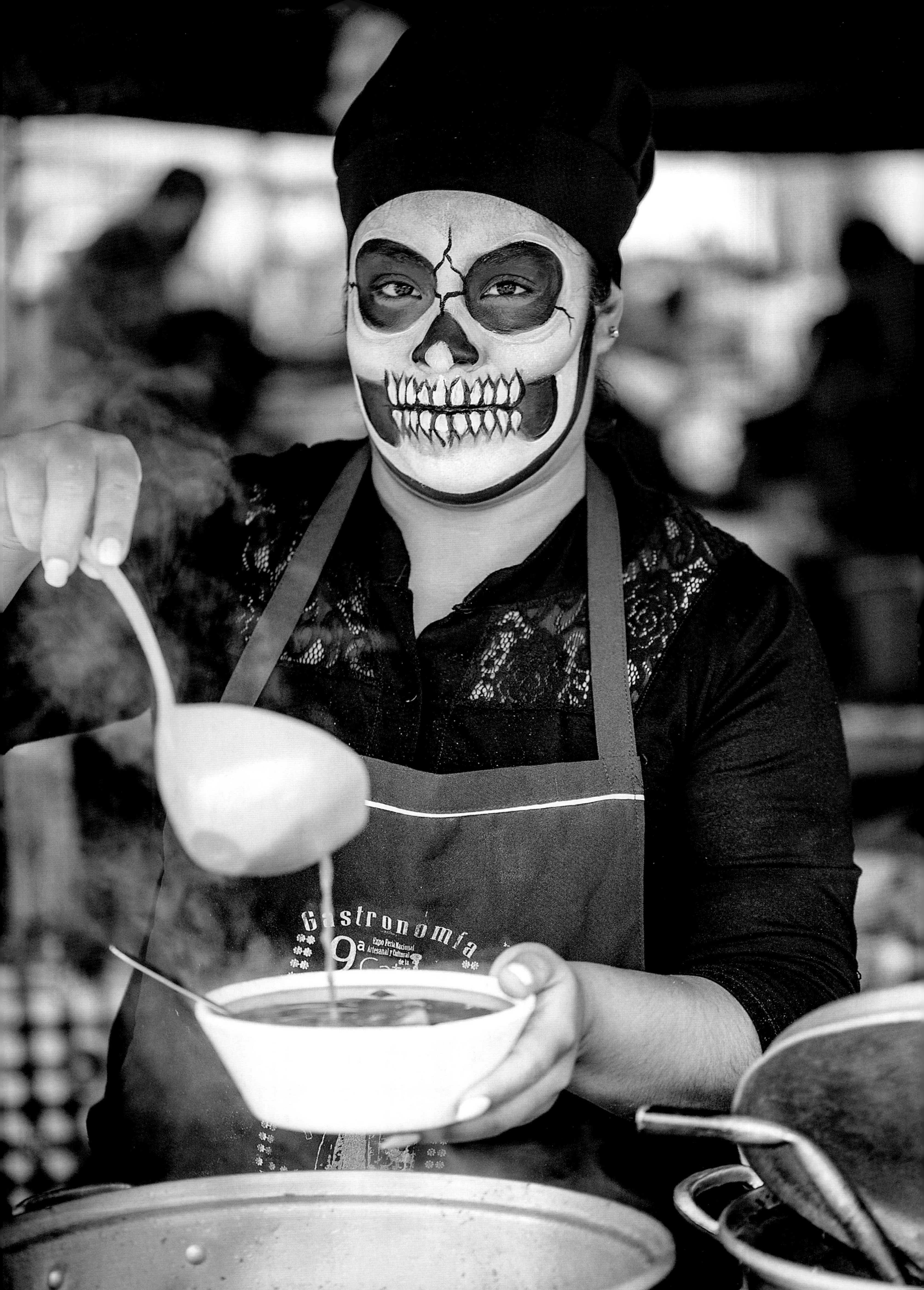
Gastronomía
9ª
Expo Feria Nacional
Artesanal y Cultural
de la

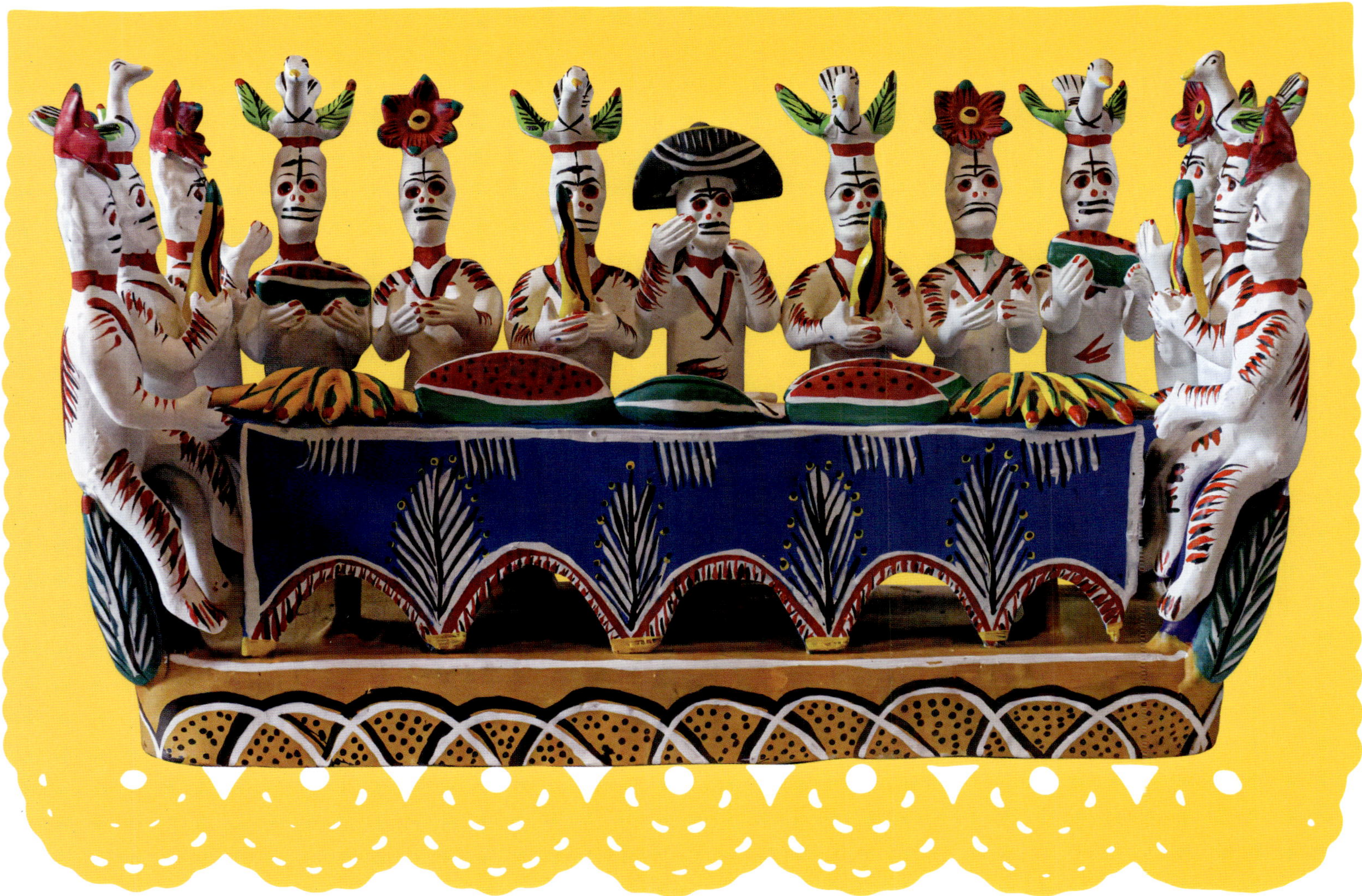

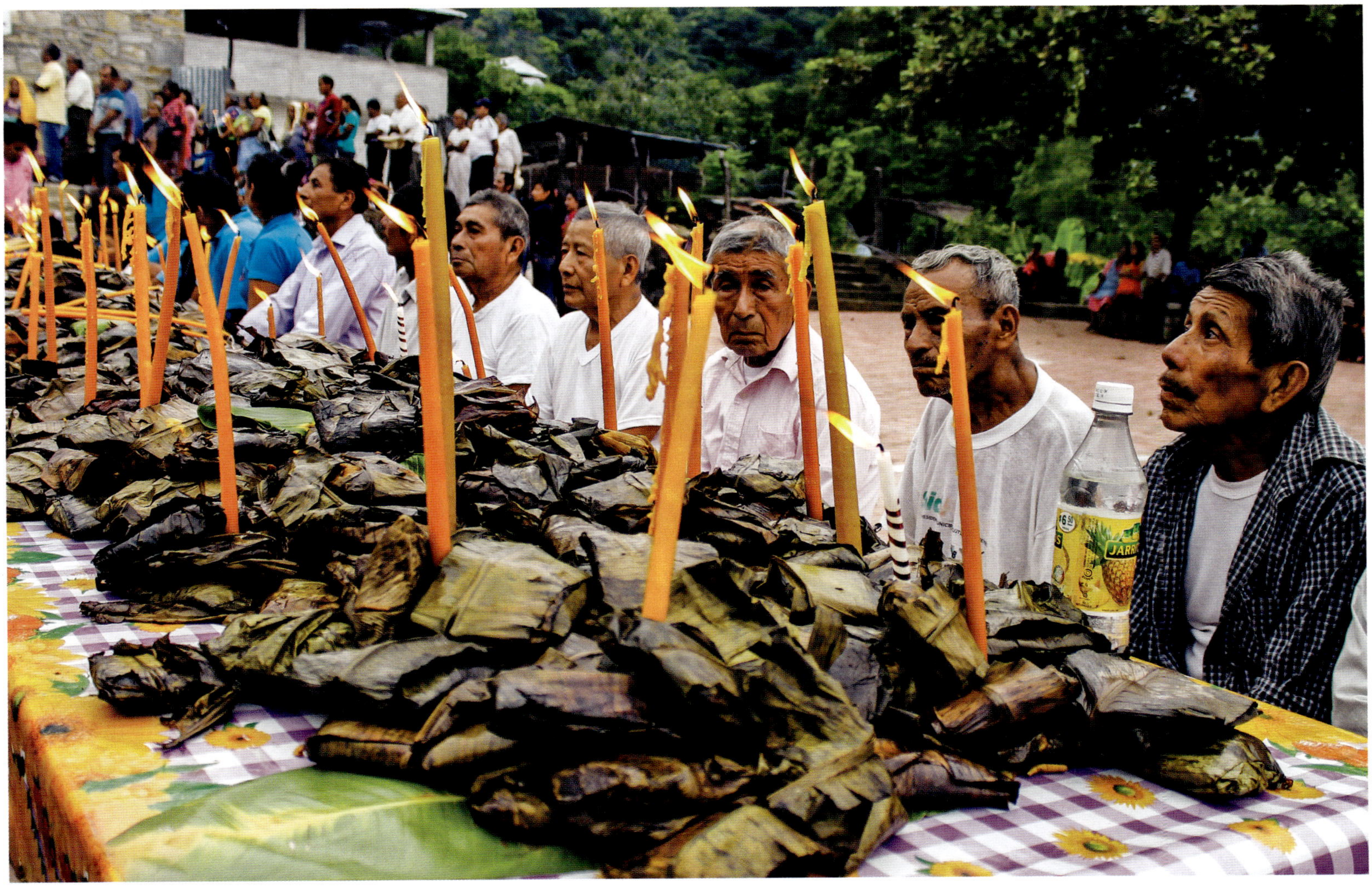

← (pp. 182-183) Desde muy temprano se colocan los tamales en el altar para agasajar a los difuntos, Papatlatla, Hidalgo. ← Día de Muertos gourmet en Capula, Michoacán. ↑ La última cena a lo mexicano, artesanía en barro, colección particular.

↑ Celebración popular del Xantolo en la Huasteca hidalguense. → (pp. 186-187) Grabado (2006). Fernando Robles. Colección particular. → (pp. 186-187) **Para celebrar su memoria paso a paso** (2018). Betsabeé Romero. Centro de Cultura Digital de la Estela de Luz.

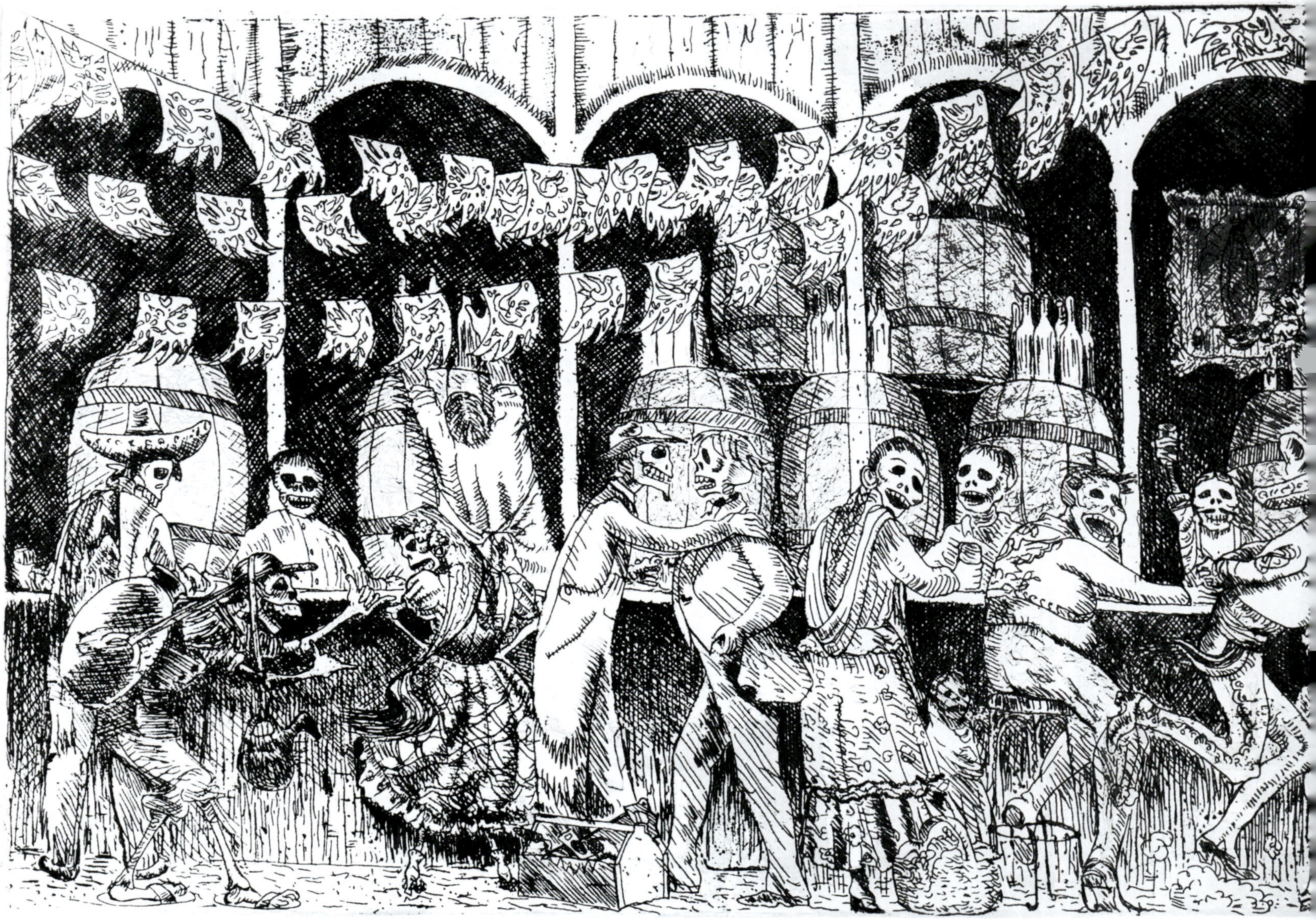

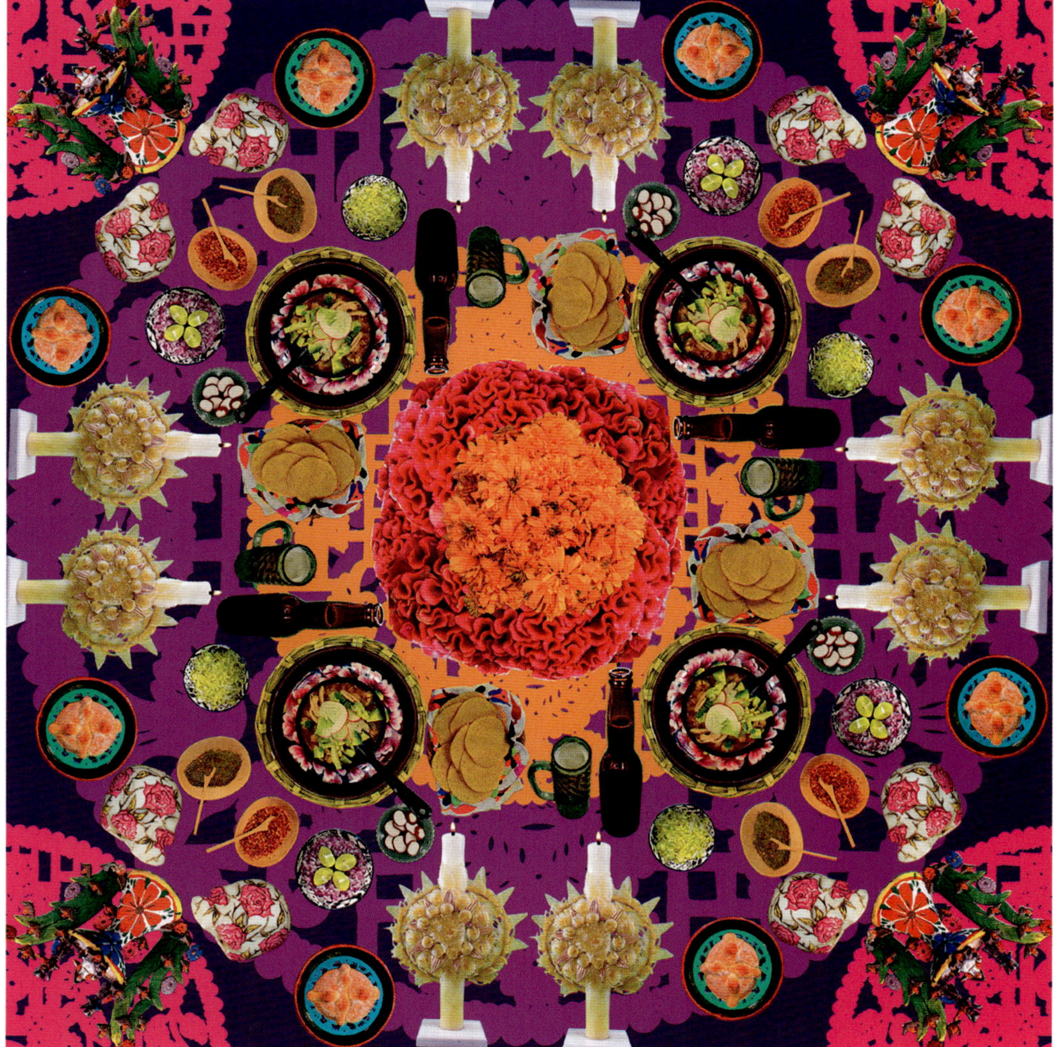

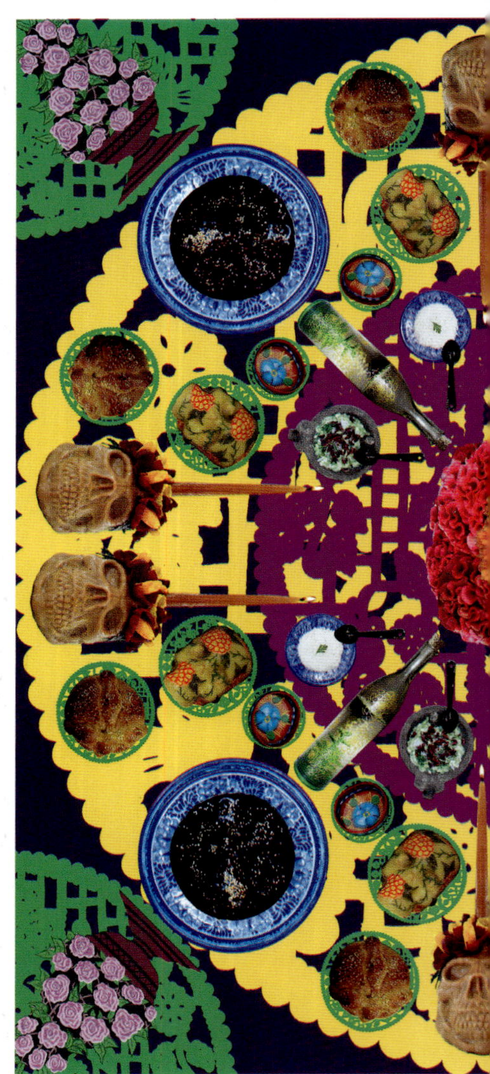

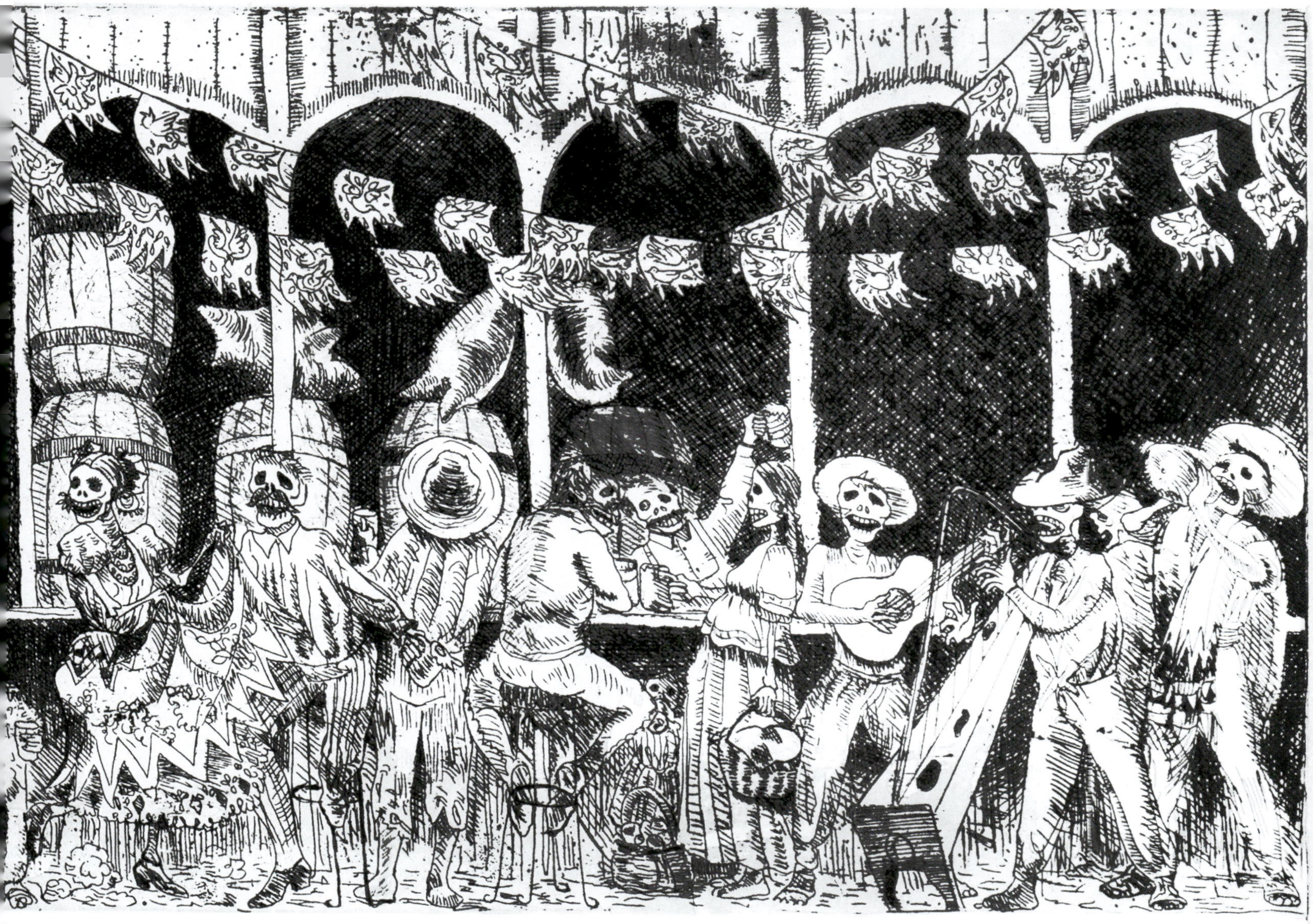

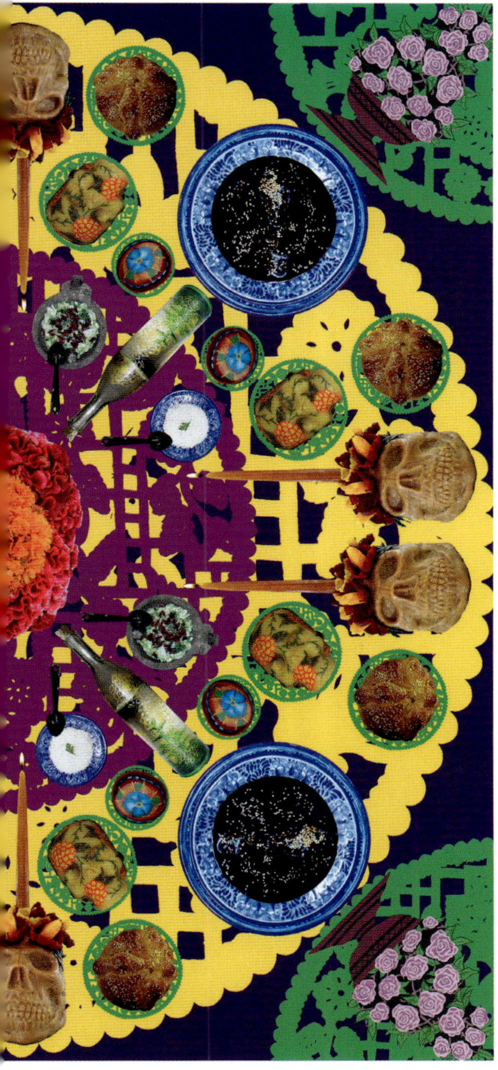

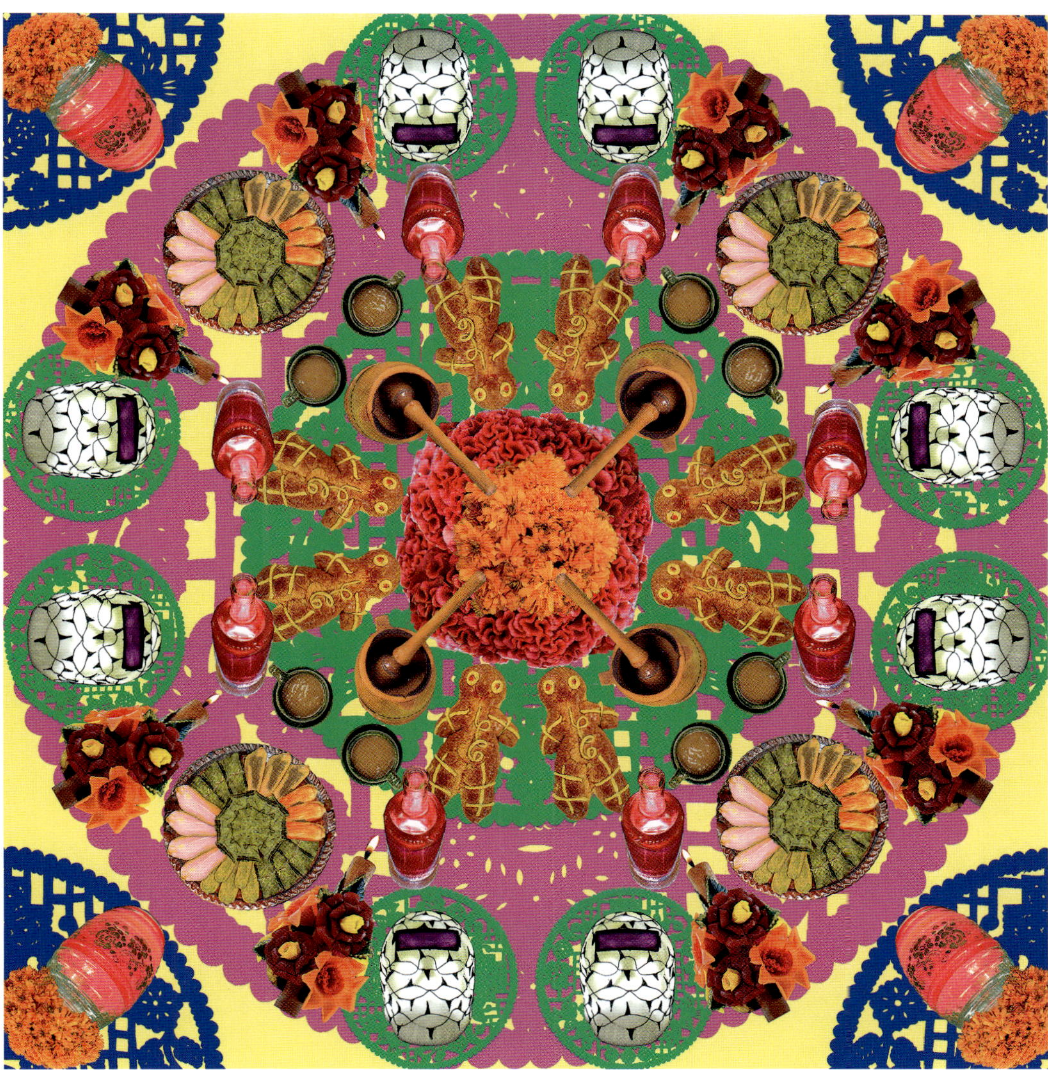

Para morir nacimos

LA FIESTA EN MÉXICO, ESTADOS UNIDOS Y GUATEMALA

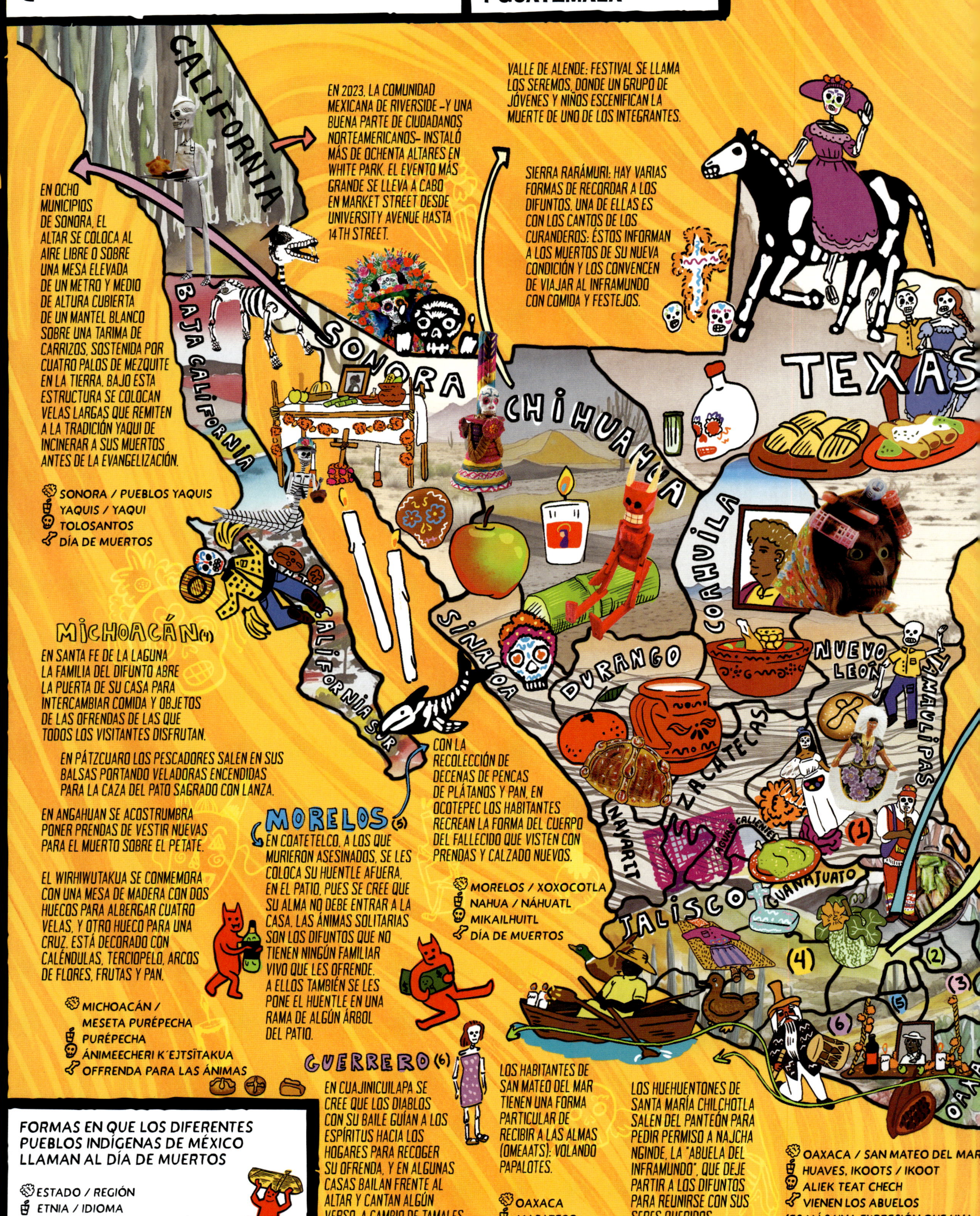

EN 2023, LA COMUNIDAD MEXICANA DE RIVERSIDE –Y UNA BUENA PARTE DE CIUDADANOS NORTEAMERICANOS– INSTALÓ MÁS DE OCHENTA ALTARES EN WHITE PARK. EL EVENTO MÁS GRANDE SE LLEVA A CABO EN MARKET STREET DESDE UNIVERSITY AVENUE HASTA 14TH STREET.

VALLE DE ALENDE: FESTIVAL SE LLAMA LOS SEREMOS, DONDE UN GRUPO DE JÓVENES Y NIÑOS ESCENIFICAN LA MUERTE DE UNO DE LOS INTEGRANTES.

SIERRA RARÁMURI: HAY VARIAS FORMAS DE RECORDAR A LOS DIFUNTOS. UNA DE ELLAS ES CON LOS CANTOS DE LOS CURANDEROS: ÉSTOS INFORMAN A LOS MUERTOS DE SU NUEVA CONDICIÓN Y LOS CONVENCEN DE VIAJAR AL INFRAMUNDO CON COMIDA Y FESTEJOS.

EN OCHO MUNICIPIOS DE SONORA, EL ALTAR SE COLOCA AL AIRE LIBRE O SOBRE UNA MESA ELEVADA DE UN METRO Y MEDIO DE ALTURA CUBIERTA DE UN MANTEL BLANCO SOBRE UNA TARIMA DE CARRIZOS, SOSTENIDA POR CUATRO PALOS DE MEZQUITE EN LA TIERRA. BAJO ESTA ESTRUCTURA SE COLOCAN VELAS LARGAS QUE REMITEN A LA TRADICIÓN YAQUI DE INCINERAR A SUS MUERTOS ANTES DE LA EVANGELIZACIÓN.

- SONORA / PUEBLOS YAQUIS
- YAQUIS / YAQUI
- TOLOSANTOS
- DÍA DE MUERTOS

MICHOACÁN (4)

EN SANTA FE DE LA LAGUNA LA FAMILIA DEL DIFUNTO ABRE LA PUERTA DE SU CASA PARA INTERCAMBIAR COMIDA Y OBJETOS DE LAS OFRENDAS DE LAS QUE TODOS LOS VISITANTES DISFRUTAN.

EN PÁTZCUARO LOS PESCADORES SALEN EN SUS BALSAS PORTANDO VELADORAS ENCENDIDAS PARA LA CAZA DEL PATO SAGRADO CON LANZA.

EN ANGAHUAN SE ACOSTUMBRA PONER PRENDAS DE VESTIR NUEVAS PARA EL MUERTO SOBRE EL PETATE.

EL WIRHIWUTAKUA SE CONMEMORA CON UNA MESA DE MADERA CON DOS HUECOS PARA ALBERGAR CUATRO VELAS, Y OTRO HUECO PARA UNA CRUZ. ESTÁ DECORADO CON CALÉNDULAS, TERCIOPELO, ARCOS DE FLORES, FRUTAS Y PAN.

- MICHOACÁN / MESETA PURÉPECHA
- PURÉPECHA
- ÁNIMEECHERI K´EJTSÏTAKUA
- OFFRENDA PARA LAS ÁNIMAS

MORELOS (5)

EN COATETELCO, A LOS QUE MURIERON ASESINADOS, SE LES COLOCA SU HUENTLE AFUERA, EN EL PATIO, PUES SE CREE QUE SU ALMA NO DEBE ENTRAR A LA CASA. LAS ÁNIMAS SOLITARIAS SON LOS DIFUNTOS QUE NO TIENEN NINGÚN FAMILIAR VIVO QUE LES OFRENDE. A ELLOS TAMBIÉN SE LES PONE EL HUENTLE EN UNA RAMA DE ALGÚN ÁRBOL DEL PATIO.

CON LA RECOLECCIÓN DE DECENAS DE PENCAS DE PLÁTANOS Y PAN, EN OCOTEPEC LOS HABITANTES RECREAN LA FORMA DEL CUERPO DEL FALLECIDO QUE VISTEN CON PRENDAS Y CALZADO NUEVOS.

- MORELOS / XOXOCOTLA
- NAHUA / NÁHUATL
- MIKAILHUITL
- DÍA DE MUERTOS

GUERRERO (6)

EN CUAJINICUILAPA SE CREE QUE LOS DIABLOS CON SU BAILE GUÍAN A LOS ESPÍRITUS HACIA LOS HOGARES PARA RECOGER SU OFRENDA, Y EN ALGUNAS CASAS BAILAN FRENTE AL ALTAR Y CANTAN ALGÚN VERSO, A CAMBIO DE TAMALES, REFRESCO O DINERO.

LOS HABITANTES DE SAN MATEO DEL MAR TIENEN UNA FORMA PARTICULAR DE RECIBIR A LAS ALMAS (OMEAATS): VOLANDO PAPALOTES.

- OAXACA
- MAZATECO
- S´UI K´IEN
- DÍA DE MUERTOS

LOS HUEHUENTONES DE SANTA MARÍA CHILCHOTLA SALEN DEL PANTEÓN PARA PEDIR PERMISO A NAJCHA NGINDE, LA "ABUELA DEL INFRAMUNDO", QUE DEJE PARTIR A LOS DIFUNTOS PARA REUNIRSE CON SUS SERES QUERIDOS.

- OAXACA / SAN MATEO DEL MAR
- HUAVES, IKOOTS / IKOOT
- ALIEK TEAT CHECH
- VIENEN LOS ABUELOS (ES MÁS UNA EXPRESIÓN QUE UNA FORMA GENERALIZADA DE LLAMAR AL DÍA DE MUERTOS)

FORMAS EN QUE LOS DIFERENTES PUEBLOS INDÍGENAS DE MÉXICO LLAMAN AL DÍA DE MUERTOS

- ESTADO / REGIÓN
- ETNIA / IDIOMA
- NOMBRE DE LA CELEBRACIÓN
- SIGNIFICADO

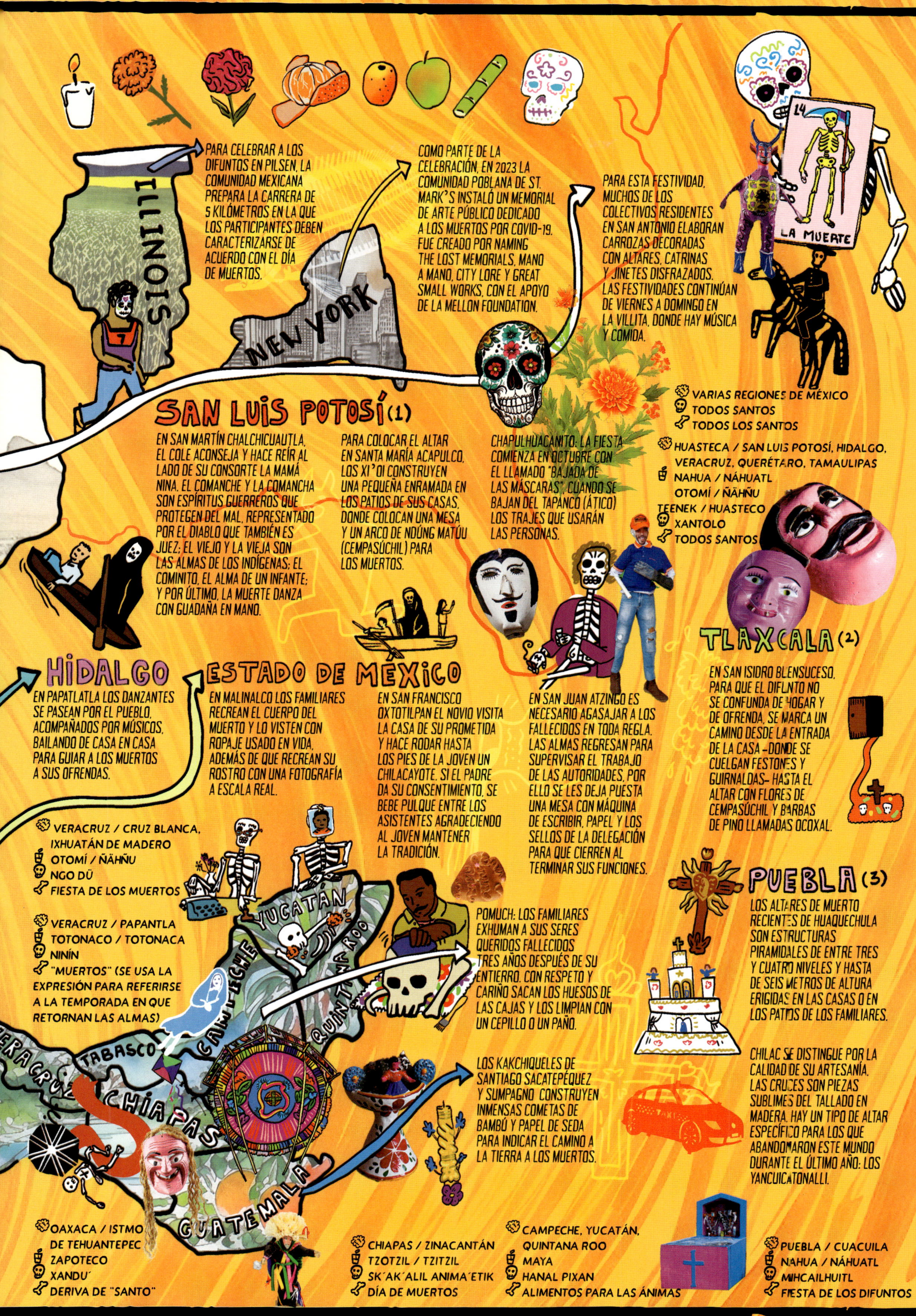

ILLINOIS
PARA CELEBRAR A LOS DIFUNTOS EN PILSEN, LA COMUNIDAD MEXICANA PREPARA LA CARRERA DE 5 KILÓMETROS EN LA QUE LOS PARTICIPANTES DEBEN CARACTERIZARSE DE ACUERDO CON EL DÍA DE MUERTOS.
NEW YORK
COMO PARTE DE LA CELEBRACIÓN, EN 2023 LA COMUNIDAD POBLANA DE ST. MARK'S INSTALÓ UN MEMORIAL DE ARTE PÚBLICO DEDICADO A LOS MUERTOS POR COVID-19. FUE CREADO POR NAMING THE LOST MEMORIALS, MANO A MANO, CITY LORE Y GREAT SMALL WORKS, CON EL APOYO DE LA MELLON FOUNDATION.
PARA ESTA FESTIVIDAD, MUCHOS DE LOS COLECTIVOS RESIDENTES EN SAN ANTONIO ELABORAN CARROZAS DECORADAS CON ALTARES, CATRINAS Y JINETES DISFRAZADOS. LAS FESTIVIDADES CONTINÚAN DE VIERNES A DOMINGO EN LA VILLITA, DONDE HAY MÚSICA Y COMIDA.
14
LA MUERTE
SAN LUIS POTOSÍ (1)
EN SAN MARTÍN CHALCHICUAUTLA, EL COLE ACONSEJA Y HACE REÍR AL LADO DE SU CONSORTE LA MAMÁ NINA. EL COMANCHE Y LA COMANCHA SON ESPÍRITUS GUERREROS QUE PROTEGEN DEL MAL, REPRESENTADO POR EL DIABLO QUE TAMBIÉN ES JUEZ; EL VIEJO Y LA VIEJA SON LAS ALMAS DE LOS INDÍGENAS; EL COMINITO, EL ALMA DE UN INFANTE; Y POR ÚLTIMO, LA MUERTE DANZA CON GUADAÑA EN MANO.
PARA COLOCAR EL ALTAR EN SANTA MARÍA ACAPULCO, LOS XI'OI CONSTRUYEN UNA PEQUEÑA ENRAMADA EN LOS PATIOS DE SUS CASAS, DONDE COLOCAN UNA MESA Y UN ARCO DE NDÚNG MATÚU (CEMPASÚCHIL) PARA LOS MUERTOS.
CHAPULHUACANITO: LA FIESTA COMIENZA EN OCTUBRE CON EL LLAMADO "BAJADA DE LAS MÁSCARAS", CUANDO SE BAJAN DEL TAPANCO (ÁTICO) LOS TRAJES QUE USARÁN LAS PERSONAS.
VARIAS REGIONES DE MÉXICO
TODOS SANTOS
TODOS LOS SANTOS
HUASTECA / SAN LUIS POTOSÍ, HIDALGO, VERACRUZ, QUERÉTARO, TAMAULIPAS
NAHUA / NÁHUATL
OTOMÍ / ÑAHÑU
TEENEK / HUASTECO
XANTOLO
TODOS SANTOS
HIDALGO
EN PAPATLATLA LOS DANZANTES SE PASEAN POR EL PUEBLO, ACOMPAÑADOS POR MÚSICOS, BAILANDO DE CASA EN CASA PARA GUIAR A LOS MUERTOS A SUS OFRENDAS.
ESTADO DE MÉXICO
EN MALINALCO LOS FAMILIARES RECREAN EL CUERPO DEL MUERTO Y LO VISTEN CON ROPAJE USADO EN VIDA, ADEMÁS DE QUE RECREAN SU ROSTRO CON UNA FOTOGRAFÍA A ESCALA REAL.
EN SAN FRANCISCO OXTOTILPAN EL NOVIO VISITA LA CASA DE SU PROMETIDA Y HACE RODAR HASTA LOS PIES DE LA JOVEN UN CHILACAYOTE. SI EL PADRE DA SU CONSENTIMIENTO, SE BEBE PULQUE ENTRE LOS ASISTENTES AGRADECIENDO AL JOVEN MANTENER LA TRADICIÓN.
EN SAN JUAN ATZINGO ES NECESARIO AGASAJAR A LOS FALLECIDOS EN TODA REGLA. LAS ALMAS REGRESAN PARA SUPERVISAR EL TRABAJO DE LAS AUTORIDADES, POR ELLO SE LES DEJA PUESTA UNA MESA CON MÁQUINA DE ESCRIBIR, PAPEL Y LOS SELLOS DE LA DELEGACIÓN PARA QUE CIERREN AL TERMINAR SUS FUNCIONES.
TLAXCALA (2)
EN SAN ISIDRO BUENSUCESO, PARA QUE EL DIFUNTO NO SE CONFUNDA DE HOGAR Y DE OFRENDA, SE MARCA UN CAMINO DESDE LA ENTRADA DE LA CASA –DONDE SE CUELGAN FESTONES Y GUIRNALDAS– HASTA EL ALTAR CON FLORES DE CEMPASÚCHIL Y BARBAS DE PINO LLAMADAS OCOXAL.
VERACRUZ / CRUZ BLANCA, IXHUATÁN DE MADERO
OTOMÍ / ÑAHÑU
NGO DÜ
FIESTA DE LOS MUERTOS
VERACRUZ / PAPANTLA
TOTONACO / TOTONACA
NINÍN
"MUERTOS" (SE USA LA EXPRESIÓN PARA REFERIRSE A LA TEMPORADA EN QUE RETORNAN LAS ALMAS)
YUCATÁN
CAMPECHE
QUINTANA ROO
TABASCO
VERACRUZ
CHIAPAS
GUATEMALA
POMUCH: LOS FAMILIARES EXHUMAN A SUS SERES QUERIDOS FALLECIDOS TRES AÑOS DESPUÉS DE SU ENTIERRO. CON RESPETO Y CARIÑO SACAN LOS HUESOS DE LAS CAJAS Y LOS LIMPIAN CON UN CEPILLO O UN PAÑO.
PUEBLA (3)
LOS ALTARES DE MUERTO RECIENTES DE HUAQUECHULA SON ESTRUCTURAS PIRAMIDALES DE ENTRE TRES Y CUATRO NIVELES Y HASTA DE SEIS METROS DE ALTURA ERIGIDAS EN LAS CASAS O EN LOS PATIOS DE LOS FAMILIARES.
LOS KAKCHIQUELES DE SANTIAGO SACATEPÉQUEZ Y SUMPAGNO CONSTRUYEN INMENSAS COMETAS DE BAMBÚ Y PAPEL DE SEDA PARA INDICAR EL CAMINO A LA TIERRA A LOS MUERTOS.
CHILAC SE DISTINGUE POR LA CALIDAD DE SU ARTESANÍA. LAS CRUCES SON PIEZAS SUBLIMES DEL TALLADO EN MADERA. HAY UN TIPO DE ALTAR ESPECÍFICO PARA LOS QUE ABANDONARON ESTE MUNDO DURANTE EL ÚLTIMO AÑO: LOS YANCUICATONALLI.
OAXACA / ISTMO DE TEHUANTEPEC
ZAPOTECO
XANDU'
DERIVA DE "SANTO"
CHIAPAS / ZINACANTÁN
TZOTZIL / TZITZIL
SK'AK'ALIL ANIMA'ETIK
DÍA DE MUERTOS
CAMPECHE, YUCATÁN, QUINTANA ROO
MAYA
HANAL PIXAN
ALIMENTOS PARA LAS ÁNIMAS
PUEBLA / CUACUILA
NAHUA / NÁHUATL
MIHCAILHUITL
FIESTA DE LOS DIFUNTOS

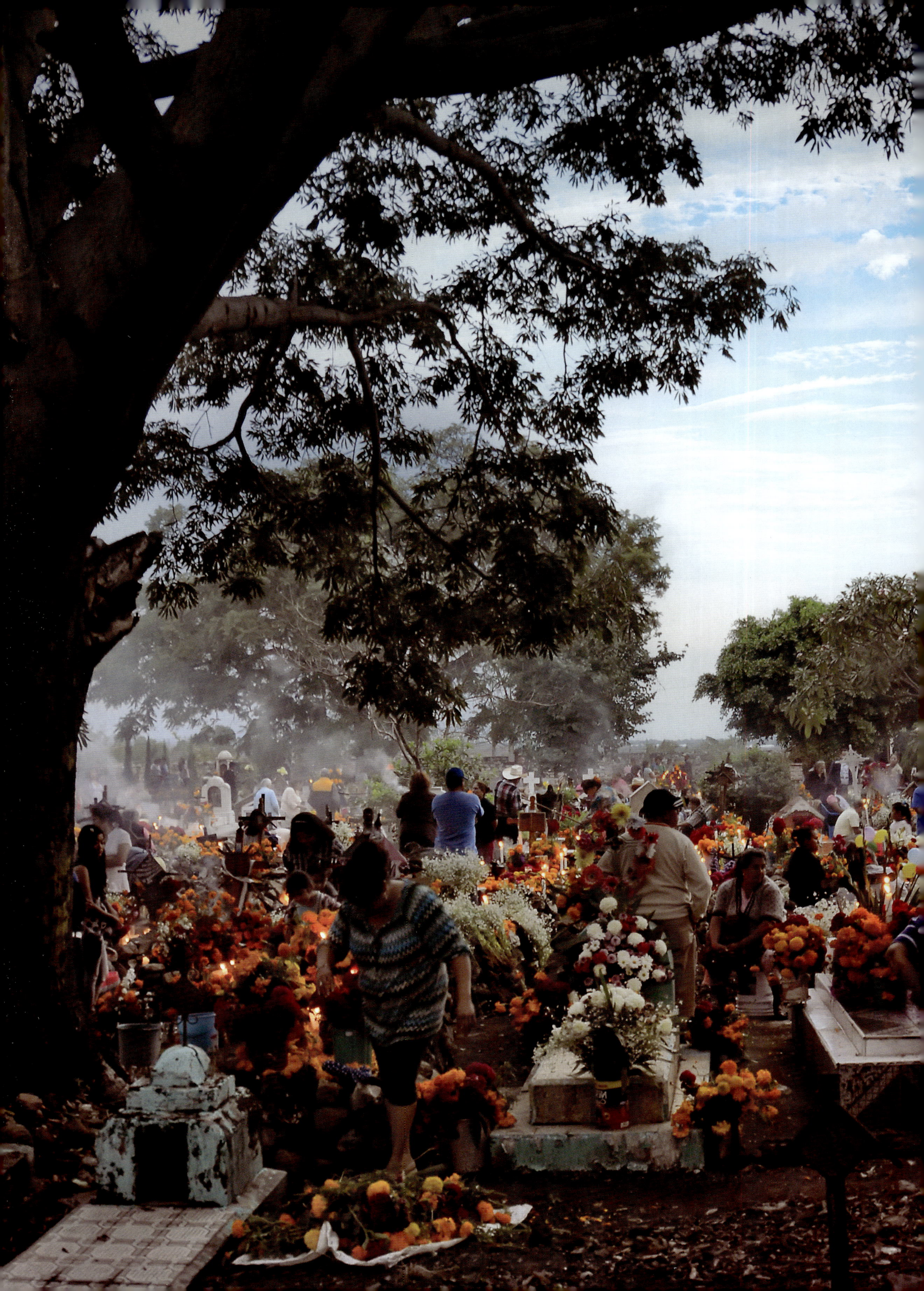

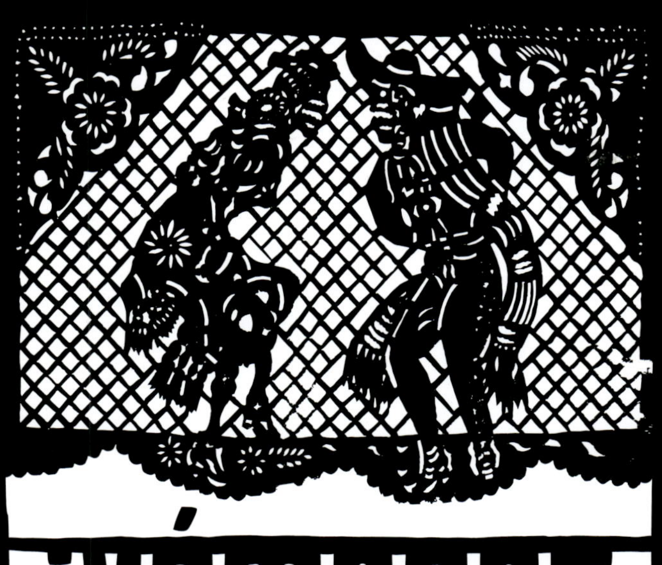

¡VÁMONOS DE FIESTA!

Cada región de México tiene sus costumbres para celebrar a los muertos, tan peculiares como los pueblos prehispánicos que conservaron celosamente sus prácticas. Algunas pueden dejarnos con los ojos como platos, tan ricos y sabrosos como la mejor ofrenda.

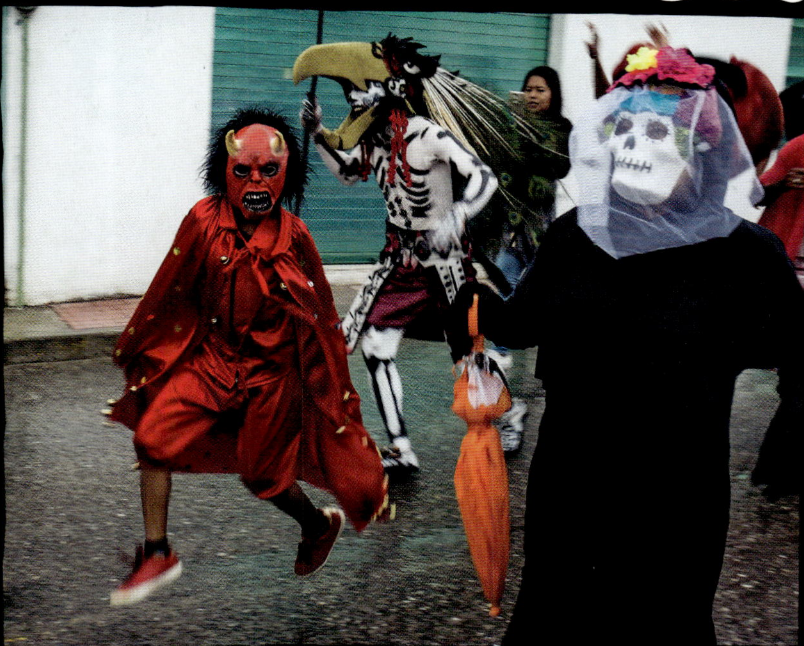

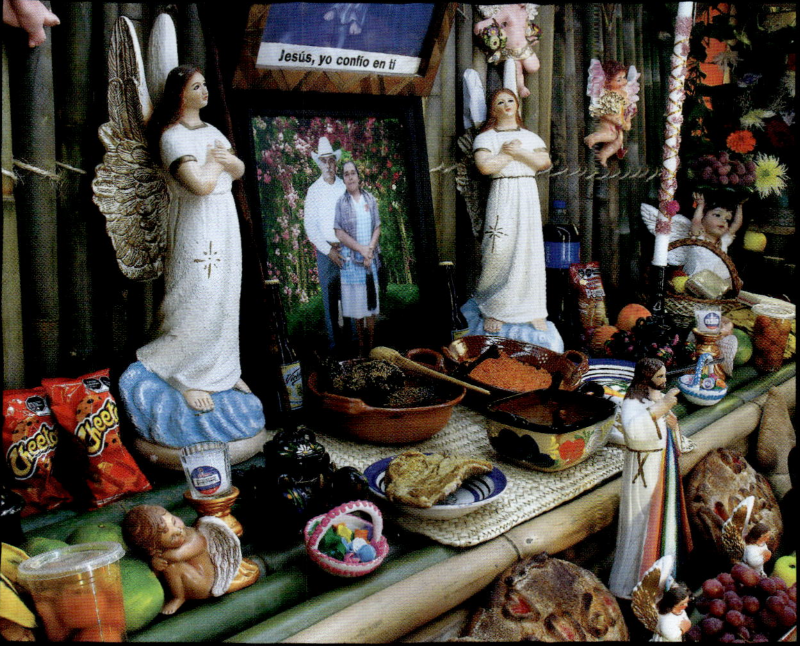

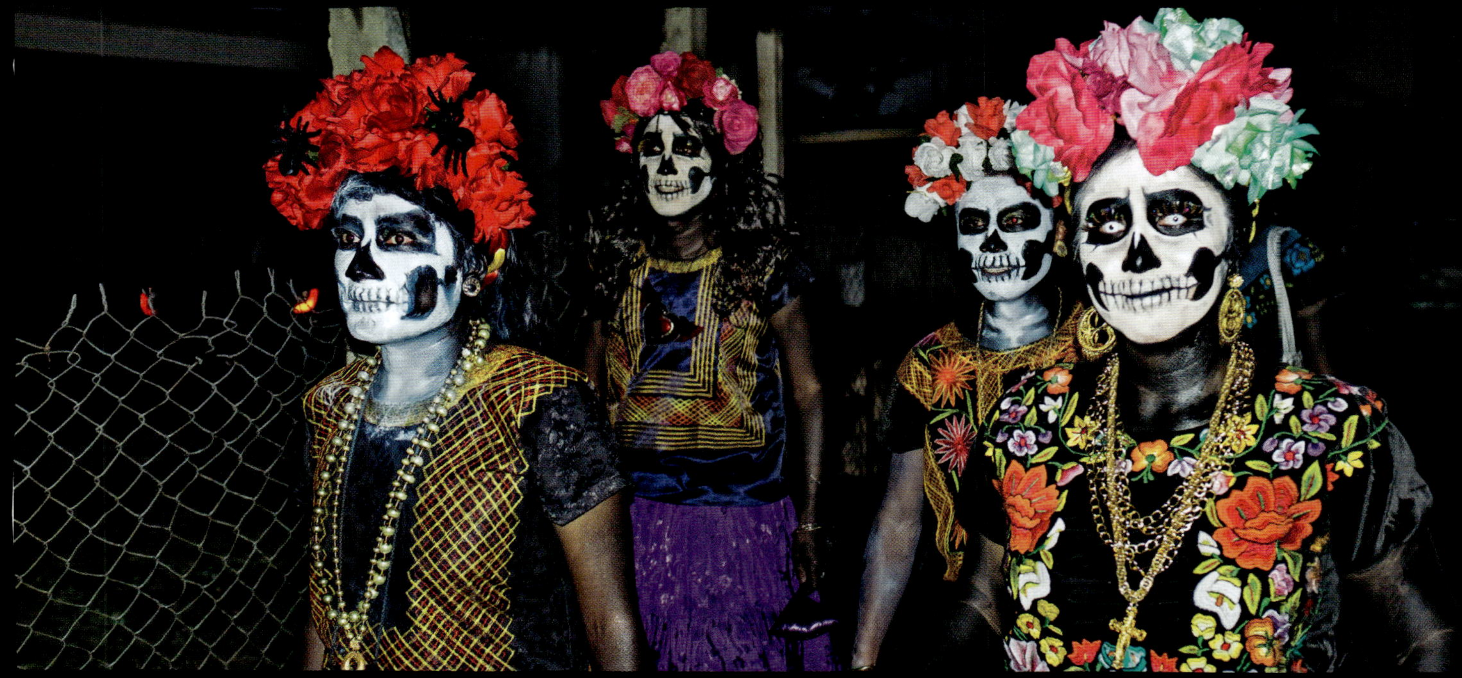

← Los altares, igual que los difuntos, deben ser velados por familiares y amigos. Michoacán. ↗ Muerteadas en el Valle de Etla, Valles Centrales, Oaxaca.

↑ Danza de los diablos. Valles Centrales, Oaxaca. ↑ Las figuras de ángeles en las ofrendas son una muestra del sincretismo religioso entre los simbolos catolicos y los indigenas. Altar en Tochimilco, Puebla.

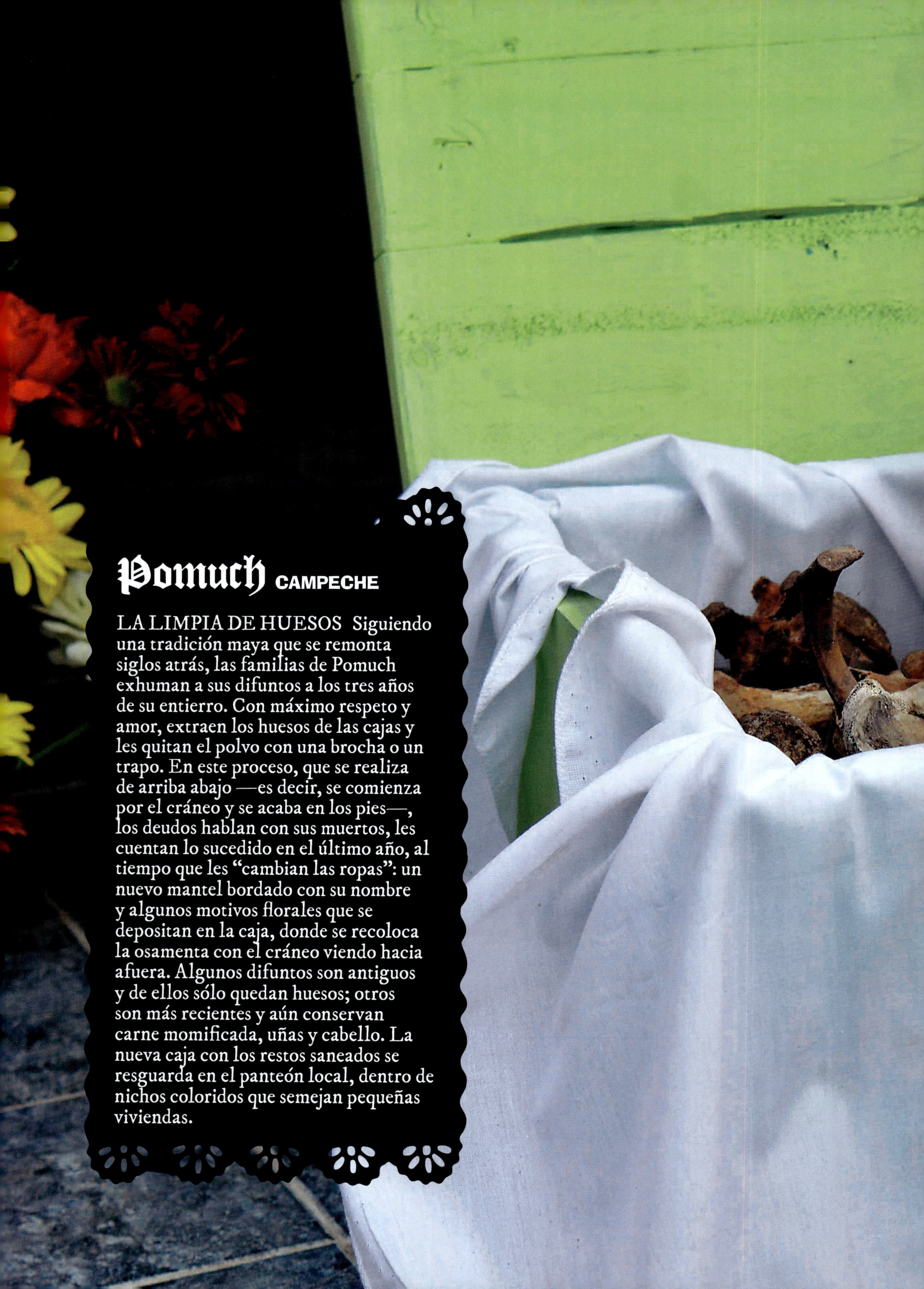

Pomuch CAMPECHE

LA LIMPIA DE HUESOS Siguiendo una tradición maya que se remonta siglos atrás, las familias de Pomuch exhuman a sus difuntos a los tres años de su entierro. Con máximo respeto y amor, extraen los huesos de las cajas y les quitan el polvo con una brocha o un trapo. En este proceso, que se realiza de arriba abajo —es decir, se comienza por el cráneo y se acaba en los pies—, los deudos hablan con sus muertos, les cuentan lo sucedido en el último año, al tiempo que les "cambian las ropas": un nuevo mantel bordado con su nombre y algunos motivos florales que se depositan en la caja, donde se recoloca la osamenta con el cráneo viendo hacia afuera. Algunos difuntos son antiguos y de ellos sólo quedan huesos; otros son más recientes y aún conservan carne momificada, uñas y cabello. La nueva caja con los restos saneados se resguarda en el panteón local, dentro de nichos coloridos que semejan pequeñas viviendas.

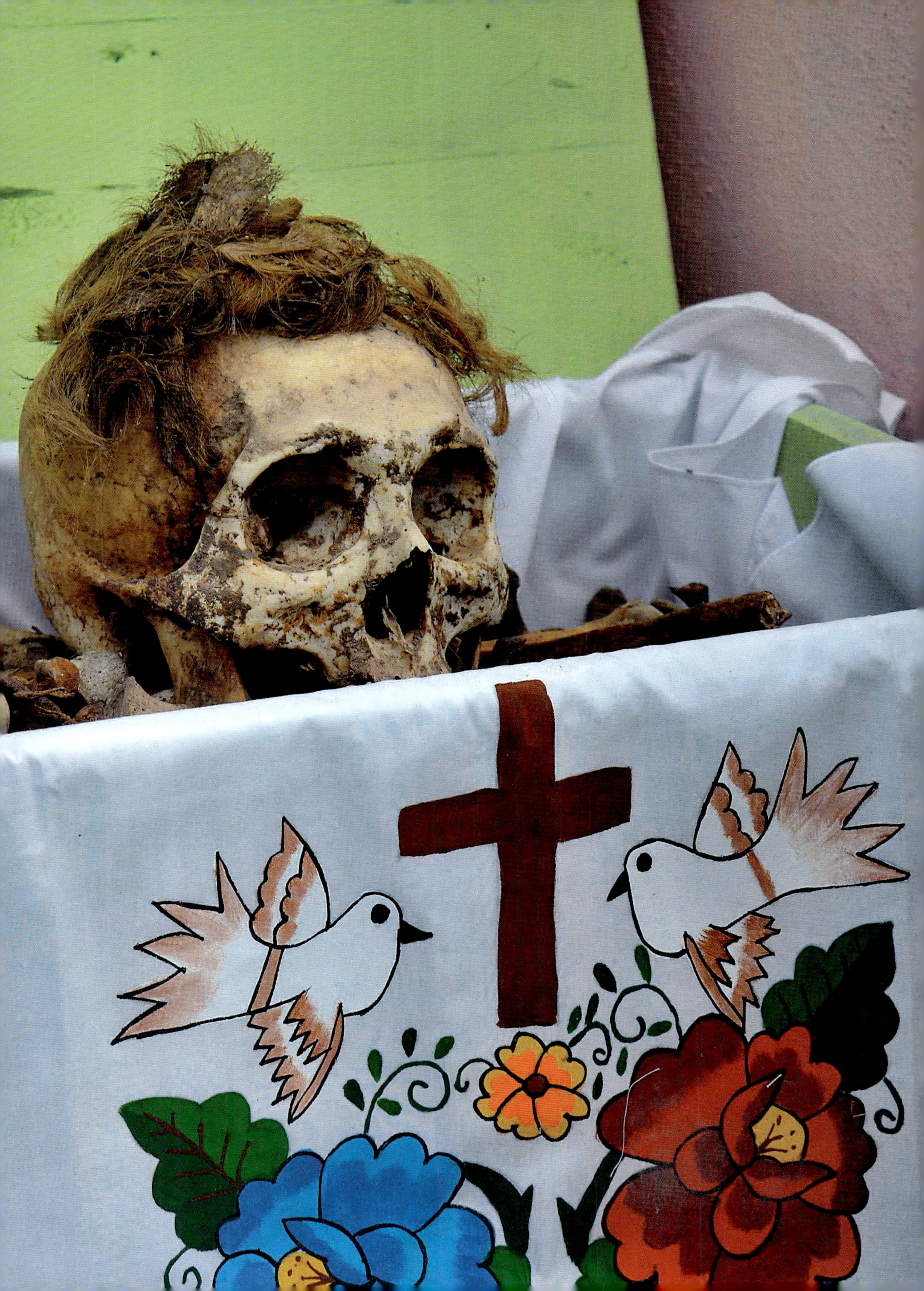

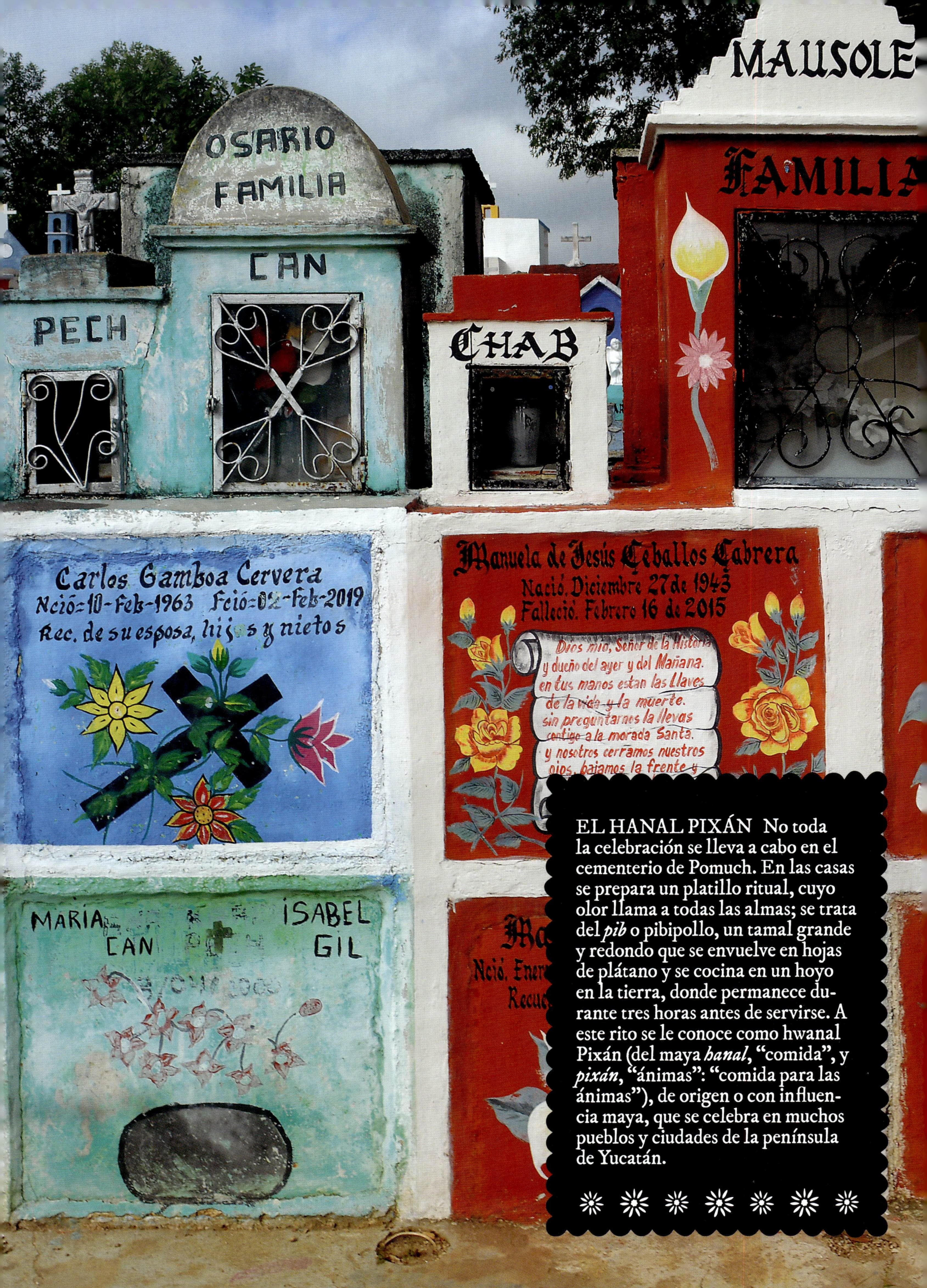

EL HANAL PIXÁN No toda la celebración se lleva a cabo en el cementerio de Pomuch. En las casas se prepara un platillo ritual, cuyo olor llama a todas las almas; se trata del *pib* o pibipollo, un tamal grande y redondo que se envuelve en hojas de plátano y se cocina en un hoyo en la tierra, donde permanece durante tres horas antes de servirse. A este rito se le conoce como hwanal Pixán (del maya *hanal*, "comida", y *pixán*, "ánimas": "comida para las ánimas"), de origen o con influencia maya, que se celebra en muchos pueblos y ciudades de la península de Yucatán.

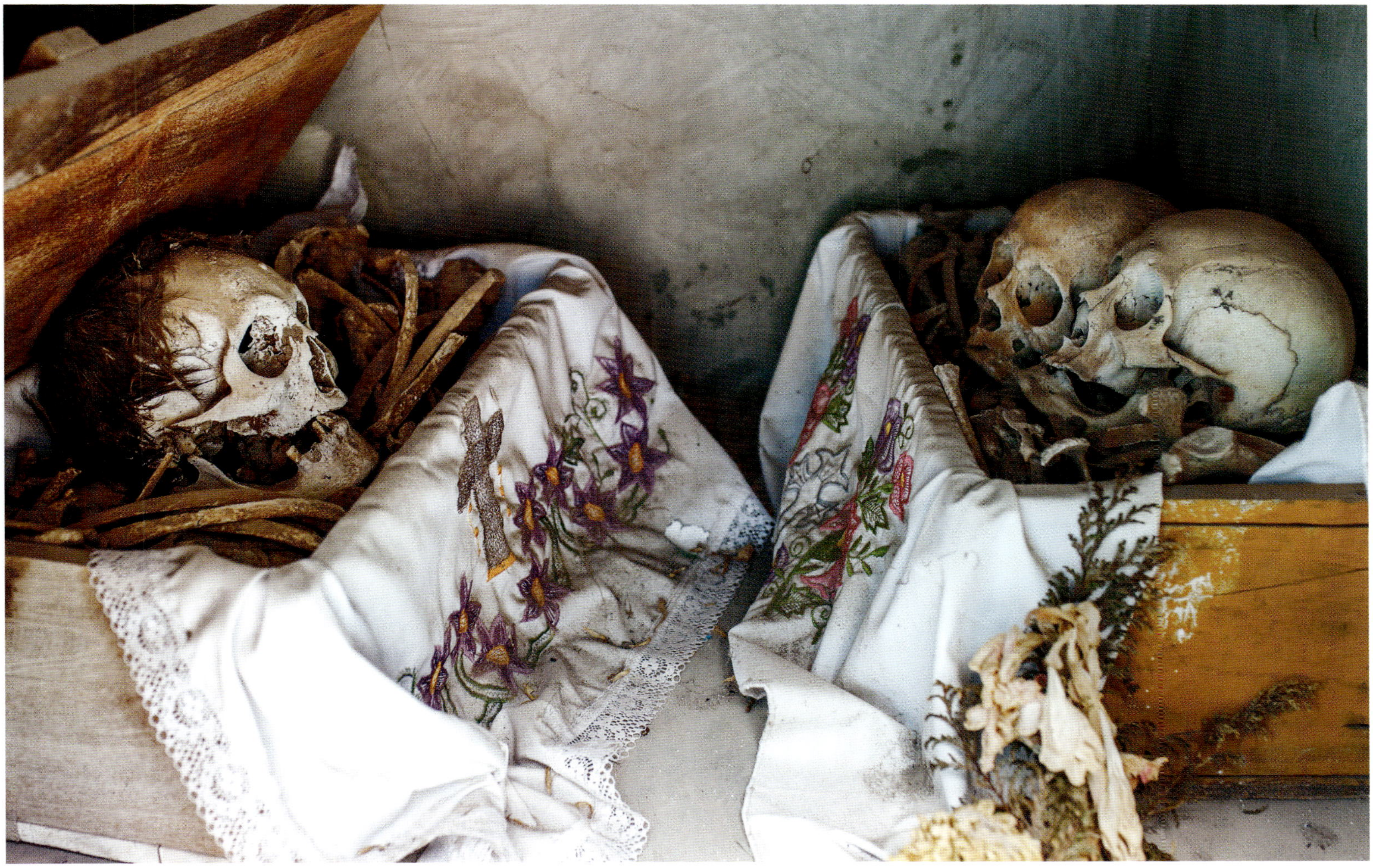

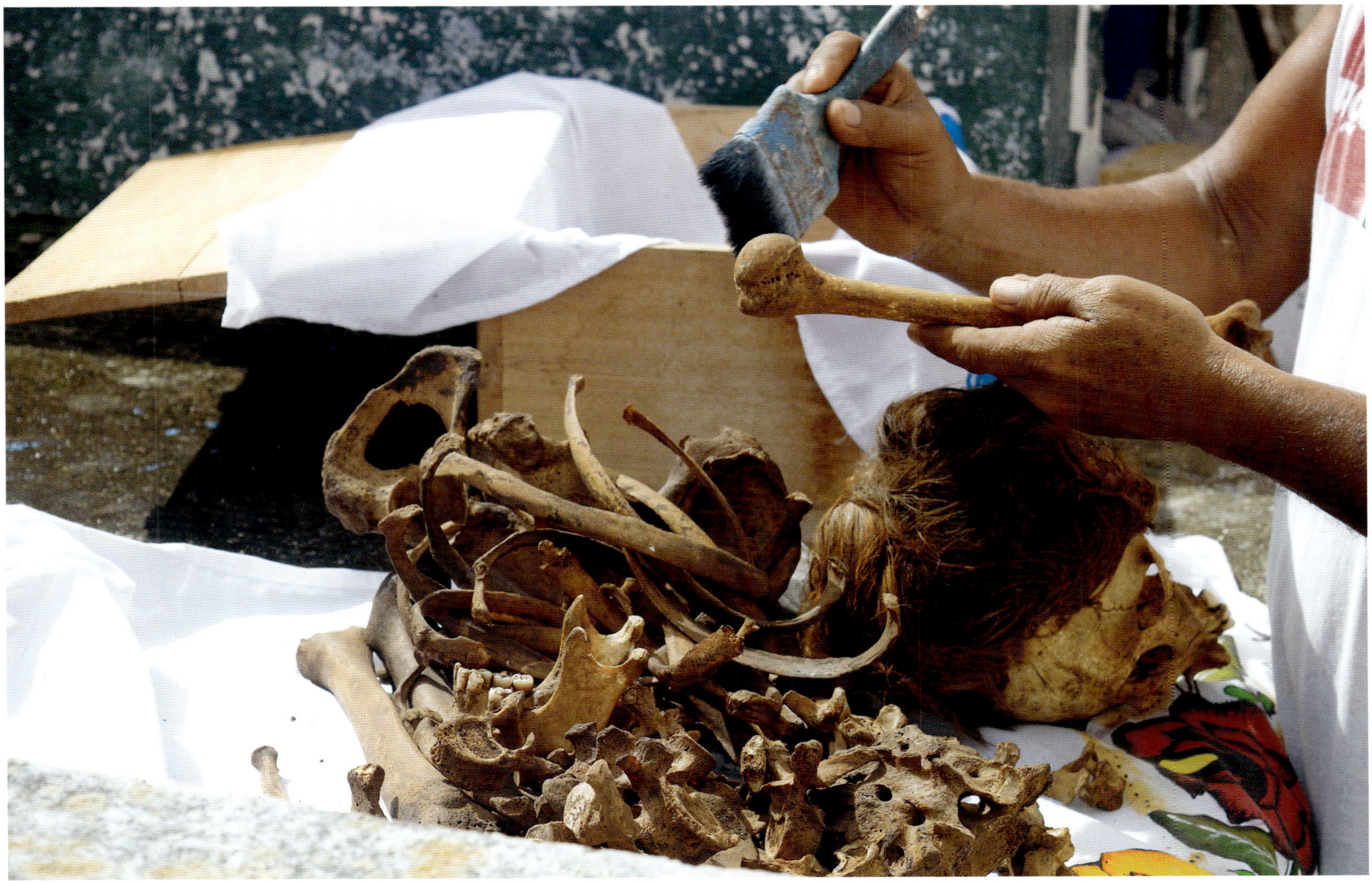

← El cementerio de Hoctun, en Yucatán, construido en 1866, es famoso por las pequeñas construcciones decoradas con diversos colores y ornamentación.
↑ Los habitantes de Pomuch, Campeche, exhuman los restos de sus seres queridos tres años después de enterrarlos, para lavar sus huesos.

→ (pp. 196-197) "Angelitos somos, del cielo bajamos a pedi- limosna, y si no nos dan, ¡puertas y ventanas nos la pagarán!" "¡Seremos, seremos, calabacitas queremos!" Con estos gritos los niños festejan "Los seremos" en el Valle de Allende, Chihuahua.

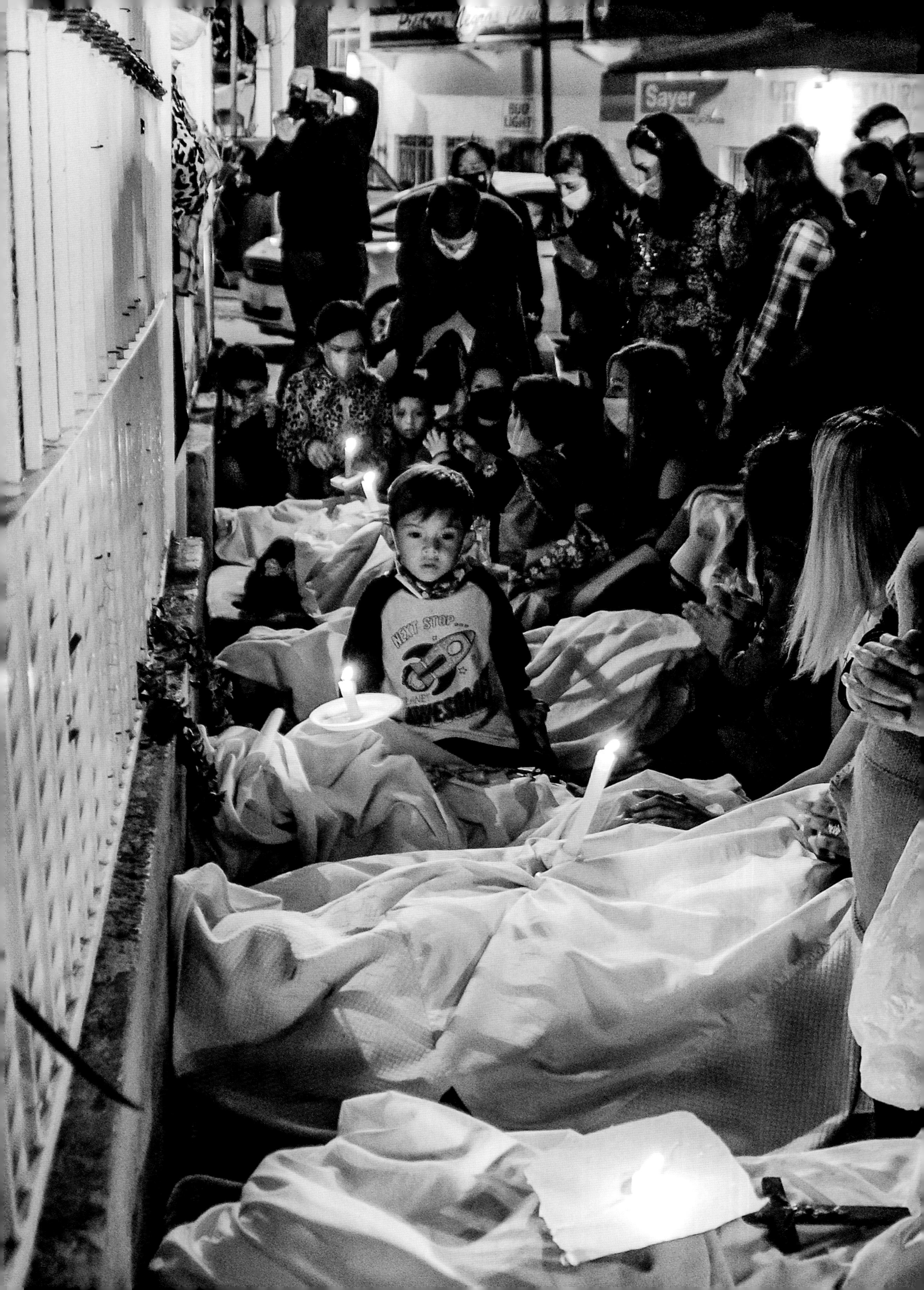
BUD LIGHT
Sayer
NEXT STOP...

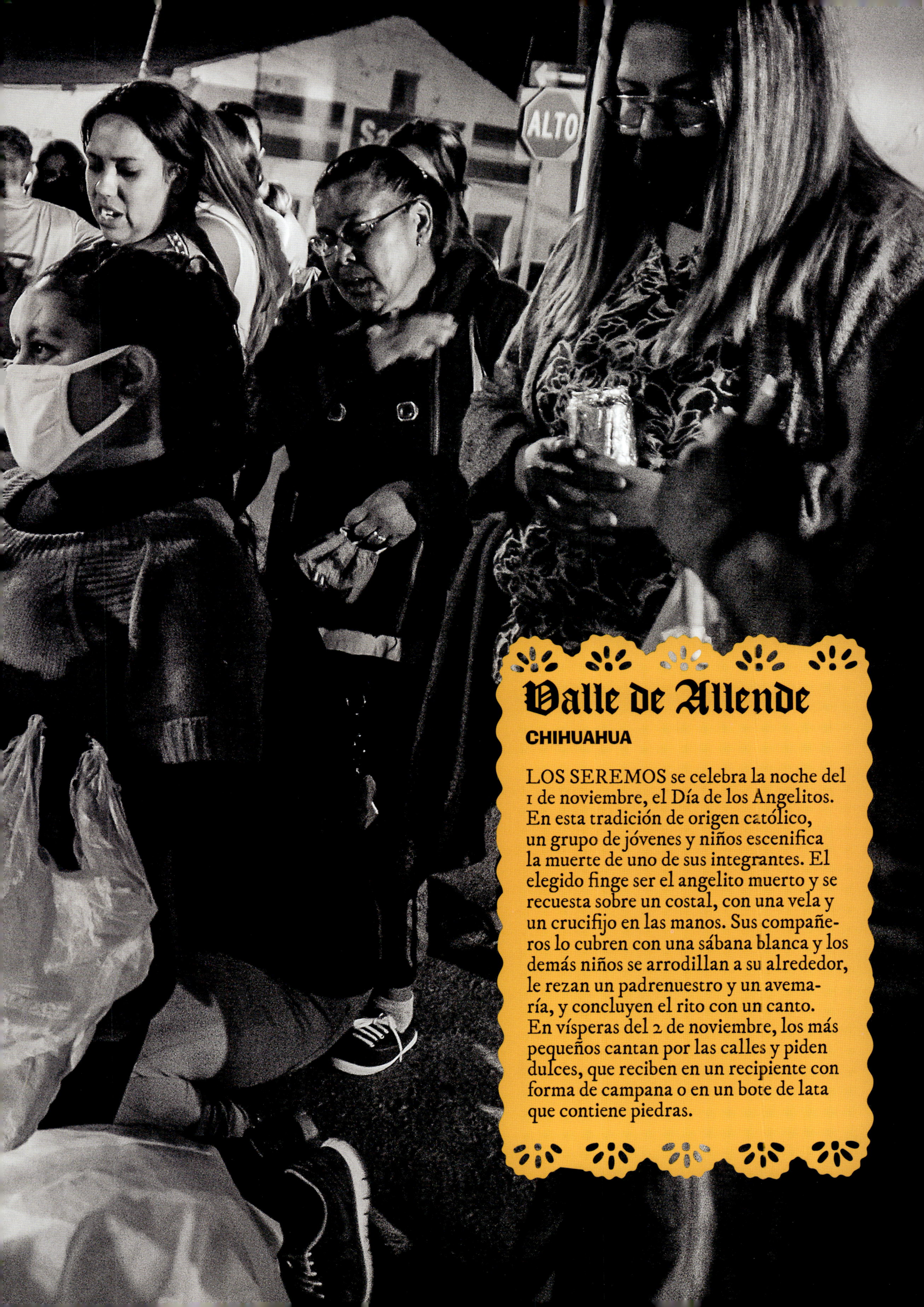

Valle de Allende

CHIHUAHUA

LOS SEREMOS se celebra la noche del 1 de noviembre, el Día de los Angelitos. En esta tradición de origen católico, un grupo de jóvenes y niños escenifica la muerte de uno de sus integrantes. El elegido finge ser el angelito muerto y se recuesta sobre un costal, con una vela y un crucifijo en las manos. Sus compañeros lo cubren con una sábana blanca y los demás niños se arrodillan a su alrededor, le rezan un padrenuestro y un avemaría, y concluyen el rito con un canto. En vísperas del 2 de noviembre, los más pequeños cantan por las calles y piden dulces, que reciben en un recipiente con forma de campana o en un bote de lata que contiene piedras.

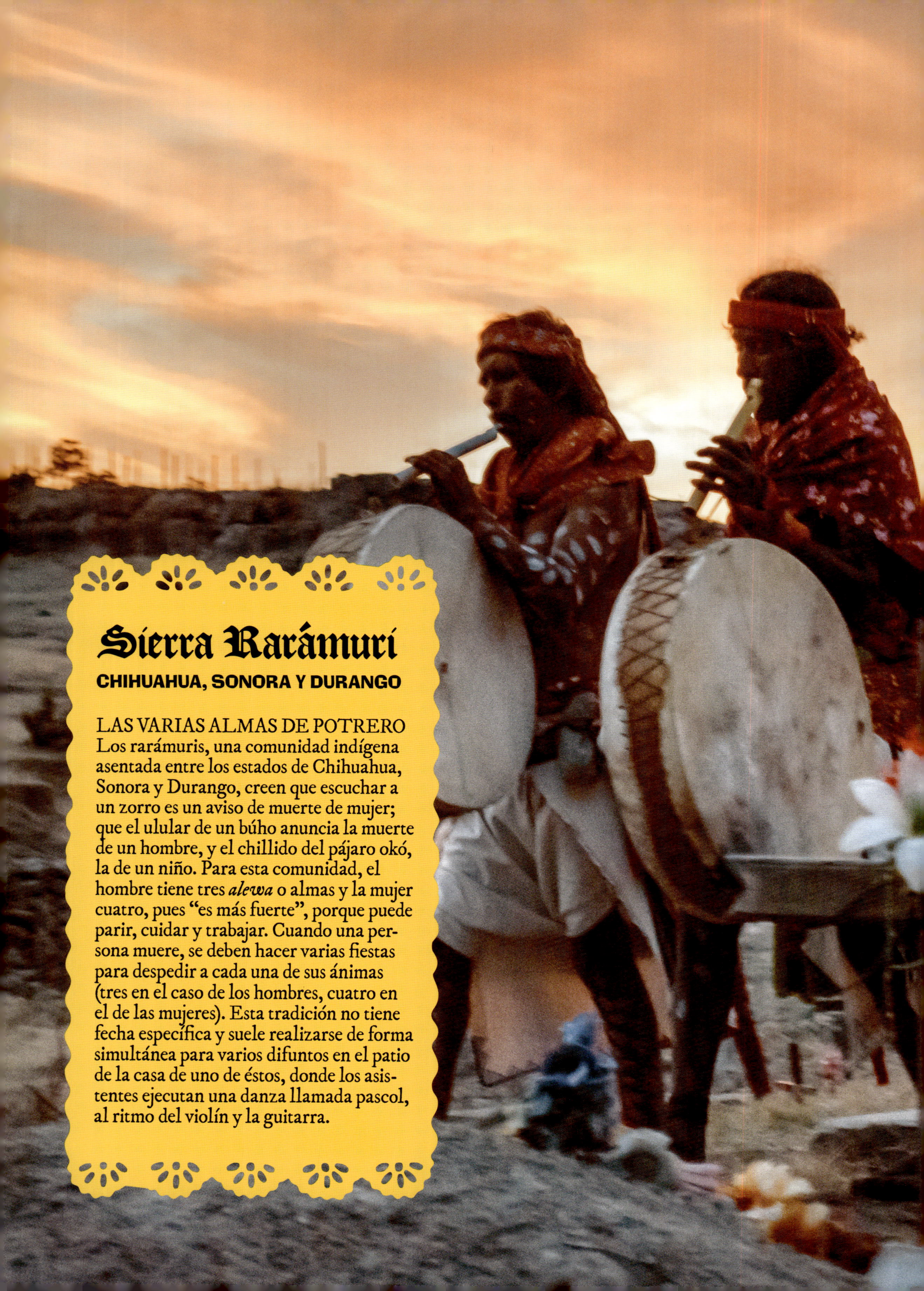

Sierra Rarámuri

CHIHUAHUA, SONORA Y DURANGO

LAS VARIAS ALMAS DE POTRERO
Los rarámuris, una comunidad indígena asentada entre los estados de Chihuahua, Sonora y Durango, creen que escuchar a un zorro es un aviso de muerte de mujer; que el ulular de un búho anuncia la muerte de un hombre, y el chillido del pájaro okó, la de un niño. Para esta comunidad, el hombre tiene tres *alewa* o almas y la mujer cuatro, pues "es más fuerte", porque puede parir, cuidar y trabajar. Cuando una persona muere, se deben hacer varias fiestas para despedir a cada una de sus ánimas (tres en el caso de los hombres, cuatro en el de las mujeres). Esta tradición no tiene fecha específica y suele realizarse de forma simultánea para varios difuntos en el patio de la casa de uno de éstos, donde los asistentes ejecutan una danza llamada pascol, al ritmo del violín y la guitarra.

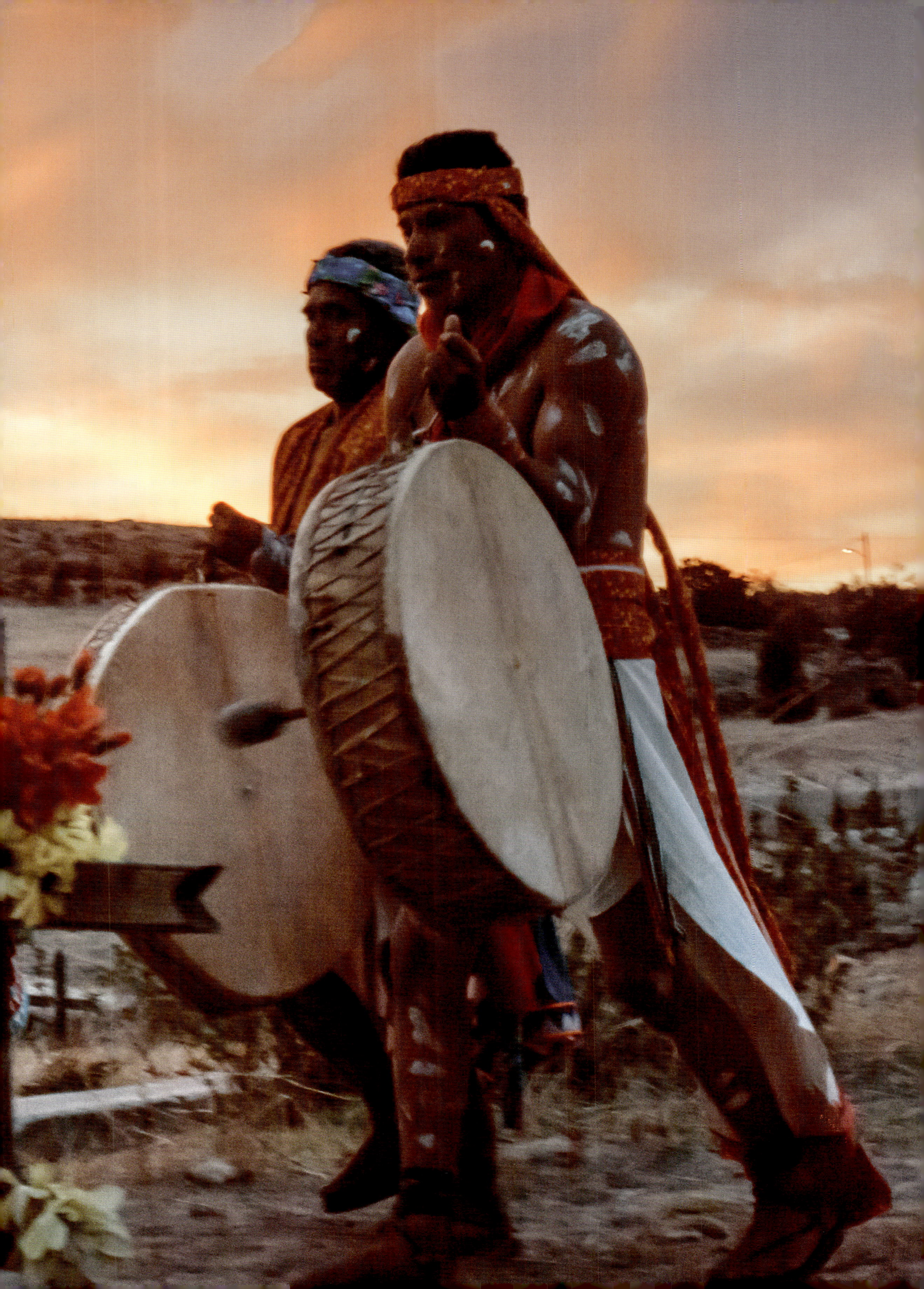

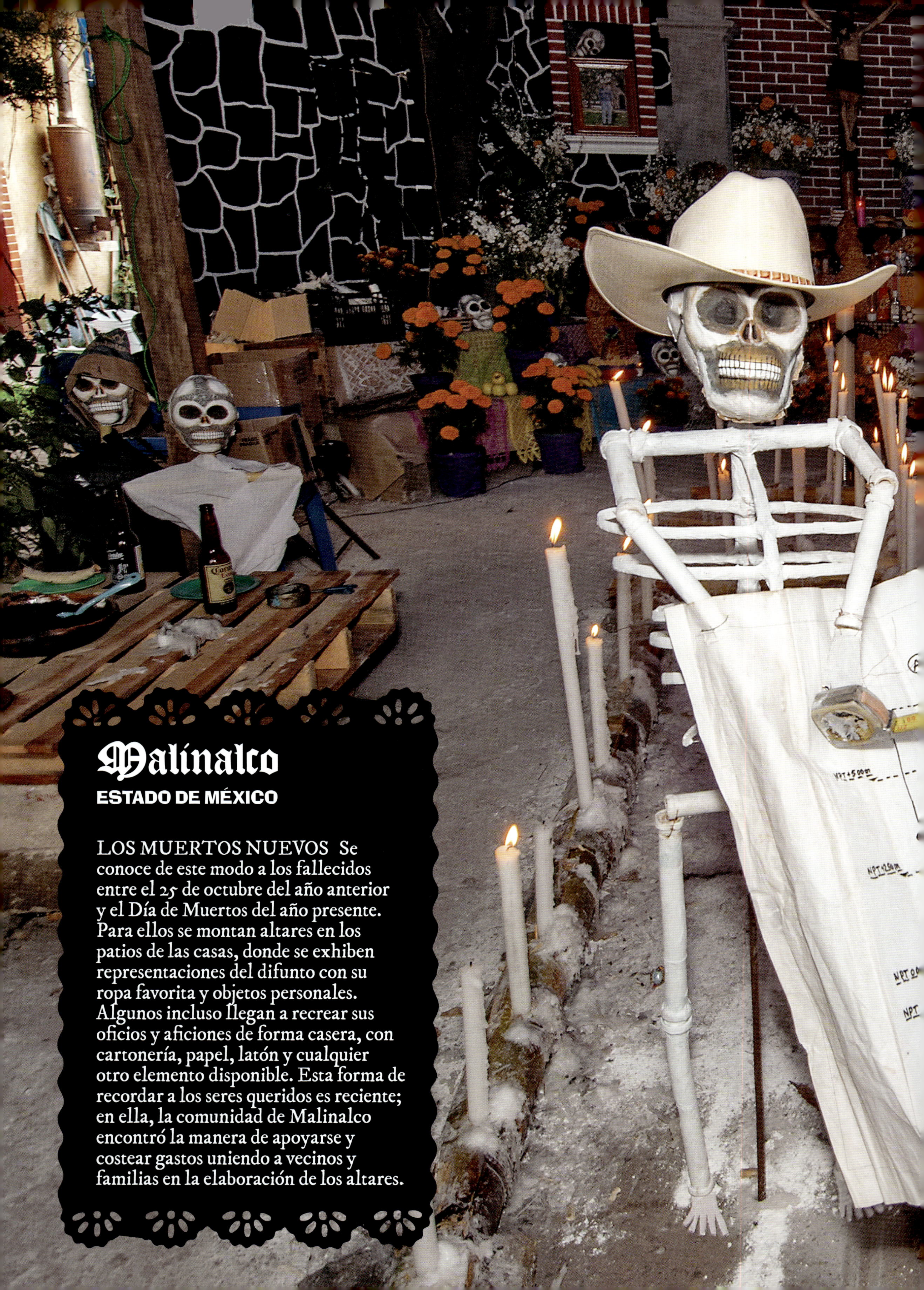

Malinalco

ESTADO DE MÉXICO

LOS MUERTOS NUEVOS Se conoce de este modo a los fallecidos entre el 25 de octubre del año anterior y el Día de Muertos del año presente. Para ellos se montan altares en los patios de las casas, donde se exhiben representaciones del difunto con su ropa favorita y objetos personales. Algunos incluso llegan a recrear sus oficios y aficiones de forma casera, con cartonería, papel, latón y cualquier otro elemento disponible. Esta forma de recordar a los seres queridos es reciente; en ella, la comunidad de Malinalco encontró la manera de apoyarse y costear gastos uniendo a vecinos y familias en la elaboración de los altares.

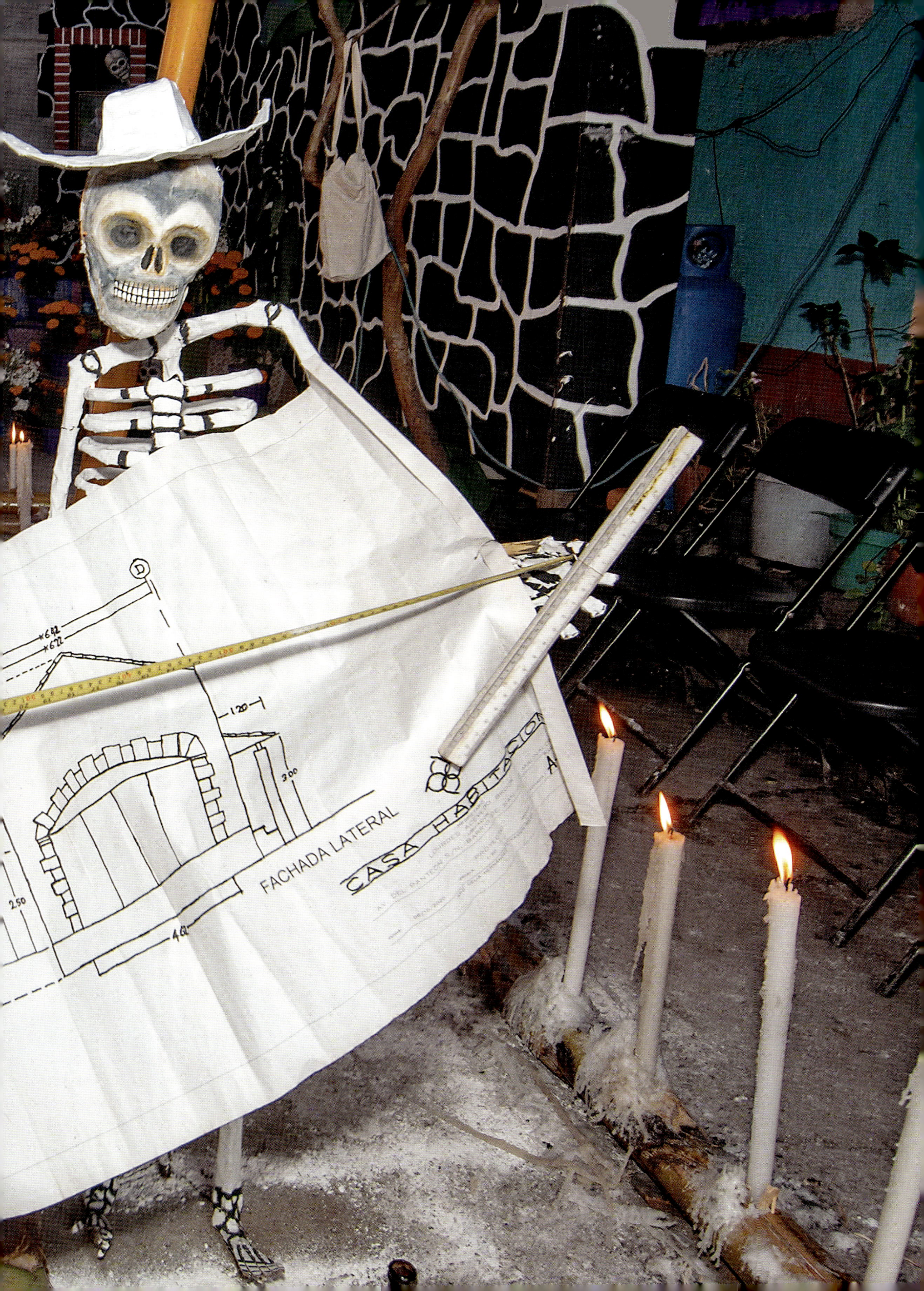
FACHADA LATERAL

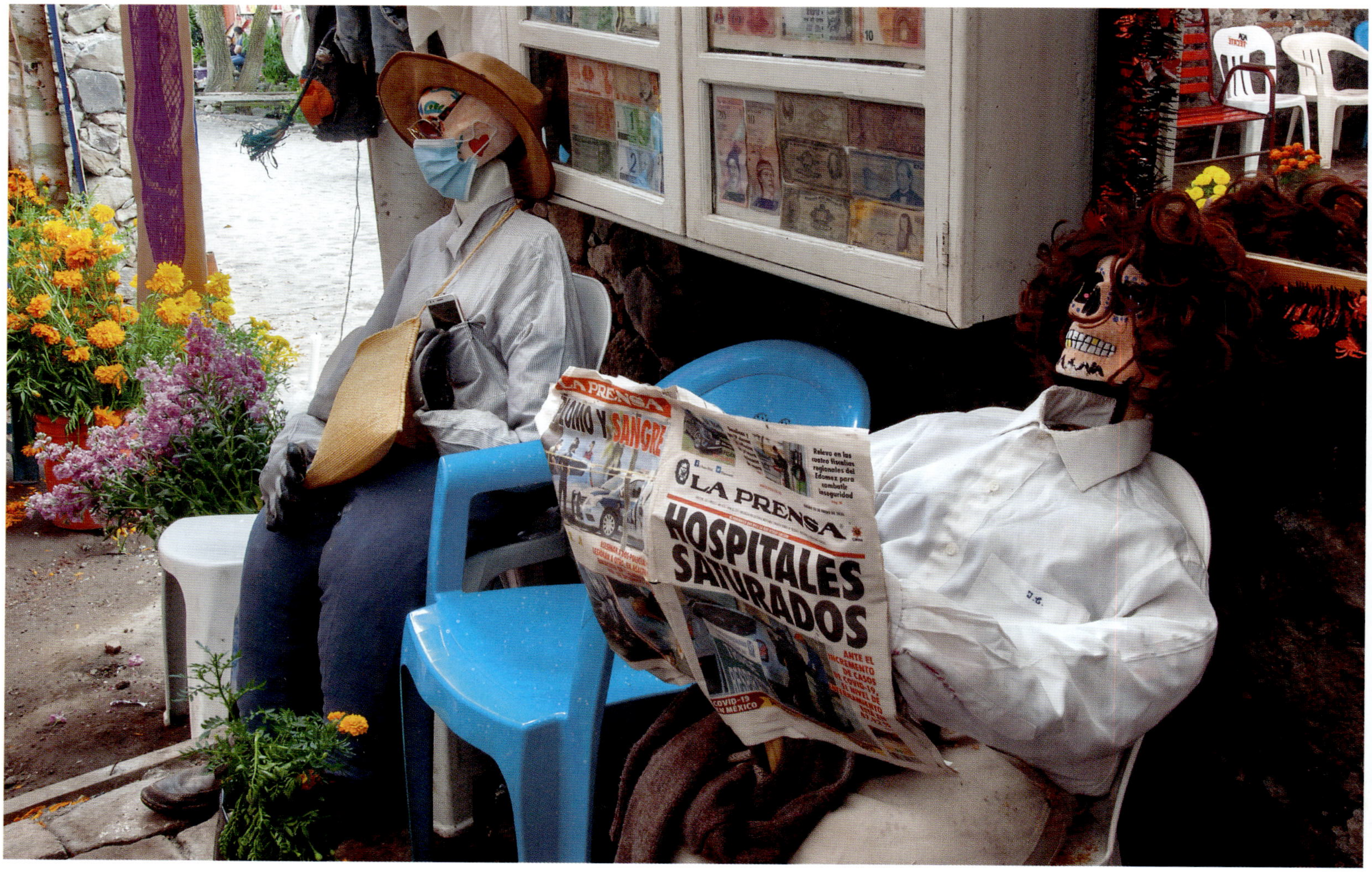

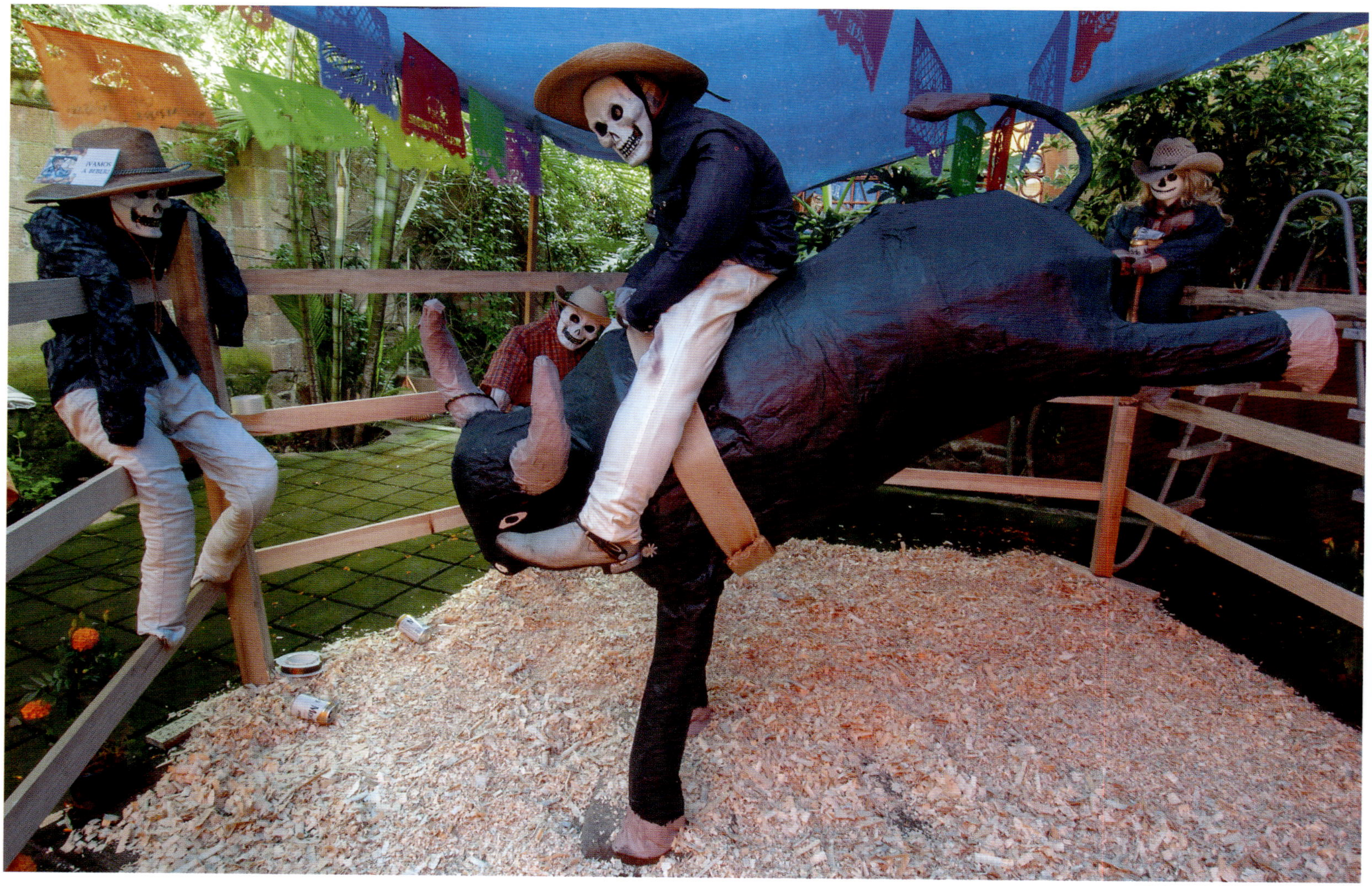

← (pp. 198-199) El Pascol en Norogachi es una danza ritual autóctona dentro del Estado de Chihuahua, que muestra la visión religiosa de los rarámuri barranqueños. ← (pp. 200-201) Ofrenda dedicada a los arquitectos Feliberto Hernández Castañeda y Raymundo Hernández Castañeda. Malinalco, Estado de México.

↑ Ofrenda de Delfino Coatzin en un patio de Malinalco, Estado de México. ↑ En la celebración de nuevos difuntos, la temática de la ofrenda está relacionada con la profesión y las aficiones del muerto. → Calaca femenina con mascota en Malinalco, Estado de México.

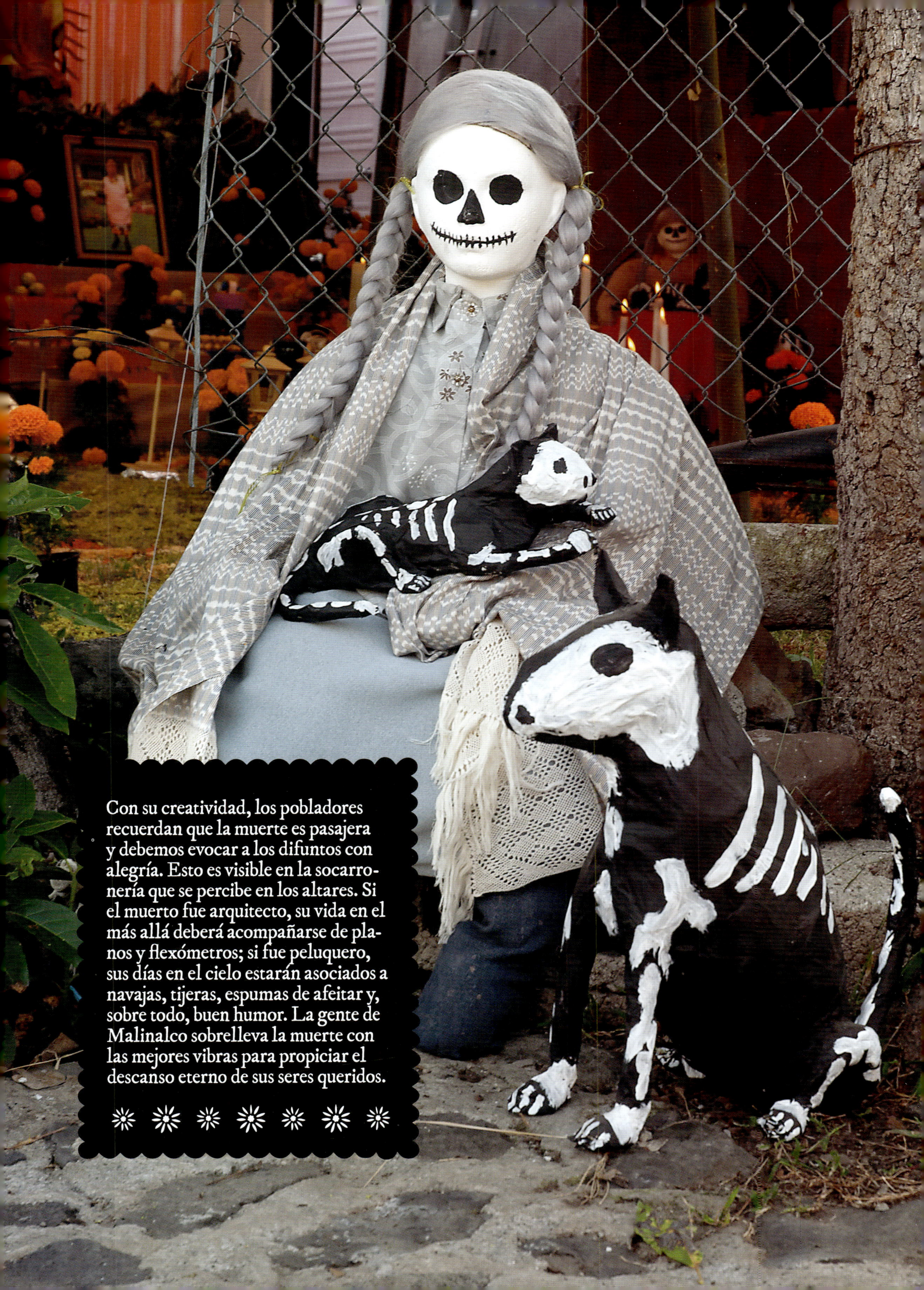

Con su creatividad, los pobladores recuerdan que la muerte es pasajera y debemos evocar a los difuntos con alegría. Esto es visible en la socarronería que se percibe en los altares. Si el muerto fue arquitecto, su vida en el más allá deberá acompañarse de planos y flexómetros; si fue peluquero, sus días en el cielo estarán asociados a navajas, tijeras, espumas de afeitar y, sobre todo, buen humor. La gente de Malinalco sobrelleva la muerte con las mejores vibras para propiciar el descanso eterno de sus seres queridos.

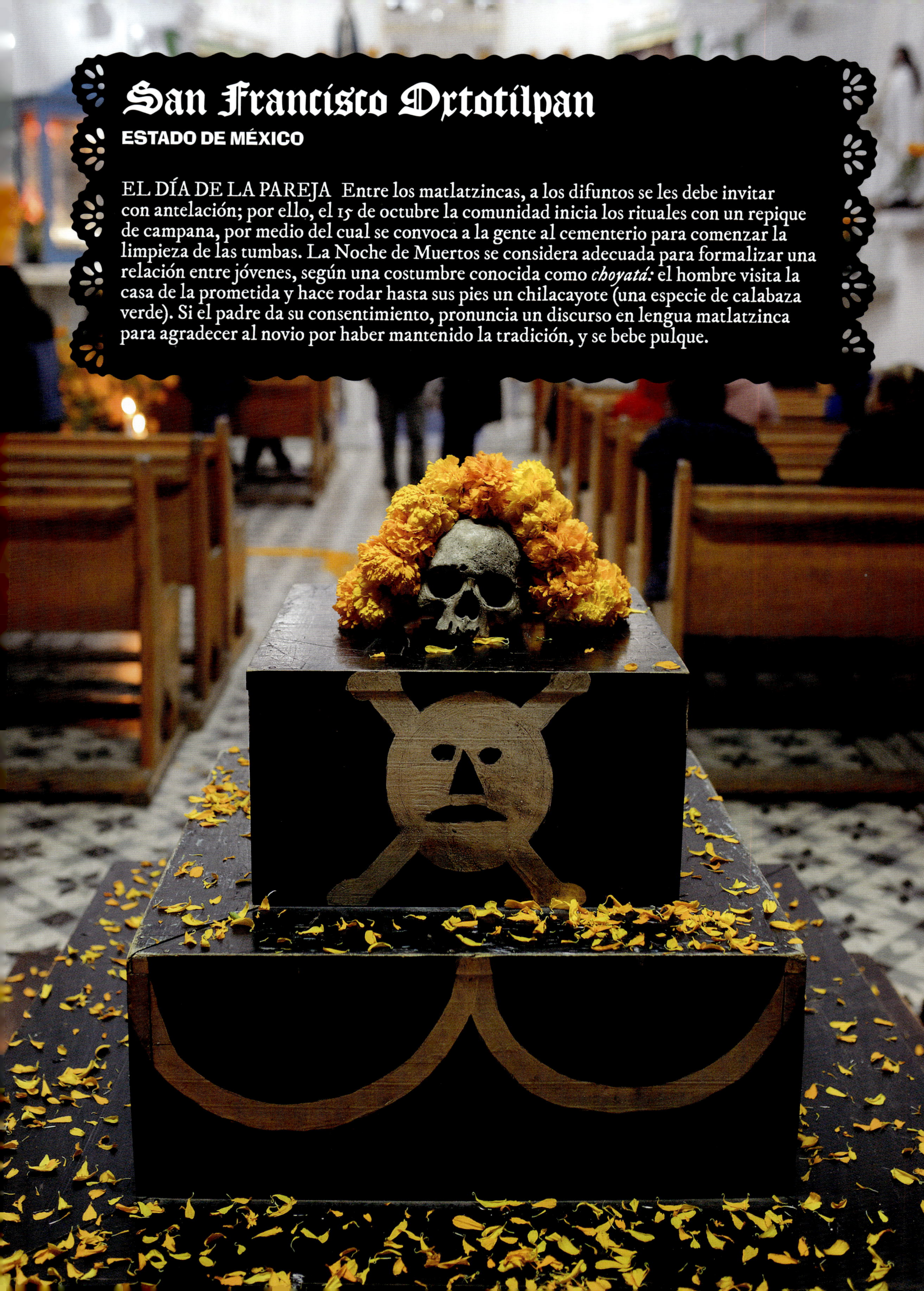

San Francisco Oxtotilpan

ESTADO DE MÉXICO

EL DÍA DE LA PAREJA Entre los matlatzincas, a los difuntos se les debe invitar con antelación; por ello, el 15 de octubre la comunidad inicia los rituales con un repique de campana, por medio del cual se convoca a la gente al cementerio para comenzar la limpieza de las tumbas. La Noche de Muertos se considera adecuada para formalizar una relación entre jóvenes, según una costumbre conocida como *choyatá:* el hombre visita la casa de la prometida y hace rodar hasta sus pies un chilacayote (una especie de calabaza verde). Si el padre da su consentimiento, pronuncia un discurso en lengua matlatzinca para agradecer al novio por haber mantenido la tradición, y se bebe pulque.

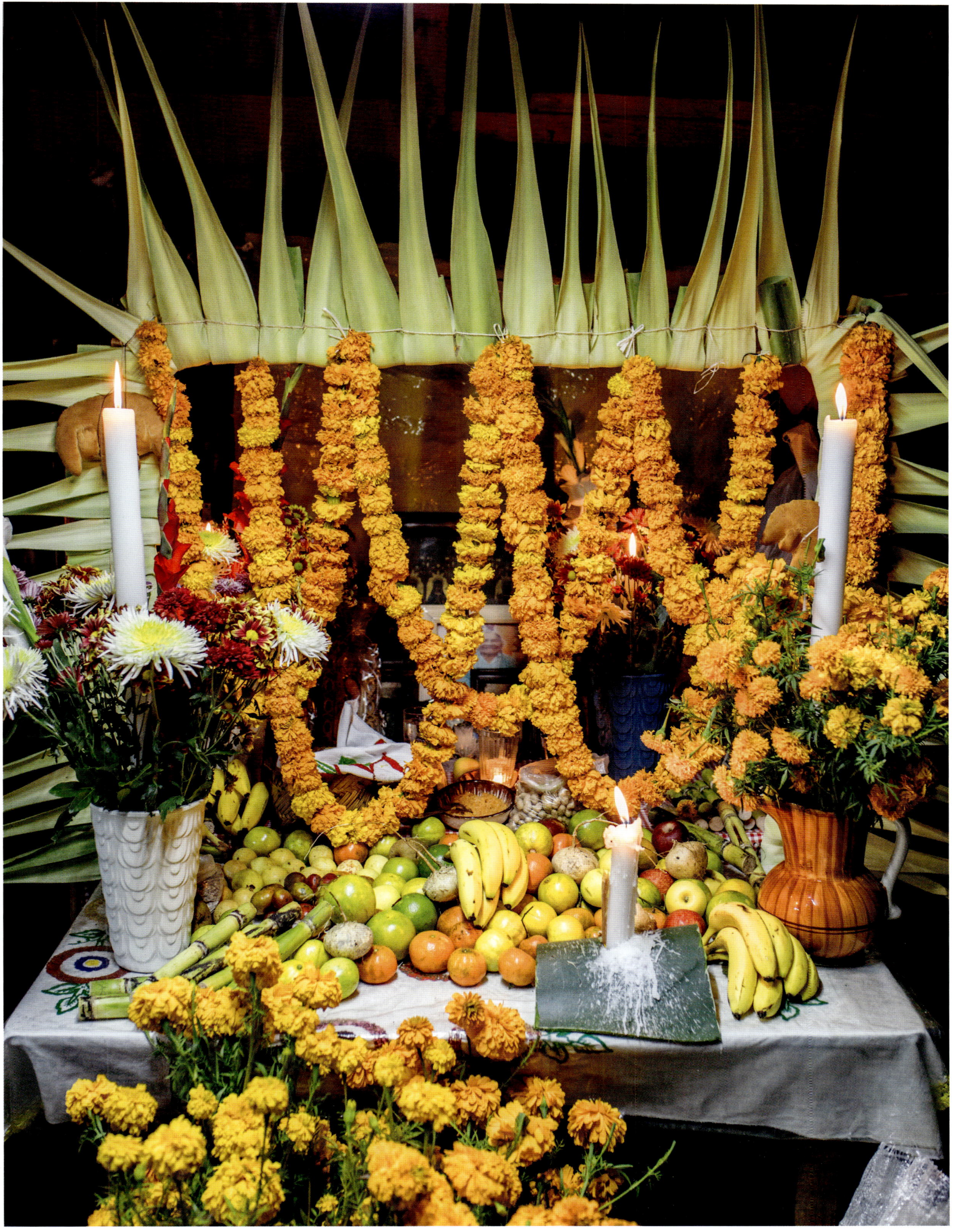

← En San Francisco Oxtotilpan, a los muertos se les convoca a partir del 15 de octubre.

↑ Frutas en un altar en San Francisco Oxtotilpan.

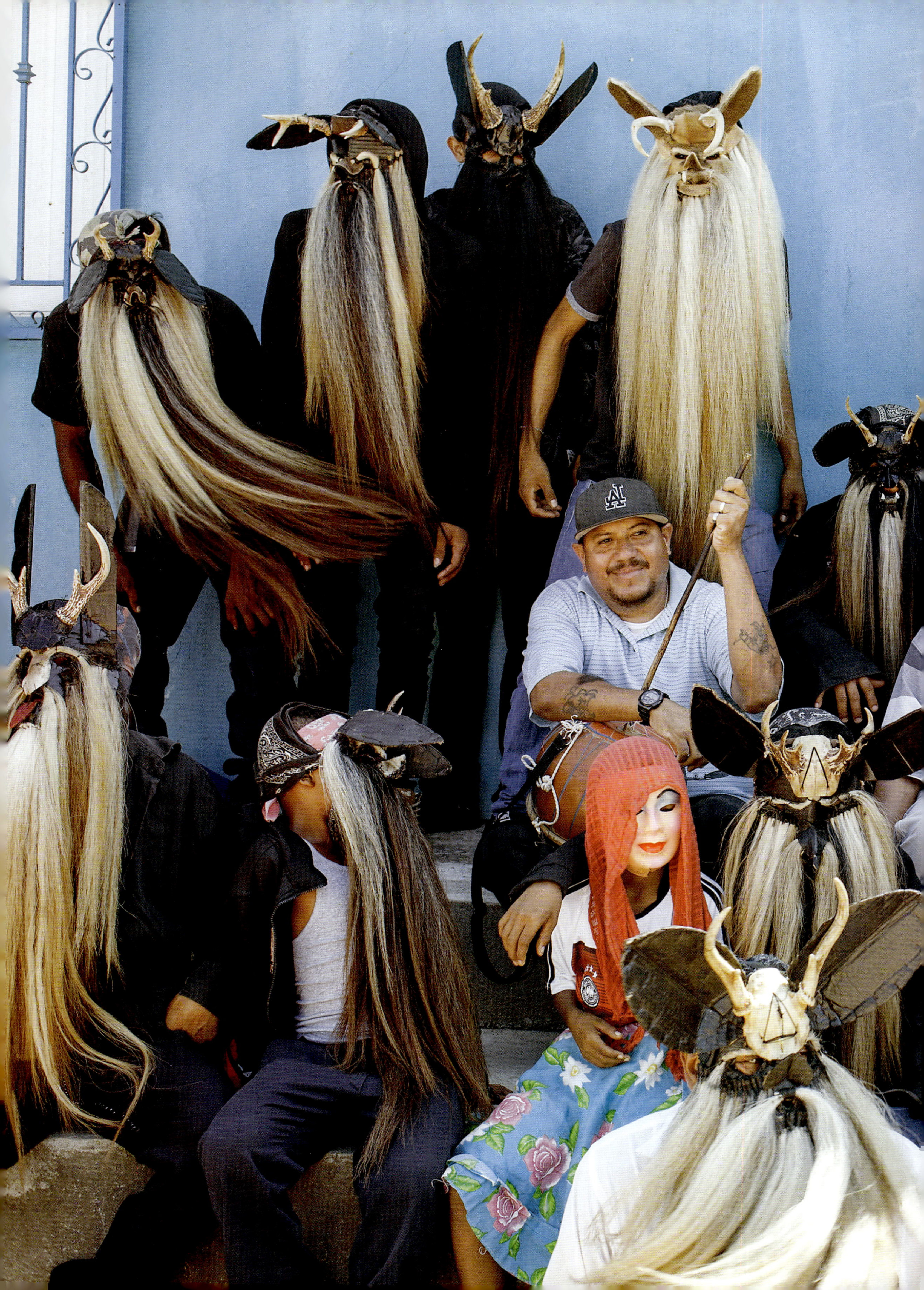

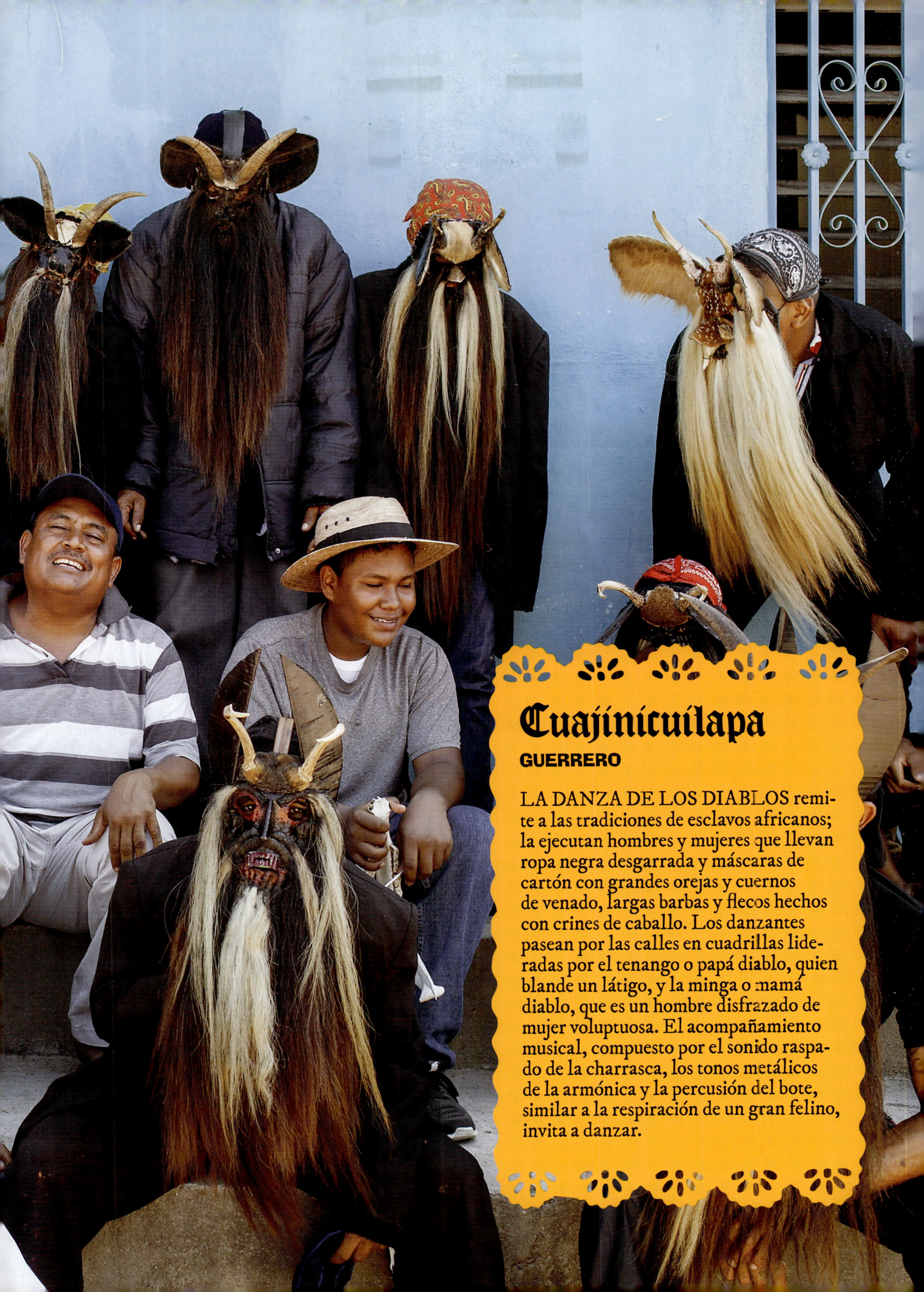

Cuajinicuilapa

GUERRERO

LA DANZA DE LOS DIABLOS remite a las tradiciones de esclavos africanos; la ejecutan hombres y mujeres que llevan ropa negra desgarrada y máscaras de cartón con grandes orejas y cuernos de venado, largas barbas y flecos hechos con crines de caballo. Los danzantes pasean por las calles en cuadrillas lideradas por el tenango o papá diablo, quien blande un látigo, y la minga o mamá diablo, que es un hombre disfrazado de mujer voluptuosa. El acompañamiento musical, compuesto por el sonido raspado de la charrasca, los tonos metálicos de la armónica y la percusión del bote, similar a la respiración de un gran felino, invita a danzar.

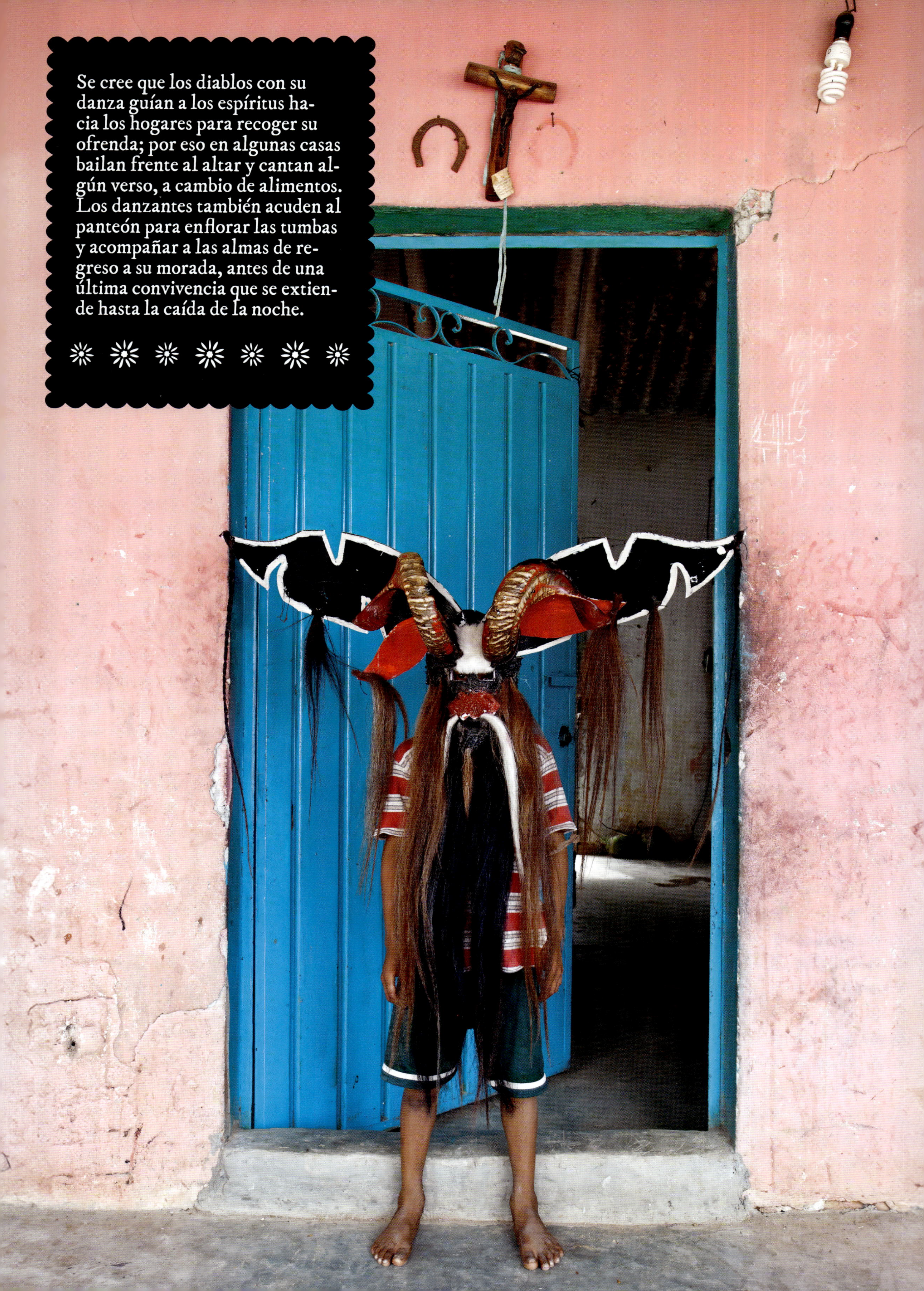

Se cree que los diablos con su danza guían a los espíritus hacia los hogares para recoger su ofrenda; por eso en algunas casas bailan frente al altar y cantan algún verso, a cambio de alimentos. Los danzantes también acuden al panteón para enflorar las tumbas y acompañar a las almas de regreso a su morada, antes de una última convivencia que se extiende hasta la caída de la noche.

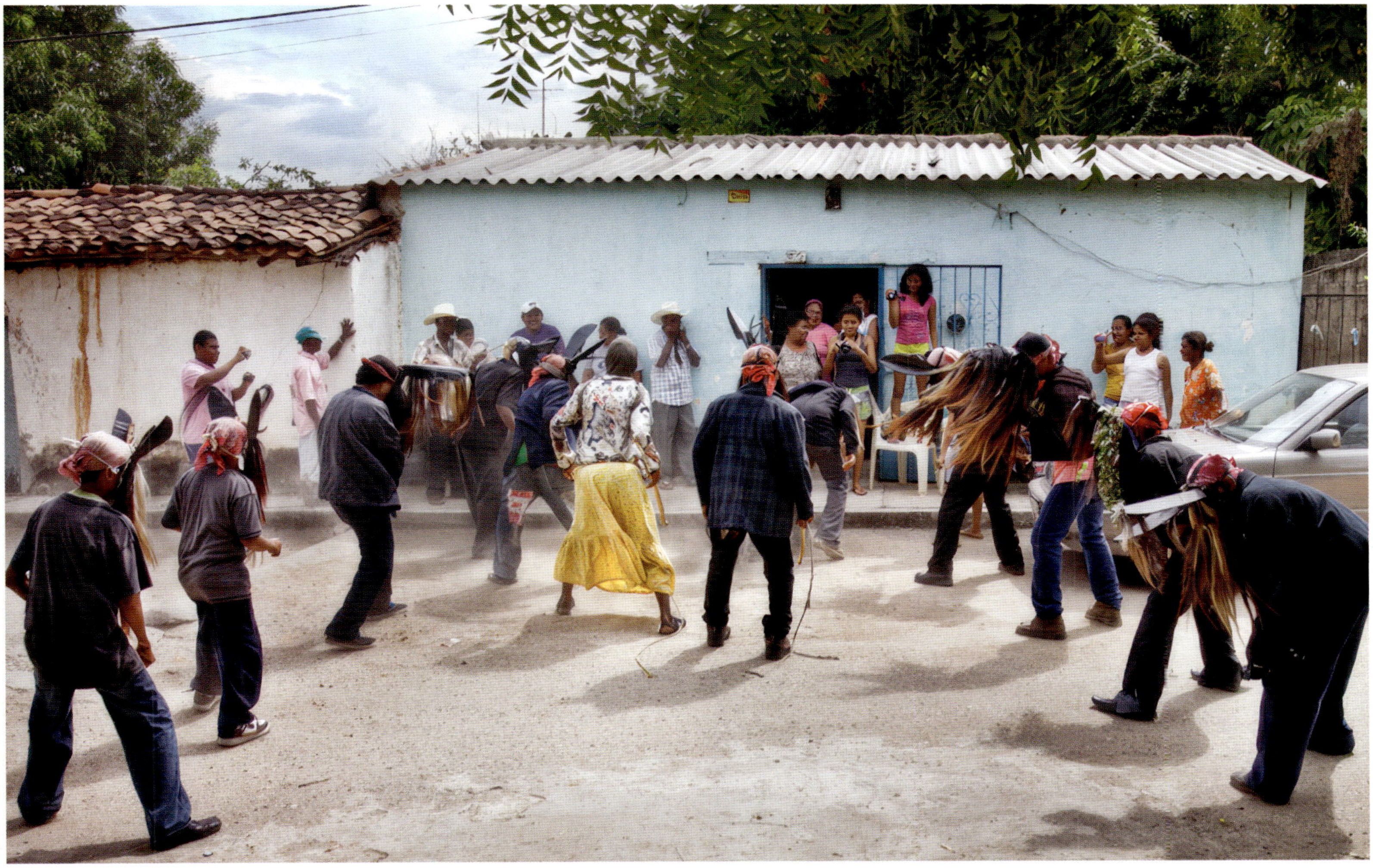

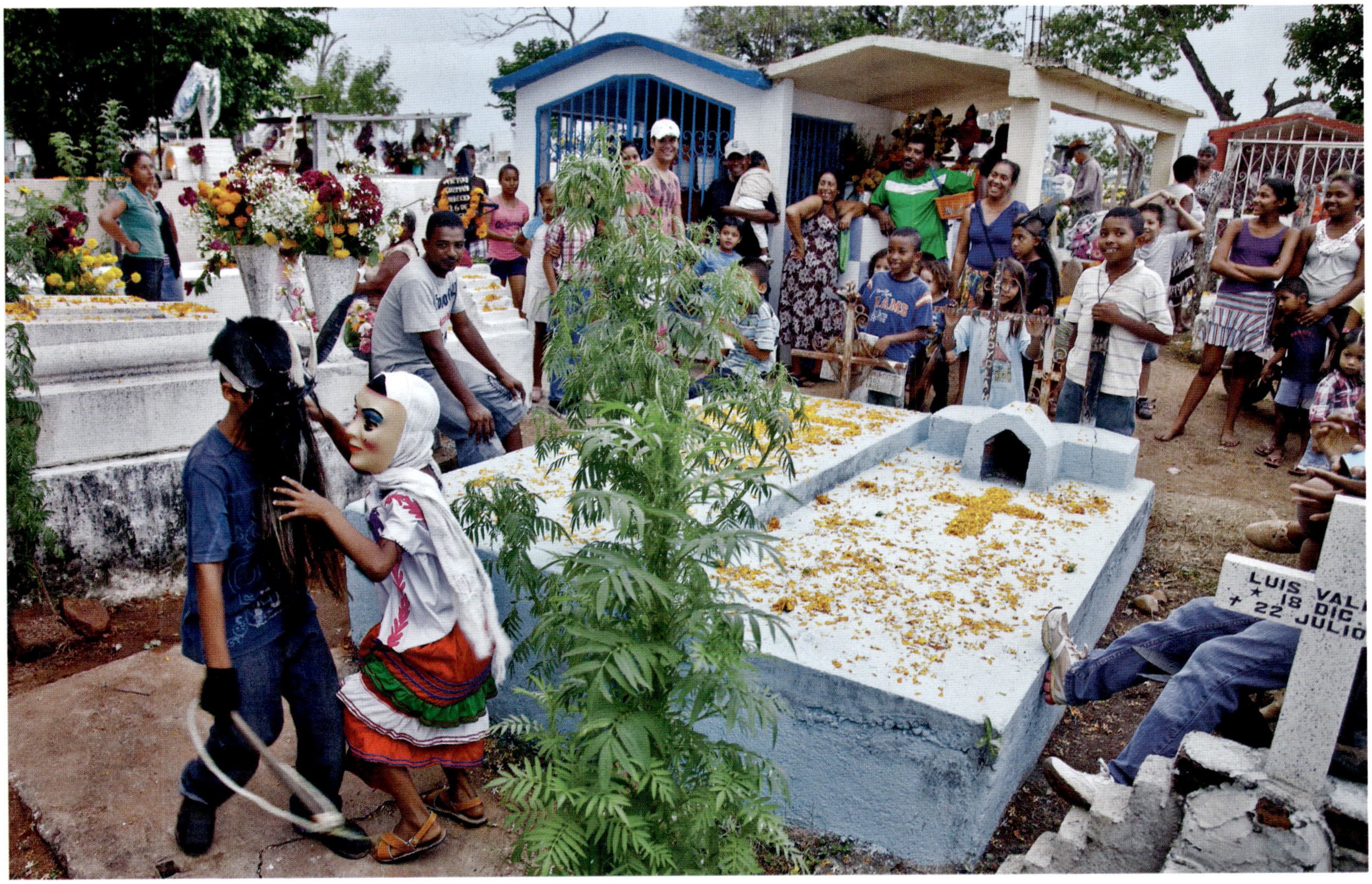

← (pp. 206-207) Grupo listo para participar en la Danza de los Diablos. Cuajinicuilapa, Guerrero. ← Los diablos suelen acudir a las casas para danzar y guiar a los muertos a su ofrenda.

↑ La danza de los diablos es una tradición de las comunidades afrodescendientes. ↑ La presencia de los diablos en el panteón sirve para acompañar a los muertos de regreso a su mundo subterráneo.

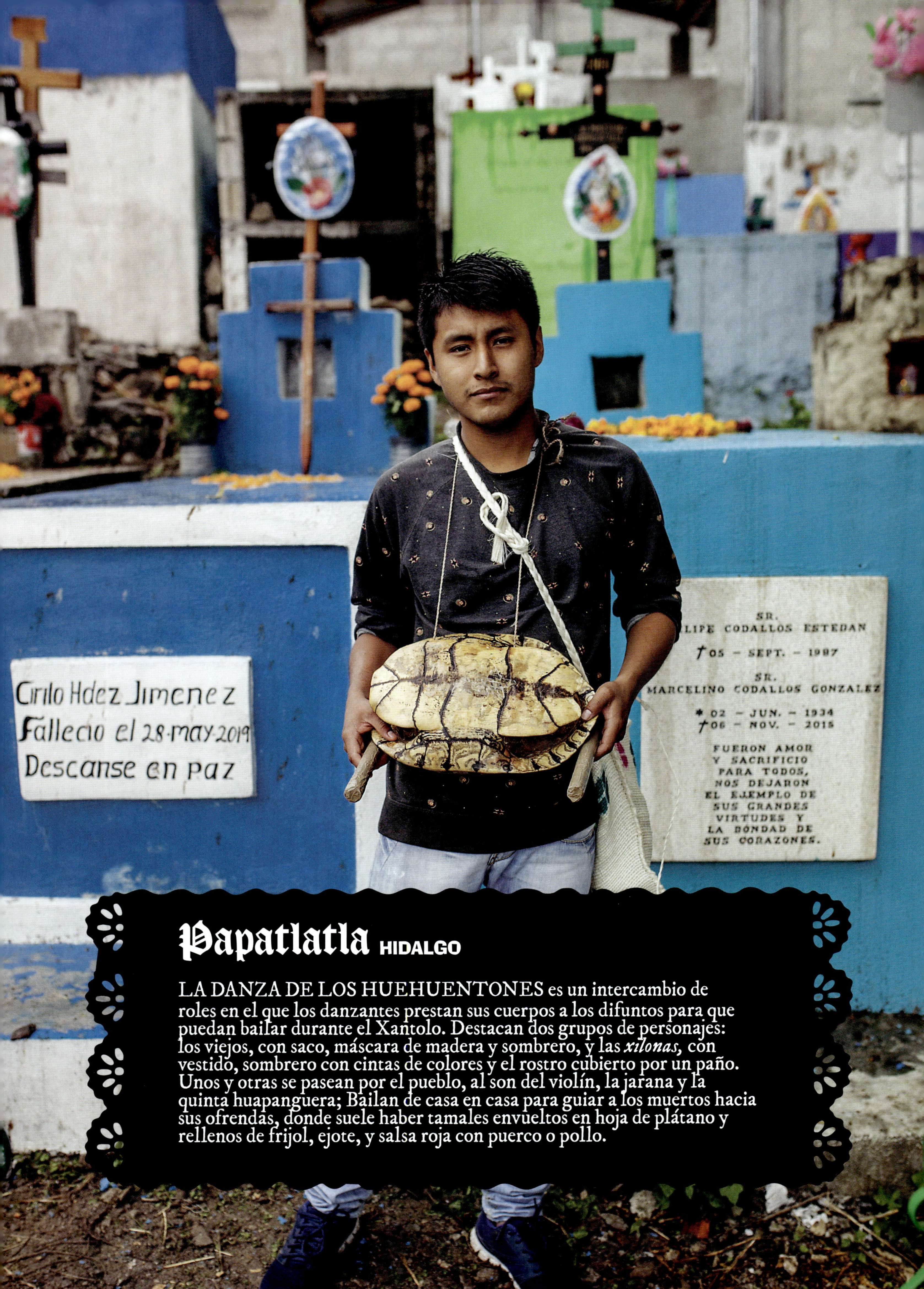

Papatlatla HIDALGO

LA DANZA DE LOS HUEHUENTONES es un intercambio de roles en el que los danzantes prestan sus cuerpos a los difuntos para que puedan bailar durante el Xantolo. Destacan dos grupos de personajes: los viejos, con saco, máscara de madera y sombrero, y las *xilonas,* con vestido, sombrero con cintas de colores y el rostro cubierto por un paño. Unos y otras se pasean por el pueblo, al son del violín, la jarana y la quinta huapanguera; Bailan de casa en casa para guiar a los muertos hacia sus ofrendas, donde suele haber tamales envueltos en hoja de plátano y rellenos de frijol, ejote, y salsa roja con puerco o pollo.

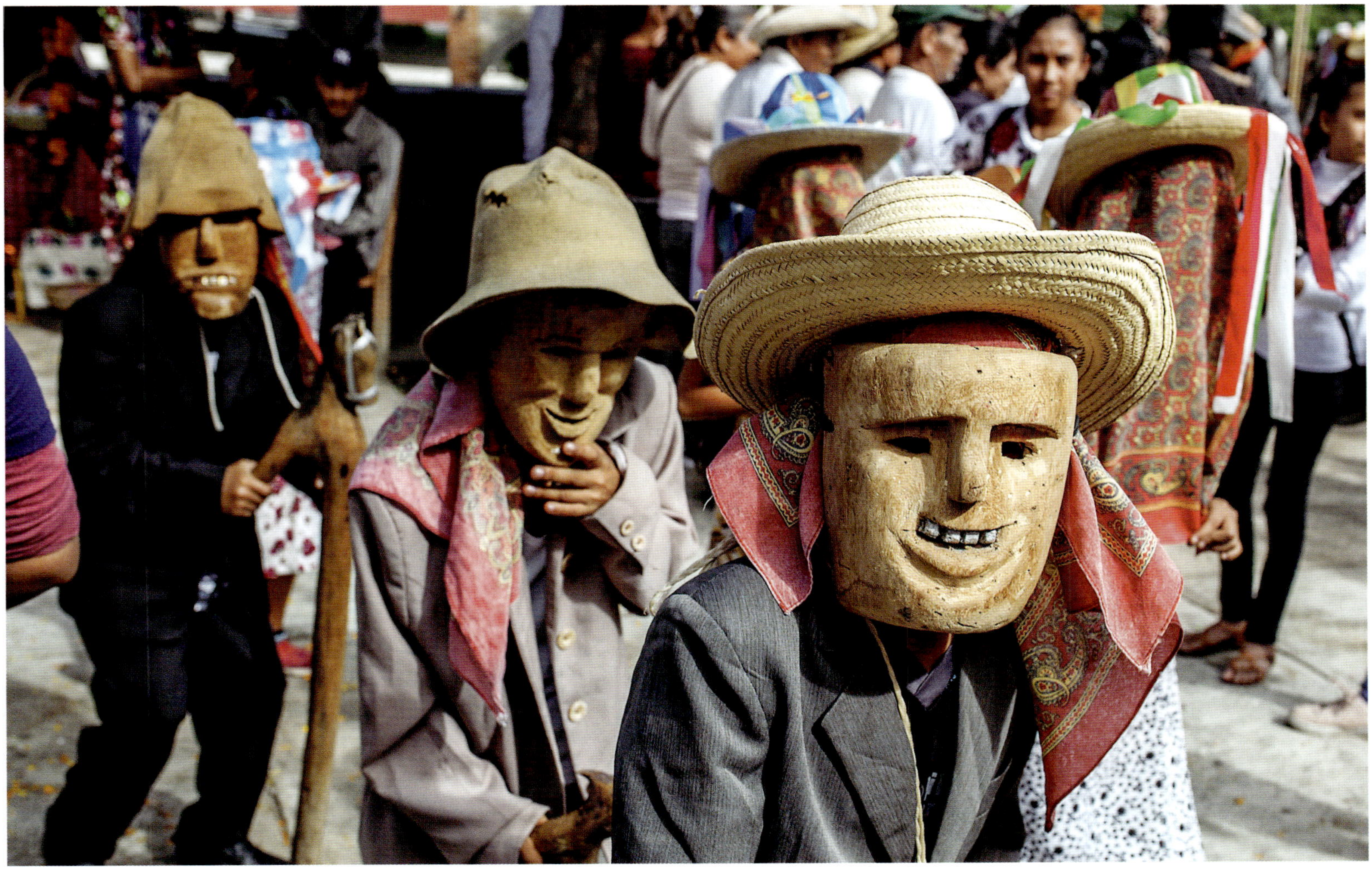

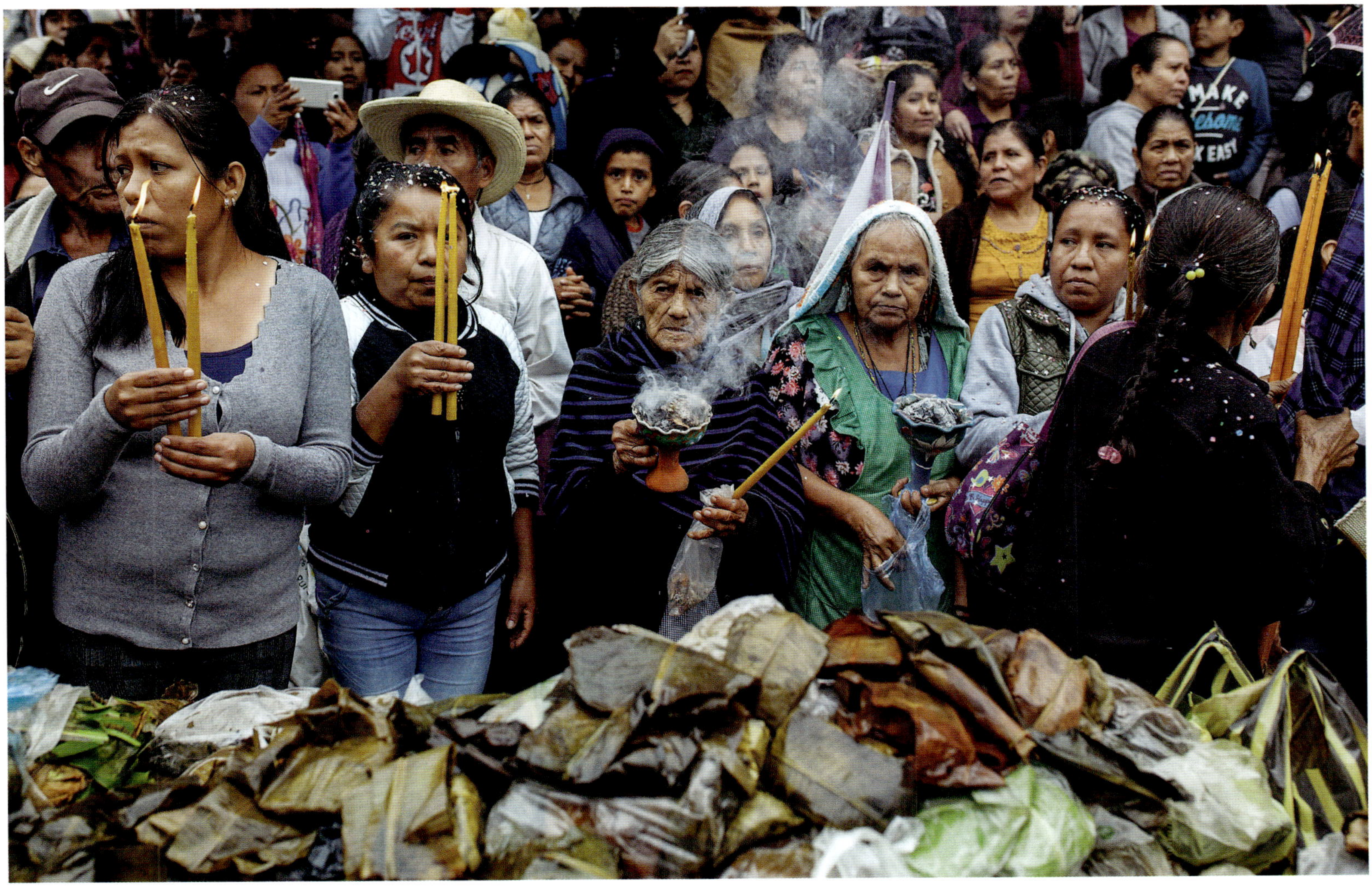

← En Papatlatla, Hidalgo, la música sirve para guiar a los muertos hasta sus ofrendas. ↑ Durante la celebración, viejos y xilonas pasean por el pueblo para acompañar a las almas.

↖ Ofrenda comunal con gran cantidad de tamales en Papatlatla, Hidalgo. → (pp. 212-213) Ni vivos ni muertos deben pasar hambre. En Angahuan, Michoacán, junto al altar de los difuntos nuevos, en un petate se deja ropa y diversas posesiones del muerto.

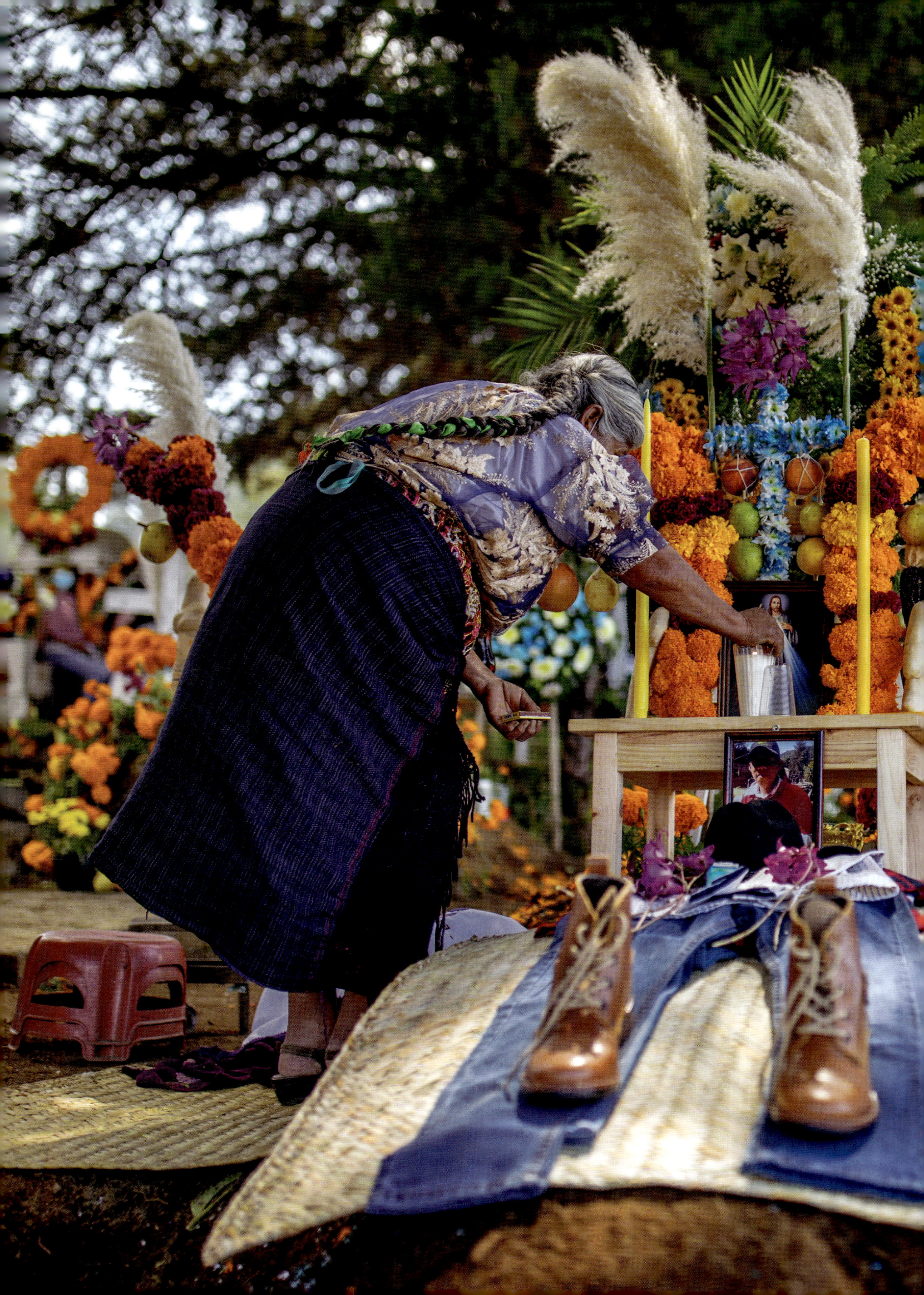

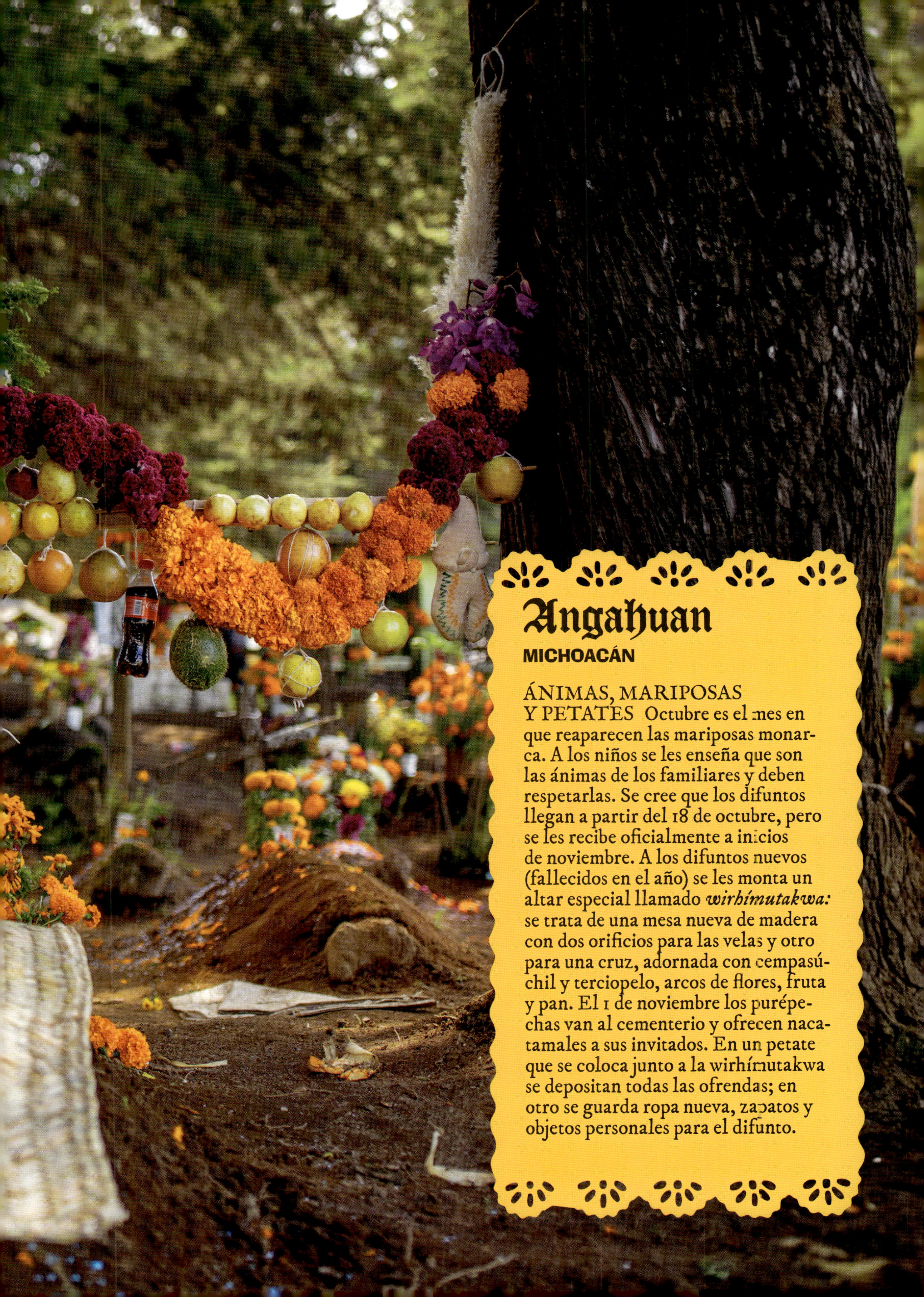

Angahuan

MICHOACÁN

ÁNIMAS, MARIPOSAS Y PETATES Octubre es el mes en que reaparecen las mariposas monarca. A los niños se les enseña que son las ánimas de los familiares y deben respetarlas. Se cree que los difuntos llegan a partir del 18 de octubre, pero se les recibe oficialmente a inicios de noviembre. A los difuntos nuevos (fallecidos en el año) se les monta un altar especial llamado *wirhímutakwa:* se trata de una mesa nueva de madera con dos orificios para las velas y otro para una cruz, adornada con cempasúchil y terciopelo, arcos de flores, fruta y pan. El 1 de noviembre los purépechas van al cementerio y ofrecen nacatamales a sus invitados. En un petate que se coloca junto a la wirhímutakwa se depositan todas las ofrendas; en otro se guarda ropa nueva, zapatos y objetos personales para el difunto.

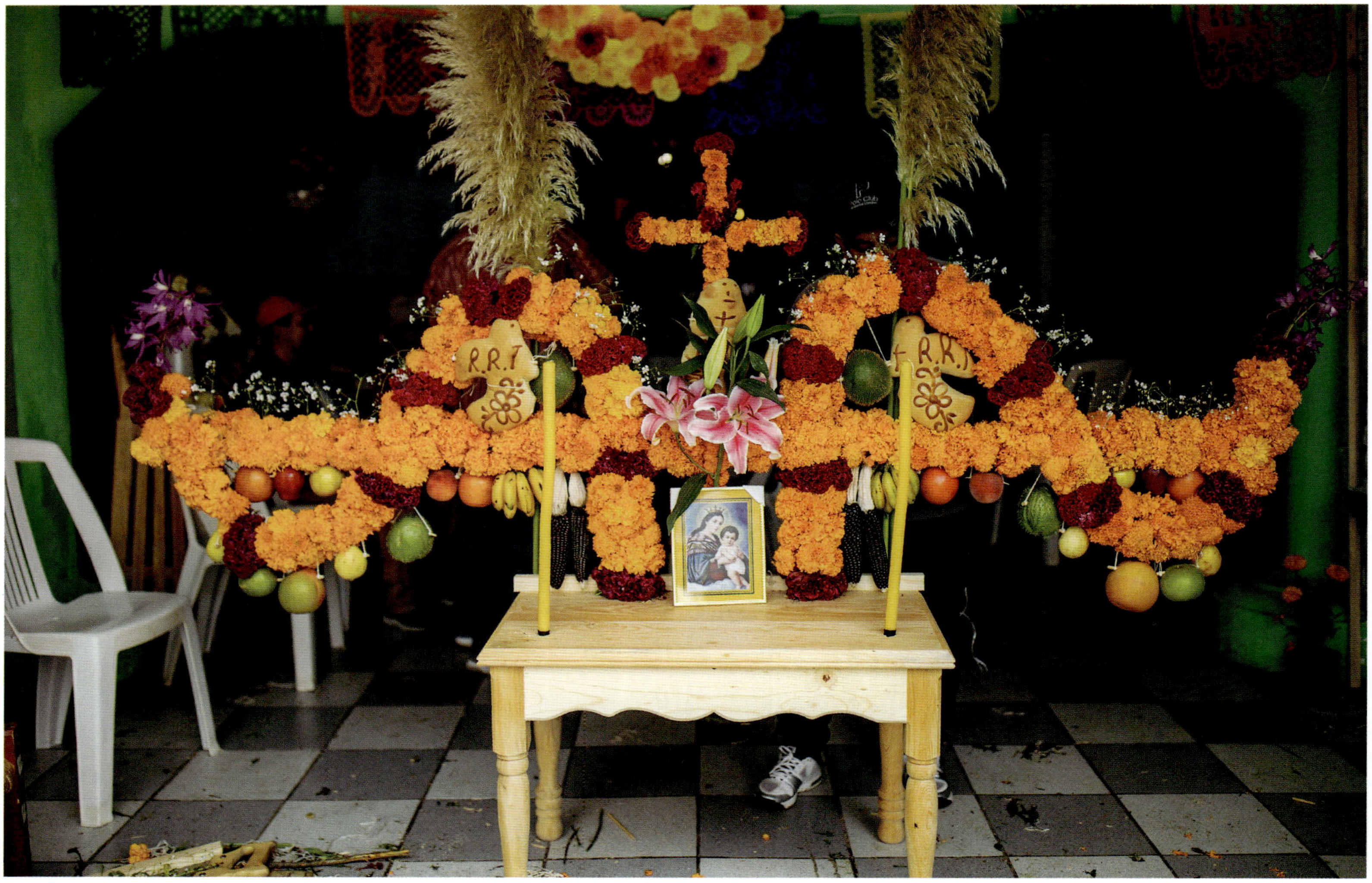

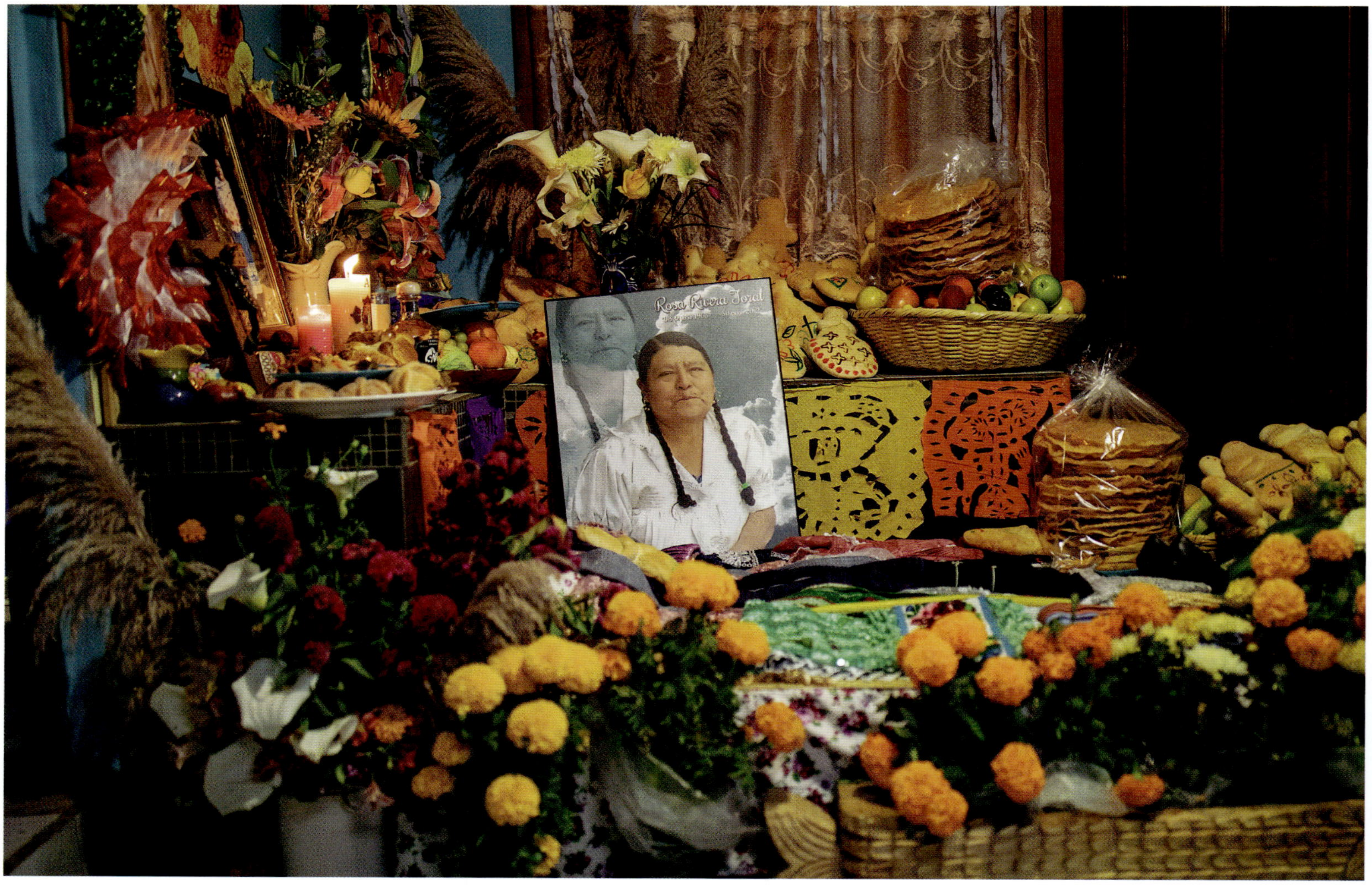

↑ En los altares de los nuevos muertos se coloca una mesa de madera con dos velas. ↑ Desde la popularización de la cámara fotográfica en las primeras décadas del siglo xx, una foto del fallecido suele presidir el altar.

→ Petate con ropa y zapatos para que el muerto pueda transitar entre los dos mundos perfectamente ataviado.

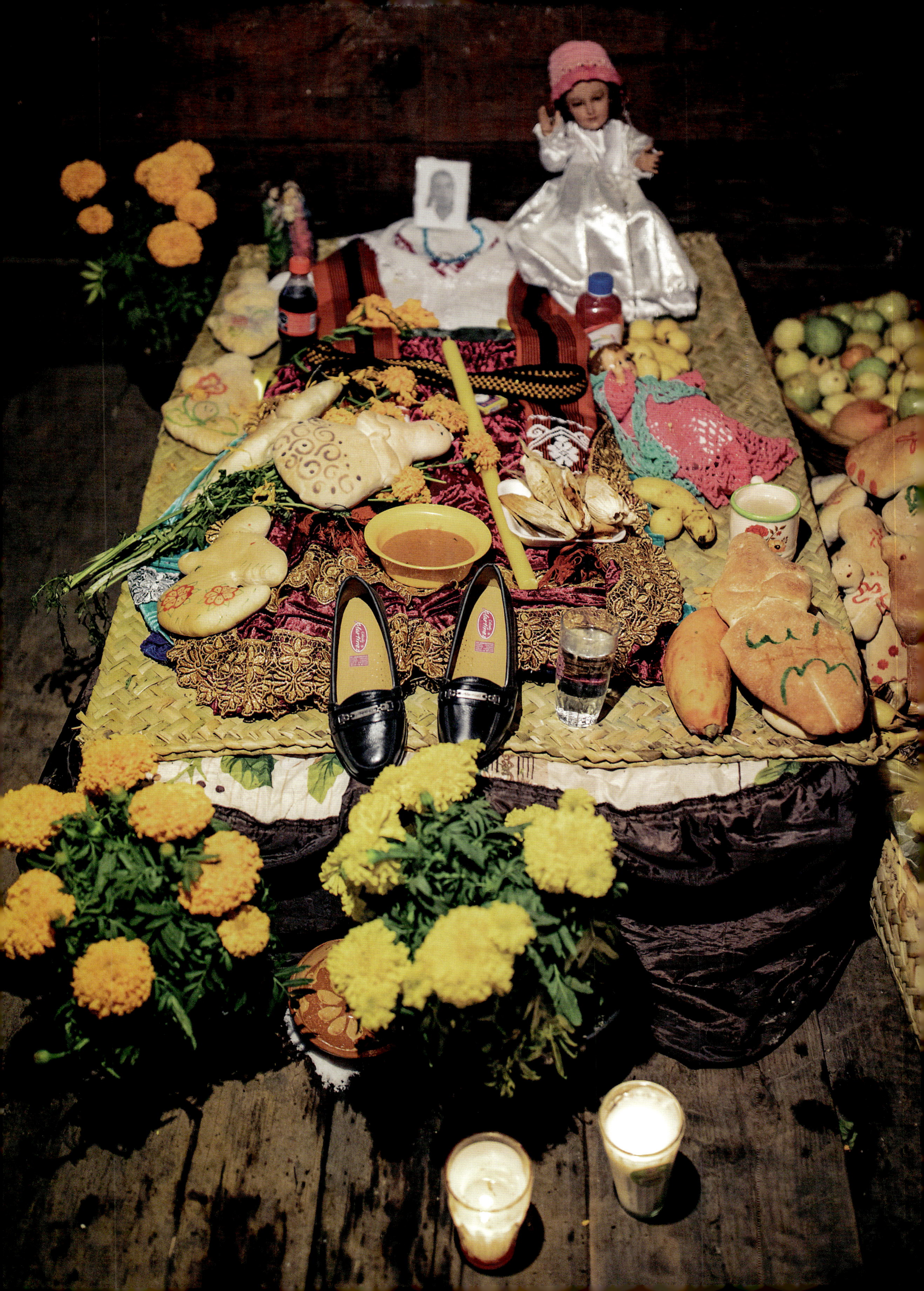

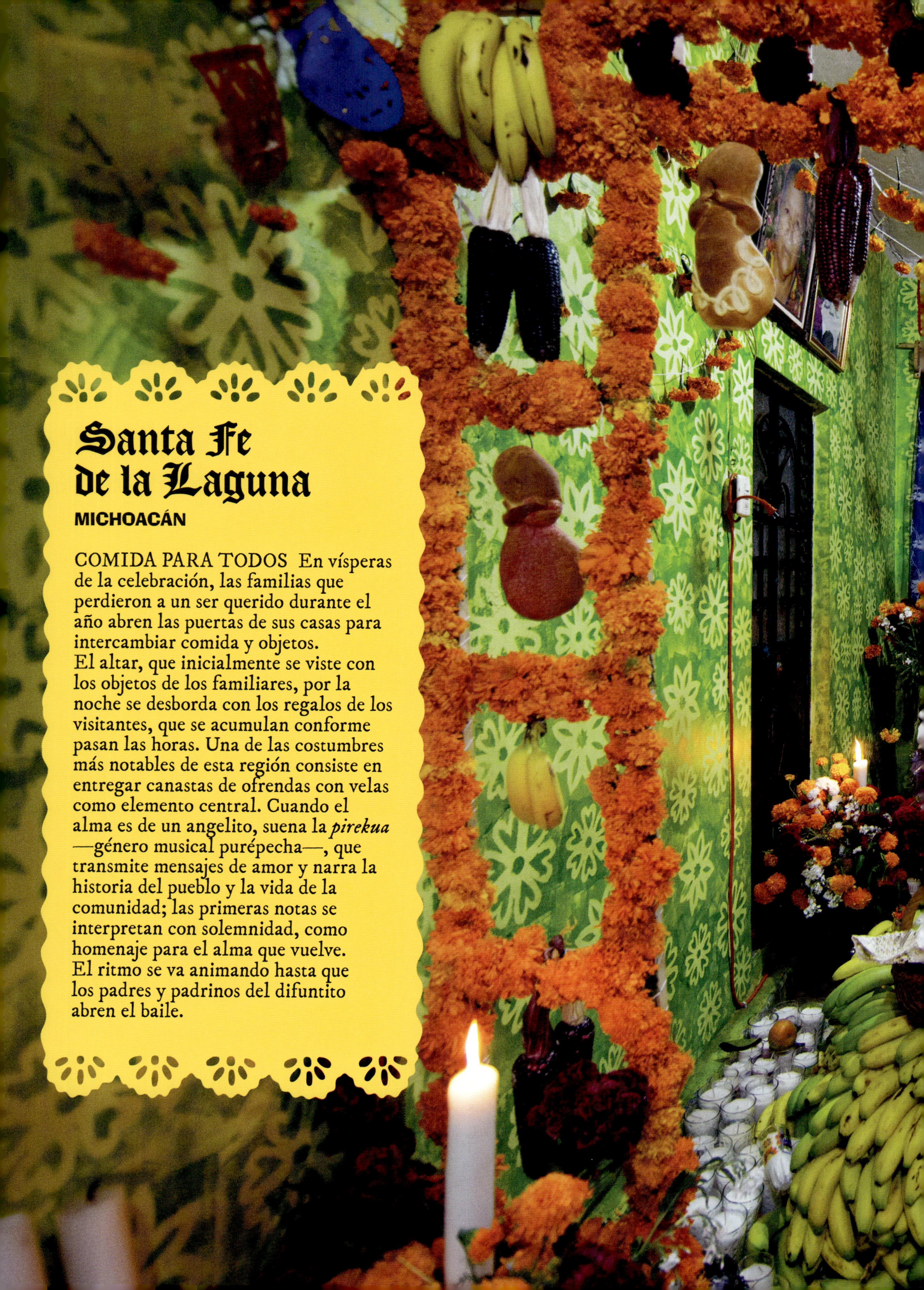

Santa Fe de la Laguna

MICHOACÁN

COMIDA PARA TODOS En vísperas de la celebración, las familias que perdieron a un ser querido durante el año abren las puertas de sus casas para intercambiar comida y objetos.
El altar, que inicialmente se viste con los objetos de los familiares, por la noche se desborda con los regalos de los visitantes, que se acumulan conforme pasan las horas. Una de las costumbres más notables de esta región consiste en entregar canastas de ofrendas con velas como elemento central. Cuando el alma es de un angelito, suena la *pirekua* —género musical purépecha—, que transmite mensajes de amor y narra la historia del pueblo y la vida de la comunidad; las primeras notas se interpretan con solemnidad, como homenaje para el alma que vuelve. El ritmo se va animando hasta que los padres y padrinos del difuntito abren el baile.

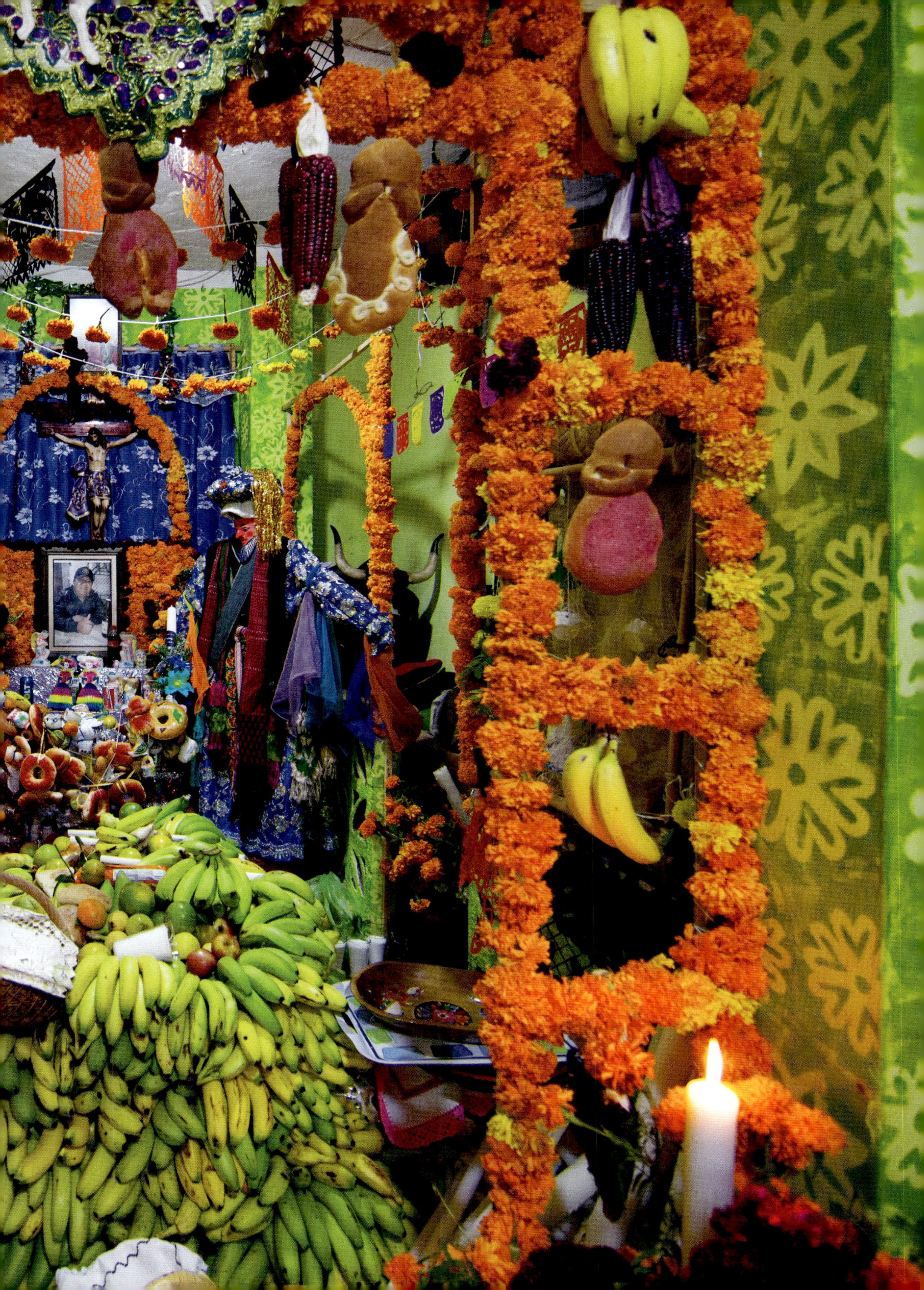

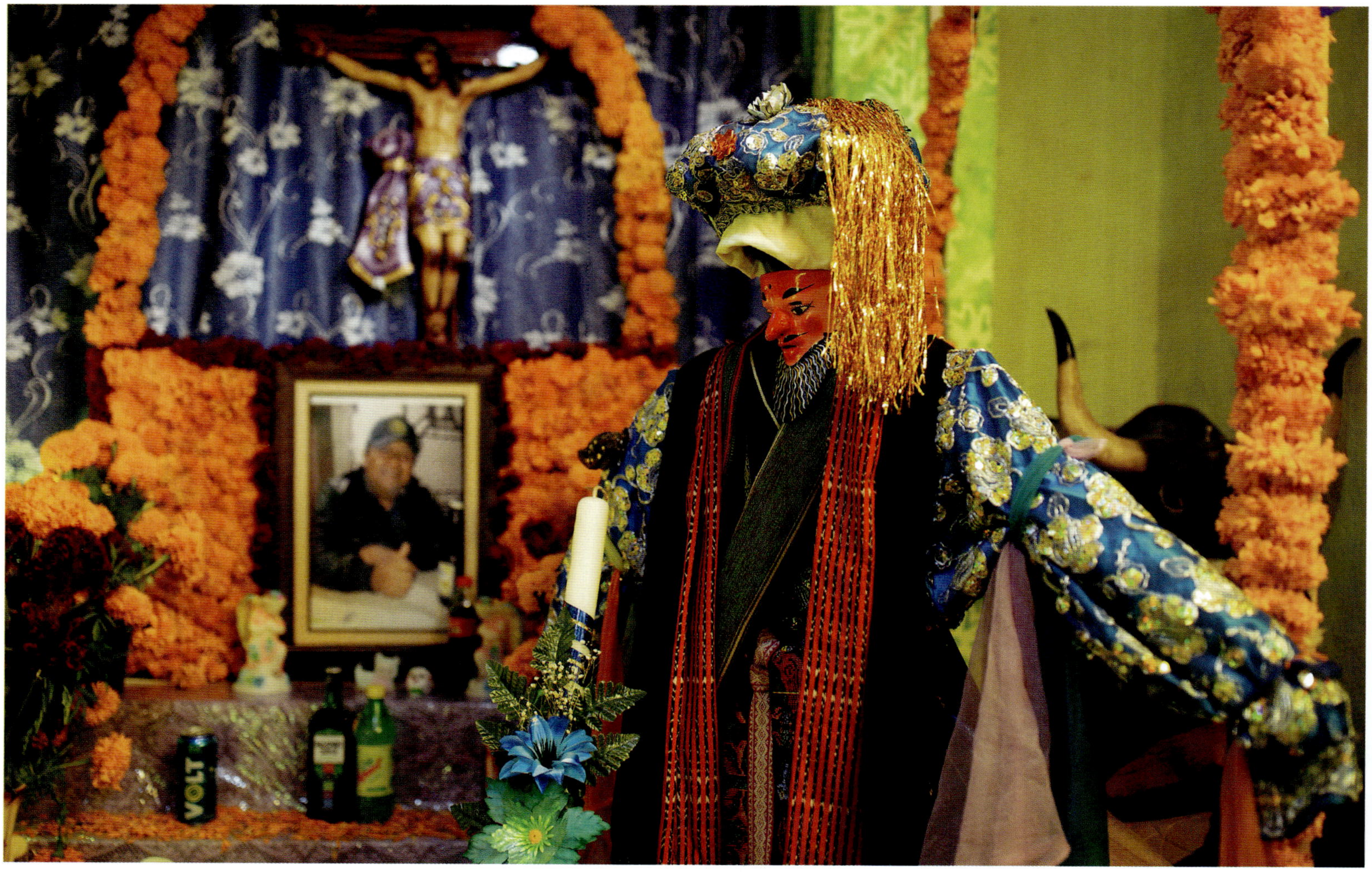

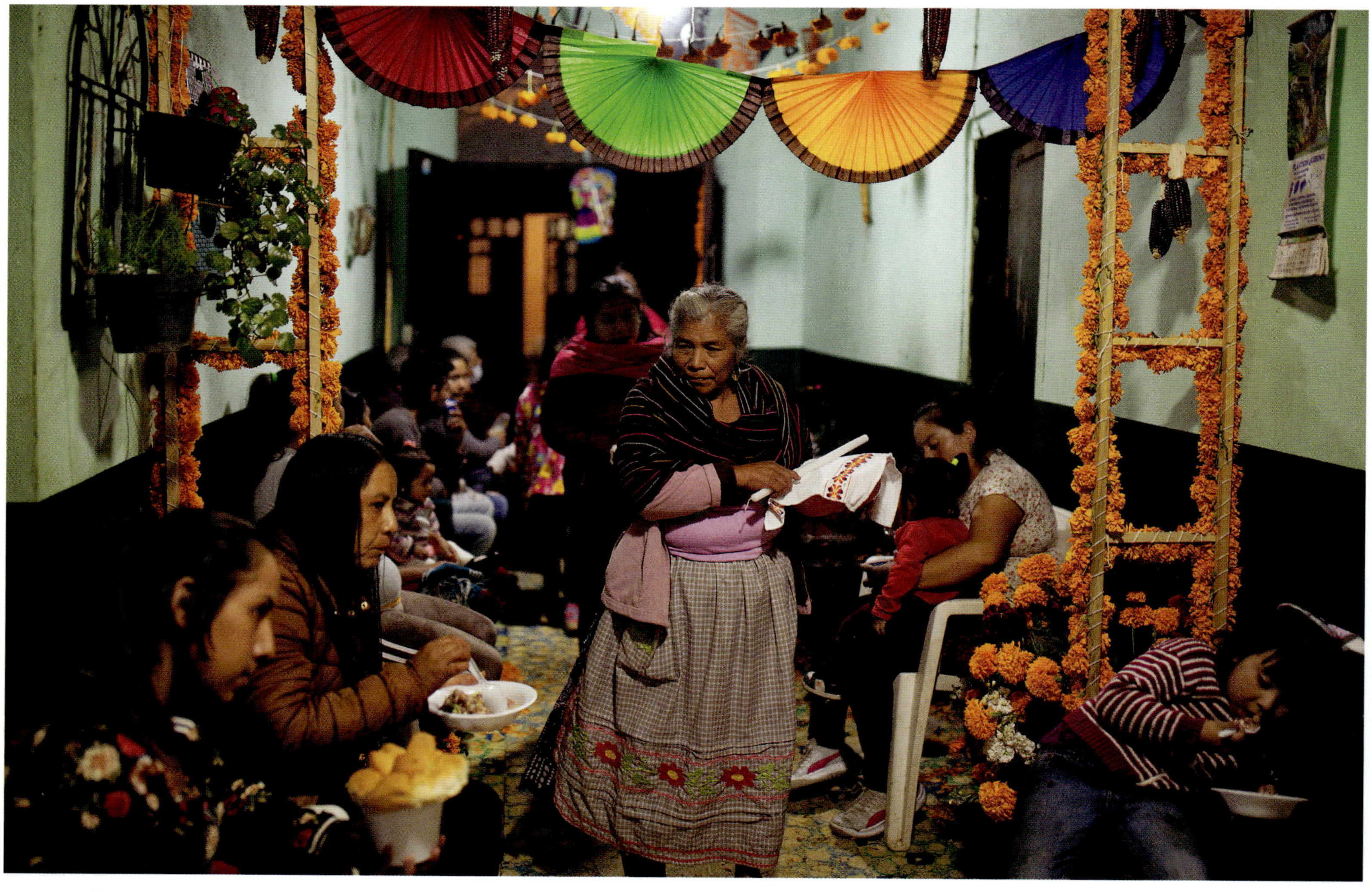

← (pp. 216-217) Frutas, velas, panes y un frondoso ornamento de flores de cempasúchil destacan en este altar en Santa Fe de la Laguna, Michoacán. ↑ La presencia de la cruz de Cristo en un altar nos recuerda que también el hijo de Dios fue mortal.

↑→ En la noche, las casas permanecen abiertas para que los vecinos lleven obsequios a sus conocidos ya finados.

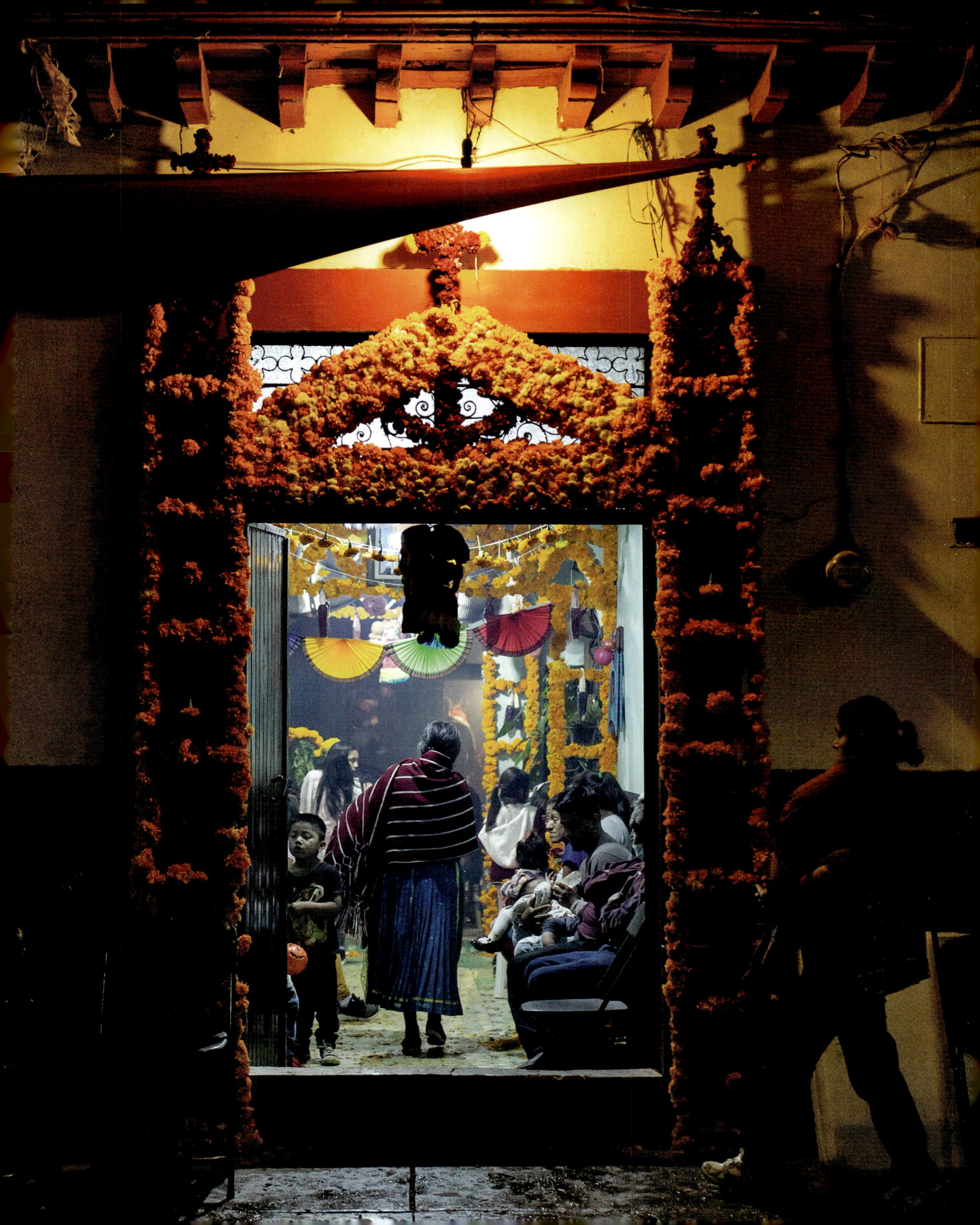

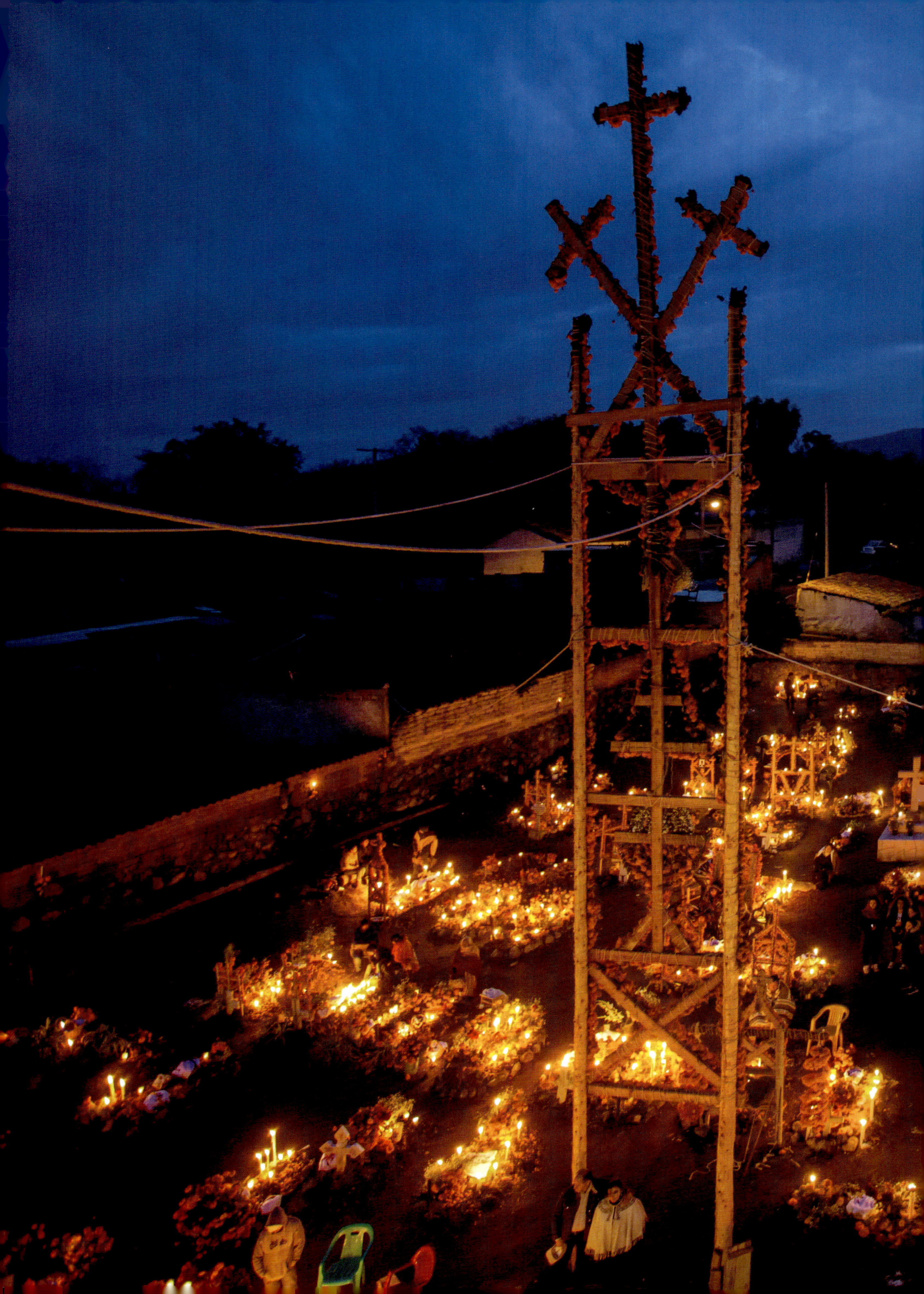

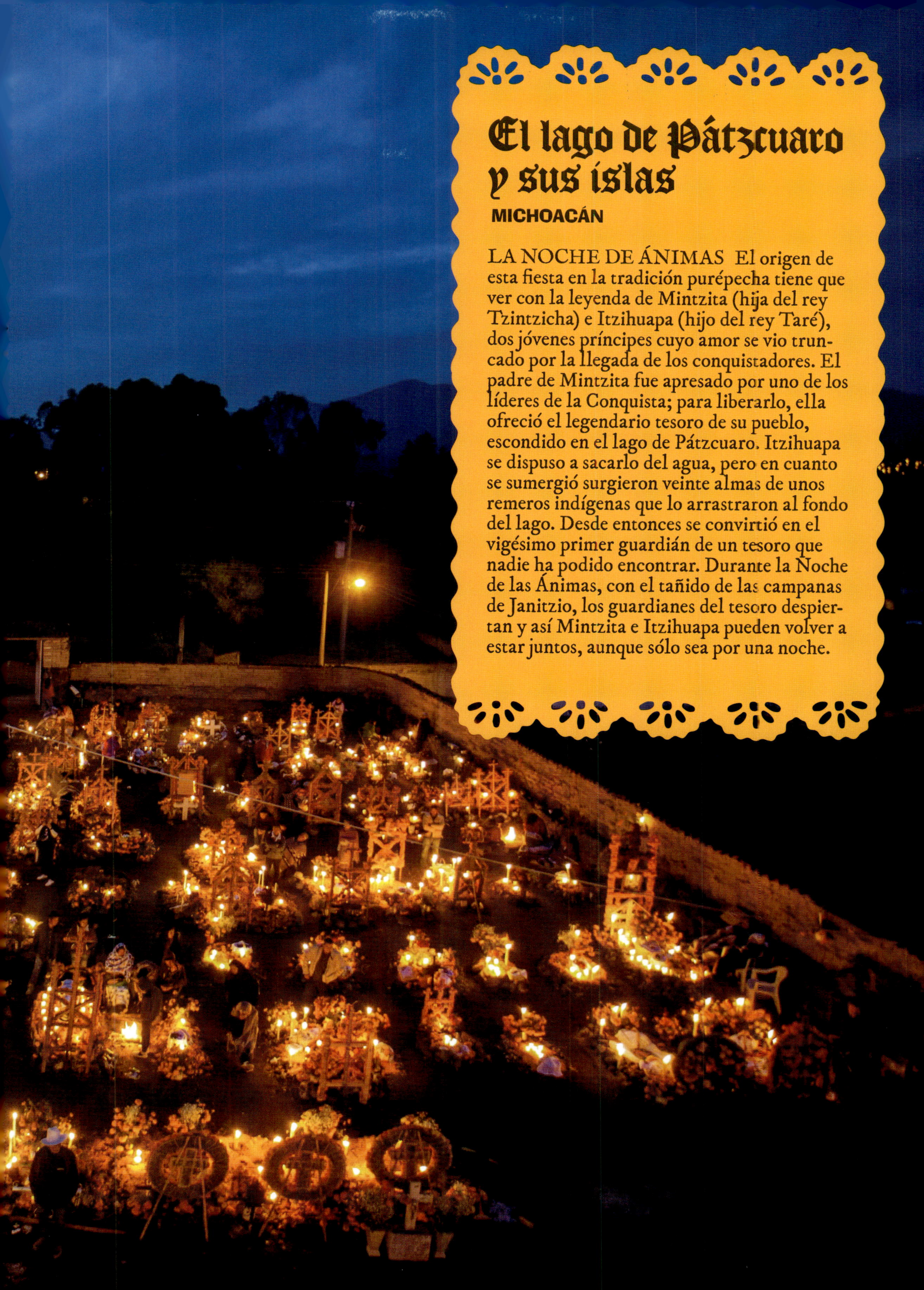

El lago de Pátzcuaro y sus islas

MICHOACÁN

LA NOCHE DE ÁNIMAS El origen de esta fiesta en la tradición purépecha tiene que ver con la leyenda de Mintzita (hija del rey Tzintzicha) e Itzihuapa (hijo del rey Taré), dos jóvenes príncipes cuyo amor se vio truncado por la llegada de los conquistadores. El padre de Mintzita fue apresado por uno de los líderes de la Conquista; para liberarlo, ella ofreció el legendario tesoro de su pueblo, escondido en el lago de Pátzcuaro. Itzihuapa se dispuso a sacarlo del agua, pero en cuanto se sumergió surgieron veinte almas de unos remeros indígenas que lo arrastraron al fondo del lago. Desde entonces se convirtió en el vigésimo primer guardián de un tesoro que nadie ha podido encontrar. Durante la Noche de las Ánimas, con el tañido de las campanas de Janitzio, los guardianes del tesoro despiertan y así Mintzita e Itzihuapa pueden volver a estar juntos, aunque sólo sea por una noche.

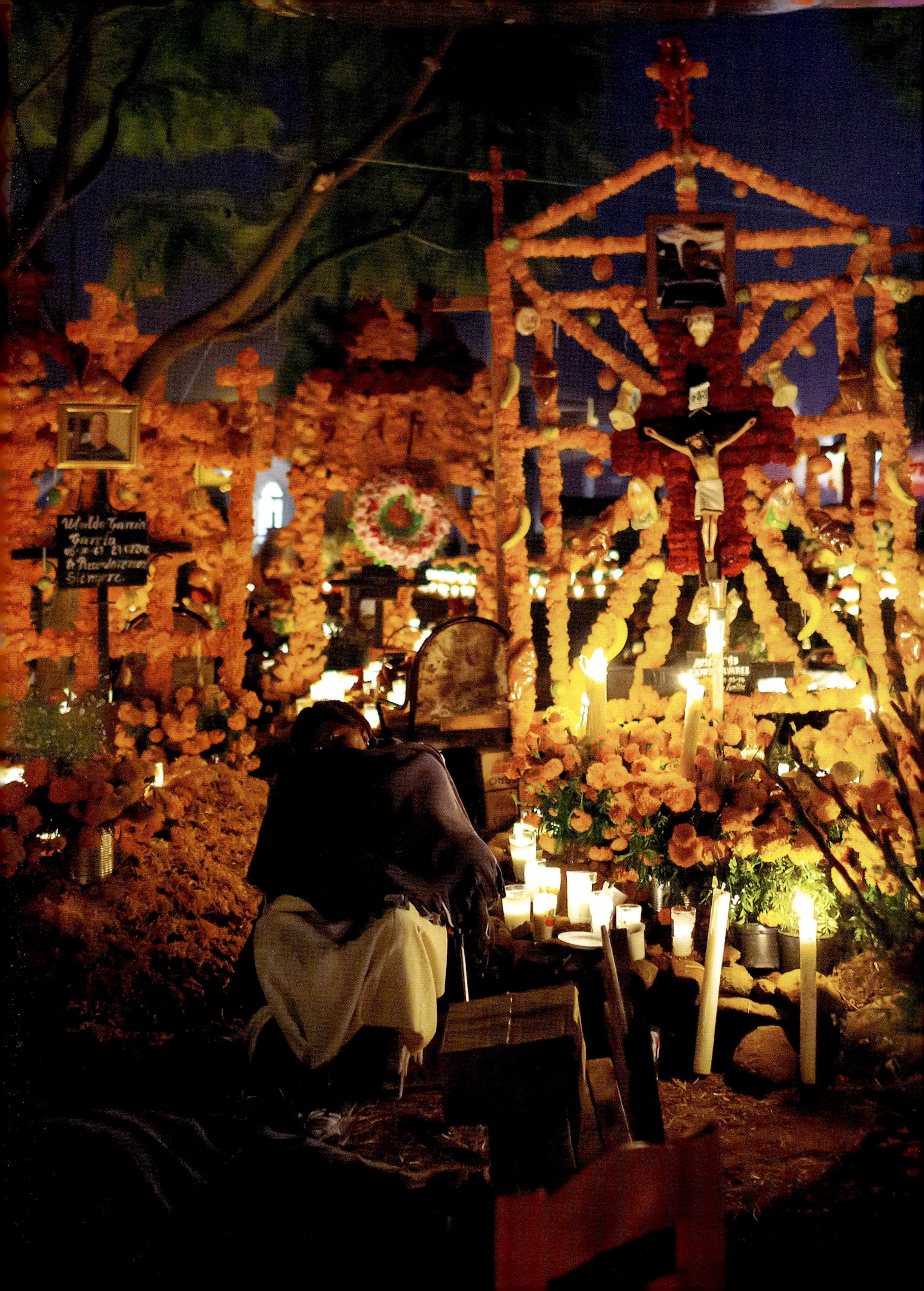

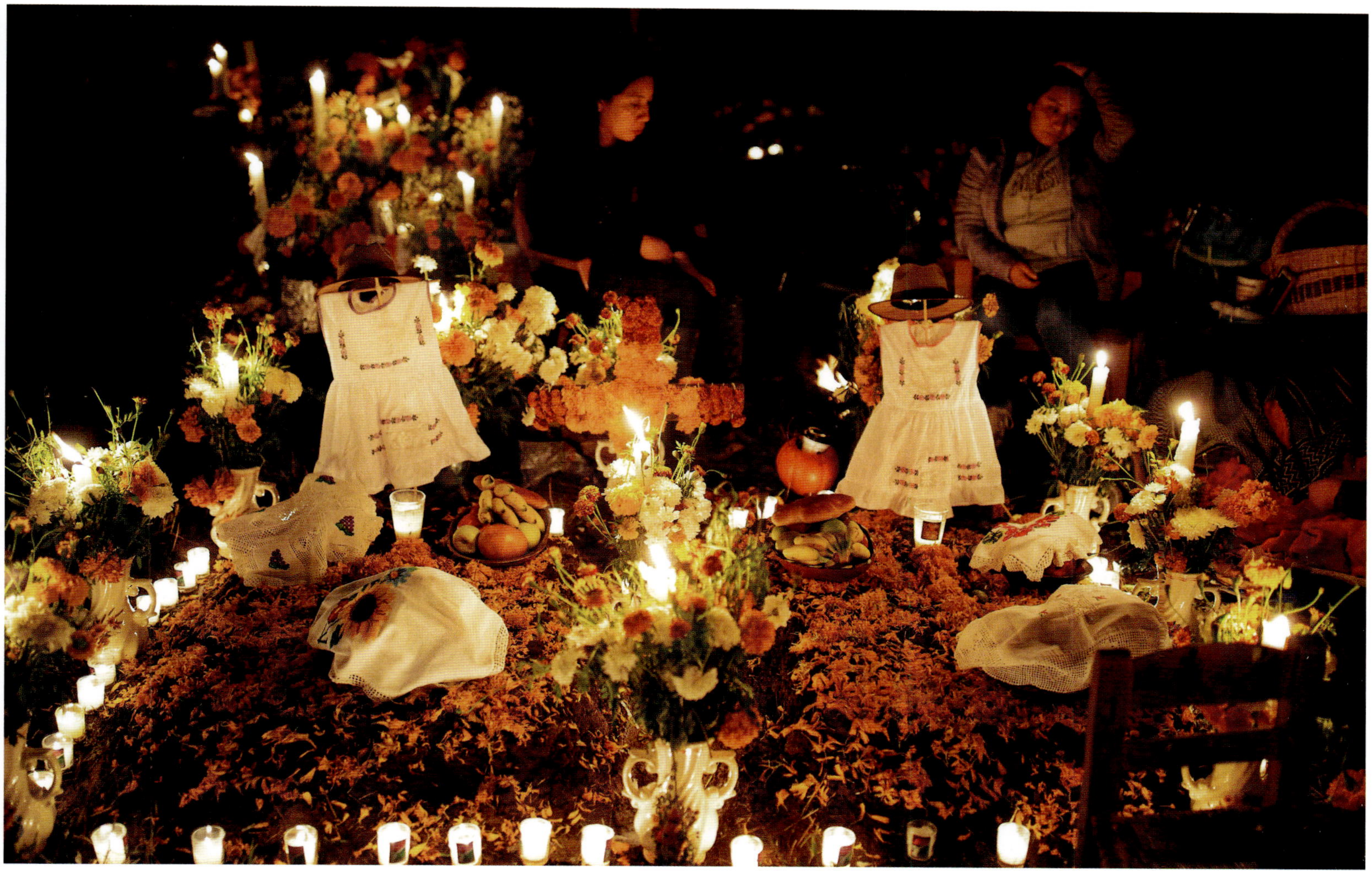

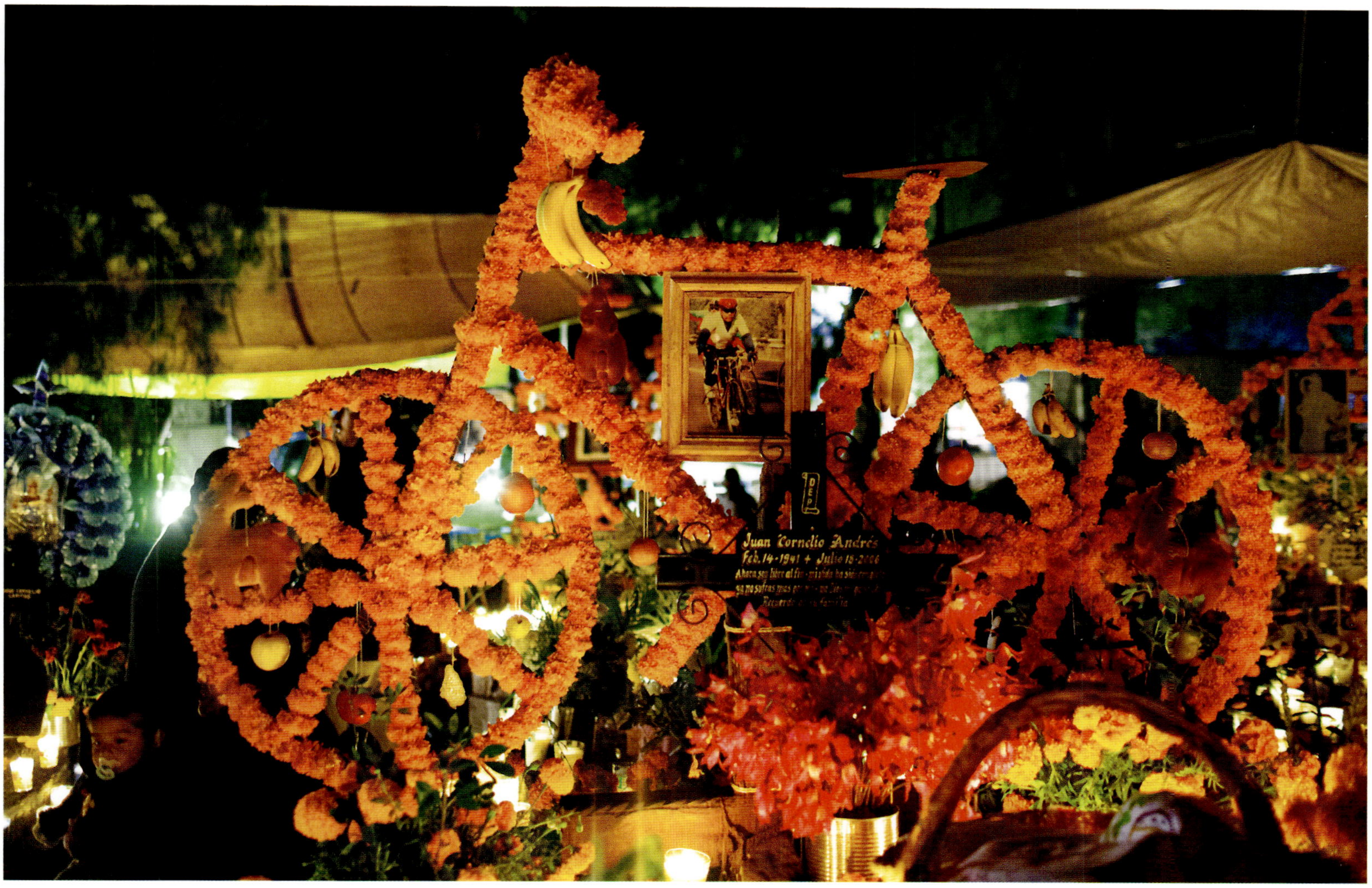

← (pp. 220-221) Oraciones y veladoras en las sepulturas de Santa Fe de la Laguna, Michoacán (2023). ← Mujer durmiendo en el panteón durante la noche de Día de Muertos (2023). Tzintzuntzan, Michoacán.

↑ Altar dedicado a los niños. Michoacán. ↑ Los altares se decoran según los gustos del familiar fallecido.

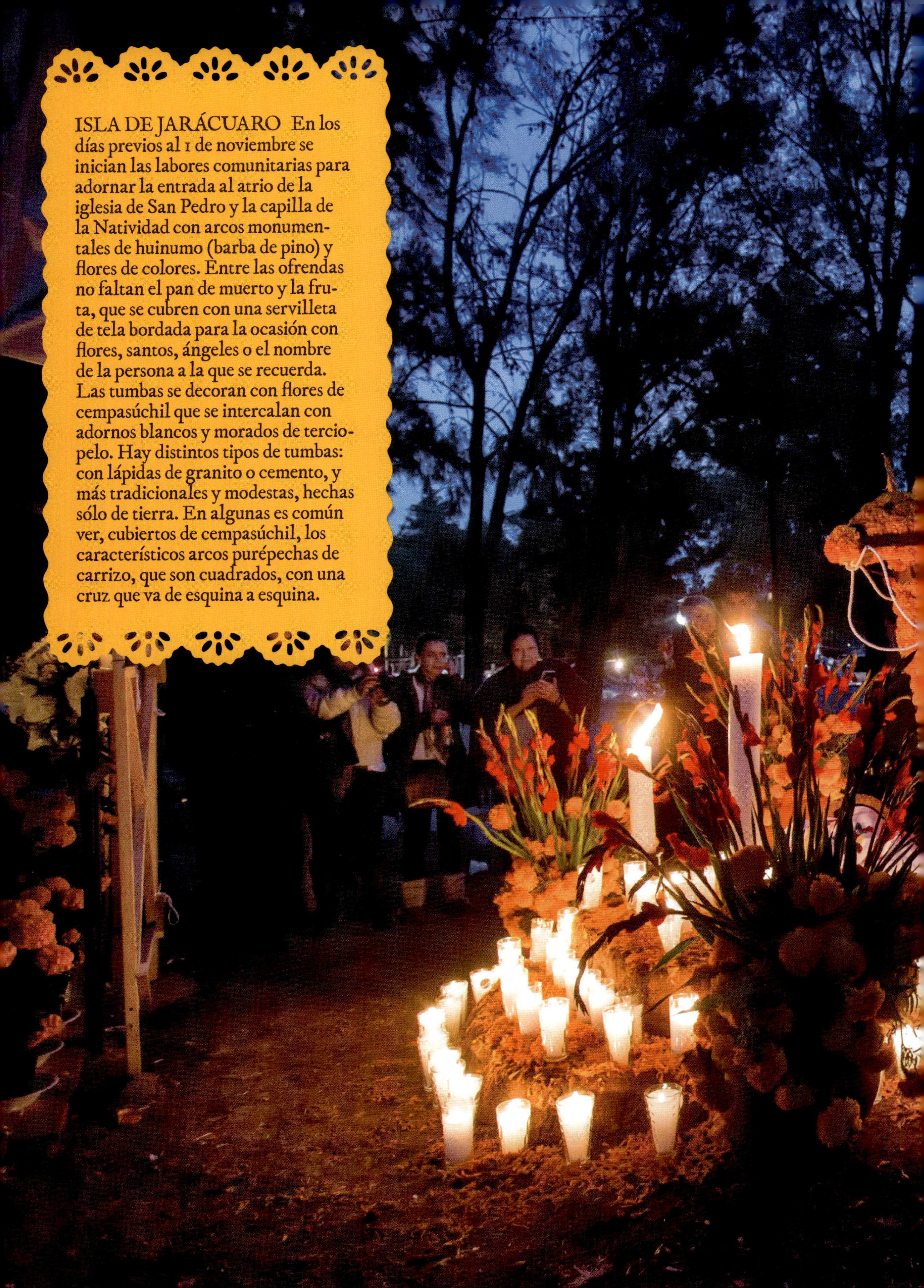

ISLA DE JARÁCUARO En los días previos al 1 de noviembre se inician las labores comunitarias para adornar la entrada al atrio de la iglesia de San Pedro y la capilla de la Natividad con arcos monumentales de huinumo (barba de pino) y flores de colores. Entre las ofrendas no faltan el pan de muerto y la fruta, que se cubren con una servilleta de tela bordada para la ocasión con flores, santos, ángeles o el nombre de la persona a la que se recuerda. Las tumbas se decoran con flores de cempasúchil que se intercalan con adornos blancos y morados de terciopelo. Hay distintos tipos de tumbas: con lápidas de granito o cemento, y más tradicionales y modestas, hechas sólo de tierra. En algunas es común ver, cubiertos de cempasúchil, los característicos arcos purépechas de carrizo, que son cuadrados, con una cruz que va de esquina a esquina.

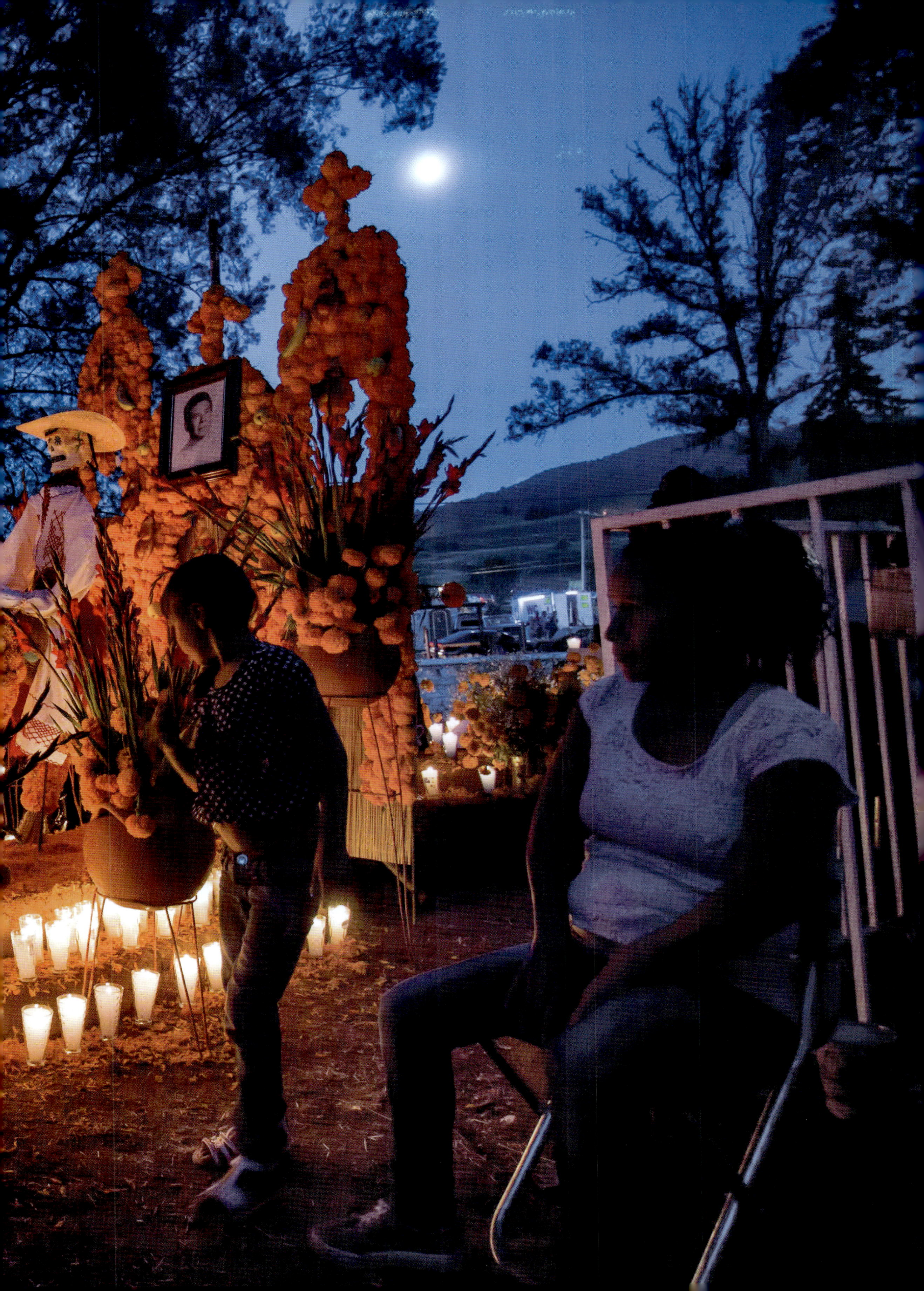
WC

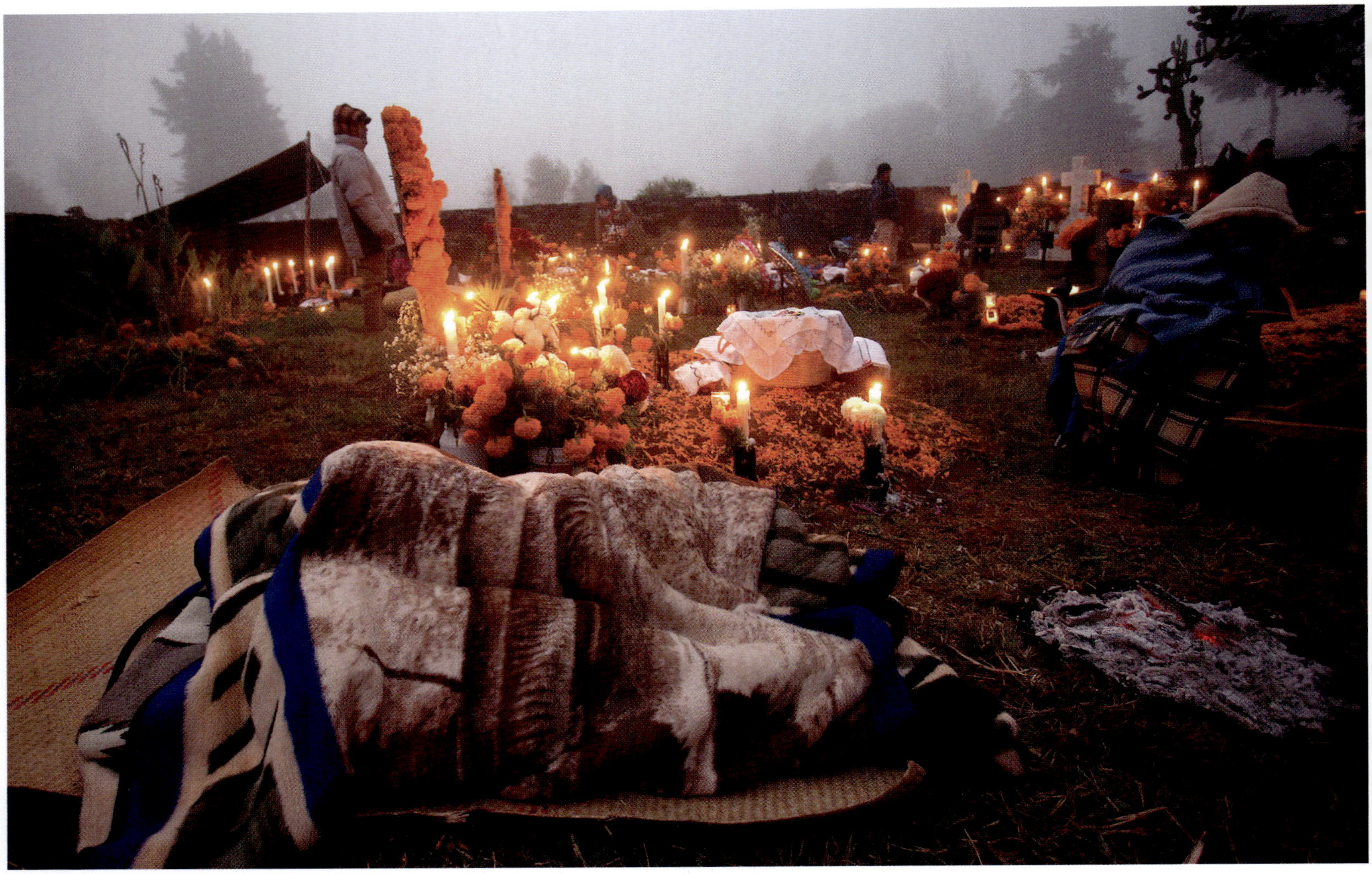

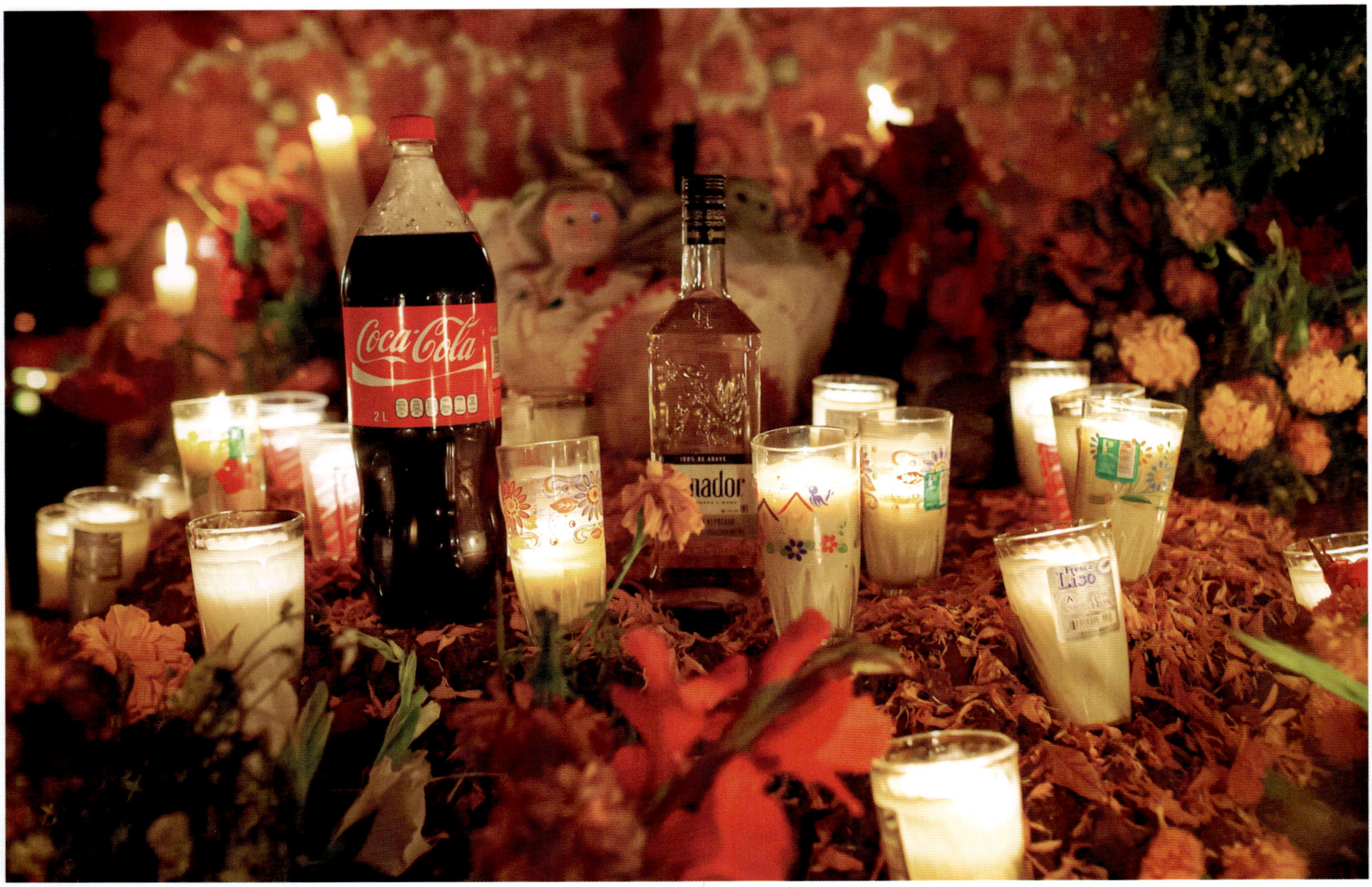

↑ Familiares duermen junto a los muertos para acompañarlos en la noche. ↑ Para aplacar la sed del difunto, no podía faltar una Coca Cola. Panteón de Pátzcuaro, Michoacán.

→ Velas y antorchas en el panteón de Tzurumútaro iluminan de un modo mágico y emocional el camposanto.

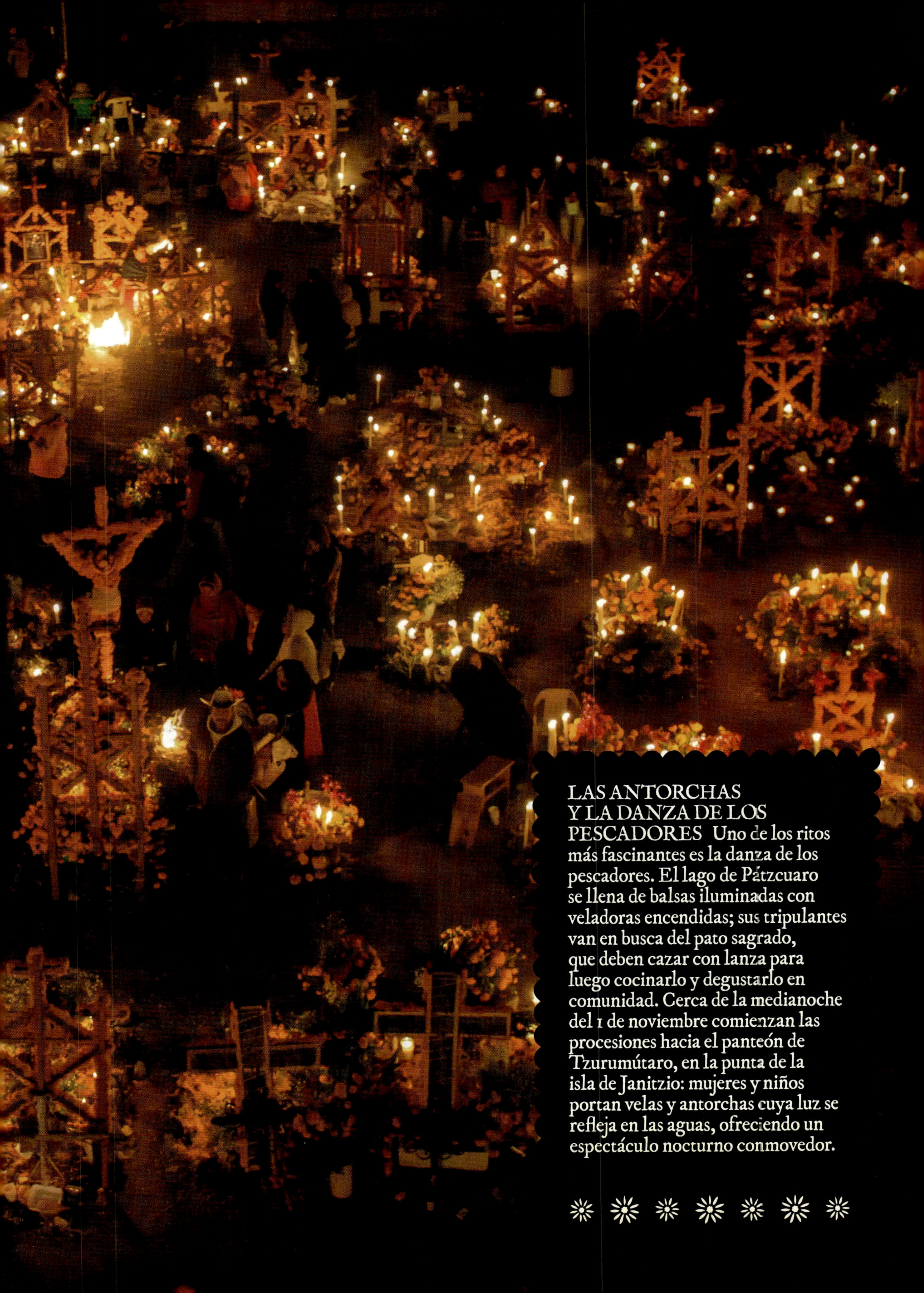

LAS ANTORCHAS Y LA DANZA DE LOS PESCADORES Uno de los ritos más fascinantes es la danza de los pescadores. El lago de Pátzcuaro se llena de balsas iluminadas con veladoras encendidas; sus tripulantes van en busca del pato sagrado, que deben cazar con lanza para luego cocinarlo y degustarlo en comunidad. Cerca de la medianoche del 1 de noviembre comienzan las procesiones hacia el panteón de Tzurumútaro, en la punta de la isla de Janitzio: mujeres y niños portan velas y antorchas cuya luz se refleja en las aguas, ofreciendo un espectáculo nocturno conmovedor.

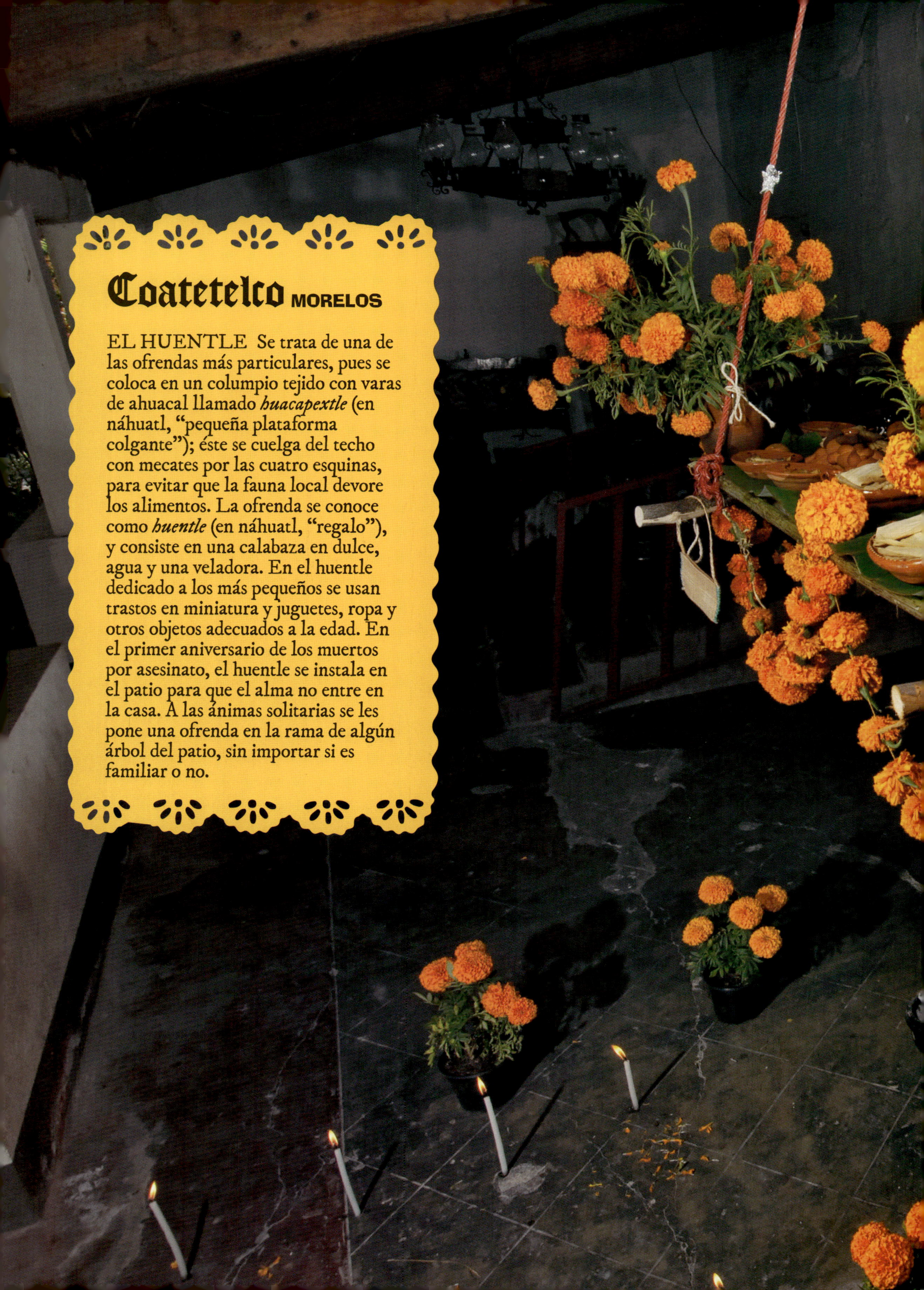

Coatetelco MORELOS

EL HUENTLE Se trata de una de las ofrendas más particulares, pues se coloca en un columpio tejido con varas de ahuacal llamado *huacapextle* (en náhuatl, "pequeña plataforma colgante"); éste se cuelga del techo con mecates por las cuatro esquinas, para evitar que la fauna local devore los alimentos. La ofrenda se conoce como *huentle* (en náhuatl, "regalo"), y consiste en una calabaza en dulce, agua y una veladora. En el huentle dedicado a los más pequeños se usan trastos en miniatura y juguetes, ropa y otros objetos adecuados a la edad. En el primer aniversario de los muertos por asesinato, el huentle se instala en el patio para que el alma no entre en la casa. A las ánimas solitarias se les pone una ofrenda en la rama de algún árbol del patio, sin importar si es familiar o no.

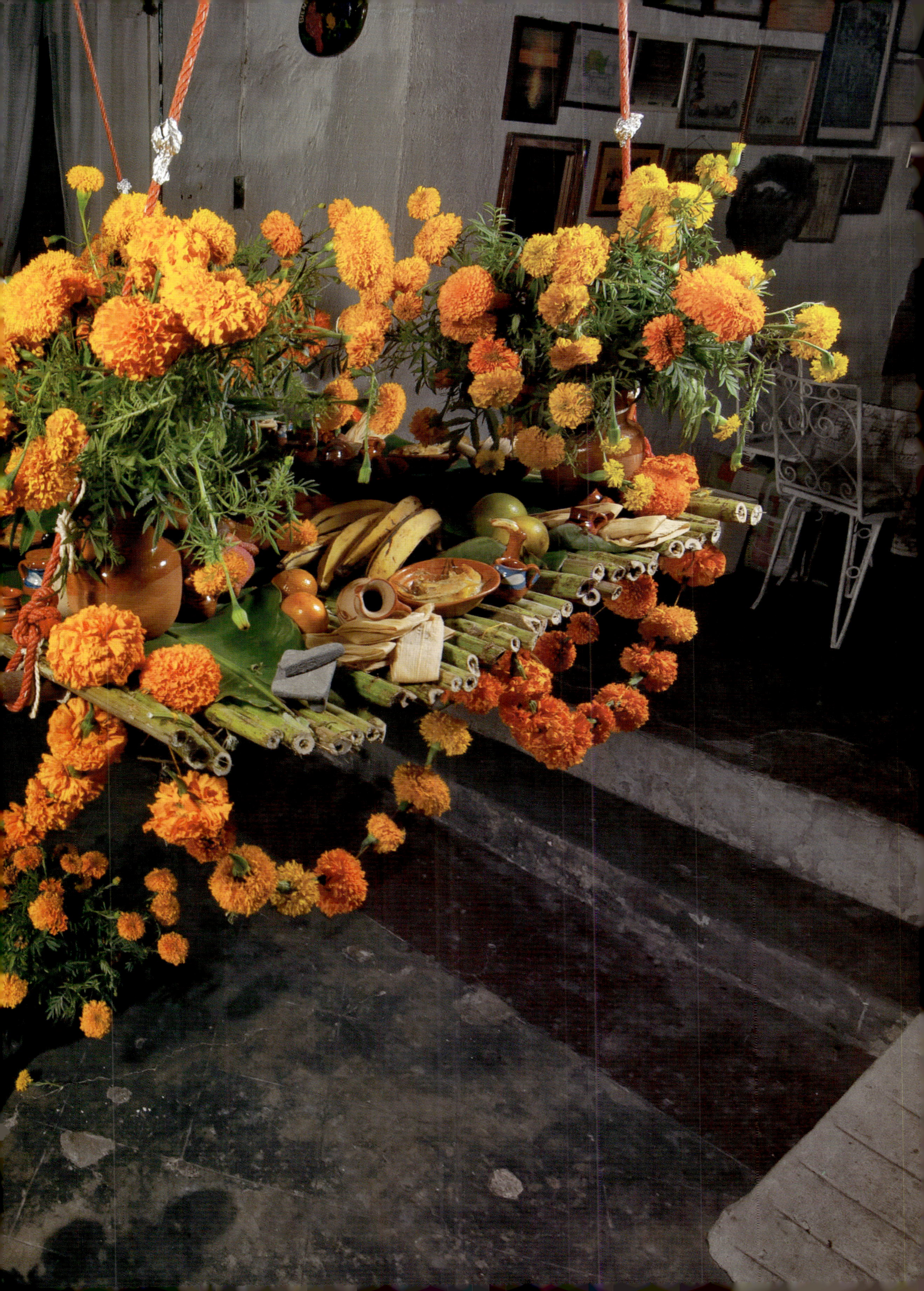

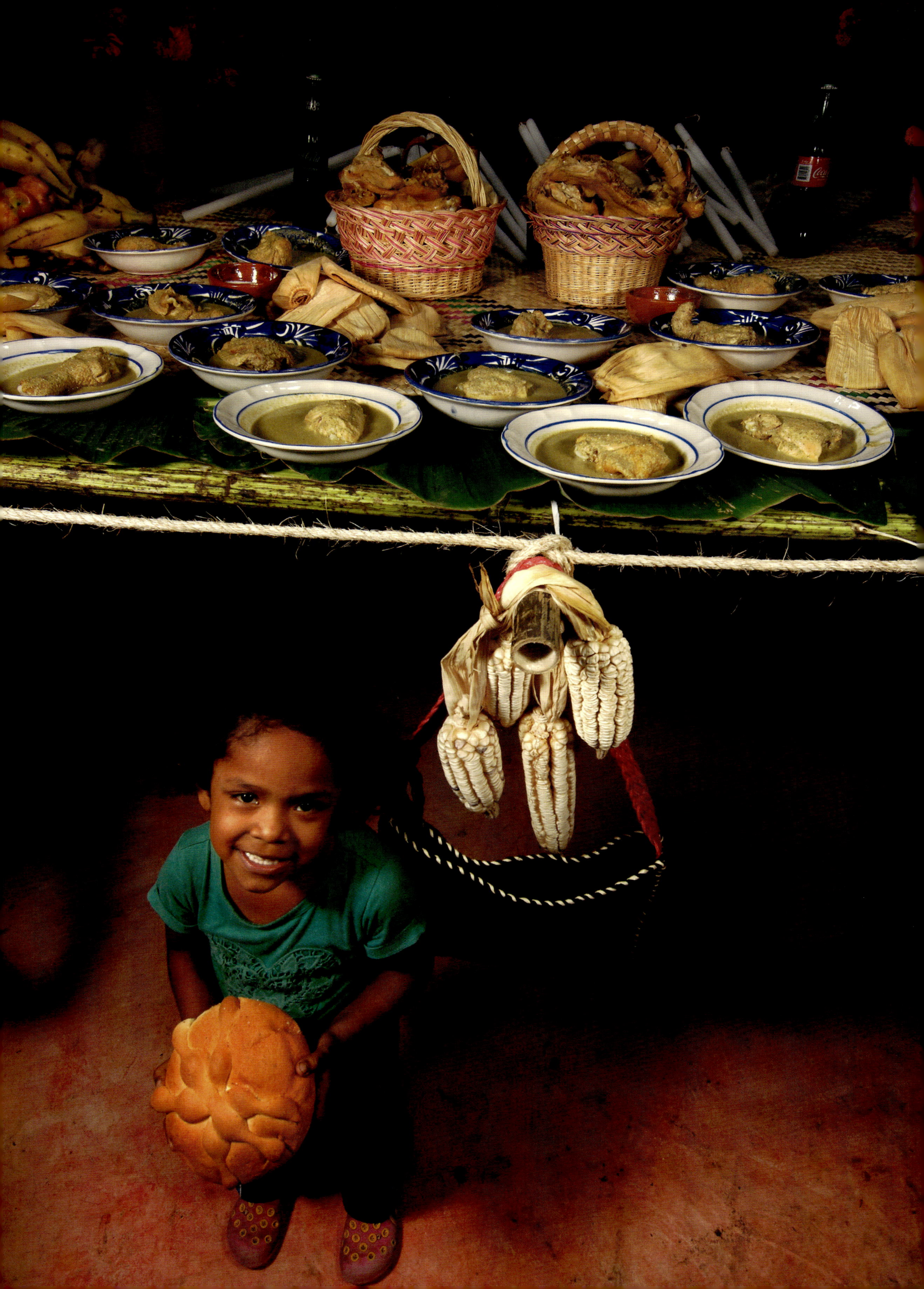

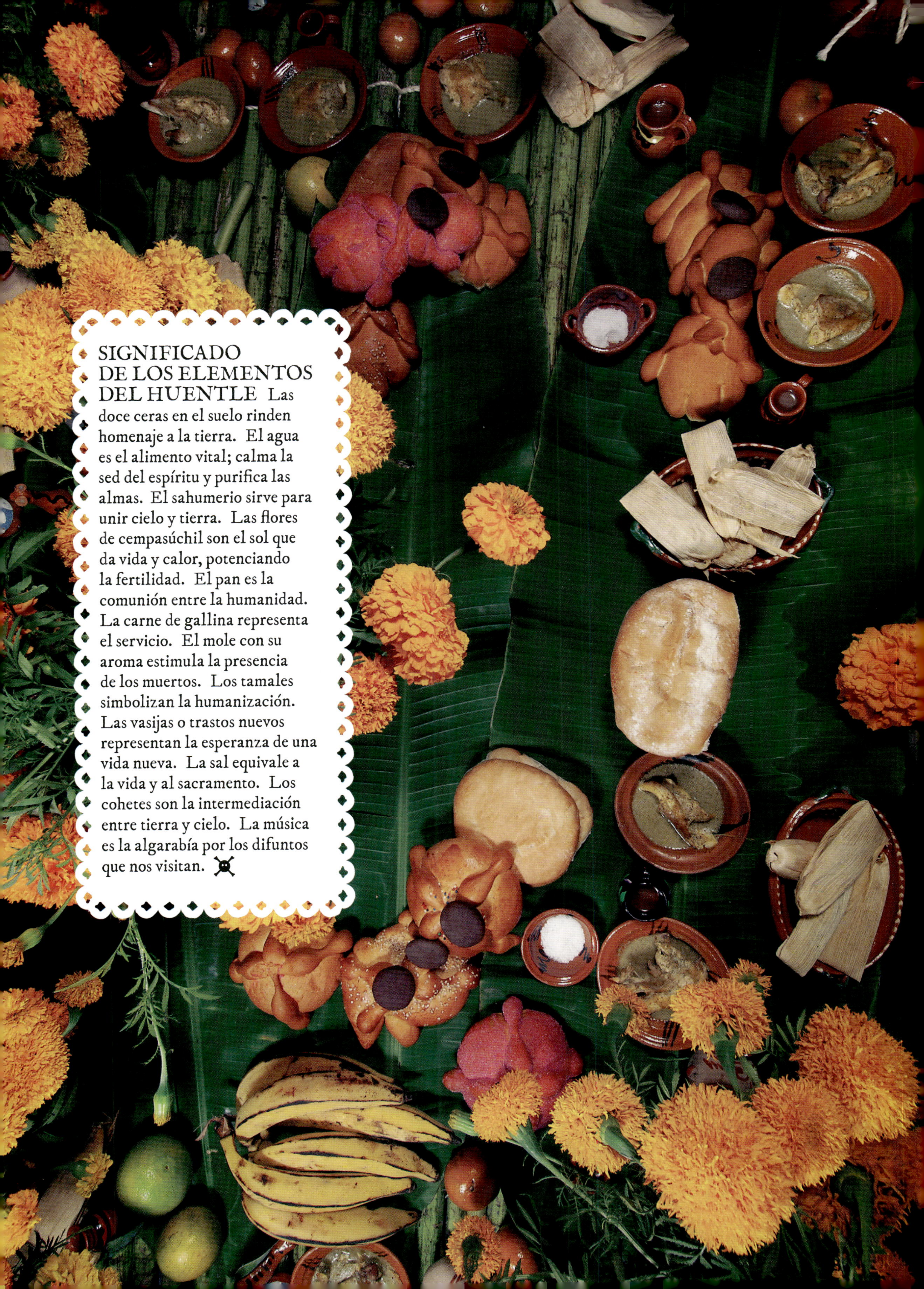

SIGNIFICADO DE LOS ELEMENTOS DEL HUENTLE Las doce ceras en el suelo rinden homenaje a la tierra. El agua es el alimento vital; calma la sed del espíritu y purifica las almas. El sahumerio sirve para unir cielo y tierra. Las flores de cempasúchil son el sol que da vida y calor, potenciando la fertilidad. El pan es la comunión entre la humanidad. La carne de gallina representa el servicio. El mole con su aroma estimula la presencia de los muertos. Los tamales simbolizan la humanización. Las vasijas o trastos nuevos representan la esperanza de una vida nueva. La sal equivale a la vida y al sacramento. Los cohetes son la intermediación entre tierra y cielo. La música es la algarabía por los difuntos que nos visitan.

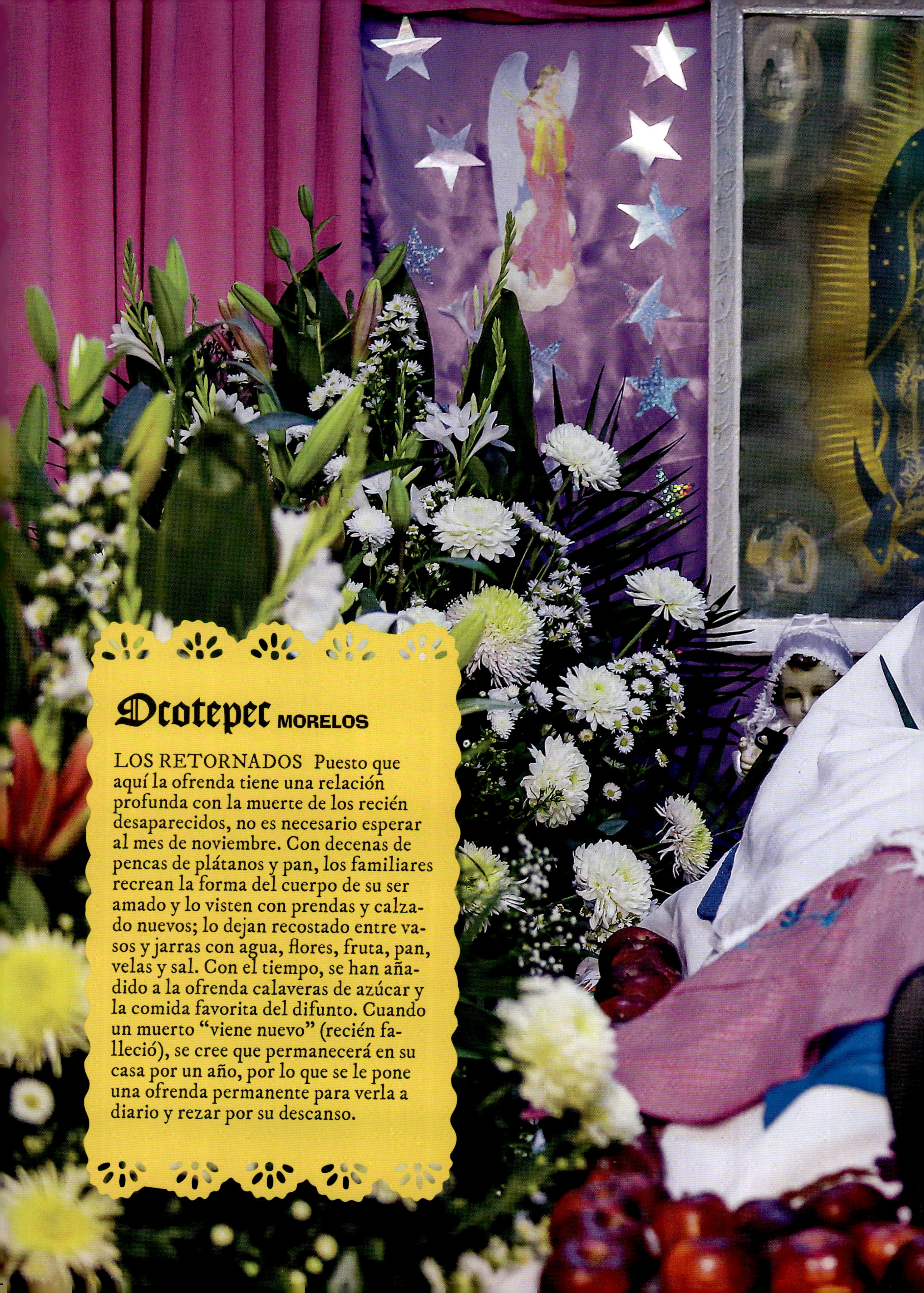

Ocotepec MORELOS

LOS RETORNADOS Puesto que aquí la ofrenda tiene una relación profunda con la muerte de los recién desaparecidos, no es necesario esperar al mes de noviembre. Con decenas de pencas de plátanos y pan, los familiares recrean la forma del cuerpo de su ser amado y lo visten con prendas y calzado nuevos; lo dejan recostado entre vasos y jarras con agua, flores, fruta, pan, velas y sal. Con el tiempo, se han añadido a la ofrenda calaveras de azúcar y la comida favorita del difunto. Cuando un muerto "viene nuevo" (recién falleció), se cree que permanecerá en su casa por un año, por lo que se le pone una ofrenda permanente para verla a diario y rezar por su descanso.

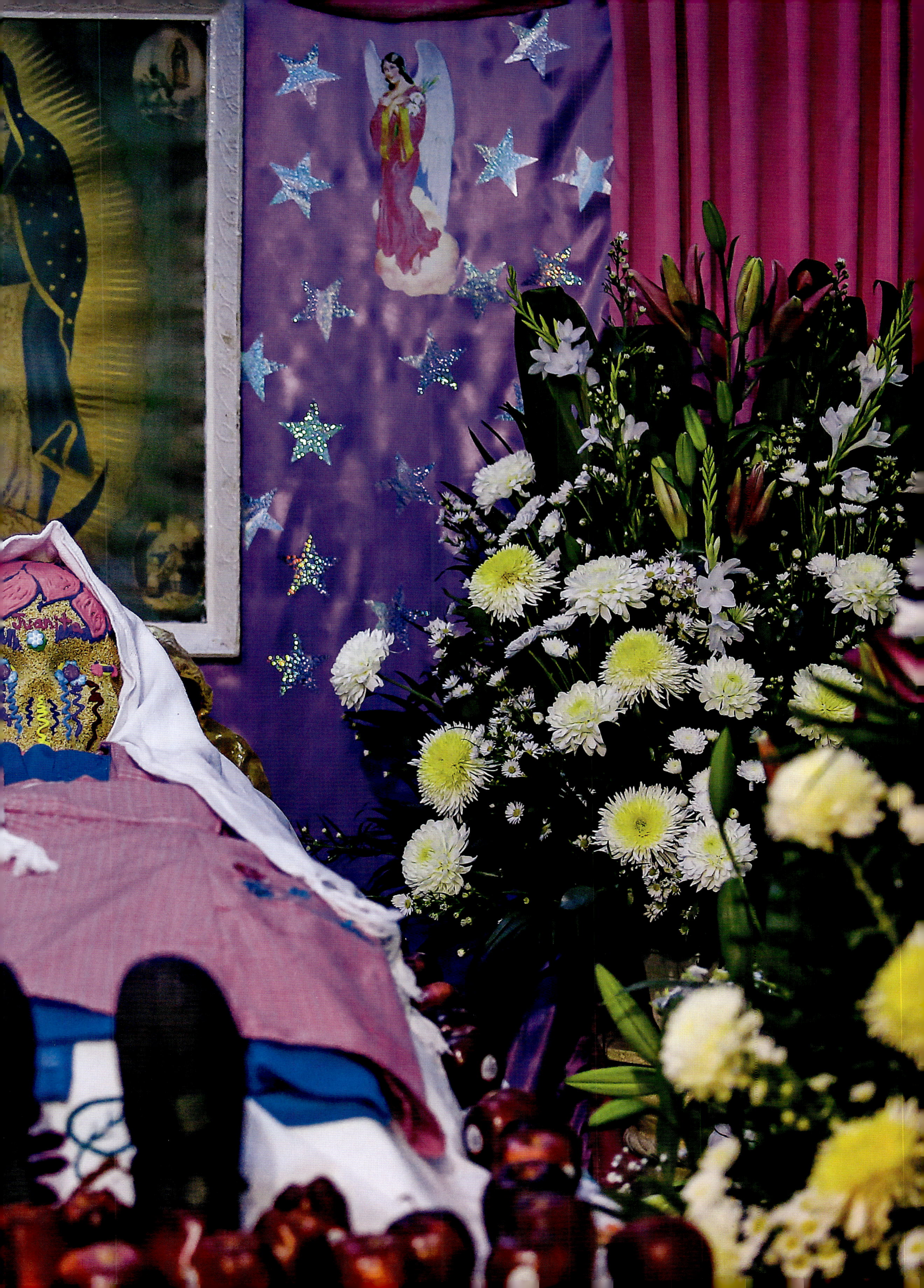

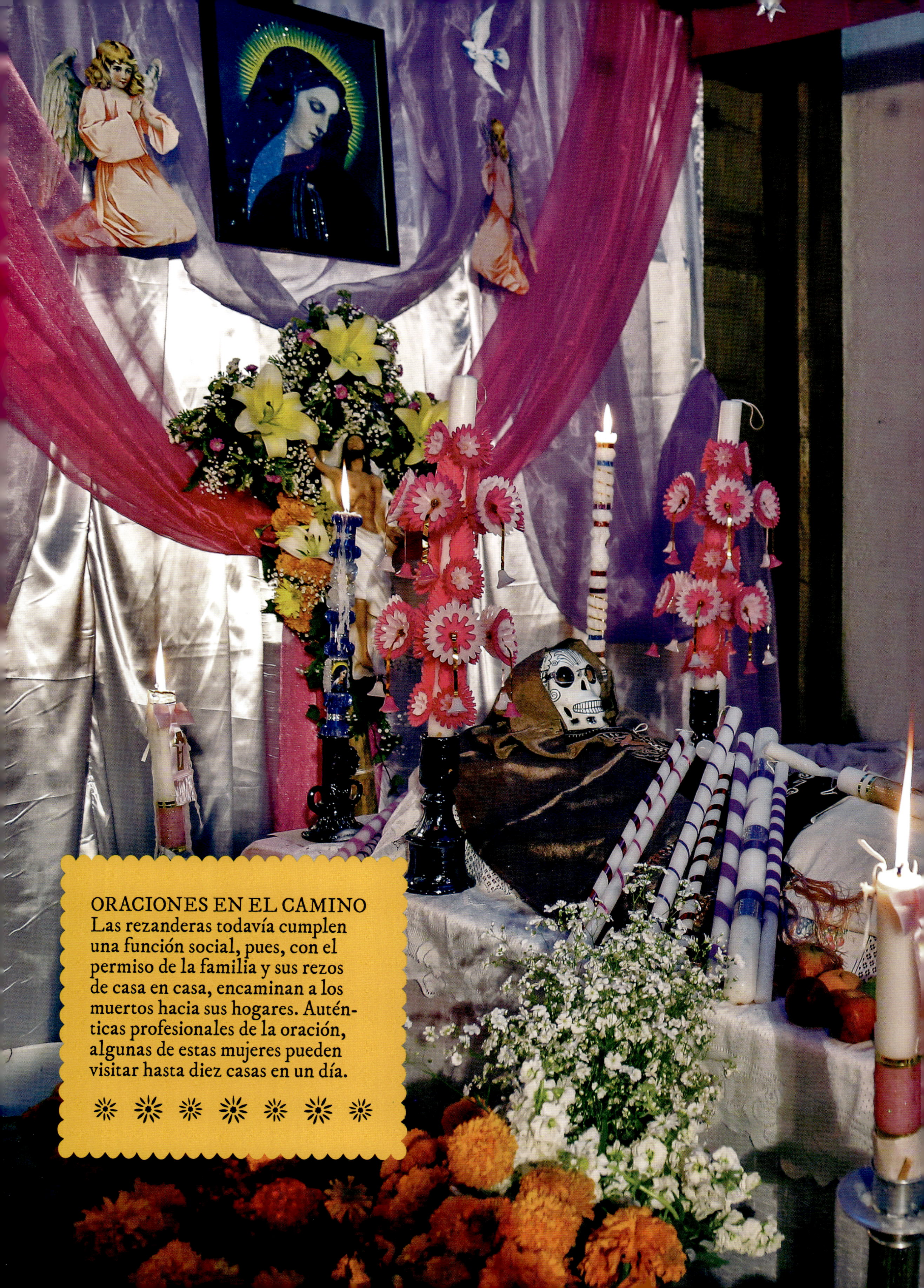

ORACIONES EN EL CAMINO
Las rezanderas todavía cumplen una función social, pues, con el permiso de la familia y sus rezos de casa en casa, encaminan a los muertos hacia sus hogares. Auténticas profesionales de la oración, algunas de estas mujeres pueden visitar hasta diez casas en un día.

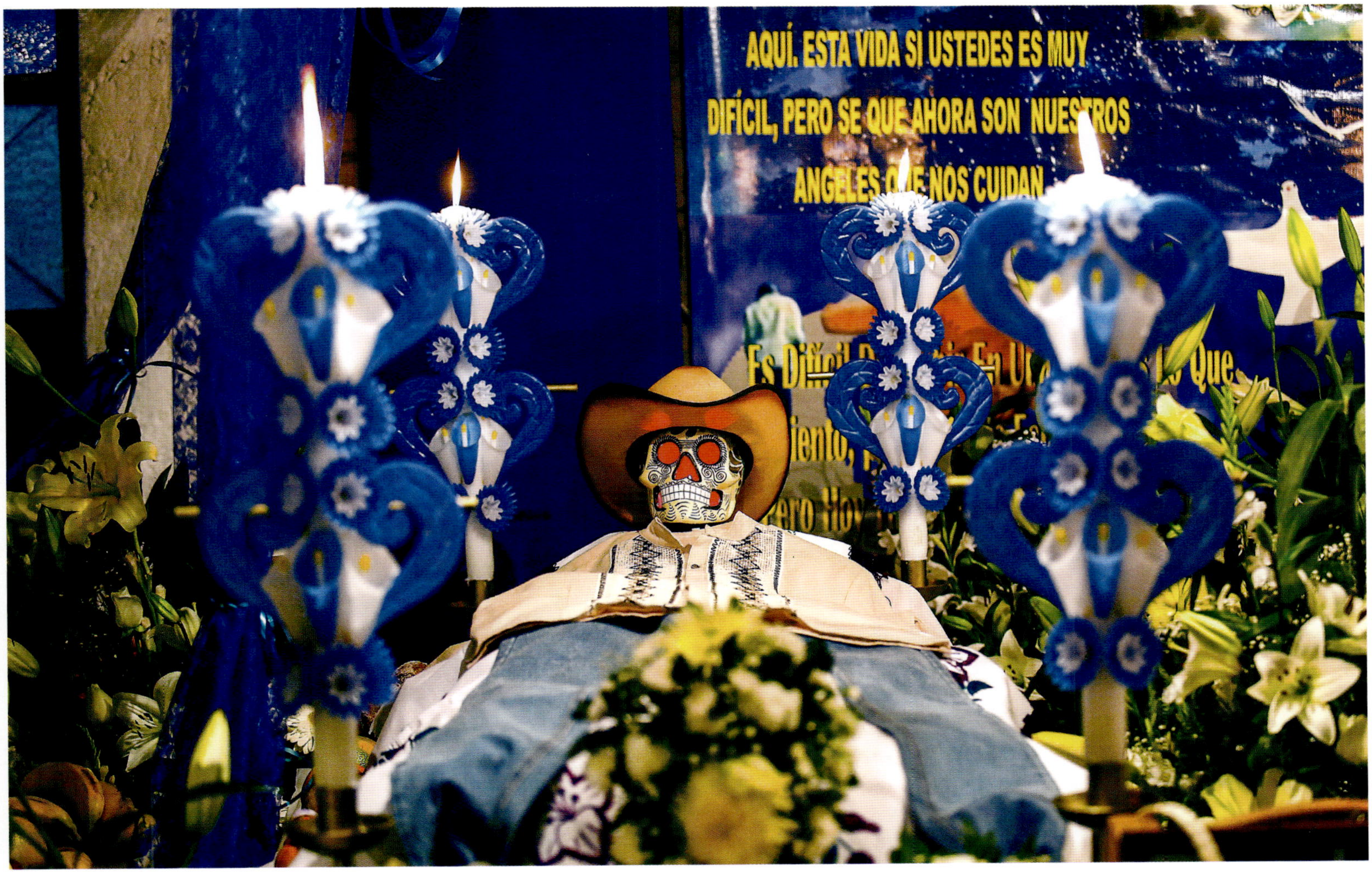

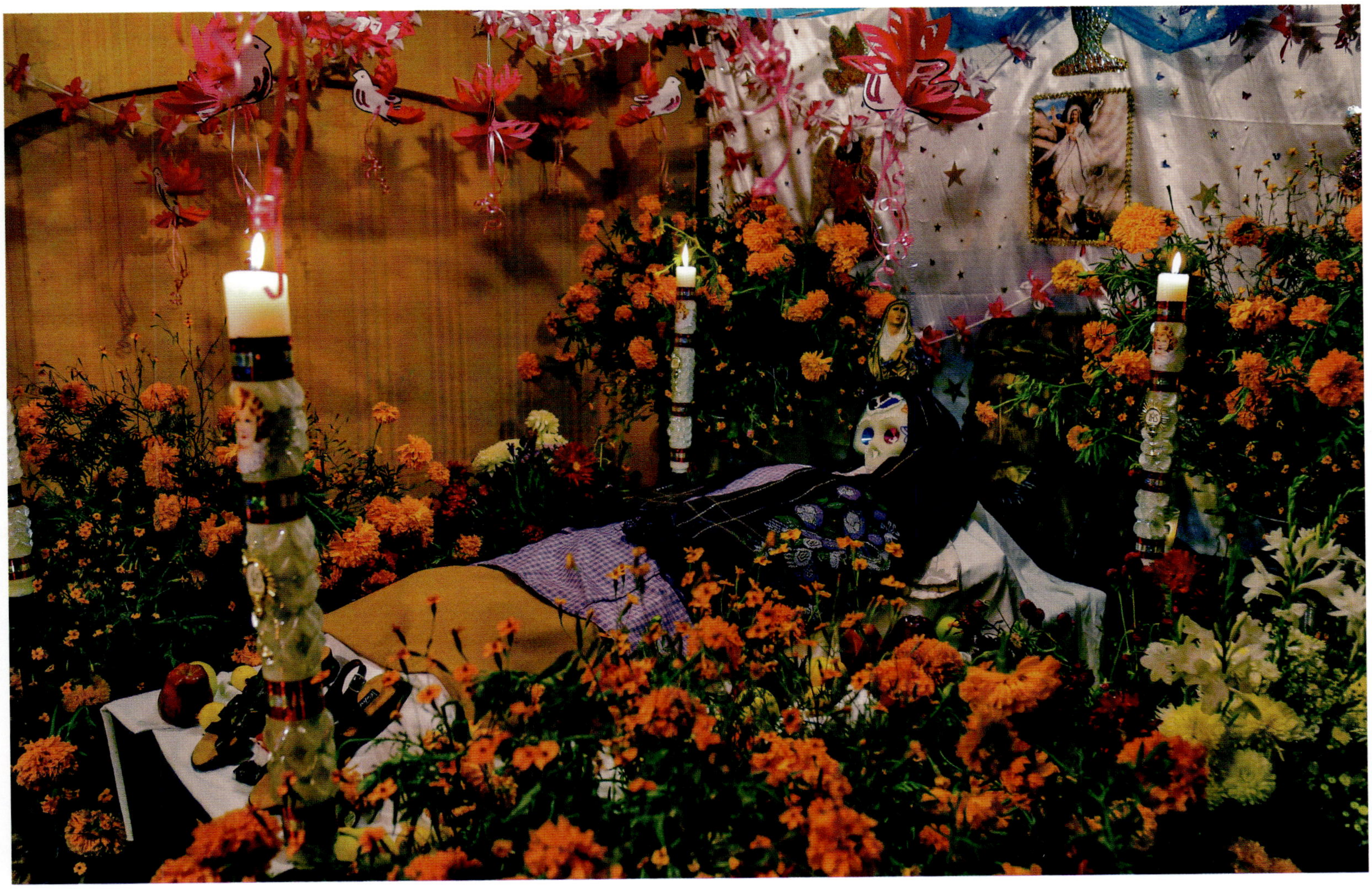

← (pp. 230-231) Entre los alimentos tradicionales se incluyen doce chocolates y doce panes, maíz, agua y sal. ← (pp. 232-233) Representación del difunto ataviado con sus ropas y con los pies por delante en un altar. Ocotepec, Morelos.

↑ Muñeco que emula al fallecido vestido con sus ropas y objetos personales. ↑ En ocasiones, el altar está presidido por una calaca que representa al fallecido sin otras referencias particulares a su persona.

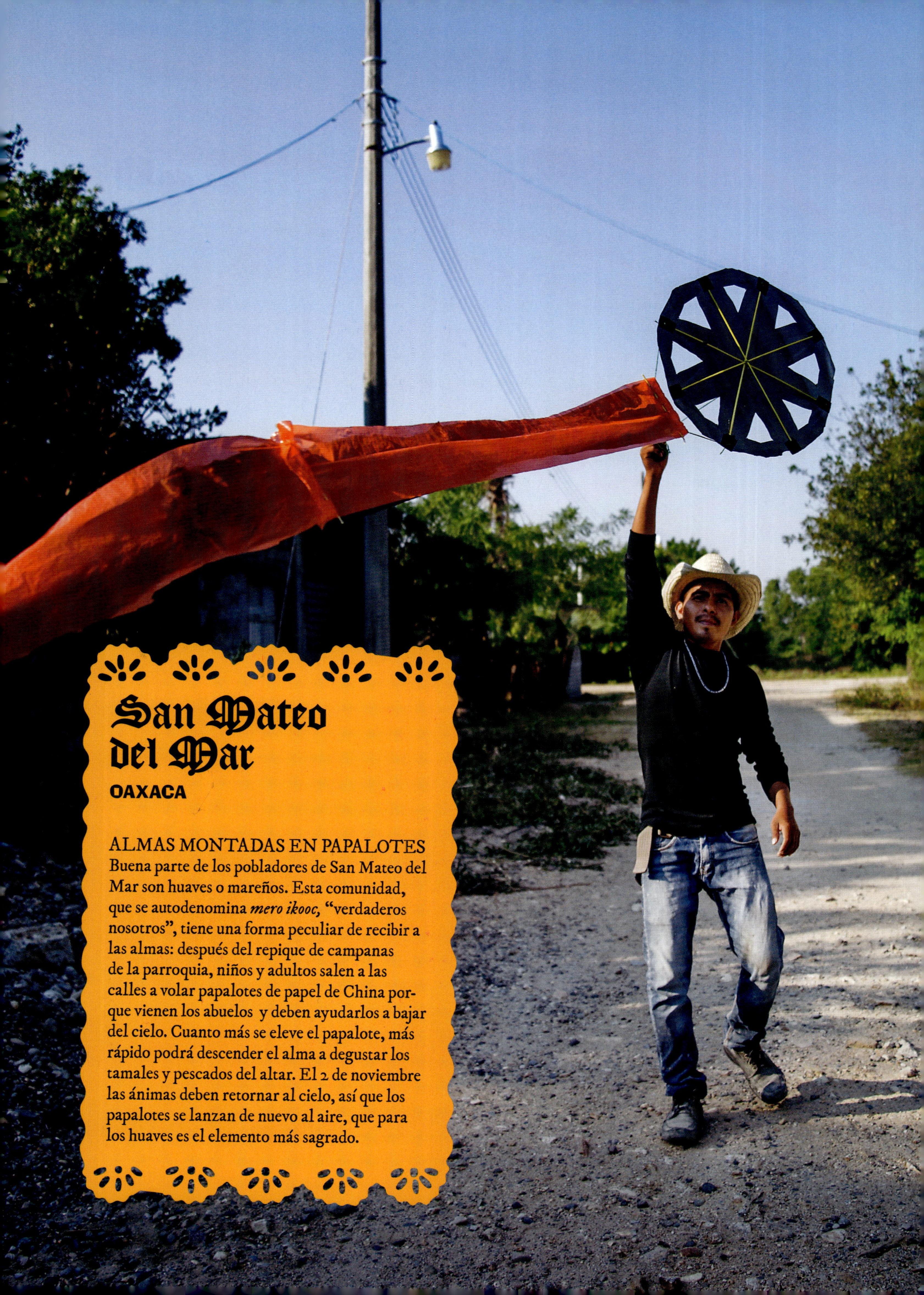

San Mateo del Mar

OAXACA

ALMAS MONTADAS EN PAPALOTES

Buena parte de los pobladores de San Mateo del Mar son huaves o mareños. Esta comunidad, que se autodenomina *mero ikooc*, "verdaderos nosotros", tiene una forma peculiar de recibir a las almas: después del repique de campanas de la parroquia, niños y adultos salen a las calles a volar papalotes de papel de China porque vienen los abuelos y deben ayudarlos a bajar del cielo. Cuanto más se eleve el papalote, más rápido podrá descender el alma a degustar los tamales y pescados del altar. El 2 de noviembre las ánimas deben retornar al cielo, así que los papalotes se lanzan de nuevo al aire, que para los huaves es el elemento más sagrado.

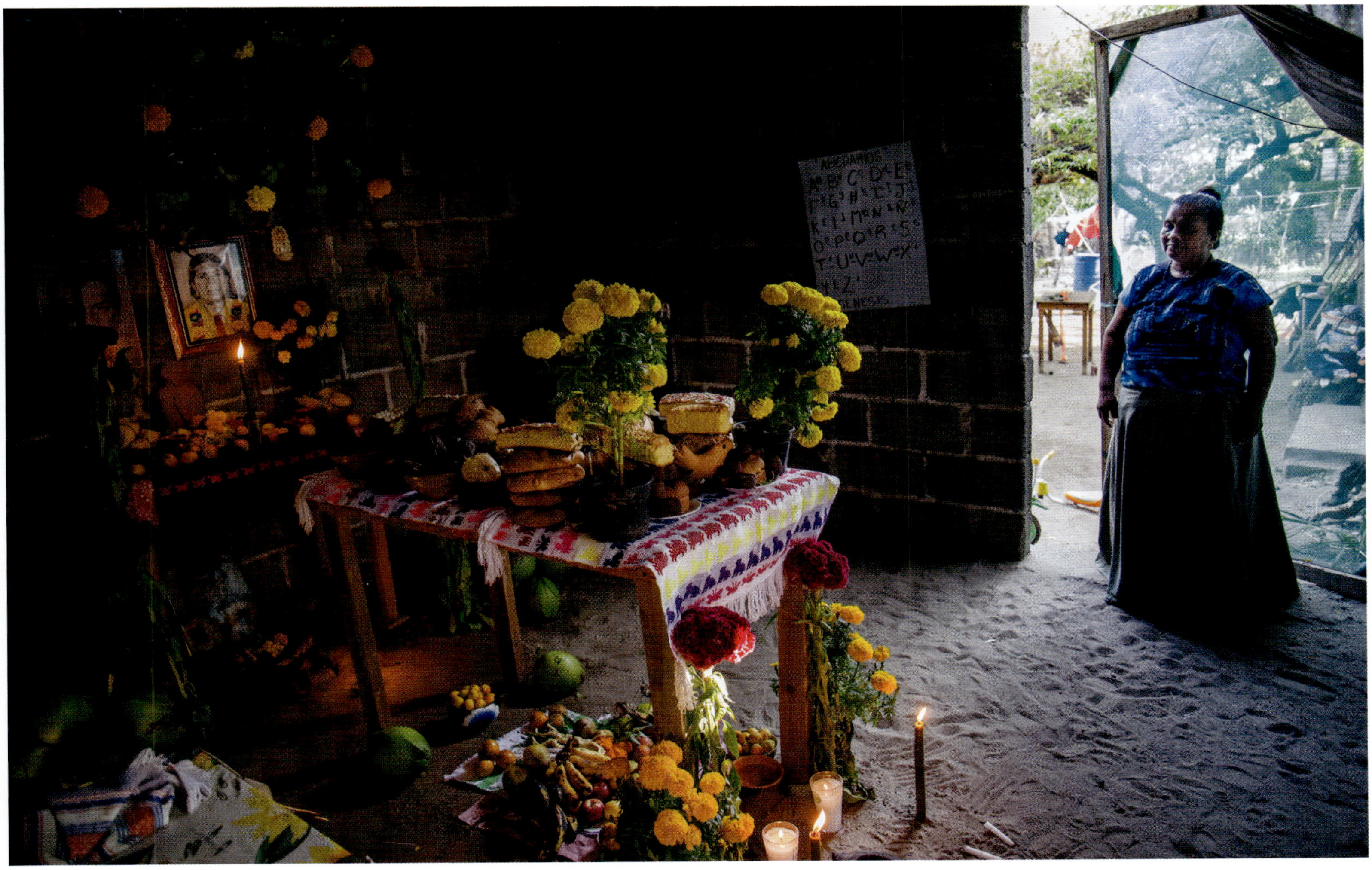

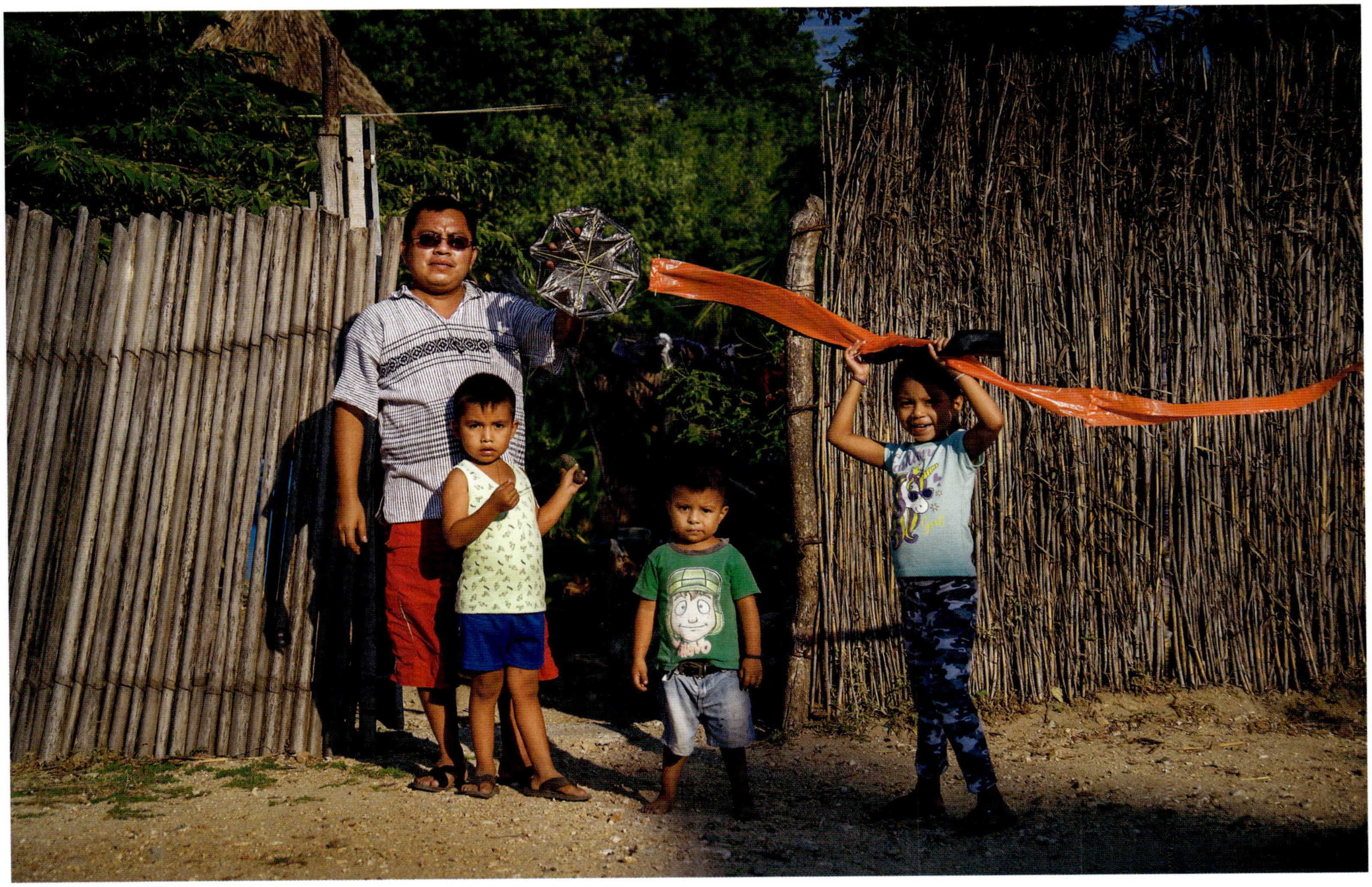

↑ En cualquier vivienda, por humilde que sea, la ofrenda siempre es rica en flores y alimentos.

↑ En San Mateo del Mar, Oaxaca, a los muertos se les guía hacia su ofrenda con papalotes.

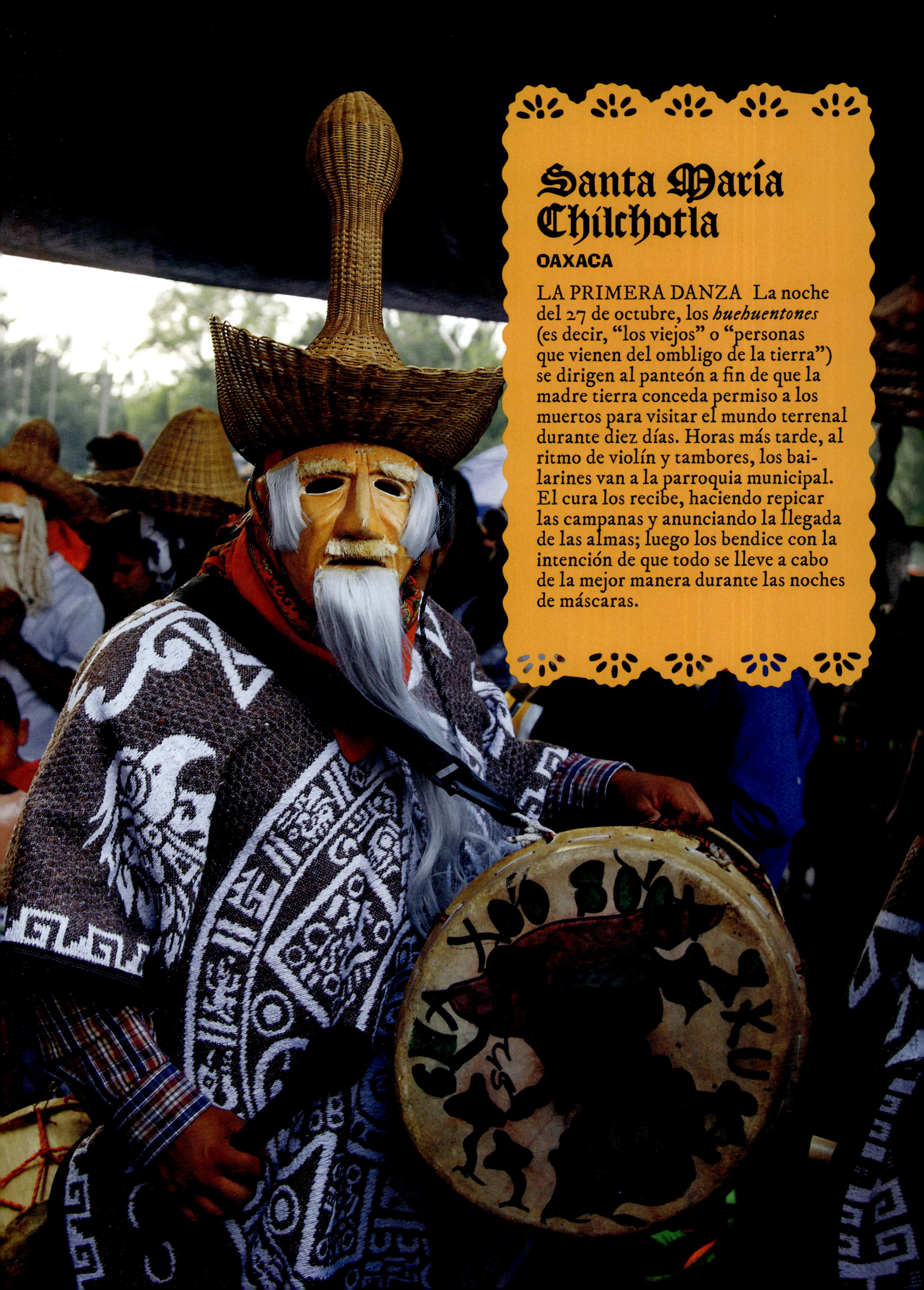

Santa María Chilchotla

OAXACA

LA PRIMERA DANZA La noche del 27 de octubre, los *huehuentones* (es decir, "los viejos" o "personas que vienen del ombligo de la tierra") se dirigen al panteón a fin de que la madre tierra conceda permiso a los muertos para visitar el mundo terrenal durante diez días. Horas más tarde, al ritmo de violín y tambores, los bailarines van a la parroquia municipal. El cura los recibe, haciendo repicar las campanas y anunciando la llegada de las almas; luego los bendice con la intención de que todo se lleve a cabo de la mejor manera durante las noches de máscaras.

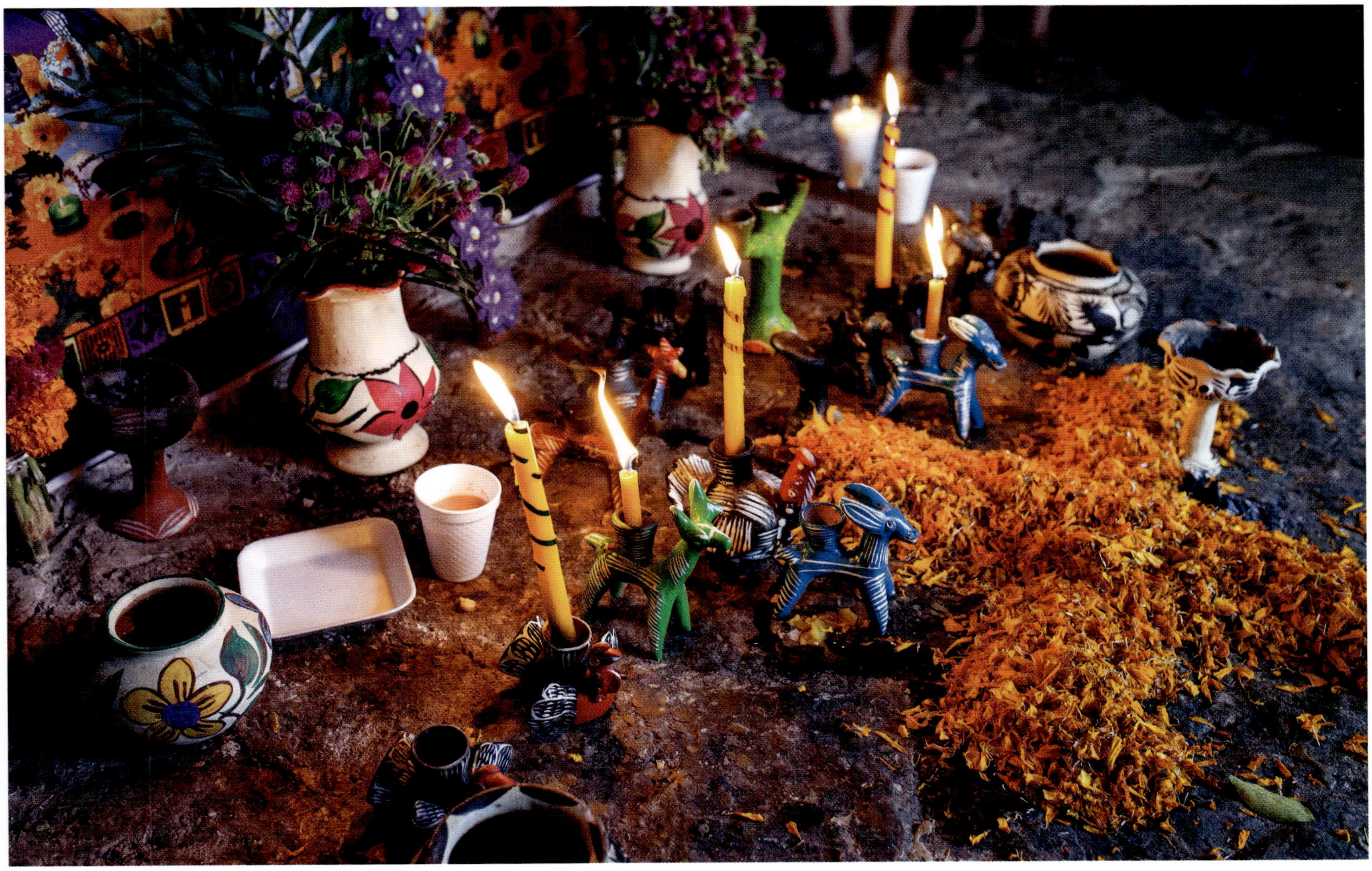

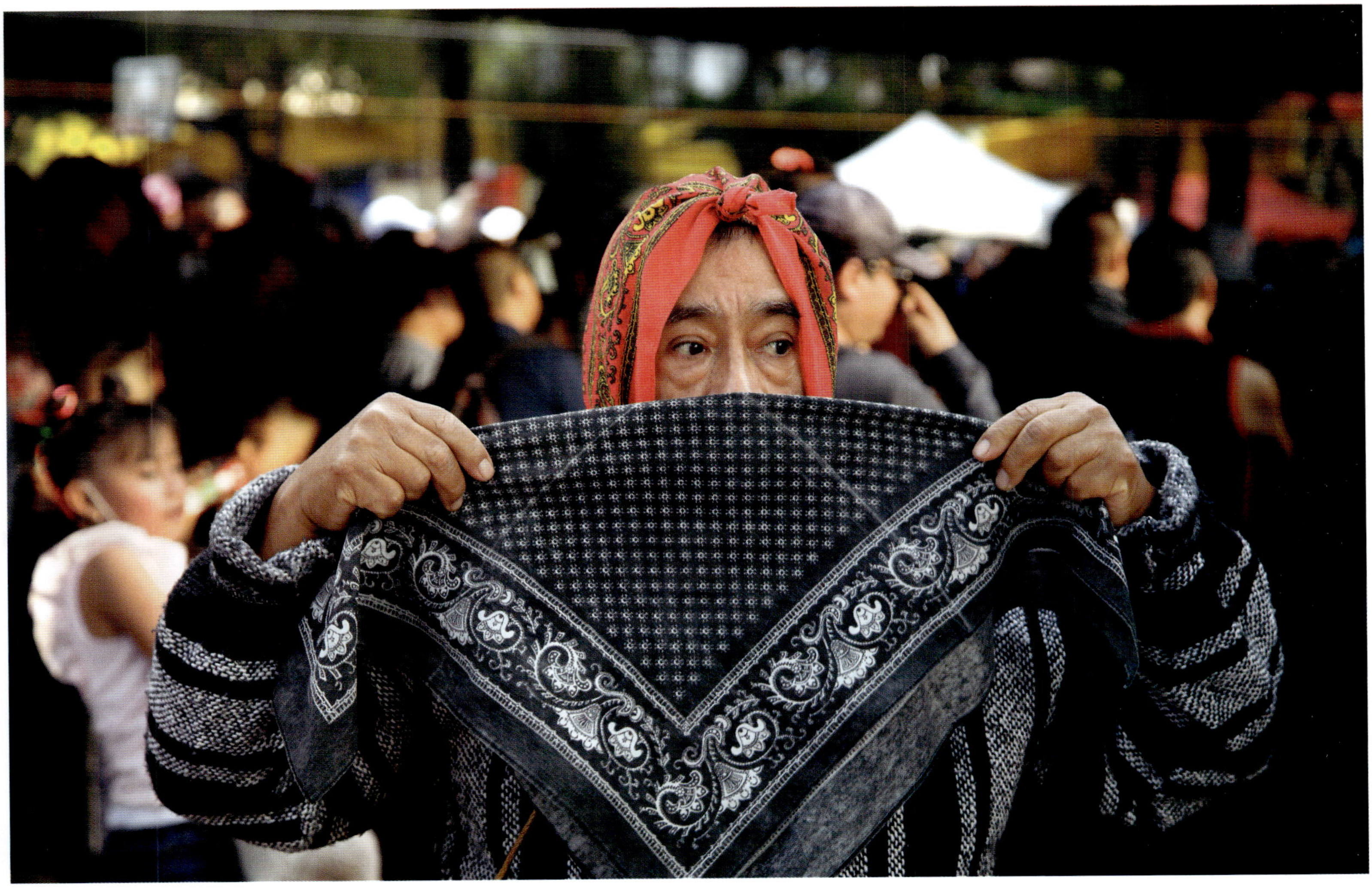

↑ Ofrenda con alebrijes y cerámica tradicional.

↑ En esta comunidad mazateca de Oaxaca, el Día de Muertos conserva sus rasgos indígenas.

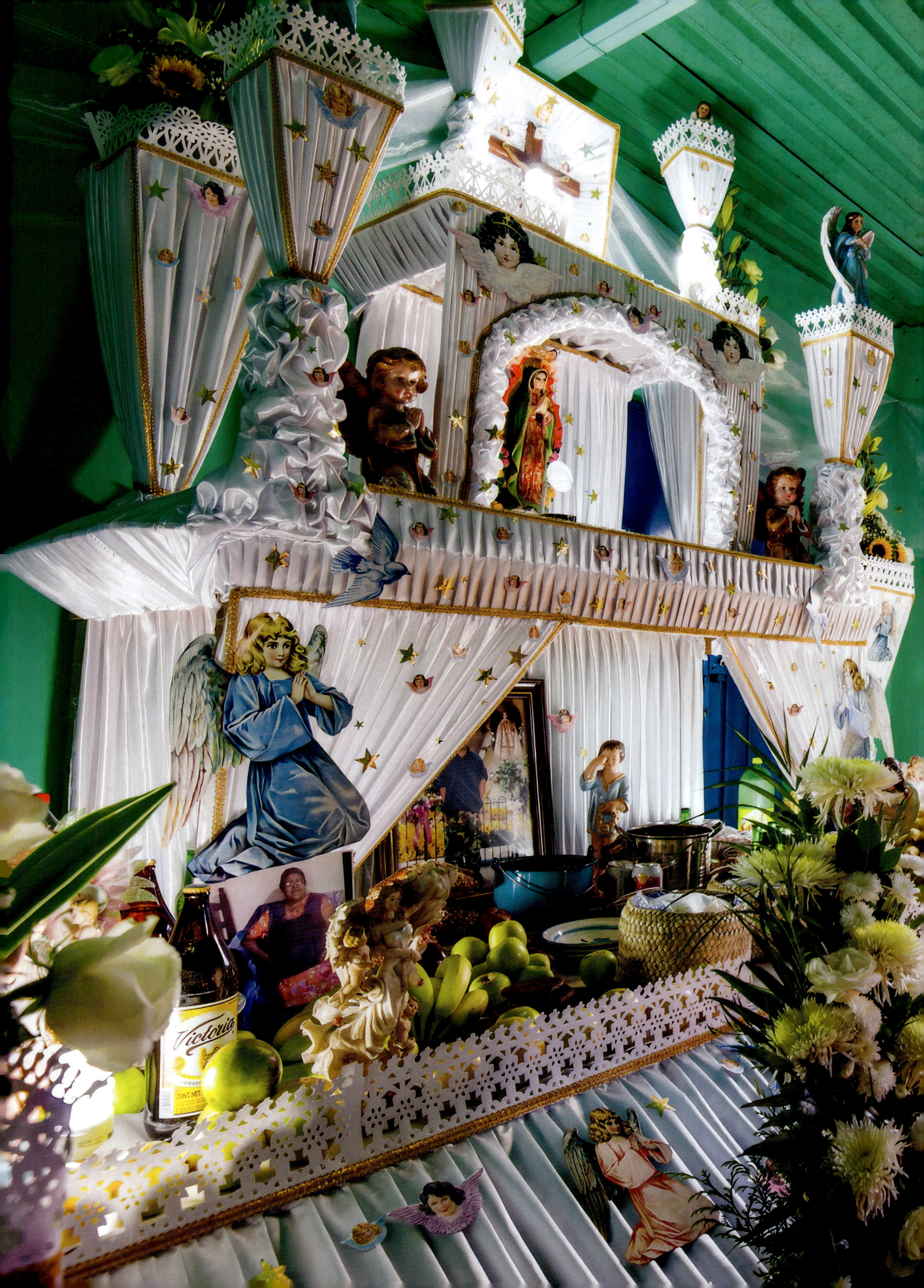
Victoria

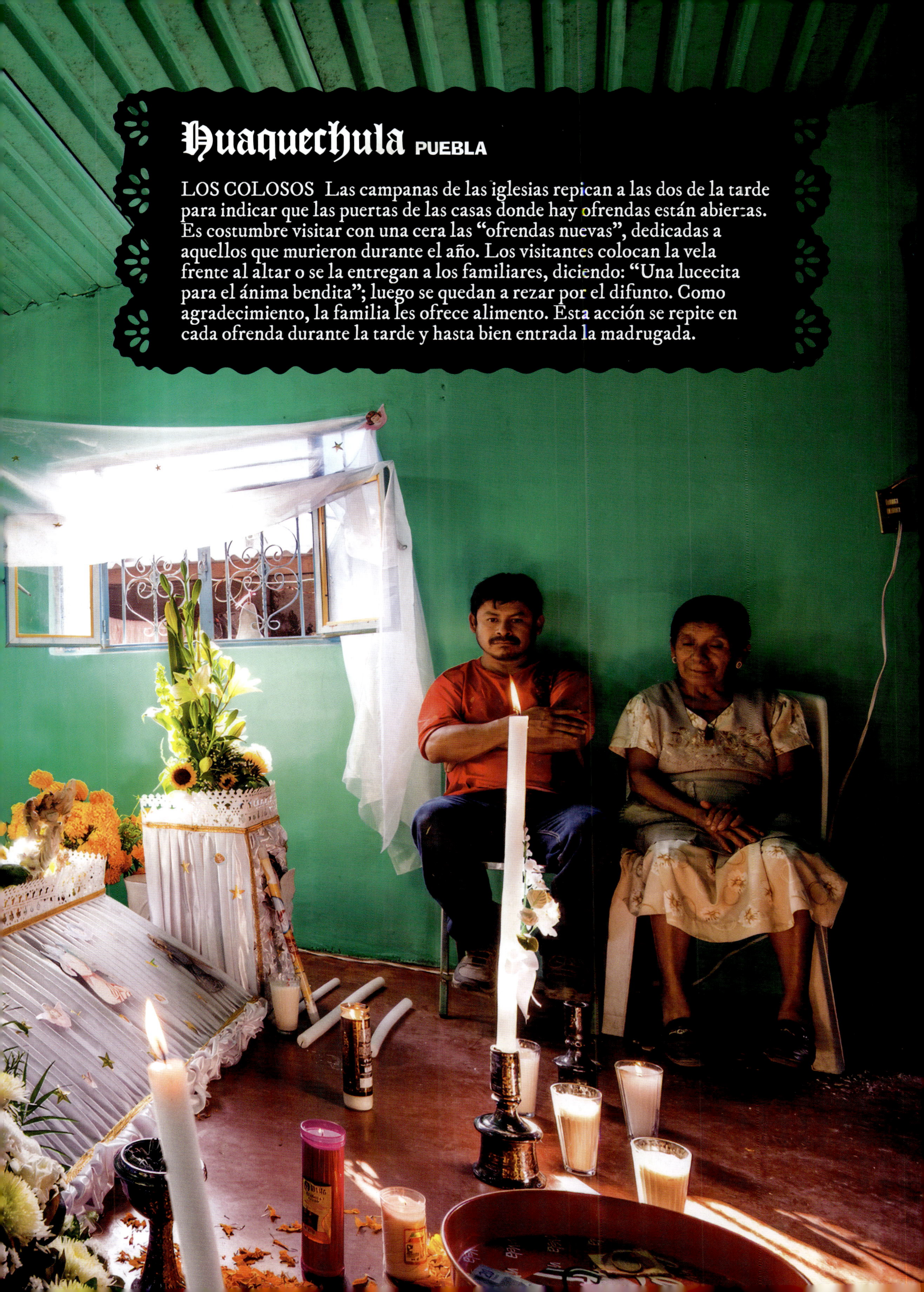

Huaquechula PUEBLA

LOS COLOSOS Las campanas de las iglesias repican a las dos de la tarde para indicar que las puertas de las casas donde hay ofrendas están abiertas. Es costumbre visitar con una cera las "ofrendas nuevas", dedicadas a aquellos que murieron durante el año. Los visitantes colocan la vela frente al altar o se la entregan a los familiares, diciendo: "Una lucecita para el ánima bendita"; luego se quedan a rezar por el difunto. Como agradecimiento, la familia les ofrece alimento. Esta acción se repite en cada ofrenda durante la tarde y hasta bien entrada la madrugada.

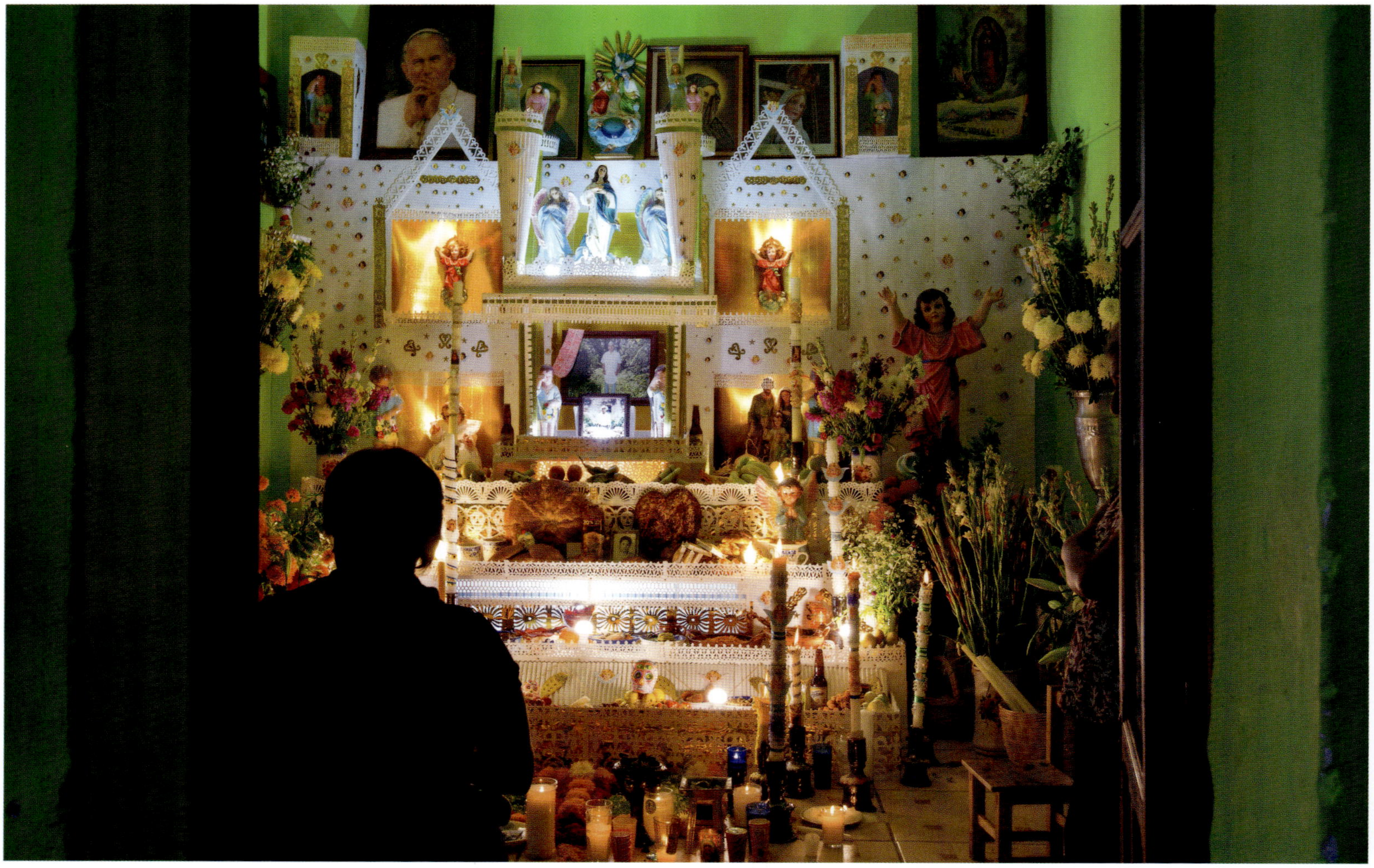

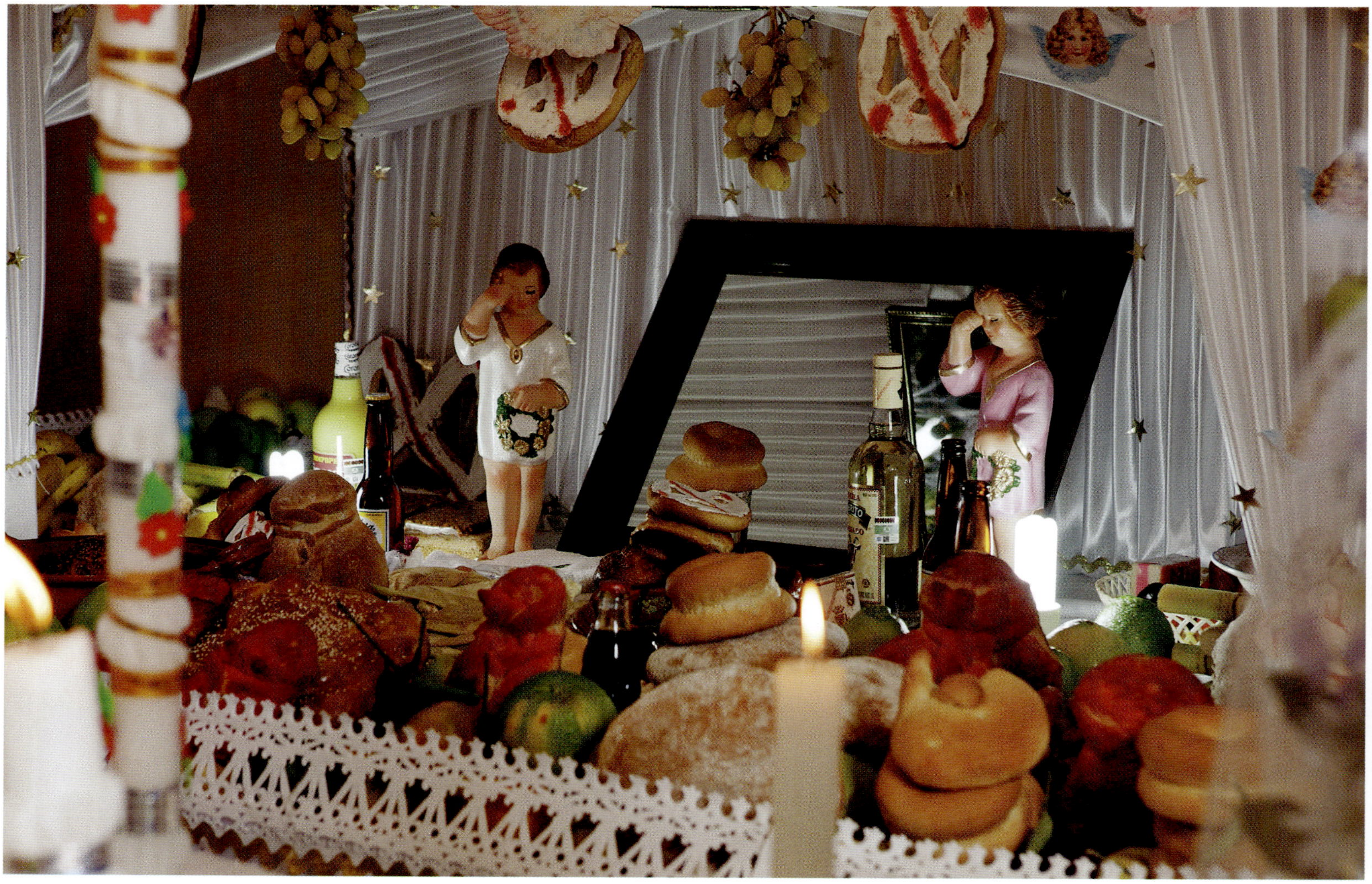

↑ La fusión entre la tradición ornamental prehispánica con la estética de los altares de Jueves Santo católicos es el rasgo diferenciador de los altares tradicionales.

↑ En los altares se suele colocar un espejo como símbolo de purificación y sirve para que el cuerpo no se corrompa de vuelta al más allá. → En los altares dedicados a los niños, el color blanco y los angelitos simbolizan la pureza del alma y la inocencia.

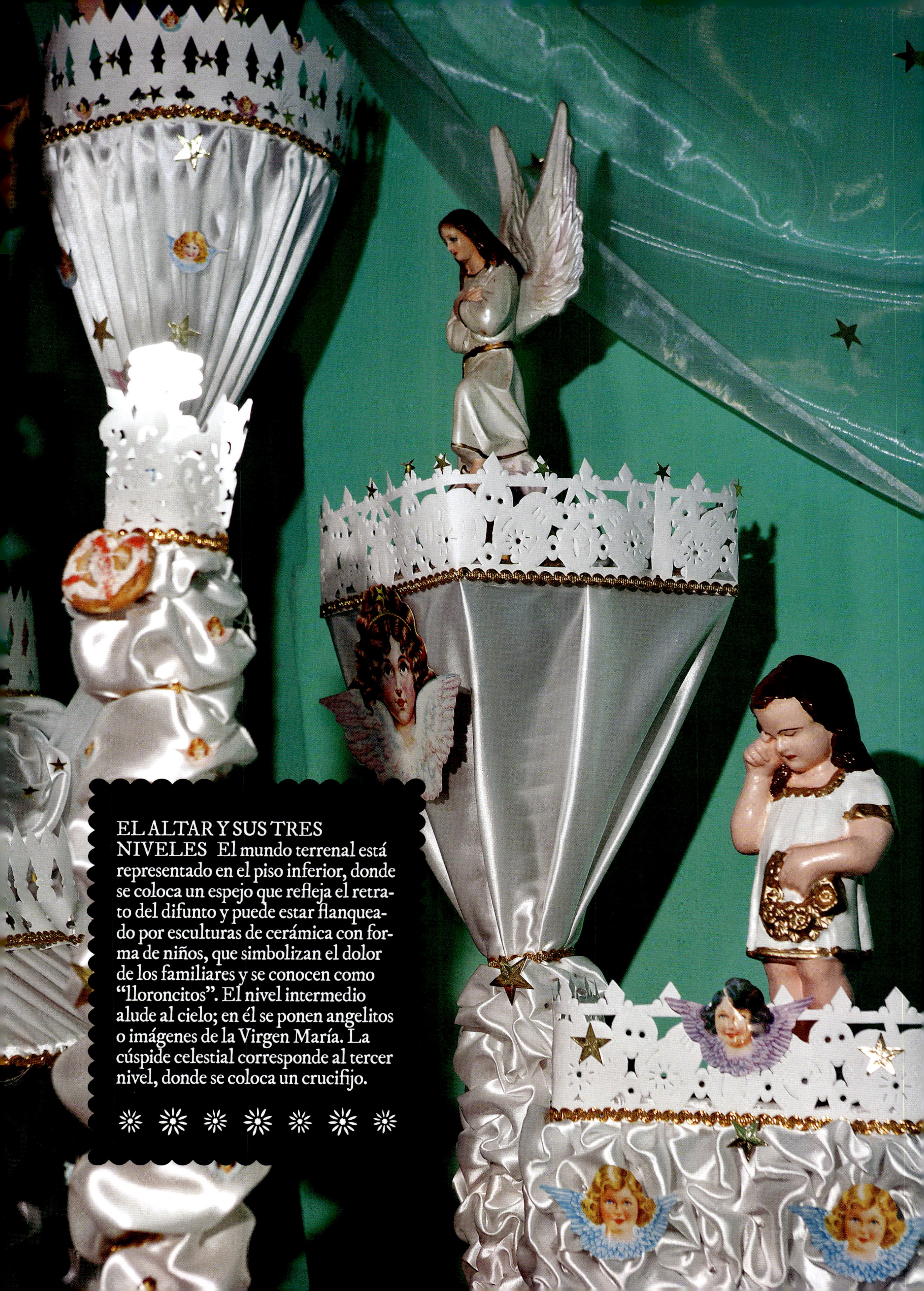

EL ALTAR Y SUS TRES NIVELES El mundo terrenal está representado en el piso inferior, donde se coloca un espejo que refleja el retrato del difunto y puede estar flanqueado por esculturas de cerámica con forma de niños, que simbolizan el dolor de los familiares y se conocen como "lloroncitos". El nivel intermedio alude al cielo; en él se ponen angelitos o imágenes de la Virgen María. La cúspide celestial corresponde al tercer nivel, donde se coloca un crucifijo.

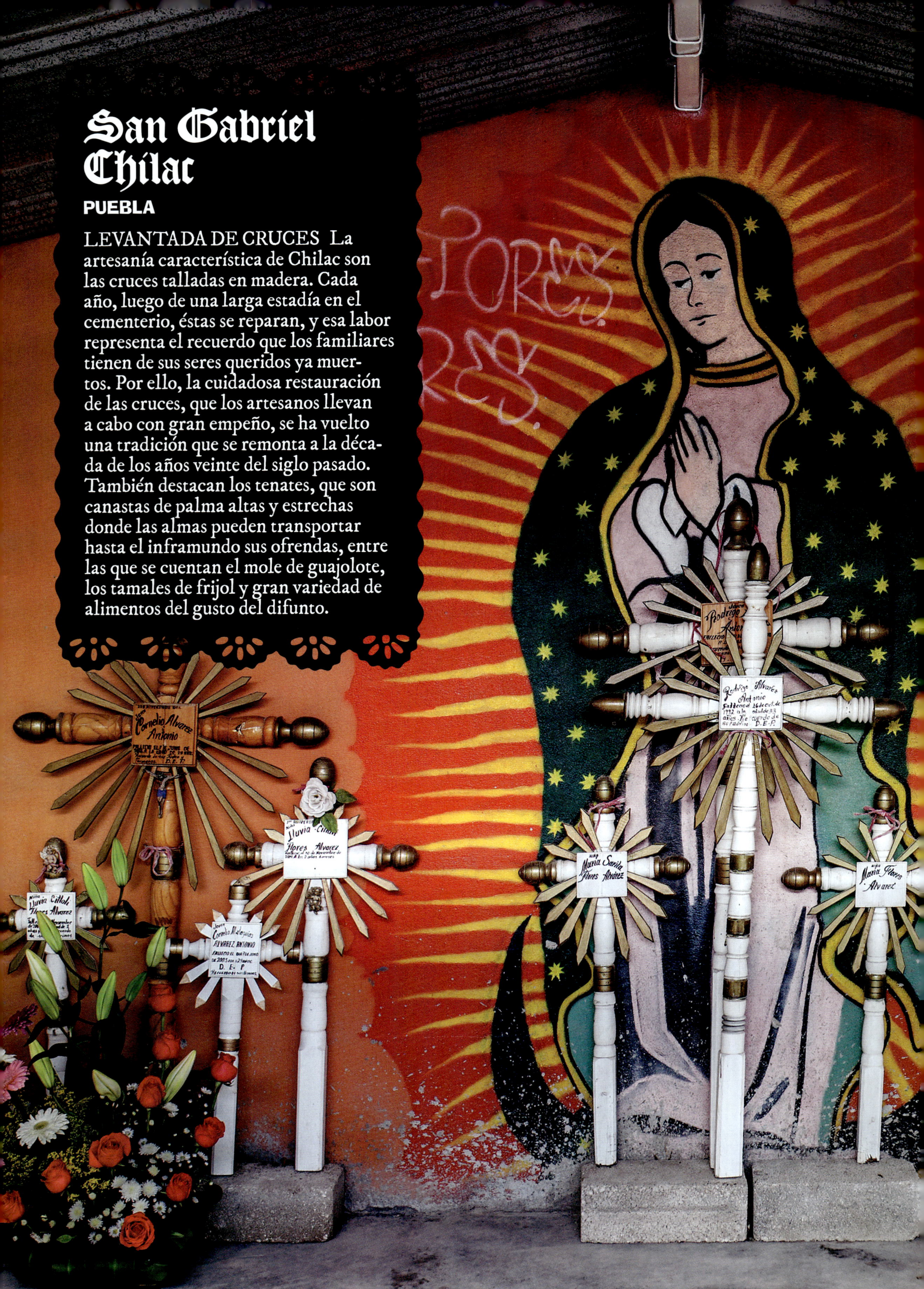

San Gabriel Chilac

PUEBLA

LEVANTADA DE CRUCES La artesanía característica de Chilac son las cruces talladas en madera. Cada año, luego de una larga estadía en el cementerio, éstas se reparan, y esa labor representa el recuerdo que los familiares tienen de sus seres queridos ya muertos. Por ello, la cuidadosa restauración de las cruces, que los artesanos llevan a cabo con gran empeño, se ha vuelto una tradición que se remonta a la década de los años veinte del siglo pasado. También destacan los tenates, que son canastas de palma altas y estrechas donde las almas pueden transportar hasta el inframundo sus ofrendas, entre las que se cuentan el mole de guajolote, los tamales de frijol y gran variedad de alimentos del gusto del difunto.

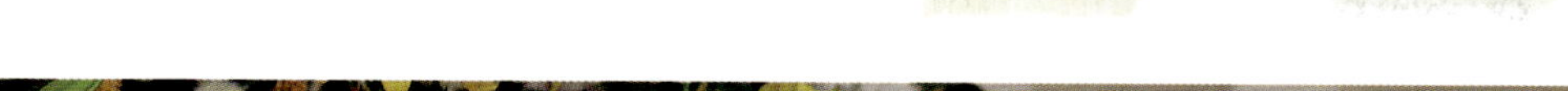

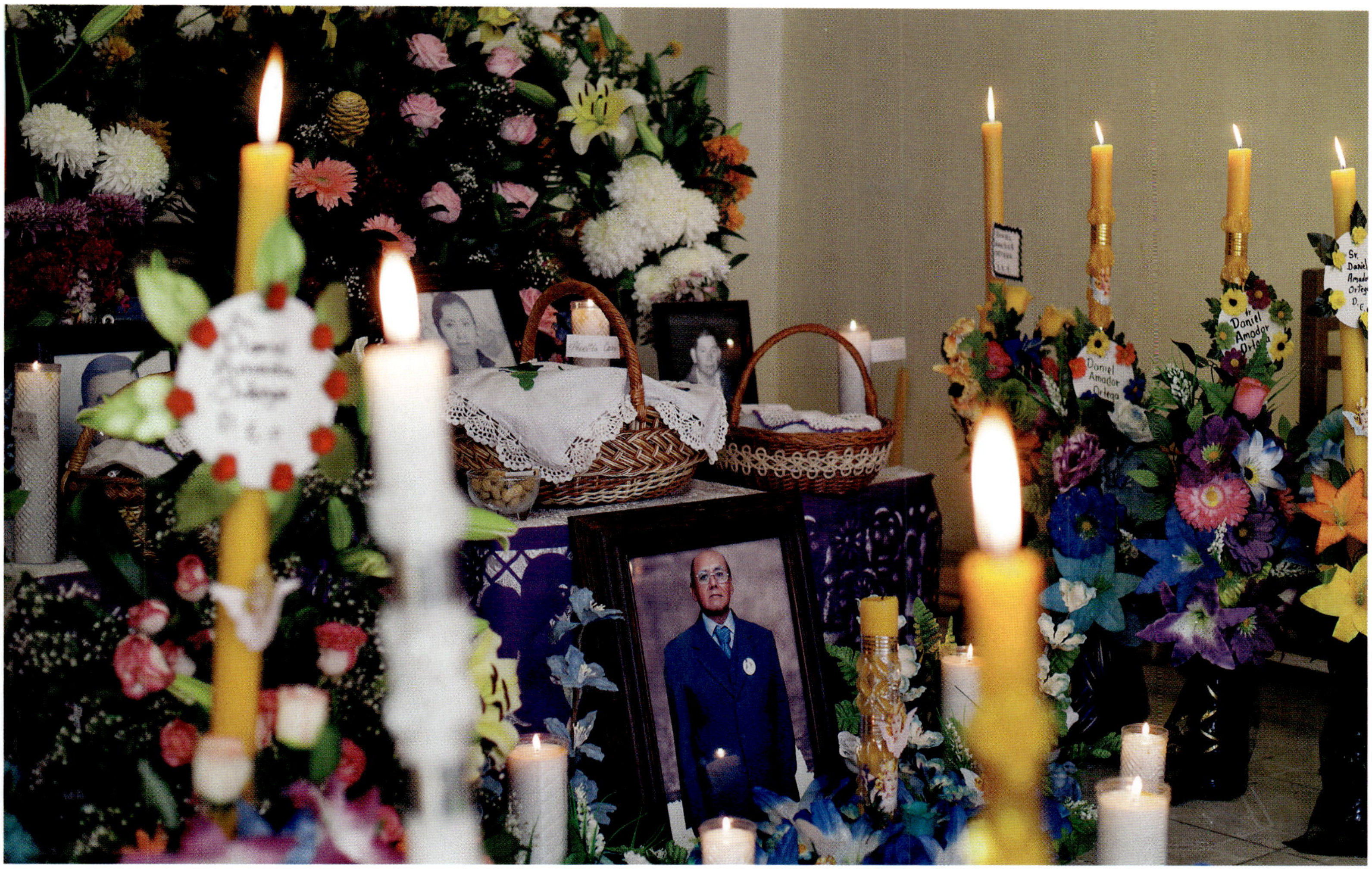

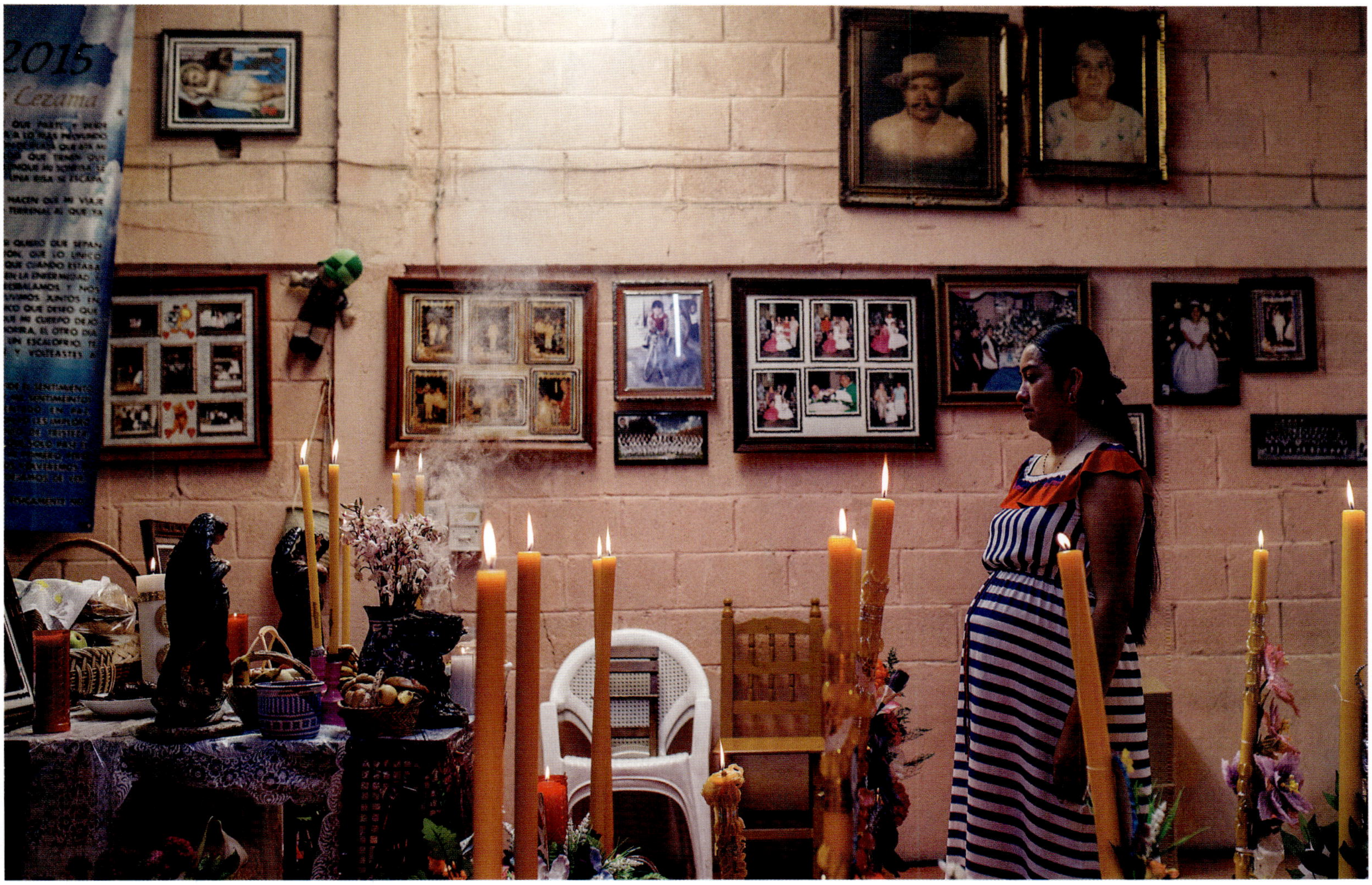

↑ Las veladoras en ocasiones incluyen frases o citas en honor y memoria del difunto.

↑ Mujer observando una ofrenda rodeada de fotos de difuntos.

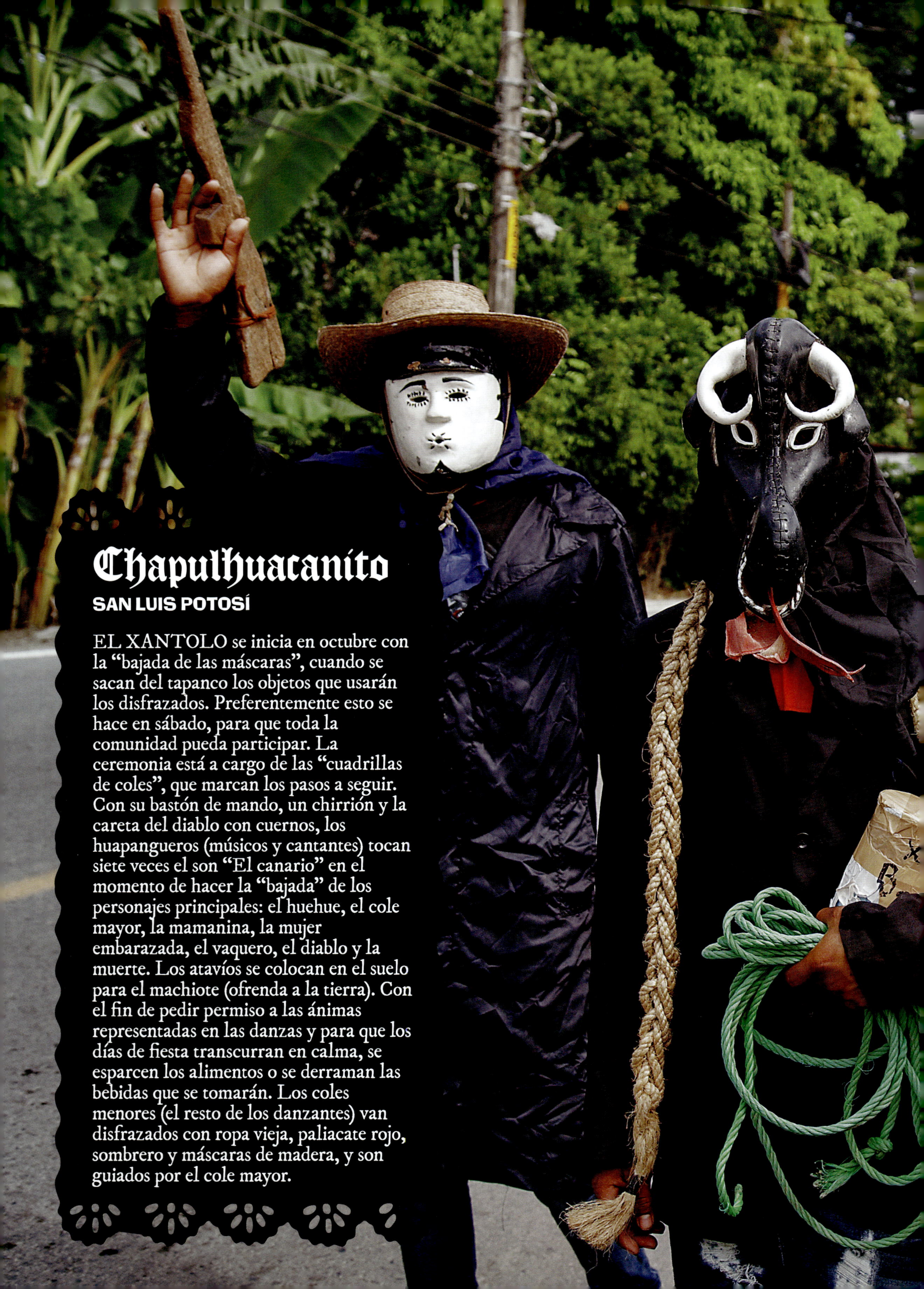

Chapulhuacanito

SAN LUIS POTOSÍ

EL XANTOLO se inicia en octubre con la "bajada de las máscaras", cuando se sacan del tapanco los objetos que usarán los disfrazados. Preferentemente esto se hace en sábado, para que toda la comunidad pueda participar. La ceremonia está a cargo de las "cuadrillas de coles", que marcan los pasos a seguir. Con su bastón de mando, un chirrión y la careta del diablo con cuernos, los huapangueros (músicos y cantantes) tocan siete veces el son "El canario" en el momento de hacer la "bajada" de los personajes principales: el huehue, el cole mayor, la mamanina, la mujer embarazada, el vaquero, el diablo y la muerte. Los atavíos se colocan en el suelo para el machiote (ofrenda a la tierra). Con el fin de pedir permiso a las ánimas representadas en las danzas y para que los días de fiesta transcurran en calma, se esparcen los alimentos o se derraman las bebidas que se tomarán. Los coles menores (el resto de los danzantes) van disfrazados con ropa vieja, paliacate rojo, sombrero y máscaras de madera, y son guiados por el cole mayor.

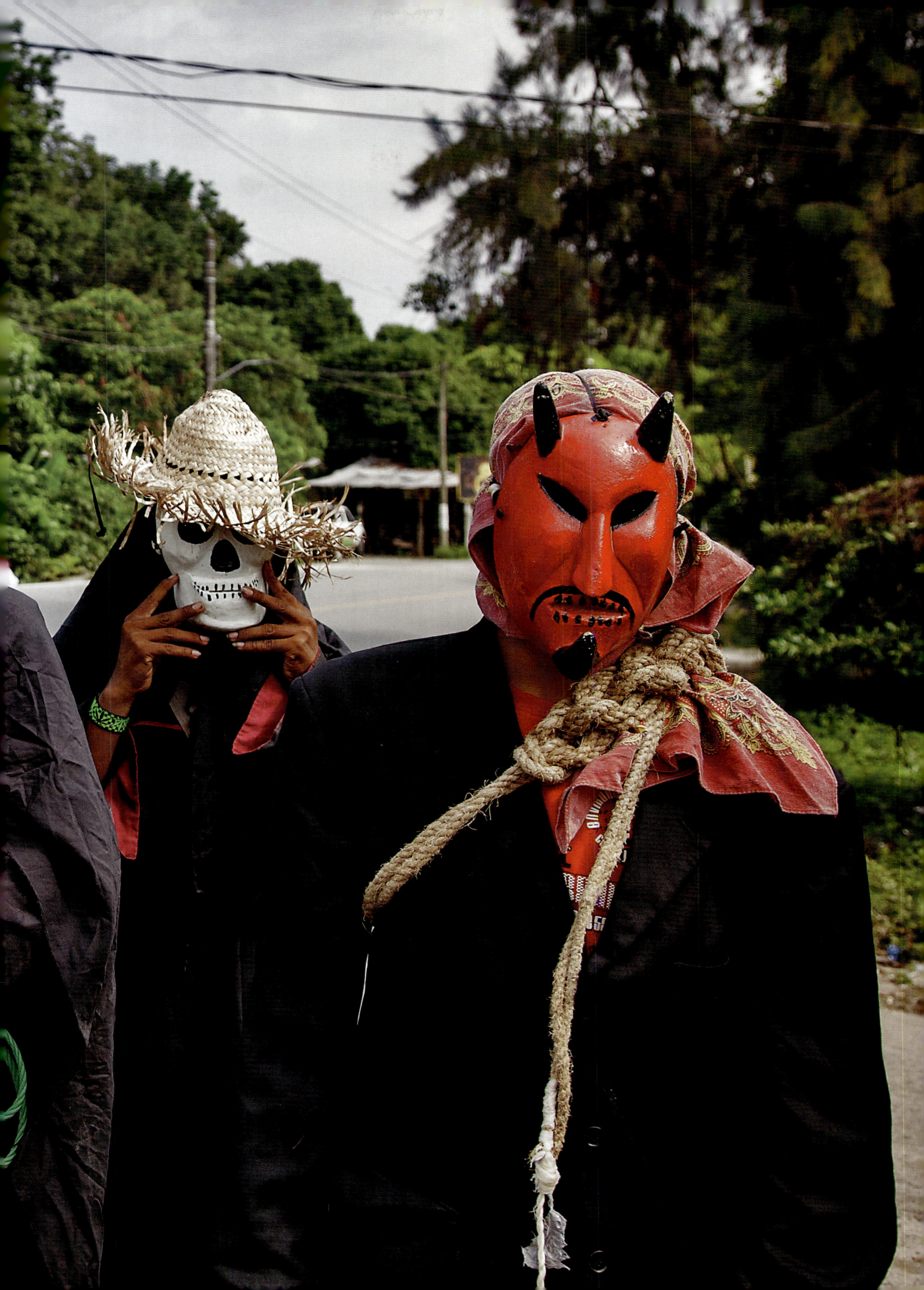

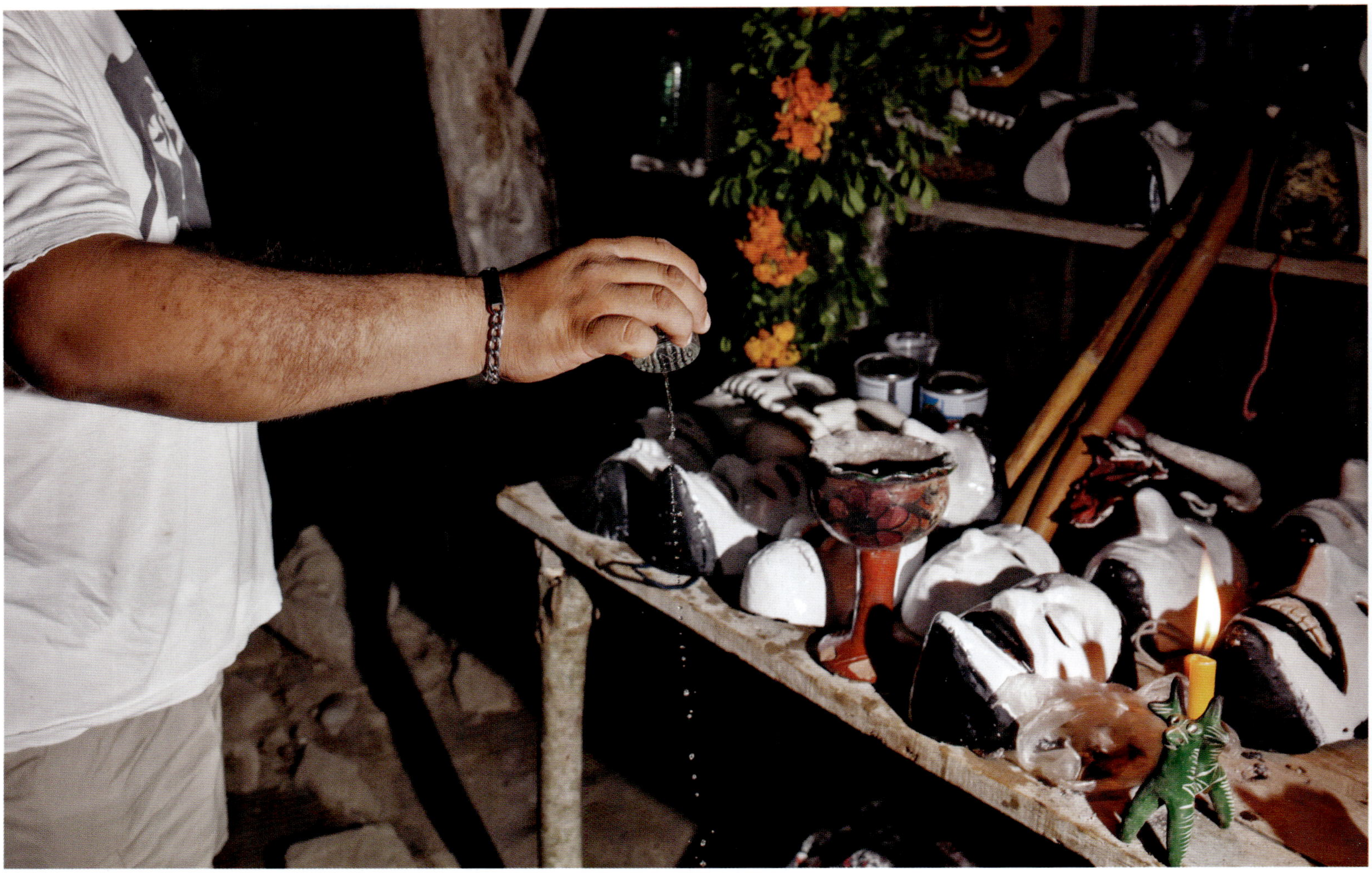

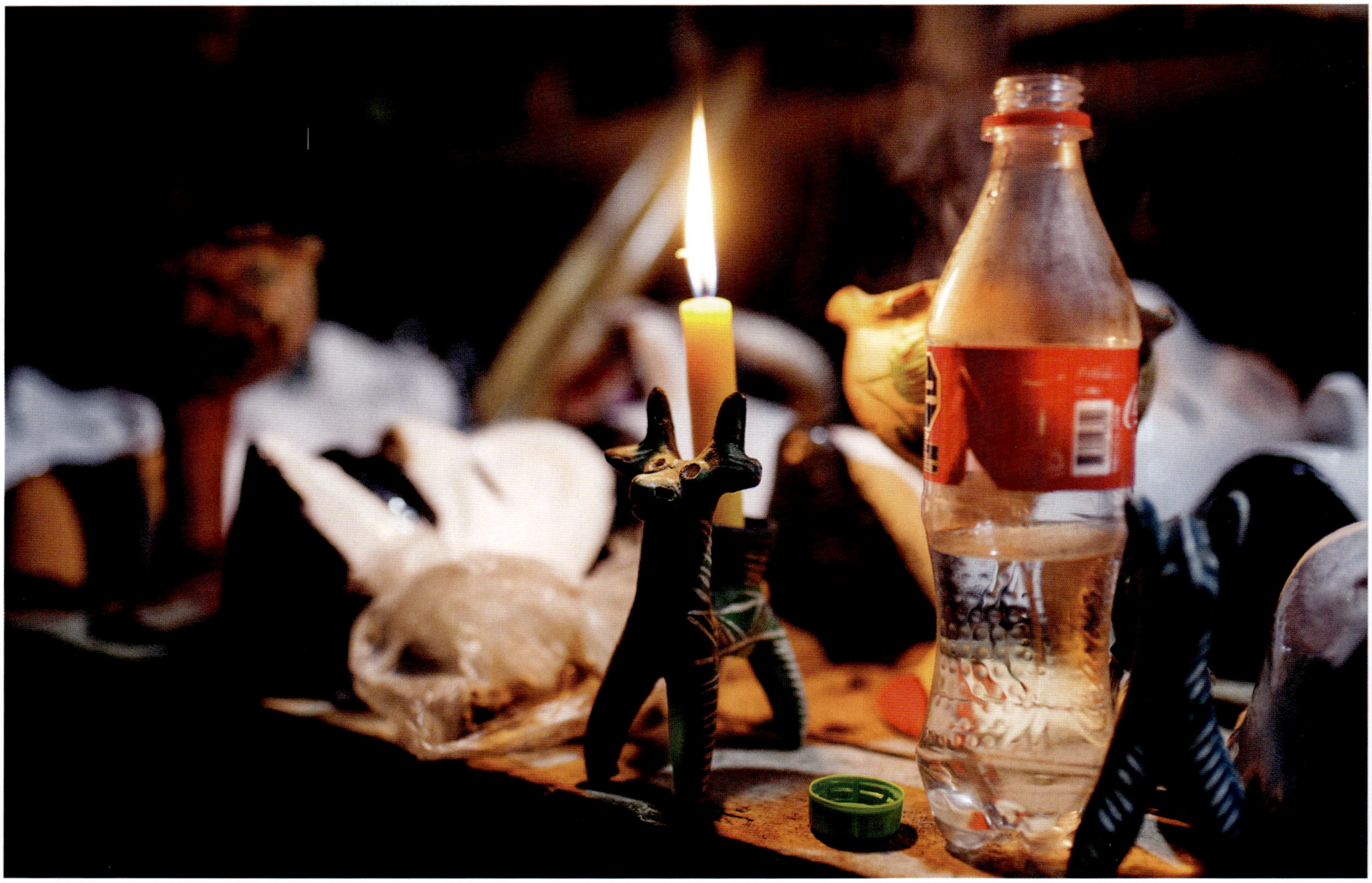

↑ Durante el Xantolo, en la ceremonia del machiote, se derrama bebida o alimento como una ofrenda a la tierra.

↑ En las primeras semanas de octubre se bajan las máscaras del tapanco donde permanecen el restro del año.

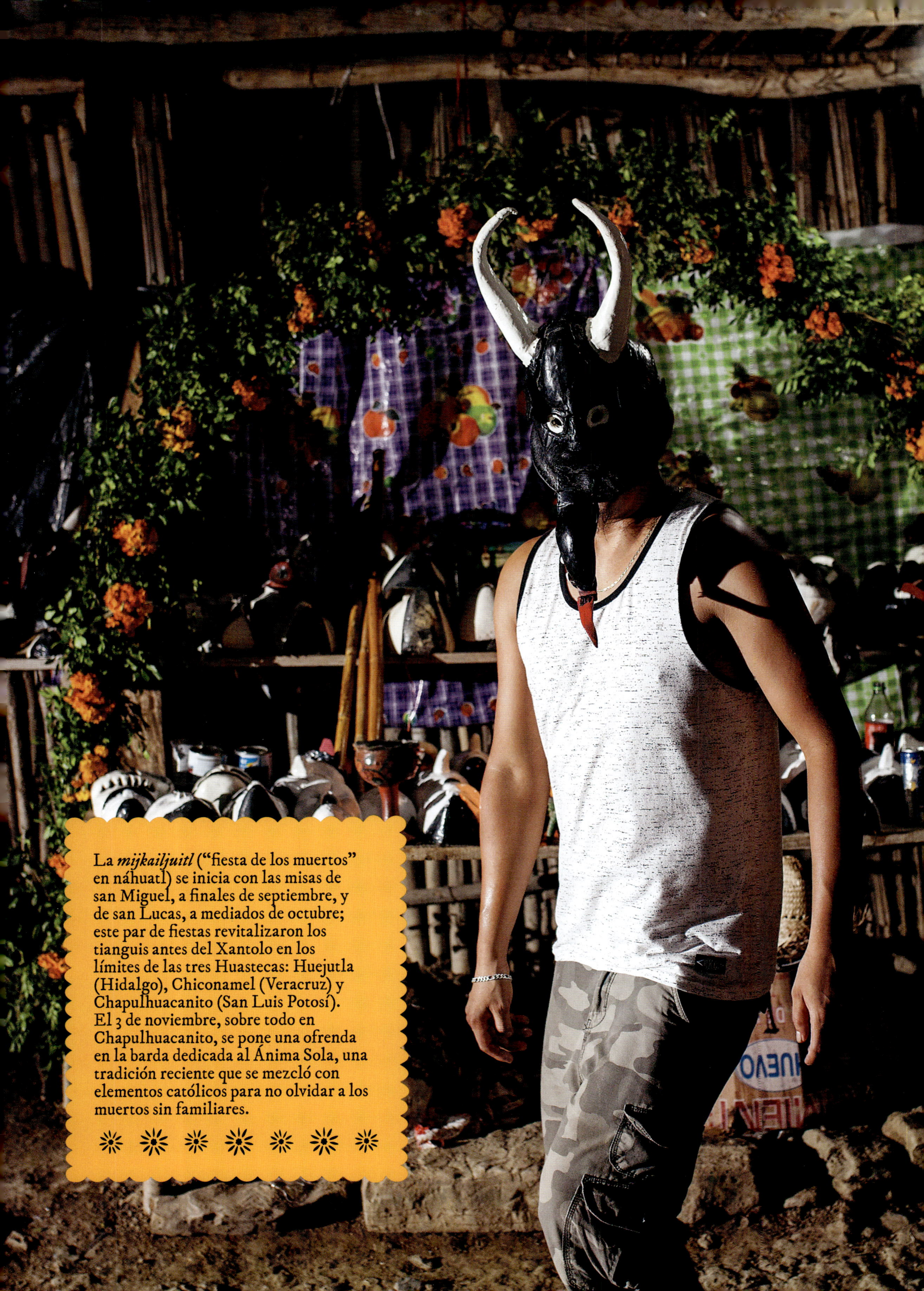

La *mijkailjuitl* ("fiesta de los muertos" en náhuatl) se inicia con las misas de san Miguel, a finales de septiembre, y de san Lucas, a mediados de octubre; este par de fiestas revitalizaron los tianguis antes del Xantolo en los límites de las tres Huastecas: Huejutla (Hidalgo), Chiconamel (Veracruz) y Chapulhuacanito (San Luis Potosí). El 3 de noviembre, sobre todo en Chapulhuacanito, se pone una ofrenda en la barda dedicada al Ánima Sola, una tradición reciente que se mezcló con elementos católicos para no olvidar a los muertos sin familiares.

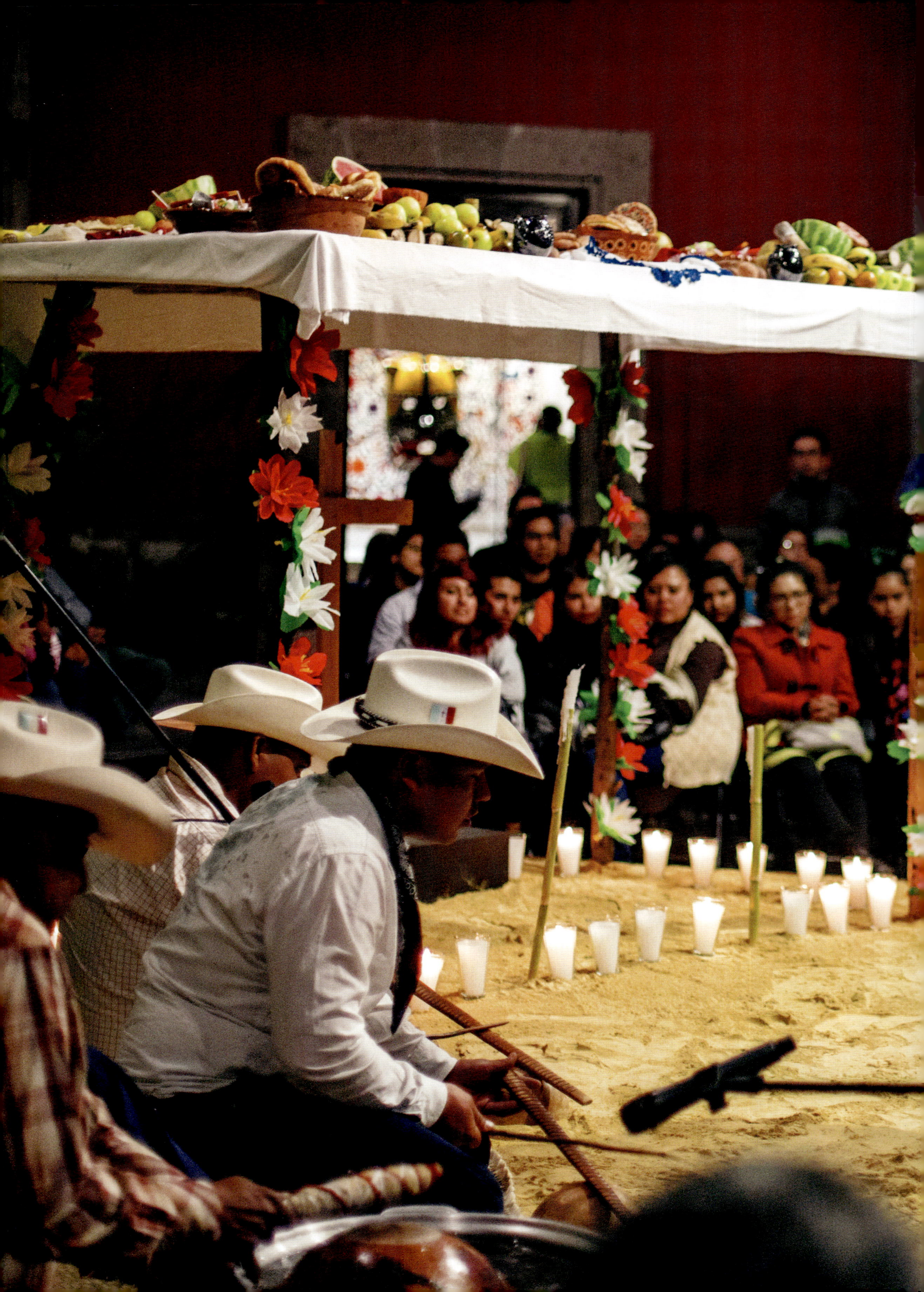

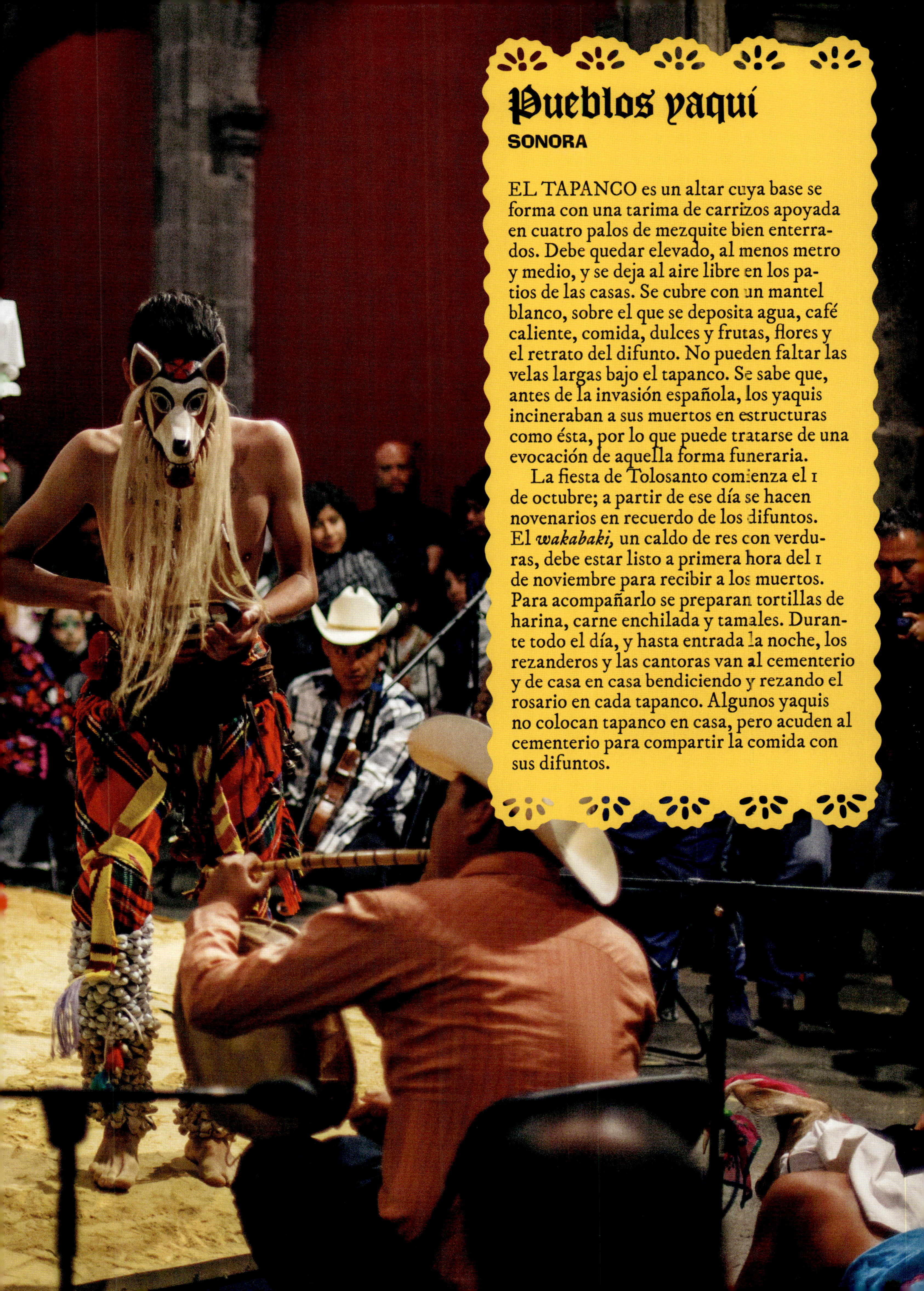

Pueblos yaquí

SONORA

EL TAPANCO es un altar cuya base se forma con una tarima de carrizos apoyada en cuatro palos de mezquite bien enterrados. Debe quedar elevado, al menos metro y medio, y se deja al aire libre en los patios de las casas. Se cubre con un mantel blanco, sobre el que se deposita agua, café caliente, comida, dulces y frutas, flores y el retrato del difunto. No pueden faltar las velas largas bajo el tapanco. Se sabe que, antes de la invasión española, los yaquis incineraban a sus muertos en estructuras como ésta, por lo que puede tratarse de una evocación de aquella forma funeraria.

La fiesta de Tolosanto comienza el 1 de octubre; a partir de ese día se hacen novenarios en recuerdo de los difuntos. El *wakabaki,* un caldo de res con verduras, debe estar listo a primera hora del 1 de noviembre para recibir a los muertos. Para acompañarlo se preparan tortillas de harina, carne enchilada y tamales. Durante todo el día, y hasta entrada la noche, los rezanderos y las cantoras van al cementerio y de casa en casa bendiciendo y rezando el rosario en cada tapanco. Algunos yaquis no colocan tapanco en casa, pero acuden al cementerio para compartir la comida con sus difuntos.

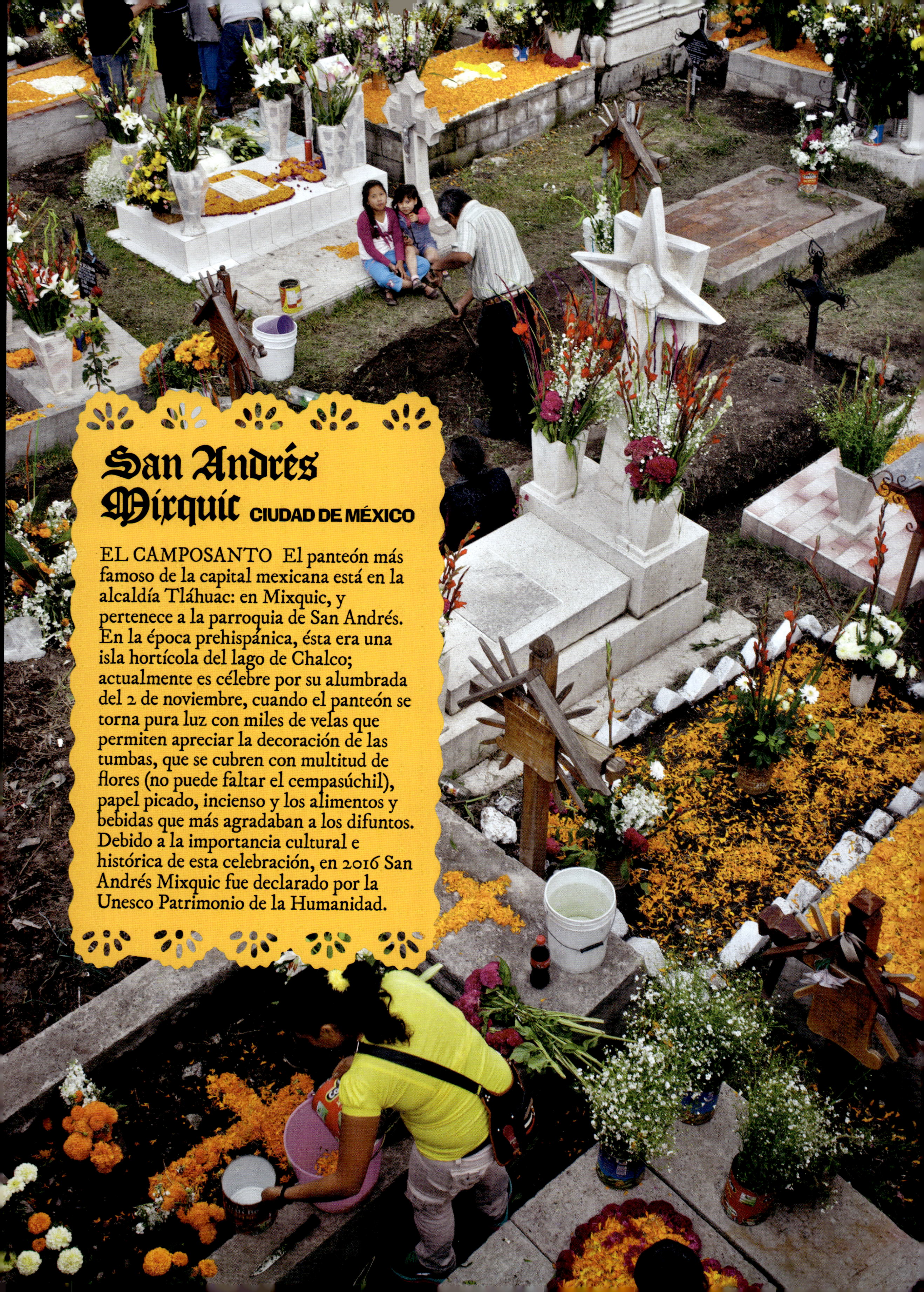

San Andrés Mixquic CIUDAD DE MÉXICO

EL CAMPOSANTO El panteón más famoso de la capital mexicana está en la alcaldía Tláhuac: en Mixquic, y pertenece a la parroquia de San Andrés. En la época prehispánica, ésta era una isla hortícola del lago de Chalco; actualmente es célebre por su alumbrada del 2 de noviembre, cuando el panteón se torna pura luz con miles de velas que permiten apreciar la decoración de las tumbas, que se cubren con multitud de flores (no puede faltar el cempasúchil), papel picado, incienso y los alimentos y bebidas que más agradaban a los difuntos. Debido a la importancia cultural e histórica de esta celebración, en 2016 San Andrés Mixquic fue declarado por la Unesco Patrimonio de la Humanidad.

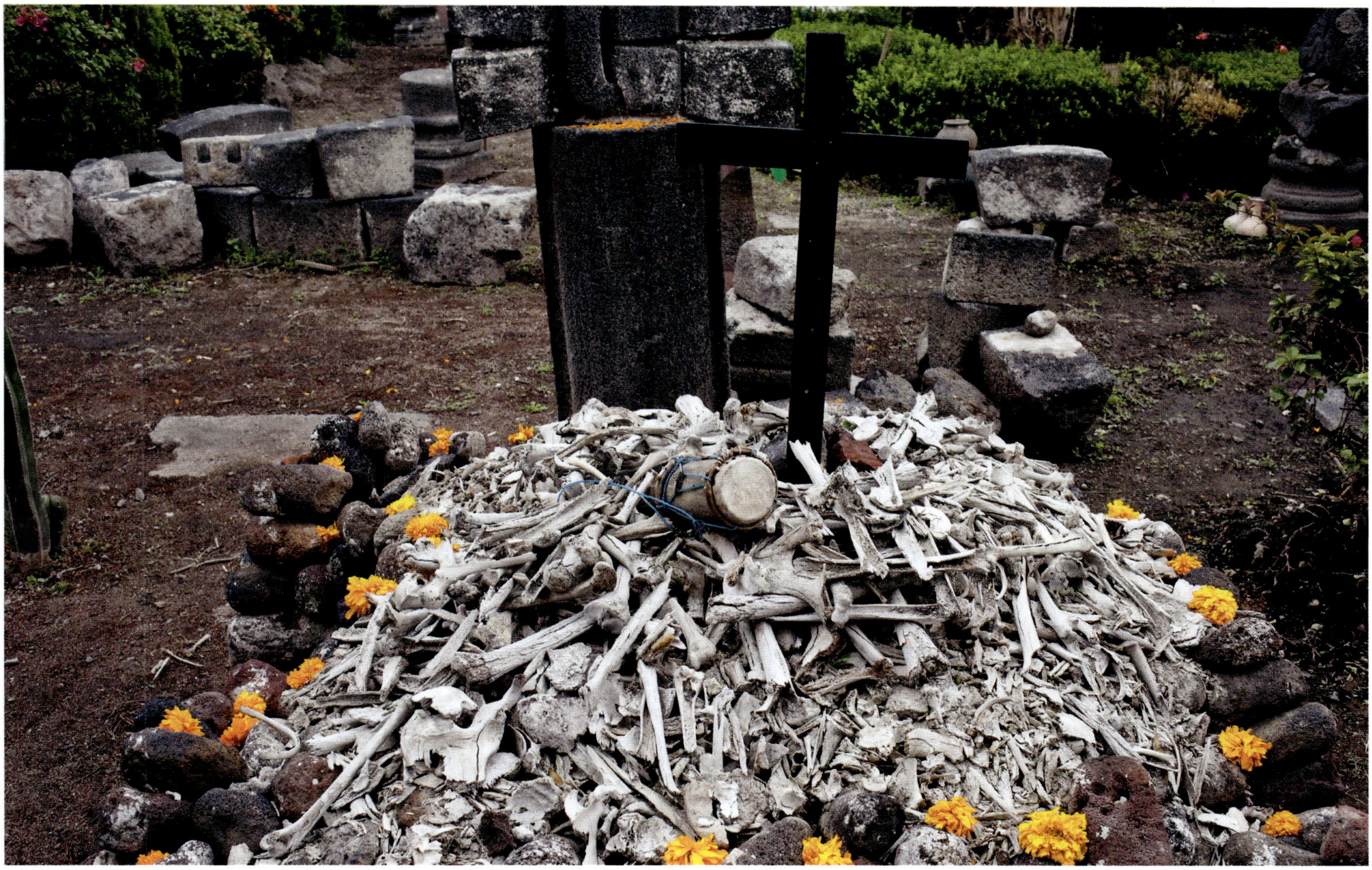

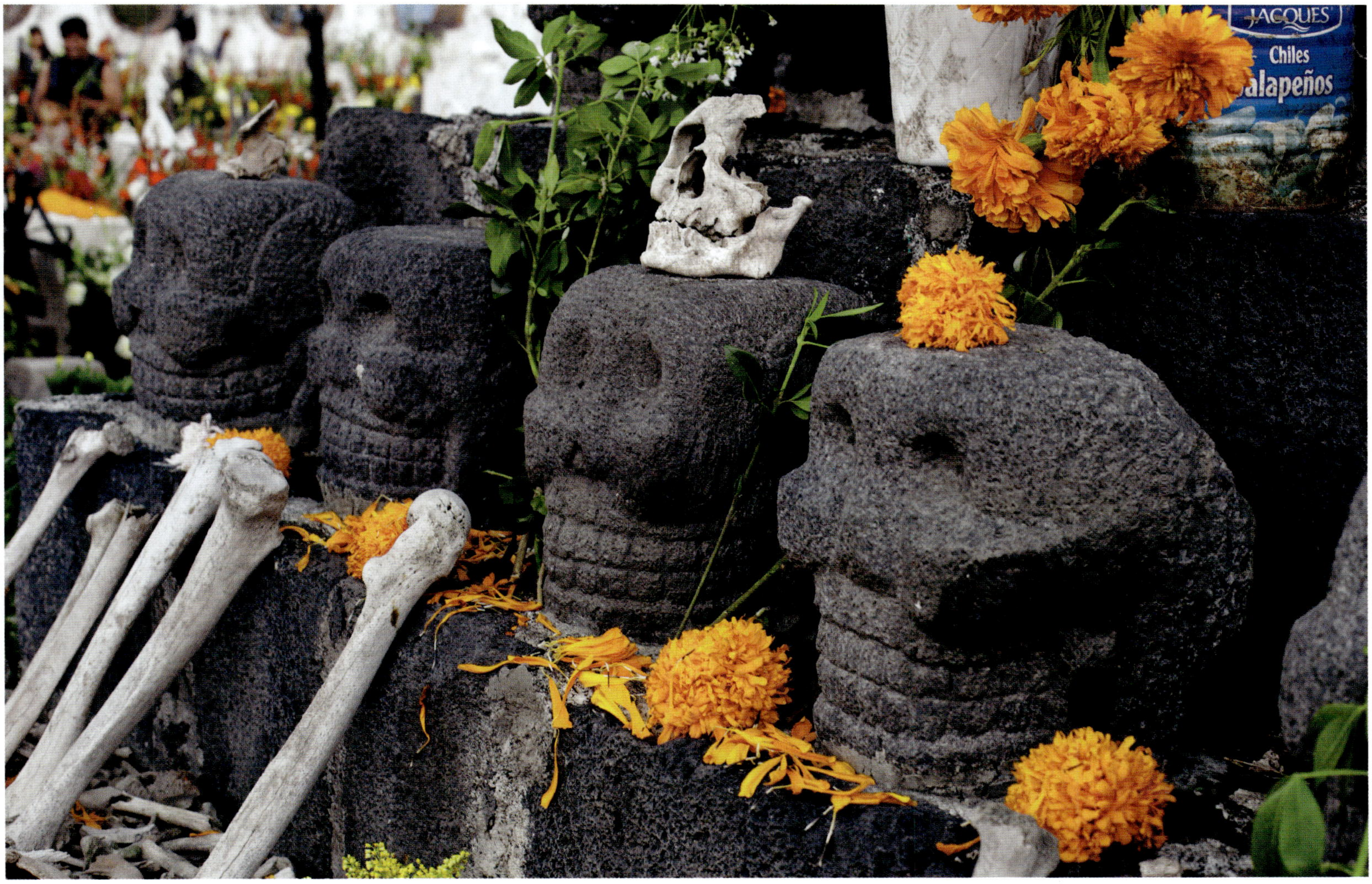

↑ Las pilas de huesos y cráneos significaban la vida y muerte en las culturas prehispánicas. Esta tradición se mantiene en esta tumba de San Andrés Mixquic. Tláhuac, Ciudad de México.

↑ Las tumbas se adornan con cráneos de barro en San Andrés Mixquic, durante La Alumbrada del día 2 de noviembre. Tláhuac, Ciudad de México.

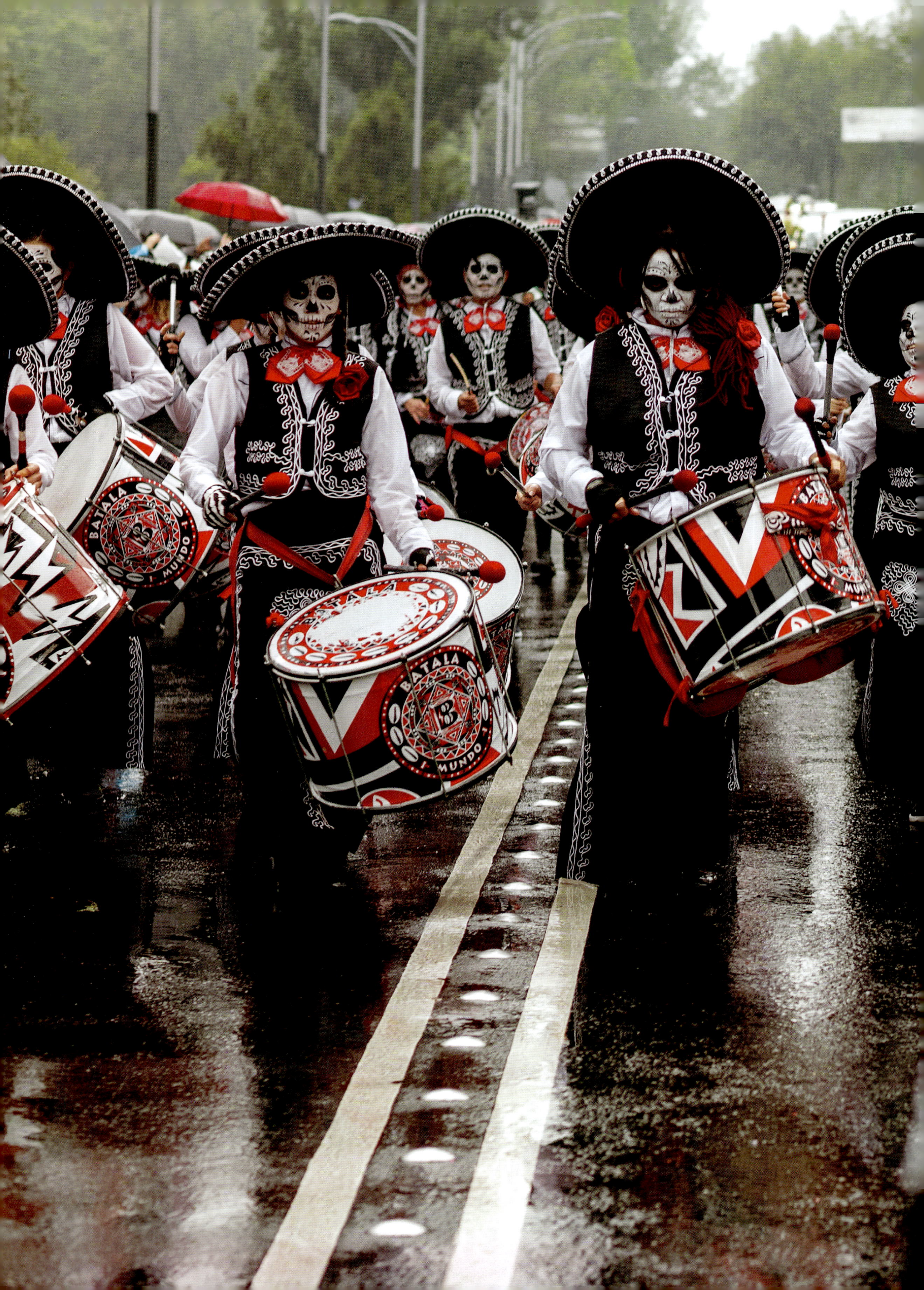
BATALA
MUNDO

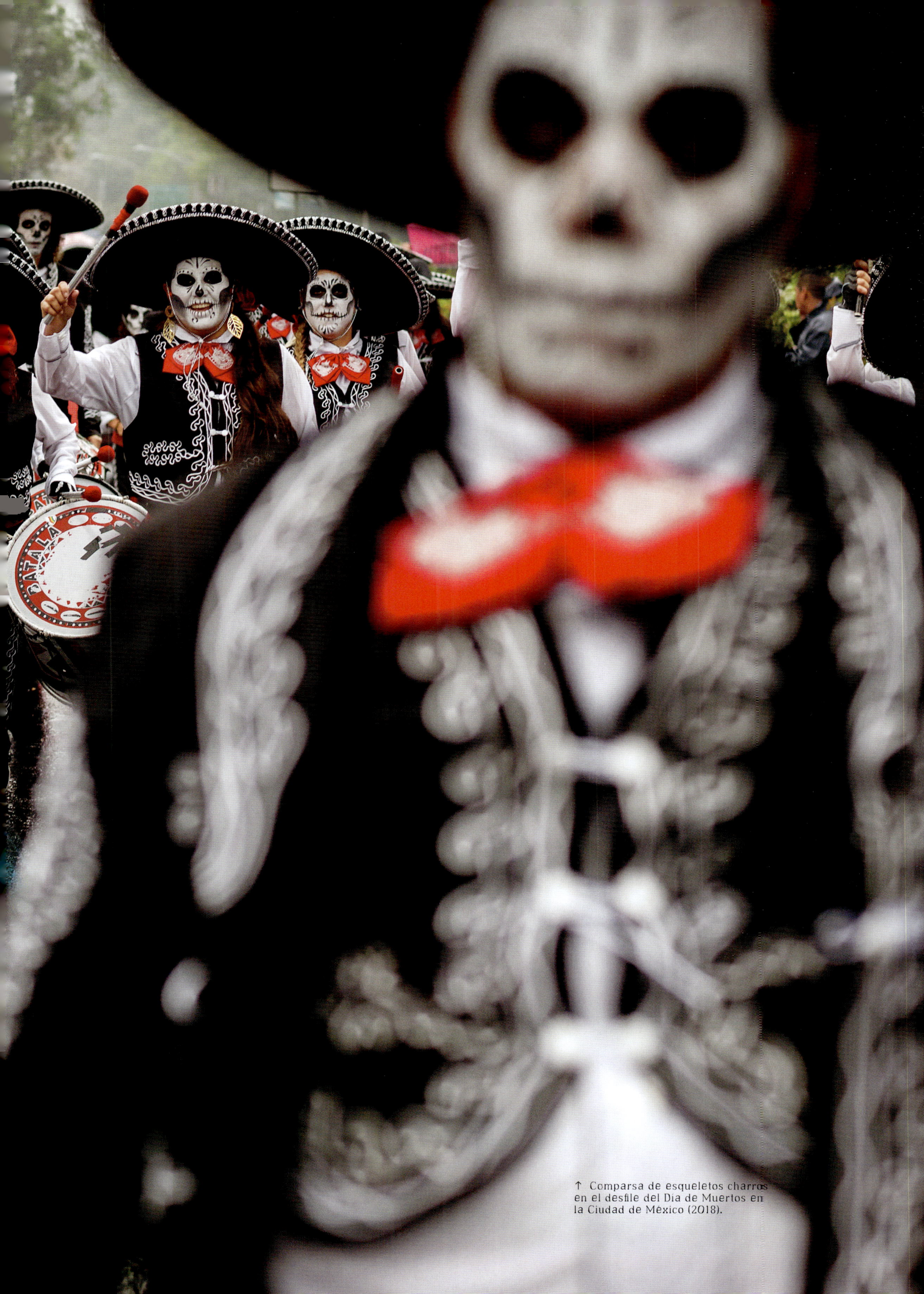

↑ Comparsa de esqueletos charros en el desfile del Día de Muertos en la Ciudad de México (2018).

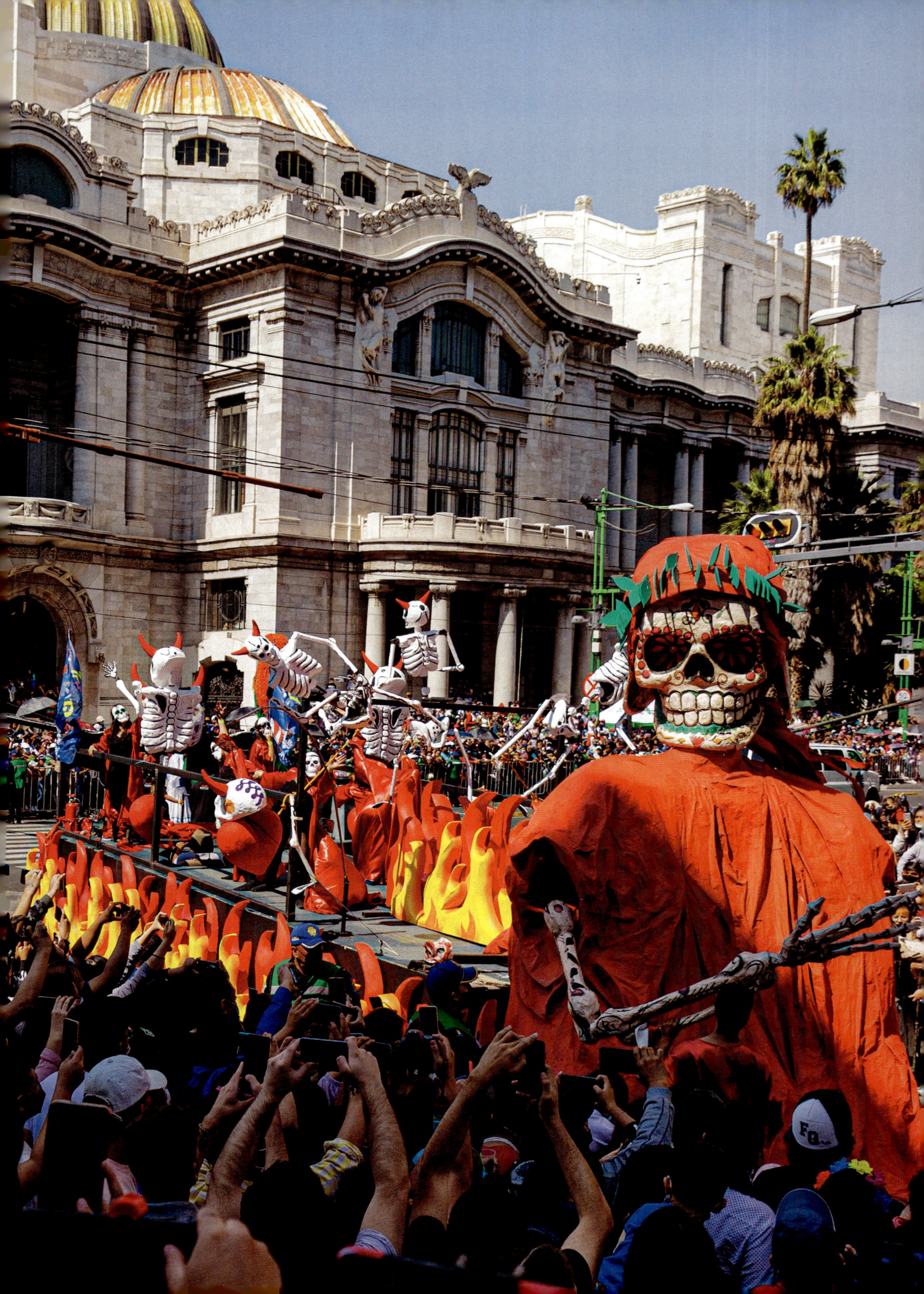

LA TRADICIÓN SE TRANSFORMA

El Día de Muertos pasó de ser un ritual de puertas adentro a un festejo urbano y masivo. Impulsado por la cultura de masas, el cine y la comercialización a gran escala, ha dejado de ser una fiesta local para ser la fiesta de toda la humanidad.

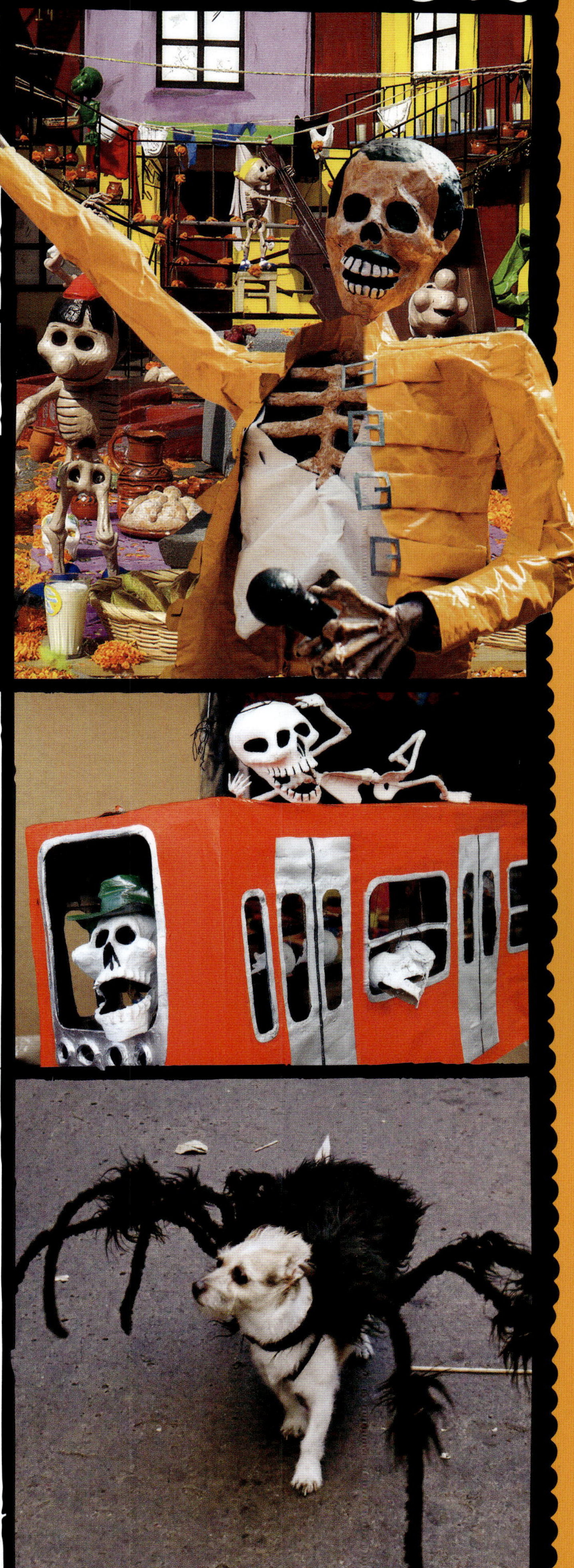

Gracias a la repercusión mediática e internacional, las megaofrendas y los macroaltares repartidos por emblemáticos espacios públicos de la Ciudad de México son desde los últimos años un reclamo turístico: calacas vestidas con papel picado, esqueletos gigantescos representando a célebres personajes mexicanos y espacios urbanos invadidos por miles de catrinas y calaveritas han transformado el festejo en un concurrido carnaval de muertos.

Y en parte se lo debemos a Hollywood. En la producción de *Spectre*, película de la saga del agente 007, se creó una cosmopolita procesión de calacas y catrinas a golpe de tambores, sin precedentes hasta entonces en la Ciudad de México, y que por iniciativa popular se recreó los siguientes años.

Por su parte, la película de animación *Coco* dio a conocer al mundo los altares y elementos tradicionales de las ofrendas, la importancia de recordar a los antepasados en las familias mexicanas, y se inventó un inframundo tan animado que apetece estar muerto.

Desde Estados Unidos a Japón, haciendo escala en España, cada vez más participantes festejan la muerte entre flores de cempasúchil y acordes de música mexicana. Es posible que calcen unas zapatillas de marca con calaveritas impresas, u ostenten una playera con la Garbancera o unos aretes de chaquiras de un mercado popular. Mientras parezca mexicano, la etiqueta es lo de menos. Todos queremos disfrazarnos de muertitos y estar de cine.

← Desfile de Día de Muertos de la Ciudad de México (2021). Las calles se convierten en protagonistas de la celebración, a la que acuden cada año más de un millón de personas.

↑ Figura gigante de Freddie Mercury y Ofrenda a la familia Burrón. Zócalo de la Ciudad de México (2018). ↑ Ofrenda al metro. Zócalo de la Ciudad de México (octubre 2023).

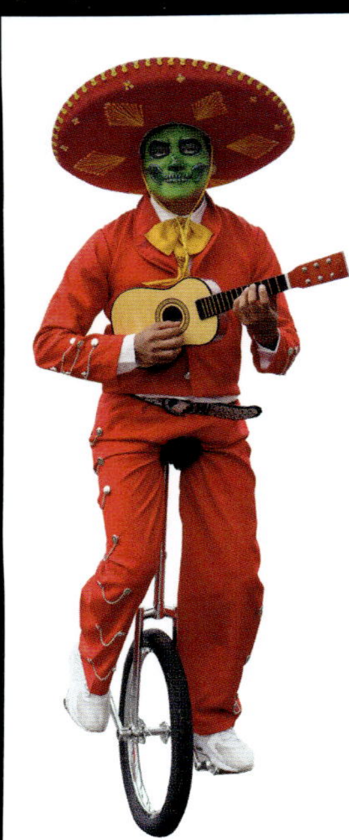

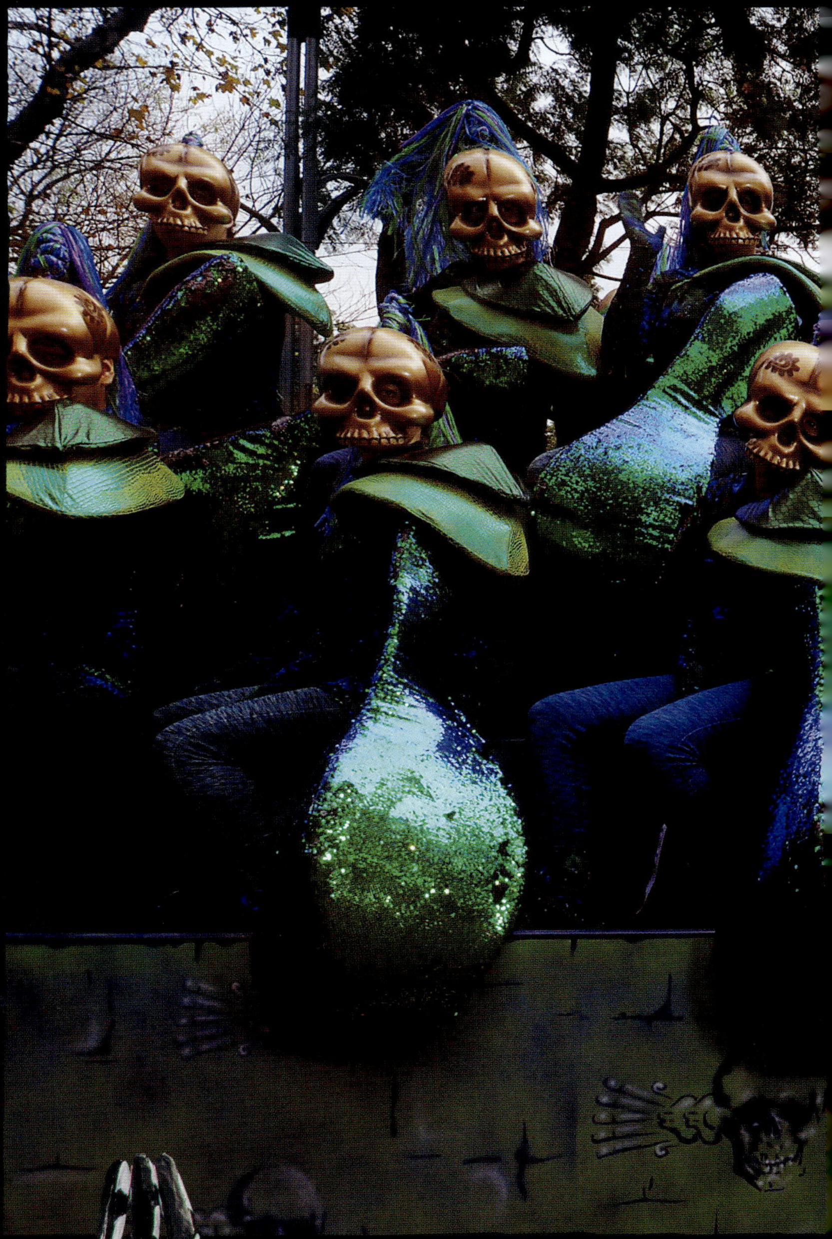

LA CIUDAD DE MÉXICO, EPICENTRO DE LA CELEBRACIÓN

Durante gran parte de octubre y la primera quincena de noviembre, la Ciudad de México ofrece multitud de eventos y actividades, más allá de ofrendas y desfiles. Se pueden contratar tours temáticos y paseos en bici, así como carreras nocturnas por panteones, que en ocasiones pasan por encima de las tumbas, perturbando la paz e incomodando a los asistentes.

Las plazas se convierten en un cementerio, las calles en una procesión y las avenidas en un gran desfile popular. No faltan el Catrín y la Catrina en todos los colores, formas e interpretaciones. Para asombro de puristas, entre ellos sobresalen el payaso macabro, el hombre lobo, Drácula, el alienígena o la niña poseída, influidos por la celebración de Halloween: un ejército de pesadillas inspiradas en películas de terror. Este fenómeno de mestizaje festivo surge de la imaginería cultural del siglo XXI, donde el cine taquillero, las series en *streaming*, la moda de tribus urbanas y la música se mezclan para dar lugar a nuevos íconos, pues las culturas están vivas y se regeneran desde una base popular.

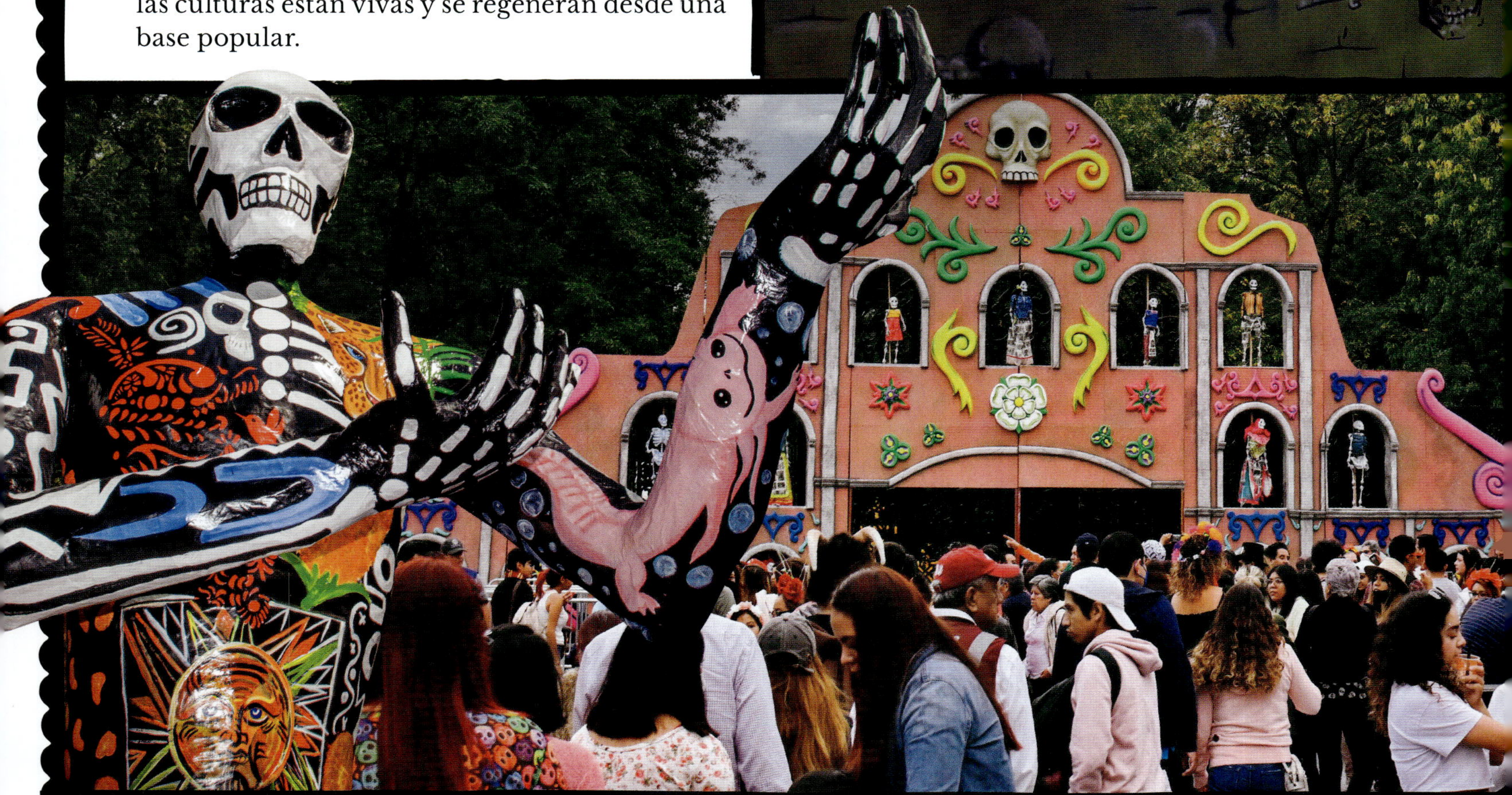

← (p. 257) Arañas, calabazas, diablitos, brujas, fantasmas y vampiros son sólo algunos de los disfraces de mascotas más populares. Desfile de Día de Muertos de la Ciudad de México (2022).

↑ Miles personas acudieron a ver el Desfile Internacional de Día de Muertos, Ciudad de México (2022). ↖ Charro en monociclo. Desfile de Día de Muertos, Ciudad de México (2019).

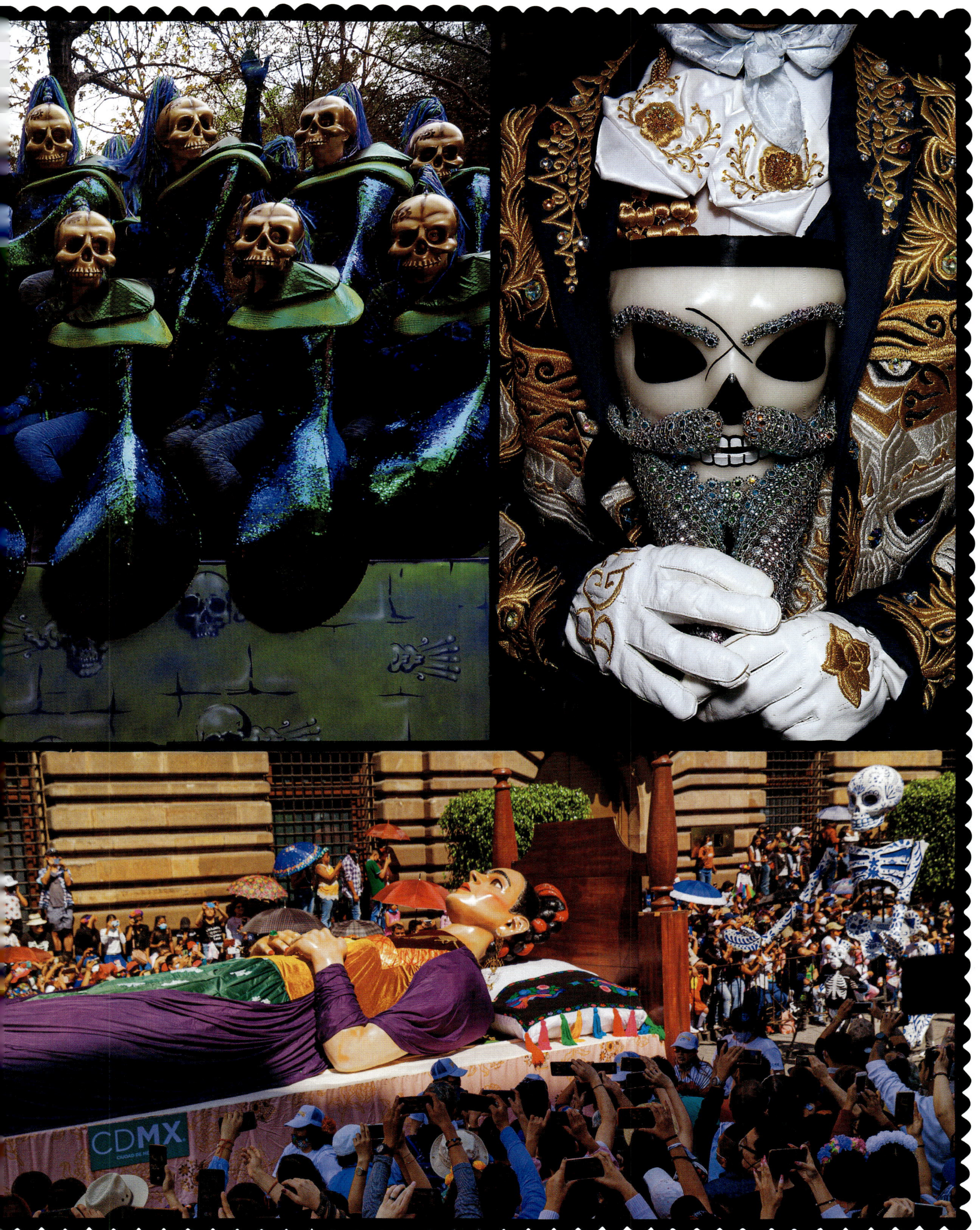

↑ Carro alegórico dedicado a Frida Kahlo en el Desfile de la Ciudad de México (2021). ↖ Durante el desfile de 2018 se vieron los coloridos trajes de diversas comparsas.

↑ En el desfile pueden verse espectaculares atuendos inspirados en la tradición del Día de Muertos (2018).

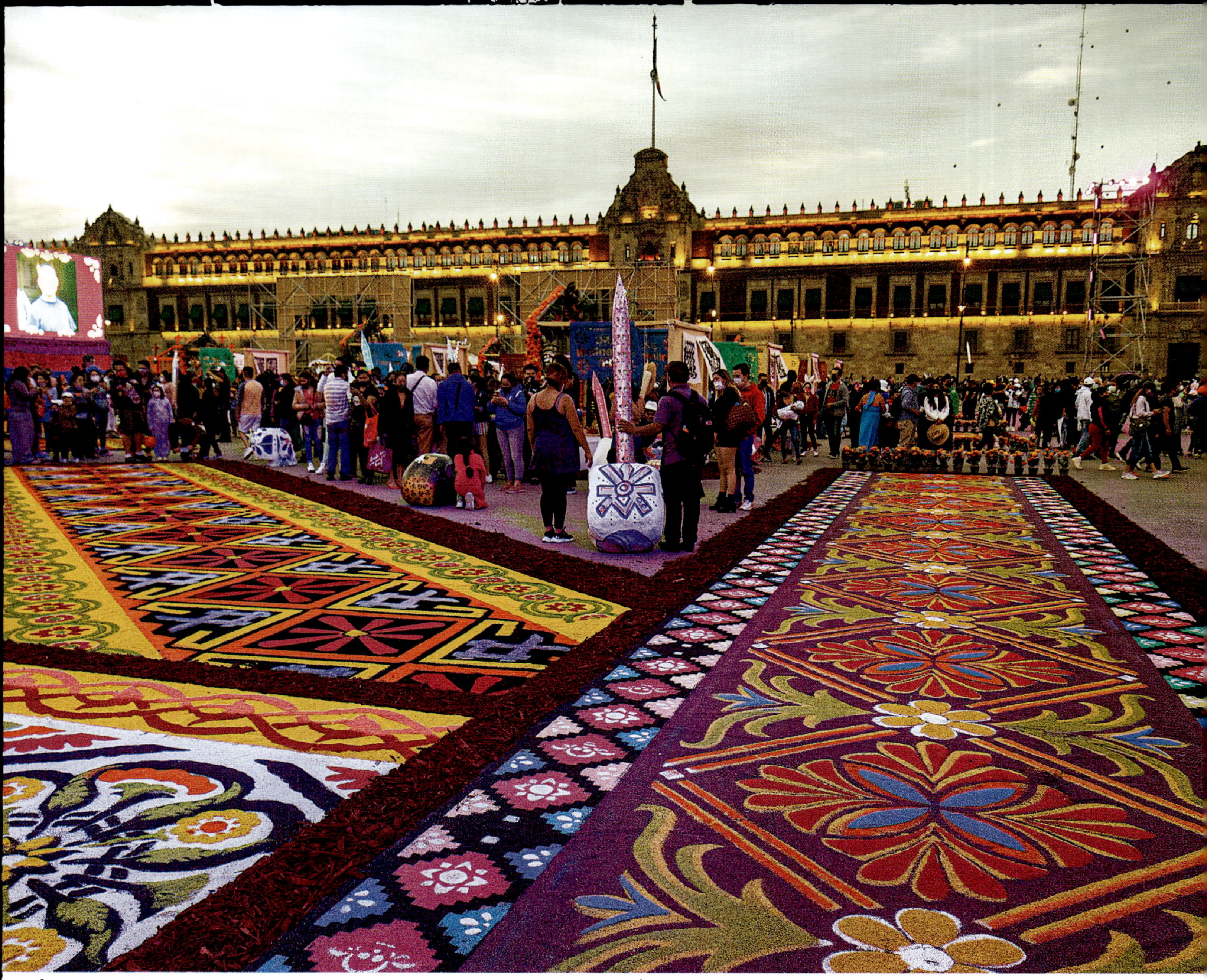

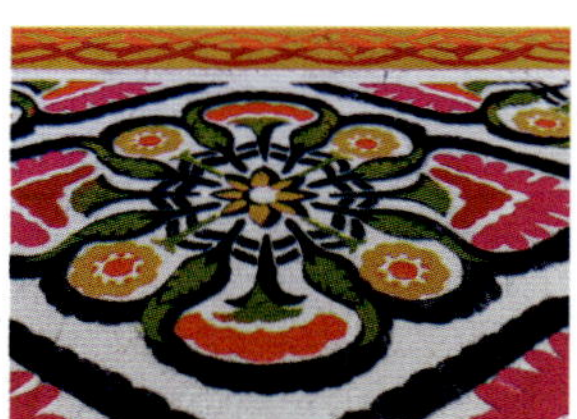

LA FIESTA COMIENZA EN EL ZÓCALO

A partir de 1970, los altares se hicieron visibles en los edificios de los principales centros urbanos. De esta forma la ofrenda en el espacio público se fue transformando en un elemento de la "identidad nacional", donde "lo mexicano" tomó un rumbo distinto y se abrió a la modernidad. Desde entonces la celebración se volvió más secular e impersonal. La colocación de altares en el Zócalo, la plaza principal de la Ciudad de México, comenzó en 2005 y de inmediato se convirtió en una costumbre que arraigó entre los miles de visitantes atraídos por la espectacularidad de un trabajo colectivo de hechura artesanal.

Cada año la temática y los personajes homenajeados cambian, y se seleccionan aquellos que encarnen mejor el momento social, político y económico actual. Como ejemplo destacado, en 2023 la festividad tuvo como temática genérica "Color, tradición y memoria", con la idea de honrar las raíces prehispánicas y revolucionarias. Se montó una ofrenda que conmemoraba el centenario de la muerte de Pancho Villa, eminente figura política y militar de la Revolución mexicana. Esa vez se instaló una escultura del mítico Centauro del Norte de 17 metros de altura, la más grande exhibida hasta el momento. Con humor, y en honor al personaje, se le representó con la boca abierta, a punto de mordisquear un delicioso pan de muerto, y agarrando un jarro de pulque. Lo rodeaban catorce esqueletos, que representaban a los soldados más cercanos.

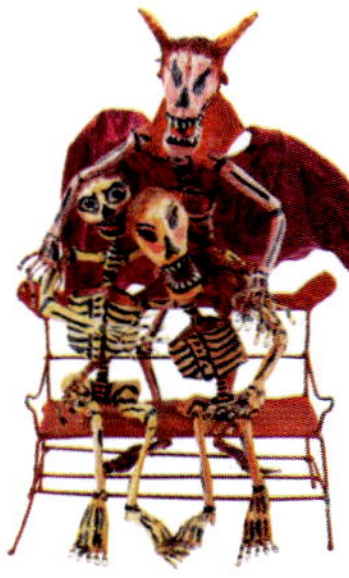

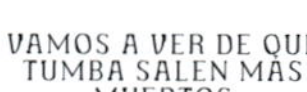

↑ Muestra de los monumentales tapetes de aserrín que los artesanos de Huamantla, en el estado de Tlaxcala, elaboraron en la ofrenda de Día de Muertos en el Zócalo de la Ciudad de México (2021).

→ (p. 262) Jean Paul Gaultier. Exposición en homenaje a México por el Día de Muertos (2021).
→ (p. 263) Exposición "Mexicráneos" (2020), en Paseo de la Reforma, Ciudad de México.

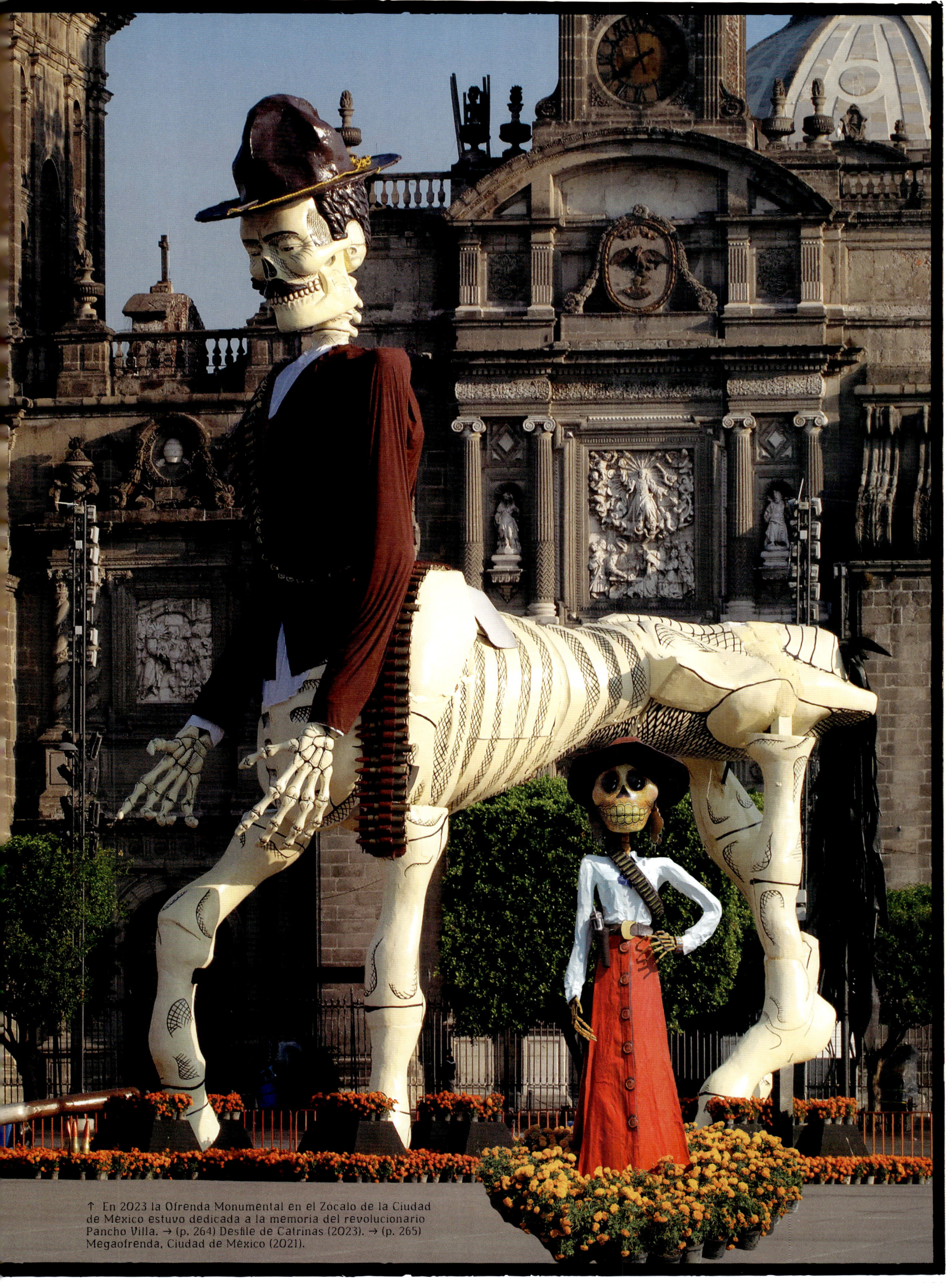

↑ En 2023 la Ofrenda Monumental en el Zócalo de la Ciudad de México estuvo dedicada a la memoria del revolucionario Pancho Villa. → (p. 264) Desfile de Catrinas (2023). → (p. 265) Megaofrenda, Ciudad de México (2021).

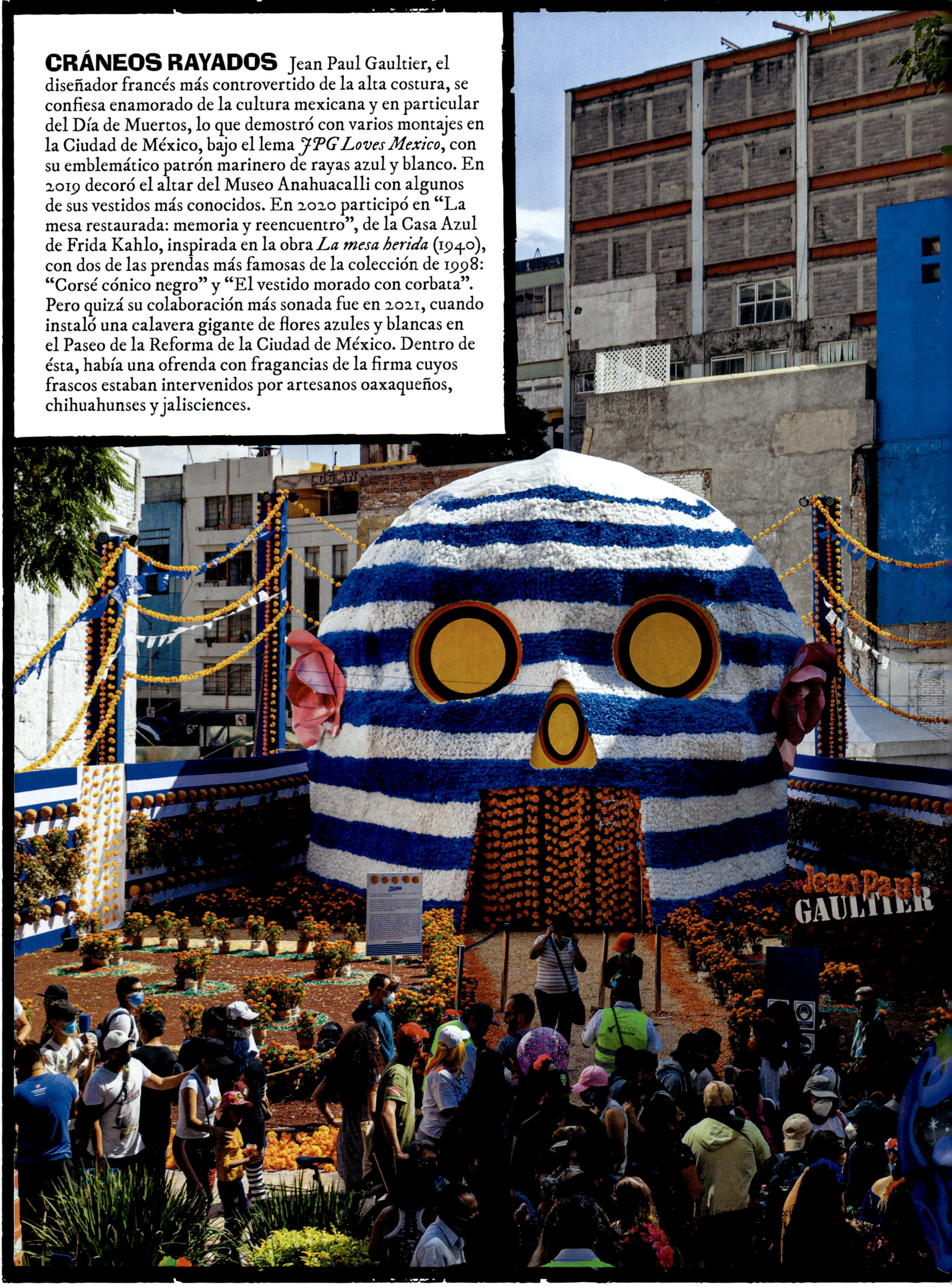

CRÁNEOS RAYADOS Jean Paul Gaultier, el diseñador francés más controvertido de la alta costura, se confiesa enamorado de la cultura mexicana y en particular del Día de Muertos, lo que demostró con varios montajes en la Ciudad de México, bajo el lema *JPG Loves Mexico*, con su emblemático patrón marinero de rayas azul y blanco. En 2019 decoró el altar del Museo Anahuacalli con algunos de sus vestidos más conocidos. En 2020 participó en "La mesa restaurada: memoria y reencuentro", de la Casa Azul de Frida Kahlo, inspirada en la obra *La mesa herida* (1940), con dos de las prendas más famosas de la colección de 1998: "Corsé cónico negro" y "El vestido morado con corbata". Pero quizá su colaboración más sonada fue en 2021, cuando instaló una calavera gigante de flores azules y blancas en el Paseo de la Reforma de la Ciudad de México. Dentro de ésta, había una ofrenda con fragancias de la firma cuyos frascos estaban intervenidos por artesanos oaxaqueños, chihuahunses y jaliscienses.

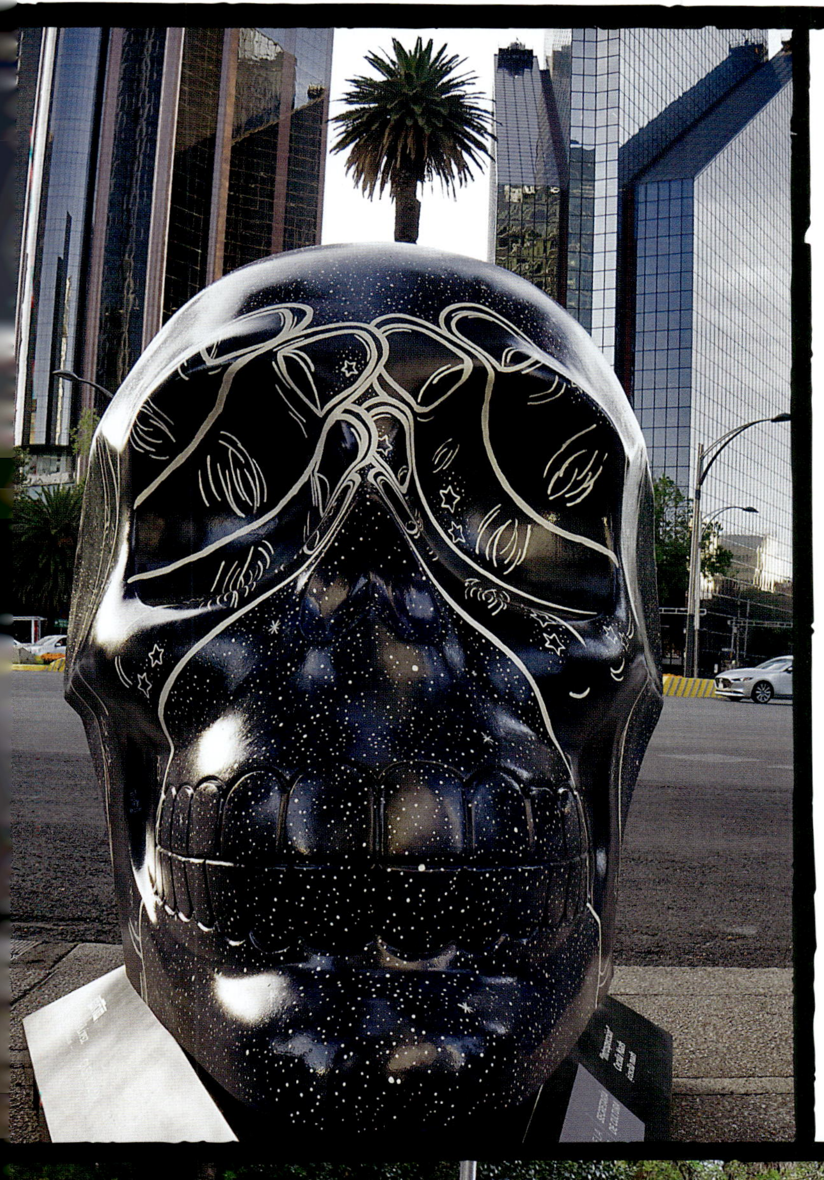

LAS CALAVERAS DE LOS COLECTIVOS: ARTE A PIE DE CALLE Los símbolos tradicionales del Día de Muertos comenzaron a llenar plazas, zócalos, atrios, museos, centros de trabajo, escuelas y hospitales, con la intención de sumar a la celebración los saberes provenientes de diferentes pueblos y comunidades. Todo de la mano de artistas y artesanos que cada año dejan su impronta en la manifestación pública de la festividad.

> **Las innovaciones más sorprendentes del presente pueden transformarse en las tradiciones más preciadas del futuro.**

En 2017 surgió la iniciativa de la comunidad artística Mexicráneos, un proyecto colectivo de arte urbano formado por 128 artistas nacionales e internacionales. En los últimos cinco años se ha vuelto la exposición de arte y cultura urbana más visitada de México. La colección consta de 170 cráneos monumentales, 130 de México y 40 de otros países del mundo, como España y Estados Unidos. Estos cráneos gigantes han convertido elementos tradicionales en piezas de arte contemporáneo bajo el lema "Orgullo mexicano haciendo calle".

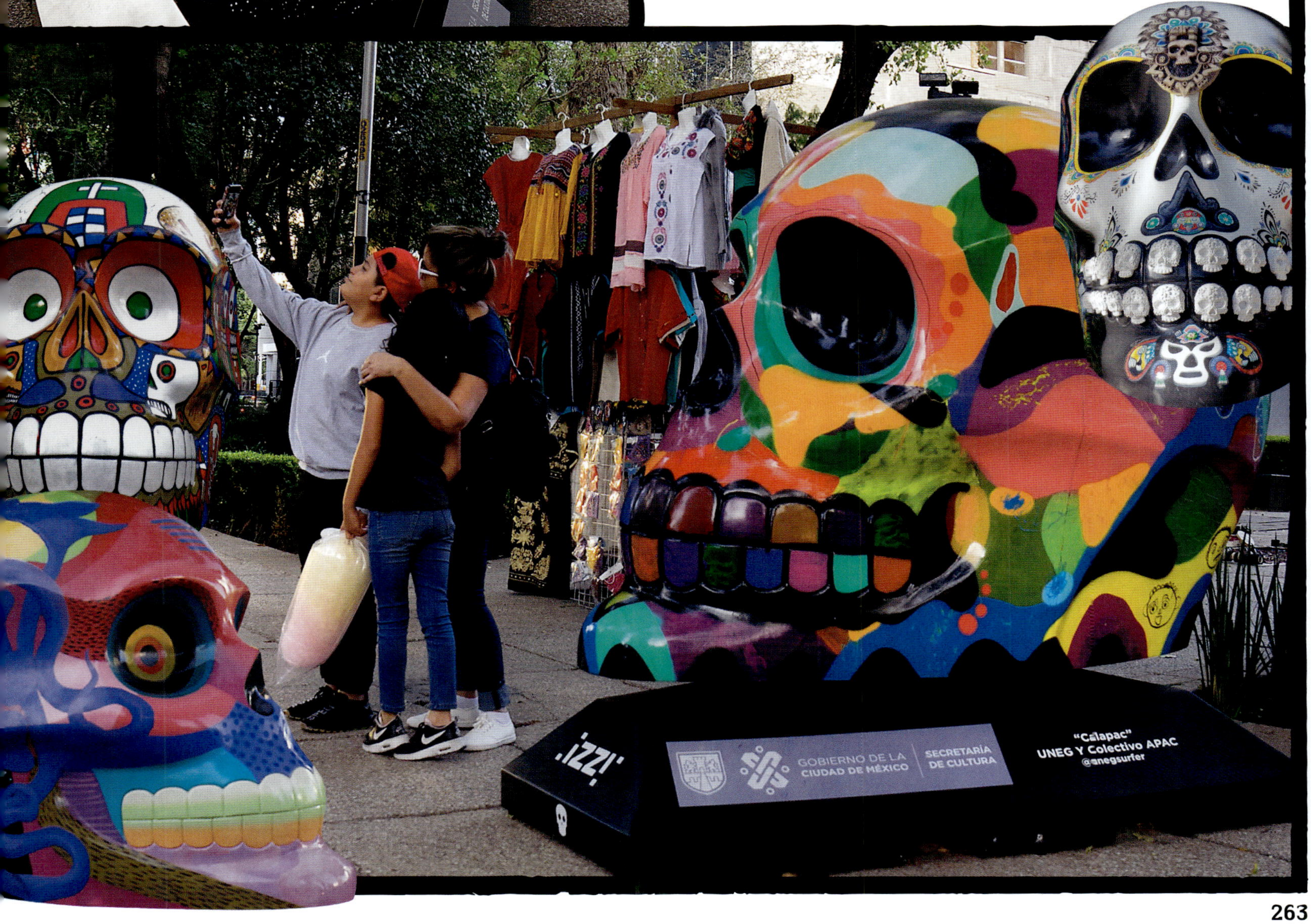

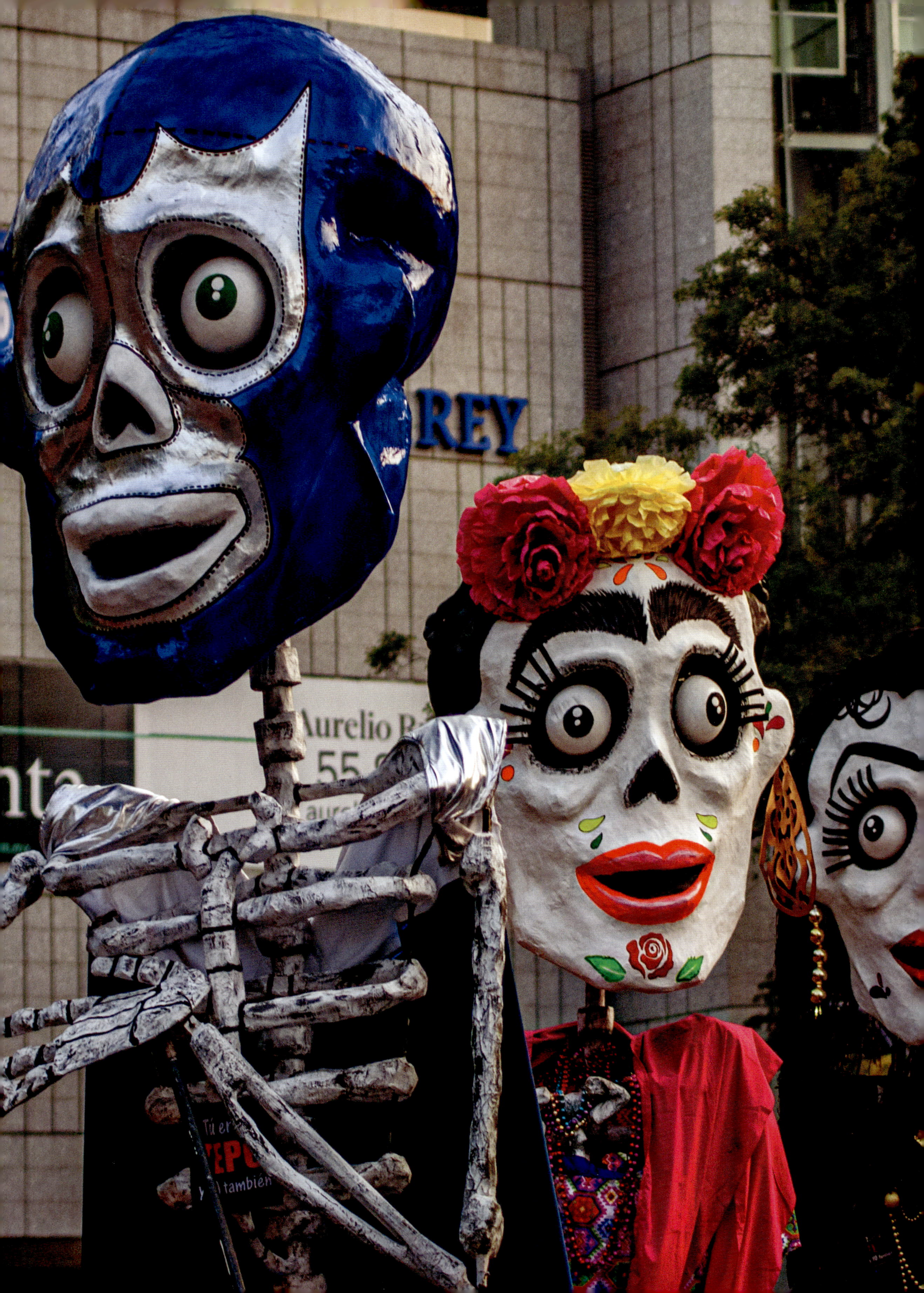
REY
Aurelio
55
también

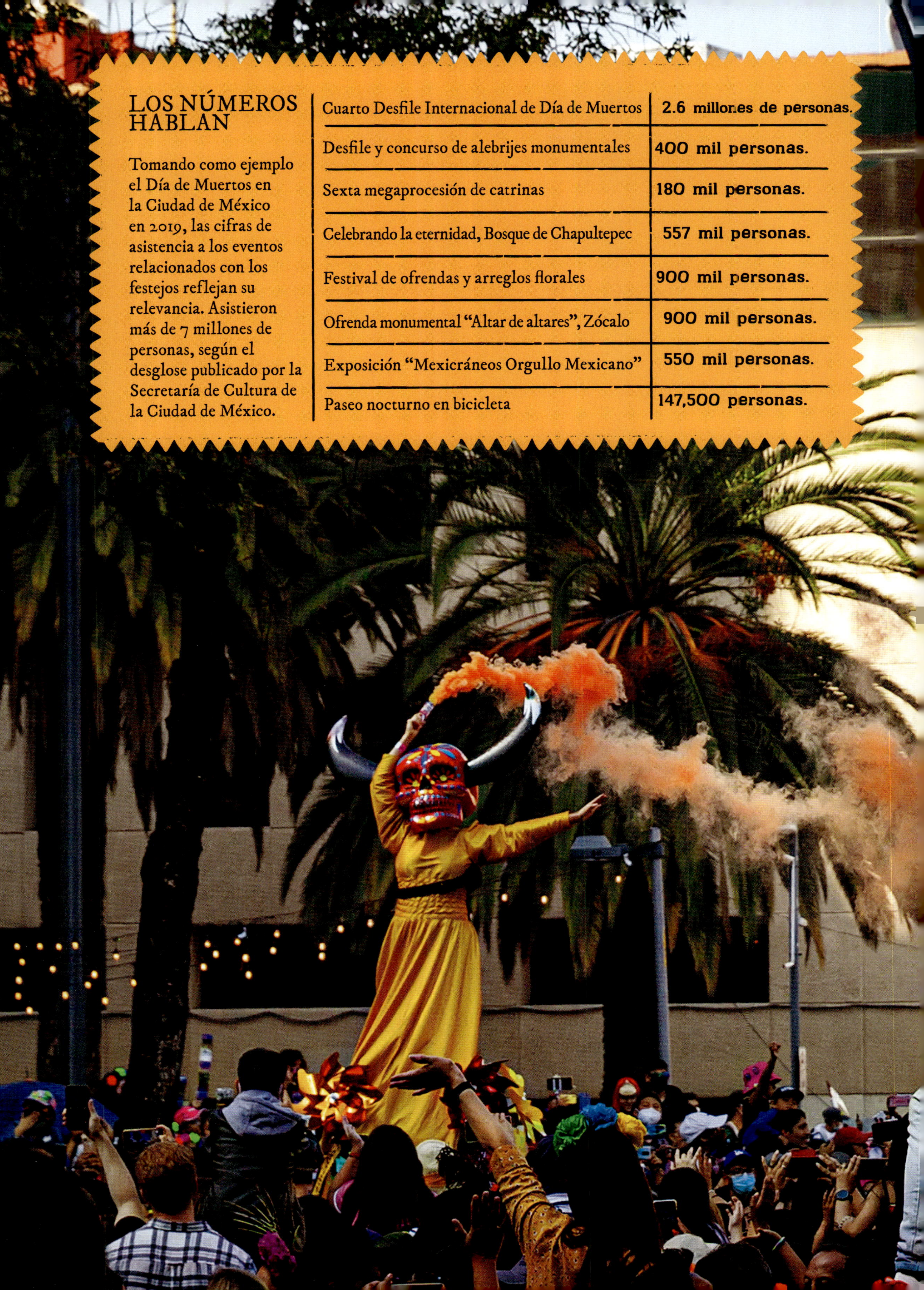

LOS NÚMEROS HABLAN

Tomando como ejemplo el Día de Muertos en la Ciudad de México en 2019, las cifras de asistencia a los eventos relacionados con los festejos reflejan su relevancia. Asistieron más de 7 millones de personas, según el desglose publicado por la Secretaría de Cultura de la Ciudad de México.

Cuarto Desfile Internacional de Día de Muertos	2.6 millones de personas.
Desfile y concurso de alebrijes monumentales	400 mil personas.
Sexta megaprocesión de catrinas	180 mil personas.
Celebrando la eternidad, Bosque de Chapultepec	557 mil personas.
Festival de ofrendas y arreglos florales	900 mil personas.
Ofrenda monumental "Altar de altares", Zócalo	900 mil personas.
Exposición "Mexicráneos Orgullo Mexicano"	550 mil personas.
Paseo nocturno en bicicleta	147,500 personas.

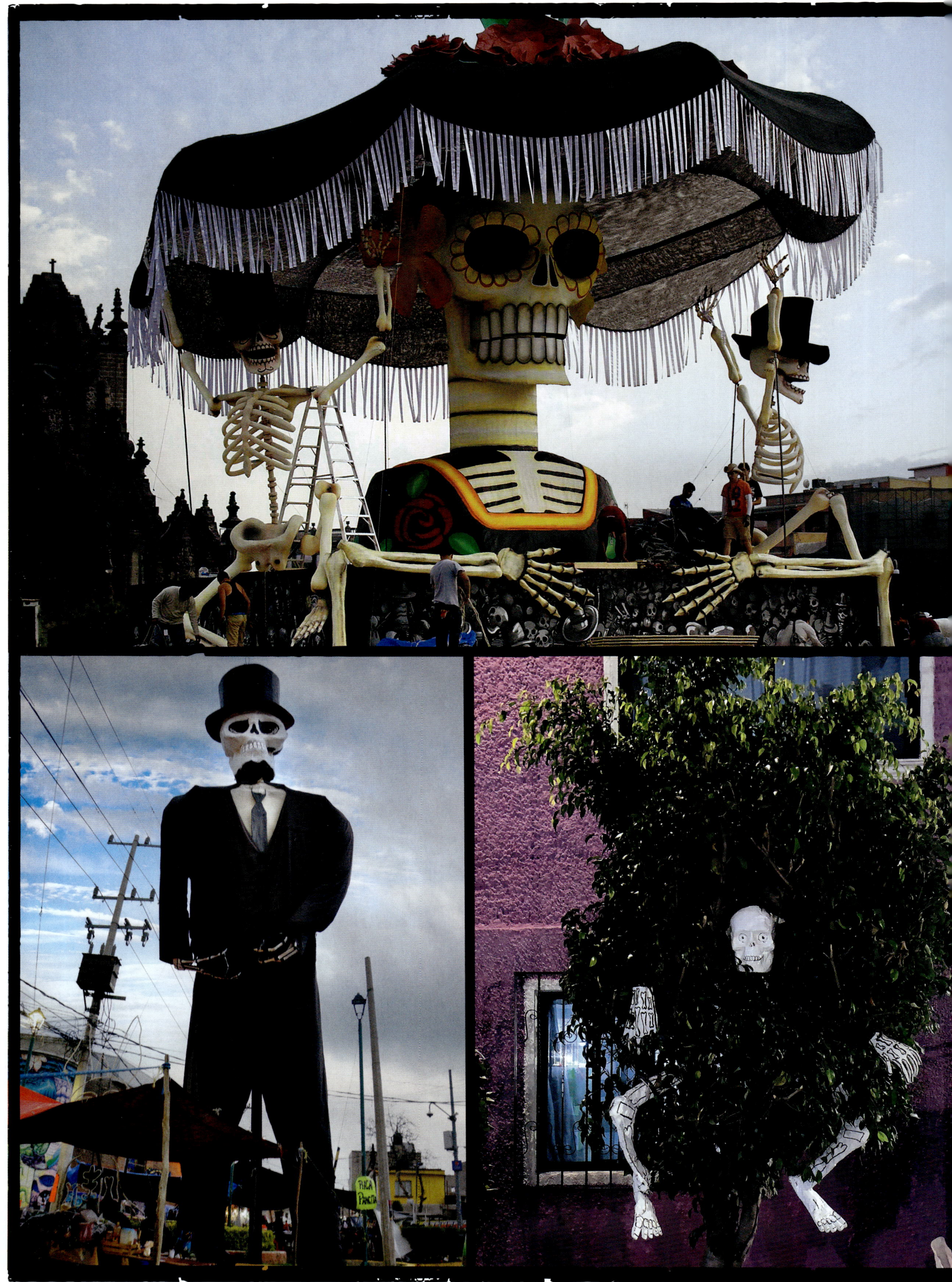

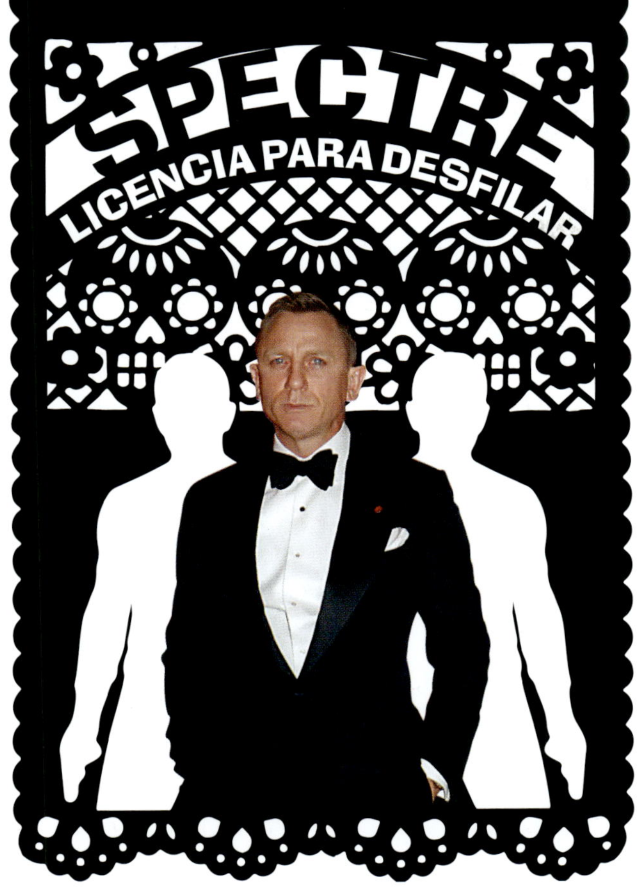

No fueron Halloween, la Iglesia católica ni la política interior del país lo que impuso un nuevo ritual en el Día de Muertos, sino la película de James Bond, *007 Spectre* (Sam Mendes, 2015). El filme comienza con "Los muertos vivos están", palabras que parpadean en una pantalla negra, seguidas de un plano secuencia de cuatro minutos que se sumerge en la Ciudad de México.

Al ritmo de los crecientes sonidos de tambores y juerguistas distantes, la cámara se aleja de un esqueleto gigante mascando un cigarro, flotando sobre una vasta y lenta procesión de danza macabra a través del centro histórico de la Ciudad de México; fiestas en balcones adornados, esqueletos y novias dando vueltas en la calle a ritmo de percusiones festivas. Entra en escena una pequeña figura con un sombrero de fieltro y un traje blanco de tres piezas. Camina contra la corriente de la oscura multitud y choca con un hombre alto, con sombrero de copa y traje de esqueleto, de la mano de una belleza disfrazada. La pareja voltea y silenciosamente sigue al hombre de blanco. Se mete en un hotel y toma un elevador, mientras la mujer se saca del escote una llave con la que abre una habitación, adonde entran para besarse. El hombre se quita la máscara y se revela a sí mismo: James Bond. Fiel a su fama de amante despreocupado y asesino gélido, se zafa de su dama, salta por una ventana y camina a paso ligero a lo largo del borde estrecho de un tejado, muy por encima del desfile, hasta que se agacha para apuntar con una pistola hacia una reunión de villanos que tiene lugar en una ventana al otro lado del camino y... *¡Boom!*

Esta escena quedó grabada en el imaginario del mundo entero. Fue creada por el diseñador de producción de la película, Dennis Gassner, quien, fascinado por la cartonería y otros elementos de artesanía tradicional, imaginó un desfile que cambió la fiesta para siempre. Para su filmación se cerró parte del centro histórico de la Ciudad de México —incluidos el Zócalo y la Plaza Manuel Tolsá—. Sobre la calle de Tacuba volaron con casi un cuarto de millón de flores de papel picado en una lluvia multicolor que salpicó a mil 500 extras y figurantes maquillados y vestidos de negro, y bailongas calaveras entre fumarolas de supuesto copal y máscaras que giraban enloquecidas a ritmo de percusión.

Un desfile sin precedentes hasta ese momento. En sólo diez minutos de película, la saga del famoso agente secreto cambió definitivamente la forma del festejo. Y para sorpresa de creyentes y profanos, esta procesión tuvo una consecuencia inesperada en el imaginario global: hizo creer a millones de espectadores que en México el Día de Muertos es un carnaval de calaveras.

Las autoridades de la ciudad tomaron nota de la reacción del público y, a un año del estreno de la película, el 29 de octubre de 2016, se celebró en el centro de la capital mexicana el primer desfile de Día de Muertos: un espectáculo que contó con la participación de unos 250 mil asistentes vestidos de catrinas y catrines, calacas danzando en zancos, criaturas del inframundo, ciclistas caracterizados como seres del más allá, calaveras gigantes y alebrijes monumentales entre los rascacielos del Paseo de la Reforma.

Este festejo masivo tuvo dos claras repercusiones: por un lado, sirvió para promover la riqueza folclórica mexicana en un concurrido entorno urbano y turístico, y por otro, ofreció experiencias engañosas sobre lo auténticamente mexicano: una falsa realidad de *blockbuster*.

↑ Daniel Craig en el **after party** de **Spectre** en el Museo Británico, Londres.

↖ La película **Spectre** comienza con un desfile de Día de Muertos creado por Dennis Gassner, el diseñador de producción de la cinta. ← Cartonería monumental de Día de Muertos en Mixquic, Ciudad de México (2021).

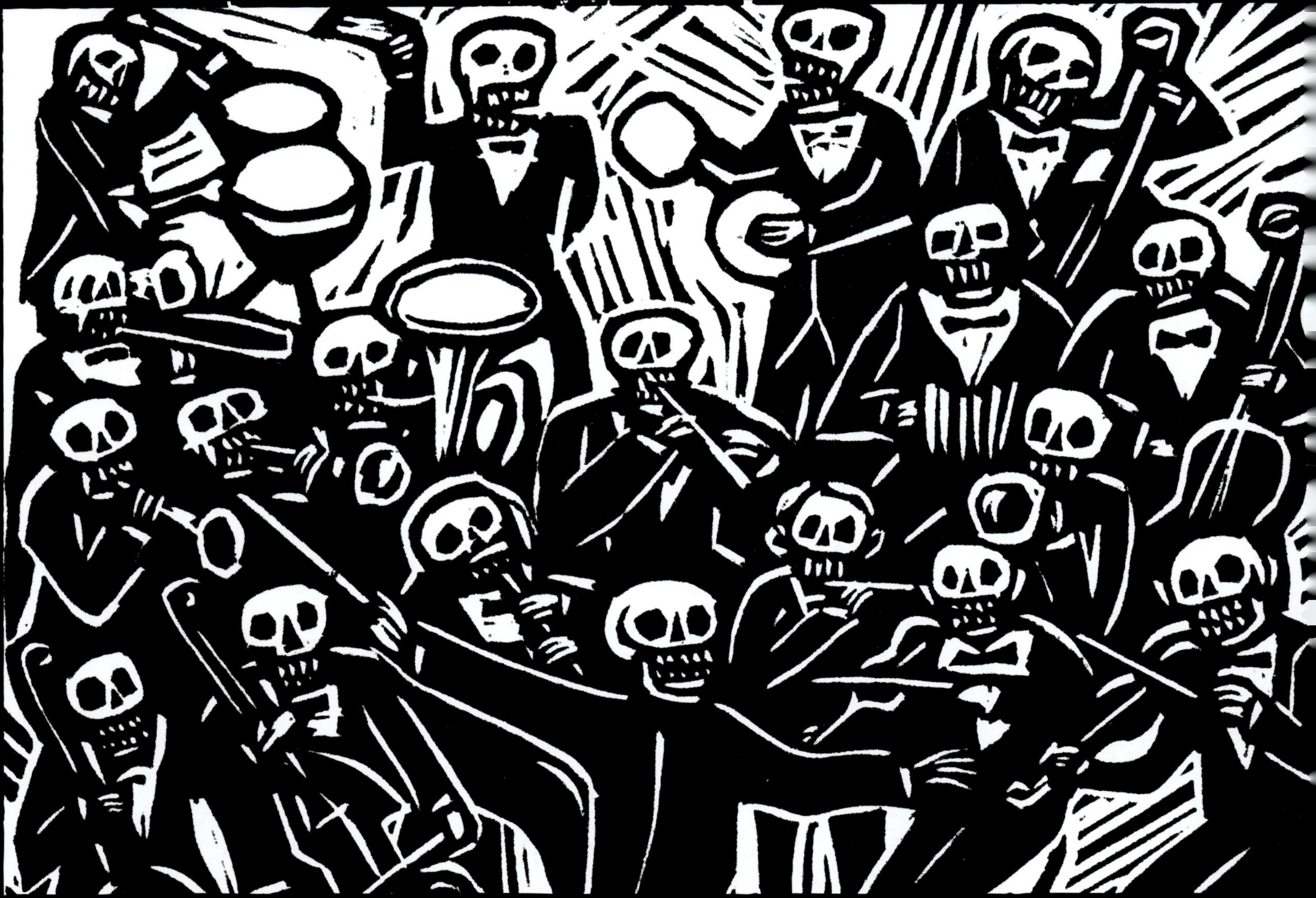

EL SONIDO DE TAMBUCO

Para crear la música del desfile de *Spectre*, Sam Mendes solicitó la participación del ensamble de percusiones Tambuco. En un primer momento, los músicos no se lo creyeron, pero la insistencia de la productora los convenció. Aun así, no les dieron un "Sí quiero" de inmediato, pues resultó que las fechas de grabación coincidían con un concierto en el Festival Internacional del Centro Histórico. Pero los productores no se dieron por vencidos: los querían a ellos. Finalmente llegaron a un acuerdo y comenzaron a trabajar con el compositor de la banda sonora, Tom Newman, a quien conocían por sus trabajos previos, como la música para *The Newsroom*, de Aaron Sorkin, o *Bridge of Spies*, de Steven Spielberg. Se encerraron con él tres días en unos grandes estudios propiedad de Sony, donde cabía una orquesta sinfónica entera. Allí desplegaron todo su arsenal de instrumentos. Los productores ya tenían varias maquetas, pero había que darle el "tambu-toque", tan reconocible y particular. Las composiciones que Tambuco realizó para la película no tienen que ver con los temas tradicionales de muertos, sino que responden a las necesidades argumentales del filme, que requerían un ritmo obsesivo. Sus temas funcionaron muy bien y fueron amplificados en diferentes bocinas que se habían dispuesto alrededor del Zócalo durante el desfile, para impregnar el ambiente con una onda carnavalesca. Para lograr este efecto filmaron a muchos músicos dispuestos en diversos puntos, que parecían en vivo, cuando en realidad sólo Tambuco estaba en la tarima principal de la Plaza Manuel Tolsá.

Ricardo Gallardo, director artístico del ensamble, tiene una explicación de por qué los guionistas eligieron el Día de Muertos como la escena de apertura: "Esta tradición está transformándose. Ya está muy alejada del pan de muerto o de las calaveritas de azúcar. Es el frenesí que tiene el mexicano por disfrazarse y por echar desmadre. En unos años más va a ser una gran fiesta de disfraces que no tendrá nada que ver con los muertos. Es cultura viva".

↑ **Sinfonía vital** (s/f). Artemio Rodríguez. Grabado en linóleo.

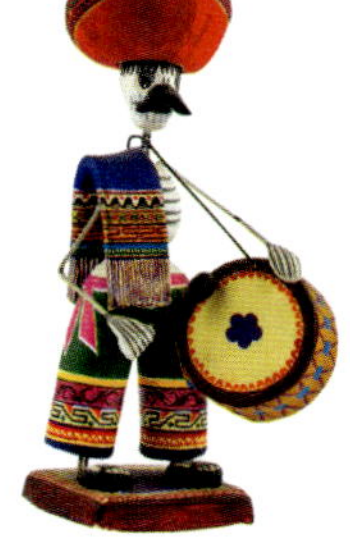

RÍE, BAILA Y BEBE, QUE LA VIDA ES BREVE

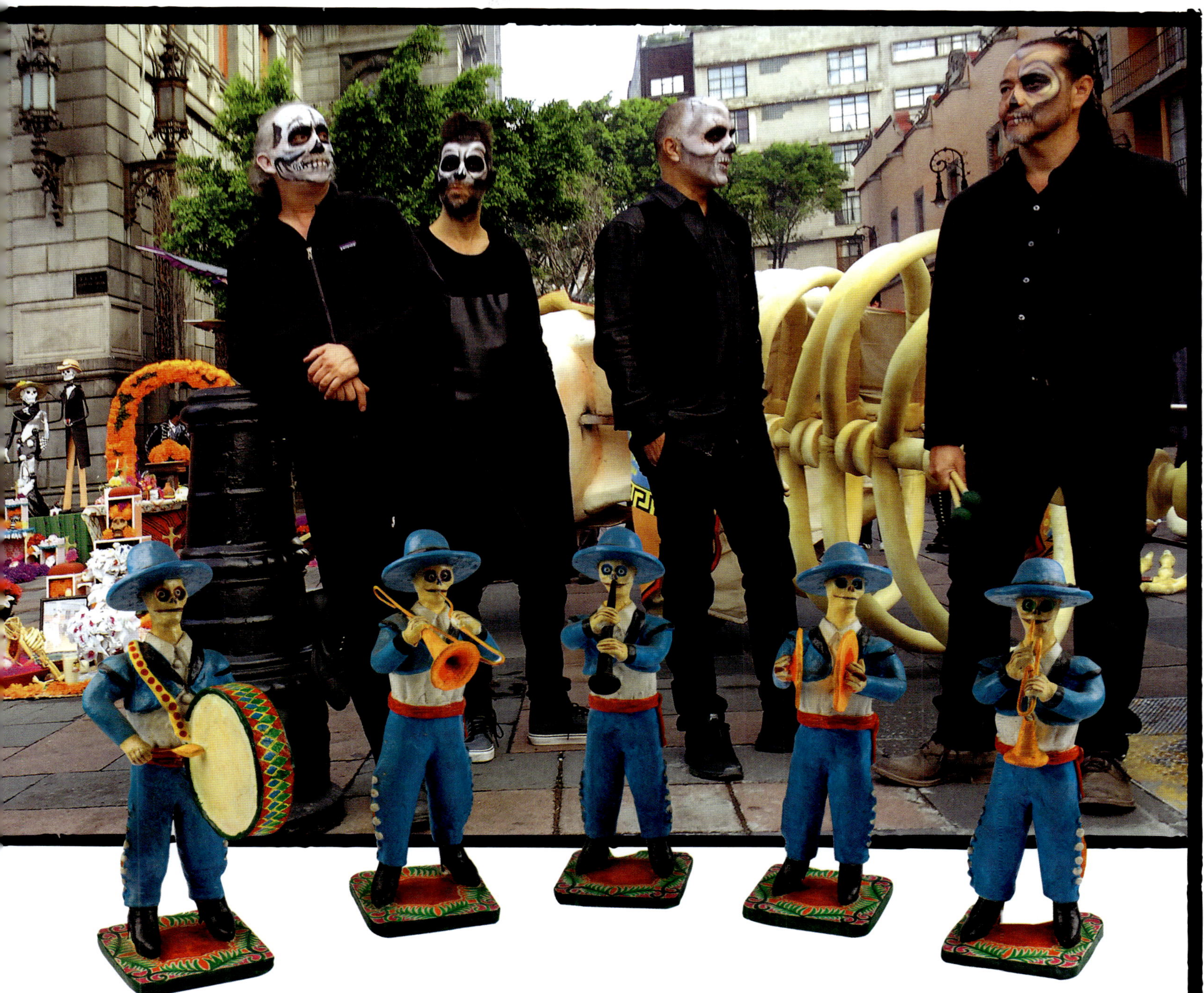

Sam Mendes cambió el título del tema "Day of the Dead" por "Los muertos vivos están" al conocer el caso de los 43 estudiantes de Ayotzinapa y la consigna "Vivos se los llevaron, vivos los queremos".

Tambuco ha construido una carrera muy aclamada y reconocida nacional e internacionalmente, y se ha consolidado entre los mejores cuartetos de percusión de la música actual, con públicos heterogéneos en todas partes del mundo. Fundado en 1993 por cuatro músicos distinguidos, es una de las formaciones más innovadoras del mundo. Cuenta con cuatro nominaciones a los premios Grammy: una por su colaboración con Kronos Quartet para el álbum *Nuevo* y tres por su disco de la colección *Complete Chamber Music of Carlos Chávez*. Además, su álbum *Rítmicas* fue seleccionado por Audiophile Audition como una de las mejores grabaciones del año. Sus cuatro músicos son muy reticentes a encasillarse. Por ello, su repertorio abarca desde música de percusión estructuralista hasta una amplia gama de estilos con baterías étnicas e interpretación sonora de vanguardia. La única constante en su trabajo, patente en los diez discos que han grabado, es su deseo de perfección, plasmada en una interpretación musical que resulte única y virtuosa. Este esfuerzo no ha caído en saco roto, ya que Tambuco recibió el prestigioso Premio de la Fundación Japonesa para las Artes y la Cultura, la distinción más importante que otorga Japón a un artista.

↑ **Orquesta.** Artesanía de barro. Col. Miguel Abruch.

↑ Los integrantes de Tambuco posando en la locación de la primera escena de la película **Spectre.** De izquierda a derecha: Alfredo Bringas, Miguel González, Ricardo Gallardo (director musical) y Raúl Tudón.

LAS CALACAS MÁS CINEMATOGRÁFICAS *Eon Productions*, la compañía productora que realiza las películas de James Bond, se encontraba en preparación del desfile en busca de elementos visuales impactantes. Al ver las calaveras y esqueletos de cartón móviles de la megaofrenda del Zócalo, quedaron tan maravillados que preguntaron por sus artífices. Así encontraron al Colectivo Última Hora, perteneciente a la Fábrica de Artes y Oficios (Faro) de Oriente (en Iztapalapa). Los contactaron para encargarles un prototipo que se llevaron a Londres, junto con otras ocho piezas. Encantados con su trabajo, la película contó con once esqueletos tipo marioneta de unos tres metros de altura y doce máscaras-cráneo realizadas por alumnos y maestros.

Para mover cada una de estas figuras gigantescas se necesitan seis expertos titiriteros que sepan accionarlas sin entorpecer al resto de participantes en el desfile. En el caso de *Spectre*, eran unos 2 mil 500 extras. Fue todo un reto, ya que la primera toma de la película arranca desde la calaca diabólica con sombrero que fuma un cigarro con gesto de pocos amigos. Conscientes de que sus creaciones eran la atracción principal, el colectivo seguía al pie de la letra las instrucciones del director "echándole todos los kilos del mundo", entre el grito de "¡Acción!" y el de "¡Corte!". Aunque no se llevaron un óscar, su trabajo ha quedado inmortalizado en la gran pantalla, lo que es ya de por sí un prestigioso galardón.

> "Varias industrias, desde la cinematografía al turismo, se apropian del romance del mexicano con la muerte para masificarlo y convertirlo en 'un accesorio propagandístico'".
>
> Claudio Lomnitz, **Idea de la muerte en México.**

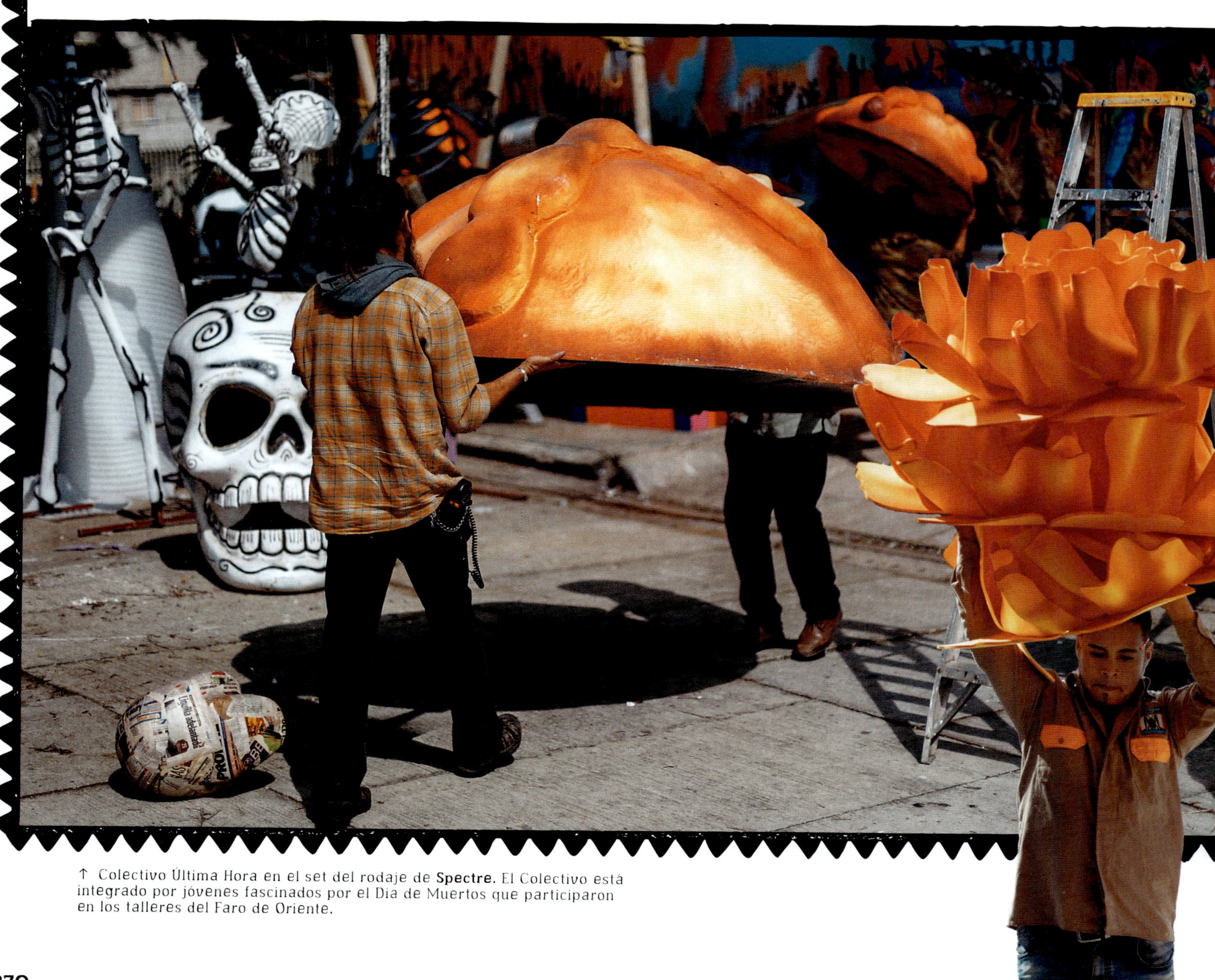

↑ Colectivo Última Hora en el set del rodaje de **Spectre.** El Colectivo está integrado por jóvenes fascinados por el Día de Muertos que participaron en los talleres del Faro de Oriente.

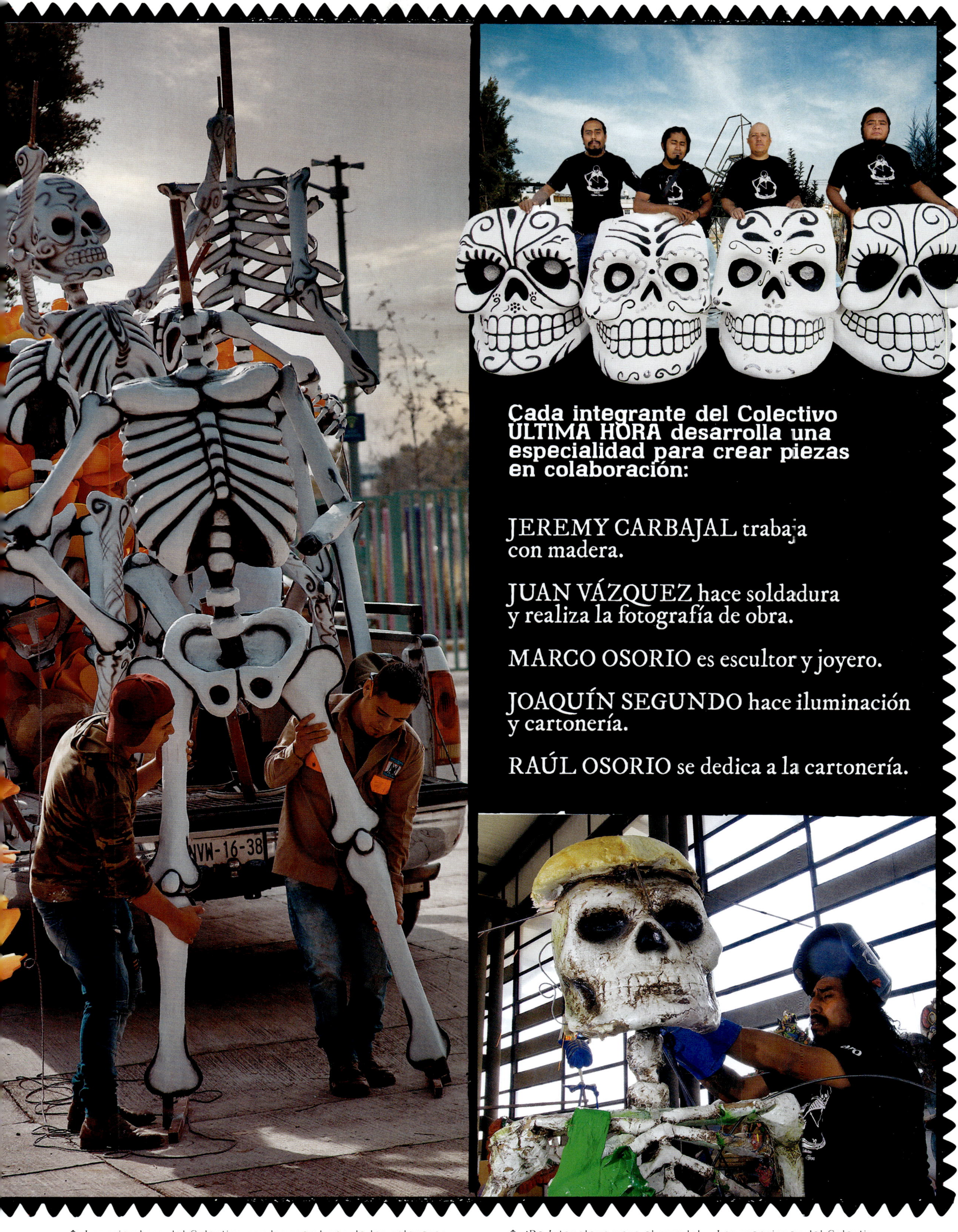

Cada integrante del Colectivo ÚLTIMA HORA desarrolla una especialidad para crear piezas en colaboración:

JEREMY CARBAJAL trabaja con madera.

JUAN VÁZQUEZ hace soldadura y realiza la fotografía de obra.

MARCO OSORIO es escultor y joyero.

JOAQUÍN SEGUNDO hace iluminación y cartonería.

RAÚL OSORIO se dedica a la cartonería.

↑ Los miembros del Colectivo son los creadores de las calaveras de cartón que se exponen cada año en el Zócalo el Día de Muertos.
↗ Integrantes del Faro de Oriente, Iztapalapa.

↑ ¡De Iztapalapa para el mundo!... Las creaciones del Colectivo Última Hora se hicieron mundialmente famosas a raíz de su aparición en **Spectre**.

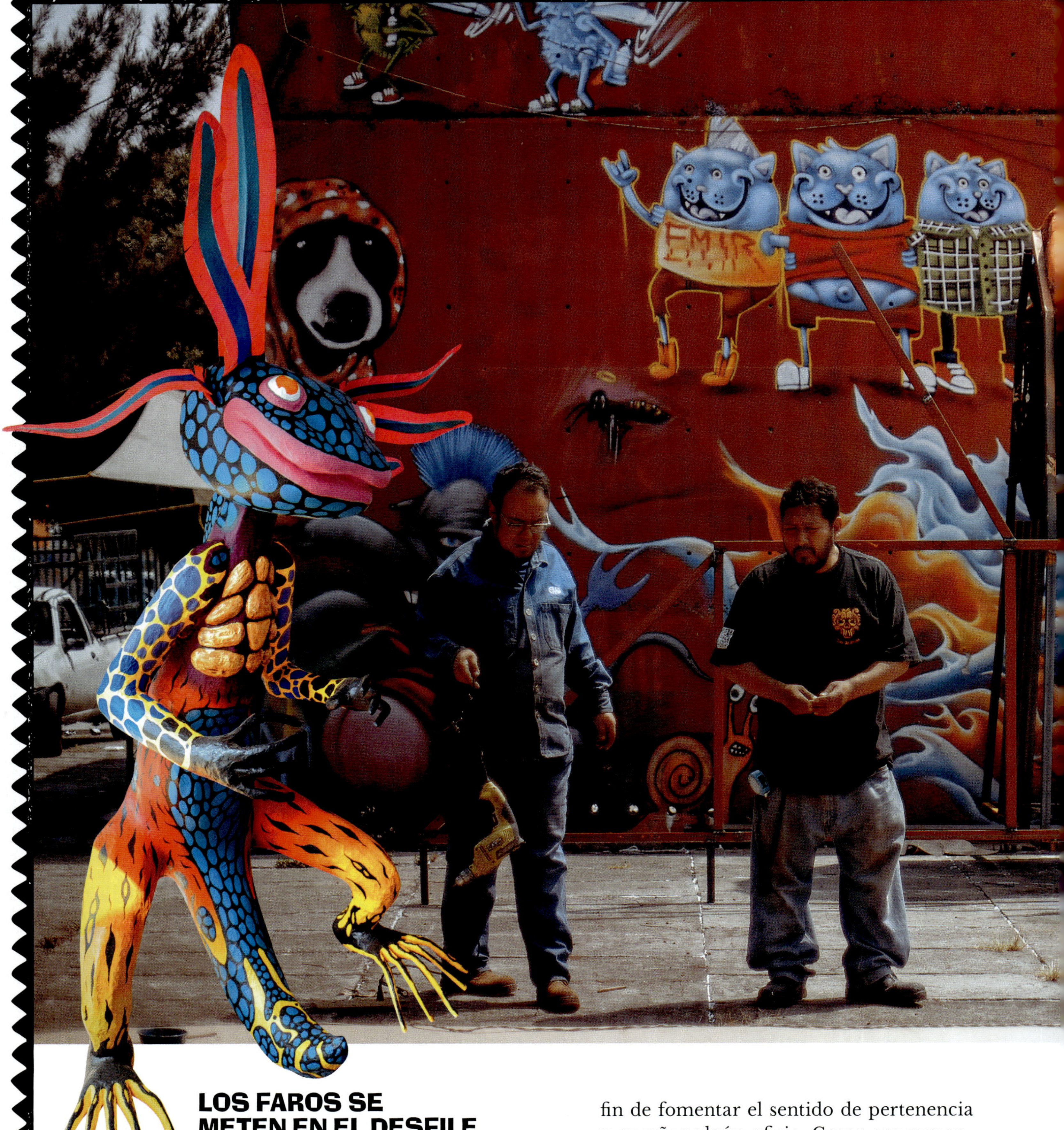

LOS FAROS SE METEN EN EL DESFILE

La Fábrica de Artes y Oficios (Faro) está en estas fechas más activa que nunca. Nacida como como un espacio de educación artística no escolarizada en las zonas marginadas de la capital de México, ofrece una propuesta pedagógica a sectores desfavorecidos de la población, con el fin de fomentar el sentido de pertenencia y enseñar algún oficio. Como consecuencia de la falta de espacios de reunión para los jóvenes, estos Faros "han fortalecido el desarrollo de muchos niños, jóvenes, adultos y personas mayores, y han sido grandes integradores sociales y constructores de identidad y

↖ Alebrije. Sion Art. ↑ Proceso de creación de una de las calaveras monumentales que aparecen en la escena inicial de **Spectre**.

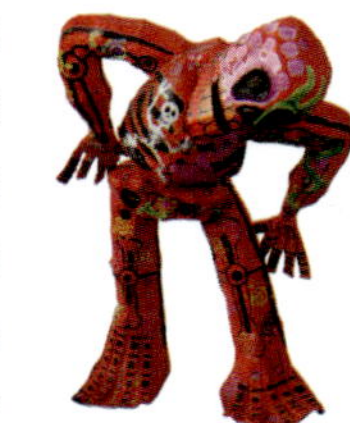

CUANDO TE TOCA, AUNQUE TE APARTES... Y CUANDO NO, AUNQUE TE METAS

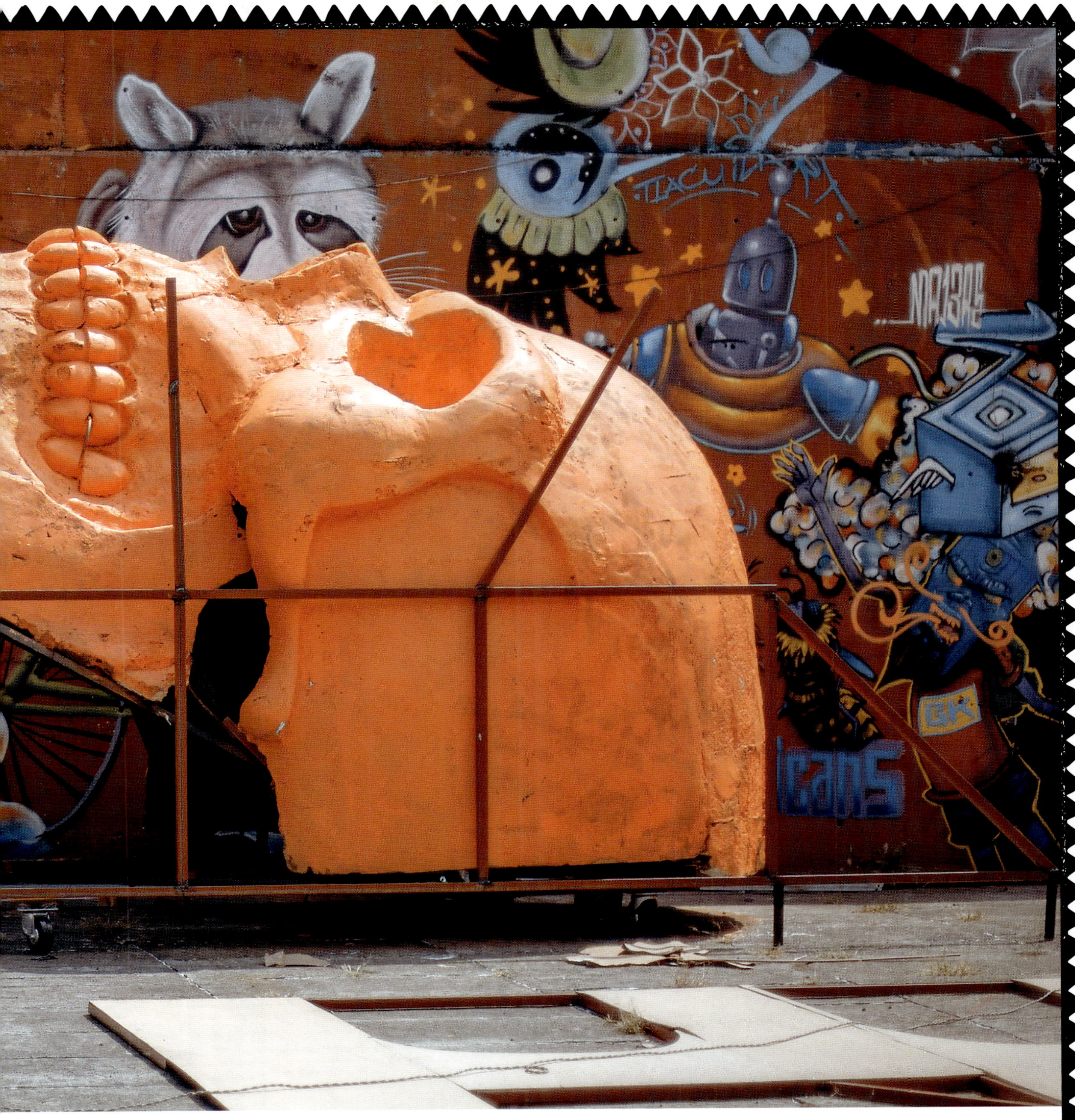

comunidad", según afirma la extitular del Faro de Oriente Yesenia Ramírez Rafael en *Fábricas de Artes y Oficios de la Ciudad de México: quince años de navegar el siglo XXI* (Trilce, 2016).

El primero de estos espacios, el Faro de Oriente, nació con el siglo, en el año 2000, en la alcaldía Iztapalapa, como una escuela de artes y oficios y un espacio cultural donde se imparten talleres creativos, conferencias, exposiciones de arte y conciertos. Posteriormente, a partir de 2006 y a través de la Secretaría de Cultura del Gobierno de la Ciudad de México, se establecieron nuevos Faros en otros lugares, como Tláhuac, Milpa Alta o Indios Verdes. El más reciente se estableció en la colonia Tlaxpana, denominado Faro Cosmos. Con éste suman un total de ocho, que configuran la Red de Faros distribuida por la capital mexicana.

→ (p. 274) Catrina de carne y hueso frente a la Catrina Bienvenida, calaca monumental en la Plaza de Armas de Atlixco (Puebla) que marcaba el punto de partida del Festival Valle de Catrinas (2023).

→ (p. 275) El alto nivel de producción y fantasía en el vestuario y maquillaje de los asistentes a los desfiles de catrinas llega a ser sorprendente. Ciudad de México (2023).

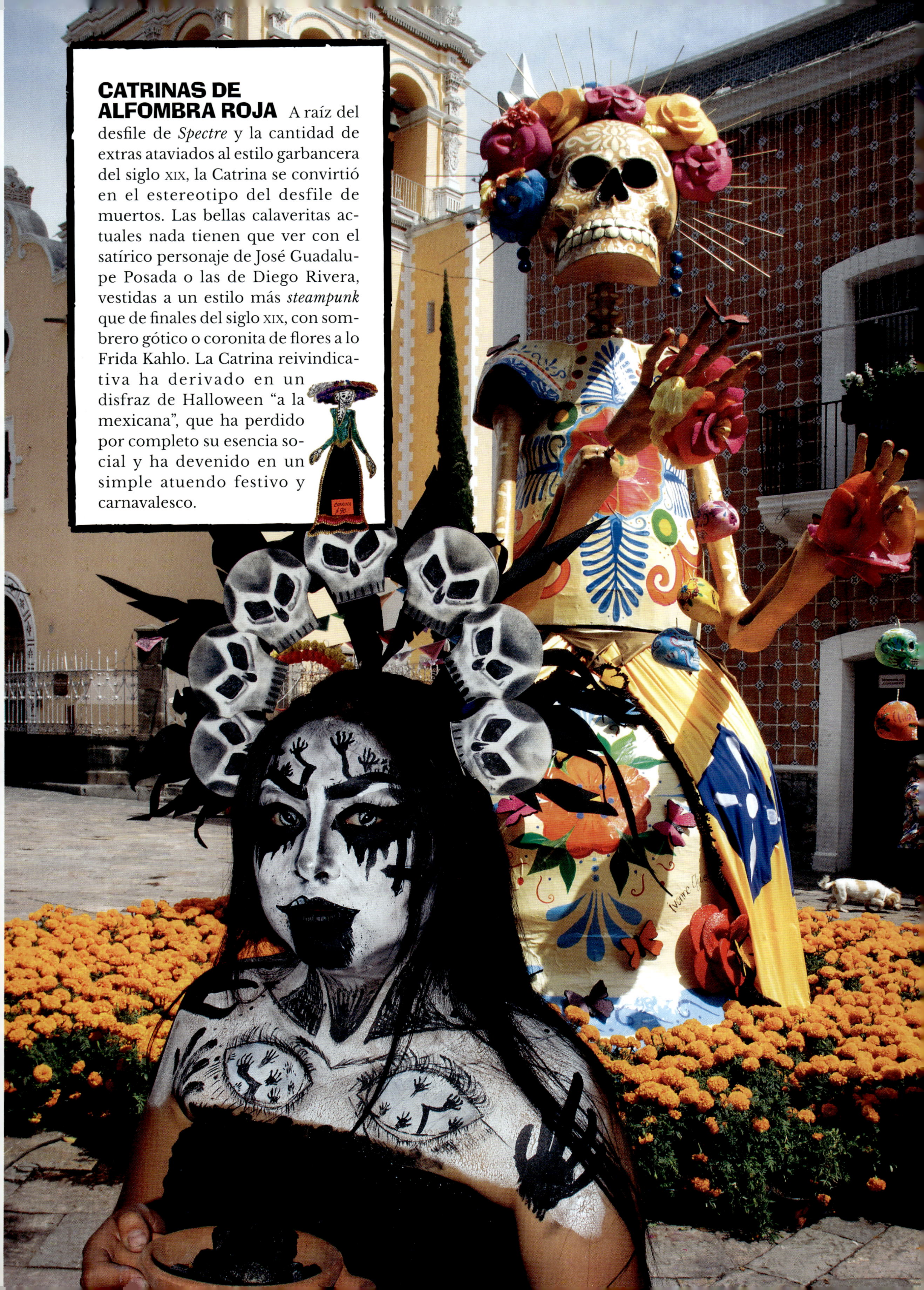

CATRINAS DE ALFOMBRA ROJA A raíz del desfile de *Spectre* y la cantidad de extras ataviados al estilo garbancera del siglo XIX, la Catrina se convirtió en el estereotipo del desfile de muertos. Las bellas calaveritas actuales nada tienen que ver con el satírico personaje de José Guadalupe Posada o las de Diego Rivera, vestidas a un estilo más *steampunk* que de finales del siglo XIX, con sombrero gótico o coronita de flores a lo Frida Kahlo. La Catrina reivindicativa ha derivado en un disfraz de Halloween "a la mexicana", que ha perdido por completo su esencia social y ha devenido en un simple atuendo festivo y carnavalesco.

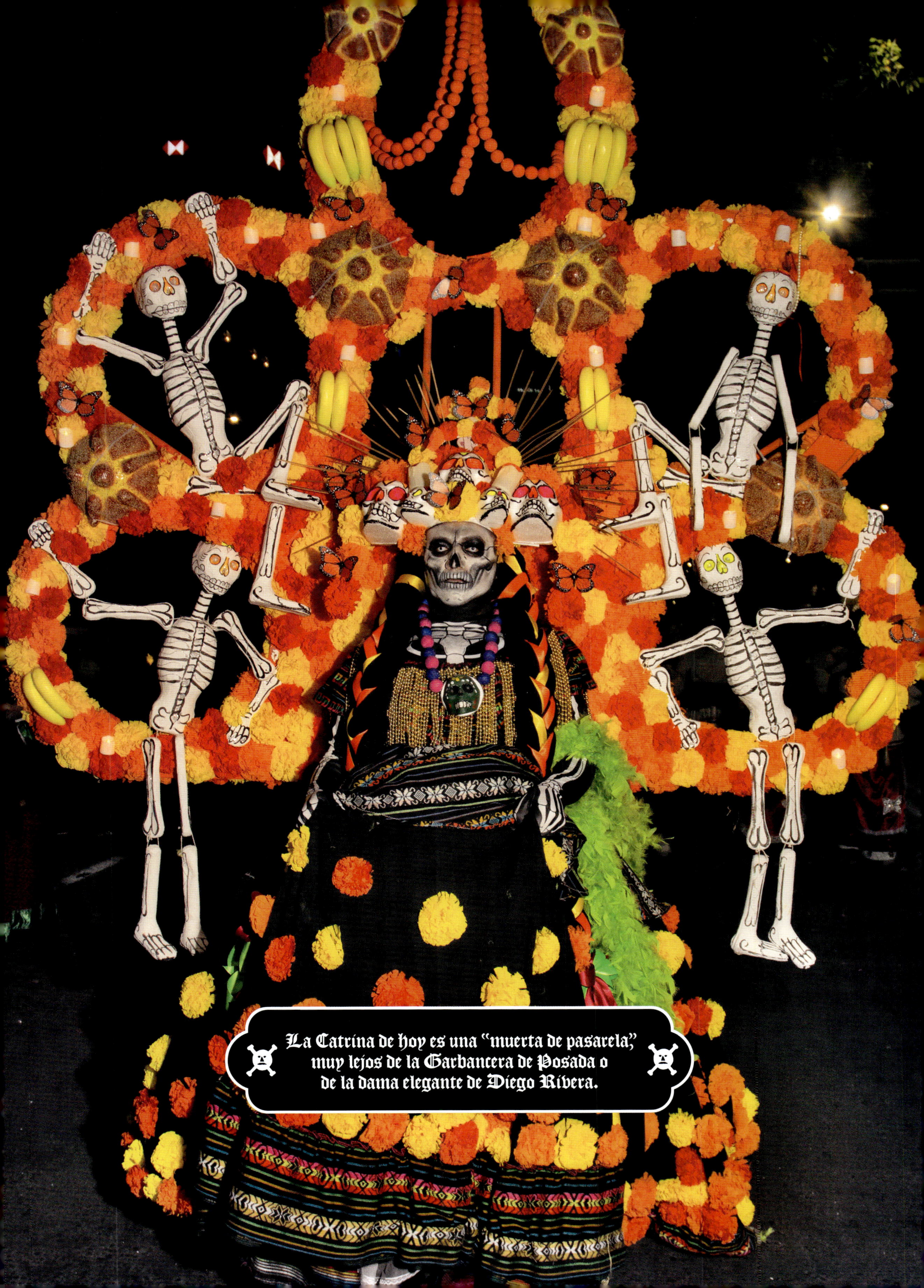

La Catrina de hoy es una "muerta de pasarela," muy lejos de la Garbancera de Posada o de la dama elegante de Diego Rivera.

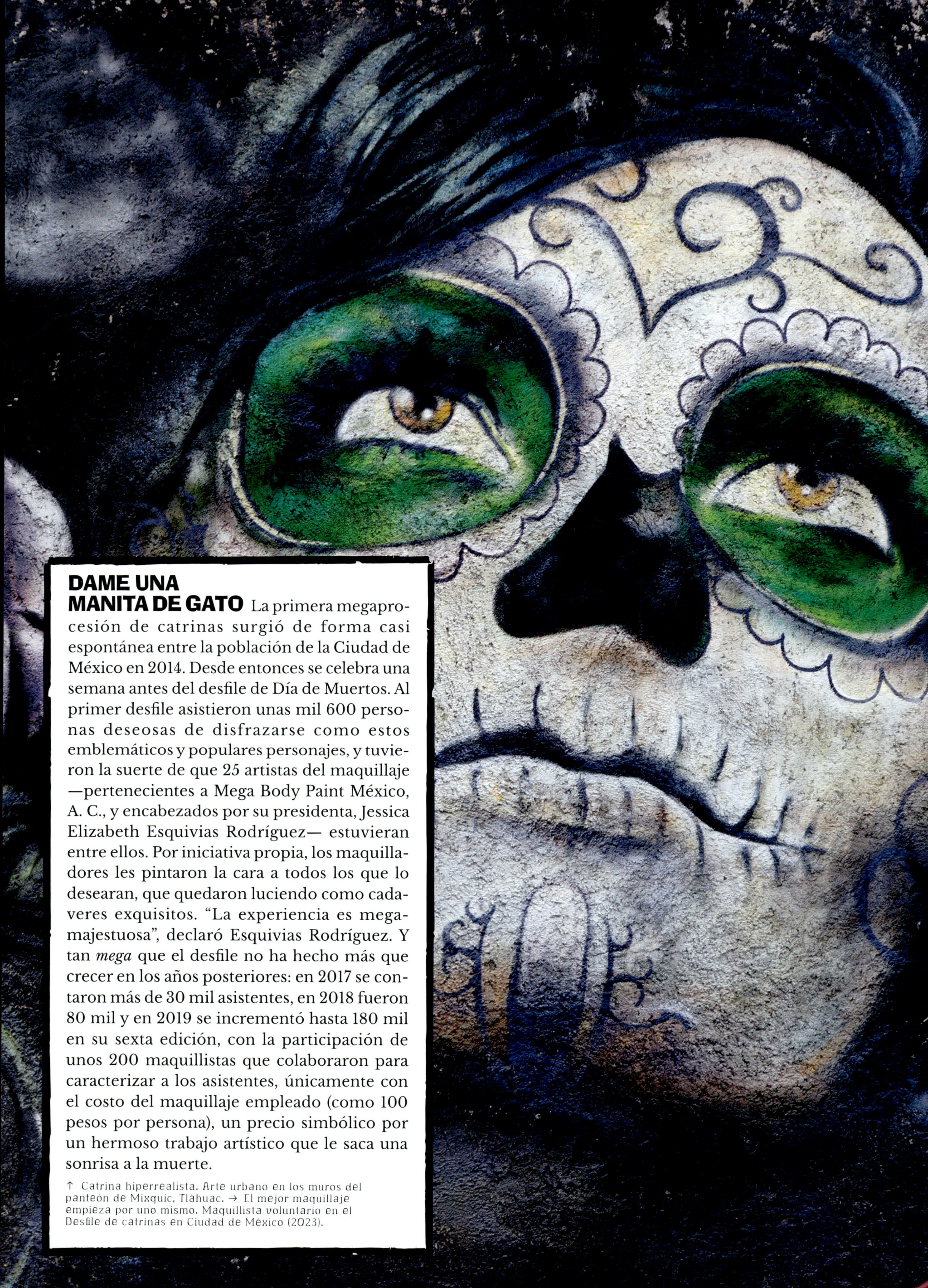

DAME UNA MANITA DE GATO La primera megaprocesión de catrinas surgió de forma casi espontánea entre la población de la Ciudad de México en 2014. Desde entonces se celebra una semana antes del desfile de Día de Muertos. Al primer desfile asistieron unas mil 600 personas deseosas de disfrazarse como estos emblemáticos y populares personajes, y tuvieron la suerte de que 25 artistas del maquillaje —pertenecientes a Mega Body Paint México, A. C., y encabezados por su presidenta, Jessica Elizabeth Esquivias Rodríguez— estuvieran entre ellos. Por iniciativa propia, los maquilladores les pintaron la cara a todos los que lo desearan, que quedaron luciendo como cadaveres exquisitos. “La experiencia es megamajestuosa”, declaró Esquivias Rodríguez. Y tan *mega* que el desfile no ha hecho más que crecer en los años posteriores: en 2017 se contaron más de 30 mil asistentes, en 2018 fueron 80 mil y en 2019 se incrementó hasta 180 mil en su sexta edición, con la participación de unos 200 maquillistas que colaboraron para caracterizar a los asistentes, únicamente con el costo del maquillaje empleado (como 100 pesos por persona), un precio simbólico por un hermoso trabajo artístico que le saca una sonrisa a la muerte.

↑ Catrina hiperrealista. Arte urbano en los muros del panteón de Mixquic, Tláhuac. → El mejor maquillaje empieza por uno mismo. Maquillista voluntario en el Desfile de catrinas en Ciudad de México (2023).

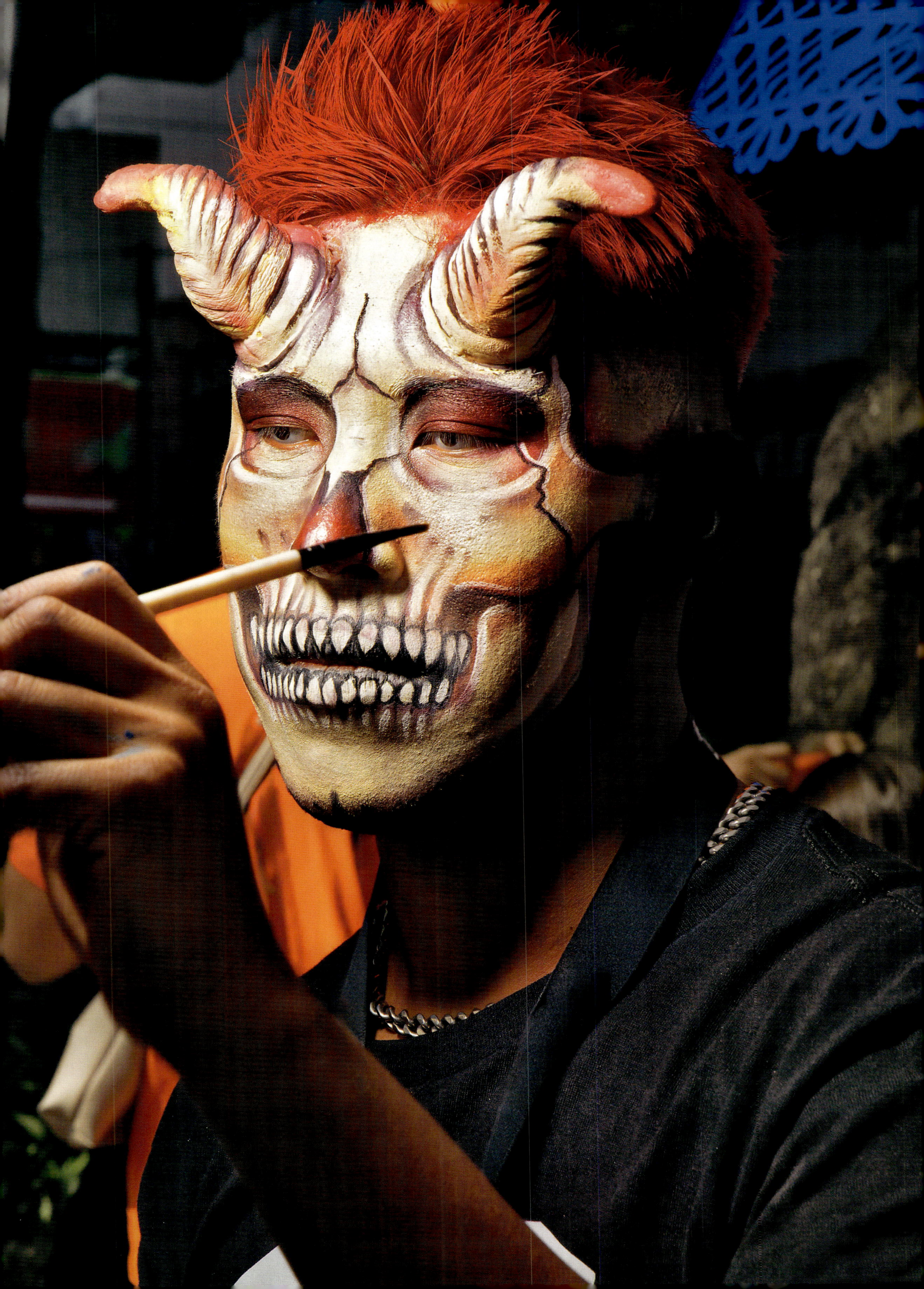

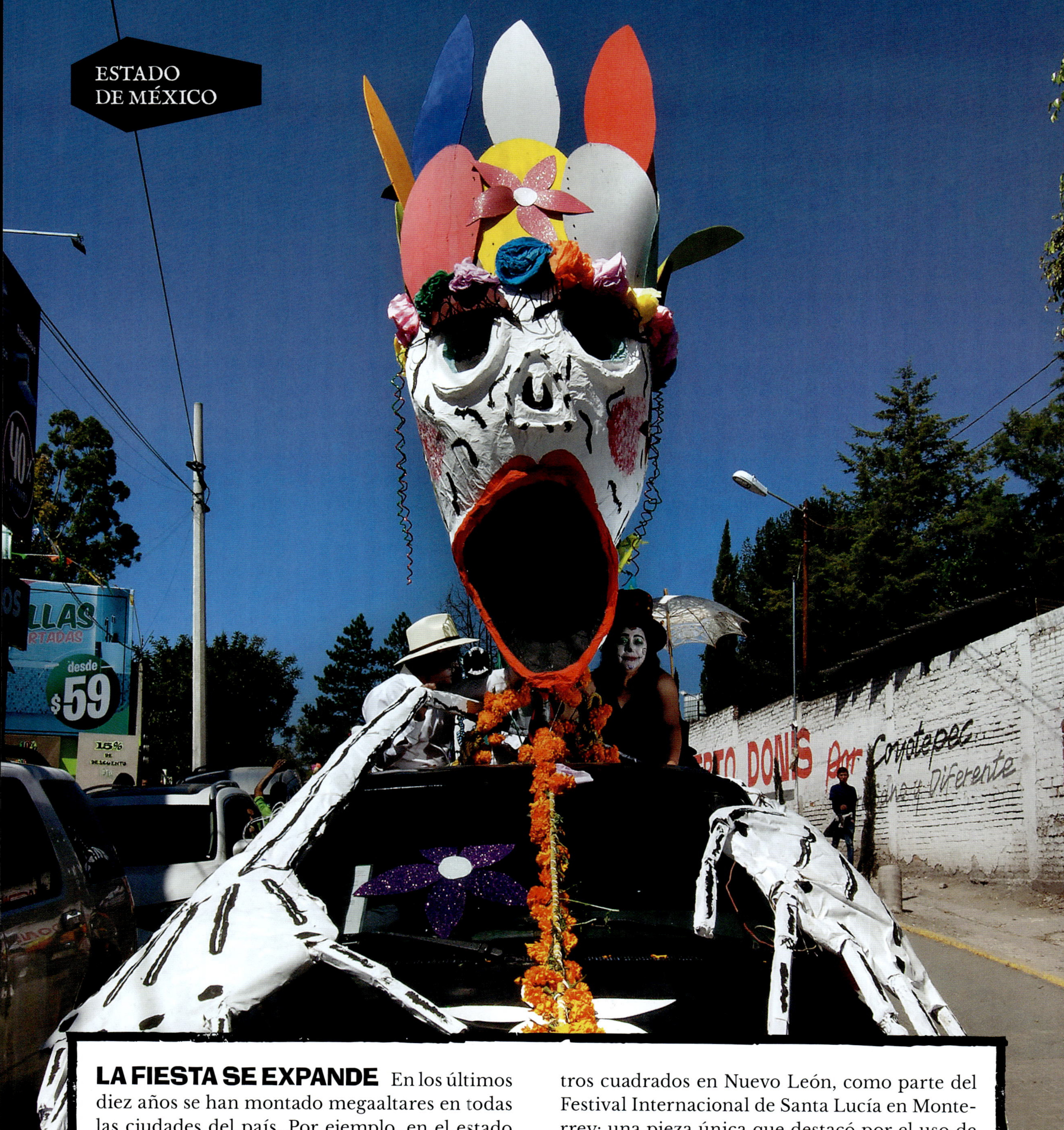

LA FIESTA SE EXPANDE En los últimos diez años se han montado megaaltares en todas las ciudades del país. Por ejemplo, en el estado de Hidalgo han conseguido varios galardones del *Guinness World Records*. En 2014 lograron este premio con una instalación de 558 metros cuadrados ubicada en la Plaza México de Pachuca; en 2017 se superaron a sí mismos con otra de 846 metros cuadrados, y en 2019 pulverizaron sus anteriores marcas con una megalítica estructura piramidal que ocupó mil 44 metros cuadrados en la plaza Juárez de Pachuca. En 2023 Hidalgo perdió su liderazgo ante un altar de mil 212 metros cuadrados en Nuevo León, como parte del Festival Internacional de Santa Lucía en Monterrey: una pieza única que destacó por el uso de *videomapping*, en la que se proyectaba un cráneo gigante que presidía toda la instalación. Poco les duró la alegría: tan sólo tres días después, Veracruz les arrebató el premio con un enorme altar de mil 568 metros cuadrados, en el Velódromo Internacional de Xalapa. Constaba de mil 250 velas, 795 panes y 200 calaveras de azúcar, entre las tradicionales flores de cempasúchil, tamales y papel picado. Contó con la colaboración de más de 700 voluntarios.

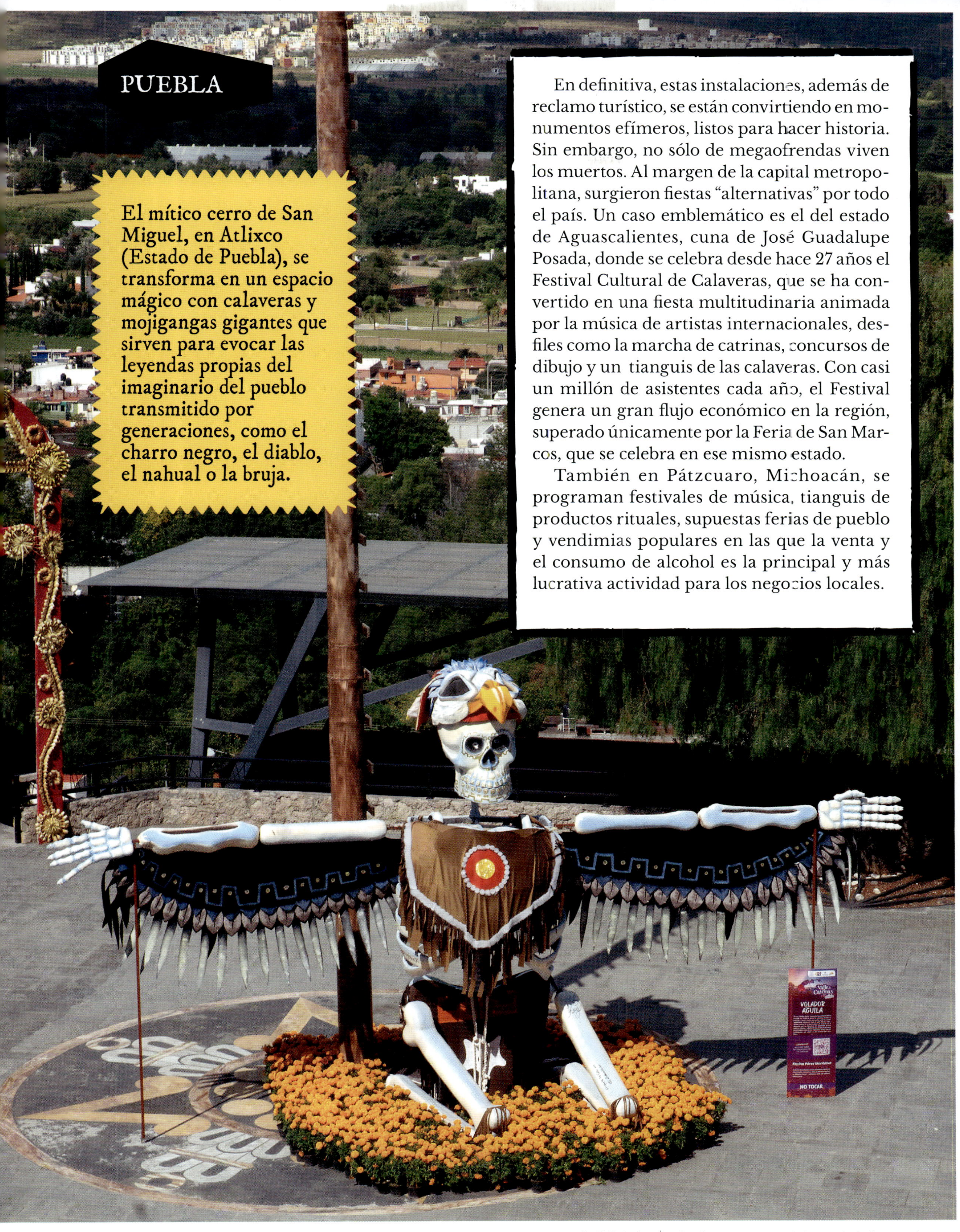

El mítico cerro de San Miguel, en Atlixco (Estado de Puebla), se transforma en un espacio mágico con calaveras y mojigangas gigantes que sirven para evocar las leyendas propias del imaginario del pueblo transmitido por generaciones, como el charro negro, el diablo, el nahual o la bruja.

En definitiva, estas instalaciones, además de reclamo turístico, se están convirtiendo en monumentos efímeros, listos para hacer historia. Sin embargo, no sólo de megaofrendas viven los muertos. Al margen de la capital metropolitana, surgieron fiestas "alternativas" por todo el país. Un caso emblemático es el del estado de Aguascalientes, cuna de José Guadalupe Posada, donde se celebra desde hace 27 años el Festival Cultural de Calaveras, que se ha convertido en una fiesta multitudinaria animada por la música de artistas internacionales, desfiles como la marcha de catrinas, concursos de dibujo y un tianguis de las calaveras. Con casi un millón de asistentes cada año, el Festival genera un gran flujo económico en la región, superado únicamente por la Feria de San Marcos, que se celebra en ese mismo estado.

También en Pátzcuaro, Michoacán, se programan festivales de música, tianguis de productos rituales, supuestas ferias de pueblo y vendimias populares en las que la venta y el consumo de alcohol es la principal y más lucrativa actividad para los negocios locales.

← Ambiente carnavalesco durante el Festival del Día de Muertos de 2023 en el municipio de Coyotepec, al norte del Estado de México.

↑ El Volador Águila, figura monumental que rinde homenaje a los danzantes. **Valle de Catrinas** de Atlixco, Puebla (2023).

LAS MOJIGANGAS SE SUMAN A LA FIESTA Originarias de Oaxaca, son unas figuras gigantes de cartón con esqueletos flexibles de alambre, vestidos con ropas llamativas. Suelen desfilar durante una Calenda, celebración que inicia las fiestas patronales en los Valles Centrales.

Conrado Serrano es el maestro cartonero del taller Caliche de Tecamachalco (estado de Puebla), que conoció estas creaciones cuando llegaron a Puebla de la mano del colectivo Cletamachalco. Vio cómo las construían de un modo casi intuitivo y de inmediato se involucró en el proceso de aprendizaje colectivo. Al principio, a los discípulos se les rompían, pero con la práctica y su supervisión fueron mejorando la resistencia rebajando el peso, que puede alcanzar 12 kilos. Su primera creación, la cabeza blanca de Talavera, triunfó en el desfile del 2 de noviembre de 2012 por el paseo Bravo de Puebla, meneando el cráneo con motivos de la cerámica que le da nombre, luciendo blusa morada y falda azul ajustada al talle con un cinturón de coche viejo. Según recuerda Conrado, fue una fiesta pequeñita, “del pueblo para el pueblo”.

Encantado con la experiencia, al año siguiente se sumó a la Calenda de Tecamachalco, que se celebra el sábado más próximo al Día de Muertos. Se trata de un desfile de unas cuatro horas desde el parque hasta el panteón municipal. En sucesivas ediciones, Conrado asumió aspectos de la organización con la ayuda de Caro Costas, una amiga de confianza, en logística, patrocinios, transporte o la elaboración del pulque, bebida alcohólica muy popular en México que se obtiene del fermento de aguamiel o jugo de maguey.

Mientras tanto, en el taller prepara todas las mojigangas de las que dispone el colectivo. Se tarda aproximadamente dos meses en terminar cada una, dependiendo del clima, que es decisivo para el secado. Se empieza haciendo la cabeza y, mientras se seca, se hacen las manos, que también se dejan secar. Cuando ambas partes están listas, se procede a formar el cuerpo. Lo último es pintarla y poner los tirantes para poder cargarla. Pueden reunir unas cincuenta piezas, incluyendo las que hace la gente siguiendo los tutoriales de su canal de YouTube, Caliche Taller de Arte. Conrado, alias *Caliche*, es un auténtico entusiasta de su trabajo. Asegura que es emocionante ver cómo van naciendo las figuras y ponerles nombre por alguna característica diferenciadora: la Chueca, la Diablita... o el apodo de alguna persona de la comunidad.

→ Conrado Serrano, maestro cartonero, posando con tres de sus mojigangas para el desfile de Día de Muertos en Tecamachalco, Puebla.

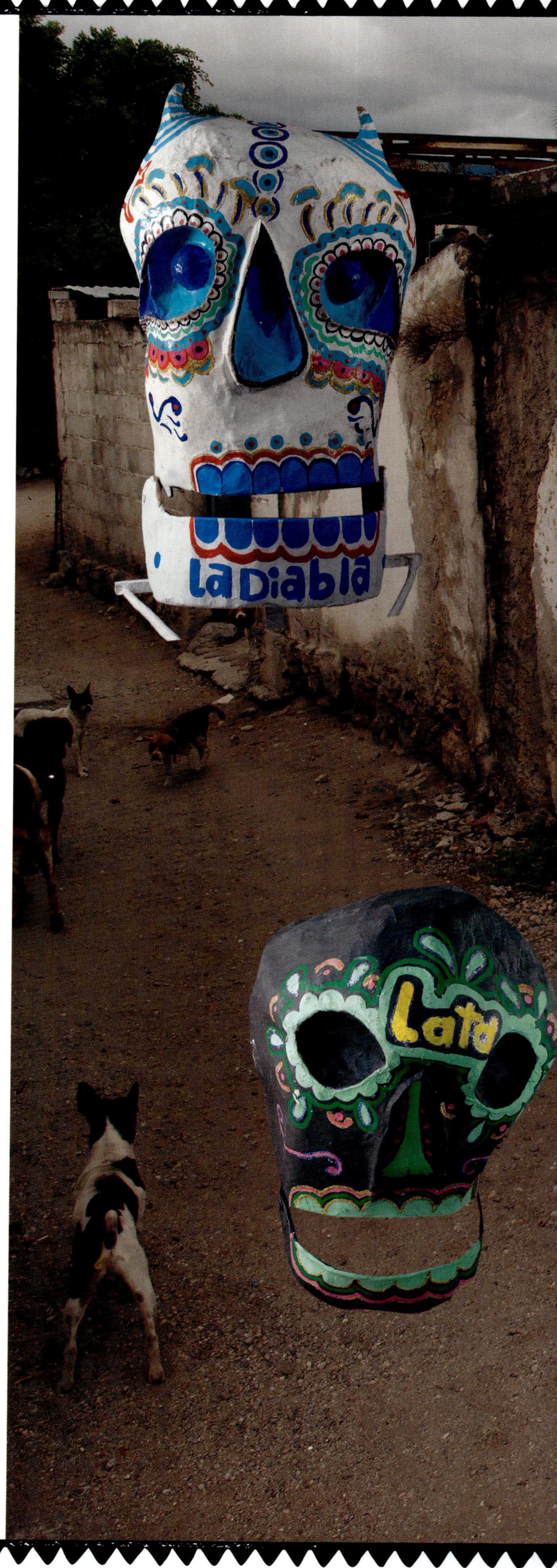

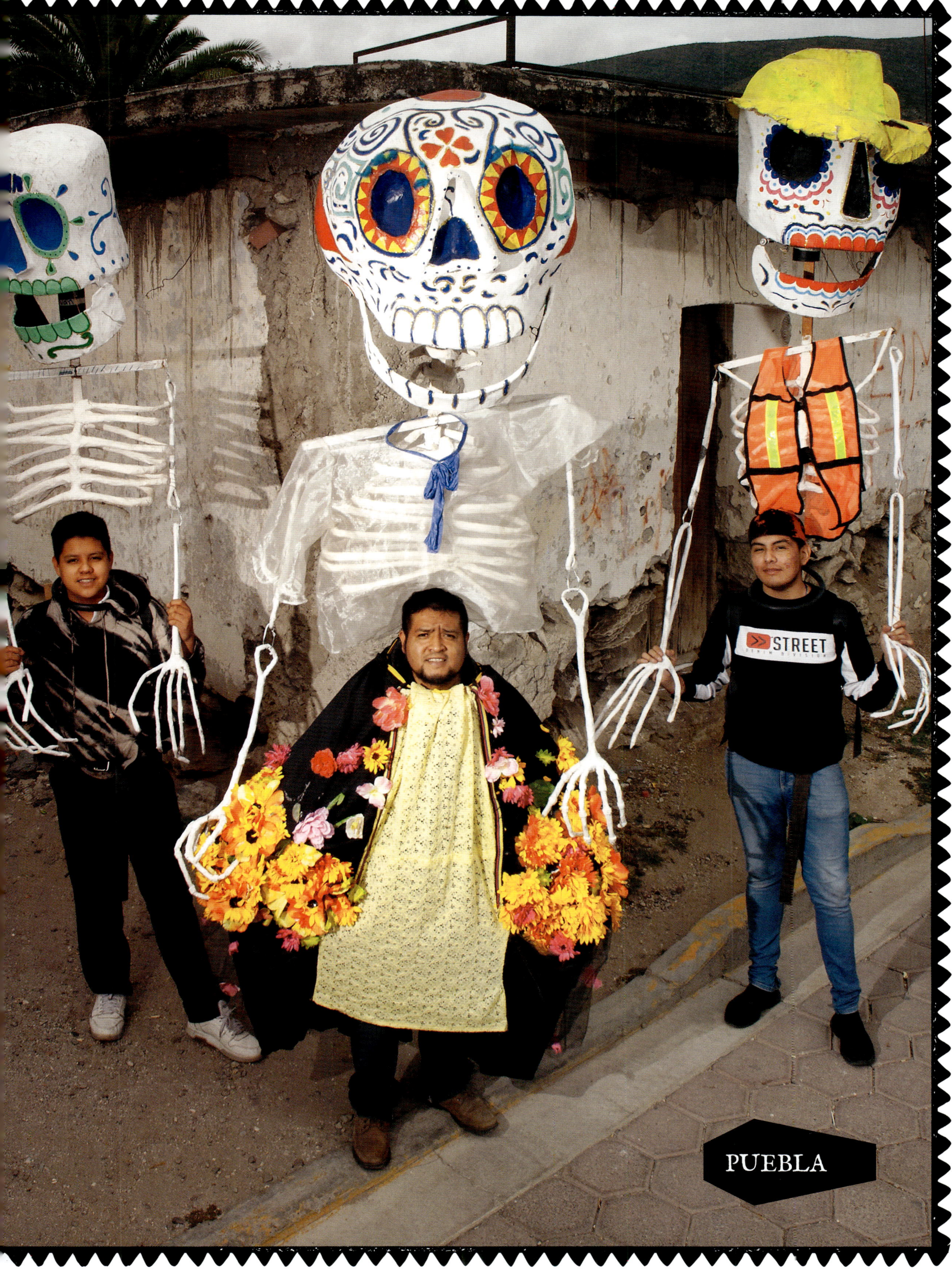

PUEBLA

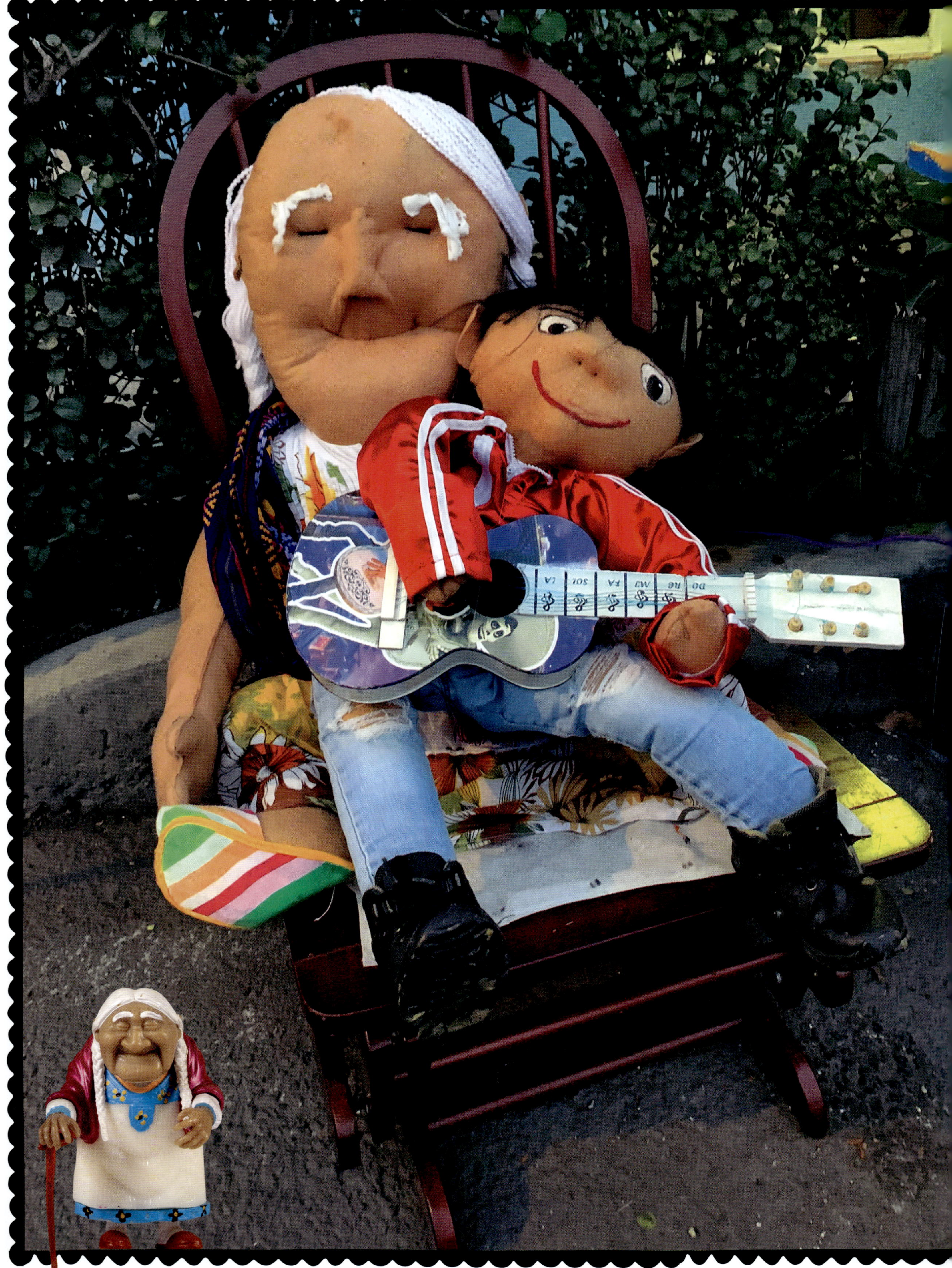

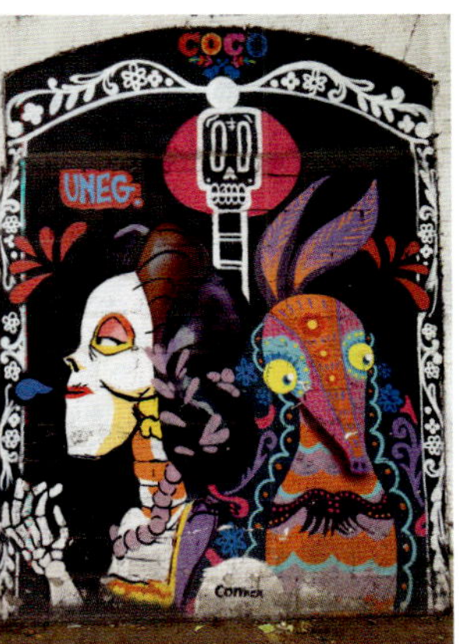

COCO Y EL RESCATE DE LA MEMORIA

La aparición de la película de animación *Coco* (2017) dio a conocer las tradiciones familiares del Día de Muertos al mundo entero. La historia transcurre en Santa Cecilia, un pueblo ficticio inspirado en Santa Fe de la Laguna (Michoacán), localidad de la región indígena purépecha del oeste de México. Cuenta la historia de Miguel, un niño que desea ser músico a pesar de la oposición de su familia, y lo consigue cuando viaja al Mictlán por accidente.

El esfuerzo por plasmar de la manera más fiel posible las costumbres mexicanas llevó a los creadores del filme a viajar a México para realizar una investigación. Pudieron observar el tributo que la gente rendía a sus antepasados en cada elemento de las ofrendas. A partir de esta observación aprendieron la importancia de colocar la foto en el altar, aspecto que se convirtió en el eje de la película. Otro elemento prehispánico que introdujeron son los pétalos de cempasúchil que adornan el puente por el que viajan los muertos entre los dos mundos. Y, por supuesto, no podía faltar el fiel compañero de Miguel, Dante, que pasa de ser un simple perro callejero a convertirse en el Mictlán en un xoloitzcuintle, el guía mágico y espiritual del difunto.

Al margen de licencias creativas —como los alebrijes de colores que sobrevuelan el inframundo, que nada tienen que ver con la tradición de muertos—, el director, Lee Unkrich, y el diseñador de producción, Harley Jessup, se inspiraron en el urbanismo de la ciudad de Guanajuato para diseñar la atmósfera de su Mictlán, donde destaca la terminal de transporte, con unas aduanas similares a las taquillas del Palacio Postal en el centro histórico de la Ciudad de México, los techos multicolor que evocan el vitral *art déco* del Gran Hotel y los tranvías que se usaron alguna vez en la capital del país.

También el ficticio cementerio de Santa Cecilia es una amalgama de panteones de Oaxaca y Michoacán que inspiraron el del ídolo de masas Ernesto de la Cruz, un personaje que podría ser una mezcla de los actores y cantantes Jorge Negrete y Pedro Infante. De hecho, los productores no pudieron resistirse a incluir la aparición de otros personajes icónicos de México, como el cómico Mario Moreno *Cantinflas*, la actriz María Félix, el

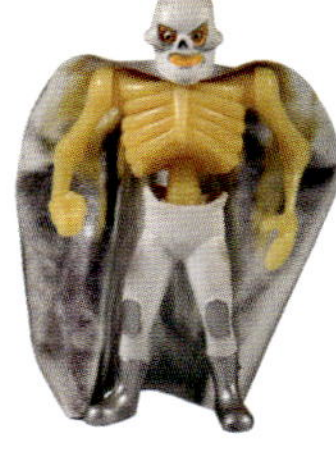

UNO PROPONE, DIOS DISPONE, LLEGA LA MUERTE Y TODO LO DESCOMPONE

← Altar dedicado a los personajes de la película **Coco** en una calle de Tláhuac (2023).

> "Las guitarras son como el vino: el tiempo tiene mucho que ver".
>
> Germán Vázquez Rubio

luchador El Santo o la pintora Frida Kahlo, nombres que contrastan con el humilde y sencillo apodo que da título a la película, pues Coco es el diminutivo que se usa en México para Socorro, otro guiño a la llamada de auxilio del olvidado Héctor Rivera, uno de los personajes principales de la cinta. El final, feliz tanto para los vivos como para los muertos, nos recuerda que lo más relevante de esta fiesta es la celebración de estar con tus seres queridos en familia y con alegría.

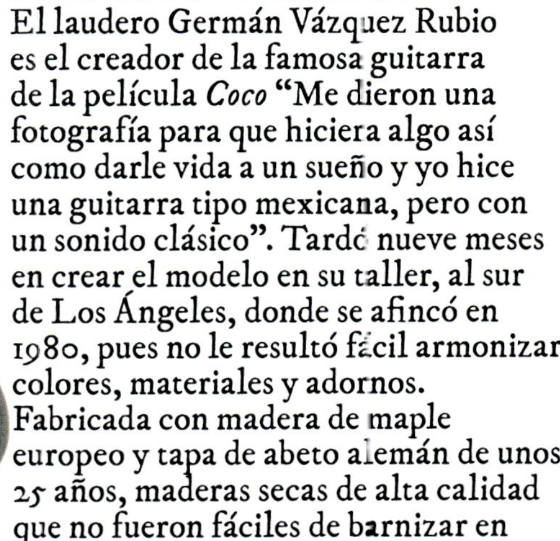

TOCADOS POR SEIS CUERDAS

El laudero Germán Vázquez Rubio es el creador de la famosa guitarra de la película *Coco* "Me dieron una fotografía para que hiciera algo así como darle vida a un sueño y yo hice una guitarra tipo mexicana, pero con un sonido clásico". Tardó nueve meses en crear el modelo en su taller, al sur de Los Ángeles, donde se afincó en 1980, pues no le resultó fácil armonizar colores, materiales y adornos. Fabricada con madera de maple europeo y tapa de abeto alemán de unos 25 años, maderas secas de alta calidad que no fueron fáciles de barnizar en blanco, lo más llamativo es el clavijero, que se asemeja a una calavera, con su detallada boca de concha nácar y madreperla, con incrustaciones de oro de 24 kilates, por la que Disney Pixar le pagó casi 20 mil dólares (380 mil pesos), joya casi única de la que se crearon veinte réplicas. Una fue para Lee Unkrich, director de la película; otra se presentó en el Festival Internacional de Cine de Morelia, y el resto se regaló a los creativos de las películas.

La guitarra de Germán Vázquez no sólo cambió la estética de las guitarras clásicas mexicanas, sino también la historia de su pueblo natal: Paracho, ubicado en la meseta purépecha de Michoacán, que ya era conocido como la capital mundial de las guitarras gracias al primer obispo español del estado, Vasco Vázquez de Quiroga y Alonso de la Cárcel, fallecido en Pátzcuaro en 1565.

En este reino musical no sólo han comprado instrumentos la compañía de guitarras Córdoba o Disney Pixar, sino también artistas como Los Panchos, Los Tres Ases, Bob Dylan, Pedro Infante, Jorge Negrete o los Beatles,además de innumerables fans de la película.

↖ Personajes de **Coco** en un mural en la Ciudad de México.

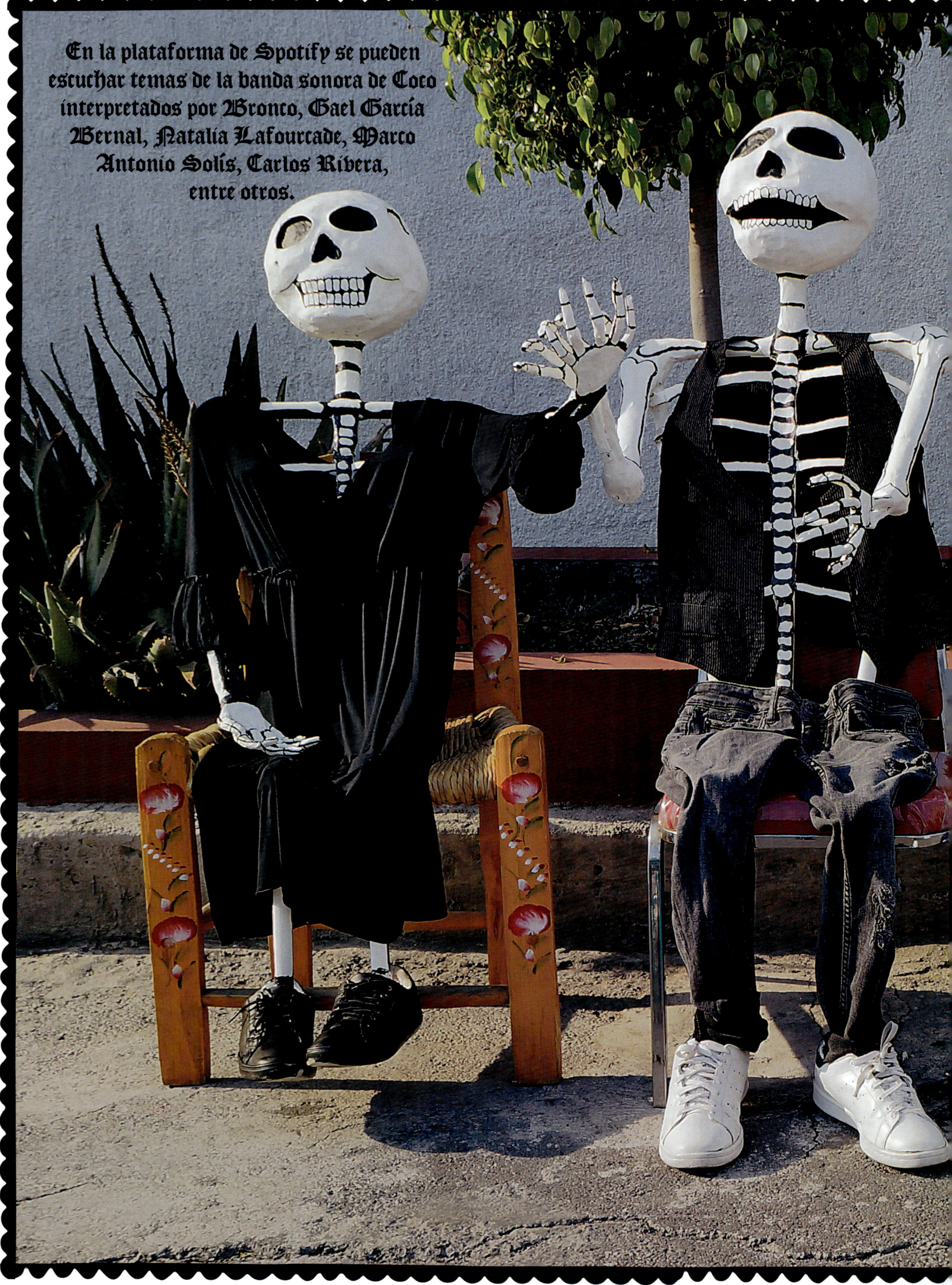

En la plataforma de Spotify se pueden escuchar temas de la banda sonora de Coco interpretados por Bronco, Gael García Bernal, Natalia Lafourcade, Marco Antonio Solís, Carlos Rivera, entre otros.

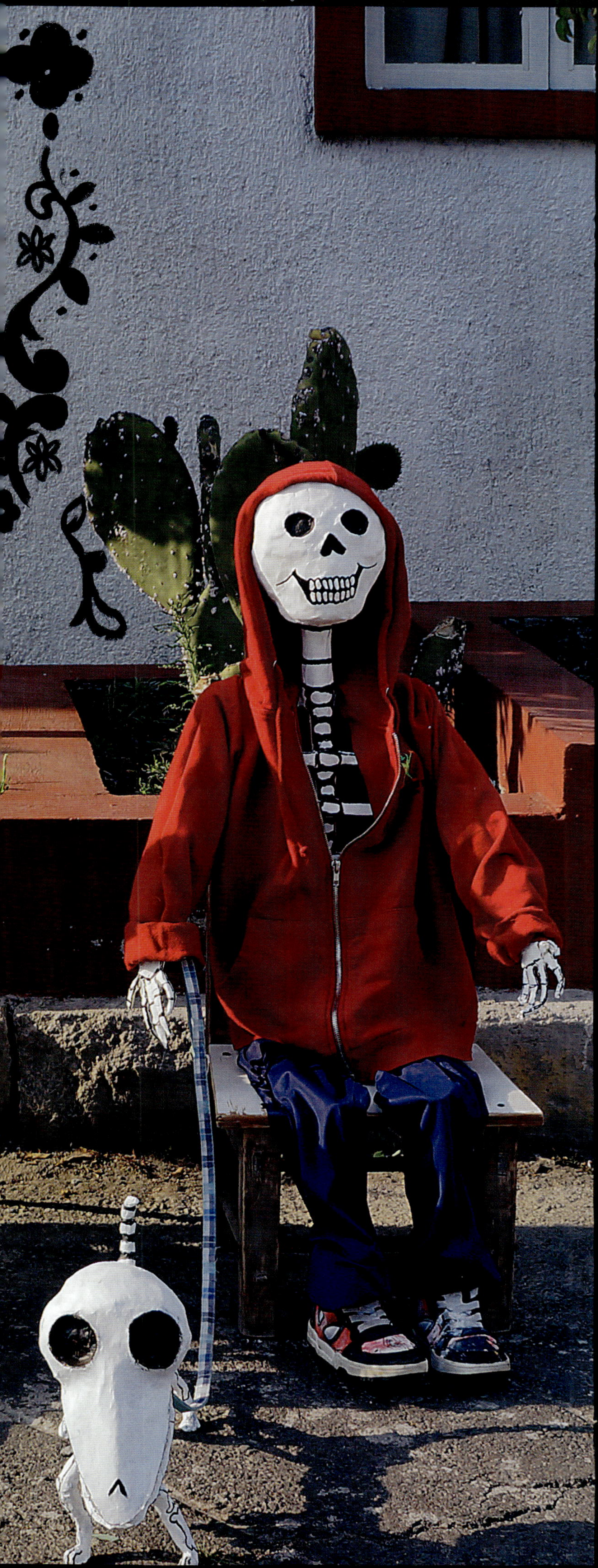

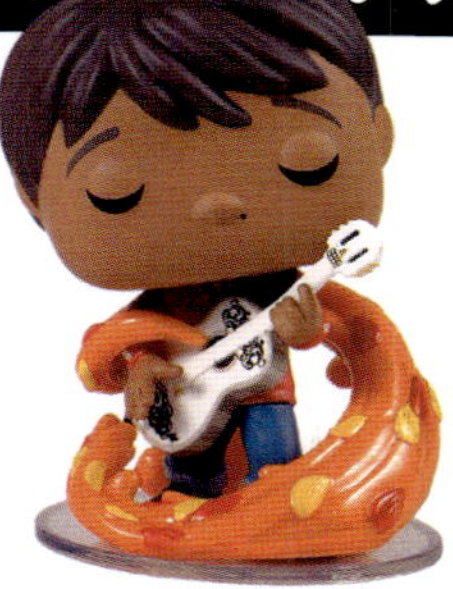

"RECUÉRDAME", UNA CANCIÓN QUE NO SE OLVIDA

En el momento climático, Miguel interpreta "Recuérdame", una balada acústica con atisbos de mariachi, que activa como un sortilegio la memoria perdida de su tatarabuela. Con música escrita por Robert López, conocido como *El Vez*, y letra de Kristen Anderson-López, compositora del tema principal de la película *Frozen* y esposa de Robert, la pieza es fruto de investigaciones del equipo de producción, que quería una canción al estilo de los artistas mexicanos Pedro Infante o Jorge Negrete: un bolero-ranchero que pudiera ser interpretado como una balada. Esta canción tuvo tal aceptación que incluso hubo varias versiones a cargo de artistas con gran proyección y reconocimiento del público, pues la Academia de Artes y Ciencias Cinematográficas de Hollywood le otorgó el Óscar en 2018 a la mejor canción original. En México, además, ha tenido un enorme aprecio, dada su aplicación de tipo terapéutico, ya que se ha empleado con niños como soporte emocional ante la muerte y la pérdida de seres queridos.

MÚSICA DISCO DEL INFRAMUNDO

Camilo Lara, del proyecto musical Instituto Mexicano del Sonido, formó parte del equipo responsable de la banda de sonido de *Coco* y fue también asesor musical, pero no sólo eso. Lara aparece en la película como personaje animado: es el DJ de la Tierra de los Muertos, una calavera con playera y sombrero. Sin embargo, su colaboración fue mucho más allá de un cameo, pues el director de la película lo escuchó y le gustó. Empezó a escribir el guion y mientras lo hacía ya imaginaba la música de Lara dentro de su cinta. Por eso el equipo de producción de la película lo contactó para el desarrollo de la banda sonora: "Hay dos canciones mías en la película e hice, además, toda la grabación de música incidental con los más de 150 músicos mexicanos que colaboraron. Estuve muy pegado al proceso de la película".

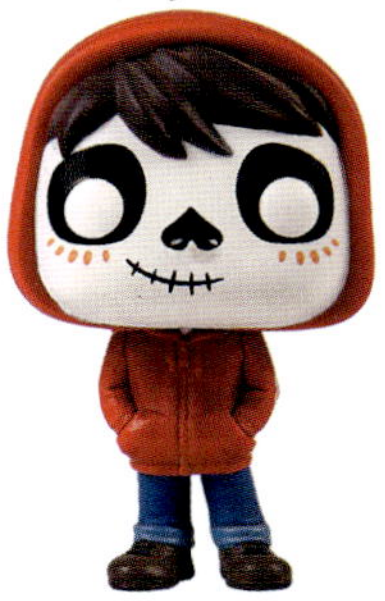

↖ Decoración con los personajes de la película **Coco** en una calle de Tláhuac.

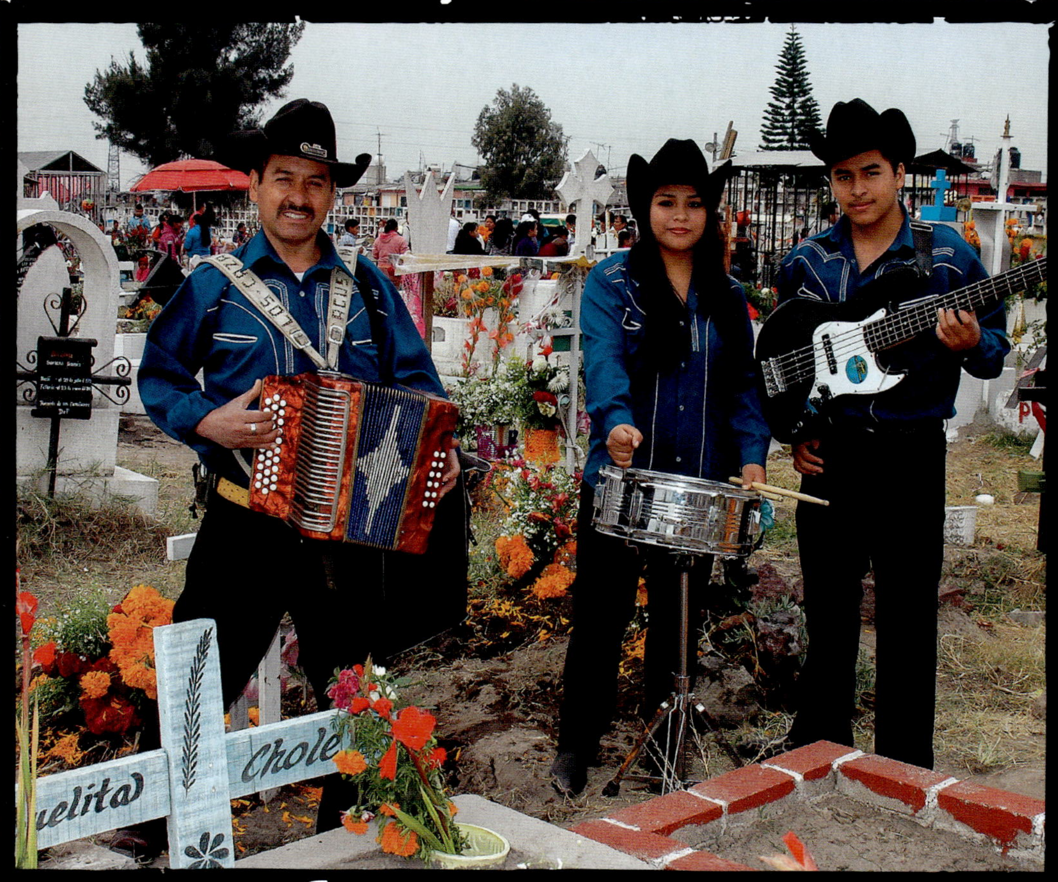

"LAS FLORES DEL CAMPOSANTO"
Óscar Chávez (1993)

Aquí la *música regional* abraza con naturalidad a la muerte, como si hubieran estado entrelazadas desde siempre.

También los muertos
tienen sus alegrías
si en la vida tuvieron
placer y encanto,
por eso se alzan
sobre las tumbas frías
siempre llenas de amores
y lozanías
las flores más hermosas
del camposanto.

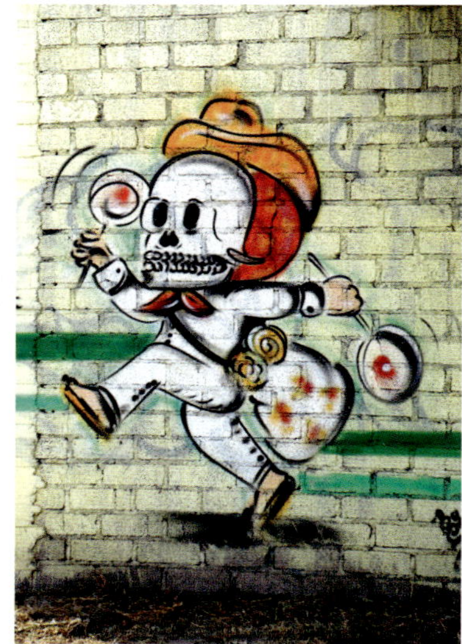

CANCIONES PARA DORMIR EL SUEÑO ETERNO

Desde antaño, durante las celebraciones del Día de Muertos es común ver en los panteones bandas de viento y músicos con requinto, acordeón o guitarra, tocando las melodías que le gustaban al fallecido. El canto, el acorde nostálgico, la letra dolorosa permiten experimentar un doble estado: duelo y alivio, amargura y gozo, tristeza y algarabía. La música regional acoge este sentido dual y antagónico de la fiesta misma. El tono de las canciones es siempre juguetón: el objetivo es celebrar con alegría, no sufrir como alma en pena.

Algunas bandas han utilizado la cosmogonía mexica como fuente de inspiración. La cantante y compositora de Oaxaca Lila Downs, en su tema "Uno muerte" (2000), escrito en lengua zapoteca, celebra el Día de Muertos. La propia autora declaró que, según su *nanañú* (abuelita), cuando la muerte llega es muy importante que lo viviente se pudra y descomponga, para que resurja la nueva vida. Otras letras incluyen elementos más específicos de la celebración, como las calaveritas o la Catrina. Pero en la mayoría de las propuestas musicales, el factor lúdico es muy identificable, basado en el imaginario nacional para mostrar las múltiples caras de la vida en este mundo y en el otro.

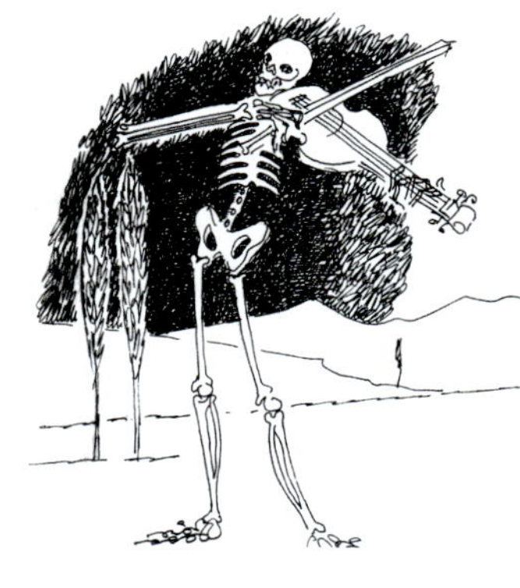

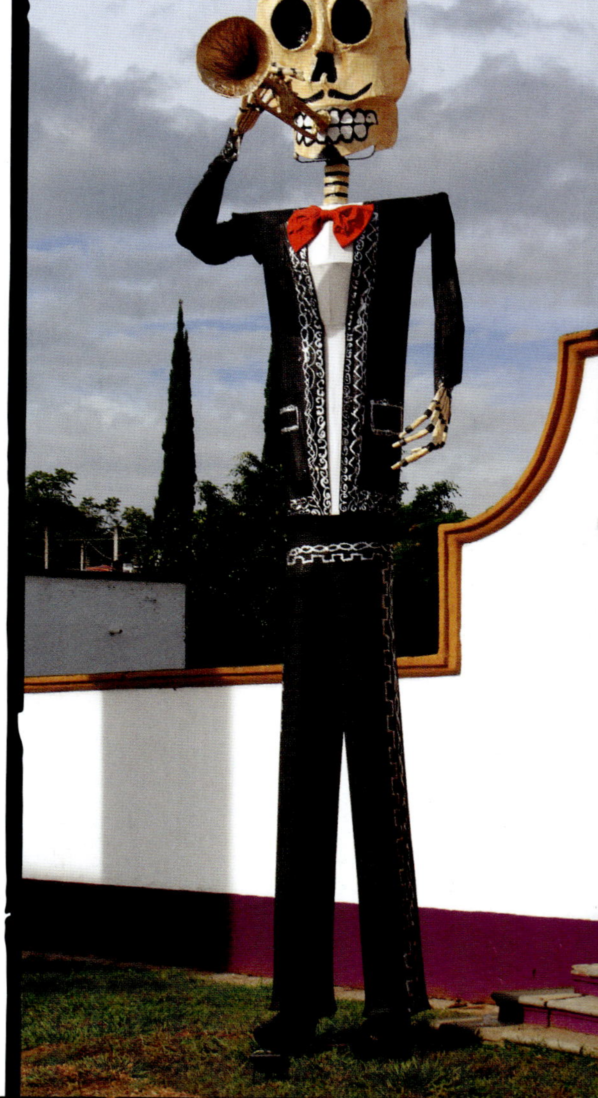

↑ Música en vivo en honor a los difuntos. Panteón de Chimalhuacán, Estado de México. ↑ Calaca danzante. Mural en Mixquic, Ciudad de México. ↗ Felipe Ehrenberg (s/f). Dibujo a tinta.

↑ **Xantolo papercut** (s/f), Alec Dempster, grabado. ↑ Trompetista, cementerio de Santa Cruz Xoxocotlán, Oaxaca (2019).

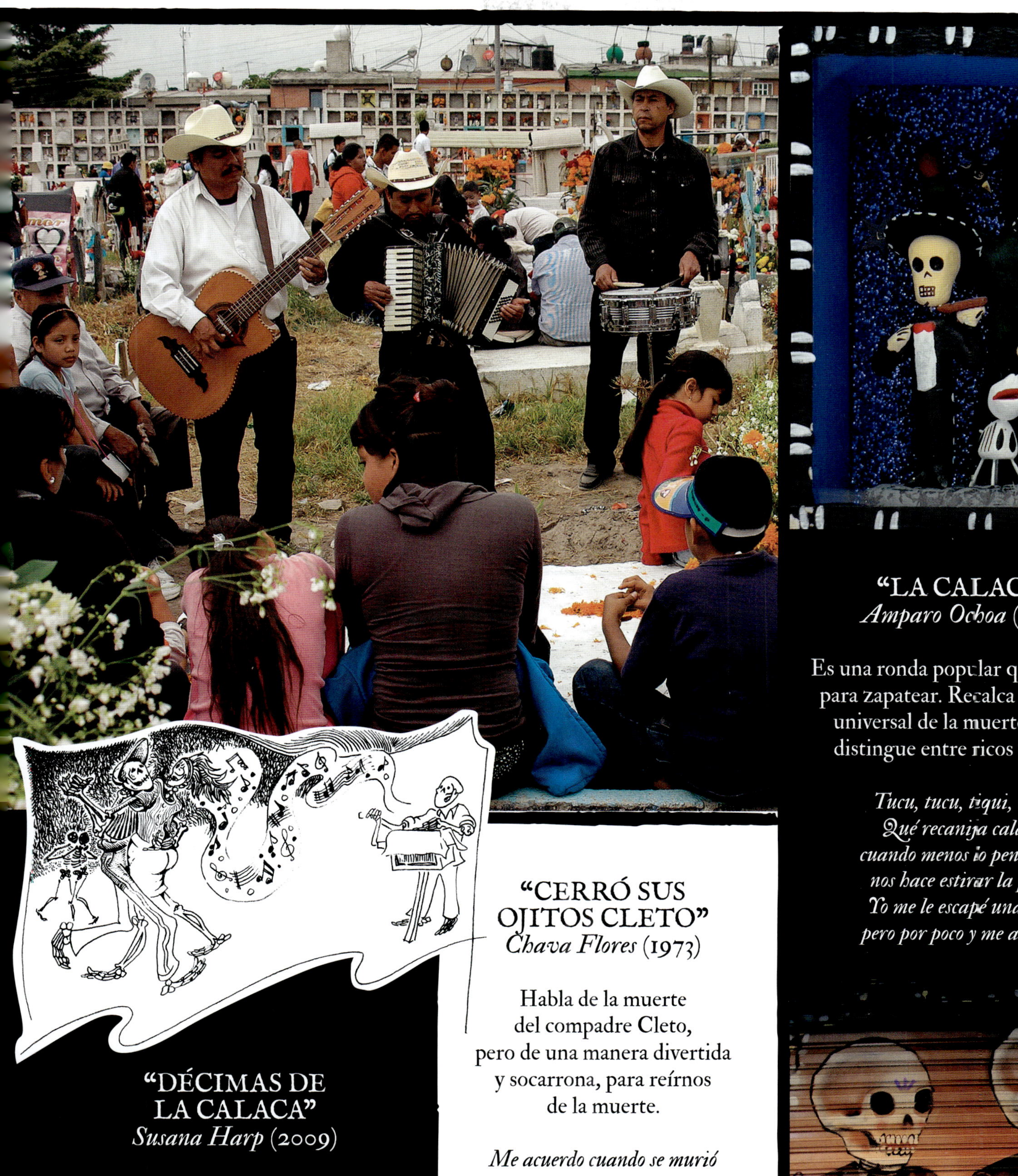

"LA CALACA"
Amparo Ochoa (1978)

Es una ronda popular que se presta para zapatear. Recalca el carácter universal de la muerte, que no distingue entre ricos y pobres.

Tucu, tucu, tiqui, taca.
Qué recanija calaca;
cuando menos lo pensamos,
nos hace estirar la pata.
Yo me le escapé una vez,
pero por poco y me atrapa.

"CERRÓ SUS OJITOS CLETO"
Chava Flores (1973)

Habla de la muerte del compadre Cleto, pero de una manera divertida y socarrona, para reírnos de la muerte.

Me acuerdo cuando se murió
mi compadre Cleto, pobrecito,
yo no sabía nada, y era
el día de su cumpleaños
y llegué cantándole
Las mañanitas.
Dice la comadre, ya ni le cante
nada, compadre, ya está bien frío.
Digo, ay, comadre, con razón
ya se me hacía mucho pastel
para cuatro mugres velas.

"DÉCIMAS DE LA CALACA"
Susana Harp (2009)

En esas estrofas la calaca se comporta como una adolescente que salta, baila, se burla de ti, te pone trampas, y después con socarronería te lleva con ella.

La huesuda es la muerte
que suena como matraca.
Haciéndome la alharaca,
quiere jugar a escondidas.

↑ Las canciones de Día de Muertos forman parte de la tradición que ha sobrevivido al paso del tiempo. Panteón de Chimalhuacán, Estado de México. ↑ Felipe Ehrenberg (s/f). Dibujo a tinta.

↑ Diorama de Día de Muertos. Músicos. ↑ Arte urbano en una cortina metálica. Centro histórico. Ciudad de México.

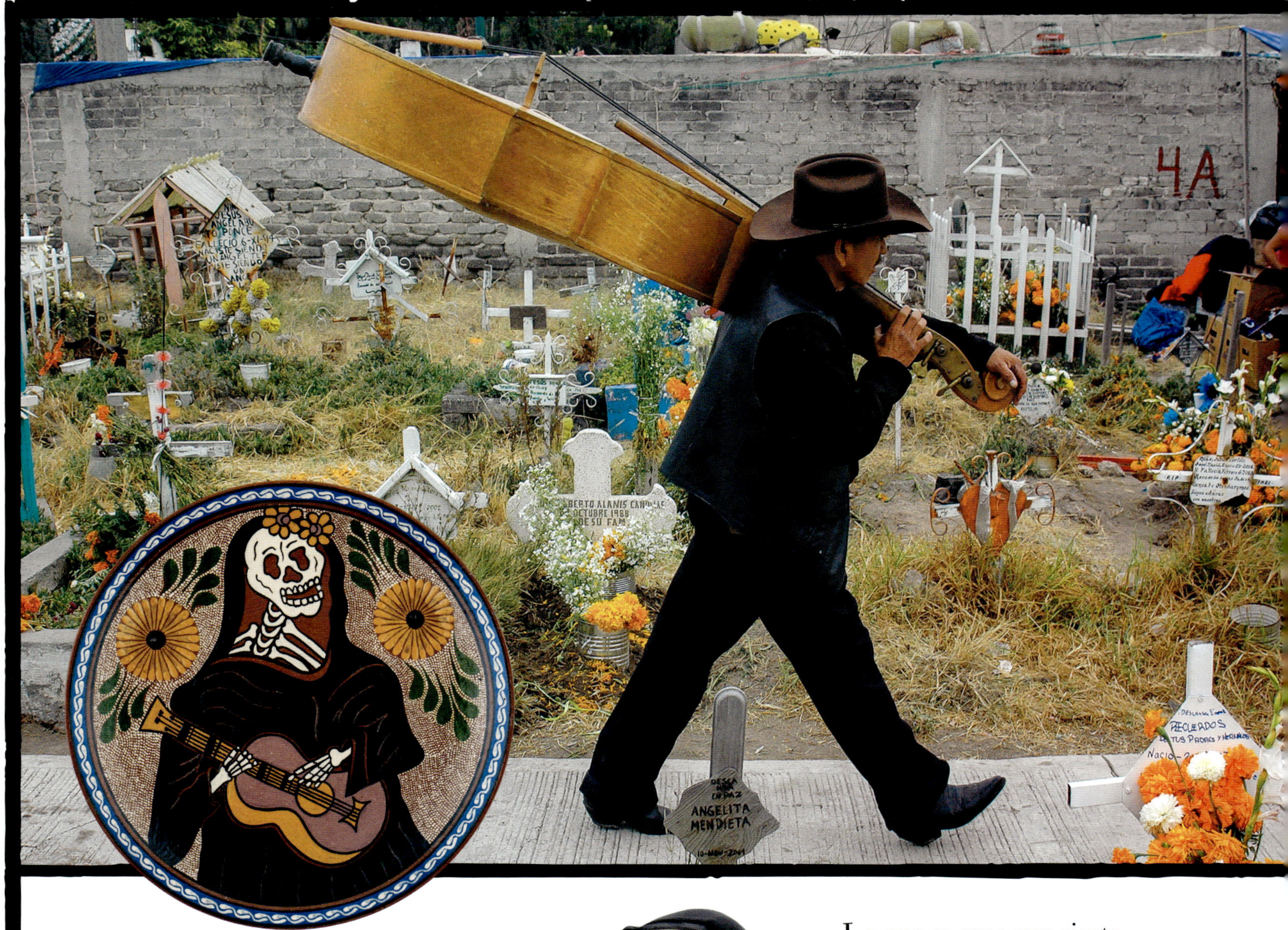

"LA LLORONA" NO ES UNA CANCIÓN DE DIFUNTOS

Esta famosa canción, de las más populares de México, inmediatamente se viene a la memoria en las festividades de Muertos. Sin embargo, entre la leyenda de la Llorona y la tradición de difuntos no se ha encontrado ningún vínculo. De hecho, no se conoce al autor ni la fecha de composición, aunque se estima que data de la época de la Colonia. En 1992, la filósofa e historiadora Flora Botton-Burlá, tras reunir y estudiar unas 121 coplas, fechó las más antiguas en 1932.

Lo que se cree con cierta seguridad es que la música proviene del istmo de Tehuantepec (Oaxaca), por su patrón de sones istmeños en compás de tres por cuatro, semejante al vals. Existen numerosas versiones del tema, aunque para el recuerdo popular queda la de Chavela Vargas, que se difundió desde Hollywood en la película *Frida* (2002), que homenajeó a su amiga, que fue, según ella confesó, uno de sus romances más entrañables. Pero no hay lugar a equivocación: "La Llorona" no es una tradición ni una canción ligada al Día de Muertos, sino una tonada basada en un relato popular que no está vinculado a ningún festejo en concreto.

↑ Plato de cerámica. Col. Miguel Abruch.
↗ Figuritas de barro que representan a dos músicos. Col. Miguel Abruch.

↑ A los muertos se les canta su música favorita: boleros, canciones rancheras, baladas, sones… Panteón de Chimalhuacán, Estado de México.

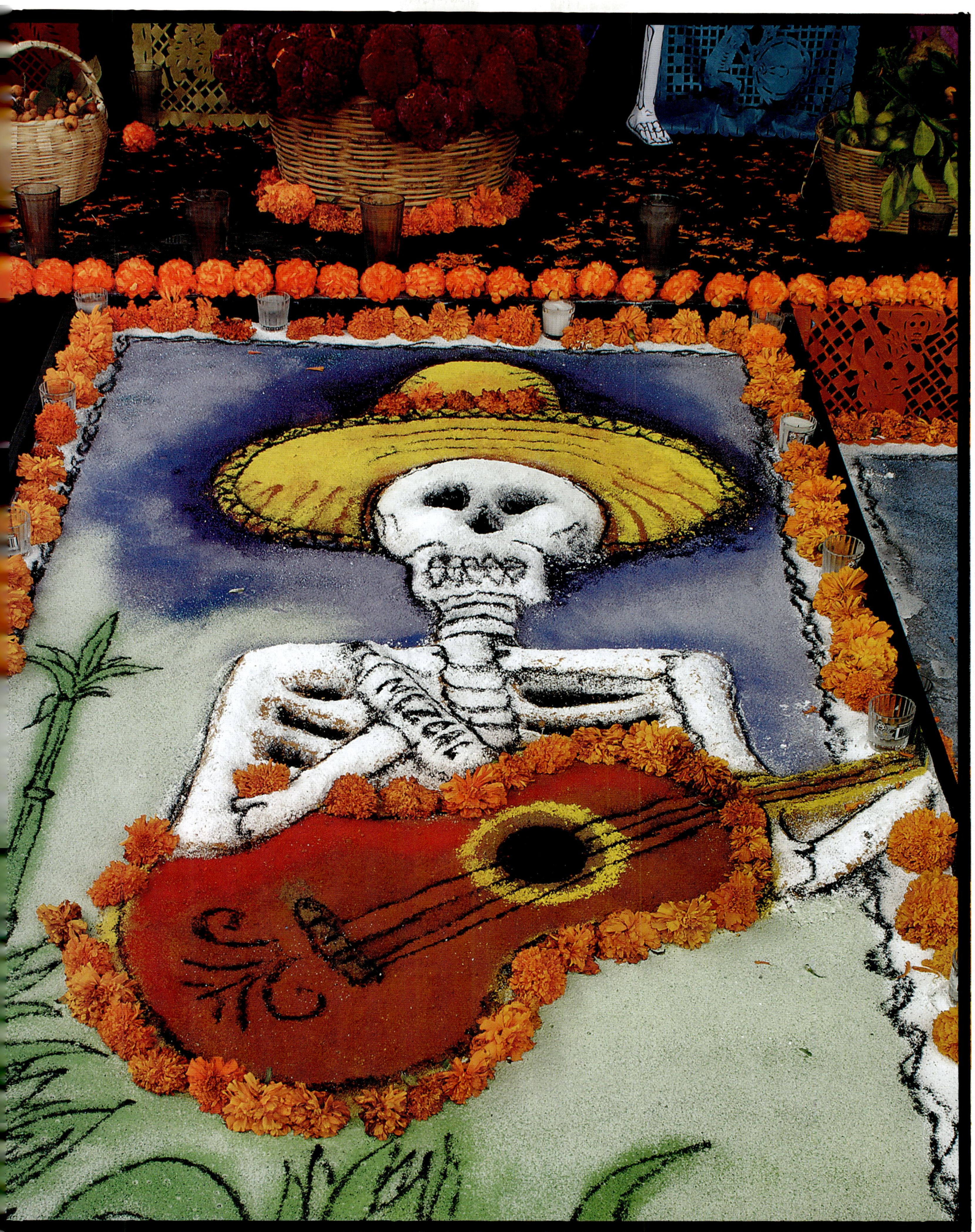

↑ Ofrenda dedicada a un músico. Centro histórico, Oaxaca.

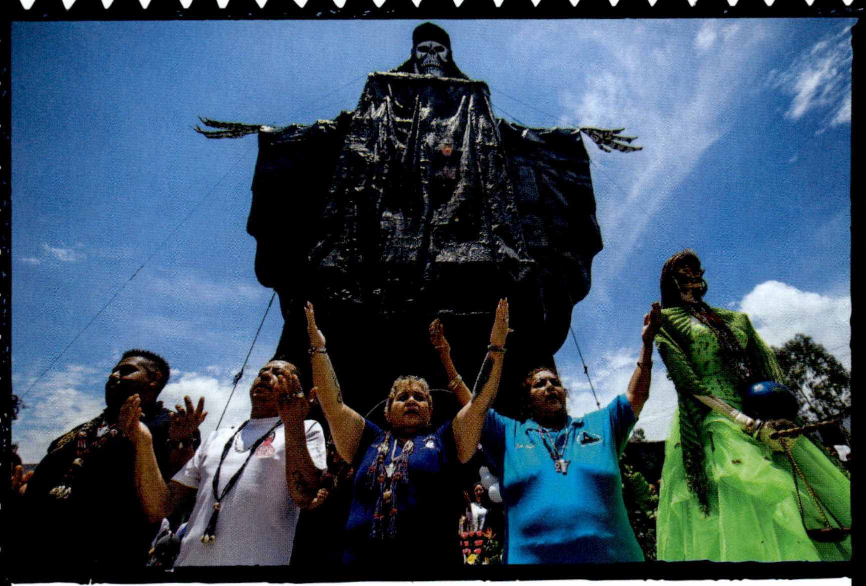

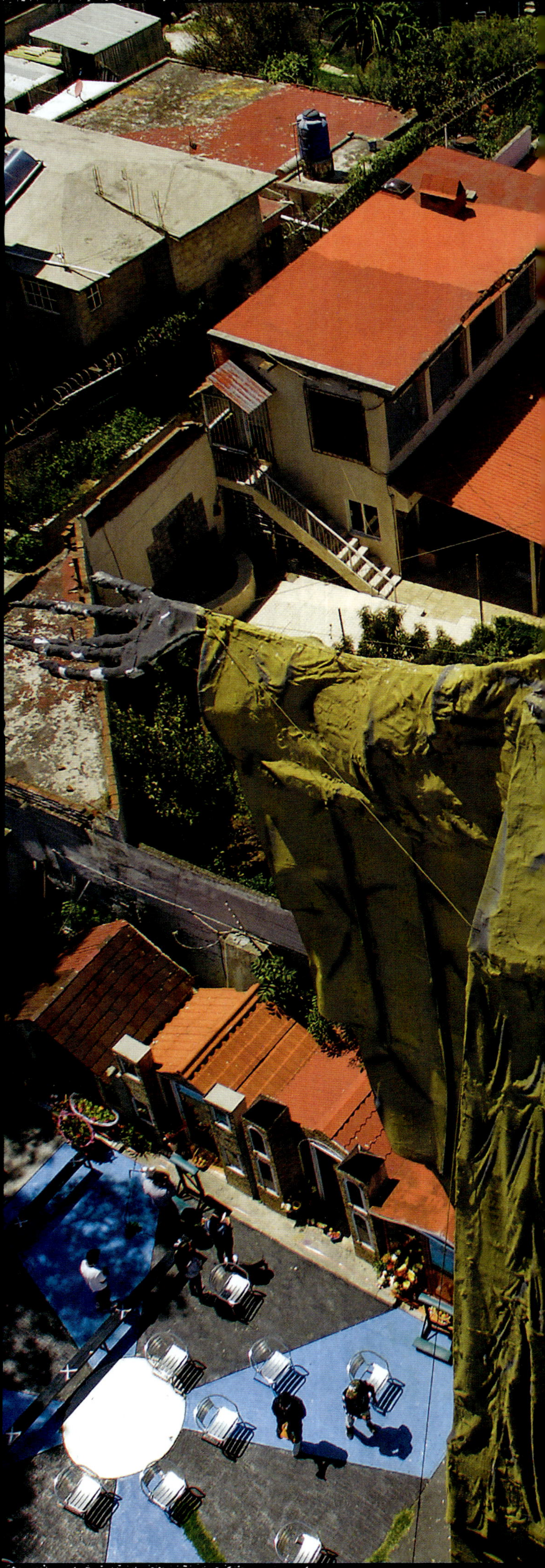

LA SANTA MUERTE, FE Y SINCRETISMO

En el duradero romance de los mexicanos con la muerte, destaca el culto a la Santa Muerte, extendido a unos 12 millones de creyentes por todo el país. Considerada una de las tradiciones más complejas y características de México, y pese a la cercanía con el Día de Muertos, esta creencia no tiene nada que ver con la celebración de los Fieles Difuntos del día 1 de noviembre, aunque a menudo los festejos confluyan y coincidan en los mismos espacios públicos.

Su origen todavía es una incógnita, aunque todas las teorías apuntan a un sincretismo religioso y cultural muy arraigado, ya que entre sus manifestaciones se detectan tanto símbolos vinculados con la Virgen como elementos propios de la tradición afrocubana, como Oiá, la señora de los panteones, y del vudú, como Oggun, que protege de los accidentes violentos.

Parece ser que fue en la década de 1960 cuando se estableció un sistema de creencias y rituales provenientes del poblado de Tepatepec, en el estado de Hidalgo. Una mujer otomí, llamada Albina, muy famosa en la localidad por sus curaciones milagrosas, guardaba un esqueleto de madera en su casa, que los fieles han llegado a considerar la verdadera imagen de la Santa Muerte.

De hecho, se representa en una dualidad que evoca la androginia que ya se daba entre los dioses prehispánicos: puede ser femenina, la Niña Blanca, y en ese caso aparece vestida de largo en color blanco, pues es bondadosa y protege del mal. En cambio, la imagen masculina guarda cierto parecido con un fraile que lleva la guadaña al hombro como portador de la muerte. Una parca a la que hay que tener contenta para que nunca te dé la espalda.

Por ello, cada 1 de noviembre, decenas de creyentes de todas las edades caminan con su imagen entre los brazos por la calle Alfarería del barrio de Tepito, en el centro histórico de la capital de México, acunándola con ternura y candor, para agradecerle sus favores y poder susurrarle sus peticiones.

Pero, sobre todo, que les ampare de todo mal, puesto que, en una visión esotérica del culto, venerar a la muerte es también venerar a la vida, principalmente en los entornos de constante violencia en los que la muerte es la única certeza: solo ella conoce el destino trazado para cada uno. Y es que la Santa te protege todas las veces, excepto la última.

↑→ Devotos de la Santa Muerte. Los hay de todos los estratos sociales, desde políticos y actores hasta profesionistas, aunque la mayoría de sus fieles se encuentran en la clase popular urbana.

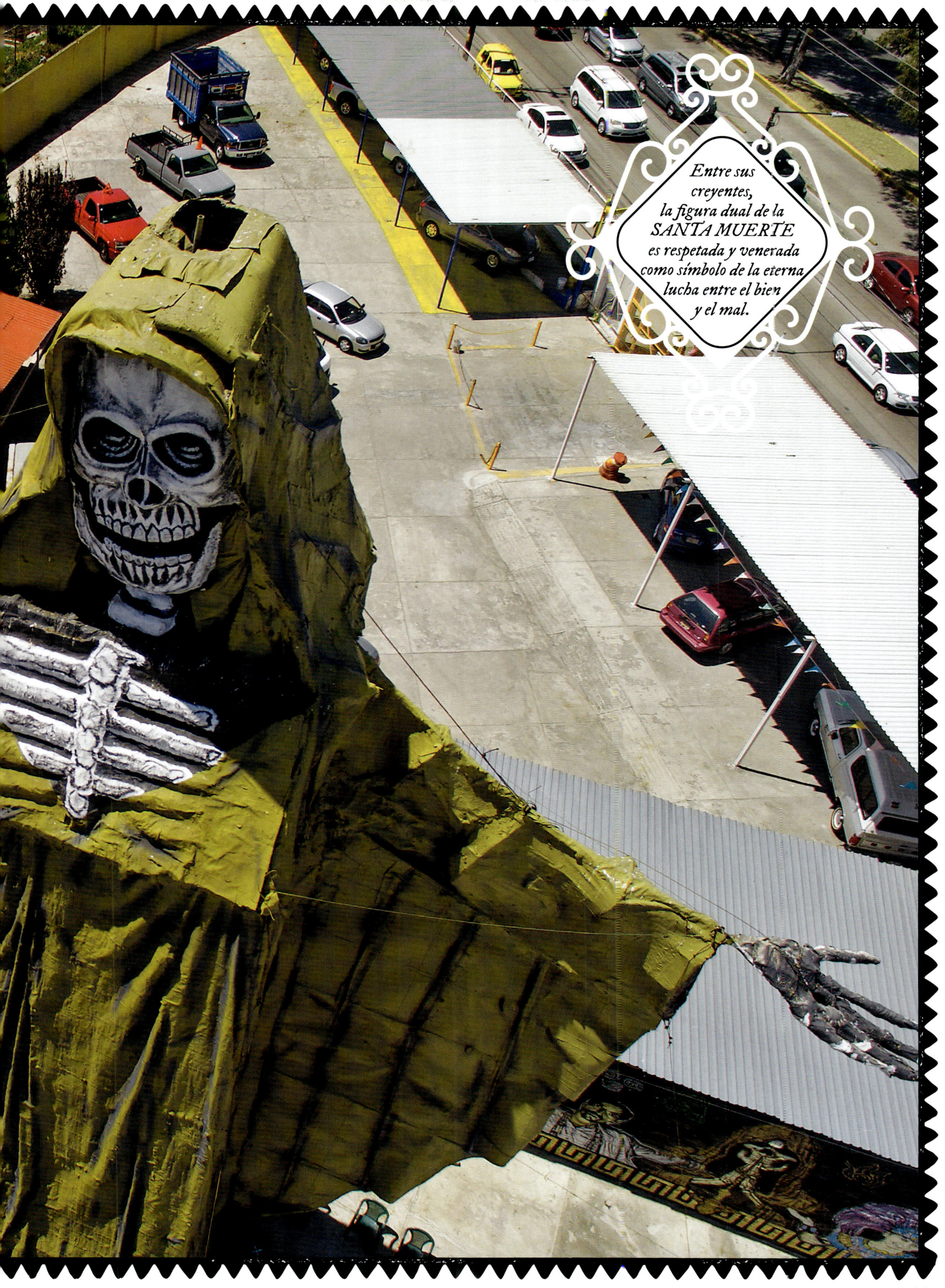

Entre sus creyentes, la figura dual de la SANTA MUERTE es respetada y venerada como símbolo de la eterna lucha entre el bien y el mal.

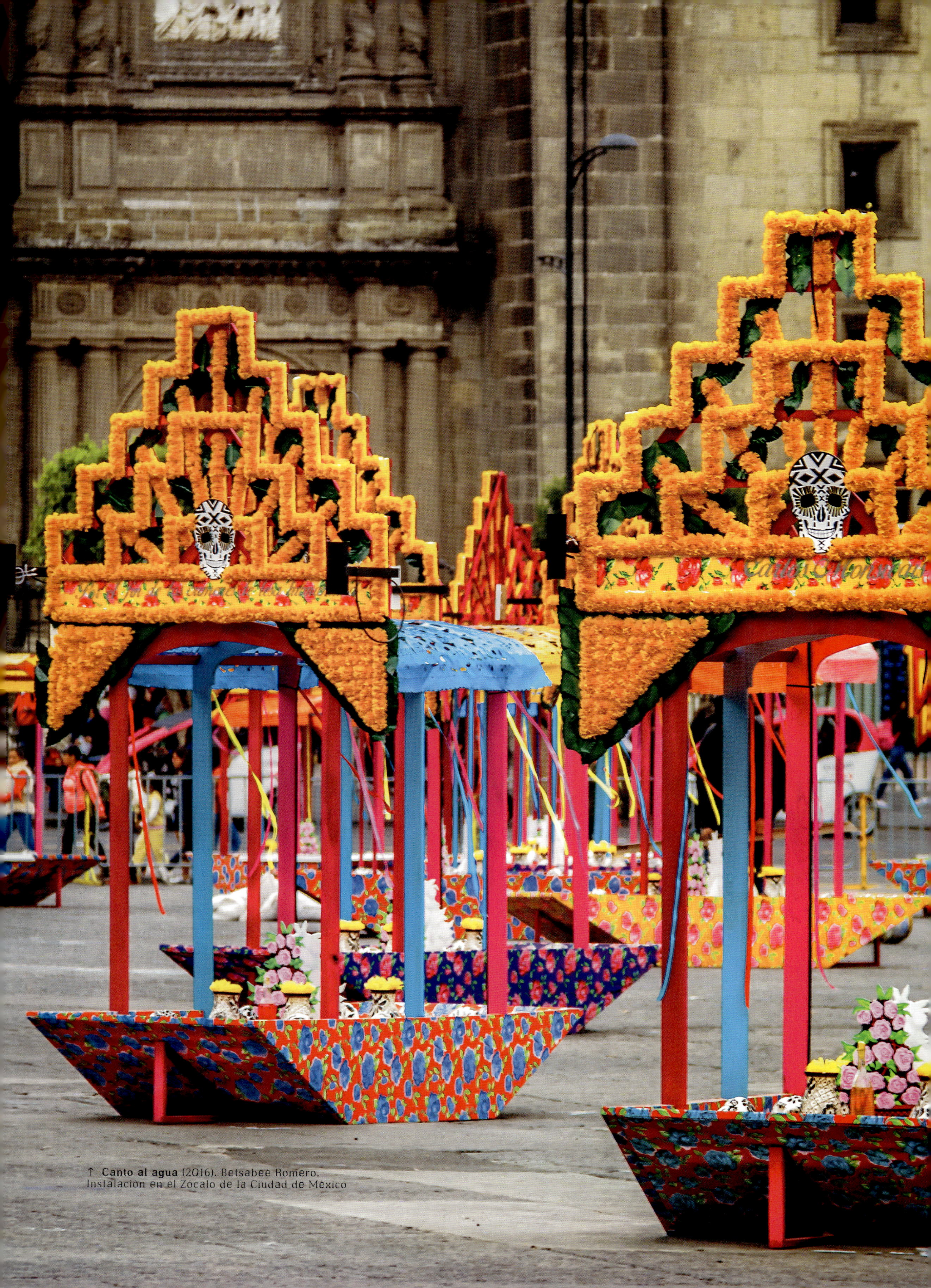

↑ **Canto al agua** (2016). Betsabee Romero.
Instalación en el Zócalo de la Ciudad de México

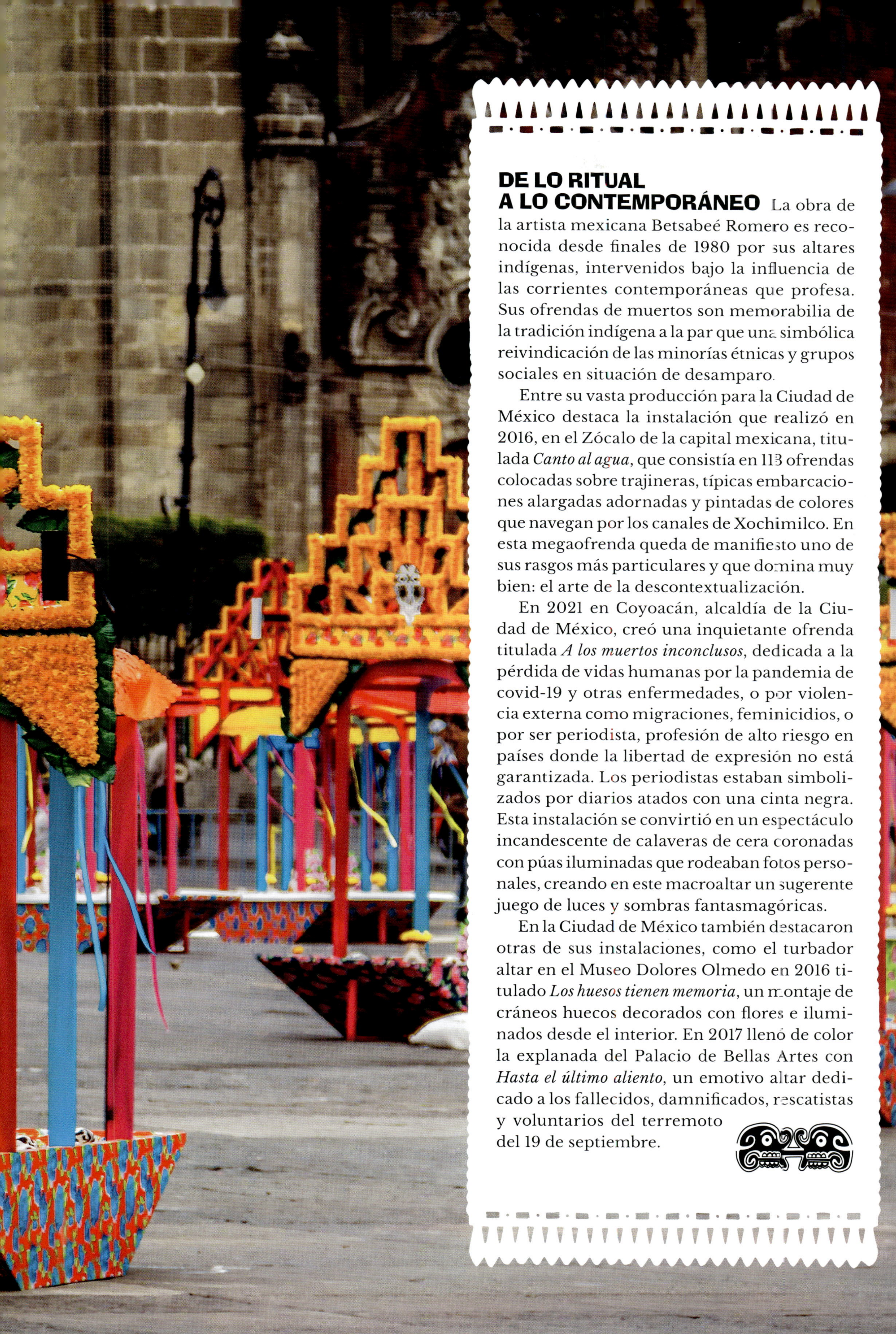

DE LO RITUAL A LO CONTEMPORÁNEO

La obra de la artista mexicana Betsabeé Romero es reconocida desde finales de 1980 por sus altares indígenas, intervenidos bajo la influencia de las corrientes contemporáneas que profesa. Sus ofrendas de muertos son memorabilia de la tradición indígena a la par que una simbólica reivindicación de las minorías étnicas y grupos sociales en situación de desamparo.

Entre su vasta producción para la Ciudad de México destaca la instalación que realizó en 2016, en el Zócalo de la capital mexicana, titulada *Canto al agua*, que consistía en 113 ofrendas colocadas sobre trajineras, típicas embarcaciones alargadas adornadas y pintadas de colores que navegan por los canales de Xochimilco. En esta megaofrenda queda de manifiesto uno de sus rasgos más particulares y que domina muy bien: el arte de la descontextualización.

En 2021 en Coyoacán, alcaldía de la Ciudad de México, creó una inquietante ofrenda titulada *A los muertos inconclusos*, dedicada a la pérdida de vidas humanas por la pandemia de covid-19 y otras enfermedades, o por violencia externa como migraciones, feminicidios, o por ser periodista, profesión de alto riesgo en países donde la libertad de expresión no está garantizada. Los periodistas estaban simbolizados por diarios atados con una cinta negra. Esta instalación se convirtió en un espectáculo incandescente de calaveras de cera coronadas con púas iluminadas que rodeaban fotos personales, creando en este macroaltar un sugerente juego de luces y sombras fantasmagóricas.

En la Ciudad de México también destacaron otras de sus instalaciones, como el turbador altar en el Museo Dolores Olmedo en 2016 titulado *Los huesos tienen memoria*, un montaje de cráneos huecos decorados con flores e iluminados desde el interior. En 2017 llenó de color la explanada del Palacio de Bellas Artes con *Hasta el último aliento*, un emotivo altar dedicado a los fallecidos, damnificados, rescatistas y voluntarios del terremoto del 19 de septiembre.

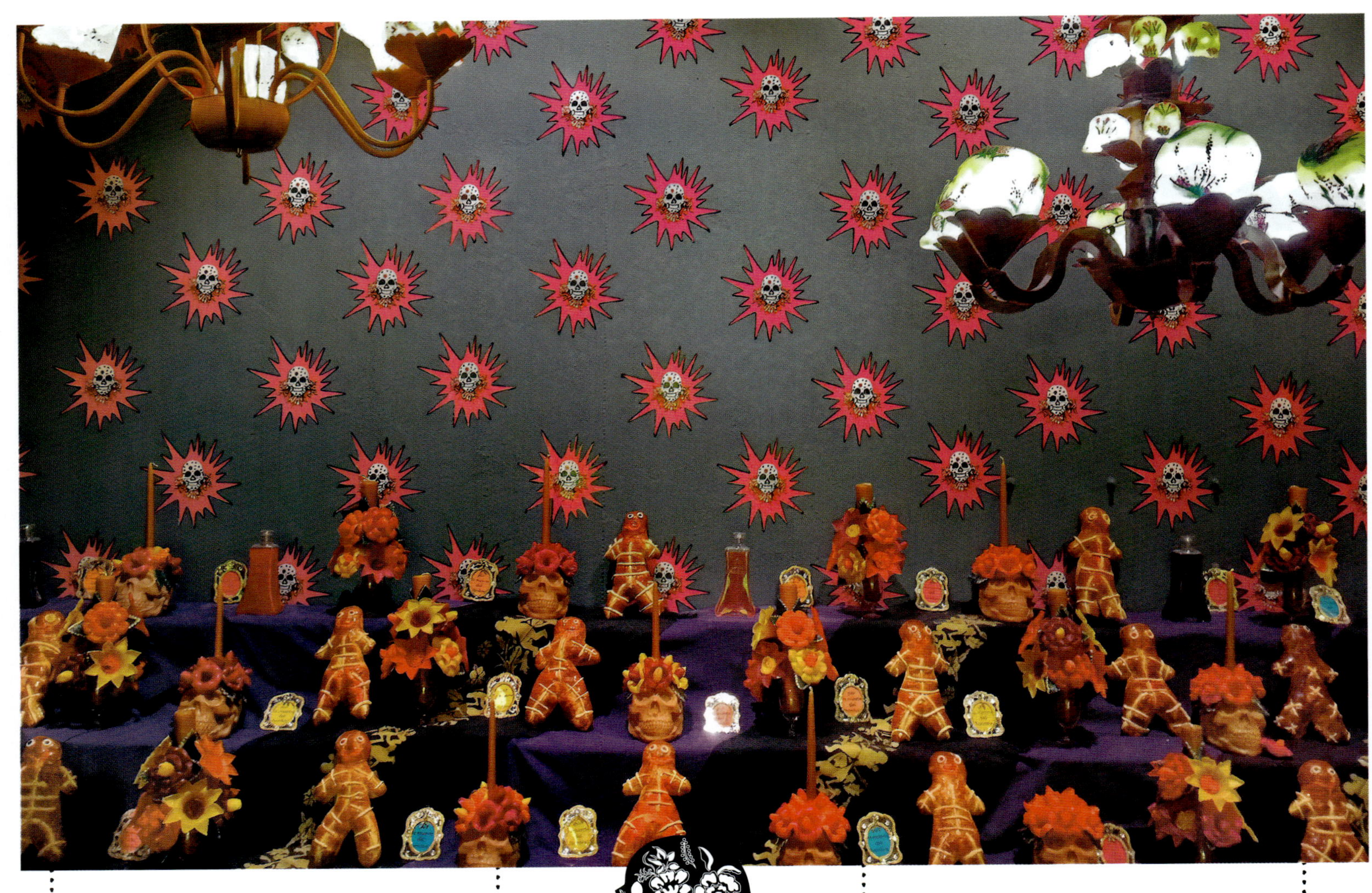

"El sentido de la celebración es humano, colectivo, le da sentido a la existencia, a los lazos culturales y emocionales de una comunidad".

BETSABEÉ ROMERO

Con este mismo concepto, en la explanada Estela de Luz de la Ciudad de México en 2018, montó *Para celebrar su memoria paso a paso*, una mesa de cocina abierta en cuatro composiciones realizadas con los platillos principales de Día de Muertos: tamales, pozole, mole y dulce de calabaza. En ese mismo año cubrió con cadenas de flores de cempasúchil la fachada de la Casa de México en España, un edificio histórico del madrileño barrio de Chamberí, en una instalación conocida como *Ecos de luz y sombra*. La famosa flor de muertos es uno de los elementos más destacables en la obra de Romero, como quedó de manifiesto en la instalación *Pasillos de la memoria* en el Centro Cultural Teopanzolco de Cuernavaca, donde incontables hileras de flores anaranjadas decoraban el recinto en paredes, suelos y arcadas con neumáticos intervenidos: un original diálogo entre elementos modernos y tradicionales en un canto estético que conmemoraba a los difuntos de ayer y de hoy.

El trabajo de Betsabeé Romero ha sido definido como "glocal" (contracción surgida en la década de 1980 entre los términos *local* y *global*) por la gran repercusión de su obra y por el amor a su herencia cultural, que adquiere una nueva dimensión contemporánea sin perder un ápice de su sentido votivo y ritual.

↑ **Los huesos tienen memoria** (2016). Betsabeé Romero. Instalación de en el Museo Dolores Olmedo. Ciudad de México. ↗ Arte gráfico (2020). Betsabeé Romero.

↗ Felipe Ehrenberg. Papel picado en memoria de los muertos en el sismo del 19 de septiembre de 1985 en la Ciudad de México.

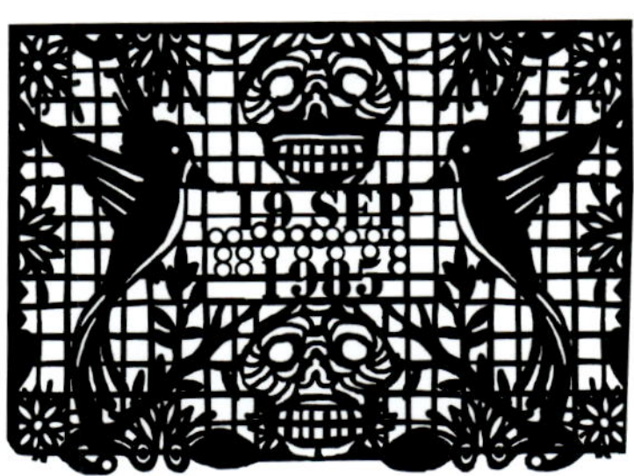

OFRENDAS DE AUTOR En los últimos años se ha comisionado a artistas y gestores culturales para realizar montajes de difuntos en México y en el extranjero. En 2015 Felipe Ehrenberg, artista conceptual mexicano pionero en el performance y en el uso de medios visuales, montó en el Zócalo capitalino una megaofrenda dedicada a las víctimas de los sismos de 1985 ocurridos en la Ciudad de México, en colores blanco y negro, símbolos de la luz y la oscuridad. Humberto Spíndola, artista mexicano que incorpora al arte las técnicas tradicionales de la artesanía en papel, presentó en la Raphael Gallery de Londres la ofrenda *Frida Kahlo y amigos* (2018) con una catrina en la entrada que recibía a los visitantes ataviada con creaciones hechas en papel.

Como caso aparte, destaca la obra de Pedro Friedeberg, artista mexicano inscrito en la corriente surrealista, creador de piezas icónicas de mobiliario que emplean calaveras y cráneos como respaldos o pies de sillas y mesas. En enero de 2023, en la exposición "Life After Death", en Casa Basalta, presentó la pieza escultórica *Faro del silencio*, inspirada en el porfiriano Reloj Monumental de Pachuca, de principios del siglo XX.

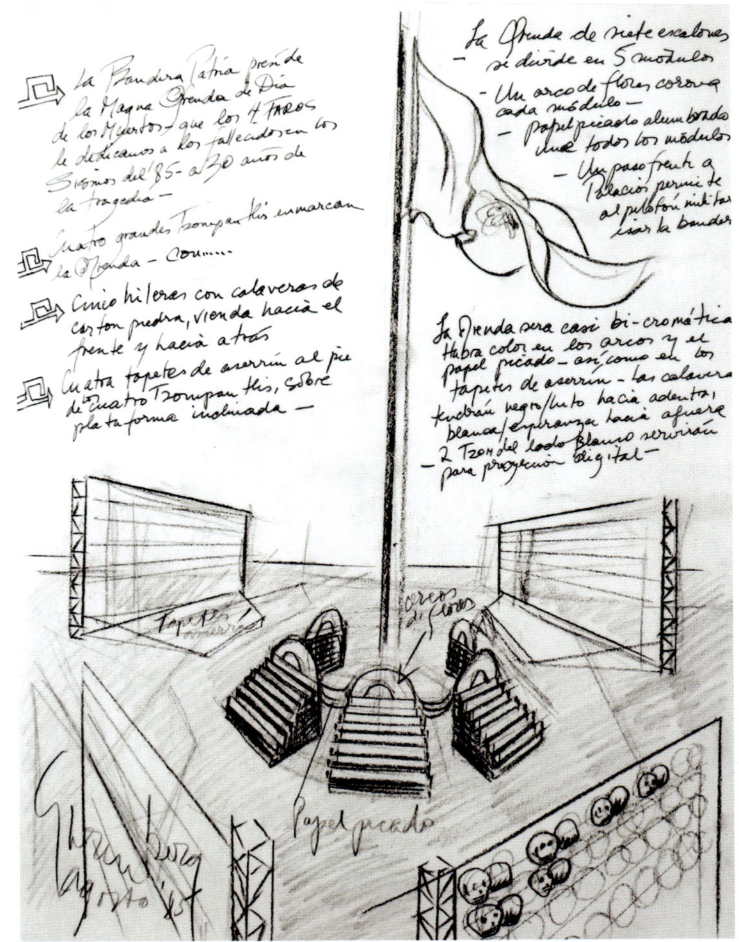

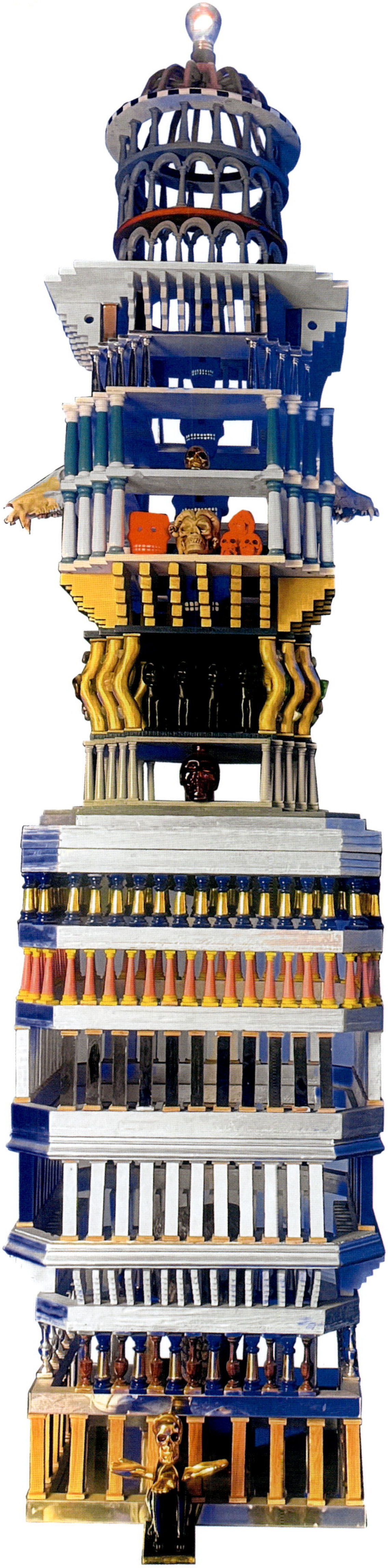

↑ Felipe Ehrenberg (agosto 1985). Boceto de proyecto para la instalación de un altar de muertos en el Zócalo de la Ciudad de México. → **Faro del Silencio** (2023). Pedro Friedeberg. En el marco del proyecto "Life After Death". Casa Basalta, Ciudad de México.

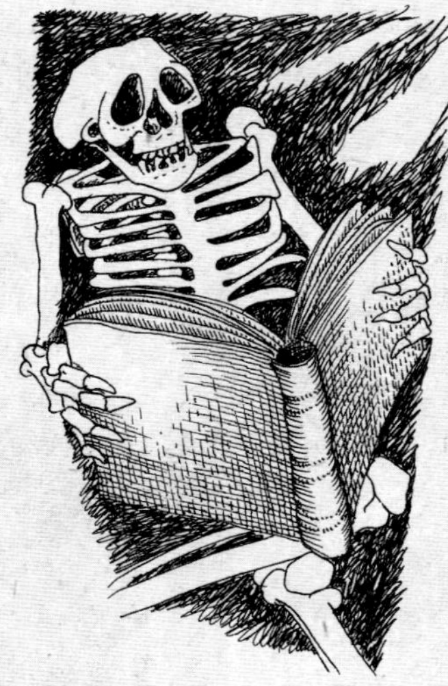

LA LETRA MUERTA DA VIDA

Muchas creaciones literarias abordan o describen a la muerte desde la cosmovisión mexicana. Entre las más destacadas menciones al mundo de los muertos en México está Juan Rulfo, que representa esta extraña convivencia de los mexicanos con la muerte en su primera novela de realismo mágico, *Pedro Páramo* (1955). El autor parece haber escrito dos relatos principales que se entrelazan con otros cuentos menores para confundir al lector, que ya no sabe dónde está: si en un mundo de vivos o en uno de muertos, si en la realidad o en la ficción, si en un recuerdo o en un sueño, en el pasado o en el presente.

"La muerte no se reparte como si fuera un bien. Nadie anda en busca de tristezas".

Juan Rulfo,
Pedro Páramo.

"La fiesta es ante todo el advenimiento de lo insólito. La rigen reglas especiales, privativas, que la aíslan y hacen un día de excepción".

Octavio Paz, "Todos Santos, Día de Muertos",
El laberinto de la soledad.

"Porque eso es el duelo, de eso se trata: una práctica plural que nos convoca para confirmar que siguen con nosotros".

Cristina Rivera Garza, "¿Se van los muertos?",
The Washington Post.

En esta frontera indefinida de límites difuminados entre el mundo de los vivos y de los muertos, en *El laberinto de la soleda*d (1950), Octavio Paz (1914-1998), premio Nobel de literatura 1990, busca el origen de la identidad mexicana. Algo similar a lo que ocurre con Carlos Fuentes en *La muerte de Artemio Cruz* (1962), obra de la más honda mexicanidad de este autor, tan influido por Joyce y Faulkner. Trata prácticamente de la "buena muerte" de un hombre anciano y enfermo que recuerda su juventud repleta de ideales, vigor y esperanzas durante la Revolución mexicana, en contraste con el sabor amargo de la soledad y el desamor en su vejez. Pero quizá la obra de Fuentes más importante en este aspecto sea *Aura*. Publicada por primera vez en 1962, la obra explora temas como el tiempo, la identidad y la mortalidad. En ella, el protagonista se ve envuelto en un ambiente oscuro y misterioso, donde los límites entre el pasado y el presente, la realidad y la fantasía, se desdibujan.

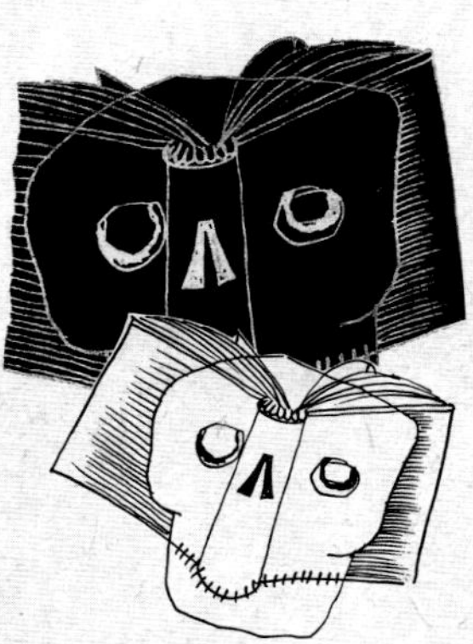

Aunque sea sólo una mención breve, el escritor inglés Malcolm Lowry crea en *Bajo el volcán* (1947) la atmósfera perfecta para un trágico y decadente escenario durante las festividades de difuntos en Cuernavaca el 1 y 2 de noviembre de 1938, cuando Geoffrey Firmin, un excónsul británico alcohólico, descubre que su exesposa Yvonne ha regresado a la ciudad y desea recuperarla. Al llegar la noche, aparece muerto en una zanja, baleado por militares mexicanos.

En cambio, todo el pesimismo y nostalgia de las novelas anteriores comienza a transmutarse en un aire festivo en *Un hogar sólido* (1957), de la escritora mexicana Elena Garro, cuando los muertos discuten entre sí sobre cómo recibirán al recién fallecido, cuyo funeral se celebra en el cielo. Mientras se ponen de acuerdo, buscan sus tibias, sus peronés y sus clavículas a fin de estar completos y presentables cuando baje el nuevo finado. Es la misma familiaridad alegre de Jesusa Palancares, la protagonista de *Hasta no verte Jesús mío* (1969), de Elena Poniatowska, quien narra cómo los deudos, contentos, sepultan a un difunto entre música y cohetes: "El entierro no fue triste porque nosotros venimos a la tierra prestados. Si van llorando, les quitan la gloria".

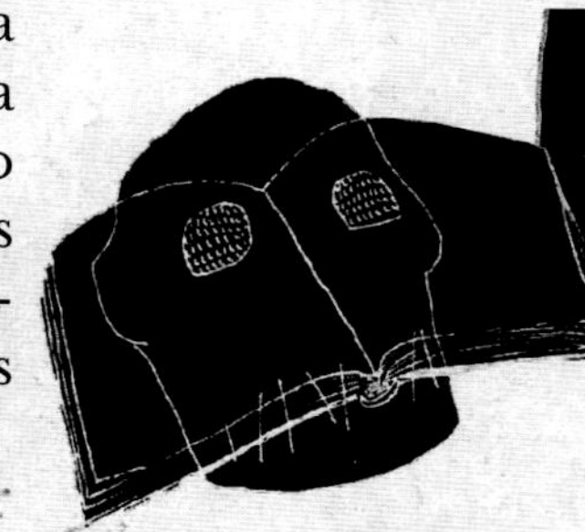

↑↗ Dibujos a tinta (s/f). Felipe Ehrenberg.

→ Altar dedicado al escritor colombiano afincado en México Gabriel García Márquez. Casa del autor.

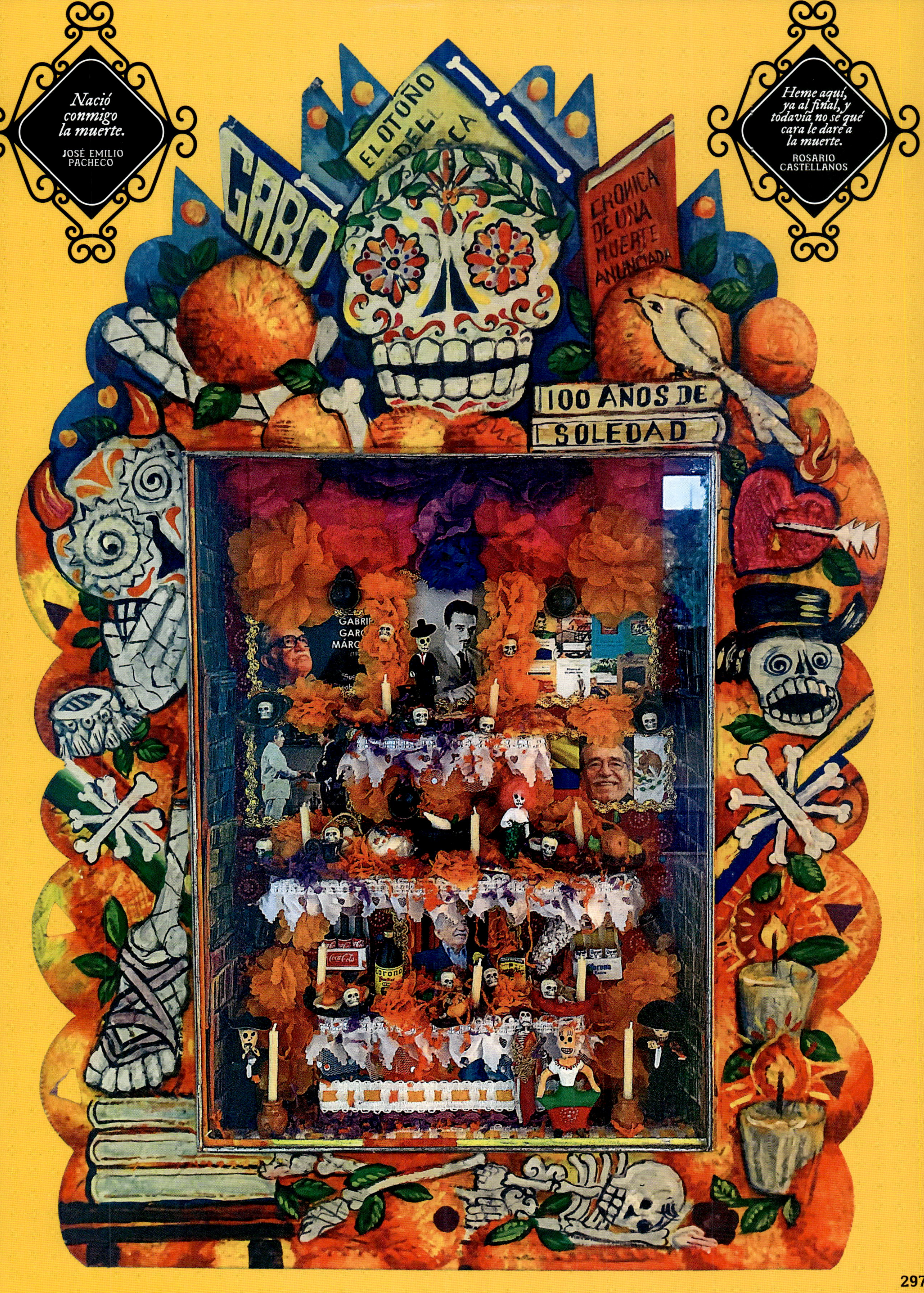

Nació conmigo la muerte.

JOSÉ EMILIO PACHECO

Heme aquí, ya al final, y todavía no sé qué cara le daré a la muerte.

ROSARIO CASTELLANOS

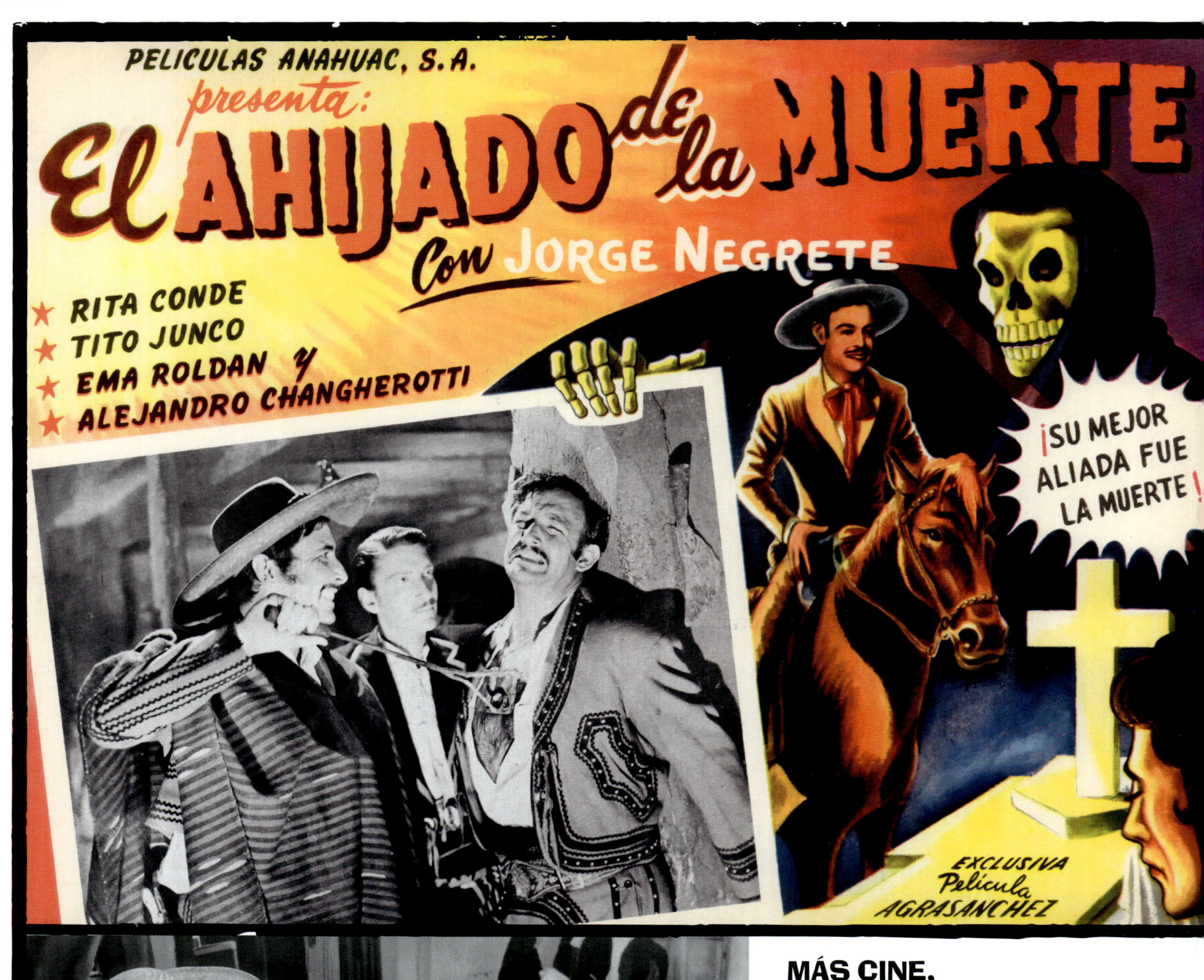

MÁS CINE, POR FAVOR

La piedra de toque en el siglo xx que propició la difusión del Día de Muertos en la cultura de México fue el cine. En las primeras décadas del siglo xx se comenzó a valorar esta tradición, que encarnaba “lo típico del país”, en películas como *El ahijado de la muerte* (1946) de Norman Foster, *La dulce enemiga* (1956) de Tito Davison, o *Día de difuntos* (1988) de Luis Alcoriza, que muestran aspectos relacionados con el festejo a los muertos. Sin embargo, ninguna de estas cintas logró el impacto de *Macario* (1959), de Roberto Gavaldón.

↑ **Macario** (1960), dirigida por Roberto Gavaldón. Fue la primera película mexicana nominada al Oscar a la mejor película de habla no inglesa en 1961.

↑ **El ahijado de la muerte**, dirigida por Norman Foster, se estrenó en México en 1946.

MACARIO: HISTORIA DE UNA OBSESIÓN

Macario cuenta la historia de un leñador sumido en la pobreza con su esposa y sus cinco hijos en el México colonial del siglo XVIII. Tan desesperada es su situación que, al pasar frente a una ofrenda, uno de sus hijos exclama: "¿Todo eso se van a comer los muertos?". Y otro agrega: "¿Si me muero puedo venir a comer aquí?". Macario moraliza sobre las consecuencias terribles de los actos egoístas de un hombre llevado al límite de su resistencia. Esta película fue presentada en Cannes en 1960 y consiguió la primera nominación al Óscar de una cinta mexicana, por mejor película en lengua extranjera.

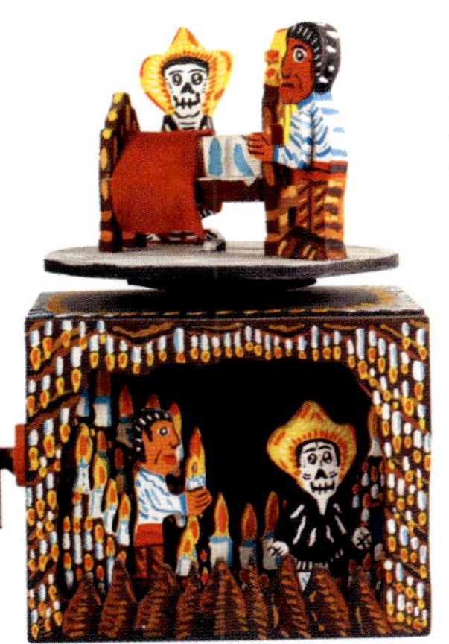

El Día de Muertos fue ganando un sitio relevante en la filmografía mexicana entre las décadas de 1950 y 1980. La cantidad de largometrajes y cortometrajes que citan o basan alguna de sus escenas clave en la celebración no es menor, y muestra el interés cultural que esta fiesta popular ha despertado en el resto del planeta, como en *Calacán* (1987), de Luis Kelly, que alerta sobre la necesidad de fomentar las tradiciones nacionales a través de los ojos de un niño que descubre que una empresa quiere hacer calaveritas de plástico en lugar de azúcar.

Entrados ya en el siglo XXI, no es la festividad familiar el eje argumental y el recurso cinematográfico de las películas, sino la fiesta pública, el pandemónium carnavalesco. Así lo vemos en *Érase una vez en México* (2003), de Robert Rodríguez, que cierra con ella su trilogía de *El mariachi*. Rodada en el México rural, el clímax sucede en medio de una procesión de pueblo donde los protagonistas portan máscaras de calaveras. O incluso en el exitoso subgénero de superhéroes, como *Batman vs Superman: Dawn of Justice* (2016), el hombre de la capa roja salva a una niña de un edificio en llamas en Ciudad Juárez, mientras la ciudad se entretiene festejando el regreso de las almas.

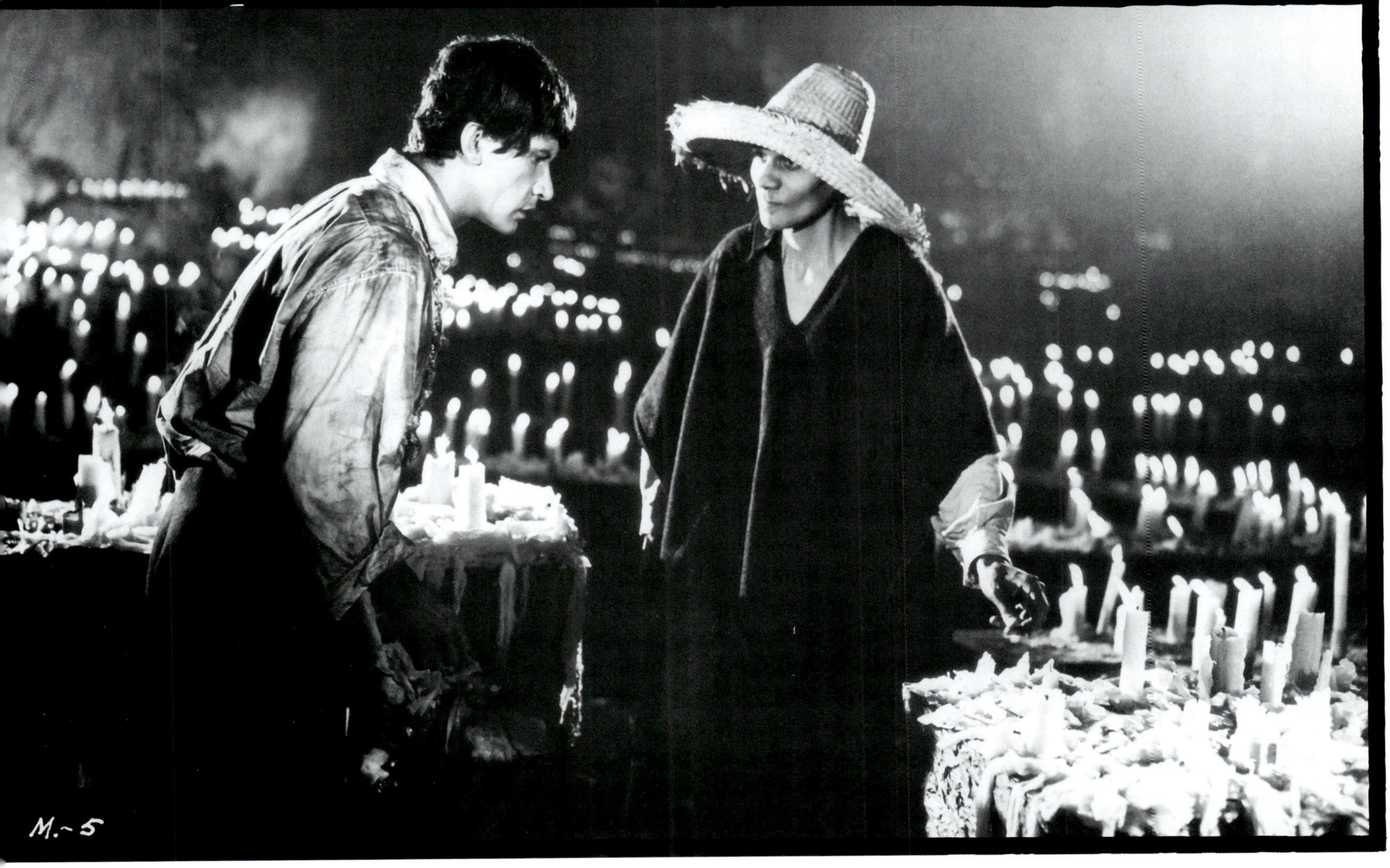

↑ Juguete que representa una escena de la película **Macario**, realizado por el maestro juguetero Miguel Estévez.
↑ Fotograma de la película **Macario**.

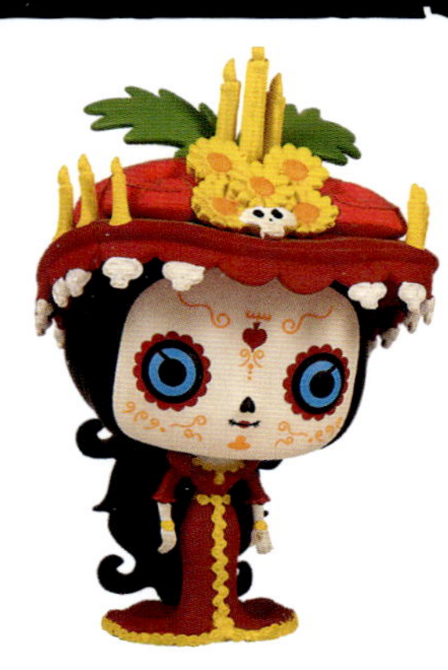

CALACAS ANIMADAS

En el cine de animación, la inspiración del Día de Muertos es muy relevante. El primero en explotar este filón fue Walt Disney, en *The Skeleton Dance* (1929), un baile de esqueletos en un cementerio con música y sonidos de la naturaleza. Pero ha sido en las dos últimas décadas cuando la animación se ha fijado no tanto en la muerte y los muertos, sino en su mundo de ultratumba, como un atractivo espacio escénico. Por ejemplo, en el corto *Hasta los huesos* (2000), un hombre llega al inframundo y descubre que no es tan malo como lo pintan. Es obra de René Castillo, que forma parte del Centro Internacional de Animación, mejor conocido como el Taller del Chucho, y que participó en la película *Pinocho*, de Guillermo del Toro, en el diseño de las escenas del inframundo. En *El libro de la vida* (2014), comedia romántica en 3D, coproducción mexicano-estadounidense, la Muerte, gobernante de la Tierra de los Recordados, y Xibalbá, dirigente de la Tierra de los Olvidados, pueblan un Mictlán festivalero y multicolor. *La leyenda de la nahuala* (2007), de Ricardo Arnaiz, es "una respetable y bien intencionada propuesta, no sólo en temática, sino en manufactura y narrativa en lo que sería la nueva animación mexicana", a decir del crítico cinematográfico Saúl Arellano Montoro. Con estos exitosos antecedentes, el camino estaba abonado para la llegada del niño Miguel.

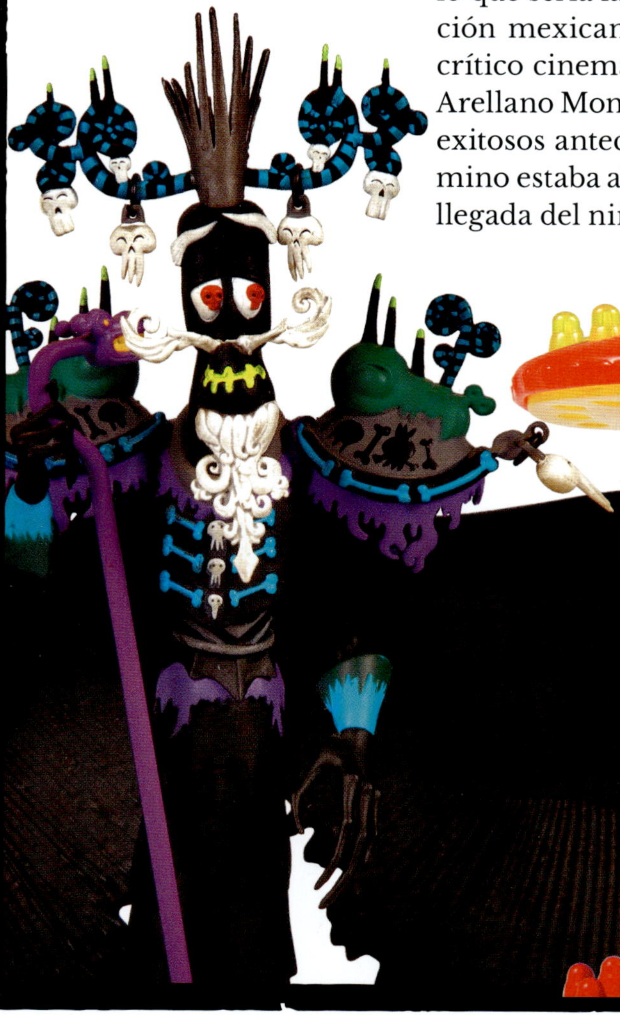

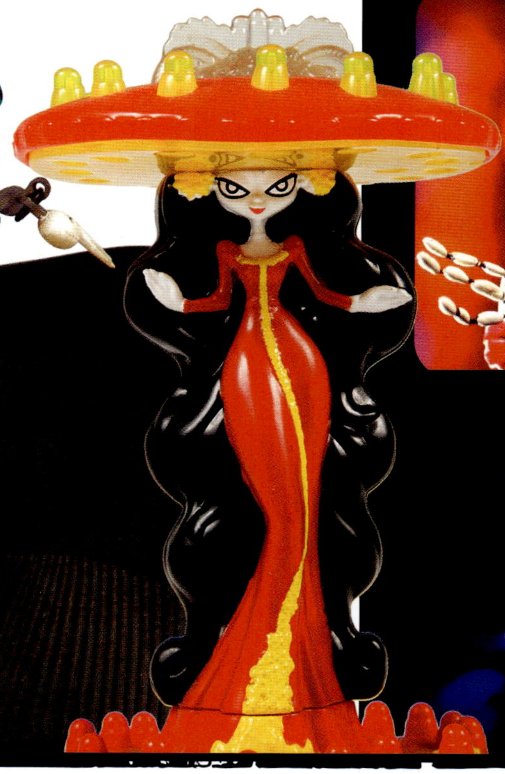

↑ Producida por Guillermo Del Toro, **El libro de la vida** (2014) retoma la tradición mexicana del Día de Muertos como inspiración.

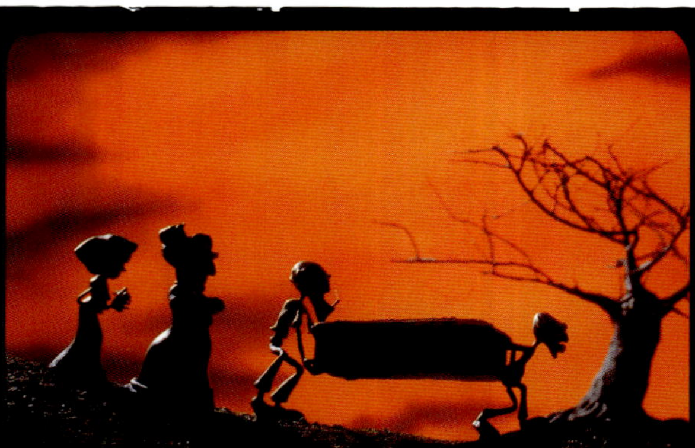

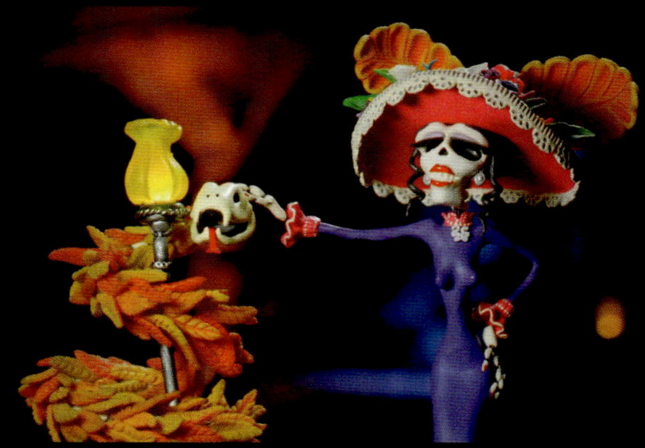

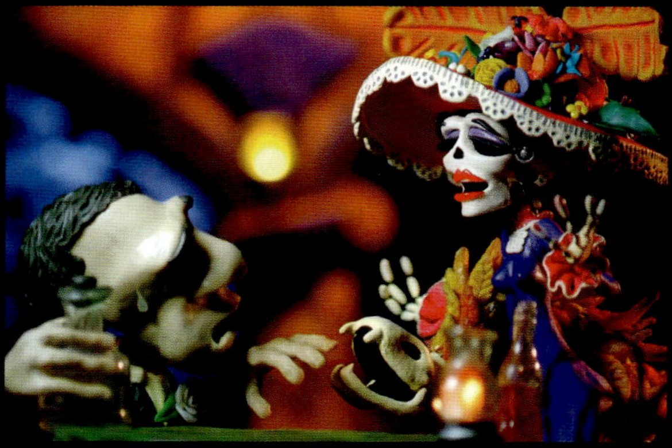

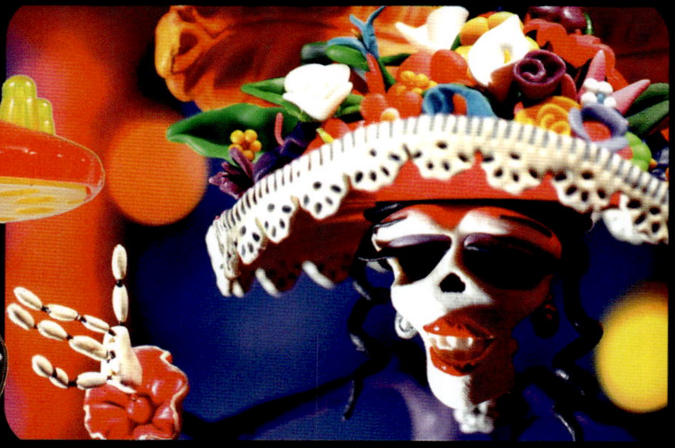

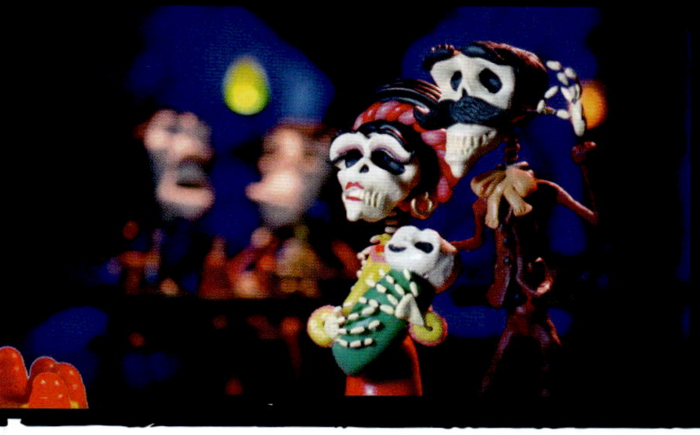

↑ **Hasta los huesos** (2000) fue el segundo cortometraje del mexicano René Castillo.

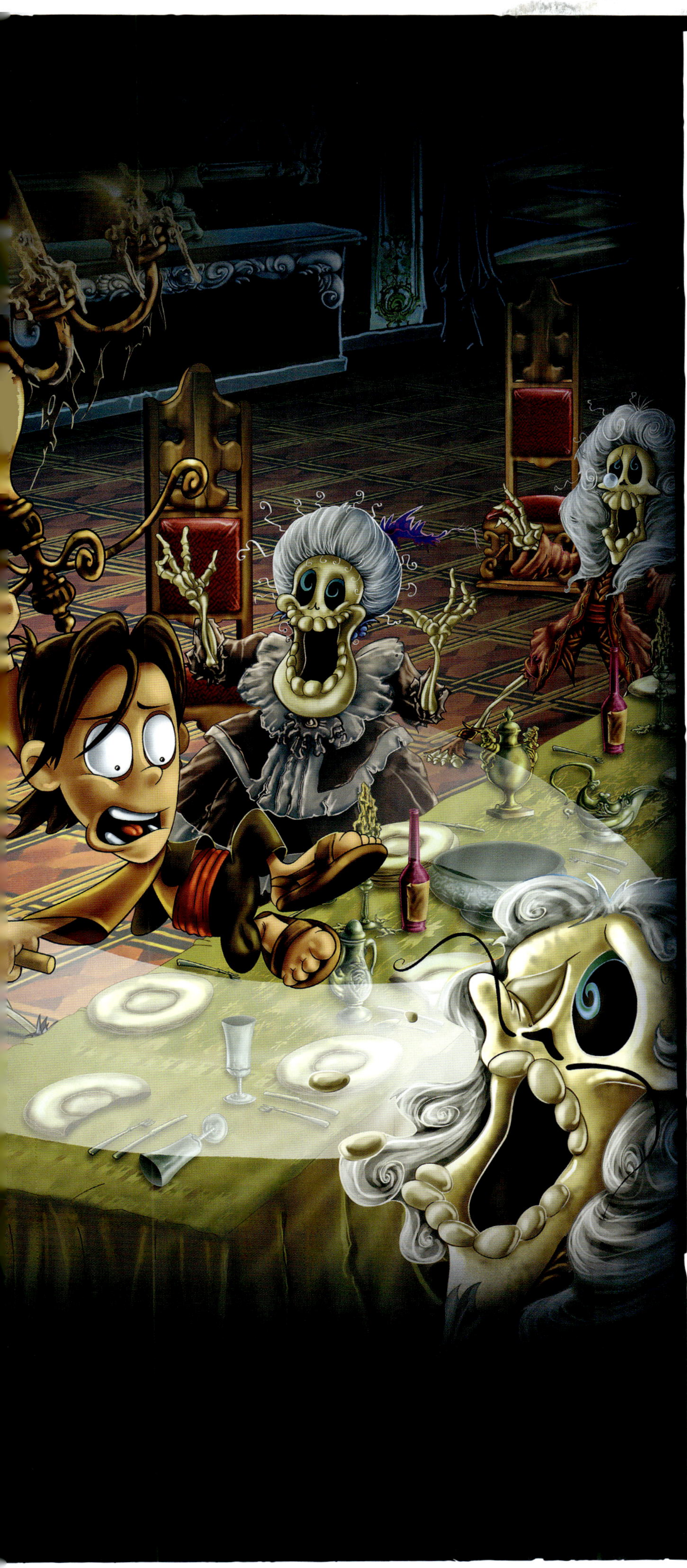

UN CASO ESPECIAL: LOS MUERTOS DE TIM BURTON

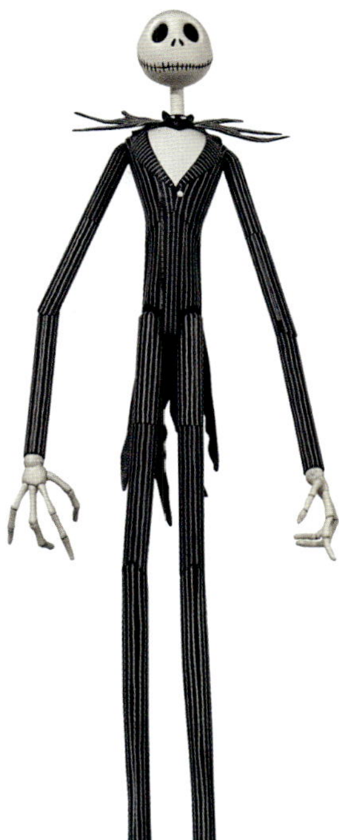

Diametralmente opuesto al colorido Día de Muertos en México, es el imaginario de Tim Burton (1958, California), cineasta de culto en la animación. Con una prolífica carrera que comenzó en Disney, el padre de *El joven manos de tijera* puede presumir de haber recreado como nadie a la Catrina al convertirla en una sensual prometida gótica en *El cadáver de la novia*. Su admiración por la cultura mexicana ha influenciado y teñido de magia sus películas y personajes, como en su particular homenaje a Halloween: *El extraño mundo de Jack*, protagonizado por un simpatiquísimo señor calavera vestido de esmoquin, que evoca irremediablemente a los personajes creados por los grabadores mexicanos del siglo XIX.

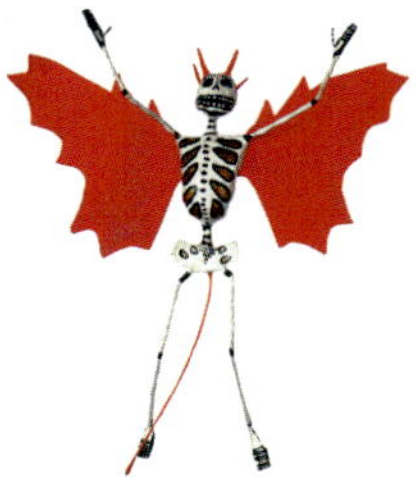

"Crecí en Los Ángeles, donde existe una gran influencia mexicana y me encantaban los elementos de esta cultura, en particular los esqueletos y el arte alrededor del Día de Muertos, porque en estas celebraciones hay humor y alegría". Tim Burton

↑ **La Leyenda de la Nahuala** (2007), dirigida por Ricardo Arnaiz, obtuvo el Premio Ariel por la mejor película animada.

↑ Jack Skellington, personaje de la película **El extraño mundo de Jack** (1993) de Tim Burton. ↗ Diablito, artesanía popular, Ciudad de México.

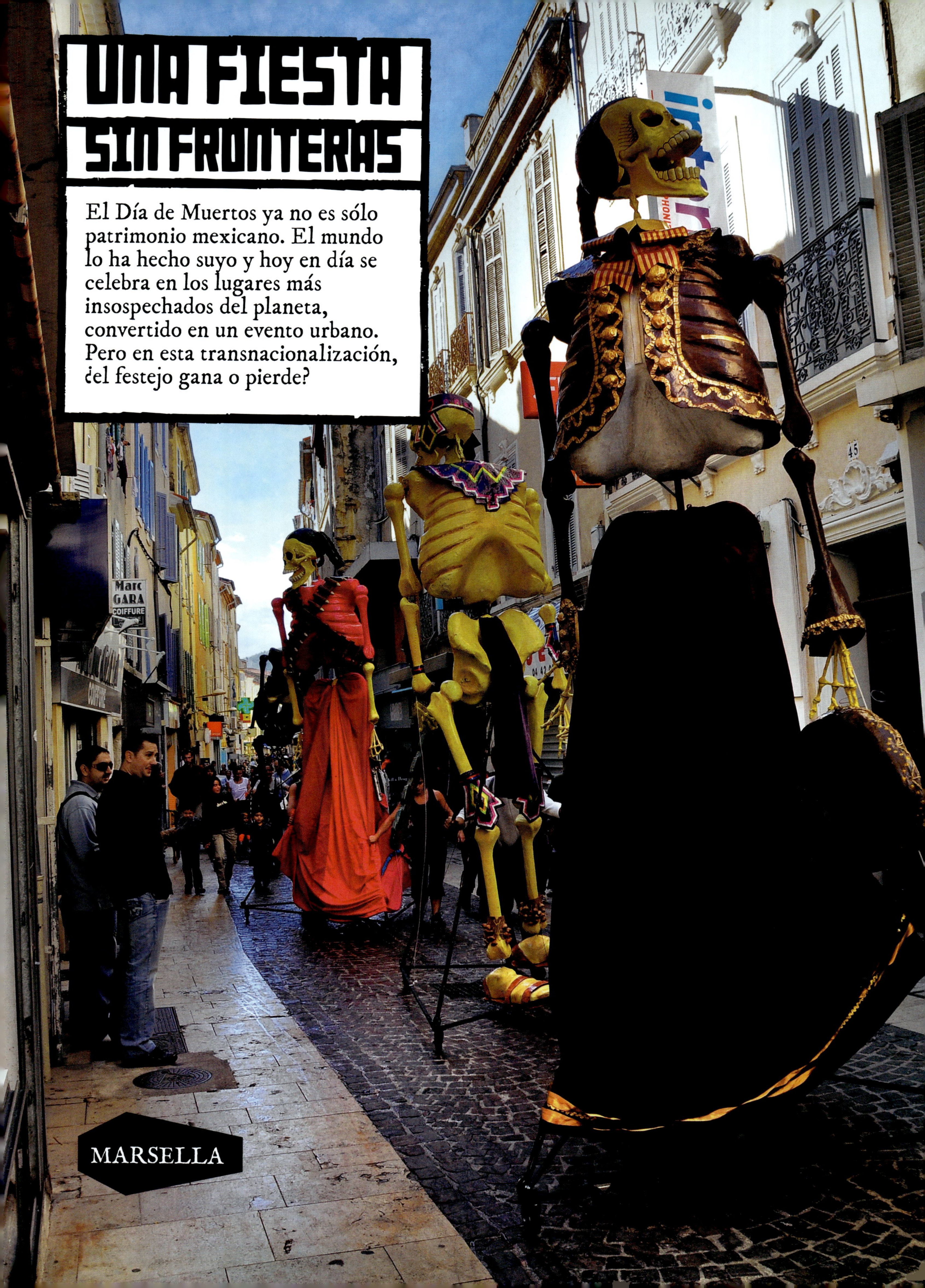

UNA FIESTA SIN FRONTERAS

El Día de Muertos ya no es sólo patrimonio mexicano. El mundo lo ha hecho suyo y hoy en día se celebra en los lugares más insospechados del planeta, convertido en un evento urbano. Pero en esta transnacionalización, ¿el festejo gana o pierde?

MARSELLA

LA APROPIACIÓN DE LA TRADICIÓN

Cuando se desacraliza un ritual religioso, toda cultura corre el riesgo de banalizar las tradiciones, aunque la adaptación de las costumbres a un espacio y tiempo determinados es un fenómeno antropológico habitual. La antropóloga Ana María Salazar ya advirtió que los medios de comunicación masiva en el contexto global han contribuido a transformar las celebraciones de muertos en espectáculo o mercancía turística por parte de los gobiernos.

Algunos sostienen que la cultura popular se ve amenazada al trivializarse su contenido simbólico y la trascendencia del ritual espiritual. Sin duda éste es uno de los riesgos de la globalización: el apetito insaciable del "turismo cultural" ya que, al homogeneizarse las culturas y convertidas en aldeas globales, se facilitan los intercambios de estilos de vida. En Estados Unidos viven más de 25 millones de mexicanos, entre migrantes nacidos en México y estadounidenses de primera generación.

**¿A dónde se llevaron mis difuntos? Unos dicen que los vieron en Austin, otros que en Barcelona...
¡Hasta se fueron al Japón!
¿Volverán algún día tal y como los conocimos?**

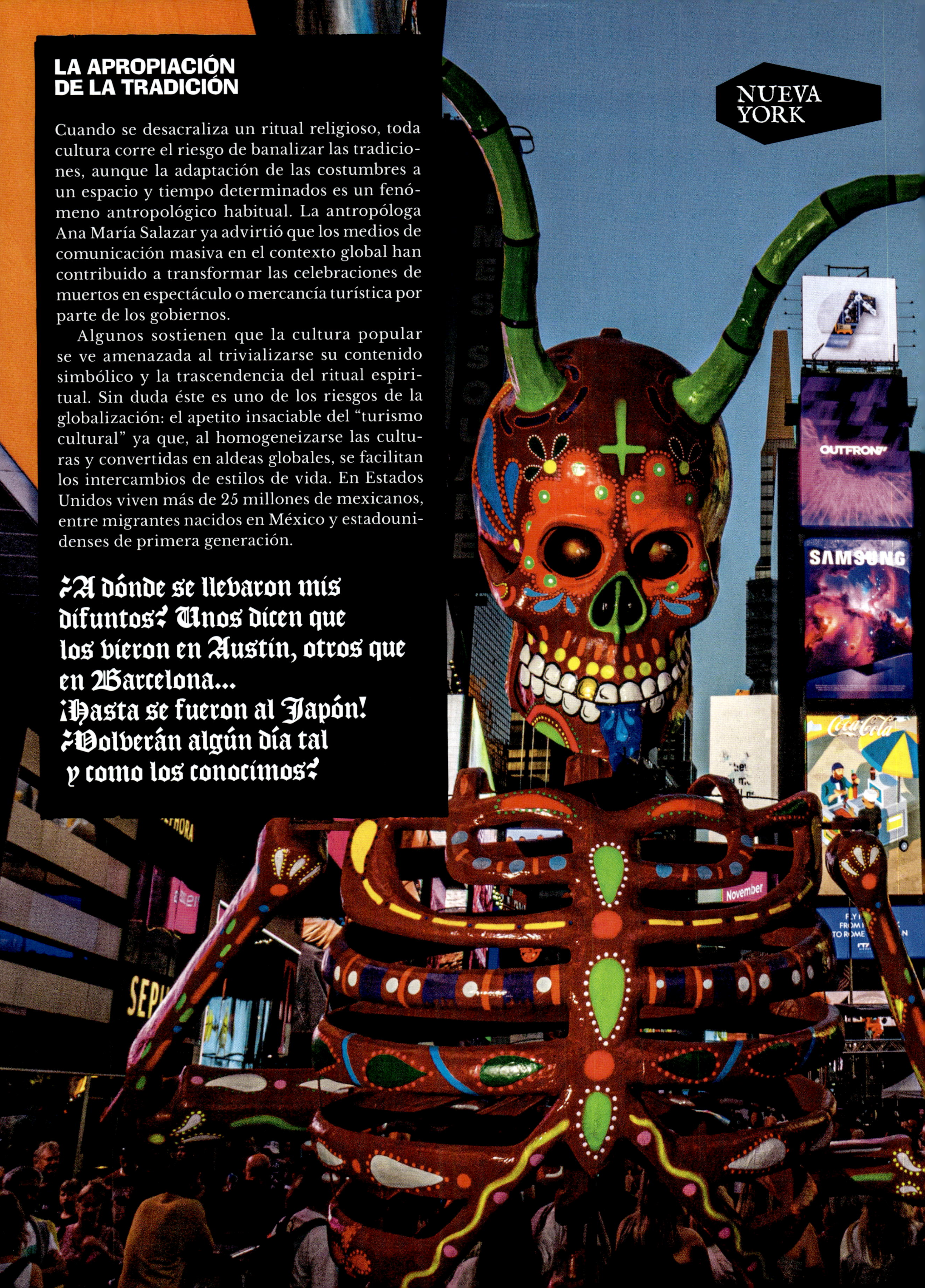

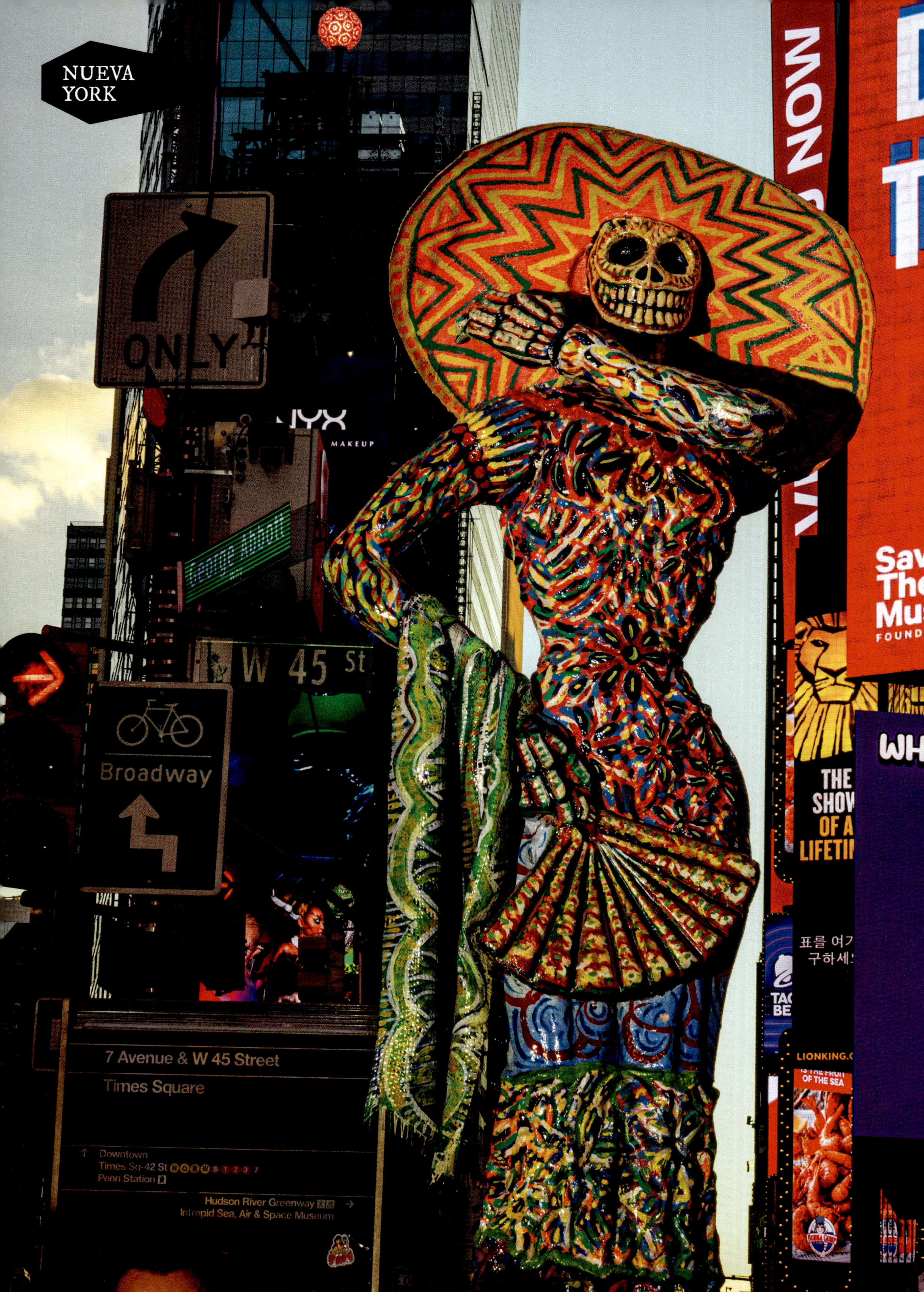
ONLY
George Abbott Way
W 45 St
Broadway
MAKEUP
7 Avenue & W 45 Street
Times Square
Downtown
Times Sq-42 St
Penn Station
Hudson River Greenway
Intrepid Sea, Air & Space Museum

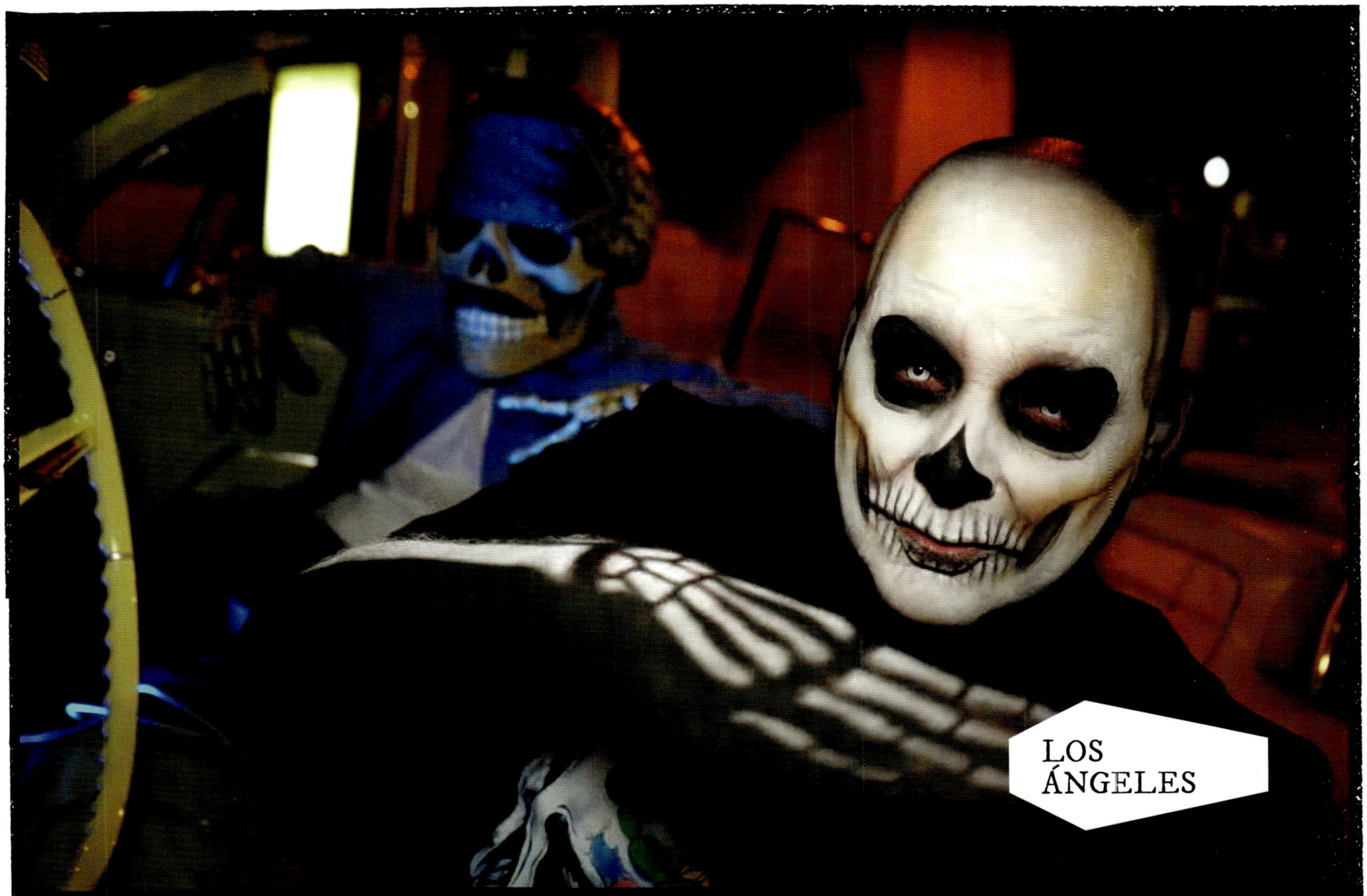

LOS ÁNGELES

LAS CALAVERAS HABLAN EN INGLÉS

Se estima que la presencia del Día de Muertos en Estados Unidos fue muy reducida antes de 1960; sin embargo, en las últimas décadas las comunidades latinas, que suponen más del 18% de la población del país, han incorporado la fiesta como parte de su herencia cultural. En la década de 1970, Chicago fue la primera ciudad estadounidense donde se celebró la fiesta, como un efecto secundario del movimiento chicano que estaba comenzando a ganar terreno en el barrio Pilsen, donde negocios emblemáticos, como el café Jumping Bean, ya promovían el orgullo mexicano. Actualmente en este barrio se visitan altares y ofrendas comunitarias.

Sin embargo, no fue la comunidad mexicana de Chicago la que propició el impacto de las celebraciones de muertos en Estados Unidos. El movimiento chicano comenzó a recuperar las costumbres y creencias mestizas de la clase trabajadora de Los Ángeles y San Francisco con desfiles y ofrendas que no se quedaron en el ámbito familiar, sino que tomaron las calles. El año 1972 fue decisivo en

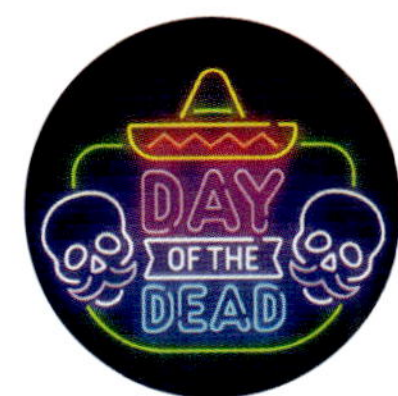

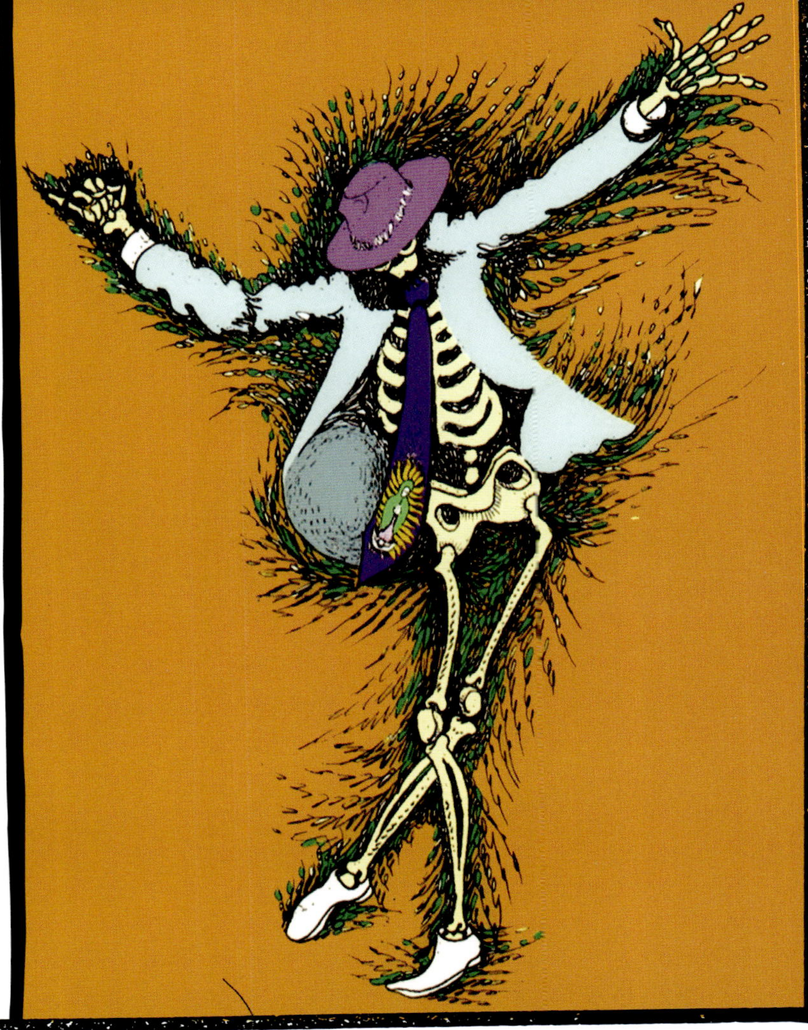

← (p. 304) Desfile en Marsella. Organizado por Nadieshda CCI (Colectivo Cultural Internacional). ← (p. 305 y 306) Desfile de Día de Muertos en Nueva York (2023), organizado por el Consulado General del México en esa ciudad, en colaboración con el Instituto Cultural Mexicano, el Museo de Arte Moderno y el Rockefeller Center.

↖ **Los Muertos DeCalifornia**, miembros de la comunidad chicana de Los Ángeles. ↑ **Don Miguel Jackson. De la luna al Mictlán** (2009). Felipe Ehrenberg. → (p. 306) **Súper Muerto** (2013). Serigrafía de Artemio Rodríguez. → (p. 307) Participante del desfile del Día de Muertos en el sur de la bahía de San Francisco (20 de octubre 2019).

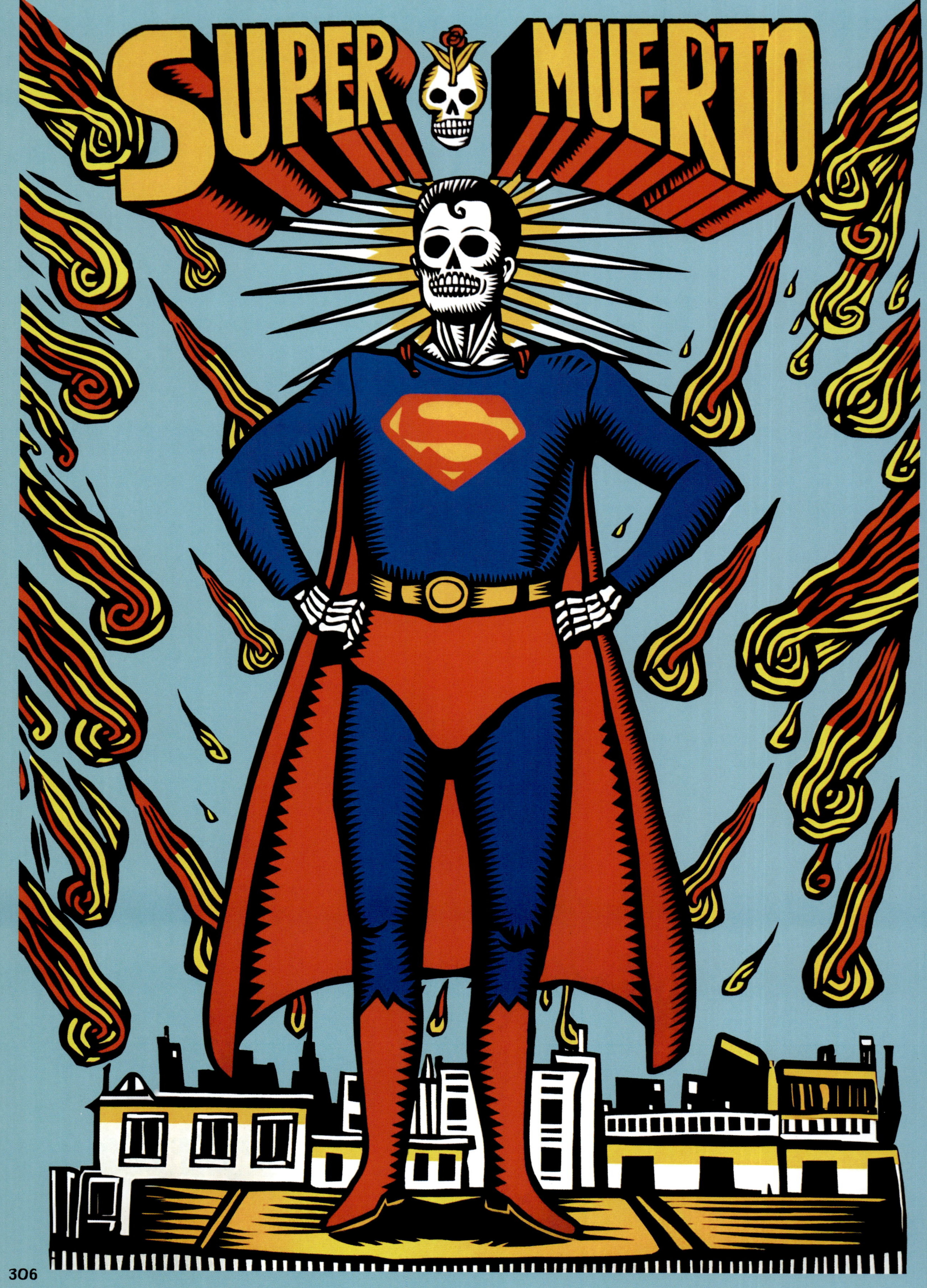
SUPER MUERTO

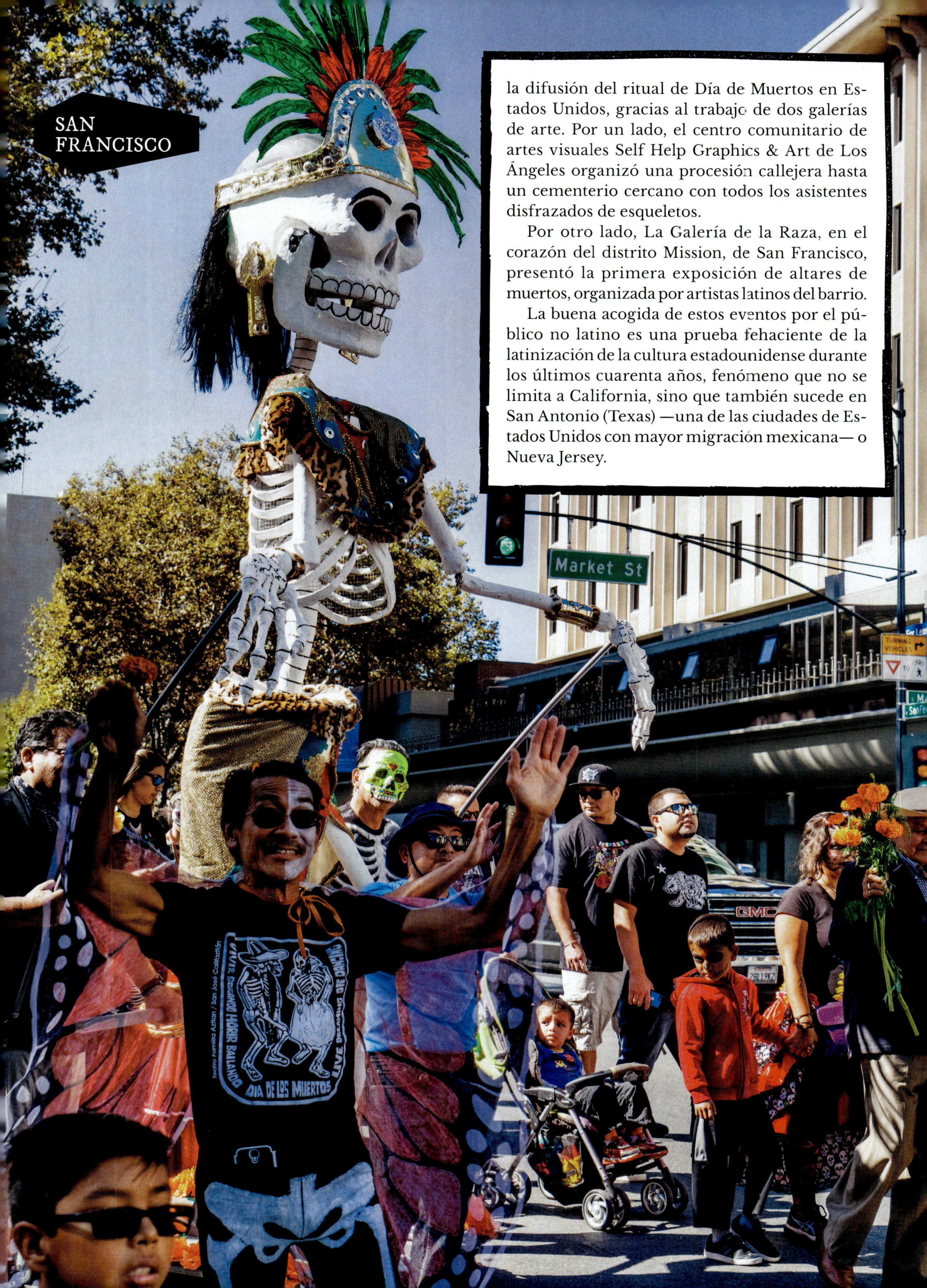

SAN FRANCISCO

la difusión del ritual de Día de Muertos en Estados Unidos, gracias al trabajo de dos galerías de arte. Por un lado, el centro comunitario de artes visuales Self Help Graphics & Art de Los Ángeles organizó una procesión callejera hasta un cementerio cercano con todos los asistentes disfrazados de esqueletos.

Por otro lado, La Galería de la Raza, en el corazón del distrito Mission, de San Francisco, presentó la primera exposición de altares de muertos, organizada por artistas latinos del barrio.

La buena acogida de estos eventos por el público no latino es una prueba fehaciente de la latinización de la cultura estadounidense durante los últimos cuarenta años, fenómeno que no se limita a California, sino que también sucede en San Antonio (Texas) —una de las ciudades de Estados Unidos con mayor migración mexicana— o Nueva Jersey.

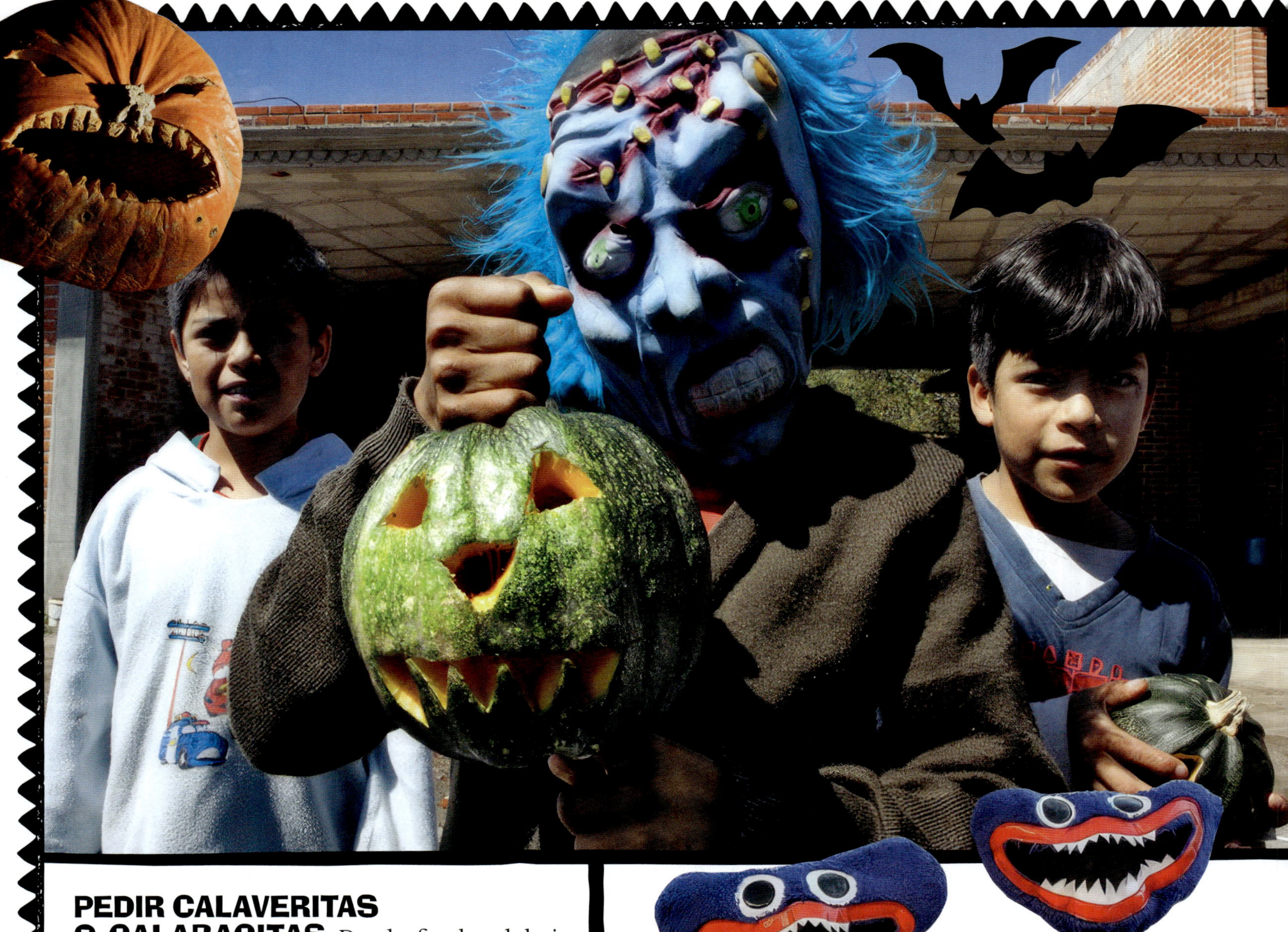

PEDIR CALAVERITAS O CALABACITAS

PEDIR CALAVERITAS O CALABACITAS Desde finales del siglo XX, se produjo en México una invasión del Halloween. La tradición indígena convive con un *trick or treat* a la mexicana: pedir calaverita disfrazado de monstruito. Por otro lado, promover Halloween facilitó la comercialización de productos fabricados por empresas: disfraces, decoraciones y, sobre todo, millones de dulces que llenan las calabacitas de los niños.

Desde el siglo XVIII, los inmigrantes irlandeses llegaron al Nuevo Mundo trayendo consigo su cultura y costumbres. Entre éstas se cuenta la fiesta de las calabazas, que proviene de la antigua leyenda de Jack-o'-lantern. De acuerdo con ésta, existió un borracho pendenciero de nombre Jack Aludir, quien hizo un trato con el diablo y fue condenado a vagar por las noches con un carbón al rojo vivo para iluminar su camino. Para la celebración, la gente sustituía el carbón de la leyenda por una linterna hecha con un nabo en el que se tallaba una cara. A finales del siglo XIX, este festejo se volvió muy popular en Estados Unidos, donde se cambiaron los nabos por calabazas.

↑ Niños en el cementerio de San Andrés Calpan, Puebla, pidiendo calaverita. ↗ Niños disfrazados en el cementerio de Chimalhuacán, Estado de México.

↗ Música entre familia y amigos en un panteón en Perú. → Retablo peruano de Día de Muertos. Este tipo de artesanía proviene del tiempo del Virreinato cuando durante sus viajes los sacerdotes llevaban imágenes de los santos en cajas.

UNA TRADICIÓN COMPARTIDA

En países que comparten la misma herencia cultural prehispánica, africana y europea que México, incluso las islas Filipinas (última de las colonias perdidas por el Imperio español en 1898), encontramos celebraciones de difuntos que guardan cierta similitud. En Argentina, Ecuador, Perú y sur de Colombia también consumen las "tatawawas o guaguas", los panes con forma de persona.

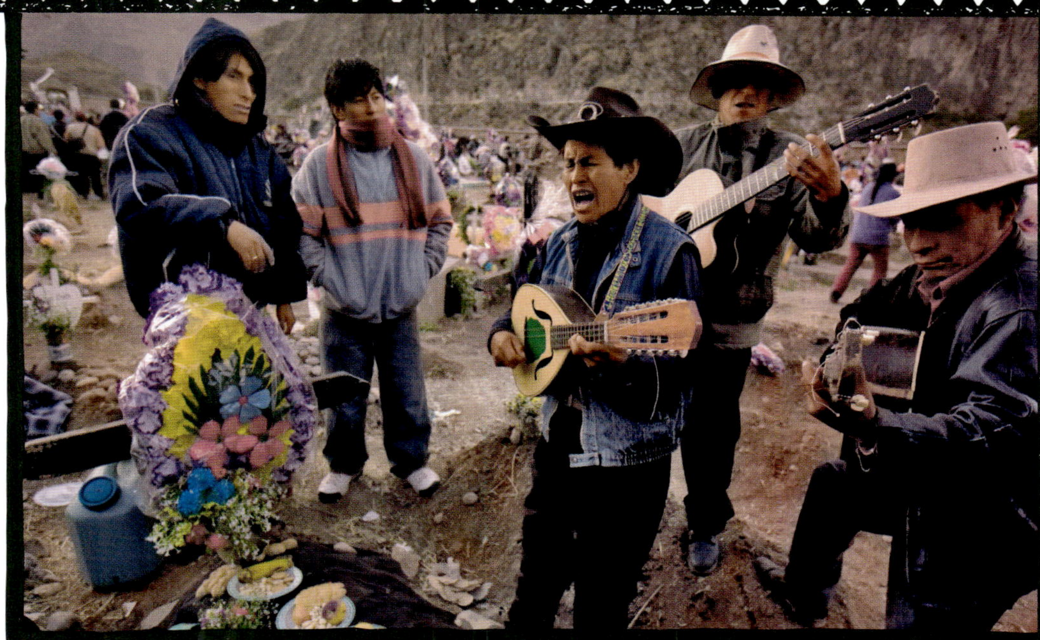

En Bolivia, según la tradición indígena, los ajayus (espíritus de los difuntos) bajan de las montañas durante el Día de Todos los Santos para traer la fertilidad a los campos. En Ecuador se prepara la colada morada, una bebida indígena a base de maíz y originalmente sangre de llama, actualmente sustituida por otros elementos, como frutos rojos. En Costa Rica se celebra la mascarada, una celebración con coloridas máscaras que tiene lugar el 31 de octubre y que recuerda a las danzas de diablos con personajes del folclore tradicional. En la región de la Guajira venezolana y colombiana entierran a sus muertos dos veces. La primera vez a los pocos días del fallecimiento en una fosa común. En el segundo velorio se limpian los huesos, se depositan en vasijas de barro, se agasaja a los presentes con alimentos y bebidas, y posteriormente los restos son trasladados al lugar de nacimiento del difunto, normalmente por familiares de su línea materna. Este rito del doble enterramiento es muy similar a la limpia de huesos de Pomuch (Campeche).

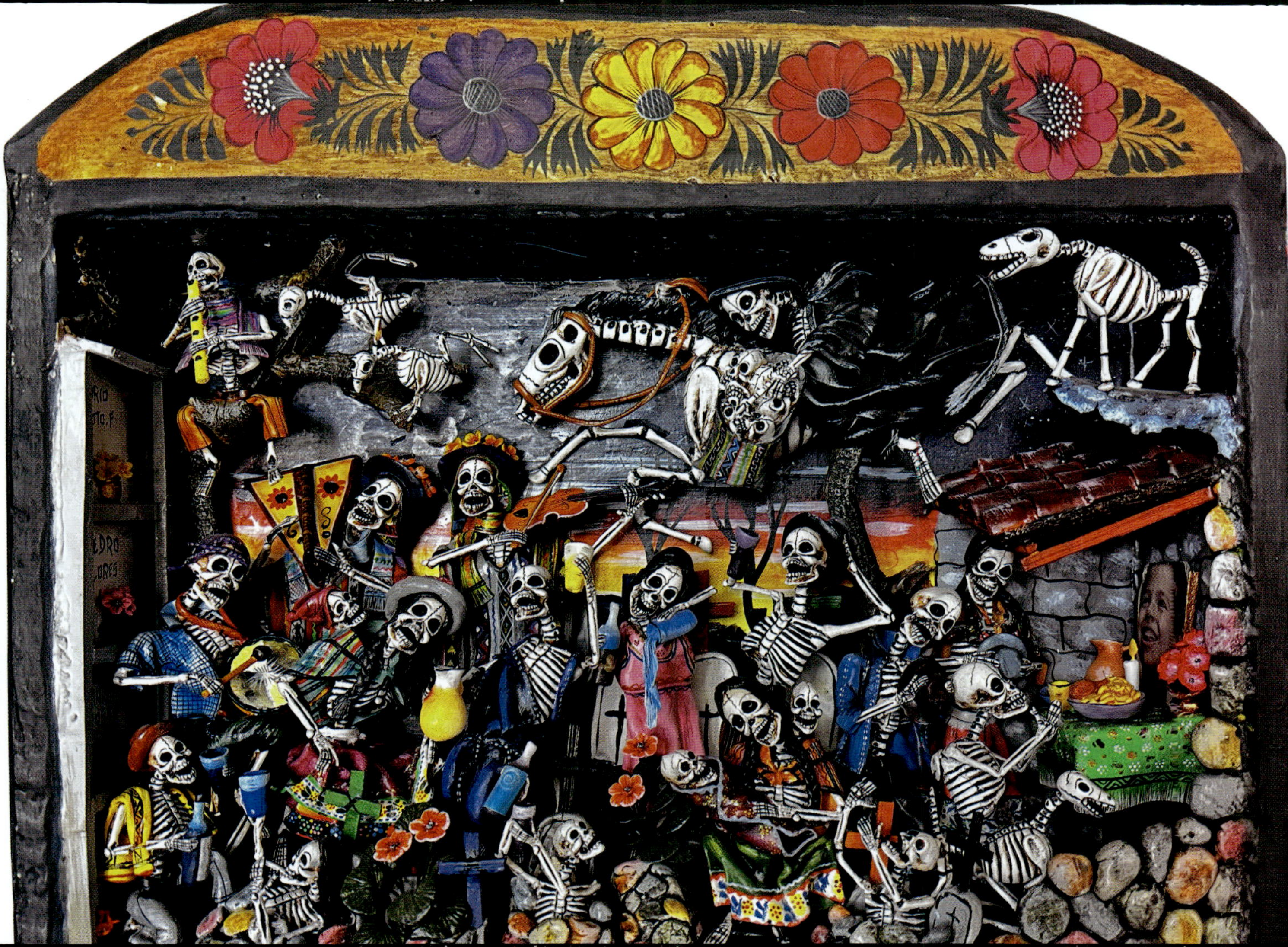

LOS PAPALOTES DE GUATEMALA

Para Sumpango y Santiago Sacatepéquez, dos pueblos de mayoría maya kaqchikel separados por apenas 12 kilómetros en el suroeste de Guatemala, el Día de Muertos se celebra con papalotes gigantes.

Liberados de sus ataduras durante la mañana y la tarde, los papalotes pequeños y medianos se elevan hacia el cielo, con sus pieles de gasa y sus largas colas bailando y jugando con los fuertes vientos de noviembre al ritmo de las almas visitantes. Los papalotes se han vuelto cada vez más elaborados; algunos son tan grandes que eclipsan en tamaño las casas humildes de las calles cercanas, por lo que se tuvo que prohibir su vuelo.

Los marcos de los papalotes están hechos de bambú o castilla, una planta que se cultiva en las cercanías y que a menudo se utiliza para tejer cestas. Para colocar capas de papel de seda o darles forma creativa a sus diseños en una gama de paletas más profundas, aplican pegamento elaborado con la planta de yuca, mezclado con cáscara de limón y agua. La cuerda proviene de la savia del maguey, planta del agave. Las colas están hechas de tela tejida. Los fabricantes de papalotes comienzan meses antes del festival, planifican los diseños, reúnen materiales y trabajan por las tardes y durante la noche en el suelo de iglesias o escuelas para colocar capas de papel hasta el día de la celebración. Los papalotes más grandes se queman tradicionalmente en el cementerio y el humo que se eleva tiene como objetivo llevar a los espíritus rebeldes de regreso al cielo. Luego se entierran las cenizas y termina el día.

Volar un papalote "es como una oración elevada al cielo que además brinda protección a las personas porque ahuyenta a los malos espíritus que emergen la noche anterior al Día de Todos Santos", reza una placa en el Museo Regional de Santiago Sacatepéquez. Los ancianos de Santiago recuerdan haber hecho papalotes en su infancia, ya en la primera década del siglo xx, según el relato oficial de la ciudad. En la cercana Sumpango, el Comité Permanente de Barriletes atribuye el vuelo de estos objetos en los dos primeros días de noviembre a una referencia aparecida en crónicas del siglo xvii del misionero inglés Thomas Gage.

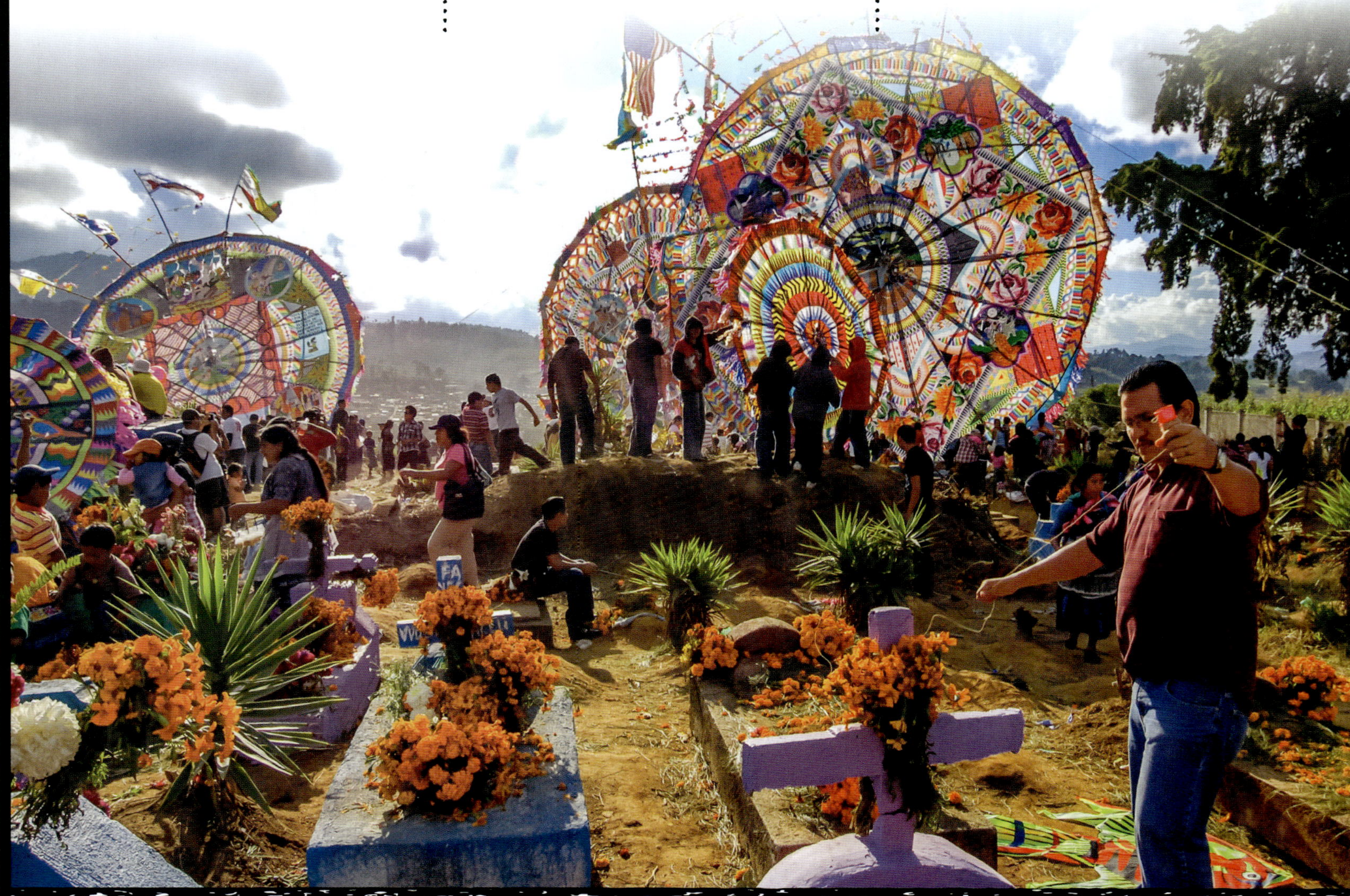

↑ Cometas gigantes en el cementerio de Sumpango, el Día de Todos los Santos.

→ **Panets de mort**, Menorca, un tipo tradicional de pan que se prepara el Día de Todos los Santos.

DESFILES Y OFRENDAS POR TODO EL PLANETA En la última década, los desfiles y las ofrendas se han convertido en una epidemia que se ha ido contagiando. En consecuencia, países que comparten una herencia latina, como España o Italia, junto a otros de ascendencia anglosajona, como Canadá, Nueva Zelanda, Inglaterra, Irlanda o Australia, o bien naciones sin enlaces culturales con México, como República Checa o Japón, salen de fiesta a celebrar el Día de Muertos al estilo mexicano.

Por proximidad cultural innegable, de toda Europa es en España donde más manifestaciones de la fiesta de muertos podemos encontrar. En Barcelona y Madrid, en los últimos años se han organizado desfiles de catrinas. En La Casa de México en España, en Madrid, se exponen desde 2017 diversos megaaltares montados por artistas mexicanos.

En París el colectivo Ixteca organiza cada año el Festival de los Muertos en París, entre otras actividades. En Alemania, la Embajada de México monta un altar tradicional, abierto al público. Lo mismo sucede en los Países Bajos, en cuya embajada mexicana se presenta La Nave de las Catrinas, un desfile con cuatro embarcaciones decoradas con motivos del Día de Muertos por los canales de Ámsterdam al son de música mexicana.

Dando un salto de gigante por ultramar, en Tokio y Osaka, Japón, se organizan diversos eventos y exposiciones. Sin embargo, aunque los japoneses hayan adoptado alegremente el Día de Muertos, ya tienen una festividad budista para los antepasados difuntos: el Obon.

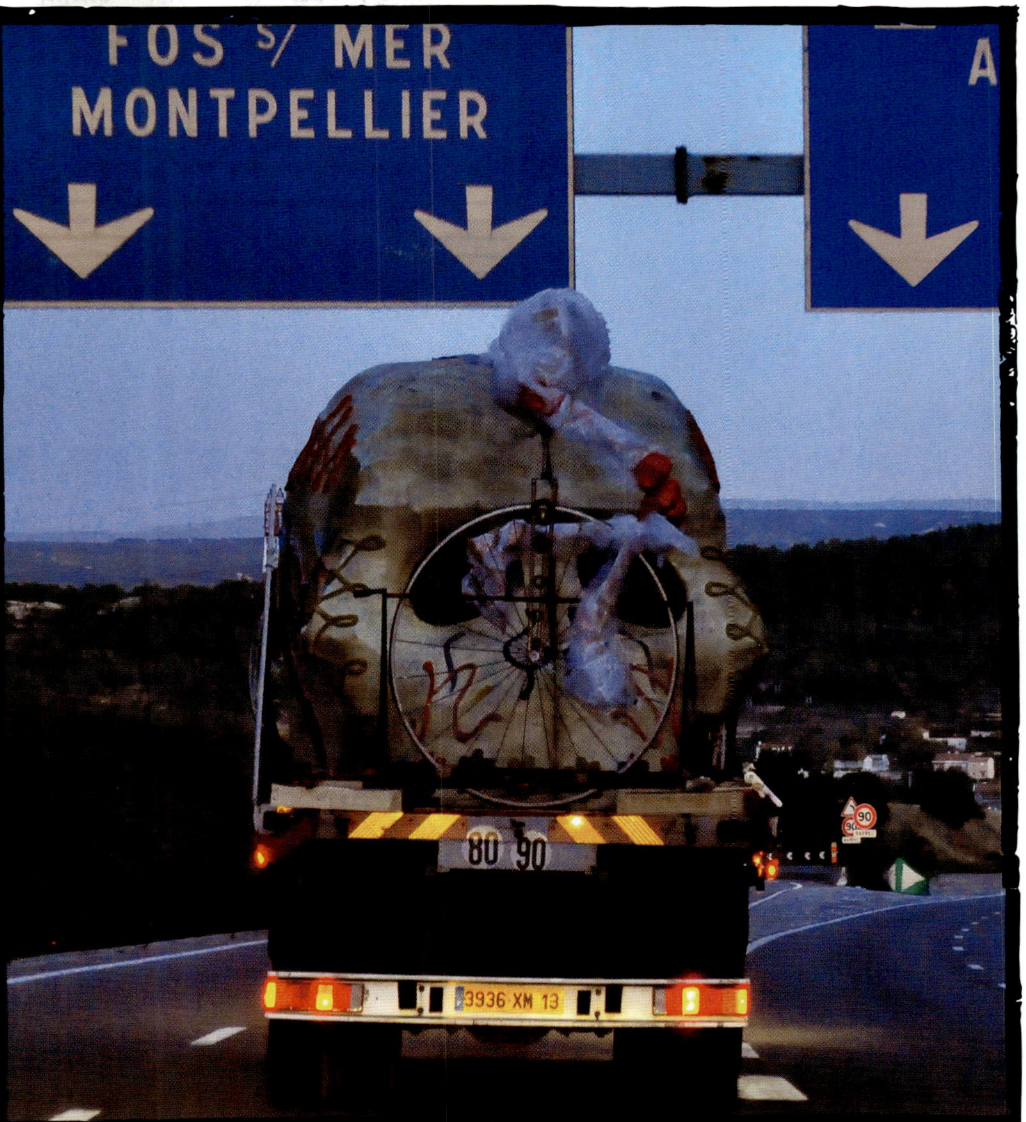

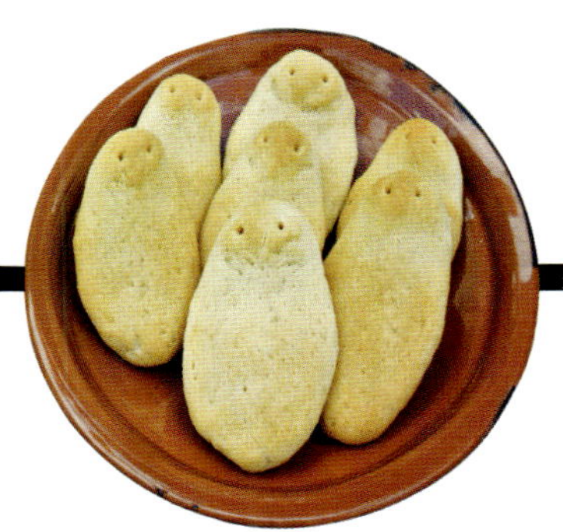

MUERTITAS *MADE IN JAPAN* La onda expansiva del Día de Muertos ha logrado alcanzar el rincón más tecnológico del planeta: el barrio de Harajuku en Tokio, Japón. Famoso como centro mundial del cosplay, es desde 2016 el escenario de un masivo desfile de catrinas con miles de personas vestidas y maquilladas como calaveras en una procesión que no es ni mexicana ni japonesa, pero que reúne a la comunidad latina y a la nipona bajo la excusa de una fiesta "indígena". La celebración es organizada por mexicanos que habitan en la megaurbe asiática. Para la procesión de 2023, se estima que participaron más de cien personas, en su mayoría mexicanos residentes en Japón, y se realizaron alrededor de veinte actividades, como conciertos, exposiciones fotográficas, preparación de alimentos, bailes mexicanos y talleres de maquillaje.

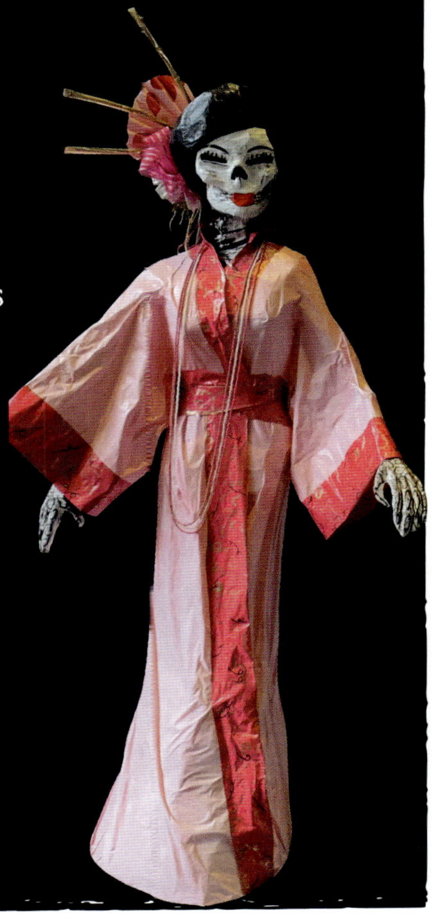

↑ Camión trasladando una calavera gigante en Francia. En la capital francesa el Día de Muertos se celebra con bailes, desfiles de catrinas, conciertos y altares en honor a los difuntos. ↗ El desfile de Catrinas por el Día de Muertos en Tokio comenzó a realizarse en 2016, con gran éxito

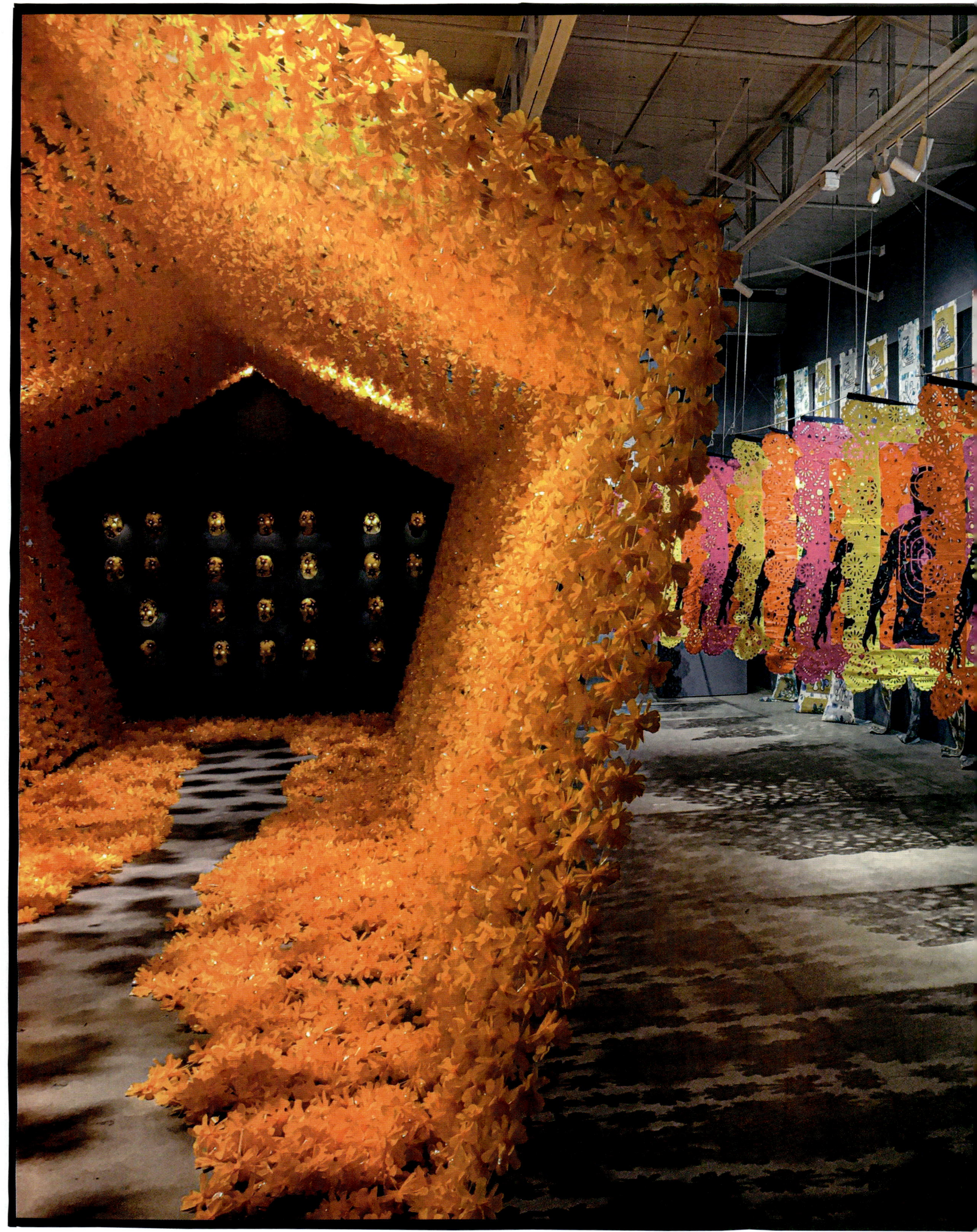

↑ **Para envolver nuestras últimas despedidas** (2022) es una megaofrenda tradicional en homenaje a los altares mayas que cuenta con piezas artesanales específicas de estos pueblos prehispánicos, como los recipientes para servir guajes y otros alimentos. Kew Gardens, Londres.

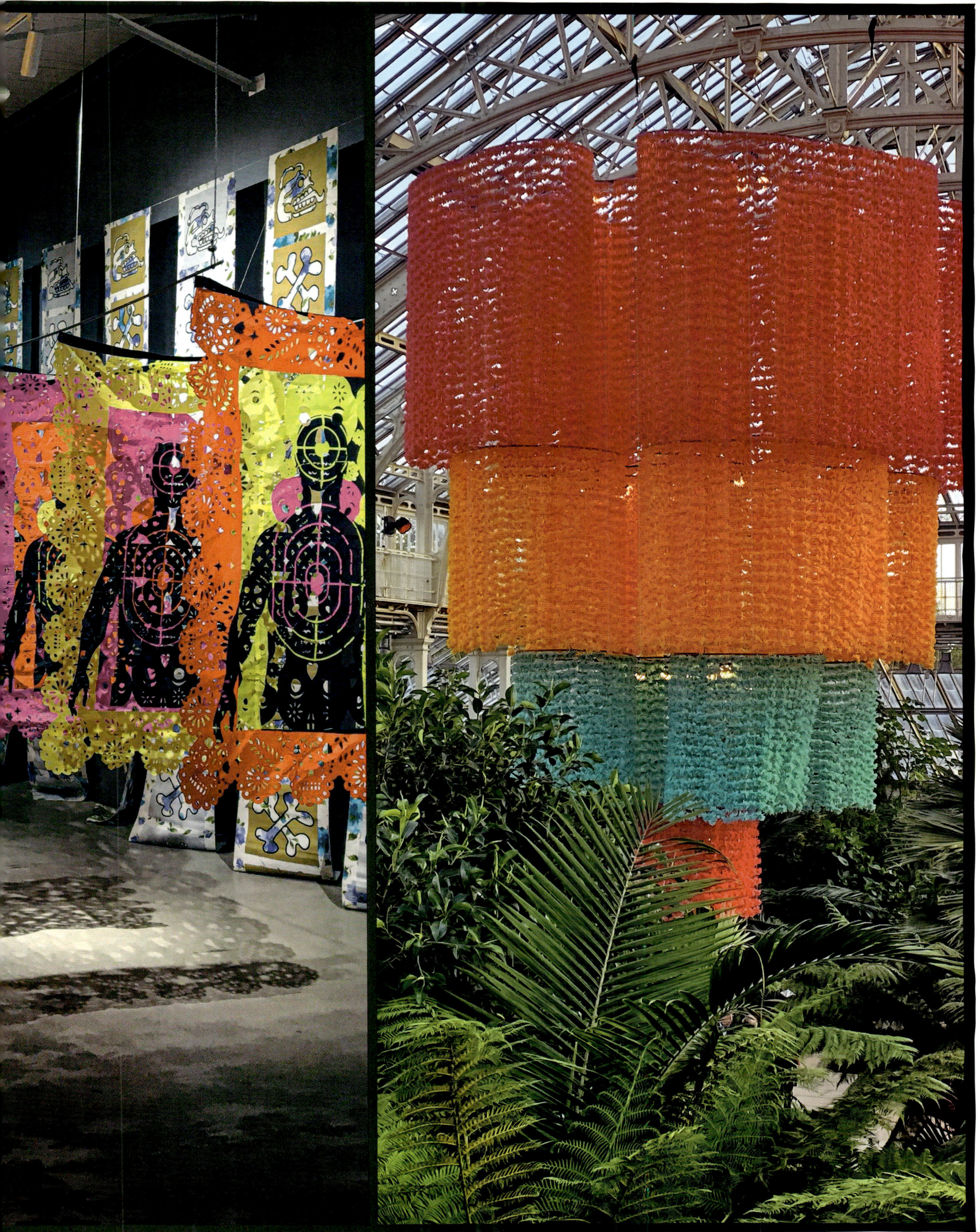

↑ En **Flores de luz y canto** (2022), el centro de atención fue un enorme candil de 10 metros de alto realizado con miles de flores hechas a mano y agrupadas en forma de quincunce, una figura semejante al número cinco de los dados, que simboliza la visión mesoamericana del mundo. Kew Gardens, Londres.

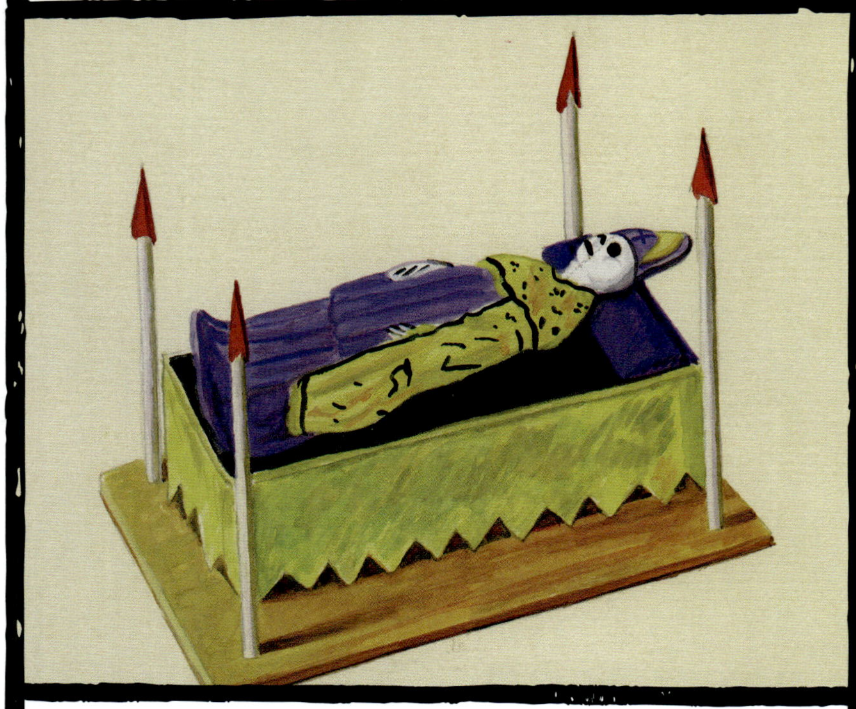

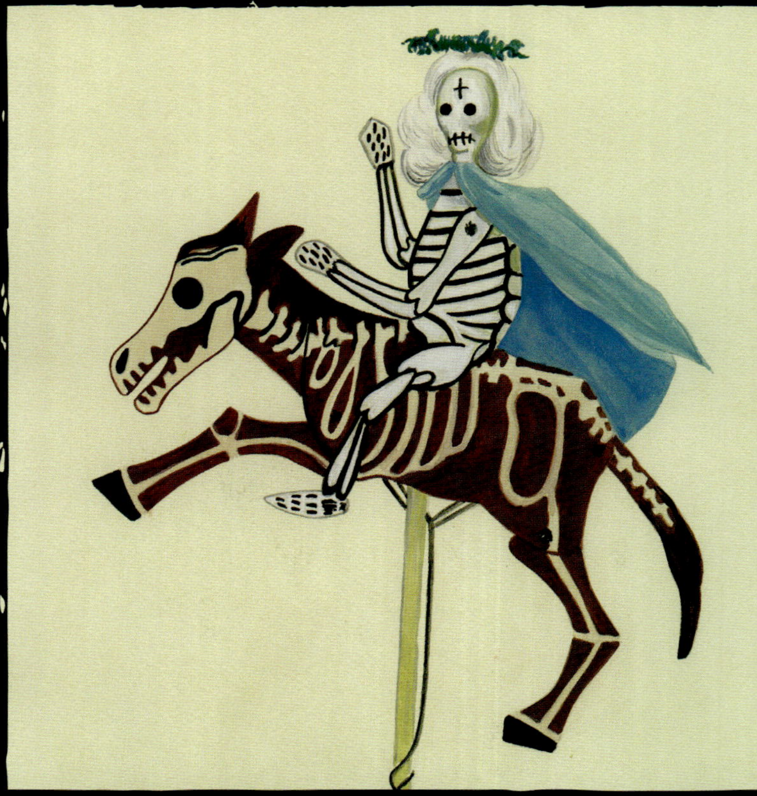

LAS OFRENDAS POPULARES DE LOLA CUETO.

Durante la segunda mitad del siglo pasado, la artista Lola Cueto (1897–1978) irrumpió en el ambiente artístico de México. Su interés por el arte popular y la artesanía mexicana influyó decisivamente en su obra. De su trabajo en acuarela, el poeta, ensayista e historiador, Andrés Henestrosa destacó la visión doméstica de Lola Cueto, que reflejaba "con delicadeza de pulso" el culto a la muerte de los mexicanos, que no es desprecio a la vida, sino amor a la muerte como madre de la vida. Afirma Henestrosa: "Poder repetir una emoción ajena, hasta el grado que no pueda identificarse el original, vale por una creación propia. Y la obra de Lola Cueto tiene todo el alcance de una obra de arte personal, teñida con sangre de sus venas". El aspecto naif y falsamente primitivo en la obra de Cueto refuerza ese sentimiento natural del mexicano hacia la muerte.

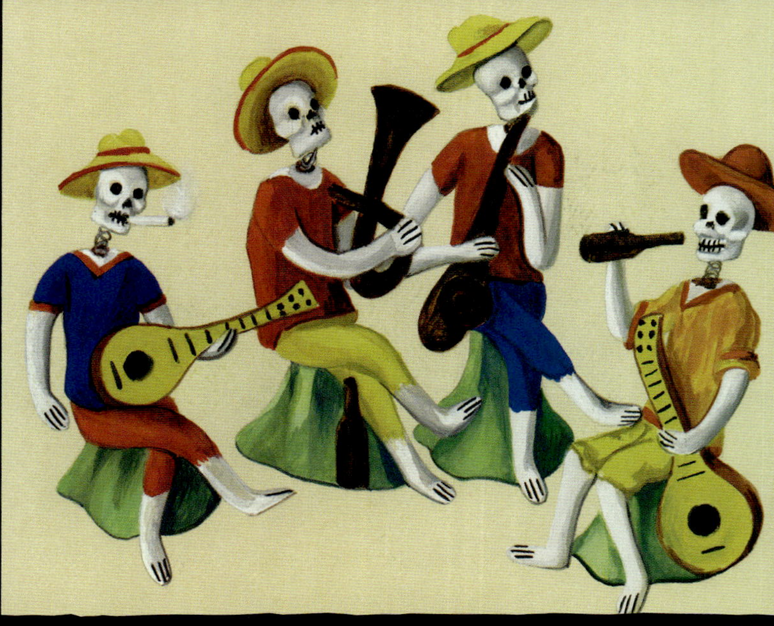

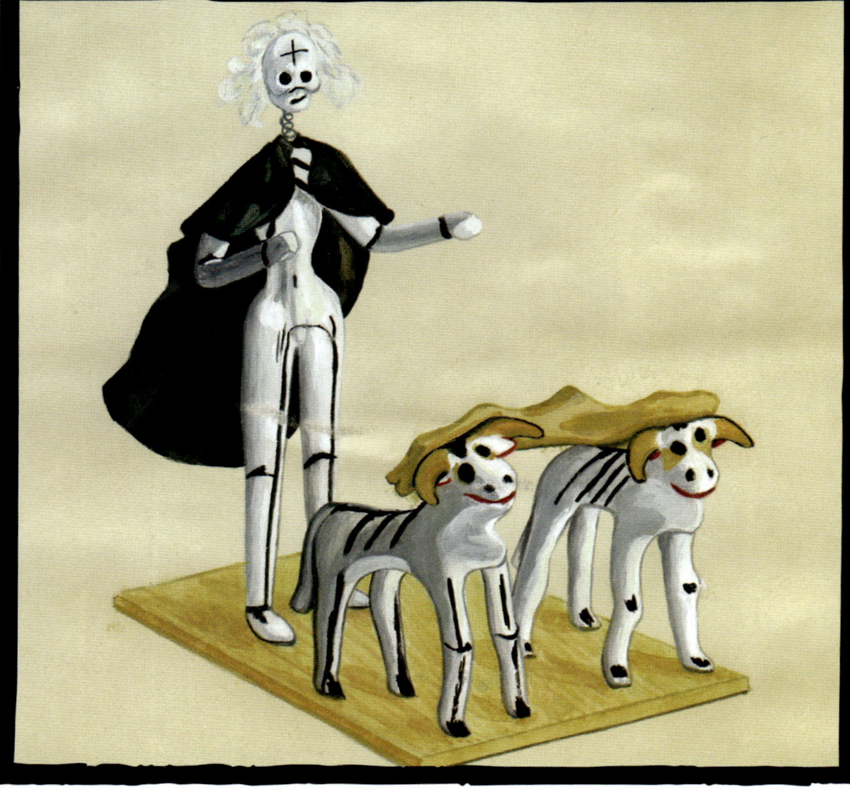

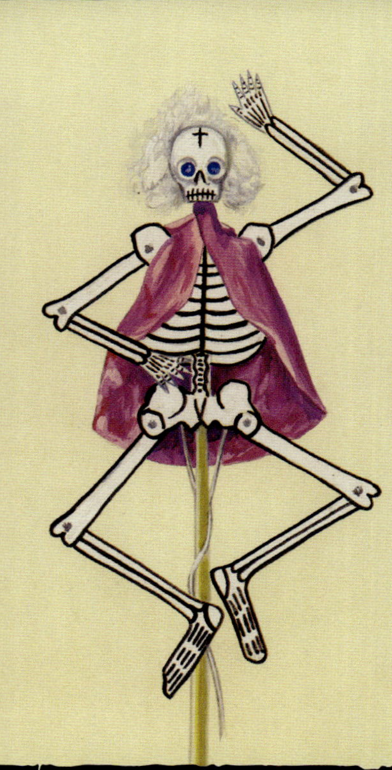

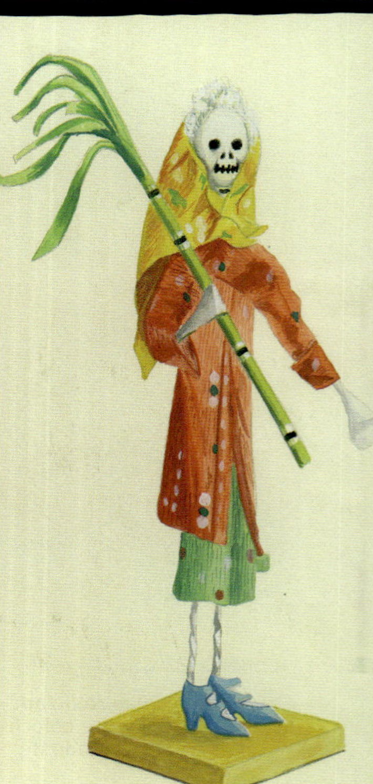

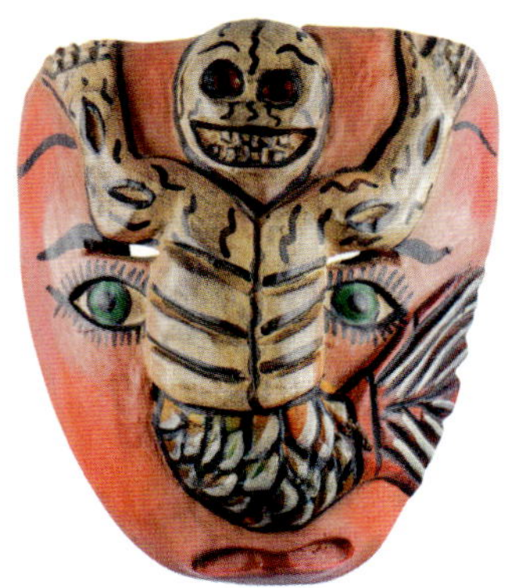

OFRENDAS Y MANJARES DE MUSEO

OFRENDAS Y MANJARES DE MUSEO Como parte esencial de la cultura de México, el arte en todas sus disciplinas se fijó en el Día de Muertos como tema de obras muy destacadas y estudiadas. Ya en el siglo XIX los pintores mexicanos representaron la festividad, sobre todo a través de los alimentos, como José Agustín Arrieta, pintor costumbrista mexicano, en *El bodegón de panes con naranja* y *Cuadro de comedor*. Debemos recordar que los bodegones fueron un género pictórico muy popular en la Europa de los siglos XV, XVI y XVII, que simbolizaban la transitoriedad de la vida y por ello eran conocidos como "naturalezas muertas".

Gustavo Montoya, asociado al muralismo mexicano y la Academia de San Carlos, expresó su faceta costumbrista de la vida corriente con obras como *Bodega con panes mexicanos*, que muestra la impresionante variedad de panes dedicados al festejo. Siguiendo esta línea, durante el siglo XX otros artistas mexicanos que encontraron inspiración en el Día de Muertos fueron Saturnino Herrán, José Chávez Morado, María Izquierdo... Pero fueron sobre todo Diego Rivera, con su Catrina de domingo en la Alameda, y Frida Kahlo, con su morbosa visión de la muerte cercana, quienes consiguieron exportar el carácter autóctono de la fiesta a Estados Unidos y Europa.

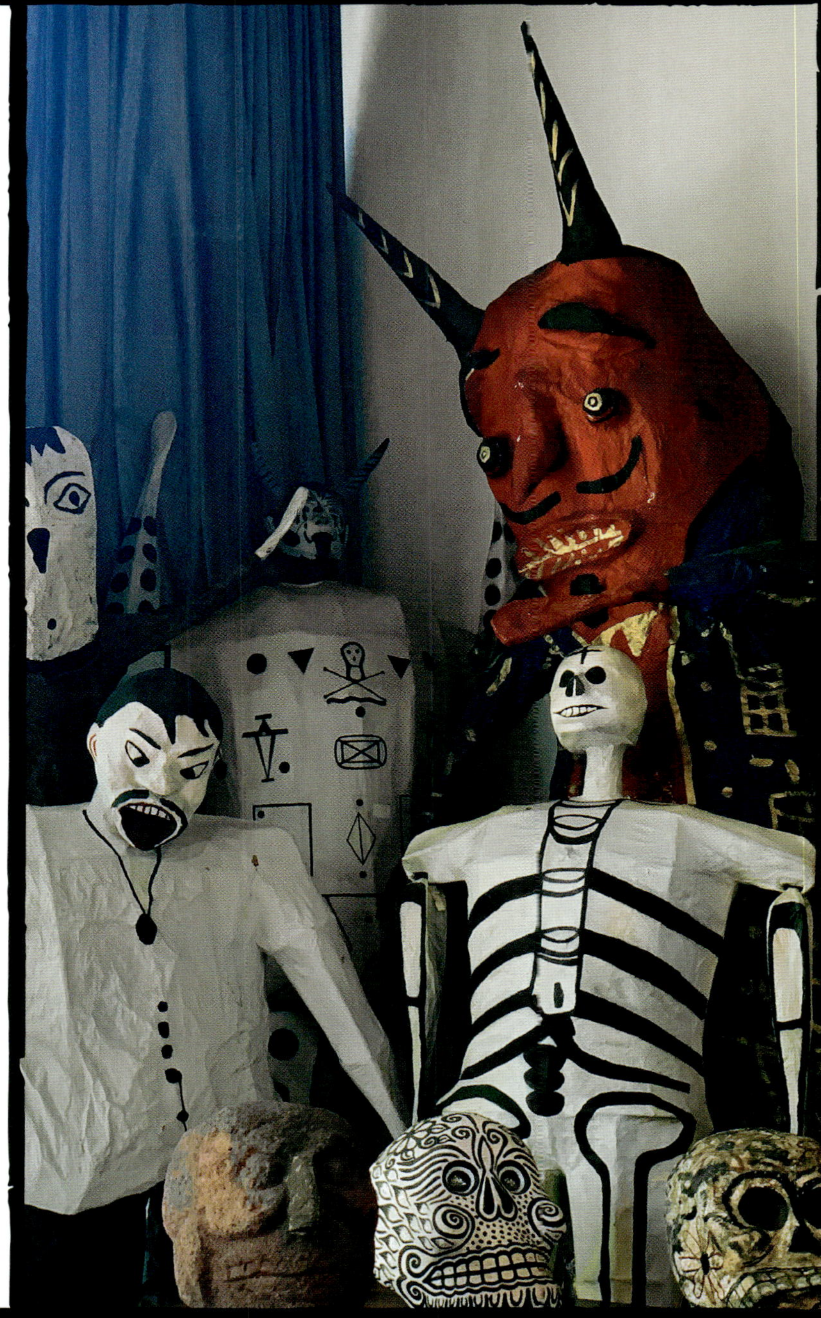

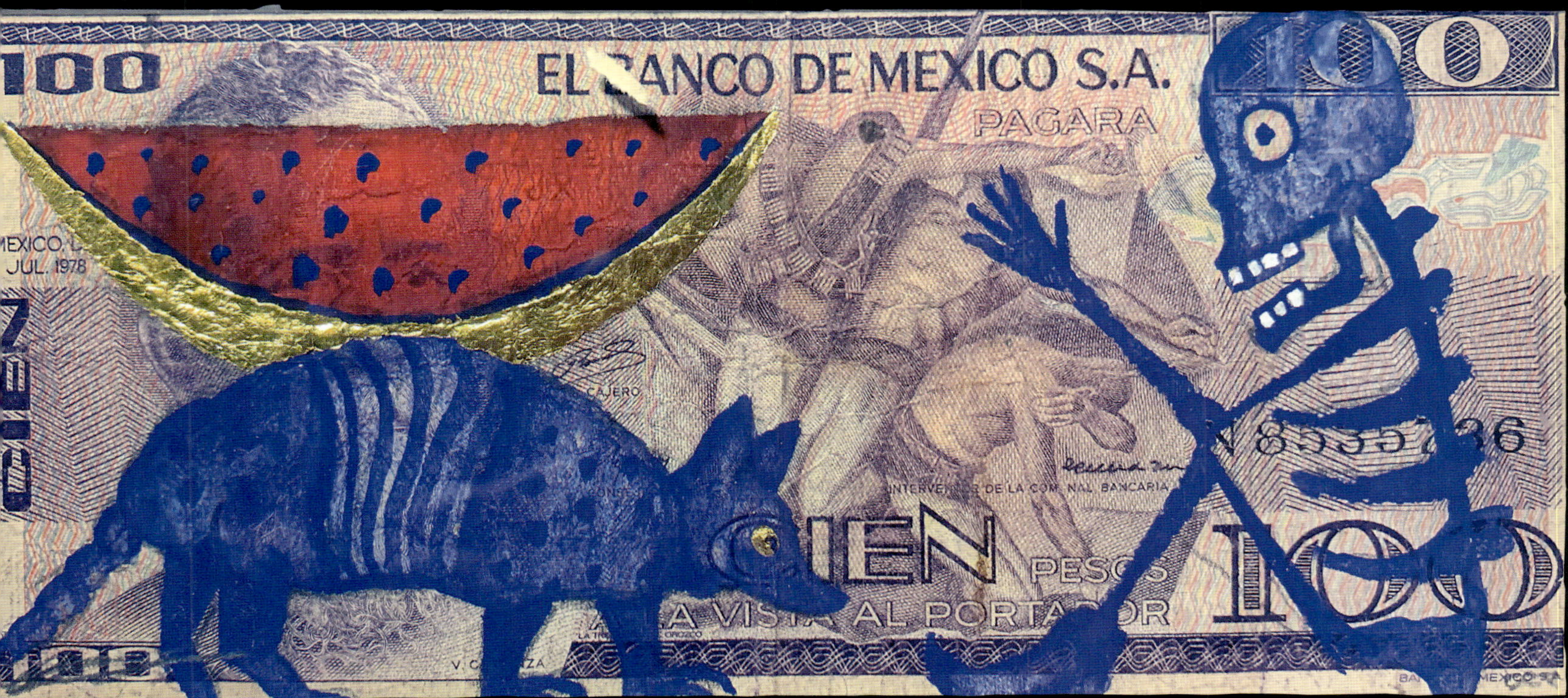

← Acuarelas realizadas en 1947 por Lola Cueto dedicadas a las figurillas que se colocaban en las ofrendas de muertos en los pueblos del Estado de Oaxaca.

↑ Máscara de hombre con calaca sirena. Madera policromada, Guerrero. Col. Miguel Abruch Linder. ↑ Grandes figuras de cartonería exhibidas en el Museo Casa Estudio de Diego Rivera y Frida Kahlo. ↑ Billete de 100 pesos intervenido. Col. particular.

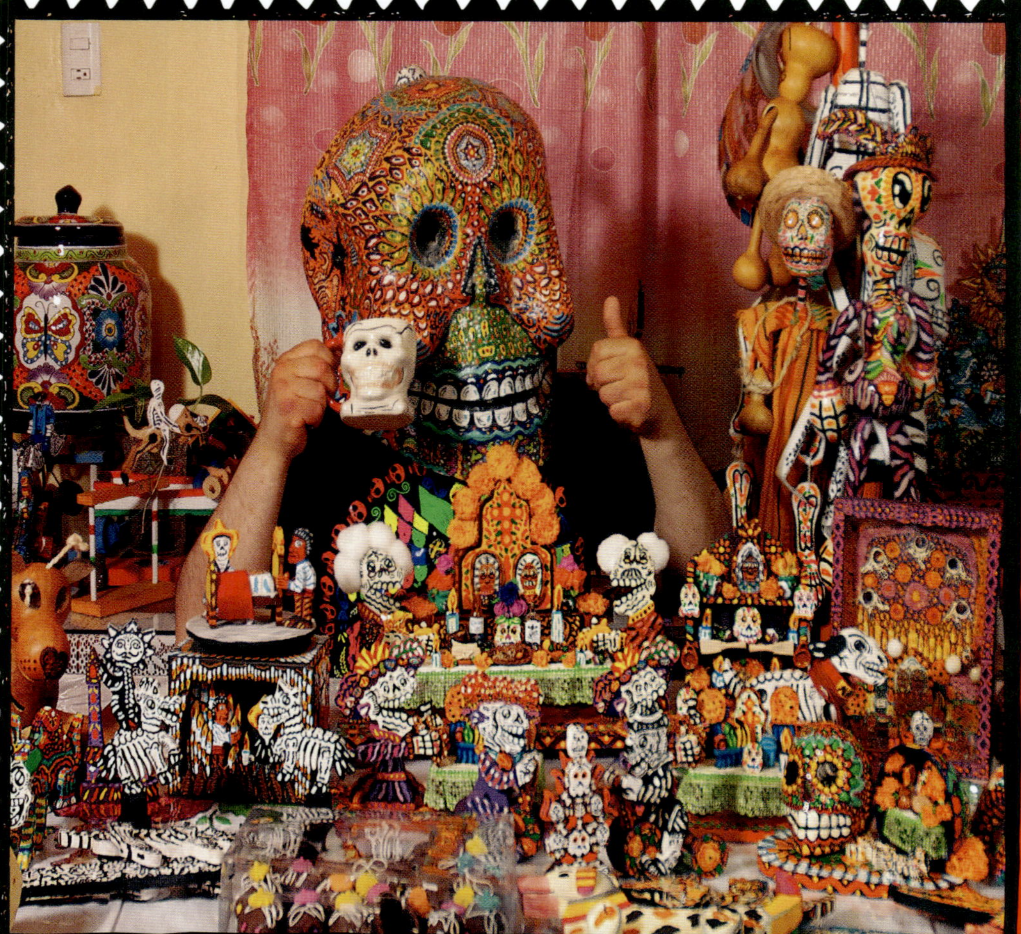

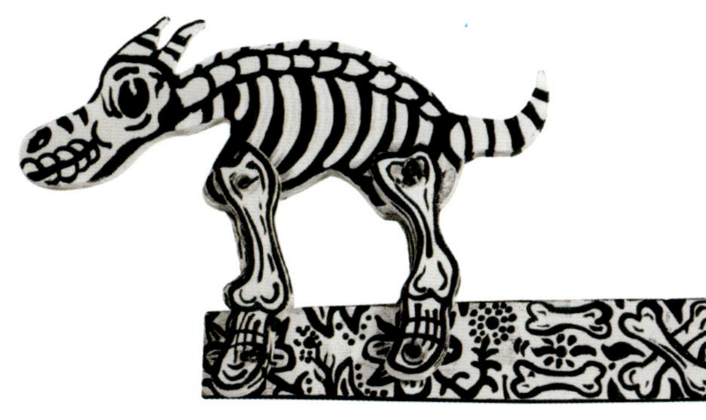

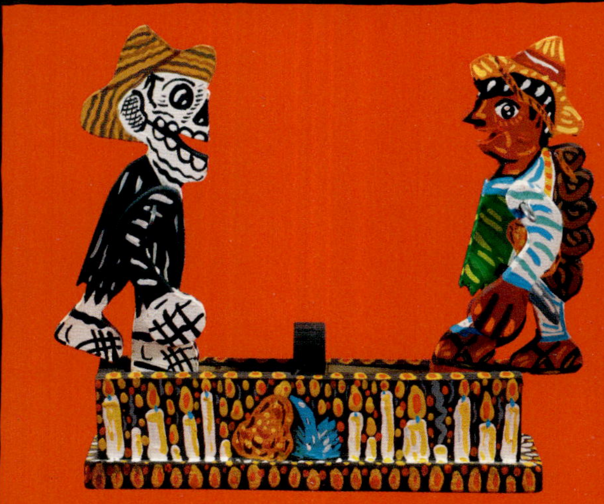

UN OFICIO JUGUETÓN Los juguetes tradicionales mexicanos se han convertido en exitosos productos de exportación. Fabricados en madera policromada en vistosos colores, marionetas, baleros, matracas, pirinolas, trompos y yoyos; son juguetes que encantan a niños y adultos, que incluso los coleccionan. Así quedó atrapado el maestro juguetero, Miguel Estévez, cuya pasión por los juguetes surgió por la impresión que le causó un carro alegórico en un desfile del Bicentenario. En un afán de aprendizaje y perfeccionamiento en las técnicas de creación artesanales, acudió a talleres de Michoacán, Oaxaca, Guanajuato, Jalisco, Puebla, Guerrero y el Estado de México. Actualmente, desde su taller en la colonia Agrícola Oriental, en la Ciudad de México, enseña los métodos artesanales de juguetería en los talleres que imparte en su proyecto Migual.

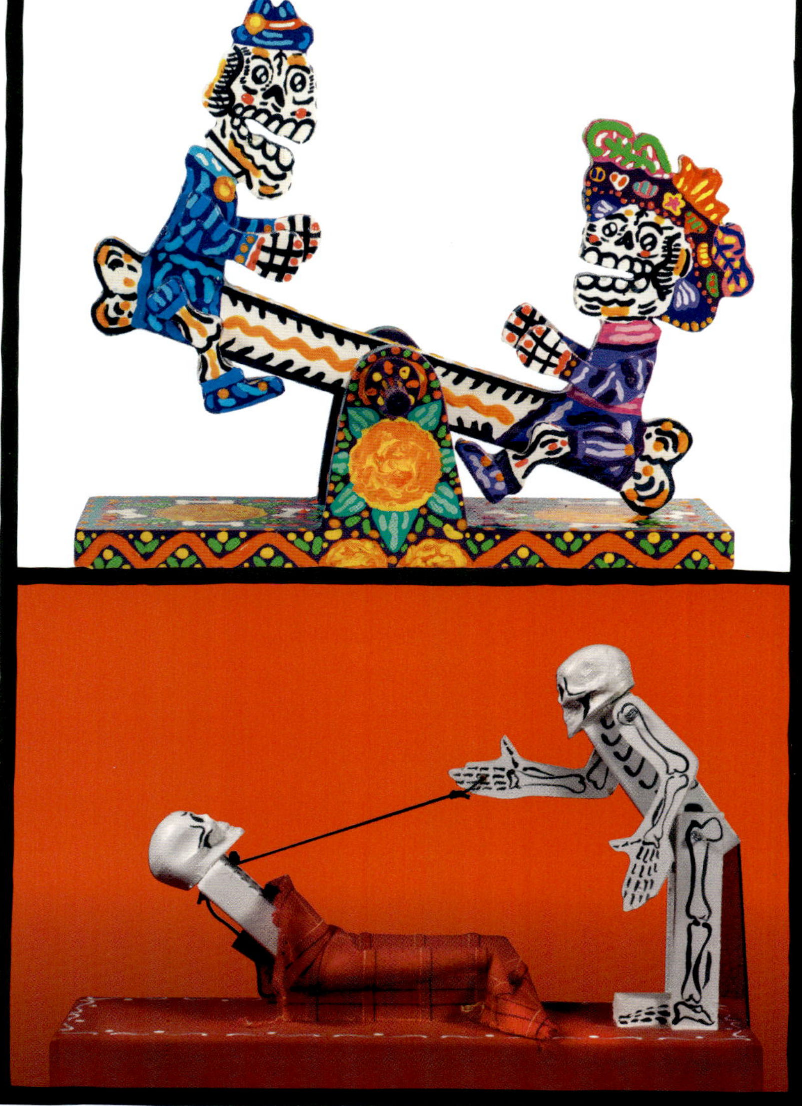

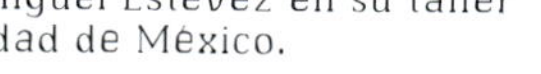

↑ El juguetero Miguel Estévez en su taller de Iztacalco, Ciudad de México.

↑ Juguetes articulados dedicados al Día de Muertos, realizados por el artesano Miguel Estévez.

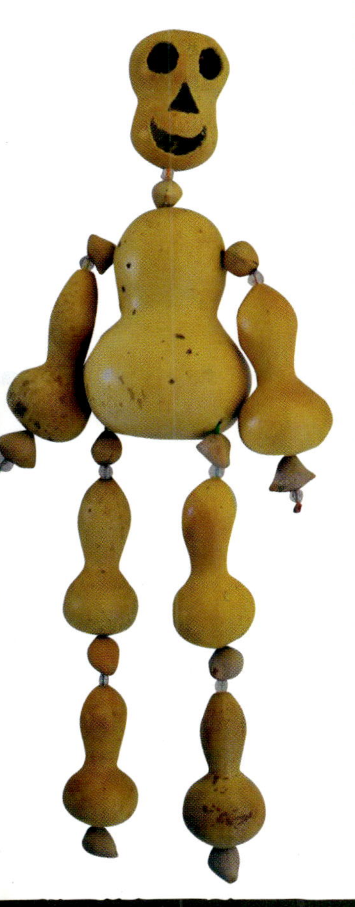

DE COLECCIÓN A partir de la década de 1920 en México se empezó a tener conciencia de la importancia de resaltar los valores mexicanos a través de su arte y artesanías. Creadores como el Dr. Atl, Jorge Enciso, Roberto Montenegro y Miguel Covarrubias coleccionaron y estudiaron el arte popular. Estas piezas únicas destacan por su belleza y su rica tradición cultural, que reflejan la diversidad y la riqueza de la historia mexicana.

Desde la intrincada talavera de Puebla hasta los coloridos alebrijes de Oaxaca, las artesanías mexicanas capturan la esencia y la creatividad del país. Cada región de México tiene su propio estilo distintivo, con técnicas ancestrales y materiales autóctonos que le confieren autenticidad y originalidad a cada obra.

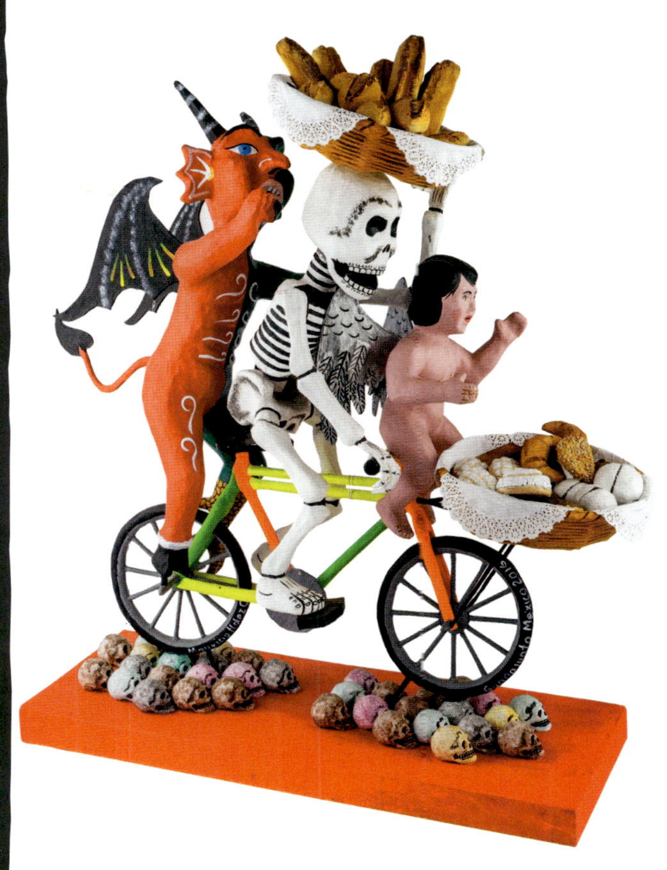

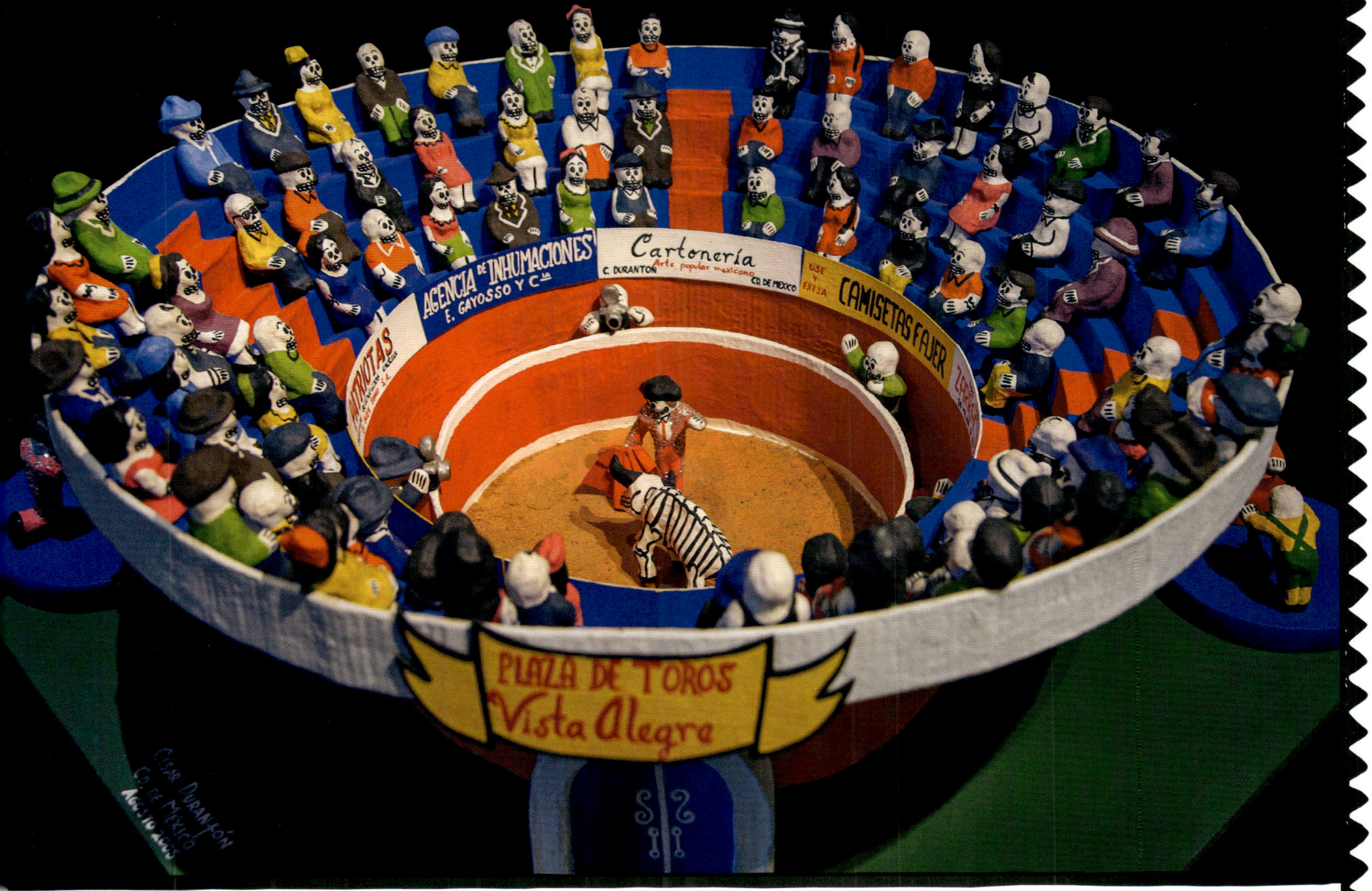

↑ Calaverita de guaje, Col. Alejandro Catalá Sicilia. ↗ Diablo, calaca y niño en bicicleta, cartonería, Gto., Col. Miguel Abruch Linder. ↑ Plaza de toros, cartonería, Museo de Arte Popular Mexicano.

→ (p. 318) Exvoto de doña Tomasa, Oax., Col. Miguel Abruch Linder. → Lagartijo (Dandy), Felipe Linares (ca. 1992), papel maché, madera, México, Museum of International Folk Art. → Cráneo, piedra volcánica, Comonfort, Gto., Col. Miguel Abruch Linder. → Esqueleto en una bicicleta, (ca. 1958), cerámica, metal, Metepec, México, Museum of International Folk Art.

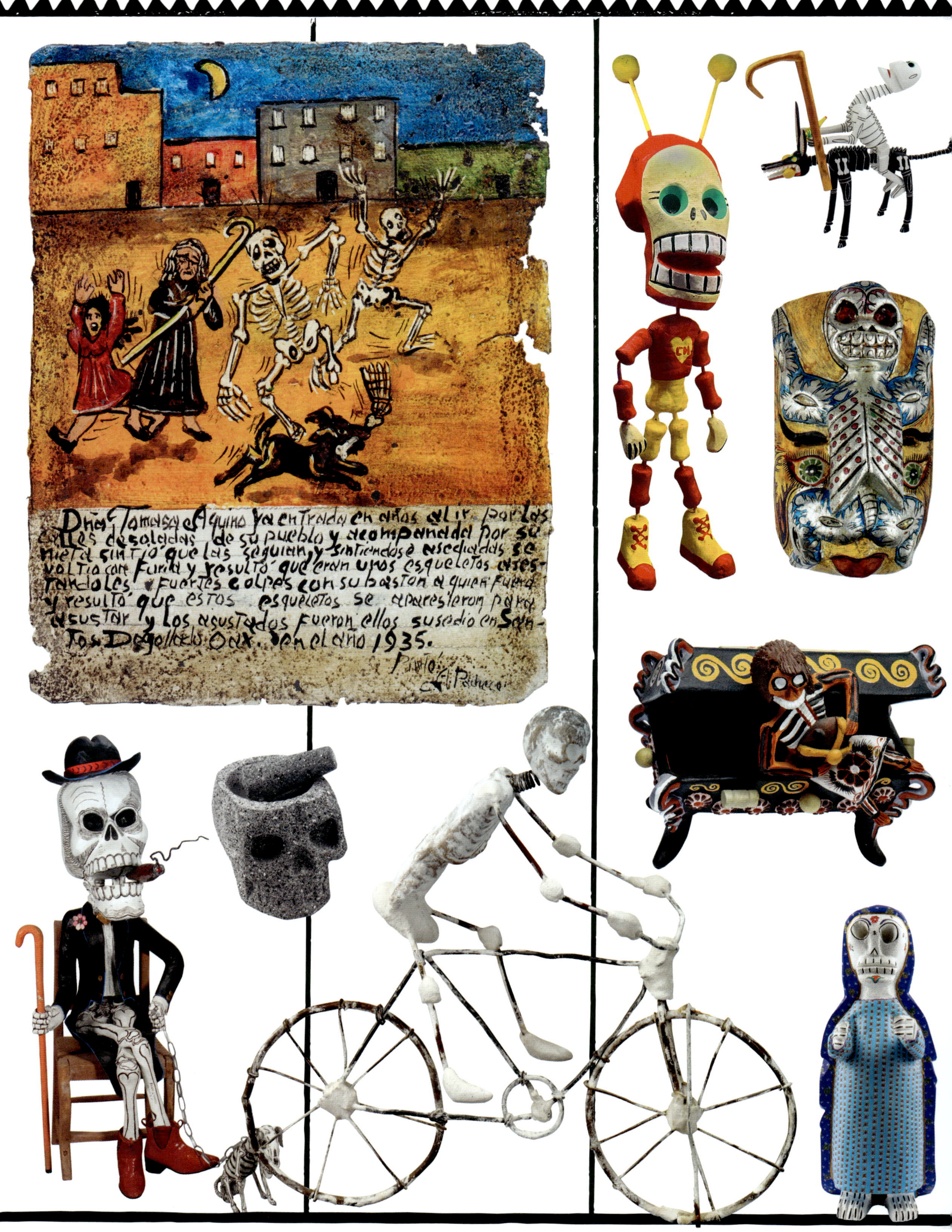

↗ Calaca con guadaña y perro, madera policromada, Oax., Col. Miguel Abruch Linder. ↗ Chapulín Colorado, cartonería, Col. particular. ↗ Máscara de madera policromada, Guerrero. Col. Miguel Abruch Linder.

↗ Calaca escapando del féretro, barro policromado, Edo. de México, Col. Miguel Abruch Linder. ↗ Calaca con rebozo, madera policromada, Oax., Col. Miguel Abruch Linder. ↗ Guerrero Águila, cartonería, Col. particular. ↗ Calavera, arte plumario, Museo de Arte Popular. ↗ Calacas de palma y alambre, Col. Alejandro Catalá Sicilia.

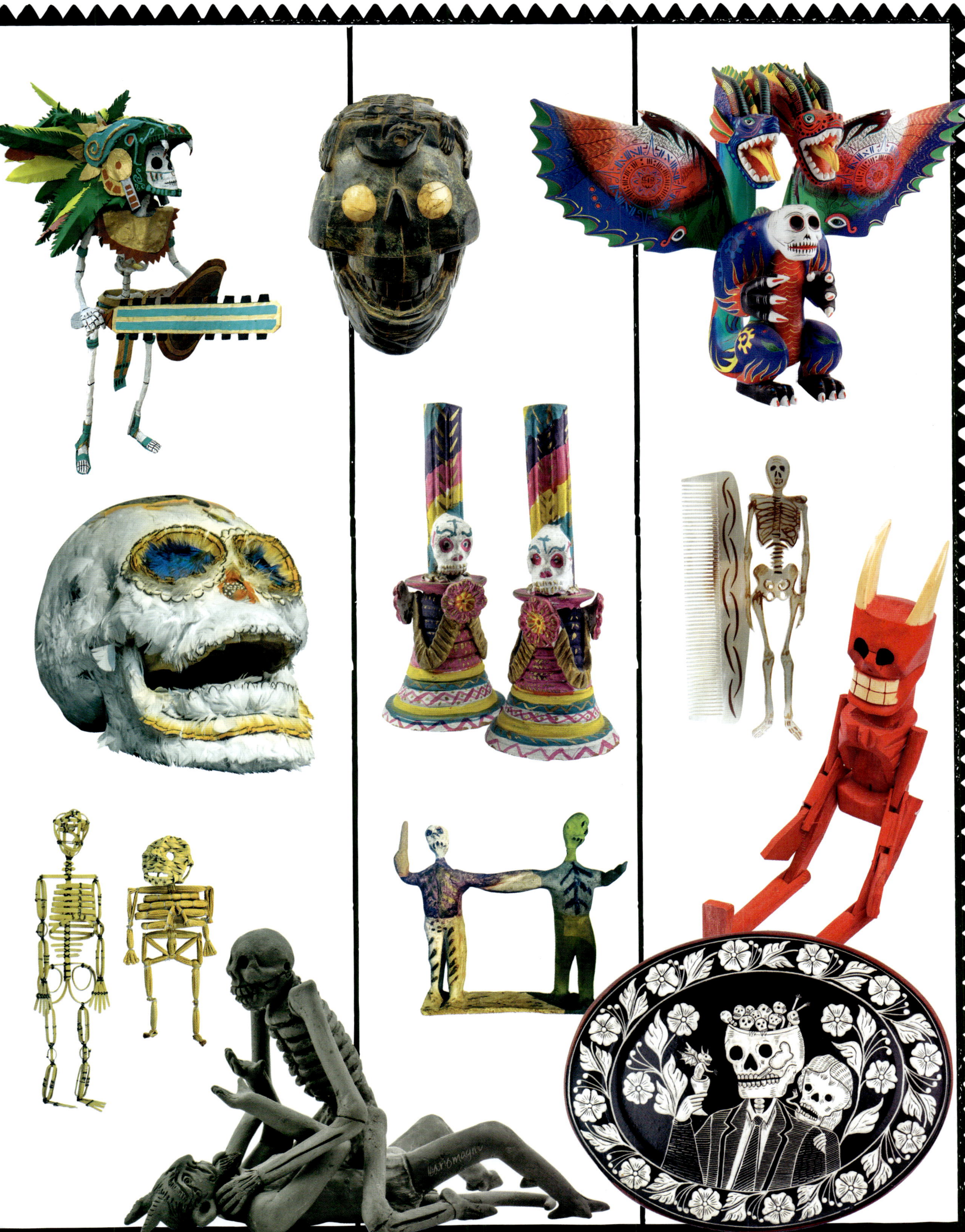

↗ La muerte derrota al diablo, barro negro, Oax., Col. Miguel Abruch Linder. ↗ Calavera de obsidiana, Col. Miguel Abruch Linder. ↑ Candelabros, barro policromado, Edo. de México. Col. Miguel Abruch Linder. ↑ Calacas tomadas de la mano, cartonería, Museo Casa Estudio Diego Rivera y Frida Kahlo.

↑ Calaca con dragón bicéfalo, madera policromada, Oax., Col. Miguel Abruch Linder. ↑ Peine, cuerno, México, Museum of International Folk Art. ↑ Diablito de madera, Yucatán. Col. Miguel Abruch Linder. ↑ Plato con calacas, barro bruñido, Michoacán, Col. Miguel Abruch Linder.

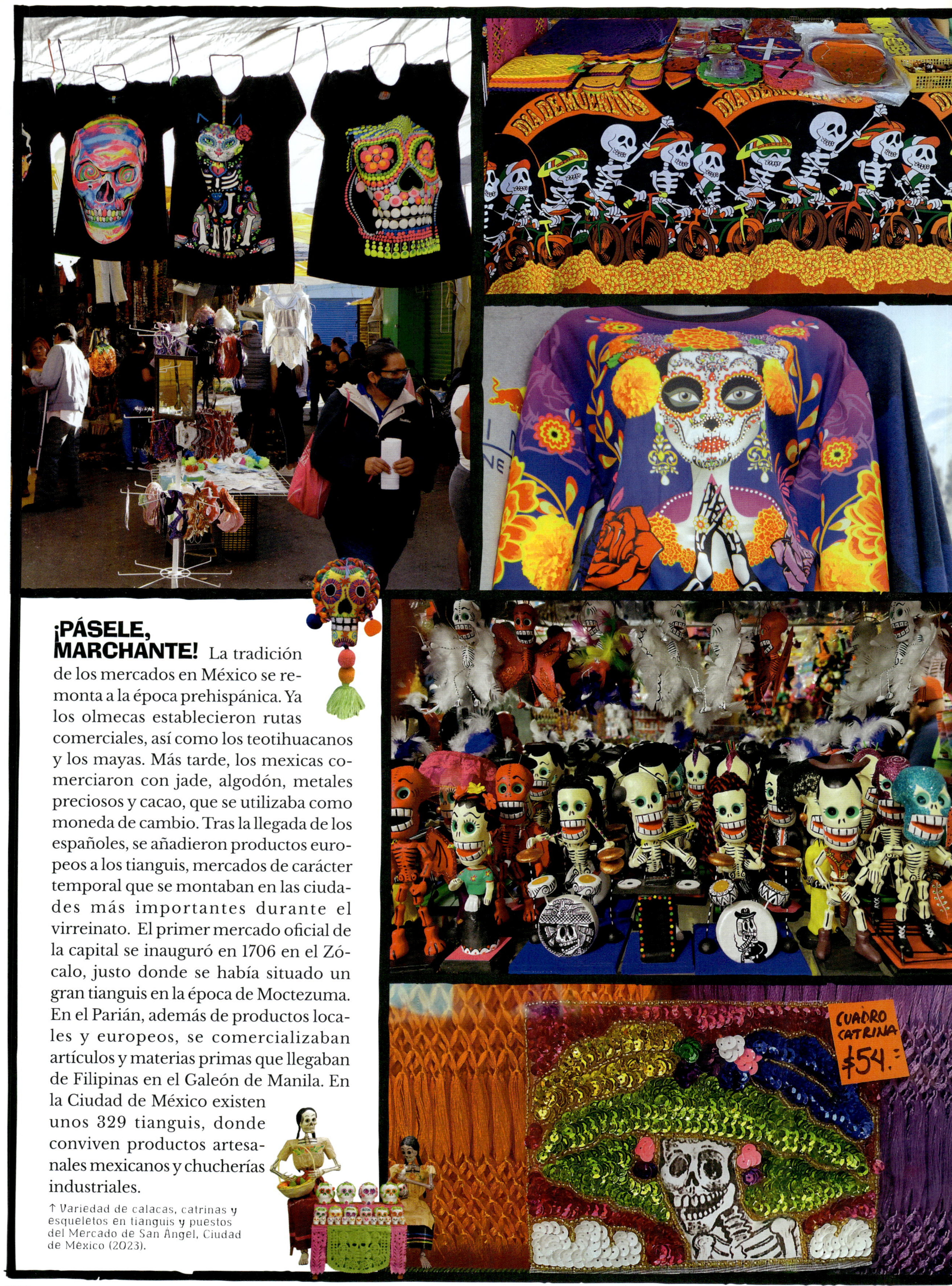

¡PÁSELE, MARCHANTE! La tradición de los mercados en México se remonta a la época prehispánica. Ya los olmecas establecieron rutas comerciales, así como los teotihuacanos y los mayas. Más tarde, los mexicas comerciaron con jade, algodón, metales preciosos y cacao, que se utilizaba como moneda de cambio. Tras la llegada de los españoles, se añadieron productos europeos a los tianguis, mercados de carácter temporal que se montaban en las ciudades más importantes durante el virreinato. El primer mercado oficial de la capital se inauguró en 1706 en el Zócalo, justo donde se había situado un gran tianguis en la época de Moctezuma. En el Parián, además de productos locales y europeos, se comercializaban artículos y materias primas que llegaban de Filipinas en el Galeón de Manila. En la Ciudad de México existen unos 329 tianguis, donde conviven productos artesanales mexicanos y chucherías industriales.

↑ Variedad de calacas, catrinas y esqueletos en tianguis y puestos del Mercado de San Ángel, Ciudad de México (2023).

TRADICIONES QUE MUEREN

ELIZABETH MALKIN

Simplemente no pueden resistir el embate de la comercialización y la velocidad de un mundo globalizado. La atención se volatiliza y la gente se impacienta con las prácticas ancestrales.

Es posible que el Día de Muertos no sea más resistente que otras tradiciones ya perdidas. Hollywood se ha apropiado de esta celebración y los especialistas en marketing la han explotado con tanta avidez que su esencia se ha diluido hasta ser irreconocible.

La cultura popular podría acabar con una tradición popular. Mientras tanto el Día de Muertos vende, especialmente en Estados Unidos: una marca de ropa interior llamada Cocksox comercializa calzones para hombre con estampados de calaveras sonrientes entre flores, con la promesa de que el producto "iluminará a los hombres que los usen".

En Target, puede comprarse una patineta, una correa de guitarra, collares para perros y gatos, un cascanueces e incluso un modelo de camión contenedor pintados con vivos motivos del Día de Muertos. Encontramos figuras de Batman y el Joker decoradas para el Día de Muertos, y también accesorios para el automóvil, como fundas para los asientos y difusores perfumados en forma de calavera que cuelgan del espejo retrovisor. Y, por supuesto, Barbie también se suma a la fiesta. La muñeca se ha vestido para el Día de Muertos todos los años desde 2019. En 2022, Mattel produjo una Barbie vestida con un traje de charro negro y con el rostro maquillado como catrina. Con un precio de 100 dólares, la producción limitada de 20 mil unidades se agotó en tres minutos. Y no hubo que esperar un año completo para volver a encontrar productos del Día de los Muertos; unas semanas después Mattel puso a la venta a Barbie y a Ken con atuendos del Día de Muertos como adornos navideños. En los productos de gama alta, Williams-Sonoma, minorista de artículos de cocina, vende una línea de platos, servilletas y moldes para galletas con decoraciones del Día de Muertos. Incluso tienen un felpudo para que puedas limpiarte los pies con una colorida imagen de una calavera.

En México, los especialistas en marketing también se han puesto al día. Para las empresas de alimentos y bebidas, celebrar el Día de Muertos es algo natural: un recordatorio para poner un poco de cerveza, tequila o pan dulce en el altar. La marca Victoria ha convertido su publicidad del Día de Muertos en un desafío creativo, con exuberantes cortometrajes impregnados de elementos sobrenaturales.

Estos emotivos cortos, por lo menos, evocan escenarios mexicanos y una comida familiar tradicional, donde por supuesto la cerveza Victoria no falta en el menú. Casi todas las marcas de tequila (muchas de ellas propiedad de multinacionales) producen su propia edición limitada para conmemorar el Día de Muertos, a un precio inflado. Las botellas tienen forma de esqueletos estilizados y se adornan con infinitas variaciones de imágenes de calaveras y flores.

KAH es una marca de tequila que una compañía con sede en Luxemburgo produce sólo para el Día de Muertos. La Costeña lleva a cabo una campaña anual, desde hace casi una década, llamada "El Sabor Nunca Muere", con anuncios que evocan el fuego, el aire, el agua y la tierra, y presenta sus alimentos envasados en un altar familiar. Pero hay otra manera de entender la tradición del Día de Muertos. Desde que llegó a México y se fusionó con la iconografía de los aztecas, el Día de Muertos se ha transformado en distintas ocasiones. La danza de la muerte, en la que los esqueletos bailan con los vivos para advertirnos de que todos somos iguales ante la Parca, es una convención de la Europa medieval y moderna. Según el antropólogo mexicano Claudio Lomnitz en su magistral estudio *La muerte y la idea de México*, la calavera azteca era un signo de renacimiento terrenal y de muerte: la carne y las calaveras servían como un poderoso recordatorio de la dualidad y la convivencia de la muerte y el nacimiento.

Es decir, desde el principio la idea de que los muertos están siempre con nosotros ha ido evolucionando. Y el comercialismo, durante mucho tiempo, ha formado parte de esa combinación. Durante el período colonial, como señala el antropólogo Stanley Brandes, cada año se montaban grandes mercados para las festividades del Día de Muertos. Entre los artículos que se encontraban a la venta había divertidas figuritas hechas de pasta de azúcar. Las imágenes del Día de Muertos se remontan a hace más de un siglo, a una fuente secular: José Guadalupe Posada, cuyos esqueletos satíricos aparecieron en las páginas de las publicaciones de finales del siglo XIX y principios del XX. Andaban en bicicleta y tocaban la guitarra. La imagen más famosa es la Garbancera, un esqueleto risueño con un sombrero de flores de ala ancha en equilibrio sobre su cabeza, que Posada dibujó para burlarse de las mujeres adineradas que copiaban la última moda europea. Artistas y escritores mexicanos y extranjeros encontraron en estas imágenes un lenguaje visual moderno y distintivamente mexicano. Su trabajo se convirtió en un símbolo de México en la década de 1930. Quizá deberíamos aceptar esta nueva versión globalizada del Día de Muertos como la última fase de su evolución. Los trajes de Barbie y la ropa interior estampada pueden pasar de moda en unos años, y dar paso simplemente a una nueva encarnación del Día de Muertos, junto con una renovada apreciación por sus tradiciones.

Hace un par de años, un cineasta mexicano produjo un evocador cortometraje que describía cómo cada año los habitantes de Pomuch, Campeche, retiran los huesos de sus muertos, los limpian, los colocan en osarios y los devuelven a sus criptas. La película sigue al cuidador del cementerio y a la costurera que prepara las nuevas telas. Hay una atemporalidad en esas imágenes, y la película podría servir como un desmentido a quienes afirman que la tradición está muriendo. La película fue patrocinada por la marca de tequila José Cuervo. ¿Es eso algo tan malo?

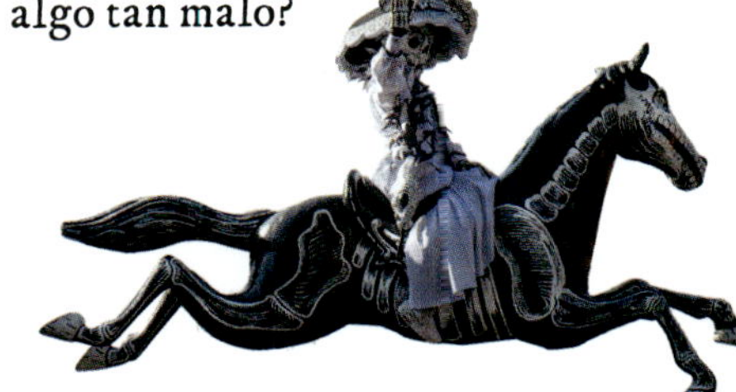

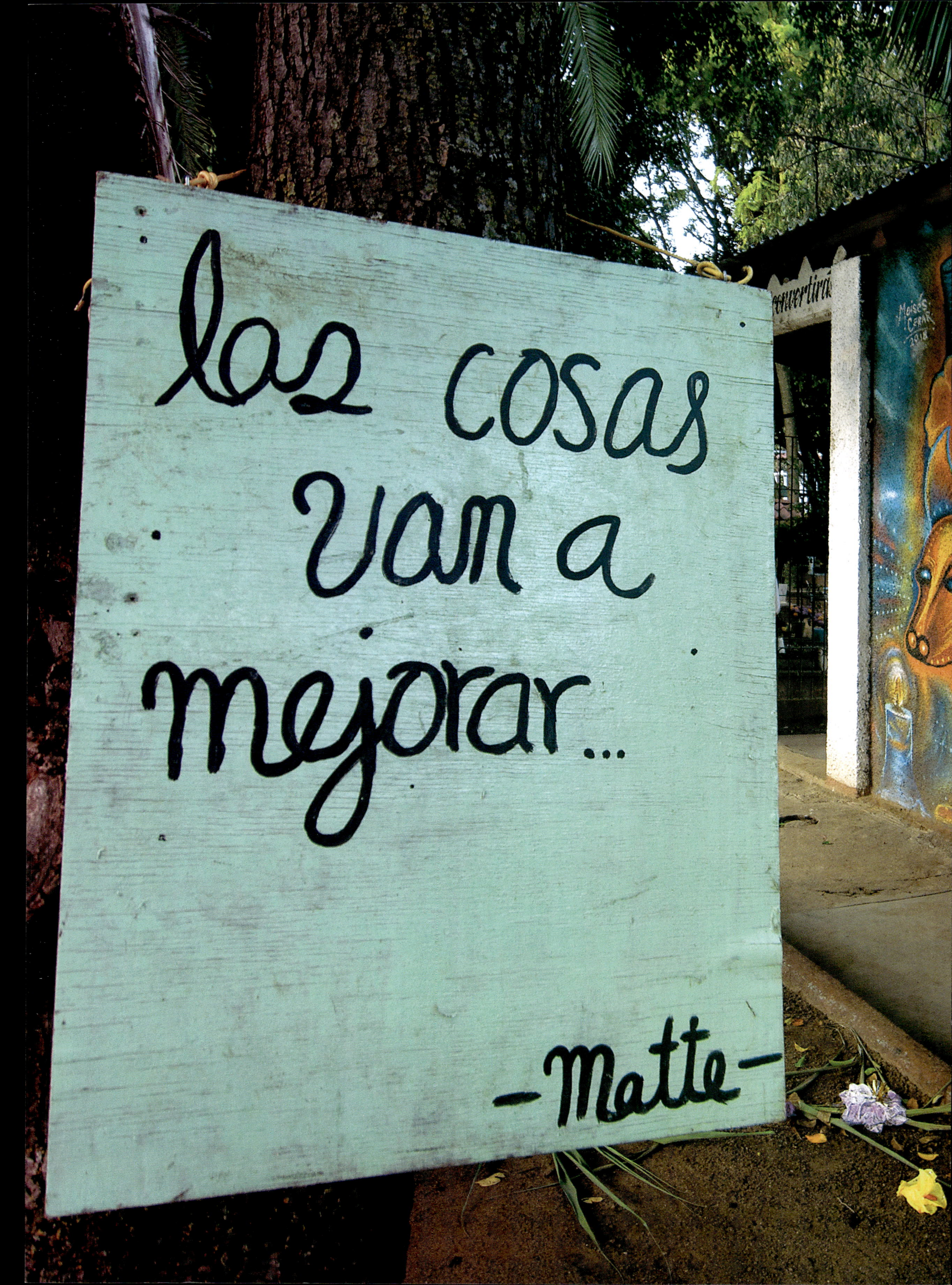

las cosas
van a
mejorar...

-Matte-

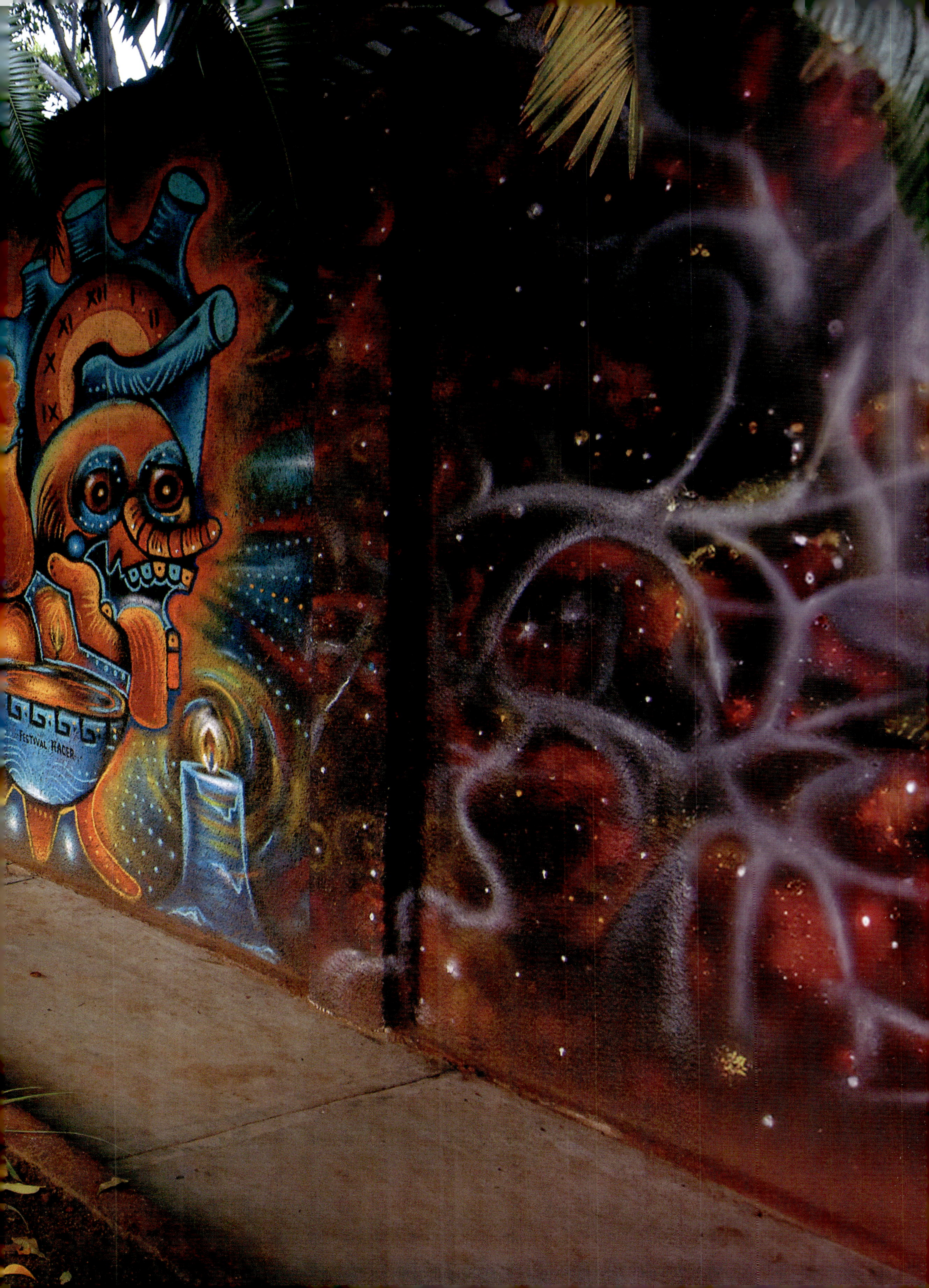
FESTIVAL HACER

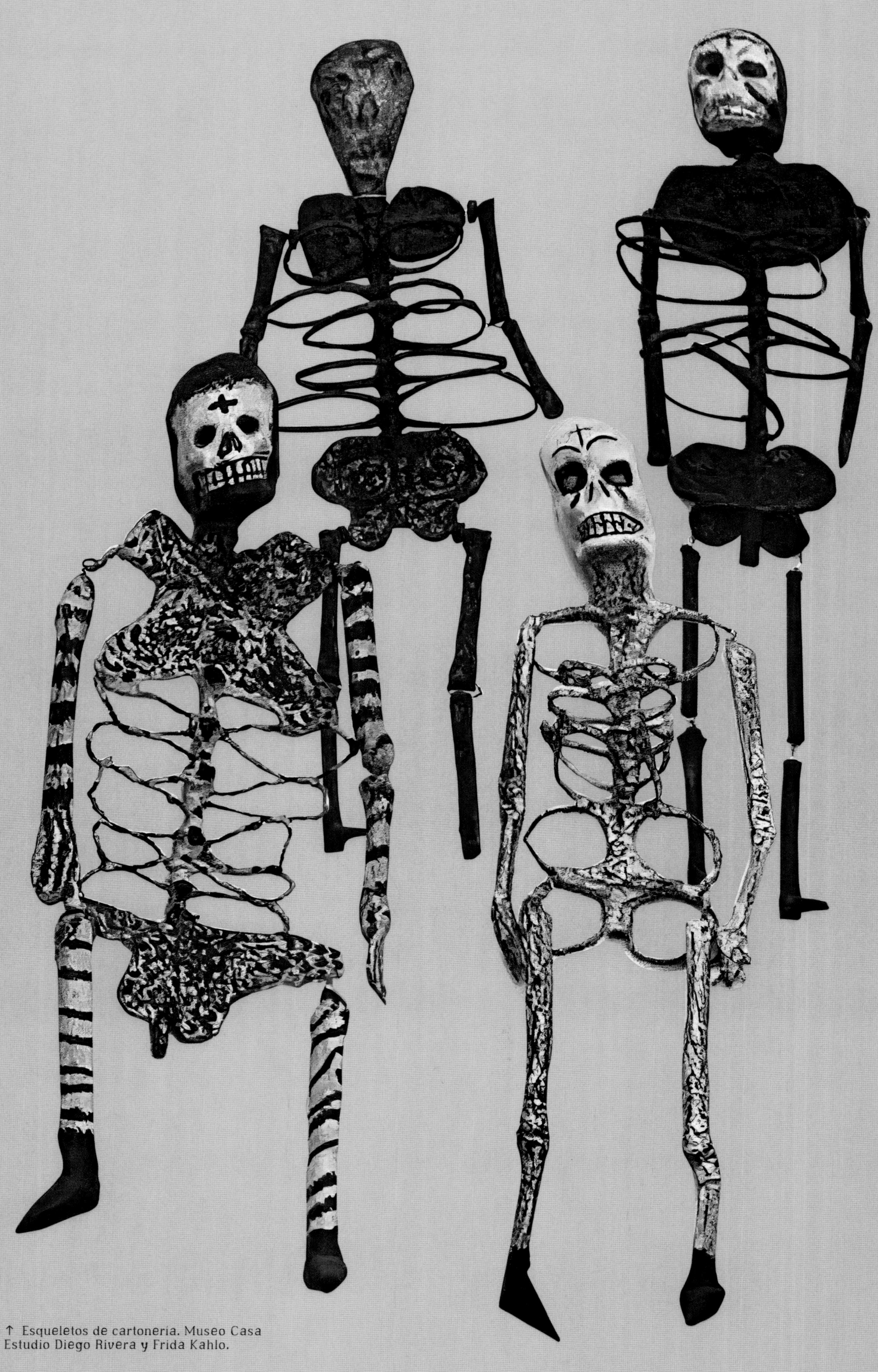

↑ Esqueletos de cartonería. Museo Casa Estudio Diego Rivera y Frida Kahlo.

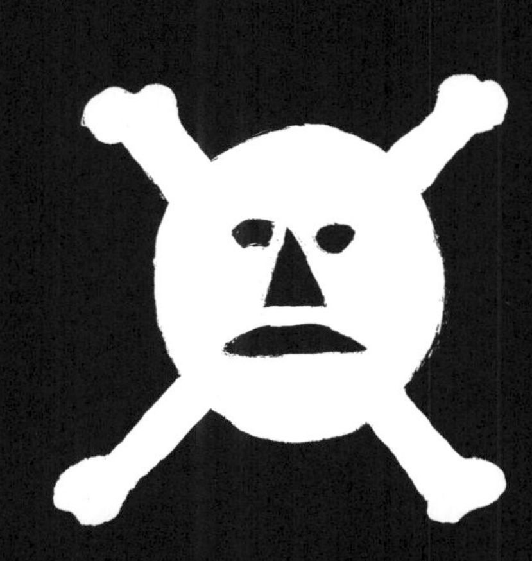

SEMBLANZAS

Roberto Abad es autor del volumen *Orquesta primitiva*. Su libro *Cuando las luces aparezcan* fue publicado a finales de 2020.

Luis Manuel Amador es autor del libro de cocina *Oaxaca, la de los siete moles* (2005) y del libro de poesía *Contiene material inefable* (2006).

Rodrigo Castillo es editor y escritor. Su libro más reciente es *Prodigios de los cercenados* (2023). Publica en las revistas *Letras Libres* y *Nexos*.

Tanya Huntington es artista y escritora. Jefa de redacción de la revista *Literal: Voces latinoamericanas*. Su libro *Pequeño libro de los sentimientos y las emociones* fue publivado por Ediciones Castillo (2019).

Isabel Iglesias (alias Delagranja) es pintora abstracta, escritora narrativa hiperbreve con varios libros de cuentos publicados, periodista y bloguera de humor.

Elisabeth Malkin es escritora y editora. Fue reportera para *The New York Times* en la Ciudad de México.

Miriam Mabel Martínez es escritora y tejedora. Recientemente antologó el libro *Oríllese a la izquierda* (2019), es coautora de *El mensaje está en el tejido* (2015) y autora de *Equis* (2013) y *Como destruir Nueva York* (2005).

José Erik Mendoza Luján es antropólogo y escritor. Sus libros más recientes son *Día de Muertos en la Mazateca* (2005) y *La humana Muerte, Epistemología de la Muerte* (2012).

Francisco Palma Lagunas es antropólogo social, periodista y fotógrafo. Es autor del libro *Bola ludens* (2018). Su trabajo se ha publicado en la revista *México Desconocido*.

Alberto Peralta es escritor especializado en gastronomía. *Autor de Cultura gastronómica en la Mesoamérica prehispánica* (2018), *El Chilangonario* (2015) y *Chile para todos* (2016).

Delphine Schrank es periodista y editora. Su primer libro *The Rebel of Rangún; una historia de desafío y liberación en Birmania* ganó el premio al mejor libro del año de Kirkus 2015.

CRÉDITOS DE IMAGEN

- *Life is fragil*, grabado, Artemio Rodríguez, www.lamanograficamx.com, p. 1
- Urna funeraria del escritor Carlos Monsiváis, modelada por Francisco Toledo.
- Un fotógrafo de cartón en Tláhuac. Foto: Déborah Holtz.
- *Calaveras de a montones*, grabado, Artemio Rodríguez, www.lamanograficamx.com, p. 6
- Janitzio, Michoacán (2 de noviembre de 1950), Fondo Nacho López. SINAFO. MID 77_20140827-134500:374384, p. 7
- San Antonio Tecómitl, Ciudad de México. Foto: Francisco Palma, p. 8
- Chimalhuacán, Estado de México. Foto: Fermín Guzmán, p. 9
- Charro. Fotos: Mauricio Ramos, pp. 10-11
- Valles Centrales, Oaxaca. Fotos: Fermín Guzmán, p. 12
- Máscara para la danza de Tlacoleros, Chilapa, Guerrero (ca.1970), madera tallada y policromada. Colección Muyaes-Ogazón, p. 13
- Máscara de Semana Santa, La Concha, San Luis Potosí (ca. 1960), madera tallada y policromada con incrustaciones de dientes de animal. Colección Muyaes-Ogazón, p. 13
- Máscara de la muerte, para la danza de Tlacololeros, Tlapa, Guerrero, madera tallada y policromada. Colección Muyaes-Ogazón, p. 13
- Máscara de la muerte para la danza de los tres poderes (1900). Ayutla, Guerrero, madera tallada y policromada con incrustaciones de dientes de animal. Colección Muyaes-Ogazón, p. 13
- Cartonería, Tháhuac, Ciudad de México. Foto: Déborah Holtz, p. 14
- Cementerio improvisado en Tláhuac. Foto: Déborah Holtz, p. 15

La muerte en México

- Mictlantecuhtli, Museo del Templo Mayor, Instituto Nacional de Antropología e Historia (INAH), p. 16
- *Bardo II*, Mazatl, Coletivo Memoriah, Tizayuca, Hidalgo. Foto: Mazatl, p. 18
- Quetzalcóatl, Museo Nacional de Antropología, INAH. MID 82_20140130-123000:975, pp. 18-19
- Nezahualcóyotl, Bosque de Chapultepec, Ciudad de México, p. 19
- Mictlantecuhtli. MD 75_20151217-105000:2681. Museo de sitio del Templo Mayor, INAH, p. 20
- Diosa Cihuatéotl. Foto: INAH, p. 20
- *Árbol de la muerte florida*, 2010, Colectivo Última Hora. Foto: Juan Vázquez, p. 21
- Mictlantecuhtli, Colección Miguel Abruch. Foto: GLR Estudio, p. 23
- *La Coatlicue*, monografía escolar, p. 23
- *Calavera Serpiente* (2016), Martín Ferreyra, dos tintas, serigrafía sobre papel. Foto: Ginocchio Galería, pp. 24-25
- Mictlantehcutli y Ehecatl, Códice Borgia, 56. Foto: The Foundation (FAMSI). Fondo Borgia de la Biblioteca Apostólica Vaticana en Roma, p. 26
- *Mictlantecuhtli* (2019), Fredy Pineda Ayala. Foto: cortesía del artista, p. 26-27
- Urna funeraria, "ofrenda 140", Ciudad de México, Proyecto Templo Mayor, INAH. Foto: Jesús López, p. 28
- *Coatlicue*, 1250–1521, INAH. MID 82_20140130-123000:475, p. 28
- Árbol de la vida. Foto: Juan Carlos Mena, p. 29
- *Tzompantli maicero*, Colección Alejandro Catalá Sicilia. Foto: Alajendro Catalá Sicilia, p. 29
- *Pasajeros al tren* (2017), linograbado, E. Robledo, Galería Lugar de Huida, p. 29
- *La vida que florece*, (2023), mural, Oscar Axo, acrylic on wall, Galería Lugar de Huida, p. 30
- Anubis, Minneapolis Institute of Art, p. 31
- Cancerbero, Palacio Lazienki, Varsovia, p. 31
- Inugami, Bakemono no e (c. 1700), Harry F. Bruning Collection of Japanese Books and Manuscripts, L. Tom Perry Special Collections, Harold B. Lee Library, Brigham Young University, p. 31
- Sarama, illustración. Wikimedia Commons, p. 31
- Perro de *cartonería*, mercado de Tláhuac. Foto: Juan Carlos Mena, p. 31
- *Los cuatro cielos* (2019), mural, Ana Violeta Flores Soberanes, Atlixco, Puebla. Foto: Jesús López, pp. 32-33
- *Tzompantli* (ca. 1581), Códigо Durán, *Historia de las Indias de Nueva España e islas de la tierra firme*. Ms. 1579, p. 238. Biblioteca Nacional, UNAM, p. 34
- Chichén Itzá (1932), Sigvald Linné, Musec de la Cultura Mundial, Suecia, p. 35
- *Historia de las Indias de Nueva España e islas de la tierra firme*. Ms. 1579, p. 132. Biblioteca Nacional, UNAM, p. 36
- Calavera, Tezcatlipoca, The Trustees of the British Museum, p. 36
- *Tzompantli de cráneos pequeños* (1991), Rafael Cauduro, colección del artista, p. 37
- *Tzompantli*, Museo del Templo Mayor, INAH, p. 38
- *Árbol de la muerte florida* (2010), Ciudad de México. Foto: Jesús López, p. 39

La huesuda pasea por Europa

- *La parca* (n.d.), August Schmiemann, Melaten Friedhof, Colonia, p. 40
- *Memento mori*, mosaico, siglo i a. C., **Museo Archeologico Nazionale**, Nápoles, p. 42
- Joseph Alanen, *Enfermedad y muerte*, sig o xix, Galería Nacional de Finlandia, p. 43
- Nadar (Gaspard Félix Tournachon), *Catacumbas* (1861), impresión en plata, imagen: 23.6 × 19.5 cm, montura: 44.8 × 32.4 cm, The J, paul Getty Museum, Los Angeles, p. 43
- *Descenso al infierno*, anónimo, Brabante, siglo xvi, Koninklijk Museum voor Schone Kunsten Antwerpen, p. 44
- *Danza de la muerte*, anónimo, siglo xvi, Compra Harry G. Sperling Fund, James A. y Maria R. Warth Gift, en memoria de Anne y Peter Warth, y legado de Clifford A. Furst, por intercambio, 1996, Metropolitan Museum of Art, p. 44
- *Libro de transiencia*, Cod.Don.A.III.54, Biblioteca Estatal de Württemberg, p. 45
- *Life and Death contrasted – or, an essay on Woman* (ca.1770), Robert Dighton. Wellcome Collection, p. 46
- *Tratado del reuerendo m. Giouanni Andrea Gilio da Fabriano, sobre la emulación que el diablo ha hecho a Dios* (1563), Ed. Venice, Francesco de Franceschi, Australian National Library, p. 47
- *Feliz como lombriz* (2022), Christian Camacho. Cortesía de Sala GAM Galería de Arte Mexicano y Christian Camacho, p. 47
- *Esqueletos bailando*, grabado de R. Stamper a partir de C. Sharp, siglo xviii, p. 48
- *La muerte y la doncella* (ca. 1517), Hans Baldung, Kunstmuseum, Basilea, p. 48
- *The Mirror that Flatters Not*, grabado, John Payne (ca. 1639–1647), p. 49
- Cesare Ripa di Perugia, *America, Iconologia*, (1603), p. 68 pt. 2. Early Printed Works, Portland State University, p. 50
- Hendrick Hondius (1625), *Muerte como esqueleto con arco y flechas*, grabado de Theodore Phillip de Liagno. Rijksmuseum, p. 50
- *Sor Magdalena de Cristo, monja coronada* (1732), anónimo, óleo sobre tela, Museo de Arte Religioso Ex Convento de Santa Mónica, Puebla, p. 51
- *Este es el espejo que no te engaña* (1856), Tomás Mondraagón, óleo sobre tela, p. 51
- *La crucifixion* (ca. 1430), tempera with líneas escritas en tinta café, inscripciones en tinta roja, oro y plata sobre pergamino, Fundación Barnes, p. 52
- Felix Octavius Carr, Darley, *Hamlet, Prince of Denmark*, acto V, escena I (1884). Folger Shakespeare Library, p. 52
- *Vanitas* (s/f), Herman Henstenburgh, acuarela, gouache y goma arábiga sobre pergamino, The Metropolitan Museum of Art, p. 52
- Convento del Cappuccini, catacumbas (ca. 1900), Santa Maria della Concezione, Rome, p. 53
- Cementerio. Foto: Víctor Mendiola, pp. 54-55

Los santos llegan en barco

- San Antonio Tecómitl, Ciudad de México. Foto: Francisco Palma, p. 56
- *San Pedro* (ca. 1468), Marco Zoppo, témpera sobre panel de álamo, National Art Gallery, Washington, DC, p. 58
- Colectivo Uroborus, Archivo del Faro de Oriente, p. 58
- Mural, Mixquic, Tláhuac, Ciudad de México. Foto: Juan Carlos Mena, p. 59
- Miquiztli, Templo y Ex Convento de San Andrés Apóstol, Mixquic. Foto: Juan Carlos Mena, p. 59
- Políptico, anónimo, siglo xviii, óleo sobre tela, Museo Nacional del Virreinato, p. 60
- *Ofrenda papercut*, Alec Dempster, p. 61
- *Mictlán*. Foto: Francisco Mata Rosas, p. 62
- *La alumbrada*, arte urbano, Mixquic, Tláhuac, Ciudad de México. Foto: Juan Carlos Mena, p. 64

Panfletos para morir de risa

- Calavera tapatia (1880), Manuel Manilla (1919), p. 65
- Calaveras de caudillos de silla presidencial, José Guadalupe Posada, p. 66
- Santiago Hernández, *La Orquesta*, vol. 3, no. 81, Museo Blaisten, Ciudad de México, p. 67
- Ilustraciones anónimas en *El Calavera*. Archivo General de la Nación, México, p. 68
- *Aprendiz de todo, oficial de nada* (1909-1917). José guadalupe Posada, p. 69
- *Calavera del varilarguero* (s/f). Manuel Manilla, p. 69
- *Calavera torera* (s/f). Manuel Manilla, p. 69
- *La Calavera de Don Quijote* (*ca*. 1910). José Guadalupe Posada, p. 69
- Calavera saliendo de una tumba y forcejeando con un hombre (s/f). José Guadalupe Posada, p. 69
- *Calavera de la penitenciaría* (s/f), Manuel Manilla, p. 70
- *La calavera de Don Juan Tenorio* (1909-1917), Manuel Manilla, p. 71
- *El purgatorio artístico en el que yacen las calaveras de los artistas y artesanos* (1900-1910), José Guadalupe Posada. Museo de Arte de la Universidad de Miami, p. 72
- *El fin del mundo ya está aquí* (1899), José Guadalupe Posada, p. 73
- *Calaveras del montón* (*ca*. 1910). N1. Hoja volante. José Guadalupe Posada, p. 74
- *Calavera poncianista* (s/f). José Guadalupe Posada, p. 75
- Dos esqueletos masculinos en trajes bailando (1890–1910). José Guadalupe Posada, p. 75
- *Alegres con Doña Juanita* (s/f). José Guadalupe Posada, Colección Blaisten, p. 75
- *Calaveras del montón* (*ca*. 1890), "Calaveras de coyotes y meseras". José Guadalupe Posada, p. 75
- Detalles de calaveras (s/f), José Guadalupe Posada, p. 76

La gran calavera eléctrica, José Guadalupe Posada. Biblioteca del Congreso de Estados Unidos, p. 77
- *Calavera con guitarra* (1938), Leopoldo Méndez, p. 78
- *Calaveras aftosas con medias de naylon* (1947), Leopoldo Méndez, Taller de Gráfica Popular, p. 78
- *Concierto sinfónico de calaveras* (1943), Leopoldo Méndez, p. 78

Calaveras piratas (1951), Leopoldo Méndez, p. 79

La calavera garbancera (1910), José Guadalupe Posada, p. 80

Los difuntos vuelven a casa

- Ofrenda, Museo Anahuacalli. Foto: Ariel Ojeda, p. 82
- Xantolo, Huasteca hidalguense. Foto: Fermín Guzmán, p. 83
- Tumba, Papatlatla, Hidalgo. Foto: Francisco Palma, p. 83
- *La revolución en Guerrero y Guerrero al triunfo de la revolución* (1955), Roberto Cueva del Río, Museo Regional de Guerrero INAH, Chilpancingo, Guerrero, p. 84
- *Lady with Scandalous Yellow Dress*, Marcos Raya, p. 85
- Artesanias de barro, Colección Miguel Abruch, p. 86
- Hombre con una mascara de madera. Foto: Fermín Guzmán, p. 86

Elementos de la ofrenda

- Altar con fotografía. Foto: Luis Enrique Granados, p. 87
- Altar con máscara. Foto: Rodrigo Cruz, p. 87
- "Te extraño", altar en Angahuan, Michoacán. Foto: Luis Enrique Granados, p. 87
- Altar con velas y refrescos. Foto: Rodrigo Cruz, p. 87
- Altar en Santa Fe de la Laguna, Michoacán. Foto: Luis Enrique Granados, p. 88
- Ofrenda, Miguel Estévez. Foto: Jesús López, p. 88
- Altares en Santa Fe de la Laguna, Michoacán. Fotos: Luis Enrique Granados, pp. 89-91
- Altar dedicado a la niña Valeria Davila Rangel, Tochimilco, Puebla. Foto: Jesús López, p. 92
- Altar dedicado a Irineo Olivos Rosales, Tochimilco, Puebla. Foto: Jesús López, p. 93
- San Antonio Tecómitl, Ciudad de México. Foto: Francisco Palma, p. 94

Pétalos que guían el camino

El azúcar se sube a la cabeza

Papeles al viento

Cartones que dan vida

Las penas mejor con pan

Vámonos de fiesta

La tradición se transforma

Unidos al Rescate de Tepotzotlán. Foto: Jesús López, p. 278
- "Volador Águila", Festival de Catrinas Monumentales, Atlixco, Puebla. Foto: Jesús López, p. 279
- Mojigangas de Conrado Serrano (2022), Tecamachalco, Puebla. Foto: Jesús López, p. 280-281
- Altar a los personajes de *Coco* (2023), Tláhuac, Ciudad de México. Foto: Déborah Holtz, p. 282
- Personajes y objetos de la película *Coco*, Cortesía Colección Luz Chávez. Muñecas y Algo Más Colección, https://www.youtube.com/live/QVZIZPxcwEg?si=XvYVVjNvVCFg8kBT. Fotos: Jesús López, pp. 282, 283, 285,
- Personajes de la película *Coco*, mural, Ciudad de México. Foto: Juan Carlos Mena, p. 283
- Decoración con personajes de *Coco*, Tláhuac, Ciudad de México. Foto: Déborah Holtz, p. 284-285
- Chimalhuacán, Estado de México. Foto: Fermín Guzmán, p. 286
- *Xantolo papercut*, Alec Dempster, grabado, p. 286
- Esqueleto bailarín, mural, Mixquic, Ciudad de México. Foto: Déborah Holtz, p. 286
- Trompetista, Santa Cruz Xoxocotlán, Oaxaca (2019). Foto: Jesús López, p. 286
- Dibujos a tinta, Felipe Ehrenberg. Archivo de Felipe Ehrenberg, pp. 286-287
- Chimalhuacán, Estado de México. Foto: Fermín Guzmán, p. 287
- Diorama. Foto: Juan Carlos Mena, p. 287
- Cortina metálica (2021), Ciudad de México. Foto: Jesús López, p. 287
- Chimalhuacán, Estado de México. Foto: Fermín Guzmán, p. 288
- Plato con calaca y guitarra, barro bruñido y decorado, Pátzcuaro, Michoacán. Colección Miguel Abruch. Foto: GLR Estudio, p. 288
- Calaca violinista. Madera tallada y policromada. San Agustín de las Juntas, Guerrero. Agustín Cruz Tinoco. Colección Miguel Abruch. Foto: GLR Estudio, p. 288
- Calaca trompetista. Barro policromado. Oaxaca. Colección Miguel Abruch. Foto: GLR Estudio, p. 288
- Ofrenda, Oaxaca. Foto: Jesús López, p. 289
- Santa Muerte, Ciudad de México. Fotos: AFP, pp. 290-291
- *Canto al agua* (2016), Betsabeé Romero. Foto: cortesía de la artista, pp. 292-293
- *Los huesos tienen memoria* (2016), Betsabeé Romero. Foto: cortesía de la artista, p. 294
- Arte gráfico (2020), Betsabeé Romero. Foto: cortesía de la artista, pp. 294-295
- *Papel picado*, Felipe Ehrenberg. Archivo Felipe Ehrenberg, p. 295
- Boceto de altar (agosto de 1985), Ciudad de México, Felipe Ehrenberg. Archivo Felipe Ehrenberg, p. 295
- *Faro del Silencio* (2023), Pedro Friedeberg, ensamblaje de madera policromada y dorada con figuras de madera y resina, 260 × 60 × 60 cm. Col. p. articular. Foto: cortesía del artista, p. 295
- Dibujos a tinta, Felipe Ehrenberg. Archivo Felipe Ehrenberg, p. 296
- Altar, Casa de Gabriel García Márquez. Foto: Flavio Bizzarri, p. 297
- *El ahijado de la muerte* (1946), Norman Foster, fotomontaje publicitario, filmoteca UNAM, p. 298
- *Macario* (1960), Roberto Gavaldón, *still*, Filmoteca UNAM, pp. 298, 299
- Juguete, *Macario*, Miguel Estévez. Foto: Foto Jesús López, p. 299
- Figuras de *El Libro de la Vida* y *El Extraño Mundo de Jack*. Cortesía Colección Luz Chávez. Muñecas y Algo Más Colección, https://www.youtube.com/live/QVZIZPxcwEg?si=XvYVVjNvVCFg8kBT. Fotos Jesús López, p. 300, 301
- *Hasta los huesos* (2001), secuencia, René Castillo. Cortesía René Castillo, p. 300
- *La leyenda de la nahuala* (2007), Ricardo Arnaiz. Cortesía Ricardo Arnaiz, p. 301
- Diablito, artesanía, Mixquic, Ciudad de México. Foto: Déborah Holtz, p. 301

Una fiesta sin fonteras

- Marsella. Foto: Yvan Romero, p. 302
- Nueva York. Fotos: Héctor Armando González Valdivia, pp. 303, 304
- Los Muertos "DeCalifornia", https://www.youtube.com/@losmuertosdecalifornia; itunes.apple.com/us/album/los-muertos/1503930766, p. 305
- Letrero de neón. Foto: Istock, p. 305
- *Don Miguel Jackson de la Luna al Mictlán* (2009), Felipe Ehrenberg. Archivo Felipe Ehrenberg, p. 305
- *Súper Muerto*, Artemio Rodríguez, grabado. www.lamanograficamx.com, p. 306
- San Francisco. Foto: Alamy, p. 307
- Niños con calabaza, San Andrés Calpan, Puebla. Foto: Francisco Palma, p. 308
- Niños disfrazados, Chimalhuacán, Estado de México (2022). Foto: Fermín Guzmán, p. 308
- Cementerio en Perú. Foto: Alamy, p. 309
- Retablo peruano. Foto: Juan Carlos Mena, p. 309
- Papalotes en Guatemala. Foto: Alamy, p. 310
- Transporte de una calavera gigante en Marsella. Foto: Yvan Romero, p. 311
- Panellet. Foto: Juan Carlos Mena, p. 311
- Figura de catrina japonesa. Foto: Juan Carlos Mena, p. 311
- *Para envolver nuestras últimas despedidas* (2022), Betsabeé Romero, Kew Gardens, Londres. Foto: cortesía de la artista, pp. 312-313
- *Flores de luz y canto* (2022), Betsabeé Romero, Kew Gardens, Londres. Foto: cortesía de la artista, p. 313
- Acuarelas (1947), Lola Cueto, en *Culto a la muerte* (2021), p. 314
- Máscara de hombre con calaca sirena, madera tallada y policromada, San Francisco Ozomatlán, Guerrero. Colección Miguel Abruch. Foto: GLR Estudio, p. 315
- Cartonería, Museo Casa Estudio Diego Rivera y Frida Kahlo. Foto: Déborah Holtz, p. 315
- Billete de 100 pesos intervenido. Col. p. articular, p. 315
- Miguel Estévez, taller y juguetes. Fotos: Jesús López, p. 316
- Esqueleto de guaje, Colección Alejandro Catalá Sicilia. Foto: Alejandro Catalá Sicilia, p. 317
- Diablo, calaca y niño en bicicleta. Cartonería. Guanajuato. Mauricio Hernández Colmenera. Colección Miguel Abruch. Foto: GLR Estudio, p. 317
- Plaza de toros, cartonería, Museo de Arte Popular, p. 317
- Ex voto de Doña Tomasa y calacas, pintura óleo sobre lámina, Santos Degollado, Oaxaca. Colección Miguel Abruch. Foto: GLR Estudio, p. 318
- Chapulín Colorado, cartonería, colección particular, p. 318
- Calaca con botella, guadaña y perro. Madera tallada y policromada. San Martín Tilcajete, Oaxaca. Adrián Xuana. Colección Miguel Abruch. Foto: GLR Estudio, p. 318
- Máscara de mujer con calaca. Madera tallada y policromada, hoja de plata. Guerrero. Colección Miguel Abruch. Foto: GLR Estudio, p. 318
- Calaca escapando del féretro. Barro policromado. Metepec, Edo. de México. Alfonso Soteno. Colección Miguel Abruch. Foto: GLR Estudio, p. 318
- Escultura, Lagartijo (Dandy), esqueleto vestido de traje con su perro, Felipe Linares, *ca.* 1992, papel maché, pintura,madera, 140.97 × 100.3998 × 72.39 cm, Ciudad de México, México, Norteamerica, Museum of International Folk Art, obsequio de Mark Yale Harris, A.2007.33.1V, p. 318
- Cráneo, piedra volcánica. Comonfort, Gto. Colección Miguel Abruch. Foto: GLR Estudio, p. 318
- Esqueleto en una bicicleta, artista desconocido (*ca.* 1958), cerámica, metal, 19 × 21.3 × 8.5 cm, Metepec, México, Museum of International Folk Art, Obsequio de Girard Foundation Collection, A.1981.42.768, p. 318
- Calaca con rebozo. Madera tallada y policromada. San Martín Tilcajete, Oaxaca. Margarito Melchor. Colección Miguel Abruch. Foto: GLR Estudio, p. 318
- Guerrero águila, cartonería, colección particular, p. 318
- Calavera de obsidiana, Colección Miguel Abruch. Foto: GLR Estudio, p. 319
- Calaca con dragón bicéfalo. Madera tallada y policromada. San Pedro Taviche, Oaxaca, pablo Ríos M. Colección Miguel Abruch. Foto: GLR Estudio, p. 319
- Calaca, arte plumario. Museo de Arte Popular, p. 319
- Candelabros. Barro modelado y policromado. Metepec, Estado de México. Colección Miguel Abruch. Foto: GLR Estudio, p. 319
- Peine con la figura de un esqueleto, artista desconocido, cuerno, 11.3 × 5 cm, 0.3 cm, San Lucas, México, Museum of International Folk Art, IFAF Collection, FA.1973.39.29, p. 319
- Diablito. Madera tallada y policromada. Chichén Itzá, Yucatán. Colección Miguel Abruch. Foto: GLR Estudio, p. 319
- Esqueletos de palma. Col. Alejandro Catalá Sicilia. Foto: Alejandro Catalá Sicilia, p. 319
- La muerte derrota al diablo. Barro negro modelado. San Bartolo Coyotepec, Oaxaca. Carlomagno Pedro Martínez. Colección Miguel Abruch. Foto: GLR Estudio, p. 319
- Calacas tomadas de la mano, cartonería. Museo Casa Estudio Diego Rivera & Frida Khalo, p. 319
- Plato con calacas. Barro decorado, pátzcuaro, Michoacán. Artemio Rodríguez. Colección Miguel Abruch. Foto: GLR Estudio, p. 319
- Mercado de San Ángel, Ciudad de México (2023). Fotos: Déborah Holtz, p. 320
- Las cosas van a mejorar. Foto: Jesús López, p. 322-323
- Esqueletos, Museo Casa Estudio Diego Rivera y Frida Kahlo. Foto: Déborah Holtz, p. 324
- Dibujo a tinta, Felipe Eherenberg. Archivo Felipe Ehrenberg, p. 332

Agradecimientos: Adriana Ávila, José Antonio Bárcena Martínez, Fundación Edificate, Alma Lisset Galeazzi Sánchez, Juan Carlos Galindo Serrano, Julio César Macedonio Ortiz, Marco Antonio Ortiz Martínez, Jovenes al Rescate de Tepotzotlán, Fabian Sciola, Nestor Omar Torres Cuervo, Villa Sapientia.

BIBLIOGRAFÍA

Aguilar Funes, A. (2020). "Pan de Muerto, conoce las variedades que existen de este postre tradicional", suplemento *H Gastrolab, El Heraldo de México*, en https://www.gastrolabweb.com/tendencias/2020/10/18/pan-de-muerto-conoce-las-variedades-que-existen-de-este-postre-tradicional-3686.html.

Aguilera Calderón, R. (abril, 2011). "El don de dar y el dar recibiendo: Intercambio y ritualidad entre los *xi'iui* (pames) de Santa María Acapulco". Tesis de maestría, México, El Colegio de San Luis.

Alberola Romá, A. (ed.) (2017). "Riesgo, desastre y miedo en la península Ibérica y México durante la Edad Moderna", Universidad de Alicante, Colegio de Michoacán.

Alegría, A. (2020). "La producción de flor de cempasúchil menguó 40%", La Jornada, en https://www.jornada.com.mx/2020/10/25/economia/014n2eco.

Alegría, A. (2023). "Derrama económica por Día de Muertos será de 22 mil mdp, prevé Concanaco", *La Jornada*, en https://www.jornada.com.mx/noticia/2023/10/20/economia/derrama-economica-por-dia-de-muertos-sera-de-22-mil-mdp-preve-concanaco-3134.

Alemán Cleto, T. (2015). *Coatetelco. Pueblo indígena de pescadores*, México, Fondo Editorial del Estado de Morelos.

Alemán, T. (2023). "Hidalgo rompe el Récord Guinness con el altar de muertos más grande del mundo", *México Desconocido*, en https://www.mexicodesconocido.com.mx/hidalgo-rompe-el-record-guinness-con-el-altar-de-muertos-mas-grande-del-mundo.html.

Alvarado-Sizzo, I. y Romero-Gallardo, S.-I. (2018). "Turismo y consumo del espacio en Janitzio durante la Noche de Muertos", *Teoría y praxis*, 24, México, Universidad Nacional Autónoma de México.

Álvarez Cordero, R. (2011). "Dos visiones de la muerte". *Revista de la Facultad de Medicina*, 54(6), en http://www.scielo.org.mx/scielo.php?script=sci_arttext&pid=S0026-17422011000600012&lng=es&tlng=es.

Álvarez Fabela, R. L. (2006). *Tlahuicas*, México, CDI.

Álvarez, N. (2019). "Así celebra la tribu Yaqui el Día de Muertos", *El Sol de Hermosillo*, https://www.elsoldehermosillo.com.mx/cultura/video-asi-celebra-la-tribu-yaqui-el-dia-de-muertos-4400095.html.

Anuario Estadístico de la Producción Agrícola (2020). Cultivo de cempasúchil, en https://nube.siap.gob.mx/cierreagricola/.

Añua Tejedor, D. (2017). "El *Ars moriendi*: ¿un manual del buen morir?", *Erebea: Revista de Humanidades y Ciencias Sociales*, vol. 7.

Arellano Montoro, S. (2023). "Del panteón a la pantalla: El Día de Muertos en el cine mexicano", Suplemento cultural "Escenario", *La Crónica de hoy*, en https://www.cronica.com.mx/escenario/panteon-pantalla-dia-muertos-cine-mexicano.html.

Ariés, P. (1982). *El hombre ante la muerte*, Madrid, Taurus.

–. (2000). *Historia de la muerte en Occidente: desde la Edad Media hasta nuestros días*, Barcelona, El Acantilado.

Asociación Amigos del MAP. (s.f.). "Artesanía tradicional del Día de Muertos", Google Arts & Cultures, en https://artsandculture.google.com/story/FAXBXuNVt4zLJQ?hl=es-419.

Ayala Espinosa, C. (2023). "Día de Muertos generará en la CDMX derrama económica por 11,000 millones de pesos", *El Economista*, en https://www.eleconomista.com.mx/estados/Dia-de-Muertos-generara-en-la-CDMX-derrama-economica-por-11000-millones-de-pesos-20231102-0081.html.

Ayala, L. (2022). "Esperan la reapertura de la 'Capilla Abierta' en Tlalmanalco", *La Jornada del Estado de México*, en https://lajornadaestadodemexico.com/esperan-la-reapertura-de-la-capilla-abierta-en-tlalmanalco/.

Baena, M. (2023). "Esta es la ofrenda de Día de Muertos más grande de México que rompió un Récord Guinness", Infobae, en https://www.infobae.com/mexico/2023/11/01/esta-es-la-ofrenda-de-dia-de-muertos-mas-grande-de-mexico-que-rompio-un-record-guinness/.

Báez Cubero, L., (1996). "Moïpatla intalawalle: el banquete de los muertos en Todos Santos. Formas de reciprocidad y redistribución entre los nahuas de la Sierra Norte de Puebla", en Ingrid Geist (comp.), *Procesos de escenificación y contextos rituales*, México, Plaza y Valdés.

Barbosa, Sánchez, A. (2015). *La estampa y el grabado mexicanos. Tradición e identidad cultural*, México, Ediciones del lirio.

Betrán Moya, J. L., (2006). *Historia de las epidemias en España y sus colonias (1348-1919)*, Madrid, La Esfera de los Libros.

Bianchi, L. (2021). *Posada, genio del grabado*, México, Artes de México.

Blanck-Cerejeido, F. (1982). *La vida, el tiempo y la muerte*, México, Fondo de Cultura Económica.

Bonilla Reyna, H. E. (2012). "El Calavera: la caricatura en tiempos de guerra", *Anales del Instituto de Investigaciones Estéticas*, 23, (79), pp. 71-134, en https://doi.org/10.22201/iie.18703062e.2001.79.2089.

Brandes, S. (1997). "Sugar, Colonialism, and Dead: On the Origins of Mexico´s Day of the Dead", en *Comparative Studies in Society and History*, 2, vol. 39, EEUU, Cambridge.

Brandes, S. (1998). "Iconography in Mexico's Day of the Dead: Origins and Meaning", Ethnohistory 45, en https://escholarship.org/uc/item/2tt3663j.

Brodman, B. L. C. (1976). "The Mexican Cult of Death in Myth and Literature", Gaines Ville, University of Florida.

Brooks, D. (2022). "Día de Muertos: cómo la saga de James Bond 'inventó' el llamativo desfile de Ciudad de México", BBC News Mundo, en https://www.bbc.com/mundo/vert-cul-63475260.

Campos Velázquez, R. (2016). *Sonidos Símbolo: Una etnografía del calendario ceremonial de los Huaves de San Mateo del Mar*, México, Universidad Nacional Autónoma de México.

Cano Garduño, L. *et al*. (2012). *Ofrenda a la muerte. Una tradición viva del pueblo mexiquense*, CEDIPIEM.

Caraza, L. B. de (s.f.). "Receta de tamales de muerto", *México Desconocido*, en https://www.mexicodesconocido.com.mx/tamales-de-muerto.html.

Carmichael, E. y Sayer, C. (1985). *The Skeleton at the Feast. The Day of the Dead in Mexico*, Austin, EEUU, University of Texas Press/British Museum Press.

Carranza Vera, C. (2015). "'La Muerte Calaca'. Apuntes en torno a la personificación de la Huesuda en la lírica tradicional de México", *Amerika*, 12, en https://journals.openedition.org/amerika/6511?lang=en#bodyftn5.

Carranza, R. (s.f.). "¡Catrinas y calacas! La colorida cartonería mexicana de Día de Muertos", *México Desconocido*, en https://www.mexicodesconocido.com.mx/catrinas-y-calacas-la-colorida-cartoneria-mexicana-de-dia-de-muertos.html.

Carreón Blaine, E. (2012). "Tzompantli, horca y picota. Sacrificio o pena capital", *Anales del Instituto de Investigaciones Estéticas* 28 (88), https://doi.org/10.22201/iie.18703062e.2006.88.2212.

Carreón Flores, J. E. (2009). "La muerte y sus representaciones en Huaquechula, Puebla", *Dimensión Antropológica*, año 16, vol. 15, México, INAH.

Carse, J. P. (1987). *Muerte y existencia*, México, Fondo de Cultura Económica.

Cartwright, M. (2013). "Tezcatlipoca", en https://www.worldhistory.org/trans/es/1-12094/tezcatlipoca/.

Caso Barrera, L. (1991). "El concepto de la muerte entre los mayas y sus ritos funerarios", en Centro de Investigaciones Humanísticas de Mesoamérica y el Estado de Chiapas, México, Instituto de Investigaciones Históricas-UNAM.

Castaño, L. (1993). "Ritos funerarios", en Pilar Hoyos (ed.), *Muy interesante*. "Especial de la muerte", México, Editorial Provemex.

Castellanos, R. (2004). "Parábola de la inconstante", en *Poesía no eres tú: obra poética 1948-1971*, 4ª ed., México, FCE.

Castillo, M. (2017). "In 'Coco,' Death Is the Point", *The New York Times*, en https://www.nytimes.com/2017/12/08/movies/coco-pixar.html.

Castro Ramírez, A. (s.f.). "Origen, naturaleza y usos del cempoalxóchitl, *Revista de Geografía Agrícola*, en https://s3.amazonaws.com/arena-attachments/2343521/cbd2ae34e9fd02bddffc1b414830b4b3.pdf?1529670235.

Castro Yáñez, K. A. (2021). "Pan de Muerto. Sabor y tradición en un alimento", *Ciencia UNAM*, en https://ciencia.unam.mx/leer/1183/pan-de-muerto-sabor-y-tradicion-en-un-alimento.

Caycedo Bustos, M. L. (2007). "La muerte en la cultura occidental: antropología de la muerte", *Revista Colombiana de Psiquiatría*, 2, vol. XXXVI.

Cervantes Martínez, J. (2012). "Hanal Pixan: comida para las almas. El ritual funerario en Pomuch, Campeche". Tesis de maestría (Antropología Social), México, ENAH.

Chicangana-Bayona, Y. A. (2010). "La India de la libertad: de las alegorías de América a las alegorías de la patria", *Argos*, 27(53), 145-163 en http://ve.scielo.org/scielo.php?script=sci_arttext&pid=S0254-16372010000200007&lng=es&tlng=es.

Códice Borgia.

Códice Durán.

Códice Laud.

Códice Magliabechiano.

Códice Mendoza.

Contreras, G. (2023). "La Costeña y Magneto dan sabor al Día de Muertos", *Milenio Diario*, en https://www.milenio.com/content/muertos-costena-celebra-exito-tradicion-mexicana.

Cortés Martínez, S. y Frassani, A. (2017). "Dos cantos ceremoniales mazatecos. De los *chato xo'o* ("hombres fruto del ombligo") en la tradición mesoamericana", *Cuadernos del sur*, 22, en https://mediateca.inah.gob.mx/repositorio/islandora/object/articulo:13878.

Cotidiano 399 (2019). "El panteón de Jarácuaro durante el Día de Muertos", video, https://www.youtube.com/watch?v=mnq2oHFAMPs.

–. (2019). "Ofrendas con canastitas en el panteón de Jarácuaro", video, https://www.youtube.com/watch?v=vqWy4FkJfGI.

Cotonieto Santeliz, H. (2013). "Fiesta de Muertos en Santa María Acapulco", *Revista Élite*, en https://www.revistaelite.mx/fiesta-de-muertos-en-santa-maria-acapulco/.

Covarrubias Alcocer, S. (2011). "La Muerte Arquera y la Alegría de Vivir", en *Emblematica trascendente*, Sociedad Española de Emblemática y Universidad de Navarra, Pamplona.

Croda León, R. (s.f.). "Los viejos. Xiloxuchitl Tantoyuca", en *La festividad indígena dedicada a los muertos en México*, en *Patrimonio cultural y turismo*, 16.

D'Eyck, B. y Colombe, J. (s.f.). *The Très Riches Heures of the Duke of Berry*, Ms. 65, Musée Condé, Francia.

–. (1999). "La muerte y sus deidades en el pensamiento maya", *Arqueología mexicana*, 40, vol. VII, México.

Danforth, L. M. (1982) *The Deaths Rituals of Rural Greece*, EEUU, Princeton University Press.

Darío, R. (1999). *Prosas profanas y otros poemas*, Madrid, Akal.

De la Garza, M. (1997). "El perro como símbolo religioso entre los mayas y los nahuas," *Estudios de Cultura Náhuatl*, 27, pp. 111–133.

Delhalle, J. C. y Luykx, A. (1992). "Coatlicue o la degollación de la madre", *Indiana*, 12, en chrome-extension://efaidnbmnnnibpcajpcglclefindmkaj/https://www.iai.spk-berlin.de/fileadmin/dokumentenbibliothek/Indiana/Indiana_12/IND_12_Delhalle__Luykx.pdf.

Delumeau , J. (1989). *El miedo en Occidente, s. XIV-XVIII*, Madrid, Alianza.

Díaz, K. (2023). "La huesuda llegará al Zócalo en la Mega Procesión de Catrinas 2023", Imer Noticias, en https://noticias.imer.mx/blog/la-huesuda-llegara-al-zocalo-en-la-mega-procesion-de-catrinas-2023/.

Diccionario Enciclopédico de la Medicina Tradicional Mexicana (s.f.). Flor de cempasúchil, en http://www.medicinatradicionalmexicana.unam.mx/index.html.

Disney Latino (2023). "Las 4 tradiciones del Día de Muertos que nos enseñó *Coco*", Disney, en https://www.disneylatino.com/novedades/las-4-tradiciones-del-dia-de-muertos-que-nos-enseno-coco.

Domínguez Turriza, M. (2020). *Pomuch. En donde se acaricia la muerte*, México, Poder Legislativo del Estado de Campeche.

Durán, D. (1967). *Historia de las Indias de la Nueva España e Islas de Tierra Firme*, México, Porrúa.

Echeverría Antolín, Y. H. (2019). "Ritualidad de Día de Muertos en San Andrés Mixquic, barrio de la alcaldía Tláhuac en la Ciudad de México", Tesis de licenciatura en Antropología Social, en http://ri.uaemex.mx/bitstream/handle/20.500.11799/104777/TESIS%20YUREMA%20HAYDOLLY%20ECHEVERR%C3%8DA%20ANTOL%C3%8DN%20%281%29.pdf?sequence=1&isAllowed=y.

El Guindi, F. (1977). "Lore and Structure: Todos Santos in the Zapotec System", *Journal of Latin American Lore*, 1, vol. 3, Los Ángeles, University of California.

Enciclopedia Británica (s.f). "Dance of death, allegorical concepten", en https://www.britannica.com/art/dance-of-death-art-motif.

Escamilla, F. (2023). "Conoce el origen de la Mega Procesión de las Catrinas de la CDMX", *Criterio*, en https://criteriohidalgo.com/noticias/origen-mega-procesion-catrinas-cdmx.

Final Frontier y Zombie Studio en colaboración con Slap Global (2022). "Doritos Día de Muertos", animación, en https://vimeo.com/640016228.

Forbes Staff (2019). "China se convierte en el principal productor de cempasúchil y destrona a México", *Forbes*, en https://www.forbes.com.mx/china-se-convierte-en-el-principal-productor-de-cempasuchil-y-destrona-a-mexico/.

–. (2019). "Por causa de la genética, la flor de cempasúchil ya no es tan mexicana", *Forbes*, en https://www.forbes.com.mx/por-causa-de-la-genetica-la-flor-de-cempasuchil-ya-no-es-tan-mexicana/.

Forjas, F. (1987). "El único osario medieval de España, abandonado y cerrado al público desde hace cuatro años", *El País*, en https://elpais.com/diario/1987/08/21/cultura/556495205_850215.html.

Gabayet, N. y Lora C. (2008). *El juego de los Diablos*, video documental, México, INAH TV, en https://mediateca.inah.gob.mx/islandora_74/islandora/object/documental%3A66.

Galinier, J. (1990). *La mitad del mundo: cuerpo y cosmos en los rituales otomíes*, México, UNAM/Ciesas/INI.

Gamboa, F. (1948). "Calaveras", *México en el arte*, 5.

García Franco, M. D. y Reyes Rolón, P. (s.f.). "San Toro y la Danza de Viejos en Pantepec", en *La festividad indígena dedicada a los muertos en México*, en *Patrimonio cultural y turismo*, 16.

García García, B. y Jasso Martínez, I. J. (2019). "Los nakatamales: el manjar de dar y recibir. Ofrenda del día de muertos de las mujeres p´hurpécha (p´huré) en la población de Angahuan, Michoacán (México)", Boletín de antropología, 58, vol. 34, en https://revistas.udea.edu.co/index.php/boletin/article/view/339385.

García Hernández, A. (2015). "Monografía de los Matlatzincas", México, INPI, en https://www.gob.mx/inpi/documentos/monografia-de-los-matlatzincas.

García, A. (2019). Más de 7 millones de personas asistieron a festejos por Día de Muertos en CDMX, Centro Urbano, November12, accessed at https://centrourbano.com/actualidad/mas-de-7-millones-de-personas-asistieron-a-festejos-por-dia-de-muertos-en-cdmx/

Garrido, D. (2023). "Películas sobre el Día de Muertos que debes ver", *AD Magazine*, en https://www.admagazine.com/articulos/peliculas-sobre-el-dia-de-muertos.

Garro, E. (1965). "Un hogar sólido," in A. Bioy Casares, J.L. Borges, and S. Ocampo (eds.), *Antología de la literatura fantástica*, 2nd ed. Buenos Aires, Sudamericana.

Garza Gálvez, I. de la (2015). "El Mictlán entre los mexicas", Tesis de licenciatura (s.p.), México, UNAM.

Giaimo, C. (2018), "The Endlessly Adaptable Skeletons of José Guadalupe Posada. Calaveras created by the Mexican artist have been repurposed for generations, with wildly varying intent", en *Atlas Obscura*, https://www.atlasobscura.com/articles/posada-skeleton-art-legacy.

Giardina, C. (2017). "'Coco': How Pixar Brought Its "Day of the Dead" Story to Life", en *The Hollywood Reporter*, https://www.hollywoodreporter.com/movies/movie-features/coco-how-pixar-brought-day-dead-story-life-1065932/.

Gobierno de la Ciudad de México (2023). "Asisten más de 3 millones 300 mil personas a Actividades de Muertos en la Ciudad de México: Martí Batres" en https://www.jefaturadegobierno.cdmx.gob.mx/comunicacion/nota/asisten-mas-de-3-millones-300-mil-personas-actividades-de-muertos-en-la-ciudad-de-mexico-marti-batres.

Gómez. A. (2009). "La festividad indígena dedicada a los muertos: patrimonio oral e intangible de México", *Fiestas y rituales*, vol. X, Instituto Nacional de Cultura de Perú.

–. (2018). "La fiesta de los difuntos de Cuacuila, Puebla", Museo Nacional de Antropología, México, INAH, en https://www.inah.gob.mx/boletines/7696-recrean-en-el-museo-nacional-de-antropologia-el-mihcailhuitl-fiesta-de-los-difuntos-de-cuacuila-puebla.

González Gamio, A. (22 de junio, 2014) "Reminiscencias milagrosas", en *La Jornada* https://www.jornada.com.mx/2014/06/22/opinion/028a1cap.

González, A. (2015). "12 Delicias Gastronómicas para Celebrar el Día de Muertos", *México Destinos*, en https://www.mexicodestinos.com/blog/12-delicias-gastronomicas-para-el-dia-de-muertos/.

González, M. (2023). "Mega Procesión de las Catrinas CDMX", *SilverGeek*, en https://silvergeek.com.mx/noticias/mega-procesion-de-las-catrinas-cdmx/.

González, Y. (1975). "El culto a los muertos entre los mexicas", México, Boletín del INAH, 14.

Guerrero, A. (s.f.). "Los entierros en el noreste mexicano", en *La festividad indígena dedicada a los muertos en México*, en *Patrimonio cultural y turismo*, 16.

Gutiérrez, E. y Gutiérrez, T. (1971). "La muerte en el arte popular mexicano", *Artes de México*, 145, año XVIII, México.

Gutiérrez, F. (2015). "Valdés Leal: *Los jeroglíficos de las postrimerías*", Archidiósesis de Sevilla, en https://www.archisevilla.org/valdes-leal-los-jeroglificos-de-las-postrimerias/.

Haindl Ugarte, A. L. (2013). "Ars bene moriendi, el arte de la Buena Muerte", *Revista Chilena de Estudios Medievales*, 3.

Hamilton, M. M. (2020). "Anonymous, *The Dance of Death* (*La Danza general de la Muerte*) (early 15th century)", University of Minnesota, Twin Cities.

Hernández Pons, E. (1999). "'Seremos', fiesta de muertos", *Arqueología mexicana*, 40, vol. VII, México.

Hernández, M. (2015). "Venderían sobrantes de cempasúchil poblano como pigmento de Cheetos", *Ángulo*, 7, en https://www.angulo7.com.mx/2015/10/14/venderian-sobrantes-de-cempasuchil-poblano-como-pigmento-de-cheetos/.

Hernández, P., Rea Sunza, M., y Rodríguez Iglesias, P. (2004). "Hanal Pixán: limpieza de huesos, tradición única", *Vita Brevis. Revista electrónica de estudios sobre la muerte*, 5, año 3, INAH, México, https://revistas.inah.gob.mx/index.php/vitabrevis/article/view/5544.

Heyden, D. (1984). "Tezcatlipoca y su mundo", México, Centro Regional, Puebla, INAH.

Hiriart, C. A. (s.f.). "Noche de muertos en Michoacán. Reflexiones sobre su manejo como recurso turístico cultural", en *La festividad indígena dedicada a los muertos en México*, en *Patrimonio cultural y turismo*, 16.

Ichon, A. (1973). *La religión de los totonacas de la sierra*. México, INI/SEP, Colección Presencias, 16.

Jiménez, A. (2006). "Cuando los diablos se van de fiesta. La población afromestiza de la Costa Chica celebra el Día de Muertos", *La Jornada*, en https://www.jornada.com.mx/2006/11/04/index.php?section=cultura&article=a36n1cul.

Johansson, P. (2012). "La muerte en la cosmovisión náhuatl prehispánica. Consideraciones heurísticas y epistemológicas", *Estudios de Cultura Náhuatl*, vol. 43.

–. (2003). "La muerte en Mesoamérica", *Arqueología Mexicana*, 60.

–. (2000). "Escatología y muerte en el mundo náhuatl precolombino", *Estudios de Cultura Náhuatl*, vol. 31.

–. (1998). *Ritos mortuorios nahuas precolombinos*, México, Secretaría de Cultura del Gobierno de Puebla.

–. (1997). "La fecundación del hombre en el Mictlán y el origen de la vida breve", *Estudios de Cultura Náhuatl*, vol. 27.

–. (1993). "Tezcatlipoca o Quetzalcóatl: una disyuntiva mítico-existencial precolombina", *Estudios de Cultura Náhuatl*, vol. 23.

–. (1992). *Festejos, ritos y rituales precolombinos*, México, Conaculta.

Lagarriga Attias, I. (s.f.). "La celebración del Día de Muertos en la Candelaria, Coyoacán", en *La festividad indígena dedicada a los muertos en México*, en *Patrimonio cultural y turismo*, 16.

Lázaro Romero, I. (2020). "Muerte y cambios de mentalidad en la Europa del siglo XIV". *Revista Eviterna*, 3, 48-63. https://doi.org/10.24310/Eviternare.v0i3.8167.

León-Portilla M. (1972). *Trece poetas del mundo azteca*, México, SEP.

–. (1980). *Toltecayotl. Aspectos de la cultura Nahuatl*, México, Fondo de Cultura Económica.

Llorente, A. (30 de octubre, 2020). "Día de Muertos: cuál es el origen y significado de la flor de cempasúchil, la reina de los altares en México", en *BBC News Mundo*. https://www.bbc.com/mundo/noticias-54756885.

Lockhart, J. (1999). *Los nahuas después de la conquista. Historia social y cultural de la población indígena del México central, siglos XVI-XVIII*, México, Fondo de Cultura Económica.

Lok, R. (1991) *Gifts to the Dead and the Living. Forms of Exchange in San Miguel Tzinacapan Sierra Norte de Puebla, Mexico*, Países Bajos, Centre of Non-Western Studies-Leiden University.

Lomnitz, C. (2005). *Death and the Idea of Mexico*, Zone Books.

Lomnitz, C. (2021). *Idea de la muerte en México*, México, Fondo de Cultura Económica.

López Arenas G. (enero-diciembre, 2006). "Deidades de la fertilidad agrícola en el panteón mexica", *Estudios mesoamericanos*, 7, en https://www.iifilologicas.unam.mx/estmesoam/uploads/Vol%C3%BAmenes/Volumen%207/deidades_fertilidad_gabino_lopez.pdf.

López Casillas, M. (2002). *Posada, ilustrador de cuadernos populares*, México, RM.

–. (2008). *La muerte en el impreso mexicano*, México, RM.

López Luján, L. y Mercado, V. (1997). "Las esculturas de Mictlantecuhtli de la Casa

de las Águilas", en *Camino de Mictlán...*, México, INAH, pp. 8-38.
López-Austin, A. (1971). "Sentido mágico o religioso de los sacrificios en el México antiguo", en *De Teotihuacan a los aztecas*, México, UNAM.
–. (1980). *Cuerpo humano e ideología. Las concepciones de los antiguos nahuas*, México, IIA-UNAM.
–. (1994). *Tamoanchan y Tlalocan*, México, Fondo de Cultura Económica. –. (2010). "La sexualidad en la tradición mesoamericana", *Arqueología Mexicana*, 104, vol. XVIII.
–. (2000). "El árbol cósmico en la tradición mesoamericana", Monografías del Jardín Botánico de Córdoba, México, UNAM.
–. (1998). "La parte femenina del cosmos", *Arqueología Mexicana*, 29.
–. (1984). *Cuerpo humano e ideología. Concepciones de los antiguos nahuas*, México, UNAM.
–. (1960). "Los caminos de los muertos", *Estudios de Cultura Náhuatl*, vol. 2.
López, Z. (24 de octubre, 2018). "Funeral Pet propone recordar el 3 de noviembre a las mascotas muertas", en *Expansión* https://expansion.mx/mercadotecnia/2018/10/24/funeral-pet-propone-recordar-el-3-de-noviembre-a-las-mascotas-muertas.
Lowry, M. (2020). *Bajo el volcán*, México, Menguin Random House
Luna Ramos, R. (2019). "Todo lo que siempre quisiste saber sobre el cempasúchil y nunca te atreviste a preguntar", *Matador Network*, en https://matadornetwork.com/es/todo-lo-que-siempre-quisiste-saber-sobre-el-cempasuchil-y-nunca-te-atreviste-preguntar/.
Malkin, E. (2022). "Día de Muertos", entrada en X: https://twitter.com/ElisabethMalkin/status/1564708467490824198.
Malvido, E. (1999). "Ritos funerarios en el México colonial", *Arqueología mexicana*, 40, vol. VII, México.
Manrique, J. A. (1975). "La muerte en la Colonia", en *La muerte, expresiones mexicanas de un enigma*, México, MUCA-UNAM.
Marchi, R. (2009). *Day of the Dead in the USA: The Migration and Transformation of a Cultural Phenomenon*, Estados Unidos, Rutgers University Press.
Marín de Hoyos, F. (s.f.). "Los espectaculares altares de Día de Muertos en Huaquechula, Puebla", *México Desconocido*, en https://www.mexicodesconocido.com.mx/huaquechula-la-magnificencia-de-la-muerte.html.
Martín Albo, J. (2015). "Reflexiones sobre el cráneo virreinal y su relación con lo contemporáneo", *Imaginario Visual Investigación*, en https://core.ac.uk/download/pdf/76602207.pdf.
Martínez Ayala, J. A. (2015). "Las músicas y los afrodescendientes", *La Jornada del campo. Michoacán*, 85, en https://www.jornada.com.mx/2014/10/18/cam-musica.html.
Martínez Buenabad, E. (2008). "Los espectaculares altares de Día de Muertos en Huaquechula", Tesis de doctorado en Antropología, Ciesas.
Martínez, A. (2020). "*Coco* y cómo Disney trató de comprar los derechos del Día de los Muertos", *GQ México*, en https://www.gq.com.mx/entretenimiento/articulo/coco-y-disney-trataron-de-comprar-los-derechos-del-dia-de-muertos.
Martínez, F. (2021). "¿Qué consumen los mexicanos en Halloween y Día de Muertos?", *NotiPress Negocios*, en https://notipress.mx/negocios/mexicanos-halloween-dia-de-muertos-9010.
Martínez, F. (comp.) (2006). "El hombre que no respetó el día de difuntos", en Sevilla, A. (comp.), "Cinco leyendas en torno al Día de Muertos," en La festividad indígena dedicada a los muertos en México, *Patrimonio cultural y turismo*, 16, pp. 113-119.
Martínez, M. L. (2023). "Así sería Día de Muertos en una película de Tim Burton, según la inteligencia artificial", Infobae, en https://www.infobae.com/mexico/2023/11/02/asi-seria-dia-de-muertos-en-una-pelicula-de-tim-burton-segun-la-inteligencia-artificial/.
Martínez, X. (s.f.). "El papel picado, una expresión del Día de Muertos", *Gaceta CCH*, en https://gaceta.cch.unam.mx/es/el-papel-picado-una-expresion-del-dia-de-muertos.
Matos Moctezuma, E. (1975). "La muerte en el México prehispánico", en *La muerte. Expresiones de un enigma*, México, UNAM.
–. (2010). *La muerte entre los mexicas*, México, Tusquets.
–. (2005). *Vida, pasión y muerte en Tenochtitlán*, México, Fondo de Cultura Económica.
–. (1997). *Vida y muerte en el Templo Mayor*, México, Fondo de Cultura Económica.
–. (1997). *Camino al Mictlán*, México, INAH/Asociación de Amigos del Templo Mayor.
–. (1997). "Tlaltecuhtli. Señor de la Tierra", *Estudios de Cultura Náhuatl*, vol. 27.
–. (1996). *Muerte a filo de obsidiana*, México, Fondo de Cultura Económica.
–. (1987). *El rostro de la muerte en el México prehispánico*, México, GV.
–. (1986). *Muerte al filo de obsidiana*, México, SEP.
Max, D. T. (2007). "Day of the Dead", *The New Yorker*, en https://www.newyorker.com/magazine/2007/12/17/day-of-the-dead.
Mckeever, A. (2020). "El Diwali es la fiesta más importante de la India y una celebración del triunfo del bien sobre el mal", *National Geographic*, en https://www.nationalgeographic.es/historia/2020/11/diwali-festival-de-luces-fiesta-mas-importante-de-la-india.
Mendoza Escamilla, V. (2017). "Camilo Lara, el mexicano que dio la nota en Coco", *Forbes*, en https://www.forbes.com.mx/mexicanos-creativos-camilo-lara-el-mexicano-que-dio-la-nota-en-coco/.
Mendoza Luján, J. E. (2005). "Ánimas volverte a ver. Las entidades anímicas, la muerte y la escatología: una revisión en algunas religiones", en *Diario de Campo*, Boletín interno de los investigadores del área de antropología, 80, México, INAH.
–. (2005). "El cuerpo muerto. Reflexiones acerca del manejo del cuerpo humano, a partir de un estudio osteobiográfico de una colección ósea tepaneca", en Carlos Serrano Sánchez (ed.), *Estudios de antropología biológica*, vol. XII, México, IIA/UNAM/INAH/AMAB.
–. (2004). "Hay muertos que no hacen ruido... La antropología de la muerte una línea de trabajo", en *Diario de Campo*, Boletín interno de los investigadores del área de antropología, 64, México, INAH.
–. (2005). *Día de muertos en la Mazateca. Una mirada desde la antropología del comportamiento*, México, Conaculta-INAH.
–. (2014). "Día de Muertos en la ciudad de México. ¿Parte de la declaratoria de 'obra maestra de la humanidad' o tradiciones locales?", *Vita Brevis. Revista electrónica de estudios de la muerte*, 5, año 3, INAH, México, https://revistas.inah.gob.mx/index.php/vitabrevis/article/view/5544.
Mendoza, V. T. (s.f.). "El culto de Mictlantecuhtli y la Danza de las Cortes de la muerte", UNAM.
Millán, S. (1993). *La ceremonia perpetua. Ciclos festivos y organización ceremonial en el Sur de Oaxaca*, México, INI.
–. (2003). "Huaves", México, CDI-PNUD.
Monsiváis, C. (2012). "La hora del transporte", en *Maravillas que son, sombras que fueron. La fotografía en México*, México, Ediciones Era/Museo del Estanquillo.
Montera, R. (2021). "Día de muertos. Encarnar la paradoja y celebrarla", en *AH!*, en https://historia-arte.com/obras/dia-de-muertos.
Montiel, A. (s.f.). "Memoria y comida en el Día de Muertos", *Gaceta de la U de G*, en http://www.gaceta.udg.mx/memoria-y-comida-en-el-dia-de-muertos/#:~:text=Todos%20tipo%20de%20mole%2C%20arroz,viandas%20del%20D%C3%ADa%20de%20Muertos.
Nahón, A. (2008). "Nahuas de Tlaxcala", Proyecto Perfiles Indígenas de México, Documento de trabajo.
Navarrete, C. (1982). *San Pascualito Rey y el culto a la muerte en Chiapas*, México, UNAM.
Navarro, J. C. (2020). "Una ofrenda musical con 9 canciones para Día de Muertos y su pilón", Ibero Radio, en https://ibero909.fm/blog/una-ofrenda-musical-con-9-canciones-para-dia-de-muertos.
Núñez, F. R. (2014). "La muerte y lo macabro en la cultura española", *Dendra Médica. Revista de Humanidades*, 13(1).
Núñez, L. F. y Martínez González, R. (2009). "Viaje al Mictlán: una revisión crítica sobre el destino de las almas y los ritos funerarios en las fuentes tempranas y los contextos arqueológicos del Posclásico", *Anales de Antropología*, 43, UNAM, en https://www.revistas.unam.mx/index.php/antropologia/issue/view/1634.
Nutini, H. G. (1988). *Todos Santos in rural Tlaxcala. A Syncretic, Expressive and Symbolic Analysis of the Cult of the Dead*, EEUU, Princeton University Press.
Obregón, G. (1971). "Representación de la muerte en el arte colonial", *Artes de México*, 145, año XVIII, México.
Ochoa Zazueta, J. A., (1972). "Mixquic". Tesis de licencuatura, México, Escuela Nacional de Antropología e Historia.
–. (1974). *Muerte y muertos, culto, servicio, ofrenda y humor de una comunidad*, México, SEP.
Olguín Lacunza, M. A. y Núñez, M. (2019). "*Coco versus* Día de Muertos", UNAM Revista Global, en https://unamglobal.unam.mx/global_revista/coco-versus-dia-de-muertos/.
Orozco, J. A. (1983). "Los vivos días de muertos en Chiapa de Corzo", *México Desconocido*, 83, México.
Ortiz Echániz, S. (1981). "Velorios de juguete en Cholula, Puebla", en *Dos ceremonias para los muertos: en Cholula, Puebla y entre los chontales de Tabasco*, México, INAH.
Pacheco, J. (2016). "Los caballitos de Cuanajo, emblema de Día de Muertos", *Quadratín Michoacán*, en https://www.quadratin.com.mx/principal/los-caballitos-cuanajo-emblema-dia-muertos/.
Pacheco, J. E. (2014). "Tres poemas mortales. I. Cuerda", en *Tarde o temprano* [poemas 1958-2009], ed. de Ana Clavel, México, FCE.
Pacheco, Y. (2022). "Mikíhuitl: Día de Muertos en San Gabriel Chilac, un patrimonio cultural de Puebla", revista *Municipios Puebla*, en https://municipiospuebla.mx/nota/2022-10-28/san-gabriel-chilac/mik%C3%ADhuitl-d%C3%ADa-de-muertos-en-san-gabriel-chilac-un-patrimonio.
Padilla, S. (2021). "Tamales, sal y pan de muerto: Por qué los alimentos son fundamentales para el Día de Muertos", *Los Angeles Times*, en https://www.latimes.com/espanol/vida-y-estilo/articulo/2021-11-01/alimentos-comidas-dia-de-muertos.
Palma, F. (s.f.). "Mikilthuitl: la fiesta de los muertos en Chilac, Puebla", *México Desconocido*, en https://www.mexicodesconocido.com.mx/mikilthuitl-la-fiesta-de-los-muertos-en-chilac-puebla.html#:~:text=En%20San%20Gabriel%20Chilac%20se,llevan%20su%20ofrenda%20con%20ellos.
–. (s.f.). "De diablos y difuntos: Día de Muertos en la Costa Chica de Guerrero", *México Desconocido*, en https://www.mexicodesconocido.com.mx/dia-de-muertos-en-la-costa-chica-de-guerrero-danza-diablos.html.
–. (s.f.). "Fotos: Xantolo en Papatlatla, culmina la convivencia entre vivos y muertos", *México Desconocido*, en https://www.mexicodesconocido.com.mx/fotos-de-la-culminacion-de-xontolo-en-huasteca-de-hidalgo.html.
–. (s.f.). "Comienza el Xantolo en las comunidades de la Huasteca de Hidalgo", *México Desconocido*, en https://www.mexicodesconocido.com.mx/comienza-el-xantolo-en-las-comunidades-de-la-huasteca-de-hidalgo.html.
–. (s.f.). "Día de Muertos en Cuanajo: un compromiso con las ánimas", *México Desconocido*, en https://www.mexicodesconocido.com.mx/dia-de-muertos-en-cuanajo-un-compromiso-con-las-animas.html.
Páramo, O. (2017). "China, principal productor de cempasúchil del mundo", *UNAM Global Revista*, en https://unamglobal.unam.mx/global_revista/china-principal-productor-de-cempasuchil-del-mundo/.
Paz Reyes, K. de la (2015). "Fiesta de muertos reafirma que estamos vivos", *Universo*, 617, año 15, en https://www.uv.mx/universo/destacadas/fiesta-de-muertos-reafirma-que-estamos-vivos/.
Paz, O. (1950), El laberinto de la soledad, Mexico, Fondo de Cultura Económica.
Paz, R. (2020). "Poco se ha acercado el cine mexicano al Día de Muertos", *Gaceta UNAM*, en https://www.gaceta.unam.mx/poco-se-ha-acercado-el-cine-mexicano-al-dia-de-muertos/.
Pérez Ruíz Flores, R. (2022). "La caricatura y la estampa popular en el México del siglo XIX: origen, características y expresión, *Horizonte Histórico. Revista Semestral de los estudiantes de la licenciatura en Historia de la UAA*, 24, https://doi.org/10.33064/hh.vi24.4043.
Pérez Ruiz, M. L. (2014). "El Día de Muertos como patrimonio cultural inmaterial de la humanidad. Los dilemas de una convención en Michoacán", *Revista Enfoques*, INAH.
Pérez Tamayo, R. (coord.) (2004), *La muerte*, México, El Colegio Nacional.
Pintado, A. P. (s.f.). "Nutelia: la fiesta para alimentar a los muertos. Una celebración en una comunidad tarahumara", en *La festividad indígena dedicada a los muertos en México*, en *Patrimonio cultural y turismo*, 16, pp. 94-111.
Pomar, M. T. (2013). *Alfeñique*, México, Conaculta.
Poniatowska, E. (1969). *Hasta no verte Jesús mío*, Mexico City, Era.
Priego, M. (2018). "Estudio iconográfico del esqueleto en el siglo XVII", *Gaceta de Bellas Artes*, España, en https://apintoresyescultores.es/estudio-iconografico-del-esqueleto-en-el-siglo-xvii/.
Quintanar Miranda, M. C. (2007). "La música mazateca en la fiesta de muertos de Santa María Chilchotla, Oaxaca", INAH/Consejo Estatal para la Cultura y las Artes de Querétaro, en https://mediateca.inah.gob.mx/repositorio/islandora/object/articulo:13878.
Ramírez, N. (1987). "Todos los Santos y días de muertos en Nejapa de Madero, Oaxaca", en *Las tradiciones de días de muertos en México*, México, Dirección General de Culturas Populares-SEP.
Ramos, J. A. (2024). "El peligro de las Flores de Cempasúchil para los perros", en https://soyunperro.com/flores-de-cempasuchil/.
Rasgado, R. (2016). "Vuelan papalotes en San Mateo del Mar para recibir a las almas", *Quadratín Oaxaca*, México, https://oaxaca.quadratin.com.mx/vuelan-papalotes-san-mateo-del-mar-recibir-las-almas/.
Redacción (2004). "Noche de muertos en Michoacán (Segunda y última parte)", *Proceso*, https://www.proceso.com.mx/nacional/2004/11/3/noche-de-muertos-en-michoacan-segunda-ultima-parte-61944.html.
Redacción (2007). "Calaquitas y ositos difuntos en Tlaxcala", *La Jornada*, en https://www.proceso.com.mx/nacional/2007/10/29/calaquitas-ositos-difuntos-en-tlaxcala-38072.html.
Redacción (2009). "Hoy, Día de Difuntos, la muerte en el barroco italiano, entre esqueletos y calaveras con Bernini al fondo", *SdelBiombo. una mirada artística al mundo*, en https://sdelbiombo.blogia.com/2009/103001-hoy-dia-de-difuntos-la-muerte-en-el-barroco-italiano-entre-esqueletos-y-calaveras-con-bernini-al-fondo.php.
Redacción (2013). "Códice de la Cruz Badiano", primera parte, *Arqueología Mexicana*, 50, edición especial.
Redacción (2013). "Códice de la Cruz Badiano", segunda parte, *Arqueología Mexicana*, 51, edición especial.
Redacción (2019). "'Día de Muertos', el filme que atrasó su estreno dos años por culpa de 'Coco'", *Los Angeles Times*, en https://www.latimes.com/espanol/entretenimiento/articulo/2019-11-01/dia-de-muertos-el-filme-que-atraso-su-estreno-dos-anos-por-culpa-de-coco.
Redacción (2021). "Alimentos que no pueden faltar en el altar de Día de Muertos", *El Financiero*, en https://www.elfinanciero.com.mx/food-and-drink/2021/10/25/alimentos-que-no-pueden-faltar-en-el-altar-de-dia-de-muertos/.
Redacción (2021). "Camilo Lara, el DJ de Coco", *The Chicago Tribune*, en https://www.chicagotribune.com/hoy/entretenimiento/ct-hoy-entretenimiento-camilo-lara-y-su-escena-en-coco-20171121-story.html.
Redacción (2021). "Cempasúchil, la maravillosa flor y símbolo del Día de Muertos", *Neomexicanismos*, en https://neomexicanismos.com/cempasuchil-dia-de-muertos-mexico-ofrenda-historia-leyenda/.

Redacción (2021). "Gólgota, ¿el 'lugar de la calavera'?", *El Observador de la actualidad*, en https://elobservadorenlinea.com/2021/03/golgota-el-lugar-de-la-calavera/.

Redacción (2022). "Calaveritas de azúcar: Este es su verdadero significado", *Forbes*, en https://www.forbes.com.mx/forbes-life/gourmet-calaveritas-de-azucar-verdadero-significado/.

Redacción (2023). "Así han retratado el pan de muerto varios pintores", *El Universal*, en https://www.eluniversal.com.mx/tendencias/asi-han-retratado-el-pan-de-muerto-varios-pintores/.

Redacción (2023). "Día de Muertos generará una derrama económica de 41,198 mdp", *Expansión*, en https://expansion.mx/economia/2023/10/22/festividades-dia-de-muertos-mexico#:~:text=El%20secretario%20de%20Turismo%20del,tur%C3%ADsticos%20total%20sea%20de%2041%2C198.

Redacción (2023). "El Museo Mural Diego Rivera conmemora el Día de Muertos con Sueños de amor y tardes de alameda con Doña Catrina", *Gaceta del INBAL*, en https://inba.gob.mx/prensa/18897/el-museo-mural-diego-rivera-conmemora-el-dia-de-muertos-con-suenos-de-amor-y-tardes-de-alameda-con-dona-catrina-.

Redacción (2023). "Pan de muerto en Oaxaca: Nueve variedades tradicionales de sus ocho regiones", *El Universal*, https://oaxaca.eluniversal.com.mx/mas-de-oaxaca/pan-de-muerto-en-oaxaca-nueve-variedades-tradicionales-de-sus-ocho-regiones.

Redacción (2023). "Récord Guinness lo certifica, ¡Veracruz logra el Altar de Muertos más grande del mundo!", *El Economista*, en https://www.eleconomista.com.mx/politica/Record-Guinness-lo-certifica-Veracruz-logra-el-Altar-de-Muertos-mas-grande-del-mundo-20231101-0058.html.

Redacción (2023). "Tamales, el alimento más tradicional en las ofrendas del Día de Muertos", *Dallas News*, en https://www.dallasnews.com/espanol/al-dia/vida-y-estilo/2019/10/25/por-que-se-ponen-tamales-en-las-ofrendas-del-dia-de-muertos/.

Redacción (2023)."Which is the most representative aspect of the Day of the Dead?", Statista, en https://www.statista.com/statistics/1274288/mexico-most-representative-aspects-dia-de-muertos/.

Redacción (s.f.). "10 platillos para preparar en Día de Muertos", *México Desconocido*, en https://www.mexicodesconocido.com.mx/recetas-dia-muertos-mexico.html.

Redacción (s.f.). "Festival de barriletes gigantes de Santiago Sacatepéquez", *ILAMDIR*, 27, Directorio Latinoamericano de Recursos Patrimoniales, Rituales y Celebraciones, Patrimonio Intangible, en https://ilamdir.org/recurso/27/festival-de-barriletes-gigantes-de-santiago-sacatep%C3%A9quez.

Redacción (s.f.). "La Flor de Muertos o Clavelón de la India, Tagetes erecta", *Naturaleza Tropical*, en https://naturalezatropical.com/tagetes-erecta-flor-de-muertos/.

Redacción. (2019). "Tolosanto. Ceremonia yaqui de Día de Muertos", INPI, en https://www.gob.mx/inpi/es/agenda/tolosanto-ceremonia-yaqui-de-dia-de-muertos.

Redacción. (2023). "El Tapanco, la ofrenda ancestral sonorense para el Día de Muertos", *El Sol de Hermosillo*, en https://www.elsoldehermosillo.com.mx/cultura/como-es-el-el-tapanco-la-ofrenda-ancestral-sonorense-de-los-yaquis-y-algunos-pueblos-indigenas-de-sonora-4390922.html.

Resident Advisor (2017). "Programa 'Day of the Dead - London Pub Crawl'", en https://es.ra.co/events/1028517.

Reyes Espinosa, D. (2017). *Altar de cabo de año, con tapete prehispánico, alusivo a los rumbos cósmicos donde moran los muertos, para la cosmovisión mesoamericana*, Secretaría de Rectoría, UAEM, en http://web.uaemex.mx/identidad/docs/cronicas/TOMO_XVI/50_Altar.pdf.

Reyes, M. (s.f). "Creencias y cultos a la muerte en México", *Revista Querétaro*, 52, vol. 5, México.

Rincón Enríquez, G. *et al.* (2012). "Efectividad biológica de extractos de *Tagetes spp* sobre bacterias fitopatógenas", México, CIATEJ/SINAREFI/SNICS, en https://www.gob.mx/cms/uploads/attachment/file/225097/Folleto_tagetes_vs_bacterias_fitopatogenas_VF.pdf.

Rivera Garza, C. (2022). "¿Se van los muertos?," *The Washington Post*, 2 de noviembre, en https://www.washingtonpost.com/es/post-opinion/2022/11/02/dia-de-muertos-ofrenda-tiempo-de-residencia/

Rodríguez Lazcano, C. (s.f.). "Los chontales tabasqueños y la conmemoración de las ánimas", en *La festividad indígena dedicada a los muertos en México*, en *Patrimonio cultural y turismo*, 16.

–. (2013). *Wirhimutakwa. Monumento purepecha para el ánima nueva*, México, Museo Nacional de Antropología, en https://www.calameo.com/read/001827317594249493118.

Rodríguez, A. (2022). "La muñeca Barbie de Día de Muertos con la que soñaba el diseñador Benito Santos", en *El País*, https://elpais.com/mexico/2022-10-01/la-muneca-barbie-de-dia-de-muertos-con-la-que-sonaba-el-disenador-benito-santos.html?event_log=oklogin.

Rodríguez, J. A. (2013). "Lo fotográfico mexicano. Fotografía, violencia e imaginario en los libros de viajeros extranjeros en México, 1897-1917". Tesis de doctorado en Historia del Arte, UNAM.

Roldán Olmos, A. y Roldán Olmos, L. M. (2014). "La muerte en el siglo XXI", *Vita Brevis. Revista electrónica de estudios de la muerte*, 5, año 3, INAH, México, https://revistas.inah.gob.mx/index.php/vitabrevis/article/view/5544.

Romano, A. (1974). "Sistema de enterramientos", en Javier Romero (coord.), *Antropología física en México. Época prehispánica*, México, INAH/SEP.

Romero, A. (2017). "Tim Burton inaugura exposición en el Museo Franz Mayer," *Forbes*, December 6, accessed at https://www.forbes.com.mx/forbes-life/tim-burton-inaugura-exposicion-en-el-franz-mayer/.

Roselló Soberón, E. (2006). "La crisis de la iglesia en los siglos xv y xvi. Las discusiones en torno al libre albedrío y la justificación: la dignidad del hombre y la conciencia individual", en *Así en la tierra como en el cielo: manifestaciones cotidianas de la culpa y el perdón en la Nueva España de los siglos xvi y xvii*, México, El Colegio de México.

Rubio, M. A. y Martínez, M. (s.f.). "De sombras, sapos y espíritus. Relatos sobre el Día de Muertos entre los chontales de Tabasco y los pames de Querétaro", en *La festividad indígena dedicada a los muertos en México*, en *Patrimonio cultural y turismo*, 16, pp. 94-111.

Ruiz Fernández, Ó. (2012). "Las relaciones hispano-inglesas entre 1603 y 1625. Diplomacia, comercio y guerra naval", Tesis para optar al grado de doctor por la Universidad de Valladolid.

Rulfo, J. (1955). *Pedro Páramo*, México, Fondo de Cultura Económica.

Ruz, A. (1971). *Costumbres funerarias de los antiguos mayas*, México, UNAM.

Sahagún, B. de (1956). *Historia general de las cosas de la Nueva España*, México, Porrúa.

Sahagún, B. de (1989). *Historia general de las cosas de la Nueva España*, México, Conaculta, tomo 1.

Salazar, A.M. (2021). "El día de muertos ante la globalizacion y el cambio cultural," *Gaceta UNAM*, 3 de noviembre, en https://www.gaceta.unam.mx/el-dia-de-muertos-ante-la-globalizacion-y-el-cambio-cultural/.

Saldaña, I. (2019). "China e India superan a México en producción de flor de cempasúchil", *El Universal*, en https://www.eluniversal.com.mx/cartera/economia/china-e-india-superan-mexico-en-produccion-de-flor-de-cempasuchil/.

Sánchez, L. (2023). "El altar de Día de Muertos más grande del mundo resalta la belleza de la cultura mexicana", *Guinness World Records*, en https://www.guinnessworldrecords.es/news/commercial/2023/11/el-altar-de-dia-de-muertos-mas-grande-del-mundo-resalta-la-belleza-de-la-cultura.

Scheffler, L. (1976). "La celebración de muertos en San Juan Totolac, Tlaxcala", *Boletín del Departamento de las Tradiciones Populares*, 3, México, SEP.

Scott, C. (2016). "Day of the Dead parade - life imitates art", CNN travel, en https://edition.cnn.com/travel/article/mexico-city-day-of-the-day-parade/index.html.

Ségota, D. (septiembre, 1995). "El panteón mexica", *Arqueología mexicana*, 15, pp. 32-41.

Sejourné, L. (1985). *Supervivencias de un mundo mágico*, México, SEP.

Sepúlveda, M. T. (1974). "Días de muertos en Iguala, Guerrero", Boletín del INAH, 7, México.

Serrano Matherino, A. (1977). "Donde los muertos viven... Janitzio", *Nocturno*, 351, México, MexAmeris.

Serrano Osorio, F. (2002). "La partida y el perpetuo retornar. Agonía, muerte y ofrendas en San Gabriel Chilac", *Escritos*, 26, en http://cmas.siu.buap.mx/portal_pprd/work/sites/escritos/resources/LocalContent/28/2/franciscoserrano.pdf.

Serrano, L. A. (2023). "Existe el poder, pero también sus resistencias: Betsabeé Romero", en Purgante, 13 de noviembre.

Serrato Cruz, M. Á. (2004). "Cempoalxóchitl y Días de Muertos", *Arqueología Mexicana*, 68, pp. 70-73, en https://arqueologiamexicana.mx/mexico-antiguo/cempoalxochitl-y-dias-de-muertos.

–. (s.f.). "Cempasúchil: flor de la sabiduría del hombre", Jardín Botánico de la Fundación Xochitla (ed.), fascículo 7., en https://www.gob.mx/cms/uploads/attachment/file/225093/Fasc_culo_Cempas_chil.pdf.

Sevilla, A. (comp.) (s.f.). "Cinco leyendas en torno al Día de Muertos", en *La festividad indígena dedicada a los muertos en México*, en *Patrimonio cultural y turismo*, 16, pp. 113-119.

Sienra, R. (2019). "Memento Mori: Vida y muerte en el arte occidental, desde las calaveras hasta la naturaleza muerta", *My Modern Met en español*, en https://mymodernmet.com/es/memento-mori-arte/.

Sierra Carrillo, D. (1983). *Ofrendas de muertos*, México, INAH.

Sierra, A. (2023). "Cempasúchil: usos rituales y medicinales", *Ecósfera*, en https://ecoosfera.com/medio-ambiente/cempasuchil-usos-rituales-y-medicinales/.

Sneaker Freaker (2023). "Five of the Best 'Día de Muertos' sneakers ever!" en https://www.sneakerfreaker.com/features/five-of-the-best-day-of-the-dead-sneakers-ever.

Solís Olguín, F. (1987). "Elementos rituales asociados a la muerte del sol entre los mexicas", en Beatriz de la Fuente (coord.), *Arte funerario. Coloquio internacional de historia del arte*, vol. 2, México, Instituto de Investigaciones Estéticas-UNAM.

Soustelle, J. (1983). *El universo de los aztecas*, México, Fondo de Cultura Económica.

Thomas, L.-V. (1983). *Antropología de la muerte*, México, Fondo de Cultura Económica.

–. (1980). *El cadáver. De la biología a la antropología*, México, Fondo de Cultura Económica.

–. (1991). *La muerte*, Barcelona, Paidós.

Tiesler, V. (2017). "Cráneos perforados y tzompantlis en Chichén Itzá", *Arqueología Mexicana*, 148, pp. 46-51.

Toledo de Almeida, A. (2013). "Monjas Coronadas 2.0. Un tema del barroco hispanoamericano retomado por artistas contemporáneos", Tesis de licenciatura en arte, Universidad de Palermo.

Toro Gracia, N. (2020). "Las Imágenes y aspectos detallados de la Muerte de Hans Holbein el Joven (†1543). Continuidad y reinterpretación del tema de las "Danzas Macabras", en https://zaguan.unizar.es/record/97777/files/TAZ-TFG-2020-4531.pdf.

Torquemada, J. de, Monarquía indiana, México, Porrúa, 1975, p. 245.

Torres Ramos, G. (2014). "Polisemia y apropiación de la Catrina en tiempos de globalización", *Vita Brevis. Revista electrónica de estudios de la muerte*, 5, año 3, INAH, México, https://revistas.inah.gob.mx/index.php/vitabrevis/article/view/5544.

Vargas, L. A. (1971). "La muerte vista por el mexicano de hoy", *Artes de México*, 145, México.

Varios autores (2015). *Fabrica de artes y oficios de la CDMX. Quince años de navegar el siglo XXI*, México, Trilce.

Vázquez Moreno, C. (2016). "Manejo de enfermedades foliares con *Trichoderma spp.* y *Bacillus subtilis* en cempasúchil (*Tagetes erecta*) del Valle de Toluca", Tesis de ingeniería agrónoma, en http://ri.uaemex.mx/bitstream/handle/20.500.11799/65609/Manejo%20de%20enfermedades%20foliares%20con%20Trichoderma%20spp.%20y%20%20Bacillus%20subtilis%20en%20cempas%C3%BAchil%20%28Tagetes%20erecta%29%20del%20Valle%20de%20To-1.pdf?sequence=3&isAllowed=y.

Vázquez Vázquez, E. A. (2015). *Día de Muertos: tradición ancestral del Estado de México*, México, CIEP.

Vidaurri, C. (2017). "Did Disney Pixar Get Day of the Dead Celebrations Right in Its Film 'Coco'?", en https://www.smithsonianmag.com/smithsonian-institution/did-disney-pixar-get-day-dead-celebrations-right-its-film-coco-180967286/.

Villa Juárez, M. A. (2020). "Las calacas y otros símbolos del culto a la muerte. Entre el pasado mesoamericano y el México contemporáneo", *Historiografía mexicana*, en https://historiografiamexicana.com/las-calacas-y-otros-simbolos-del-culto-a-la-muerte/.

–. (enero-febrero, 2014). "El carácter sagrado del xoloitzcuintli entre los nahuas y los mayas", *Arqueología mexicana*, 125, pp. 58-63.

Villavicencio García, A. (6 de febrero, 2019). "Éste es el espejo que no te engaña, de Tomás Mondragón", *Históricas digital*, en https://historicas.unam.mx/publicaciones/publicadigital/libros/695/695_04_05_Espejo.pdf.

Villoro, J. *et al.* (2013). *Posada. 100 años de calavera*, México, RM.

Von Wobeser, G. (2012). "Certezas, incertidumbres y expectativas en torno a la salvación del alma, creencias escatológicas en Nueva España, siglos XVI-XVIII", *Historia mexicana*, 4, vol. 61.

Wade, L. (2018). "Feeding the gods: Hundreds of skulls reveal massive scale of human sacrifice in Aztec capital. Archaeologists uncover the remains of a giant rack of skulls beneath downtown Mexico City", en https://www.science.org/content/article/feeding-gods-hundreds-skulls-reveal-massive-scale-human-sacrifice-aztec-capital.

Westheim, P. (1970). *Arte antiguo de México*, México, Ediciones Era.

–. (1953). *La calavera*, México, Antigua Librería Robredo.

XHSLS TDT canal 9 (2015). *Xantolo: viva la tradición*, [video], México, San Luis Potosí.

Zaldívar, L. (1975). "La conmemoración de los muertos en Santa Apolonia Teacalco, Tlaxcala", en *Boletín del Departamento de las Tradiciones Populares*, 1, México, SEP.

Zaragoza García, T. (2018). "La práctica cultural de Chájman (Huehuentones): un recurso socioeducativo entre los mazatecos de San Miguel Nuevo, Santa María Chilchotla, Oaxaca", Tesis de licenciatura, México, Universidad Pedagógica Nacional.

ENTREVISTAS

Castillo, R. (2023). Entrevista con Xoco, director del FARO Azcapotzalco.

Holtz, D. (2019). Entrevista con Raymundo Medina, coordinador del Colectivo Jaén Cartonería.

Holtz, D. (2019). Entrevista con Ricardo Gallardo, director artístico del ensamble Tambuco.

Palma, F. (2019). Entrevista con Conrado Serrano, artesano y creador de Mojigangas.

Palma, F. (2019). Entrevista con Miguel Ángel Ventura, participante de la Danza de los Diablos, Guerrero.

Palma, F. (2019). Entrevista con Francisco Barragán Chavarría, habitante de Tecómitl.

Rojas, P. (2019). Entrevista con Esteban González, productor del 'Desfile Internacional de Día de Muertos', en https://paolarojas.com.mx/entrevista-con-esteban-gonzalez-productor-del-desfile-internacional-de-dia-de-muertos/.

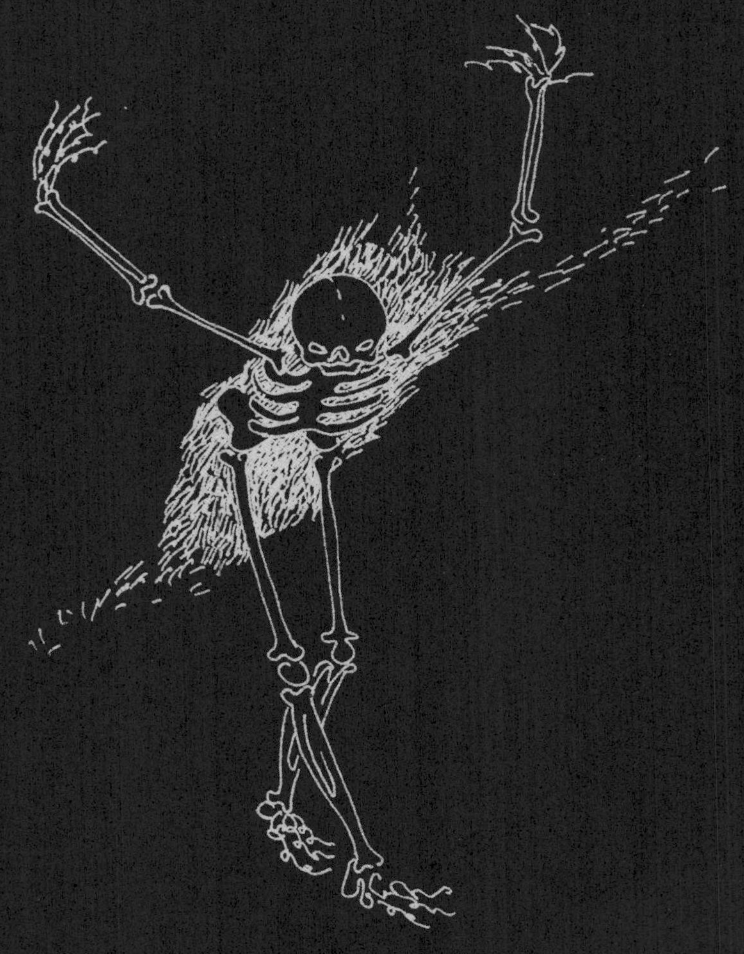

Dibujo a tinta, Felipe Ehrenberg.